人民·联盟文库

徽商研究

张海鹏 王廷元 主编

安徽人民出版社

人民出版社

图书在版编目（CIP）数据

徽商研究/张海鹏，王廷元主编. —北京：人民出版社，2010
（人民·联盟文库）
ISBN 978-7-01-008626-2

Ⅰ. 徽… Ⅱ. ①张…②王… Ⅲ. 商业史—研究—安徽省—近代
Ⅳ. F729.5

中国版本图书馆 CIP 数据核字（2010）第 002981 号

徽商研究

HUISHANG YANJIU

张海鹏 王廷元 主编

责任编辑：曹文益 秦 闯 周哲波 张 芬
封扉设计：曹 春
出版发行：人民出版社
　　　　　北京朝阳门内大街 166 号 邮编：100706
网　　址：http://www.peoplepress.net
邮购电话：(010) 65250042/65289539
经　　销：新华书店
印　　刷：三河市顺兴印刷厂
版　　次：2010 年 1 月第 1 版 2010 年 1 月北京第 1 次印刷
开　　本：710 毫米×1000 毫米 1/16
印　　张：41.5
字　　数：576 千字
书　　号：ISBN 978-7-01-008626-2
定　　价：78.00 元

出版说明

　　人民出版社及全国各省市自治区人民出版社是我们党和国家创建的最重要的出版机构。几十年来，伴随着共和国的发展与脚步，他们在宣传马克思列宁主义、毛泽东思想、邓小平理论、"三个代表"重要思想，深入贯彻落实科学发展观，坚持走有中国特色社会主义道路方面，出版了大量的各种类型的优秀出版物，为丰富人民群众的学习、文化需求作出了不可磨灭的贡献，发挥了不可替代的作用。但由于环境、地域及发行渠道等诸多原因，许多精品图书并不为广大读者所知晓。为了有效地利用和二次开发全国人民出版社及其他成员社的优秀出版资源，向广大读者提供更多更好的精品佳作，也为了提升人民出版社市场联盟的整体形象，人民出版社市场联盟决定，在全国各成员社已出版的数十万个品种中，精心筛选出具有理论性、学术性、创新性、前沿性及可读性的优秀图书，辑编成《人民·联盟文库》，分批分次陆续出版，以飨读者。

　　《人民·联盟文库》的编选原则：1. 充分体现人民出版社的政治、学术水平和出版风格；2. 展示出各地人民出版社及其他成员社的特色；3. 图书主题应是民族的，而不是地区性的；4. 注重市场价值，要为读者所喜爱；5. 译著要具有经典性或重要影响；6. 内容不受时间变化之影响，可供读者长期阅读和收藏。基于上述原则，《人民·联盟文库》未收入以下图书：1. 套书、丛书类图书；2. 偏重于地方的政治类、经济类图书；3. 旅游、休闲、生活类图书；4. 个人的文集、年谱；5. 工具书、辞书。

《人民·联盟文库》分政治、哲学、历史、文化、人物、译著六大类。由于所选原书出版于不同的年代、不同的出版单位，在封面、开本、版式、材料、装帧设计等方面都不尽一致，我们此次编选，为便宜读者阅读，全部予以统一，并在封面上以颜色作不同类别的区分，以利读者的选购。

人民出版社市场联盟委托人民出版社具体操作《人民·联盟文库》的出版和发行工作，所选图书出版采用联合署名的方式，即人民出版社与原书所属出版社共同署名，版权仍归原出版单位。《人民·联盟文库》在编选过程中，得到了人民出版社市场联盟成员社的大力支持与帮助，部分专家学者及发行界行家们也提出了很多建设性的意见，在此一并表示诚挚的感谢！

《人民·联盟文库》编辑委员会

目 录

前　言

　　近年来，徽商研究越来越受到国内外学者的关注。在学界同人的共同努力下，新的研究成果不断涌现，研究的内容不断深入，研究的方法不断更新，不同观点的交锋也日趋活跃，引人注目。徽商研究热潮的兴起不是偶然的。自明朝中叶至清末、民初的数百年间，徽商一直是活跃于全国商界的一支劲旅。徽商的活动对于当时社会的政治、经济和文化无不产生或多或少的影响，而徽商活动的方式及其势力的消长又无不受到当时社会条件多方面的制约，因而透过徽商兴衰演变之迹可以从一个侧面窥探当时整个社会的全貌。因此，无论是研究明清史的学者还是研究徽州学的学者都不能不关心徽商的研究。尤其是随着我国社会主义市场经济体制的建立和发展，学术界过去那种重视研究生产而较少研究交换的倾向，已与现实的需要不相适应。为了更好地认识国情，寻求历史的借鉴，人们对我国商业发展的历史自然特别注意。在这种形势下，徽商研究就显得更加重要了。我们相信，在改革不断深入的大好形势下，随着史学研究的发展，徽商研究的热潮必将更加高涨。

　　我们安徽师范大学历史系的几位同好，深感徽商研究的重要，于80年代初即成立了明清史研究室（现改称徽商研究中心），发挥集体的力量开展徽商研究工作。我们研究的这个课题被列为国家社会科学基金重点资助的项目，国家教委和省教委等主管部门也给予大力支持，所以进行得较为顺利。我们的研究工作首先是从搜集资料做起的。经过数年的努力，从搜集的 100 余万字的资料中筛选出 40 万字，汇集成《明清徽商资料选编》一书，于 1985 年由黄山书社出版。此后，我们便在继续搜集资料的同时进行一些专题研究。在这几年中，研究中心的同志们所撰写的这方面论文已发表的就有 30 余篇。此外，我们还把一部分研究成果缩写成《徽州商帮》，作为《中国十大商帮》的一部分，于 1993 年由黄山书社出版（香港中华书局和台湾万象图书有限公司分别于 1995 年初再版）。这部《徽商研究》便是在前一阶段研究的基础上写成的。

明清时期的徽商是个复杂的历史现象。在这部《徽商研究》里，我们不是对徽商的历史及其所涉及的方方面面都加以全面论述，而只是就下述几个主要问题作些研究和探索，借以提出我们的看法，并在占有大量资料的基础上，对所论述的问题作出比较合乎实际的结论。在方法上，我们力求在马克思主义的指导下，做到宏观研究与微观研究相结合、综合研究与个案研究相结合，并从实际需要出发，尝试着应用计量研究的方法、比较研究的方法以及社会学的、心理学的和文化学的研究方法。我们在应用这些方法时，抱定一个宗旨：不求标新立异，但求有助于得出较为正确的结论。

当然，我们在一些问题的探讨中，所得出的结论，所采取的方法，不一定是恰当的或者说是合乎科学的。但是，诸如徽州商帮形成于何时？在其发展过程中经历了哪几个阶段？徽商资本是如何积累的？徽州商帮的主要特色是什么？如何看待徽州人的"儒贾观"？如何区别徽州盐商从事生产、城建、文化方面的积极活动与奢侈性消费？如何看待徽州商业资本与封建地权的关系？怎样认识徽商是徽州文化的"酵母"？如何看待徽商衰落与咸同兵燹的关系？如何分阶段地具体分析徽商的衰落？等等，却是一串串很有价值和意义的课题。我们的看法如能成为引玉之砖，也是值得高兴的。

另外，在这本《徽商研究》中，我们几乎在每一章中都征引了一些新材料，而比较集中的是《徽商个案研究》这一章所引用的材料，差不多全部都是新搜集的。关于徽商经营方式一节，是根据从几千份徽州契约文书中爬梳出来的材料加以整理研究撰写成的。胡开文分家阄书则是第一次公开面世，从阄书的资料价值来看，它远远超出了徽商研究这个范围。歙县芳坑江氏茶商的材料，也是从江氏几代茶商遗留下来的数百本账簿和数千封商业往来信件中第一次整理出来的。

在这里，我们需要说明的是，在这本书中，有小部分内容曾经在一些报刊上发表过，但在这次书稿编撰中，又作了必要的修改，有的则作了较大的增删。因为这是一部专题研究性的书稿，把我们自己以往的研究成果，选择一些放在里面也是合适的。

我们深知徽商研究的起点甚高，难度甚大，而我们自己的能力有限，又受到研究条件的限制，因而这部《徽商研究》自然难以尽如人意，其中错误与不当之处一定很多。我们恳切地期待着一切关心徽商研究的学者不吝赐教。

这部书主要是由张海鹏、王廷元、王世华、周晓光、李琳琦几位同志共同撰写的。

我们在编撰这部书稿的过程中，特约请了鲍义来先生撰写了第九章《徽商与徽州文化》，周绍泉研究员撰写了第十章中《徽州文书所见明清徽商的经营方式》一节，江怡桐同志撰写了第十章中《歙县芳坑江氏茶商考略》一节，张健同志撰写了第三章中《徽商在武汉》一节。

全部书稿都经过主编的审阅与修饰。本书的责任编辑曹文益同志对此书的写作、定稿提出了许多宝贵的意见，在此敬致谢忱！

安徽师范大学徽商研究中心

1995 年 7 月 25 日

第一章
徽州商帮的形成与发展

近年来，徽商研究越来越受到国内外学者的关注。这不仅因为徽商曾在我国明清社会经济领域中发挥过重要作用，而且还因为它的兴起、发展与演变与当时的社会经济条件息息相关，通过徽商研究，可以从一个侧面去窥探整个社会经济的全貌。然而，诸如徽商究竟始于何时？徽商在其发展演变的过程中究竟经历了几个不同的阶段？徽商又是怎样解体的？对于这些问题，至今学术界仍见仁见智，众说纷纭，因此还必须进一步加以研究。

一、徽商的形成

徽商形成于何时，学者们的说法不一，其中有持东晋说，有持唐宋说，也有持明中叶说。我们认为，徽人经商的历史固然可以追溯到很早的年代，但是徽商的历史则应该是从明中叶开始的。因为这里所说的徽商应该是指以乡族关系为纽带所结成的徽州商人群体，而不是泛指个别的零散的徽州籍商人。徽商应与晋商、陕商、闽商一样，是一个商帮的称号。如果把个别的零散的徽州籍商人视为徽商，那么第三次社会大分工以后，徽州地区必定也出现了商人，讨论徽商始于何时的问题还有什么意义呢？所以徽商始于何时的问题，实质上只能是徽州商帮何时形成的问题。徽州商帮的形成必须有两个基本条件：其一，是有一大批手握巨资的徽州富商构成商帮的中坚力量；其二，是商业竞争日趋激烈，徽州商人为了战胜竞争对手，有结成商帮的必要。而这两个条件只有到明朝中叶才能具备。

前资本主义时代，商业资本的积累离不开长途贩运贸易的发展。在中世纪的欧洲，大商人集团首先就是在国际贸易中发展起来的。国际性的大市场为当时商业资本的活动提供了广阔的天地。因为在这种长途贩运贸易中，商人可以充分施展其"侵占和欺诈"的伎俩，利用不等价交换获取厚利。所以恩格斯说："至少在当初，商人资本只能从本国商品的外国购买者，或外国商品的本国购买者手里取得利润。"① 中国虽然不是海上贸易国家，商业资本主要是在国内贸易中发展起来的，但中国商业资本的积累和大商人集团的形成同样离不开长途贩运贸易的发展。在中国，虽然自古就有"富商大贾，周流天下"的现象，然而在自然经济牢固统治的时代，可供长途贩运的商品种类不多，数量不大，贩运贸易的规模受到极大的限制。在这种贸易的基础上虽然也曾出现过一些豪商巨贾，但毕竟人数不多，互相间的竞争也不够激烈。所以那时候，各地方的商人既无形成商帮的实力，也无形成商帮的必要。直到明朝中叶，这种局面才有所变化。

明朝中叶以来，随着商品货币经济的发展，封建国家的赋役制度也产生了相应的变化。自金花银的征收到一条鞭法的推行，赋税折征货币的部分日益增加，以致占有赋税总额的绝大部分。这一变化既是商品经济发展的反映，又是促进商品经济发展的一个重要因素。赋税折银的结果，迫使生产者更多地出售产品，换取货币。大批产品投入市场，就使

---

① 恩格斯：《〈资本论〉第三卷的补充》。《资本论》第3卷，1966年版第1060页。

商品在当地难以销售，不得不向远方寻求市场，从而大大地促进了长途
贩运贸易的发展。尤其是纳赋的农民往往为时限所迫，不得不将其产品
低价出售以应急需，人为地造成了商品的价格与价值相背离的现象。这
种情况更为贩运商人压价收货牟取暴利提供了有利机会。在这种形势
下，长途贩运贸易遂以前所未有的势头发展起来。当时作为人民生活所
必需的工农业产品越来越多地被卷进流通领域，成为长途贩运的主要商
品。贩运贸易的规模日益扩大，贩运路线也日益延长。城市和市镇越来
越成为人宗商品的集散地和长途贩运贸易的起落点。许多农村的集市也
日渐改变了往日的闭塞状态而与遥远的市场发生联系。随着商品交换
"打破地方的限制"，贵金属白银也已成为主要货币，行用于全国各地。

　　由于长途贩运贸易的发展，徽商的商业资本也以前所未有的势头膨
胀起来。明嘉靖时，歙人吴柯认为"士而成功也十一，贾而成功也十
九"，遂弃儒服贾，果然"十致千金"[①]。经商致富的成功率虽未必如此
之高，但当时商品流通的扩大为商人牟利生财提供了绝好的机会则是事
实。徽商潘侃说："良贾急趋利而善逐时，非转毂四方不可。"[②] 他的话
可以说是道出了徽商致富的奥秘。徽商中绝大多数人都是在长途贩运活
动中发家的。所谓"徽歙以富雄江左，而豪商大贾往往挟厚赀驰千里，
播弄黔首，投机渔利，始可致富"[③]，确是当时的实情。万历《歙志》
中把"走贩"一行列为徽人经商的五大方式之首。他们如此重视贩运贸
易，正是因为这种活动会给他们带来迷人的厚利。徽州邻近商品经济最
发达的东南地区，徽人又有丰富的从商经验，这就使他们得领风气之
先，较早地在商业活动中大显身手。他们利用运河、长江及东南海运之
便，把五府地区的丝绸、棉布，扬州的食盐，景德镇的瓷器以及徽州当
地出产的竹、木、茶、漆、纸、墨、砚等运销全国各地，又把华北的棉

---

① 《丰南志》第 5 册。
② 《太函集》卷 14。
③ 歙县《许氏世谱》卷 6。

3

花、大豆，江西、湖广的稻米，长江中上游的木材运销苏浙，在贩运贸易中大获厚利，这就使徽人中迅速地涌现出一大批手握巨资的富商大贾。如休宁的商山吴氏则"家多素封"①，艳草的孙氏则"比屋素封"②，凤湖汪氏则"连檐比屋，皆称素封"③，歙县的竦塘黄氏则几乎全是"富等千户侯，名重素封"④ 的大贾。其他家族经商致富者也不胜枚举，致使当时的徽州以"富甲天下"⑤ 而著称于世。事实表明，在明朝中叶，徽州商帮正是以这一大批富商大贾为其中坚而发展起来的。而当徽商崛起之际，晋、陕、闽、粤等地的商人也都在长途贩运贸易中发展起来，在全国各地的市场上成为徽商强劲的竞争对手。为适应激烈的竞争形势，他们各自都有结帮的必要。于是商帮便作为商人组合的一种形式应运而生了。王士性说：徽人"商贾在外，每遇乡里之讼，不啻身尝之，醵金出死力，则又以众帮众，无非亦为己身地也。近江右出外亦多效之"⑥。这表明徽商结帮确是出自竞争的需要。在那个时代，商人只能利用他们天然的乡里、宗族关系联合起来，互相支持，才能在竞争中维护自己的利益。徽商如此，其他商人也莫不如此。连起步较晚的江西商人也起而效尤了。足见商帮是一个时代的产物，徽州商帮是同其他几个较早出现的商帮几乎同时形成的。在明中叶以前，徽人经商的事迹虽已屡见于记载，但由于那时长途贩运贸易的发展不足，使他们的活动受到极大的局限。那时徽人的商业活动，主要还限于把徽州的土特产品运载出山，换取邻近地区的粮食，以济徽人食用之不足。他们还没有在全国的大市场上活跃起来，其他地方的商人也尚未结帮而与徽人争利。在这种形势下，徽商显然是不会自行成帮而在商业界表演独角戏的。

---

① 《金太史集》卷7。
② 《太函集》卷52。
③ 《新安休宁名族志》卷1。
④ 歙县《竦塘黄氏宗谱》卷5。
⑤ 《肇域志·东南十一·徽州府》。
⑥ 《广志绎》卷3。

　　那么，徽州商帮形成的标志是什么呢？

　　商帮是一种松散的商人组合形式，它的形成是一个自发的渐进的过程。尽管如此，一个商帮的形成毕竟还是有其标志可寻的。徽商形成的标志主要表现为下述几个方面。

　　（一）徽人从商风习的形成。只有为数众多的徽人呼亲唤友四出经商，他们才可能在各地市场上形成帮伙。所以徽人经商风习的形成应该是徽州商帮形成的标志之一。徽人从商风习究竟始于何时，人们的看法也不尽相同。万历《歙志》称，正德以前，民间还是"妇人纺织，男子桑蓬，臧获服劳"的局面；正德末嘉靖初，从商之风始盛，"出贾既多，田土不重，操资交捷，起落不常"。老于徽州掌故的许承尧对这段记载曾提出异议。他说："吾许族家谱载，吾祖于正统时已出居庸关运茶行贾，似出贾风习已久，志（指《歙志》）殆举其概略耳。"[1] 许氏之说是很有道理的，因为在正德以前，徽人外出经商的事迹确已大量见于记载了。据我们的考察，徽人出贾之风大约始于成化（1465—1487 年）、弘治（1488—1505 年）之际。《溪南江氏族谱》载：江才早年立志经商，而苦于资金不足。其妻郑氏鼓励他说："吾乡贾者十九，君宁以家薄废贾也！"江才生于成化十年，成年后奔赴华北，经商致富。如果郑氏劝夫的一席话是在江才 20 岁左右说的，那么早在弘治初年，歙县溪南一带出贾之风已经很盛了。歙县竦塘人黄豹"少遭家啬，见邑中富商大贾，饰冠剑，连车骑，交守相，扬扬然，诩诩然，卑下仆役其乡人。喟然叹曰：'彼之夥夥者，独非人耶'"[2]。遂立志经商，终致富有。豹生于成化二十二年，他的少年时代正当弘治之初，足见那时竦塘一带的豪商巨贾已经炫耀于乡里，而经营商业已经成为人们竞相趋赴的致富之门了。万历《歙志·序五》载："长老称说，成弘以前，民间椎朴少文，

---

　① 《歙事闲谭》第 1 册。
　② 歙县《竦塘黄氏宗谱》卷 5。

甘恬退，重土著，勤稼事，敦愿让，崇节俭。而今则家弦户诵，黉缘进取，流寓五方，轻本重末，舞文珥笔，乘坚策肥，世变江河莫可底止。"就是说歙县先贤们是把当地风俗变化的关键时期放在成化、弘治之际的。而成书于弘治初年的《休宁县志》中也有"民鲜力田，而多货殖"的记载。看来，起码在休、歙两县的一些地方，民间出贾之风在成化、弘治之际确已形成了。

（二）徽人结伙经商的现象已很普遍。嘉靖时，徽州大贾程君经商于两广，"门下受计出于钱者恒数千人。君为相度土宜，趣物候，人人受计不爽也。数奇则宽之，以务究其材，饶羡则廉取之，而归其赢，以故人乐为程君用，而自程君为大贾，其族人无不沾濡者"①。可见当时徽人行贾，往往结成规模庞大的群体，其人数动以千计。这种群体是以宗族乡里关系为纽带结合起来的。在群体中，首领对众商在财力上予以支持，在业务上予以指导；众商则听从首领的指挥，协同行动。明中叶以来，类似这样的情形见于记载的很多。正如金声所说：休、歙"两邑人以贾故，挈其亲戚知交而与共事，以故一家得业，不独一家食焉而已。其大者能活千家百家，小亦数十家、数家"②。值得注意的是徽人的这种活动方式大约在成化、弘治之际就已经开始了。据记载，徽人许赠贾于正阳 20 余年，他"睦于亲旧，亲旧每因之起家，故正阳之市，因公而益盛"③。可见许赠贾于正阳时，已有一大批徽州商人在其指挥之下了。许赠生于景泰五年，弘治十七年卒于正阳。他在正阳为徽商首领的时间正是成化、弘治之际。汪道昆的祖父汪玄仪曾北游燕代，贩盐行贾，"诸昆弟子姓十余曹皆受贾，凡出入必公决策然后行"④。他率领昆弟子姓北上行贾也是弘治年间的事。

---

① 《弇州山人四部稿》卷 61。
② 《金太史集》卷 1。
③ 《许氏统宗世谱·处士孟洁公行状》。
④ 《太函副墨》卷 1。

（三）"徽"、"商"（或"徽"、"贾"）二字已经相连成词，成为表达一个特定概念的名词而被时人广泛应用。明中叶以来，"徽商"、"徽贾"等词已屡见于记载。从许多例句中可以看出，当时人们使用"徽商"一词时，徽商单个人的特征并不重要，重要的是他们的共同特征；而徽商的共同特征又与其他商人不同，他们是一群特殊类型的商人。就是说"徽商"既是从许多单个人的徽州商人特性中抽象出来的普遍概念，又是从"商人"这个属概念中划分出来的种概念。尽管在当时"徽商"一词还没有被当作表达单独概念的专有名词使用，但由于徽商有其共同利害，共同特征，他们又往往结伙经商，共同行动，所以人们在实际生活中早已把徽商视为一个群体了。万历《嘉定县志》载：南翔镇"往多徽商侨寓，百货填集，甲于他镇，比为无赖吞食，稍稍徙避，而镇遂衰落"，在这里，徽商的去留是采取统一行动的；南翔镇的无赖们则专门"蚕食"徽商，而不殃及其他商人，对于徽商则统统加以"蚕食"，而不区别对待；《嘉定县志》的作者则把南翔镇盛衰的原因归结为徽商的聚散。他们都是把徽商作为一个群体对待的。从这个意义上说，"徽商"一词的出现乃是徽州商人群体的形成在人们观念上的反映。值得注意的是早在成化年间，"徽商"一词就已在松江一带流行了。《云间杂识》载："成化末，有显宦满载归，一老人踉门拜不已。官骇问故。对曰：'松民之财，多被徽商搬去，今赖君返之，敢不称谢。'"松江是徽商早年最活跃的地方，徽商一词首先在这里流行是合乎情理的。

（四）作为徽商骨干力量的徽州盐商已在两淮盐业中取得优势地位。明初行开中法，那时徽人虽有赴边纳粮、办引行盐者，但毕竟受到地理条件的限制，竞争不过山、陕商人。及至成化末弘治初，开中折色法逐渐推行，使盐商得免赴边纳粮之苦，从而为徽商经营盐业提供了便利条件。所以开中折色法推行之初，徽人便乘地利之便，大批涌向扬州，把持盐利。这时山陕商人虽也纷纷南下与徽人争利，但他们远离故土，力不从心，其势力也不得不屈居徽人之下了。万历《歙志》称："今之所谓大贾者,莫甚于吾邑。虽秦晋间有来贾淮扬者,亦朋比而无多。"徽人在两淮盐业中的这种优势地位大约就是在明代成化、弘治之际开始形成的。歙县的竦塘黄氏等族这时已在两淮盐业中称雄了。如黄崇德业盐扬州,"博览多通,……及监司下询,则条陈利害,言论侃侃,监司辄可其议,下其法于淮之南北。夫淮海诸贾,多三晋关中人,好唾奇画策,见公言论,皆削稿敛衽从公,推公为纲"①。黄崇敬侨寓扬州"赀大饶裕","卒之日,贾者罢市,垒拥哭公"②。他们二人都是在成化、弘治之际发迹的。足见那时候徽人不但在两淮盐商中声势煊赫,而且手眼通天,可以左右国家的盐业政策,其势力之大已使山陕商人难以抗衡了。明代的两淮盐利最大,徽商在两淮盐业中取得优势后,便迅速扩充了财力。他们或在经营盐业的同时兼营其他商业,或支持其亲友同乡从事各种商业活动。这对徽州商帮的形成与发展具有十分重要的意义。

总之,徽州商帮应是成化、弘治之际形成的,这时徽州商帮形成的标志都已显现出来了。

二、徽商发展的几个阶段

徽州商帮自形成至解体的 400 余年中,其经营形态固然没有发生明显的变化,但就其势力的兴衰消长而论,则经历了四个不同的阶段。

从成化、弘治之际到万历(1573—1620 年)中叶的 100 余年间是徽州商帮的发展阶段。它的发展主要表现在下述几个方面:(1)徽人从商风习之盛。徽州山多田少,人口日增,经商谋生之路一旦打开,人们便蜂拥而出,求食于四方。徽州有谚语谓"以贾为生意,不贾则无望"③,

---

①② 歙县《竦塘黄氏宗谱》卷 5。
③ 万历《歙志·货殖》。

所以"人到十六就要出门做生意"①。徽州 6 县中除黟县、绩溪从商风习形成较晚以外,其他几县则出贾之风在明中叶已经很盛了。如歙县则"业贾者什家而七"②,休宁则"以货殖为恒产"③,祁门则"服田者十三,贾十七"④,婺源则贩运木材和茶叶已成为人们谋生的重要手段。从商风习之盛,反映在人们的价值观念上也有所变化。当时徽州"右贾左儒"之说颇为流行,而获利之多寡竟成为评量人物贤与不肖的主要依据。(2)经营行业多。徽商经营的范围极广,"其货无所不居"。随着社会分工的扩大,于是人民生活所必需的盐、茶、木、粮、布、丝绸、瓷器等等工农业产品也越来越成为他们所经营的主要商品。由于商品货币经济的发展,徽商中开设当铺,从事货币经营的人也随之增多。在上述各行业中,徽商人数之多,经营规模之大都是前所未有的。尤其是盐、典、茶、木四大行业之盛更为当时其他商帮望尘莫及。还有许多徽商并无固定行业。他们或一人身兼数业,或随时间地点的不同而变换其经营内容,以机动灵活的方式牟取更高利润。这种做法固然与市场发展的不充分有关,但也从一个侧面反映了徽商的活跃。(3)活动范围广。由于商运路线的增辟和延长,市场网络的进一步发展,徽商的活动范围也随之不断扩大。为了从事商品贩运活动,其"足迹几遍天下"。他们或沿运河北上,奔走于华北各地;或沿长江一线,往来于川楚吴越之间;或经赣江,越大庾岭,入广东;或扬帆海上,贸贩于沿海各地。不但南北二京及各省都会是徽商辏集之地,而且"山陬海壖,孤村僻壤"也不乏他们的身影。故时有"钻天洞庭遍地徽"⑤ 之谚。(4)财力雄厚。徽商中出身于阀阅之家者固不乏人,但为数更多的则是为生计所迫外出谋生

————————————————

① 《豆棚闲话》第 3 回。
② 《太函集》卷 16。
③ 万历《休宁县志·舆地志》。
④ 万历《祁门县志》卷 4。
⑤ 《古今奇闻》卷 3。

的小商小贩。这些小商小贩虽然资本无多，但却富于商业经验和艰苦创业的精神，而当时商品经济的发展又为他们牟利生财提供了极好的机会。所以他们之中"挟一缗而起巨万"者比比皆是，这就使整个徽州商帮的实力得以迅速增强。万历时，徽商已是与晋商齐名而称雄于全国的重要商帮了。谢肇淛说："富室之称雄者，江南则推新安，江北则推山右。新安大贾鱼盐为业，藏镪有至百万者，其他二三十万则中贾耳。"①徽商财力之雄厚于此可见一斑。

从万历后期到康熙（1662—1722 年）初年的近百年间是徽商发展遭受挫折的阶段。这一阶段，徽商遭到来自下述几个方面的打击，实力大为削弱。（1）封建政权的横征暴敛。万历时，矿监税使四出搜刮，徽商罹祸尤惨。大凡矿监税使肆虐最甚之处，都是徽商辏集之地，徽商自然成为他们勒索的主要对象。宦官陈增、阉党程守训等，在大江南北及浙江一带"大作奸弊"，多次制造冤假错案，广为株连，使许多徽商倾家荡产。李维桢说："中贵人以权税出，毒痛四海，而诛求新安倍虐。"② 这是事实。天启时，魏忠贤又发黄山旧案，派遣吕下问专敕驻歙，"搜通邑殷实之户毒而刑之"③，其祸"延及于淮扬、天津、祥符、德兴、仁（和）、钱（塘）等县"④。在这场大狱案中徽商财力的消耗是难以估量的。（2）明末农民起义军对徽商的打击。李自成领导的农民军虽然实行"平买平卖"，保护商人的政策，但对为富不仁的豪商巨贾则坚决予以打击。而徽商处处与农民军为敌的态度，更加剧了农民军对他们的仇恨。故农民军所到之处，必以徽商为追赃比饷对象。大顺军攻克北京之后，"谓徽人多挟重赀，掠之尤酷，死者千人"⑤。徽州巨商汪箕

---

① 《五杂俎》卷 4。
② 《大泌山房集》卷 69。
③ 《岩镇志草》。
④ 《丰南志》第 10 册。
⑤ 《干寇志》卷 10。

就是在这场追比之下丧命的。还有一些徽商迫于农民反抗的威力，以"多藏贾祸"为戒，因而焚债券，散资财，落得个囊空如洗，停止了商业活动。[①]（3）明清战争的破坏。清兵南下时，苏浙、湖广遭受战祸最为严重，而这两个地区恰恰是徽商最为集中的地区，他们受祸之惨是不难想见的。弘光政权建立之初，镇将高杰纵兵围扬州，"城外庐舍焚掠殆尽"[②]，使许多徽商的林园别墅化为灰烬。多铎率兵攻扬州时，徽商汪文德献银 30 万两，乞求清兵"勿杀无辜"，结果却换得个"扬州十日"的惨祸。顺治初年，清兵镇压东南人民的反剃发斗争，又使一大批徽商惨遭财毁人亡的厄运。湖广地区是明清争夺的主要战场，该地人民"死亡过半"，"千里无烟"。南明的军阀们又以筹饷为名，"募奸人告密，讦殷富罚饷，倾其产，分诸营坐饷"[③]。劫后余生的徽商自然也是罚饷的主要对象。明清之际兵连祸接，生产受到破坏，社会购买力下降，商运路线不通，凡此种种无一不严重影响着徽商的商业活动。金声说：新安商人"足迹常遍天下。天下有不幸遭虔刘之处，则新安人必与俱。以故十年来天下大半残，新安人亦大半残"[④]。赵吉士也说："明末徽最富厚，遭兵火之余，渐遂萧条，今乃不及前之十一矣。"[⑤] 他们的话都概括地道出了明清之际徽商受挫的总形势。

从康熙中叶到嘉庆（1796—1820 年）、道光（1821—1850 年）之际的一百数十年是徽商的兴盛阶段。这一时期，随着生产的恢复与发展，社会的安定，徽商也重新活跃起来。他们的实力不但得到了恢复，而且在许多方面还超过了明代：（1）徽人从商风习更为普遍。清代的徽州不但休、歙、祁门、婺源从商风习更盛，而且黟县、绩溪两县人也已经从

① 黟县《南屏叶氏族谱》卷 1。
② 《明季南略》卷 23。
③ 《永历实录》卷 7。
④ 《金太史集》卷 8。
⑤ 康熙《徽州府志》卷 2。

商成风了。明代的黟县"民尚朴实，读书力田，不事商贾"，入清以后则"始学远游，亦知权低昂，时取予，岁收贾息"，以资衣食。① 绩溪人直到乾隆初还是"惟守农业，罔事商贾"②，但自乾隆中叶以后，其外出经商者日益增多，他们的足迹遍于全国。胡适认为绩溪人的移徙经商构成了绩溪疆界以外的"大绩溪"，"若无那大绩溪，小绩溪早已不成局面"了。③ 绩溪是胡适的故乡，他的这个说法是可信的。徽州6县普遍盛行从商风习，自必扩大了徽商的队伍，增强了徽州商帮的实力。（2）徽州盐商势力的发展。万历末始行纲盐法，虽使徽州盐商累世享有行盐的专利权，然而行之未久，就遇到明清之际的大动乱，盐商聚集的扬州更惨遭浩劫，所以当时的徽商并未能因纲法的推行而真正受到实惠。康、雍、乾时期，由于生产的恢复，人口的增加，引盐的销量亦随之而大增，加之清廷又采取了一些"恤商裕课"的措施，于是经营盐业遂有大利可图。许多手握巨资的徽州富商纷纷占窝行盐，把持盐利。在扬州声势显赫的盐业世家大部分都是徽人。"两淮八总商，邑（歙）人恒占其四"④。徽州盐商在官府的支持下，坐享高额的垄断利润，财力猛增。乾隆时，他们中有资本多达1000万两者。如果把白银购买力降低的因素计算在内，那么他们的资本也比明代扩大了四五倍。（3）徽商在长江一线商业活动的扩大。明代国内贩运贸易的绝大部分还集中在沿运河一线的南北贸易上。及至清代，则不但南北贸易继续扩大，而且沿江一线的东西贸易也发展起来。明代全国共置8个钞关，其中7个都设在运河沿线，而长江一线仅有九江一关。万历时，九江关岁收关税银不过2.5万两，仅相当于沿河7关收入的8%。⑤ 而清代，则据乾隆时修

---

① 康熙《黟县志》卷1。
② 乾隆《绩溪县志·赋役》。
③ 《绩溪县志馆第一次报告书》。
④ 民国《歙县志》卷1。
⑤ 《续文献通考》卷18。

撰的《清朝通典》的记载，在长江流域设置的常关共有芜湖关、九江关、赣关、武昌关、荆关、夔关 6 处，岁收关税银近百万两，约相当于沿河诸关岁入的 85％。① 长江流域关税的猛增，表明东西贸易规模的迅速扩大。长江流域正是徽商称雄的地方，沿江贸易很大一部分都操于徽商之手。沿江贸易的扩大与徽商实力的增强是分不开的。（4）徽州会馆的普遍建立。明朝嘉靖、万历时，徽人虽在北京先后建立了歙县会馆和休宁会馆，但二者都是"专为公车及应试京兆而设"，并不许商人使用。② 始建于明代常熟县的梅园公所虽可以说由徽商所建而为徽商所用的场所，但其房舍无多，仅可作厝棺停枢之用。即使像上述类型的徽州会馆在明代还是罕见的。入清以后，则全国大小商业都会中几无不有徽州会馆，其中绝大部分都成了徽商的活动中心。南京上新河、江西景德镇等地徽人所建的会馆则径被称作"徽商会馆"，表明徽商在会馆中占有支配地位。③ 有的会馆不但规模宏大，而且还附设有新安码头、义学讲堂等以供徽商运货及培养子弟读书之用④。徽州会馆的普遍建立对于加强徽州商帮的凝聚力发挥着十分重要的作用。（5）徽商与封建政治势力的关系更为密切。明中叶以来，徽商结交权贵、贿通官府已司空见惯。入清以后则官商之间的结合进一步加强。一则清代大兴捐纳之例，为徽商猎取爵衔开了方便之门。当时不但富商巨贾荣膺高位者比比皆是，即便是中等之家也往往通过捐纳而列名于缙绅。二则随着徽商财力的增强，他们通过"急功议叙"的途径获得官爵的人也越来越多。清政府为奖励两淮盐商"捐输报效"之功，对他们频频加官晋秩，两淮盐商中几乎无一不被"恩泽"。歙商江春竟被加授布政使衔，荐至一品，并

---

① 《清朝通典》卷 8。
② 《道光重续歙县会馆志·续录后集》。
③ 光绪《婺源县志》卷 33、卷 35。
④ 《重修古歙东门许氏宗谱·观察蘧园公事实》。

"以布衣上交天子"①。这表明徽商与封建政治势力的结合已达到登峰造极的地步。

从道光中叶至清末的近百年间是徽州商帮的衰落与解体阶段。徽州商帮的衰落是从徽州盐商的失势开始的。道光十二年，清廷废除纲法，改行票法，徽商从此丧失了他们世袭的行盐专利权。而清政府迫于财政困难，又严追他们历年积欠的盐课，更使许多徽州盐商因之而破产。徽州盐商向来是徽州商帮的中坚力量，徽州盐商的失势不能不使整个徽州商帮的势力大为削弱。太平天国革命期间，徽商的损失又极为惨重。当时长江中下游成了主要的战场，由于长江运道受阻，沿江贸易不能正常进行，致使"向之商贾今变而为穷民；向之小贩今变而为乞丐"②。在这些商贾小贩中自然有许多就是徽人。徽州向来是鲜遭战祸的地区，但这时却成了太平军同清兵激烈争夺的地带。许多徽州富商聚居的村落、城镇遭受战火的洗礼。曾国藩驻师祁门时，更"纵兵大掠，而全郡窖藏为之一空"③。徽州经此浩劫，"男丁百无一二，有妇人随人，不计一钱而任人选择者"④。徽商受祸之惨可见一斑。西方列强的侵略给予徽商的打击尤为沉重。由于洋纱、洋布、洋颜料以及南洋木材的进口日增，使徽州布商、木商的生意大受影响。钱庄、银行业的兴起又使徽州典商丧失了在金融业中的原有地位。于是徽商所赖以支撑残局者只有茶商和丝绸商两个主要行业了。五口通商后，丝、茶的外销量大增，成为主要的出口商品。徽商在经营徽茶、湖丝的贸易中向有坚实基础，而当时的上海已取代了广州，成为丝茶外销的主要港口，给徽商就近经营提供了方便。因此徽州茶商和丝商的生意一度兴旺起来。然而为时不久，由于捐厘课税的不断增加，削弱了我国茶叶和生丝在国际市场上的竞争力。

① 民国《歙县志》卷 9。
② 《新增经世文续编》卷 43。
③ 《五石脂》。
④ 《清稗类钞》第 15 册《婚姻类》。

洋商又乘机操纵市场压价收货，致使华商"连年折阅"，形成"十商九困"的局面。① 光绪中叶，徽州茶商和丝商都已亏本折利而难以支撑了。为了适应经济形势的变化，有些徽商毅然改变传统的经营方式，走上了兴办实业的道路。他们在制茶、缫丝、棉纺、瓷土开采、制瓷等业中都做过一些尝试。但在帝国主义和封建势力的压迫下，他们的努力收效甚微，并未能使徽商摆脱困境。当着徽商日趋衰落的时候，我国商人的组合形式也在逐渐变化。道光以后，按行业组成的商人公所日渐增多。清末民初，商人公所又进而演化为同业公会，并在这个基础上形成了商会。同行关系日益淡化着同乡关系。于是以乡族关系为纽带而结成的徽州商帮逐渐趋于解体。此后徽人之经商者虽在各行各业中犹不乏人，然而徽州商帮则成了历史上的名词，其兴衰演变之迹遂成为史家们详加研究的课题了。

纵观徽州商帮的历史，不难发现，其兴起、发展、衰落的轨迹恰与明清两朝的政治经济形势的演变相一致。徽州商帮是我国封建社会晚期商品经济发展到一定阶段上的产物，它的发展曾对当时商品经济的发展和市场的繁荣发挥过积极作用。然而它毕竟是以封建的乡族关系为纽带而结成的商人群体，其资本又主要是在流通领域中凭借封建政治权力积累起来的。因而它始终只是封建政治势力的附庸而没有走上独立发展的道路，其势力的消长也不得不受到政治形势的极大影响。当着社会性质发生根本变化时，它也不可避免地随着封建制度的衰落而趋于解体。

_____

① 《曾文襄公奏议》卷 25。

第二章
徽商的资本积累

明朝中叶，徽州商帮中就已出现了一大批手握巨资的富商大贾，其中"藏镪有至百万者"，降及清朝乾隆年间，竟有"富至千万"的大商人出现。其资本增殖的速度之快、数额之多都是我国历史上所罕有的。那么他们巨额的资本究竟是怎样形成的呢？我们认为，徽州商人大多出自贫下之家，当其经商之初，一般都是资本不多的小商人。他们的资本主要都是在商业活动中积累起来的。明清时期商品经济的发展，为徽州商人买贱卖贵盘剥生产者与消费者，提供了有利的条件。他们或从事长途商品贩运活动，从商品的地区差价中获取厚利；或从事商品囤积活动，从商品的季节差价中获取厚利；或在封建政治势力的支持下，经营垄断贸易，利用垄断价格，获取厚利。他们还善于利用贷资经营、合资经营以及委托经营的方式，把他们的资本组合起来，形成规模庞大的资本集团，以便更有效地利用资本，在买贱卖贵的活动中，牟求更为丰厚的利润。马克思说："贱买贵卖，是商业的法则。所以那不是等价物的交换。"[①] 徽州商人正是利用不等价的交换，一方面榨取农民小生产者，另一方面又从地主、官僚手中瓜分到

---

① 《资本论》第3卷，1953年版第369页。

一部分剩余产品，使他们的资本愈积愈多，而成为一个财力雄厚的商帮，活跃于全国商界。

一、徽州商人的小本起家

在考察徽州商业资本形成的问题上，众说不一。有的学者认为榨取佃仆的剩余劳动是徽州商业资本的一个重要来源，故徽州向有"阀阅之家，不惮为贾"之说。的确，徽州大贾出自缙绅之门者并不罕见。这种商人当然可以把他们的封建剥削收入转化为商业资本，并在商业活动中使用佃仆劳动。这种情况对于徽商资本的形成与发展自然会起到某种程度的作用。然而对于这种作用似不宜估计过高。据我们的考察，徽商中出自地主缙绅之门者只是少数人，而出身于贫下之家者则占绝大多数。后者都是迫于生计而不得不出外经商的小商小贩。他们虽然资本无多，但却能以小本起家，在商业活动中逐渐发财致富。徽州的豪商巨贾往往出自他们之中。就这些商人而论，他们资本的来源和积累都是同剥削佃仆的制度没有关系的。

据记载，明朝中叶徽州的休宁、歙县、祁门等县已是"服田者十三、贾者十七"，"十三本业，十七化居"了。① 这些记载虽不免有所夸张，但当时徽人经商者已占当地人口很大一部分则是事实。在这样多的经商人口中，出自地主缙绅之家者显然只能占少数. 金声说："歙、休两邑，民皆无田，而业贾遍天下。"② 顾炎武也说：徽人"中家而下，皆无田业，徽人多商贾，盖其势然也"③。足见徽商中的大多数人都是

① 万历《祁门县志》卷4；《太函集》卷52。
② 《金太史集》卷4。
③ 《天下郡国利病书·江南20》。

出自"无田业"的贫下之家，他们在其经商之前并无佃仆可供剥削，当其经商之后亦无佃仆可供役使，都是从小本生意做起的商人。清人洪玉图在其《歙问》中写道：

> 歙山多田少，况其地瘠，其士骄刚，其产薄，其种不宜稷梁，是以其粟不支，而转输于他郡，则是无常业而多商贾，亦其势然也。矧近者比岁不登，鲜不益窘矣。兵燹之余，日不能给矣，而又重之以徭役，愈不能安矣，又安能不以货殖为恒产乎？是商以求富，非席富厚也。

他的话可以说是如实地道出了徽人经商的缘由：就大多数徽人而言，他们是借经商以求富，并非恃其富有而经商的。徽人之所以汲汲于求富，说到底就是因为他们太穷了。徽州山多田少，耕地瘠薄，粮食不足自给，人民的生活本来就很困难，加之赋役繁重，社会动乱，灾荒迭作，又无不加深了徽人的灾难。而明中叶以来，徽州邻近地区，如苏浙等处商品经济的发展，又恰恰为徽人开辟了一条经商谋生之路，于是徽人遂相率"以货殖为恒产"，而辗转谋食于四方了。万历《歙志》称："谚语以贾为生意，不贾则无望，奈何不驱驱也。以贾为生，则何必子皮其人而后为贾哉！人人皆欲有生，人人不可无贾矣。"① 在徽州，经商已成为人们谋生的重要手段，几乎人人都要参与其事，并非只有富若子皮的地主老财们才热中于此道。这确是当时的实在情形。

徽商中的大多数人虽然出身寒微，在其经商之初只能从小本生意做起，但他们却有一套赚钱的本领和艰苦创业的精神。其中许多人都能在商品经济日趋发展的条件下，把生意越做越活，使资本越积越多，终于跻身富商大贾的行列。这批商人，人数众多，经营范围极广，是徽州商

---

① 万历《歙志·货殖》。

帮中最活跃的力量。如果没有他们的发财致富，那么徽州商帮的兴旺是不可能的。所以在考察徽商资本形成和发展的问题时，许多徽商以小本起家而发财致富的事实是不应该被忽略的。

　　明清时期，徽州商人以小本起家而发财致富者史不绝书。明朝成化、弘治年间，歙人江才3岁丧父，家道中落，无以为生，13岁时不得不与其兄"屠酤里中"。后来兄弟二人奔赴杭州，开了一个小铺子，零星出售盐米杂物。二人尽管省吃俭用，努力经营，但终因本小利薄，所获不足以奉亲。江才遂发愤远游，决心在商业上闯开一条致富之路。他奔走于青齐梁宋之间，贩运商品，牟取厚利，果然使资本越积越多。当他40岁时，居然成了腰缠万贯的大贾了。江才发迹后，荣归故里，广置田园，大兴宅第；其季子江珍还考中了进士，跻身于官僚之林。江家遂由一个破落户一跃而为有钱有势的大财主。① 明朝中叶，歙人吴荣让8岁丧父，家中只有薄田三四亩，祖父、祖母年事已高，唯母一人独任劳作，全家老幼食不果腹。官吏又屡屡登门逼索赋税，更使他们难以支应。荣让自幼就为生计所迫，不得不上山打柴，艰苦度日。16岁时，他便跟随亲友远赴松江经营小本生意。起初，他的资本少得可怜，但经过数年的努力，终于赚得了一笔资金。荣让致富后，便在浙江桐庐县购置了大片荒山野地，招徕农民前往垦殖，种植茶、漆、栌、栗等经济作物，获利甚厚。为时不久，荣让竟成为家产巨万的富翁，其宗族子弟前去投奔者不下数十人。② 歙人阮弼虽是出身于殷实之家，但他的父亲每每助人为乐，甚至不惜借贷钱物接济他人。天长日久，不但耗尽了家财，还背上了数百两银子的债务。阮弼幼时就塾读书，后因无力缴纳学费，不得不改业学医。可是当地习医者比比皆是，而求医问病者反倒寥寥无几。眼看借行医以求温饱也是难以实现的梦想，在百般无奈的情况

① 歙县《溪南江氏族谱·处士终慕江翁行状》。
② 《太函集》卷47。

下，他被迫走上了经商谋生之路，在芜湖经营色布贸易。不久，他就从一个小牙侩发展成作坊主。他的产品销路甚广。一时间，许多通都大邑都出现了他所设立的分局。阮弼的生意越做越大，终于成为芜湖商界的头面人物。① 明人蔡羽在《辽阳海神传》中曾描写徽人程宰经商致富的曲折经历：正德年间，程宰远赴辽阳经商，不幸生意失利，蚀尽了本钱，不得不受雇于人，在一家商号里充当掌计。后来他得到辽阳海神的启示，竟以 10 余两银子的佣值作本，在药材、棉布、彩缎等商品的贸易中，屡屡获利，仅四五年，就赚得白银数万两。清代小说《儒林外史》中还有一段奴仆经商致富的故事：徽商万雪斋原是徽州盐商程明卿的家奴。他从小充当明卿的书童，十八九岁时，被程家用作"小司客"，专替主子到衙门中去跑腿学舌，办理些琐碎事务。雪斋利用当小司客之便，每年都攒了几两银子作本钱，先带小货，后弄窝子，几年工夫就赚得四五万两银子。他用这笔钱，从主子家赎回了卖身契，买了房子，自己行盐，成了独立经营的盐商。后来，他竟发展为拥资数 10 万的大贾，还娶了个翰林的女儿为媳。② 程宰和万雪斋的故事虽是出自小说家的手笔，但都是现实生活的真实反映，表明当时社会上类似的现象并不是罕见的。从上列数例中可以看出，徽州的富商大贾往往出自贫下之家：他们或来自农民，或来自雇员，或出身于为人役使的奴仆，或出身于家境清寒仕途无望的士子，多以小本起家，逐渐发展而为大贾。此外在徽州的下层人物中，如佣工、缝工、船夫、簁夫、樵夫、放牛的乃至乞丐等人也往往有经商而致富的。为了节省篇幅，这里姑且列表以示其例。

　　表中所列的人物都出身于社会下层，在其经商以前几乎一无所有，而当其经商之后却能日趋富有。他们的财力虽未必已经达到了"上贾"的水平，但通往"上贾"之路毕竟被他们闯开了。

---

① 《太函集》卷 25。
② 《儒林外史》第 23 回。

姓名	籍贯	经商前境遇	致富后简况	资料来源
江应萃	婺源	家贫往浮梁为佣	积累资金自开瓷窑	光绪《婺源县志》卷28
李士葆	婺源	家贫佣工芜湖	贷本经商，家道隆起，捐银千两建造会馆	同上卷34
王学炜	婺源	少贫为人佣工	业木于泰州致富，捐资修桥筑路赈灾"不惜巨资"	同上卷34
程鸣岐	婺源	幼时极贫，佣趁木簰	贷赀贩木，渐致饶裕，捐银兴义举，动以千百两计	同上卷35
汪光球	婺源	初家贫，习缝工	业木苏州，积赀2万两	同上卷35
倪尚荣	祁门	家贫，采薪以奉亲，嗣习操舟业	贾于鄱湖闽水间，家道日隆。后以五品衔授奉直大夫	《祁门倪氏族谱》续卷
佚名	休宁	家贫，行乞度日	得同邑人资助经商致富，累资2000余金	康熙《徽州府志》卷15
章定春	绩溪	幼极贫，为人饭牛	贾于孝丰，致富，捐赀赈灾修路所费甚多	绩溪《西关章氏族谱》卷24

　　徽人经商首重盐业。盐商获利甚厚，而所需的资本亦多，"非巨商贾不能任"①。所以徽商之富莫过于盐商。然而稍加考察便不难发现，徽州的大盐商也往往并非出自地主缙绅之门，而以小本起家的商人居多。明朝成化、嘉靖年间，歙人黄豹"少遭家啬"，后来出贾湖广，"董董物之所有，贸迁而数致困"。坎坷的经历使他认识到，如果久居荆襄

————————————————

① 《松窗梦语》卷4。

经营小本生意，仍难摆脱贫困的命运，遂毅然奔赴扬州，经营盐业。果然"一年给，二年足，三年大穰，为大贾"。后来，他的儿子黄锜继为盐商，每为众商推举，向官府呈述建议，多被采纳。看来黄锜已是两淮盐商中的头面人物了。[①] 嘉靖年间，婺源人李大鸿，3岁而孤，家赀丧尽，"族牟尽藐焉无依，如线之脉几危矣"。大鸿成年后，商于金陵，为下贾。但他不以贫困而气馁，"即囊橐不充，志存远大"，在他30岁时竟能"业抗中贾"。此后又经数年的努力，他的财力已经"足当上贾"了。大鸿发财后，投资盐业，并在当涂开设两个当铺，"贾人咸西面事之为祭酒"，成为声势显赫的大盐商。[②] 清代大盐商鲍志道虽是名门大族之后，但志道幼时家道中落，穷到"无以为生"的地步。他11岁就为生计所迫，远赴鄱阳学习会计，后来辗转于金华、扬州以及湖广各地，未能找到出路。20岁时，再赴扬州辅佐吴太守经营盐业；太守因以成富，而他自己也积累了业盐的经验。此后他遂"自居积，操奇赢，所进常过所期。久之大饶，遂自占商籍于淮南，不复佐人"。志道发迹后，以赀重引多、办事干练，被推为两淮总商。他在任20余年，名重江南。长子漱芳继为总商，深得朝廷信任；次子勋茂应召试，取列一等，授内阁中书，历官至通政使。[③] 歙人鲍尚志的曾祖曾为盐商，家称素封，其后日渐败落，即至尚志出生时，则其家"窭甚矣"，不得不靠祖母、母亲为人缝补衣裳维持生活。家中经常是两天才做一顿饭，其窘困的程度非同一般。尚志刚满12岁便在兰溪一家当铺内当学徒，起早睡晚，受尽折磨。店主每逢初一、十五才供徒工们一餐肉食。尚志得肉，必和以盐酱，封贮罐内，以便托人带回家中，孝敬祖母。尚志成人后，在会稽为一家盐商料理盐务，前后达10余年之久，依然穷困潦倒，两手空空。后来，他向亲友贷银200两，以贱价质押了东江盐场的倪茂

---

① 歙县《竦塘黄氏宗谱》卷5。
② 婺源《三田李氏统宗谱·恩授王府审理正碧泉李公行状》。
③ 歙县《棠樾鲍氏宣忠堂支谱》卷21。

芝盐灶，精心管理，颇获厚利，从此便开始了他的业盐生涯。其后，他的儿子直润继其业，一面经营盐灶，一面认江山口岸为引地，把盐的生产与运销结合起来，遂使利润大增，"拓业数倍"，成为大盐商。道光末年，直润以助饷有功，议叙盐课提举司提举衔，例授奉直大夫。① 歙人闵世章少孤贫，9 岁辍学。长大后发愤自学，粗通文史。一日读《史记·蔡泽传》，对蔡泽赤手而取富贵的事迹赞叹不绝，遂立志法其所为。世章只身奔赴扬州，为一家盐商管理账目。数年之间，他摸清了盐业的行情，于是自筹资金，独立行盐。后来他终于成为"累赀巨万"的大盐商。② 顾炎武说：徽州"大贾（资本）辄数十万，则有副手，而助耳目者数人……他日计子母息，大羡，副者始分身而自为贾。"③ 鲍志道、鲍尚志、闵世章等人大概就是从这种副手起家的。从上述数例中不难看出，经营盐业固然需要雄厚的财力，但也并非是出身清寒的人所不能问津的。许多小本起家的人，先从经营其他商品下手，逐渐积累资本，然后投资盐业，照样可以成为大盐商。还有一些大盐商的副手，尽管身无分文，但也可从大盐商手里分得红利，然后独立经营，发展成为大盐商。

日本学者藤井宏把徽州商人商业资本形成的方法归纳为 7 个类型，即所谓共同资本、委托资本、婚姻资本、援助资本、遗产资本、官僚资本和劳动资本，并指出：劳动资本就是"依靠自己劳动，渐次积累的资本，这是商业资本最原始形态之一。上面所列举的 6 种资本，如更追溯其渊源，其根源于劳动资本者居多。特别是共同资本在其合资前的各个零细资本，其属于劳动资本的情形，是相当的多"④。就是说，徽州商业资本的来源虽有多种渠道，但归根结底无非是来自个人劳动积累和封

---

① 《鲍氏诵先录》第 5 册；《歙县新馆鲍氏著存堂宗谱》卷 2。
② 《歙事闲谭》第 28 册。
③ 《肇域志·江南十一·徽州府》。
④ 《新安商人的研究》。《徽商研究论文集》，安徽人民出版社 1985 年版。

建剥削收入这样两个方面。在遗产资本、官僚以及其他类型的资本中，尽管有一部分可以追溯到地租和赋税，但它们毕竟不是徽商资本的主要来源。徽商资本主要还是来自个人劳动的积累。藤井宏先生的判断无疑是正确的。因为它如实地反映了一个事实：徽商中的绝大多数人都是出身于社会的下层。他们在其经商以前，并没有剥削收入可资凭借，故其经商之初只能靠自己劳动积累起来的少量资金充作本钱。他们之所以能够发财致富，主要是因为他们善于在商业活动中牟利，而不是因为他们在经商之初就已经拥有财力上的优势。胡适曾说："一般徽州商人多半是以小生意起家；刻苦耐劳，累积点基金，逐渐努力发展。有的就变成富商大贾了。"① 胡适是徽州茶商的后裔，对其家乡人的商业活动当然了如指掌。胡适与藤井宏之言同我们对这个问题的考察结果是完全一致的。

在我国封建社会里，"贫富无定势，田宅无定主"，人们的社会地位本来就是起落无常的。明清时期，由于商品经济的发展致使这种升降浮沉的变化更为剧烈，而在从商风习盛行的徽州，这种情况显得尤为突出。万历《歙志》称，歙县自正德末嘉靖初风气大变："出贾既多，田土不重，操资交捷，起落不常。能者方成，拙者乃毁。东家已富，西家自贫。高下失均，锱铢共竞。互相凌夺，各自张皇。"② 嘉靖以后，则这种形势愈演愈烈。就是说，由于经商风习之盛，使徽州社会里贫者与富者的地位都处于极不稳定的状态之中。贫者因经商获利而致富、富者因生意蚀本而败落的现象已是司空见惯的了。当时决定一个人或一个家庭兴衰成败的主要因素并不在于其原有家底的厚薄，而在于他本人是个"能者"还是"拙者"。在这里能者与拙者的差别主要在于是否善于经商。可见从商风习之盛对于徽州社会的影响是巨大的。然而这种影响并

① 《胡适口述自传》，华文出版社 1989 年版。
② 万历《歙志·风土》。

不能改变徽州社会的性质。因为徽州的富商大贾们虽然往往出自贫下之家，但当他们发财之后，并没有成为新的社会力量：他们总是热中于买田置地，猎取爵衔，挤进官僚地主的队伍中去，从而为地主阶级补充了新的力量。马克思说："一个统治阶级越是能把被统治阶级中的优秀分子吸收进来，它的统治就越是巩固，越是险恶。"① 明清时期，在从商风习盛行的徽州，中世纪的古旧状态反而显得更为牢固。其所以如此，不能不说是与上述情况相联系的。

二、商品贩运与徽商的商业利润

"贱买贵卖是商业的法则"。徽商的商业利润主要是通过商品的不等价交换取得的。长途商品贩运活动乃是实现这种不等价交换的一个重要途径。许多徽州商人都是在商品贩运活动中，利用商品的地区差价获取利润而发财致富的。

明清时期，由于商品经济的发展，社会分工的扩大，使越来越多的农民小生产者被卷入商品经济的旋涡。他们的生产在一定程度上已不再是为了自用或供给本地区的需要，而是为了在遥远的市场上销售；而他们所必需的生产资料和生活资料又有相当大的一部分仰赖于远方的供应。这就使得商品流通的规模日趋扩大，以致越来越多的粮食、棉花、棉布、丝绸、纸张、木材、食盐、茶叶、药材、瓷器、铁器、烟草、靛青等人们在生产、生活中的必需品都被投入市场，成为长途贩运的商品。由于商品的产地与销地之间距离遥远，分散经营的小生产者与消费者之间无法直接进行交换，因而必须由商人参与其事。这种形势就为徽

---

① 《资本论》第 3 卷，1966 年版第 704 页。

商从事长途商品贩运活动提供了极好的机会。

贩运商业利润的厚薄主要取决于商品地区差价的大小。明清时期，商品的价格因地而异，同一时间同一商品在不同地区的价格往往相差很大。这里姑以粮食、棉布的价格为例作些说明。在当时盛产稻米的湖广地区粮价颇贱，而粮食需求量较大的苏浙地区则粮价极贵，两者之间经常保持着很大的差额。兹据张建民先生的研究，将清前期两地粮价列表于后以资比较。

时间 （年、月）	江苏粮价 石/银（两）	浙江粮价 石/银（两）	湖南粮价 石/银（两）	湖北粮价 石/银（两）	苏浙与湖广 粮价差额 石/银（两）
康熙五十三年六月	0.9—1.0	0.85—1.2	0.68—0.75	0.67—0.75	0.53—0.1
五十五年六月	1.0—1.1	×	0.7—1.1	0.83	0.4—0.1
五十六年六月	0.82—0.94	1.2—1.3	0.6—0.75	0.74—0.75	0.7—0.07
雍正二年六月	1.25	1.45	0.76	0.93	0.7—0.32
四年四月	1.1	1.2	0.85	0.85	0.35—0.25
四年十二月	1.3	1.2	0.85	×	0.45—0.35
五年三月	1.3	1.4	1.09	0.95	0.45—0.21
十一年春	1.65	1.75	0.84	1.0	0.91—0.65
十三年四月	1.0	×	0.87	0.83	0.17—0.13
乾隆十八年五月	1.2—1.7	1.51—2.0	0.97—1.28	1.1—1.6	1.03—0.4
十八年十月	1.29—1.8	1.51—2.0	0.95—1.34	1.12—1.66	1.05—0.37
嘉庆元年三月	1.02	1.5—1.98	1.24—1.39	1.12—1.37	0.86—0.37
七年	1.15—1.44	1.49—2.05	1.31—1.46	1.1—1.46	0.95——0.31

注：本表据《宫中档康熙朝奏折》、《雍正朱批谕旨》和第一历史档案馆有关粮价单整理（见《中国史研究》1987 年第 4 期）。

从表中可以看出，苏浙与湖广两地粮价的地区差率是相当高的。若以苏浙的最高粮价与同一时间湖广的最低粮价相比较，则二地粮价的最大差率一般都在 50% 左右，有时竟高达 100% 以上。若以苏浙的最低粮价与同一时间湖广的最高粮价相比较，那么在表中所列 13 例中，苏浙粮价低于湖广者仅 4 例（即表中所列负号者），其余 9 例都是苏浙粮价高于湖广，其差率都达到 20% 左右。粮食虽然体重而价轻，但苏浙与湖广之间有长江水运之便，运输费用并不多，而且清朝政府为了平抑各地粮价，又往往命令税关减免粮食的通过税。在这种条件下，商人利用两地粮食差价从事贩运活动当然是大有厚利可图的。在当时，不仅苏浙与湖广之间粮食的差价很大，而且其他地区之间也往往如此。康熙时，山西乎遥知县王绶就曾写道：十三年来，"窃见关中米麦，每（银一）两则三四石有余，晋中价值，每两则四五斗而不足"①。乾隆时，"金华饥甚，谷米价踊，金邑去杭州四百余里，而杭米价减十之三四，诸富人皆货杭米以食，复拥积为居奇，其贫无资者辗转且入沟壑"②。乾隆时，汉阳歉收，徽商吴鹏翔"适运川米数万石至，计之可获利数倍"③。由此可见，粮食贩运商在许多地方都是大有生意可做，大有厚利可图的。

再以棉布的价格而论，棉布在其产地与销地的价格也是相差很大的。盛产棉布的松江府，在康熙前期标布每疋价银常在二钱左右，乾隆中叶每疋也不过三钱至三钱二分五厘。布一疋与米二斗的价格大约相当。嘉庆十一年，布价涨至每疋 400 文，米价则涨至每斗 300 文，棉布一疋仅相当于一斗余米之价了。④ 而西北与东北地区，则因气候寒冷，用布甚多，棉织业又不发达，所以布价极贵。乾隆时，山西"云（中）朔（乎）诸郡但知有耕，不知有织。……每布（一疋）值谷五六斗甚至八九斗、一石不等。以二三亩之所获，仅供一（疋）布之费"⑤。甘肃

---

① 光绪《平遥县志·杂录》。
② 《松溪文集》。
③ 嘉庆《休宁县志》卷 15。
④ 王廷元：《论明清时期江南棉织业的劳动收益及其经营形态》，《中国经济史研究》1993 年第 2 期第 94 页。
⑤ 乾隆《大同府志》卷 26。

的合水县则"丰年出斗粟，而不能易尺布"①。嘉庆时，陕北的肤施县
"每制一衣，必粜粮数石"。安定县则"每岁出数石粟，始成一件衣"②。
陕南地区则布之"精细者更值（银）七八钱"，约合制钱七八百文。③
东北地区布价之贵略与西北地区相仿佛。乾隆时，和其衷说："奉天各
处地多宜棉，而布帛之价反倍于内地。"④ 据有关档案记载，山东人李
士铎等在盛京铁岭以织布为生。乾隆五十九年，士铎赊布一疋给百四，
定价 8500 文。⑤ 时盛京流行的东钱每七八文至十文当制钱一文，则他所
赊出的一疋布约值制钱 850 文至 1200 文，合纹银一两左右。其价三倍
于松江。嘉庆二十年至二十四年，吉林将军富俊等曾多次奏报双城堡屯
田旗丁需用物品的折价清单。其中棉布一疋合银 1.5 两，口粮一石合银
2.5 两。⑥ 是布一疋约当口粮 6 斗之价了。这个价格约为松江布价之 5
倍。道光时，吉林地区仍然是"十亩之谷，不敌一衣之费，终岁之勤，
不得三冬之暖"⑦。粮贱布贵的局面依然没有改变。从上述记载中不难
看出，棉布在其产地与销地之间价格差距是何等悬殊！在这种形势下，
布商获利之厚就是很自然的事情了。

　　值得指出的是，从事贩运活动的商人，总是利用小生产者的贫困，
采用种种手段在商品产地压价收货，运至销售地点又故意抬高价格抛售
商品，人为地扩大商品的地区差价，牟取暴利。利用某些商品在生产上
的季节性，压价收货，便是他们的一个惯用伎俩。"堆垛粮食须在收割
之时，兑换布疋莫向农忙之际"⑧，就是他们的经验之谈。就是说，农

① 乾隆《合水县志·物产》。
② 嘉庆《延安府志·习俗》。
③ 嘉庆《汉南郡志》卷 27。
④ 《皇清奏议》卷 42。
⑤ 《清代地租剥削形态》第 238 页。
⑥ 《双城堡屯田纪略》卷 2。
⑦ 《双城堡屯田纪略》卷 5。
⑧ 《客商规略》。

民急于卖粮的秋收时节，正是商人压价收购粮食的大好时机；农闲的时候，民间才有时间纺纱织布，商人便可利用棉布大批上市的时机，压价收布。处在私租官税交逼之下的农民，自然无法逃脱商人所设下的圈套。利用各地年成丰歉之不同，扩大商品的购销差价，也是商人的惯用伎俩之一。如苏浙地区的农家多恃纺纱织布易米而食。"年荒米贵，则布逾贱，各贾乘农夫之急，闭门不收，虽有布无可卖处。"① 在这种情况下，商人既可高价卖粮，又可低价收布，而所收之布又可运至行销地点高价出售，转手之间，便把农民的膏血转化为自己丰厚的利润。采用赊销货物的方式索取高价，也是商人的一个惯用伎俩。如在陕南的洵阳县，"远贾来斯者，其初抱布而来。乡民本不知识，需者亦无现钱。每布一匹，其值仅钱三百，增价二百，则五百矣。若布二匹，应立千钱之券。贸者责之石麦之剂，盖市斗也。迨麦熟无偿，则又照价改券，加息责负矣。"② 照此办理，则布商不获数倍之利是不会罢手的。采用预付定金的方式，低价收货，又是商人惯用的一个伎俩。如商人"乘二麦未熟贫民待食之时，将钱文放给贫民，议定每钱一百文麦熟后交麦若干，或将别项粮食抬价借给，麦熟后压价收麦，名曰放帐"③，使贫民深受其累。此外，商人还往往贿通官府垄断贸易、利用牙行把持市场、采用欺诈手段坑害生产者与消费者。凡此种种无一不给贩运商业带来更多的利润。

　　正因为贩运商业获利最厚，所以当时的徽州商人几无不把这种活动视为发财致富的最佳途径。许多徽州富商大贾的巨量资本也的确是在这种活动中积累起来的。明朝中叶，歙人潘侃少从诸父入蜀经商。他对诸父的经营方式持有异议，认为"良贾急趋利而善逐时，非转毂四方不可。乃今走蜀道数千里，胡为坐困一隅"，于是从其父亲手中领取少量

---

① 《几亭全书》卷 25。
② 乾隆《洵阳县志·风俗》。
③ 《中国近代农业史资料》第 1 辑第 87 页。

资金，往来于荆扬吴楚间，从事商品贩运活动，果然发了大财。后来，他的两个儿子承袭他的做法，也都获取了丰厚的利润，积累起更多的资本。① 可见"转毂四方"、"逐时趋利"乃是徽州商人发财致富的奥秘。明嘉靖、万历时，休宁人查杰家境清寒；成年后，赴芜湖经商。他发现芜湖为"四通五达之途，此天所授转输地也"。于是以芜湖为基地，"独往来吴越扬楚间三十余年，业果骎骎起"②。查杰由穷变富的关键也在于从事长途商品贩运活动。嘉靖时，歙商许伴先"尝语诸人曰：……士农工贾，勇往为先。若我则贾业者也，或辞利涉之艰，则大事去矣，奚以充其囊橐，裕身肥家乎？于焉苦其心志，劳其筋骨以致富有"③。就是说，要想经商致富，就必须不避"利涉之艰"，从事长途商品贩运活动。看来，这一点已经成了徽州商人的共识。万历《歙志》中把徽人经商的方式归纳为五种："一曰走贩"，"二曰囤积"，"三曰开张"，"四曰质剂"，"五曰回易"。④ 其中走贩一种被列为五大经营方式之首，足以表明贩运商业已经成为当时徽商牟取厚利的最主要手段了。当时有人说："徽歙以富雄江左，而豪商大贾往往挟重货，驰千里，播弄黔首，投机渔利，始可致富。"⑤ 这确是当时实际情况的写照。徽州虽然素称"东南邹鲁"、"文献之邦"，但在商业利润的驱使之下，许多徽人也不得不把"父母在不远游"之类的儒家传统信条抛在一边，为了从事商品贩运活动而不惜离乡背井，奔走于全国各地。康熙《休宁县志》称："邑中土不给食，大都以货殖为恒产，因地有无以通贸易，视时丰歉以计屈伸。居贾则息微，于是走吴越楚蜀闽粤燕齐之郊，甚则逖而边陲，险而海岛，足迹几遍禹（宇）内。近者岁一视其家，远者不能以三四岁计。

---

① 《太函集》卷14。

② 《休宁西门查氏祠记》。

③ 歙县《许氏世谱·西皋许公行状》。

④ 万历《歙志·货殖》。

⑤ 歙县《许氏世谱》卷6。

彼岂不知有父母室家之乐哉，亦其势使然也。"① 就是说，休宁地少人多，故不得不靠经商谋生。"居贾则息微"，而行商则利厚，故不得不远走他乡，从事商品贩运活动。在这种形势驱使之下，竟使许多徽人无可奈何地背弃儒家孝养父母的信条，离别温暖的家庭，远出射利。由此可见商品贩运活动对于徽州商人是何等的重要了。

明清时期，徽商的足迹遍天下。然而稍加考察便不难发现，他们最活跃的地方大多不离当时国内的几条主要商业运输路线。

纵贯南北的大运河是当时重要的商运路线之一，而运河沿线的许多城镇恰恰是徽商辐辏之地。地处运河最南端的杭州是丝织业的中心、木材的集散地，又是两浙盐业的经营中心；而徽州的丝绸商、木商、盐商都在杭州拥有极大势力。两浙盐业几乎全由徽人所把持，官府所指派的盐商首领（即"甲商"）大多数都是由徽人充任的。杭州的木材贸易也多为徽人所经营，他们把皖南、闽、浙山区的木材运集于此，然后转运北方。杭州候潮门外，徽商用于堆放木材的场地竟达 3600 亩之多。② 徽州的丝绸商人更遍及于杭州府的城乡各地收购蚕丝绸缎，运销于全国。由于徽商在杭州人多势众，竟使杭州的某些地名都被打上了徽人的印记。在杭州钱塘江畔，徽人弃舟登岸处，被称作"徽州塘"③；徽州盐商居住的地方被呼为"徽州弄"④；歙县江村人聚居之处被名为"小江村"⑤。地处运河之滨的商业都会苏州，据记载"新安六邑多懋迁他省，吴门尤夥"⑥。徽商在该地的米、布、茶、木、丝绸、颜料等行商业中都占有极为重要的地位。清代苏州有染踹青蓝布的字号数十家，其产品运销全国。这些字号，大部分都是由徽人开设的。扬州是两淮盐业的经

---

① 康熙《休宁县志》卷 1。
② 《徽商公所征信录·序》。
③ 乾隆《杭州府志》卷 5。
④⑤ 仲毓龙:《说杭州》。
⑥ 《小万卷斋文稿》卷 18。

营中心，也是徽州盐商称雄的地方。在徽州盐商的支持之下，徽人在扬
州的各行各业中都很活跃。扬州的典当业，几乎全由徽人所垄断。史称
扬州"聚四方之民，新都为最，关以西、山右次之"①。足证徽人之聚
于扬州者为数甚多。近人陈去病称："盖扬州之盛，实徽商开之。"② 概
括地说明了徽人在扬州商业界的地位。淮安地近运河、淮河的交汇之
处，是运河沿线的一个重要的商业枢纽。而这里"布帛盐醯诸利数，则
皆晋徽侨寓者负之而趋矣"③。地当运道咽喉的临清，更是徽商最活跃
的地方。他们利用运河水运之便，把南方的丝绸、茶叶、棉布等等运集
于此，然后转销北方各地。由于商业的需要，徽人在该地的金融业中也
占有重要地位。明末临清有典铺百余家，全是徽浙大贾开设的。④ 万历
时，谢肇淛论及客籍士子在其侨寓之地参加科举考试的问题时说："山
东临清，十九皆徽商占籍。"⑤ 足见徽商在临清势力之大。徽州商人沿
运河北上，而经商于北京者人数更多。明朝嘉靖、隆庆年间，"歙人聚
都下者，已以千万计"。清朝乾隆时，徽商在北京开设当铺、银楼、布
店、茶行、茶店的人数更多，仅徽人经营的小茶店就有数千家。⑥ 此
外，在运河沿线的其他大小城镇中徽商也十分活跃。如山东省东阿县的
运河之滨，有个幅员数里的张秋镇。镇上最繁华的南京街就有许多徽
州、江宁、凤阳人开设的绸缎铺。⑦ 歙商汪某贾于徐州东南的房村驿，
以制曲酿酒致富，"由徐邳以达京师，诸贾悉受成如祭酒"⑧。浙江仁和
县滨临运河的塘栖镇"开典囤米，贸丝开车"者，多为"徽杭大贾"。⑨

① 万历《扬州府志·序》。
② 《五石脂》。
③ 康熙《淮安府志》卷1。
④ 乾隆《临清州志》卷11。
⑤ 《五杂俎》卷14。
⑥ 《歙事闲谭》第11册。
⑦ 《张秋志》卷2。
⑧ 《太函集》卷16。
⑨ 光绪《塘栖志》卷18。

　　横贯东西的长江也是当时一条重要的商运路线，而沿江一带的大小城镇，则大多是徽商称雄的地方。其具体情况，在"徽商在长江流域的经营活动"一章里再作详细论述。

　　由淮河溯流西上，经颍河、沙河、贾鲁河而达开封的路线是东南地区通向中原和西北各地的一条重要商运路线。在这条路线上，徽商也是十分活跃的。当时徽商之"行货于淮泗"、"经营于正阳"，"通财于汴"者屡见于记载。地当淮颍两河交汇之处的正阳关，恰是徽商辏集之地。明中叶，休宁人许赠贾于正阳二十余年，是该地财雄势大显赫一时的巨商。"士大夫过（正阳）者，无不礼于其庐"。许赠"睦于亲旧，亲旧每因之起家，故正阳之市，因公（许赠）而益盛"。许赠病逝后，"挽者近三千人，观者万人"①。颍河上游的太和县"南北商贾，舟车辏集。大体本土之人少，徽州、山陕之人多"②。明末农民军进攻太和时，徽商或捐资助饷，或登城守陴，成为对抗农民军的重要力量。③ 徽商之贾于开封者也是史不绝书。如歙人方原生，商游汴梁，深得"王公巨卿器重"④。方勉柔"从仲兄贾大梁……虽贵倨如周藩及诸戚畹亦且折节下交，争相引重"⑤。明末农民军围攻开封时，推官黄澍招募丁壮万人参加守城，名曰"义勇大社"。社分五营，其左翼营"皆徽、杭商人"⑥，足证徽商在开封人数之多。徽商经开封北走三晋，西入陕、甘者也大有人在。

　　由赣江溯流而上，越大庾岭，南入广东的路线是当时内地通向岭南的主要商运路线，也是徽人入粤经商的必经之途。徽人西出经商必

————

① 《许氏统宗世谱》。
② 万历《太和县志》卷1。
③ 《太和县御寇始末》。
④ 《方氏会宗统谱》卷14。
⑤ 《方氏会宗统谱》卷19。
⑥ 《豫变纪略》卷5、卷6。

经饶州（今波阳），故徽商"聚于饶者尤多"①。他们为了运货的需要，还在饶州彭家埠买地建房，专作徽人停泊货船之所。江西新建县的吴城镇，为"徽商辐辏之区"②。徽人的货船经由这里从鄱阳湖驶入赣江，扬帆而南可以直抵大庾岭下。在赣州、南康、南雄一线，为徽商盘运货物的挑夫不绝于道。为了货运的安全，徽商还通过官府立碑道旁，严禁挑夫偷盗货物。③ 岭南的广州更是徽商辏集之地。嘉靖三十五年（1556年），海道副使汪柏为了管制对外贸易，曾"立客纲、客纪。以广人及徽、泉等商为之"④。足见那时徽商已是广州最活跃的一个商帮了。入清以后，徽人贩茶入粤者越来越多，其势力当有所增强。

我国近海的北洋航线和南洋航线，是沿海数省的一条重要商运路线。早在明朝后期，徽苏闽浙之人就往往违禁入海，往来于辽东、山东、江苏等地，贸贩鱼虾、咸肉、米豆、果品、瓷器、竹木、纸张、布匹等物。⑤ 清朝顺治十二年（1655年）天津船户郭自立等揽载客货贩往山东。船行遇风，漂至庙湾。次年船只修复后，复揽载客货返航。搭船载货之客俱系"徽州、浙江、山陕、河南各处人"⑥。足见顺治十三年（1656年）清朝严申海禁之前，徽商一直活跃在北洋航线之上。⑦ 康熙二十四年（1685年）大开海禁之后，徽商的海上贸易又重新活跃起来。太仓州的浏河镇是当时的海港重镇，"东省、徽籍以及通属各省商人"辏集于此，参与海上贸易。"安徽商人金姓者，赍资本至浏河，始创造

---

① 《黟县三志》卷15。
② 《黟县三志》卷7。
③ 光绪《婺源县志》卷34。
④ 万历《广东通志》卷70。
⑤ 《海运新志》。
⑥ 《明清史料》已编第4本。
⑦ 严申海禁之谕在顺治十三年，见《清世祖实录》卷102。

海船"①。江苏赣榆县的青口镇是当时北洋航线上的另一个海港重镇。徽州叶同春、叶长春等商号在此经营海上贸易。他们把豆油、豆饼、山货等海运至浏河、上海等处发售，并将江南的棉布、纸张等运销于青口。② 在南洋航线上，徽商也相当活跃。嘉庆二十二年（1817 年）上谕称："闽、皖、浙商人贩运武夷、松罗茶赴粤销售，向由内河行走，近多由海道贩运，夹带违禁货物私卖。饬令茶商仍由内河行走，永禁出洋贩运。"③ 这表明，当时徽商经由海道运茶入粤的现象已经不是个别的了。

明清时期，苏浙地区商品经济最为发达，它与国内其他地区开始形成了比较固定的商品供求关系。而上述 5 条商运路线则恰以苏浙为中心，呈辐射状伸向全国各地。苏浙出产的大批丝绸、棉布、纸张、食盐、海货以及皖南的茶叶、景德镇的瓷器等大多经上述 5 路运销于全国，而苏浙所需求的粮食、棉花、木材等也主要经由上述 5 路从四面八方运销苏浙。这就使上述 5 路成为当时货运量最大的商运路线。而徽商则是上述 5 路上最为活跃的一个商帮。尽管他们之中或为行商，或为坐贾，经营形式各不相同，但他们都直接或间接地参与了商品贩运活动则是毫无疑问的。由此可见徽商在当时商品贩运活动中占有极重要的地位，而全国商业利润中很大一部分也由此而落入了徽商之手。

三、商品囤积与徽商的商业利润

自古以来，囤积居奇就是商人牟利的重要手段。但在商品交换尚不

---

① 《浏河镇纪略》卷 5。
② 《上海碑刻资料选辑》第 304—305 页。
③ 《清史稿》卷 124。

发达的时代，农民小生产者与市场的联系不多，他们的生产品除了交纳实物租税之外，就被储存起来供自己消费，很少被投入市场。这就使那时商品囤积的规模受到极大的限制，靠囤积居奇而发财致富的人也为数不多。明中叶以后，这种情况有了很大变化。由于工农业产品的日趋商品化，农民小生产者所必需的生产资料和生活资料有很大一部分必须用钱购买。自征收金花银以后，赋税折银的部分也日益增多。这些因素都使农民小生产者对货币的需求日益急迫了。因此，他们不得不在农作物收获之际，将其产品的很大一部分投入市场，换取货币，以应急需，而当时由于农民家庭手工业的发展，又使他们可以在其他季节里靠零星出售自己的手工业品，陆续购买粮食、棉花及其他农产品以供生产、生活上的需要，使小农经济的运转不致陷于中断。随着商品经济的日益发展，封建剥削的日益加重，农民小生产者的日益贫困化，致使越来越多的社会产品必须通过囤积商人之手才能进入消费环节。这就为囤积商人扩大其经营规模提供了有利条件。农民小生产者既然越来越多地仰赖商业资本为其承担储备职能，那么商业资本也就势必凭借这一职能扩大对农民小生产者的盘剥。明清时期，囤积商人遍布城乡各地。每当粮食、棉花、蚕丝等农产品大批上市的时候，他们便乘机压价收购，大批囤积；及至上述商品在市场上短缺时，他们又拼命哄抬价格，乘贵出售，人为地扩大商品的季节差价：在一买一卖之间获取丰厚的利润。清人章谦说：囤积商人"非至贱不籴，非至贵不粜，挟其至贵至贱之权，以乘小民之急，夫（小民）安得不困"①！这就是囤商盘剥农民的真实写照。这里试就《阅世编》和《历年纪》的记载，将清初上海粮食、棉花价格涨落情形列表于后以供参考：

————————

① 《清朝经世文编》卷39。

清初上海粮食季节差价示例

时间范围（年 月）	米价涨落（两/石）
顺治三年五月—三年七月	2—4
七年二月—七年九月	1—2.5
八年二月—八年六月	3—4.9
十八年十月—十八年十一月	1.5—2
康熙十五年十月—十五年十二月	0.6—1
十七年九月—十七年十二月	0.8—1.2
十八年三月—十八年八月	1.4—2
二十一年一月—二十二年八月	0.82—0.6
二十六年七月—二十六年十二月	1.3—0.9
三十年十二月—三十一年八月	1—0.7
三十二年六月—三十二年十二月	1.2—0.95
三十三年四月—三十三年八月	1.2—0.85

上表据《阅世编》、《历年纪》有关记载制作。

清初上海棉花季节差价示例

时间范围（年 月）	棉价涨落（两/石）
顺治十八年冬—康熙元年春	2—3
康熙元年春—康熙元年秋	3—2
康熙九年秋—康熙九年十月	1.7—4
康熙十五年九月—康熙十六年夏	2—3
康熙十八年秋—康熙十九年夏	1.5—3

上表据《阅世编》、《历年纪》有关记载制作。

从表中可以看出，清初上海粮棉价格涨落的幅度是很大的。有时在短短的二三个月之内，其价格竟猛涨一倍或跌落一半。清初上海粮棉价格的变化既然如此，那么明清时期其他地区其他商品价格的变化也就不难想象了。囤积商人丰厚的利润就是利用这种商品的季节差价取得的。

徽州商人一贯把囤积居奇作为牟利生财的一个重要手段。在他们中以"居积致富"、以"积著起家"的事迹是史不绝书的。明朝成化年间，休宁人许觊商于淮泗间，他"能观时变，以上下其殖，居积致富"，致使其家田园宅第"盛甲一乡"。后来他的弟弟许赠，竟成为正阳关最大的富商。① 嘉靖时，休宁人吴景芳"孳孳务力田，省耕敛，比岁入则时贵贱以为化居，因而积著佐之，不贾而给……居数十年，富倍上贾"②。明末休宁人汪璪11岁丧父，家境清寒。他后来贾于南陵，"终日营营，不遑暇食，居积成富"。他的三个儿子都能承袭父业，"富益充矣"③。嘉靖、万历年间，徽人张宗悦幼时家贫，尝为生活所迫，"佐父攻苦力作"。宗悦成年后，贾于开封。其从兄宗伯为他"决居积之策，不数年，贾大售"。宗悦发财以后，还把这套居奇营利的本事传授给他的几个弟弟，使他们一个个都成了囤积商人。④ 清朝咸丰时，徽人热中于囤积之风犹盛而不衰。黟县人余士鳌经营商业，"其为贾也，术习计然，故善居积"。他的资本在太平天国革命时期损失殆尽，而他居然能以仅剩的50两银子作本，重整旧业，主要就是靠他"善居积"的本事。⑤ 由于囤积居奇为徽人打开了致富之门，遂使许多读书向学的士子，也不安于在书本中讨生活，而纷纷弃儒经商，跻身于囤积商人的行列。嘉靖时，休宁人孙文郁以父命业儒，而他却不甘心"以臭腐为粱肉"，于是"举宗贾吴兴，率用积著起"⑥。明末徽人张光祖，弃儒经商，"时或值大利害事，每引经义自断，受益于圣贤心法最多"。他同其弟懋学"居货于临

① 《许世统宗谱》。
② 《太函集》卷62。
③ 《汪氏统宗谱》卷31。
④ 《新安张氏续修宗谱》卷29。
⑤ 黟县《环山余氏宗谱》卷21。
⑥ 《太函集》卷50。

江清江镇（即今江西清江县樟树镇）"，获利甚厚，以致"雄产乡邑"。①
他的居奇营利之道大概就是从"圣贤心法"中悟出的。这种本事堪称徽
州"儒贾"的一绝。

徽商之所以热中于囤积居奇，除了营利之外，还有一层原因：从事
商品囤积活动可以少冒风险。在当时，从事商品贩运活动固然可获厚
利，然而贩运商人不但免不了风涛之险、跋涉之苦，而且还常常遭受关
吏的勒索和牙行的侵欺，若不幸途中遇盗，则难逃财毁人亡的厄运。而
囤积商人则可以免遭这些风险，坐享厚利。所以有些徽人宁为囤积商而
不为贩运商。歙县《许氏世谱》在评述许晴川的事迹时就曾写道："徽
歙以富雄江左，而豪商大贾往往挟厚赀，驰千里，播弄黔首，投机渔
利，始可致富。翁（晴川）不越户庭，不施智巧，优游而居积之，赀累
巨万，甲于一乡，较之履危历远，劳逸之相去何如，富诚有足多矣。"②
许晴川的致富之道之所以值得称赞，就在于他从事囤积居奇活动，既无
"履危历远"之劳，又收"赀累巨万"之效。徽商中持有这种观点的人
看来不是个别的。所以有些徽州贩运商，当其积累起一定数量的资本以
后，便在他们认为合适的地点定居下来，从事囤积居奇。正德时，休宁
人程泰和与其兄泰真"携赀游江湖间，已而居货池阳（即贵池），日积
岁累，不十年，赀本以数千万计，丰富之名洋溢二郡"③。这就是贩运
商转而经营商品囤积的一例。嘉靖、万历年间，休宁人程令，年方十四
五岁，就远出经商，遍历通都大邑，从事商品贩运活动。数年之内，就
积累起资本上万两。有一天，程令忽然改变了主意，便同他的哥哥商量
道："数斗水波之恶以取利，有犯垂堂之戒，非道家宗旨也。二老在堂，
孔子云，游必有方，乃周行无所，非先师明训也。"于是寓居巢县为坐
贾，以便就近省亲。程令"极能知物，善用奇胜，其赢得过当，愈于骛

---

① 《张氏统宗世谱》卷8。
② 歙县《许氏世谱》卷6。
③ 休宁《率口程氏续编本宗谱》卷6。

远时。千里之内，贤人所以富，无如程次君（程令）兄弟之捷者"[1]。
程令由行商改坐贾，反而能获取更多的利润，其关键就在于"知物"。
计然云："知斗则修备，时用则知物"。知物者，知时用之物也，如"旱
则资舟，水则资车"[2] 之类。程令身为坐贾，而能藉知物以取富，舍囤
积居奇之外当然是别无他策。在贩运商业相当活跃的明清时期，徽商中
犹有很多人热中于囤积居奇，看来不是偶然的。

徽商从事囤积居奇的现象十分普遍，因此在明清小说中对此也有所
反映。明人蔡羽在其《辽阳海神传》中就曾描写徽商程宰居积致富的故
事：正德年间，程宰与其兄远赴辽阳经商，不幸亏本折利，耗尽了本
钱。兄弟二人羞于返乡被人耻笑，遂受雇于其他商人，料理生意，穷困
潦倒，一筹莫展。后来程宰在辽阳海神的启示下，从事囤积居奇。正德
十四年夏，有人贩药至辽阳，在其他药材脱手后，仅剩黄柏、大黄各千
余斤无人收购，竟欲弃之而去。程宰便用自己受雇所得的酬金 10 余两，
将二药全部买下。数日后，辽阳疫疠流行，急需黄柏、大黄治病。二药
供不应求，价格猛涨。程宰急将二药抛售出去，连本带利共得纹银 500
余两。又有荆州商人贩运彩缎入辽，不幸彩缎在途中受湿，发霉生斑，
难以销售。程宰遂以纹银 500 两乘贱购得彩缎 400 疋。一个多月后，宸
濠在江西起兵造反，朝廷急调辽兵平叛。出征的队伍急需赶制军服旗
帜，以便及时开拔，一时间，帛价大涨。程宰所囤积的彩缎竟获 3 倍之
价。次年秋，有苏州商人贩布入辽，其布大部分皆已脱手，仅余粗布
6000 疋无人问津，便以低价卖给程宰。正德十六年三月，明武宗"驾
崩"，天下官民皆需服丧，粗布遂成紧俏商品。程宰用银千两买得的粗
布，一下子就卖得纹银四千余两。他就如此这般地翻来翻去，竟在短短
的四五年内，由一个本钱不过 10 两银子的小商人一跃而为腰缠数万的

---

① 休宁《率口程氏续编本宗谱》卷6。
② 《史记·货殖列传》。

大富商。① 这个故事反映出当时囤积商人利用天灾人祸牟取暴利的现象是十分普遍的，而徽商则是最精于此道的一群商人。

在考察徽州囤积商人的活动时，还有一个现象值得注意：他们往往把"囤积"与"走贩"或"囤积"与"质剂"结合起来经营，借以牟取更多的利润。在当时，"走贩"固然可获厚利，但走贩"有关津舟车之劳不能久待也"，"有旅食赁宿之费以急于求售也"②，因此他们往往不能以最低的价格收货，以最高价格售货，从而不能获得最高的商业利润。为了弥补这一缺陷，有些徽商便把商品贩运与商品囤积结合起来经营。他们在商品的产地或销地寓居下来，作为囤积商品的基地，或在当地收购产品，囤积起来，等待时机运往他处销售；或从他处运来商品，囤积起来，等待时机在本地销售。万历时，"新安商人自楚贩米至吴，值岁大旱，斗米百五十钱，计利已四倍，而意犹未惬。请道士降乩问米价……道士未出门，庚火发，商人之米无遗粒"③。这个徽商在苏州建有仓庾，可以囤积粮食待价而沽，而他所囤积之粮则是从湖广贩运而来的。这显然是把贩运粮食和囤积粮食结合起来了。而这种结合的效果则是使商人赚得极为丰厚的利润。明清时期，往来于吴楚之间以及在苏州囤积粮食、哄抬粮价的商人，大多是徽商。在这些徽州粮商中，把囤商、走贩集于一身者，还大有人在。清朝雍正、乾隆年间，歙人喻起钟寓居浙江之兰溪，"稽米谷贵贱而出入之，或市其谷转输来吾郡（徽州）以粜焉"；乾隆十六年，年荒米贵，起钟有米 500 斛将要运到，"有为谋者谓，宜居其货，使价腾踊，则获利可千金，府君（起钟）弗听也"④。俞起钟既在兰溪囤积粮食，又在兰溪、徽州之间贩运粮食，显然是个囤商兼走贩的人物。仅仅为了不得罪于家乡父老，他才没有在徽州从事粮

① 蔡羽：《辽阳海神传》。
② 《清朝经世文编》卷 39。
③ 《坚瓠五集》卷 1。
④ 《松溪文集·代喻集美作先人行略》。

食囤积活动，否则他就在粮食的购地与销地二处俱行囤积了。《祁米案牍》中有一段记载称："饶郡所产之米，类多输入祁门以为销路。故祁门购办米商自古迄今循旧常川驻饶"。这些"祁门购办米商"大概也是连贩运带囤积一身二任的商人，否则他们又何必"常川驻饶"呢？由于把商品的囤积与贩运结合起来，兼而行之，可以赚取极丰厚的利润，故徽商中藉此致富的人是很多的。如嘉靖时休宁人程文灼"偕父兄走游都会，居著于汝之信阳。……君赞父兄疏川，互市居积，与时逐。贾遂大售，积金钱万计"[①]。休宁人程守仪同他的两个哥哥经商于楚，"居者坐货，行者走都会，输贷一心，同苦乐，不三数年，累致巨赀"[②]。歙人方汝梓"与仲氏挟赀游青、齐、梁、宋之间，转徙积贮，稍仿计然之画，贾乃大起，赀用益饶"[③]。上述数例足以表明，"转徙"与"积贮"并举确是徽商致富的捷径。

把商品囤积与放债活动结合起来盘剥农民，更是徽商的惯用手法。嘉靖时，休宁人程锁贾于溧水（今江苏溧水县）。"其俗，春出母钱贷下户，秋倍收子钱。长公（程锁）居息市中，终岁不过什一，细民称便，争赴长公。癸卯（1543 年），谷贱伤农，诸贾人持价不予。长公独予平价，囤积之。明年大饥，谷踊贵，长公出谷市诸下户，价如往年平。境内争德长公，莫不多其长者。长公乃部署门下客，分地而居息吴越间。当是时，长公已累数万金矣。"[④] 程锁放债则取息较低，籴粜粮食则持价比较公道，故能博得人们的称赞。然而他年轻时仅以"三百缗"起家，及至中年已成拥赀数万两的富商，偌大的资本究竟从何而来呢？事情很明显，这位"长者"致富的绝招就在于把囤积与放债结合起来，盘剥农民。年荒米贵之际，"细民"、"下户"自然没有足够的现金用以买粮，不得不向程锁借贷，次年秋收时又不得不贱卖粮食以偿债。这就使

---

①② 休宁《率口程氏续编本宗谱》卷 6。
③ 《方氏会宗统谱》卷 19。
④ 《太函集》卷 61。

程锁不但可以坐享债息，而且可以在囤积粮食中大捞一把。他这种一箭双雕的手法，把越来越多的农民牢牢地置于自己的盘剥之下，故能大发其财。嘉靖时，婺源人李大祈"知留都为江南要据，爰居积于市，权子母以便民"，资本越积越多，后来成为两淮大盐商。①歙人汪通保，初"以积著居上海"，资本"不逾中人"，后来兼搞放债，终成富甲乡里的巨商②。前文所述的程文灼，宗谱中称他"不为乾没恣睢之行"，看来他不但把囤积、走贩集于一身，而且还是个放债的能手，故能成其富。上述数例表明徽商中确有不少人是把囤积与放债结合起来盘剥农民的。

清代苏浙地区有一些囤商为了扩大其囤积规模，还同典商串通起来大搞囤当活动。他们事先向典户讲定较低的利息。每当粮、棉、蚕丝收获时节，他们便乘贱收购，当进典铺，取出质钱再买再当。在典户资本的通融下，囤商"约计一分本银，非买至四五分银数之米谷不止"。待至上述商品涨价时，囤商遂陆续赎出货物，高价出售，致使"小民一岁之收，始则贱价归商，终仍贵价归民。典商、囤户，坐享厚利，而小民并受其困"③。苏浙地区是徽州典商、囤户最活跃的地区。从事这种囤当活动的人当然少不了徽商。光绪《塘栖志》载，徽杭大贾多在该镇"开典囤米，贸丝开车"。所谓"开典囤米"指的就是这种囤当活动。

总之，徽州商人非常善于囤积居奇。他们采取了种种措施，扩大其经营规模，增加其盘剥对象，把广大农民小生产者的劳动果实转化成自己丰厚的利润。万历《歙志》中把"囤积"一项列为徽商第二个重要的经营方式，看来不是没有根据的。

---

① 婺源《三田李氏统宗谱》。
② 《太函集》卷28。
③ 《皇清奏议》卷44。

四、垄断贸易与徽商的商业利润

借助封建特权经营垄断贸易，是徽商牟取厚利的又一个重要途径。

（一）

明清时期盐的贸易是最主要的一种垄断贸易。封建国家的榷盐制度保证了一部分商人经营盐业的垄断特权，使他们可以尽情地扩大盐的购销差价，获取极为丰厚的利润。清人朱轼说："凡商贾贸易，贱买贵卖，无过盐劢。"[①]　这确是当时的实在情形。自然，在榷盐制度下，盐利中的很大一部分要以"课税"、"捐输"以及贿赂等形式被封建国家和各级官吏分割了去，然而真正落入盐商之手的那一部分利润仍然是相当多的。所以徽人经商首重盐业。明朝嘉靖时，徽商吴良儒说："吾乡贾者，首鱼盐，次布帛。"[②]　万历《歙志》在概括歙人商业活动的情形时说："其货无所不居，其地无所不至，其时无所不鹜，其算无所不精，其利无所不专，其权无所不握，而特举其大，则莫如以盐筴之业贾淮扬之间而已。"[③]　万历《休宁县志》则称："商贾之最大者举鹾，次则权母子轻重而修息之。"[④]　民国《歙县志》也说："邑中商业以盐典茶木为最著……彼时盐业集中淮扬，全国金融几可操纵，致富较易，故多以此起家。"[⑤]可知经营盐的垄断贸易在徽人的商业活动中一直占有极端重要的地位，徽州盐商丰厚的垄断利润乃是徽商商业资本赖以不断扩大的一个主要因素。

---

① 《清朝经世文编》卷50《请定盐法疏》。
② 《太函集》卷54。
③ 万历《歙志·货殖》。
④ 万历《休宁县志·舆地志》。
⑤ 民国《歙县志》卷1。

明清两朝盐法屡变，而每一次盐法的变革几乎都是在官商结合的路子上向前迈进了一步。因为在商品经济日趋发展的条件下，由官府直接经营盐的生产与运销的办法已经越来越行不通了。封建国家为了维护榷盐制度，保证盐利的收入，就必须取得商人的帮助，因而也就不得不给予商人某些特权和利益。清人汪𬀪就曾指出，盐法的制订要顾全"国课"、"商资"、"民食"三者关系。他说："民食壅则商资困，商资困则国课绌，一弊无不弊矣……商恃民以销盐，国恃商以办课，呼吸相通，首尾相应，一利兴而利无不兴。"① 可见官与商之间为分割盐利固然存在着许多矛盾，但二者利害与共的关系则是主要的。徽州盐商不但财力雄厚，而且善于行媚权贵，结交官府，是封建国家维护榷盐制度最合适的助手。所以随着盐法的演变，徽州盐商的垄断地位也在日益加强，他们的商业利润也在日益扩大。

明初行开中法，将灶户名隶官籍，所产之盐全部纳官。令商人纳粮边塞，按纳粮多寡及道里远近酬给盐引。盐引即是行盐的专利凭证，商人持引即可赴场支盐，在指定的区域行销。无引之盐即是私盐。贩私盐者治罪。统治者为了鼓励商人向边塞纳粮，往往把中盐则例定得很轻。如"永乐中，令商于各边纳米二斗五升或粟四斗准盐一引"②。宣德五年又规定，输米于甘肃、大同、宣府、永平、独石城等仓中盐者，每引准米自二斗至四斗五升不等。③ 宣德七年又进一步减轻纳米数额，规定："宁远、独石、肃州三处：淮浙盐每引米二斗五升；河间、长芦盐三斗；山东、河东、福建、四川、广东盐俱一斗五升。宣府、大同、山海、龙门、甘州、宁夏六处：淮浙盐每引三斗；河间、长芦盐三斗五升；山东、河东、福建、四川、广东盐俱二斗。"④ 明初的制度，每引

---

① 《清朝经世文编》卷50《盐法刍言》。
② 《清朝经世文编》卷50《盐法考》。
③ 《明实录》宣德五年十二月。
④ 《明实录》宣德七年四月。

为盐 200 斤。按照上述规定，即是商人输米 1.5 斗至 3 斗至边塞即可获盐 200 斤。那么，商人支盐行销于民间，每引又可获米多少呢？当时商人售盐的价格固然难以考证，但从官府规定的支食官盐者所纳盐价中可以推知其大概。据记载，洪武二十四年，令扬州府泰州灶户照温、台、处三府则例支食官盐，"每引二百斤，米四石"①。宋濂说，台州府"官卖盐一斤，责米二十五合"，并令将米运至杭州交纳，民甚苦之。② 可见苏浙沿海产盐地区民食官盐者，每盐 1 引责纳米 4 石、5 石不等。谈迁说，明初食官盐者，乡民每人每年给盐 2 斤 2 两 2 钱，"每斤纳米四升三合二勺二秒五撮"③。大约每引官盐值米 8 石有余。这大概是距产盐处较远地区的情形，故盐价较温、台、处等为高。正统元年，给事中鲍辉奏称："近者浙所属郡县籍记军民户口，月令纳米三升买盐一斤。其富商大贾持盐赴官，官为敛散，追征之急，过于赋税。"④ 则是在地近产盐处所的浙江，商运官销之盐，每引当米 6 石之价。由此我们可以断言，明初商人贩盐行销，每盐一引必定可以获米 5 石以上。姑以每引易米 5 石计之，则盐的销售价格当为收购价格的 16 倍乃至 33 倍。盐商为了报中行盐，固然还要在运输粮食、引盐以及贿赂官。府等方面付出极高的代价，但其获利之厚仍然是其他商人所不可比拟的。史称明初开中法，"榷利甚微而商获甚厚"，"商人之利亦什五焉"。⑤ 这些说法应该是合乎实际的。所以当时的徽州商人经营盐业者已经不乏其人。如明初婺源人许达"业商于江淮，时天下草创，盐课未盈，公（许达）率诸商宣力以资国榷，厚赏饶，业甲于乡"⑥。歙县棠樾人鲍汪如经营商业。洪武时，"边陲有警，募民上粮易盐。公（汪如）遂

---

① ④ 《续文献通考》卷 20。
② 《艺园续集》卷 4。
③ 《枣林杂俎》智集。
⑤ 《明史·食货志》。
⑥ 《许氏统宗谱·处士忠善公行状》。

运米，应云南军饷"①。歙县丰南人吴彦先生于嘉靖三十四年，其先世"七世业盐，客于淮海"②，则丰南吴氏早在明初已在盐业中初露头角了。他们之所以热中于经营盐业，正是为了追逐那迷人的垄断利润。

明初的开中法虽为盐商牟取厚利提供了条件，但也有其不利于商业资本活动的一面。首先，商业资本运行的正常形式应该是货币——商品——货币。而开中法却规定商人必须以粮易盐，即盐商必须采取商品——商品——货币的程序从事经营活动。就是说盐商为了获得商品盐，必须兼营粮商，并把笨重的粮食运往遥远的边塞；或在边塞兴办屯田，经营农业，就地生产粮食交仓。这不但极大地妨碍了商业资本的周转，而且也使商人无法专力从事盐的贸易，难以形成专业的盐商。尤其是对于远离边塞的徽人来说，纳粮边塞更为不便。其次，在开中法下，灶户所产之盐全部纳官，盐商取得盐引后必须向官仓支盐。这些制度把商人同生产者的联系完全阻隔开来，不但使商人无法直接盘剥生产者，借以扩大商业利润，而且也使他们难免于"守支"之苦。因为引盐既归官府直接控制，封建特权阶层就不可避免地要觊觎盐利，使"势豪占中"的现象愈演愈烈，从而造成商人空持盐引而官仓无盐可支的局面。以致有人自洪武时报中，直至宣德时尚未得盐。正统时，"商人有自永乐中候支盐，祖孙相代不得者"③。正因为开中法存在着这些不利于商人的弊端，所以从总体上说，经营盐业尚未成为当时徽人竞相趋赴的热门行业。

成化、弘治之际，明朝的盐法逐渐朝着有利于商人的方向演变。其一是开中折色制的推行。据记载，成化时已有商人纳银于盐运司而获取盐引的事例。弘治五年，叶淇将这种办法定为制度，谓之"开中折色"法。这时纳粮报中的办法虽然行而未废，但"卖支"的现象已趋于合法

---

① 《棠樾宣忠堂支谱》。
② 《丰南志》第 5 册。
③ 《明史·食货志》。

化了。商人纳粮报中取得盐引后，将引卖给他商支盐行销谓之卖支。这样一来，无论是"折色盐"还是"本色盐"，商人皆可用以银易引的办法取得商品盐，从而使他们免除了赴边纳粮之苦。其二是余盐的开禁。灶户按规定数额交纳灶课之后，剩余下来的盐谓之余盐。明初规定灶户的余盐必须全数交给官府，由官府酬给工本费，私卖余盐者治罪。后来由于生产的发展，余盐日益增多，而官府用以酬给工本的纸钞则日益贬值，于是私卖余盐的现象日甚一日，屡禁而不止。在这种形势下，官府遂不得不日益放宽余盐私卖之禁。余盐开禁之后，持有盐引的商人可以直接从灶户手里买补余盐，这不但为他们保证了充足的货源，免除了守支之苦，而且也为他们直接盘剥灶户牟取厚利提供了有利机会。开中折色与余盐开禁为徽商经营盐业开了绿灯，从此经营盐业遂成为徽商牟取厚利的一个极为重要的途径。

明中叶以后，徽商以业盐致富者不胜枚举，这里姑不赘述。惟究其致富之由则不外二端。其一是利用垄断特权，高价卖盐，盘剥消费者。当时徽州盐商绝大多数都是内商。他们或向边商收购盐引，或纳银于官获取盐引，然后凭引守支正盐，或向灶户买补余盐。他们得盐以后或自行运销，或转售给水商代为运销。他们为了取得商品盐，虽然受到官府的多方勒索，但是盐一到手便可凭借垄断特权，高抬盐价，获取高额利润。袁世振称，纲法未行之前，内商每引纳银 0.92 两、余银 1.45 两、火盐银 1.5 两，另加"挚挈征解诸费"。而他们取得引盐后，转售给水商，每引价银都在 6 两以上。水商贩盐入楚，每引分作 70 余包销售，每包售价 1、2、3 钱不等。[①] 姑以每包售价 2 钱计之，是每引获价银 14 两有余，水商获利当在 1 倍以上。时内商与水商的关系犹如批发商与零售商的关系。水商的利润既已如此丰厚，则内商之利厚自是不言而喻的了。弘治、正德间，歙人许大兴"以盐

---

① 《明经世文编》卷 477 《复楚中论盐价公书》。

筴往来淮楚间,起家累巨万"①。嘉靖时,休宁人汪狮经营盐业,"北游维扬,南贸迁荆鄂洪鄱诸都会","业起不赀"②。汪福光"贾盐于江淮间,艘至千只,率子弟贸易往来,如履平地。择人任时,恒得上算,用是赀至巨万"③。婺源人李大祈"转徙维扬,出入荆楚,鹾艘蔽江,业骎骎百倍于前,埒素封矣"④。上述数例都是自办盐引自行运销的徽州盐商。他们之所以能迅速起富,显然都是与高价卖盐分不开的。明中叶以后,徽州盐商致富的第二因素则是利用垄断特权贱价收盐,盘剥生产者。正德、嘉靖间,歙人黄豹业盐于淮南,"见海滨灶丁有饥寒者,无室以蔽风雨者,失时不婚嫁者,罹患难而逋官课者,周之唯恐后"⑤。后来其子黄良和继业盐,一踵乃父所为,"居鹾场,视窭灶不自存者赒之,时有所贷不责其偿"⑥。婺源人李廷玑"运盐两浙间,凡盐户有欠货者,怜其贫而毁其券"⑦。上述记载都是出自谱牒,故多溢美之词。如果剥去那层温情脉脉的圣装,便不难看出徽商的商业资本已经牢牢地控制了盐的生产者灶户,使他们"完全屈服于自己"。《明实录》载,当时"有奸商恋场,先将低银放与各灶,倍息以充买补者"⑧。黄豹父子及李廷玑等人即便不是这种奸商,那么奸商群中也肯定少不了徽商。因为贫灶称贷于徽商,或欠货于徽商的现象既是常见的事,那么徽商当然可以利用这种形势贱价收盐了。黄豹原是个中小商人,当其业盐于淮南后,竟然"一年给,二年足,三年大穰,为大贾矣"⑨。他那偌大的资本中,自然也渗透了贫灶的血汗。

万历四十五年,袁世振为了疏销积引,首先在淮南推行纲法。将持有旧引的商人分为 10 纲,注其姓名及所持引数于纲册;每年依次

---

① 《新安歙北许氏东支世谱》卷 8。

②③ 《休宁西门汪氏宗谱》卷 6。

④ 婺源《三田李氏统宗谱》。

⑤⑥⑨ 歙县《竦塘黄氏宗谱》卷 5。

⑦ 婺源《三田李氏统宗谱·琴峰李公行状》。

⑧ 《明实录》嘉靖二十六年十月丁卯。

以 1 纲行旧引，9 纲行新引；每年派行新引时，都以纲册所载各商持引原额为依据，册上无名者不得参加。后来其他盐场也陆续推行纲法，其做法大体相同。原来两淮、两浙盐商中持有旧引最多者就是徽商。随着纲法的推行，他们把持两淮、两浙盐业的特权便被固定下来，成为累世专享盐利的特权商人。清朝建立后，把久已败坏了的开中法完全废而不用，全面推行纲法。为了确保盐商的垄断利益，清政府还于顺治十七年创建了公垣制度。其法是：于各盐场设置公垣，由场官司其启闭；令盐户将所产之盐悉数堆存垣中，商人持引者即于垣中公买；凡在公垣外存放、交易食盐者治罪。公垣制的建立，杜绝了盐户私售食盐的漏洞，保证了盐商垄断收购、运销食盐的特权。在纲盐法、公垣制下，徽商把持盐业的特权得到加强，这就使他们得以肆意地扩大盐的购销差价，牟取高额的利润。康熙时，郭起元说："臣在江南仪真、通州等处见鬻盐，每觔制钱二三文。至江西、湖广省，民间买盐每觔制钱一二十文不等。"[1] 道光时，陶澍说："场盐每斤向卖制钱一二文、三四文不等"，而汉口盐价"每斤需钱四五十文，迨分运各处销售，近者六七十文，远者竟需八九十文不等"[2]。可知清朝前期盐的收购价格几乎没有变化，而盐的销售价格却在扶摇直上。盐的购销差价不断扩大，表明官府和盐商所攫取的盐利在不断增多。清初，淮盐每年行销 140 余万引，后增至 190 余万引，每引由 200 斤渐增至 400 余斤。姑以每引 300 斤计之，设如销盐 1 斤可以获利 30 文，那么行盐 1 引，可以获利 9 贯，约合纹银 9 两。以淮盐岁引 140 余万引计之，当有 1200 余万两之利。这样巨额的盐利，除了被封建国家和各级官吏分割去一部分之外，其余部分则全都成了盐商的垄断利润。难怪两淮盐商之富竟使天子为之动容。乾隆帝南巡至扬州时就曾

---

① 《清朝经世文编》卷 51。
② 《陶文毅公全集》卷 11、卷 12。

叹道:"富哉商乎,朕不及也!"① 而在两淮盐商中最称富有者莫过于徽商。明朝万历时,谢肇淛说:"新安大贾,鱼盐为业,藏镪有至百万者。"及至清朝,则徽商之财力几乎增长了 10 倍,徽人汪交如、汪廷璋父子就是"富至千万"的大盐商。②

清代的徽州盐商有为垣商者,有为运商者,他们分别把持着引盐的收购、运销环节,分占盐利。垣商亦称场商,是专向灶户收盐转售给运商的商人。他们多用贷本取利、压价收盐等手段盘剥灶户。康熙时,朱轼说:"凡灶户资本多称贷于商人,至买盐给价则权衡子母,加倍扣除,又勒令短价。灶户获利无多。"③ 嘉庆、道光之际,包世臣在论及两淮盐法时说:"灶户烧盐售于场商。而场商于停煎之时,举钱济灶,比及旺煎,以大桶中其盐,重利收其债。灶户交盐而不得值。"④ 他们所说的场商,大多数就是徽商。有的场商还直接占有荡地,自备工具,招募灶丁,自行制盐,从中牟取更高的利润。乾隆时歙人鲍尚志就曾贷银 200 两,从他商手中质押会稽县东江盐场的倪茂芝盐灶,精心管理,获利甚厚。他"以盐业起家,盖自此始"⑤。运商是指凭引销盐的商人。他们以极低的场价从场商手里购得引盐,运至销盐口岸高价发售,获利最大。当时的湖广是淮盐畅销口岸,其销盐数额几占淮盐之半。而这里却是"商人公共口岸,并无分地"⑥。徽商遂凭恃其财雄势大,把该地行盐的专利权控制在自己手里。作为"淮引总岸"的汉口,几乎成了徽商的独家天下。在这里盐商的头面人物,大多数都是徽人。他们在官府的庇护下,凭其"独行居奇之势",肆意哄抬盐价,稍不随意,即以

① 《国朝遗事纪闻》第 1 册。
② 《扬州画舫录》卷 15。
③ 《清朝经世文编》卷 50。
④ 《清朝经世文编》卷 49。
⑤ 歙县新馆《鲍氏著存堂宗谱》卷 2。
⑥ 乾隆《两淮盐法志》卷 10。

"欺行罢市"的手段要挟消费者。① 陶澍说淮盐场价每斤不及 10 文，而汉口盐价竟高达四五十文，"以致江广之民，膏血尽耗于盐"②。徽州盐商丰厚的利润正是从榨取人民膏血中得来的。运商之中又有总商与散商之分。总商就是由官府指派或众商公推的盐商首领。每年办引征课，都以散商分隶于各总商名下，由总商督征盐课，协助官府稽查私盐。朝廷有关盐政大计也每向他们咨询。总商这种半官半商的身份，给他们带来了更多的牟利机会。他们或贿通官府夹带私盐，或放贷资本盘剥散商，或借聚资捐输之机会中饱私囊。所以充任总商的人几乎没有一个不大发横财的。清代"两淮八总商，邑（歙）人恒占其四"。徽人汪应庚、汪廷璋、江春、鲍志道等都曾是名震遐迩的两淮总商。许承尧称"彼时我县盐商，富且敌国"③，主要就是指他们。

（二）

借助封建特权，从事亦商亦牙的经营活动，把持市场，垄断贸易，也是徽商牟取厚利的一个重要手段。

牙商就是在买卖双方说合交易的居间人。"所谓牙者，权贵贱，别精粗，衡重轻，革伪妄也"。"买货无牙，称轻物假；卖货无牙，银伪价盲"④。明清时期，全国各地的市场上都充斥着官府指定的牙人，从事贸易的居间活动。凡民间大宗交易都必须通过牙行才能进行，不通过牙行而私相贸易者历有严禁。随着徽商的兴盛，徽人经营牙行的现象也日益增多。凡是徽商得势的地方，往往也是徽州牙商活跃的地方；凡是徽商经营的主要商品，往往也有为数众多的徽州牙商在其中从事贸易居间活动。无论是国内贸易还是对外贸易，都有他们涉足于其间。商牙之间

---

① 乾隆《两淮盐法志》卷 10。
② 《陶文毅公全集》卷 11。
③ 《歙事闲谭》第 8 册。
④ 憺漪子：《士商要览·买卖机关》。

的紧密结合乃是徽人商业活动的一大特色。

木材是徽商经营的一项重要商品，而徽人开设木行从事居间活动者就大有人在。杭州是当时重要的木材集散地，徽州商人从皖南和浙江山区将大批木材运集于此，然后行销各地。而徽人在杭州开设的木行就很多。据徽人口耳相传，在该地徽州木行最盛时多达百余家，其后虽渐减少，但直至抗日战争前后尚有"乾吉"、"永安"、"三三"、"永丰"、"中孚"、"益生"、"三怡"、"东南"等数十家。①另据杭州《新安惟善堂征信录》记载，光绪十八年，该堂为筹集经费而向徽人之旅杭者征收"堆金"，其中徽州木商之捐资者160余人，经收堆金的木行有"同茂兴"、"同利兴"、"洽兴源"、"同仁兴"、"钮德兴"、"程裕大"、"怡泰兴"、"王颐兴"等9家。②南京的上新河是另一重要的木材集散地。许承尧说："徽多木商，贩自江广，集于江宁之上河，资本非巨万不可。因有移家上河者，服食华侈，仿佛淮扬，居然巨室。"③木商一般都是从事木材贩运的行商，其定居于上新河开设固定铺面者，当然只能是木行。看来，这里徽州木行之盛也不亚于杭州。此外，徽人在其他各处开设木行者也屡见于记载。如康熙时，婺源人詹元相赴江宁应试，途经苏州，其叔父兆佐就在自己的木行内为他把盏钱行。④咸丰时，婺源人齐彦钱"尝在无锡木行，代程某司理"⑤。同时绩溪人胡定椿、方懋述、章禄寿等都曾在宣城的孙家埠经营过木行。⑥清末民初，黟县人江辅卿、范蔚文、孙毓民等合股经营木材贸易，并在合肥创设"森长源"木行。⑦

---

①⑦　王珍：《徽州木商述略》，《徽州社会科学》1991年第2期。

②　杭州《新安惟善堂征信录》，光绪二十九年刊本，现藏中国社会科学院历史研究所。

③　《歙事闲谭》第18册。

④　《畏斋日记》。

⑤　光绪《婺源县志》卷34。

⑥　民国绩溪《遵义胡氏宗谱》卷8、《绩溪城南方氏（四修）宗谱》卷18、绩溪《西关章氏族谱》卷24。

茶叶也是徽商经营的重要商品。在茶叶贸易中，徽州牙商也相当活跃。徽州各地山户所产之茶，一般都由号称螺司的小贩零星收购，卖给当地的茶行，然后再由茶行成批售给引商，分销各地。[①] 这些徽州当地的茶行多数都是徽人开设的。直至抗日战争前夕，徽人在屯溪开设的茶行就有家，其中吴俊德、姚毅全等开设的茶行尤为著名。[②] 当徽茶运至销售地点后，往往又通过徽人开设的茶行推销出去。乾隆时，北京就有徽人开设的茶行 7 家。[③] 在南方各城镇中，徽人开设的茶行更为普遍。道光、咸丰之际，婺源人詹天佑的祖父世鸾、父亲兴藩都曾在广州经营过茶行。[④] 光绪时，徽人在杭州开设的茶行见于《新安惟善堂征信录》者就有裕隆茶行、源润茶行和乾泰昌茶行 3 家。[⑤] 清末，婺源人汪春荣在汉口设有同元茶行。[⑥] 道光以后，上海日渐成为茶叶外销的主要港口。当时在上海经营茶叶外销业务的牙行谓之茶栈。光绪时，歙县知县何润生在其条陈中写道："徽茶运申，素投茶栈转售西商。此栈并不储茶，专为代客买卖。东夥人等素识西商，兼晓茶务，又能够付水脚，借济资本。故售得百元，抽洋二分以充栈费。"[⑦] 足见茶栈确是从事茶叶贸易居间活动的机构。在上海经营这种茶栈者有徽州帮、平水帮（绍兴帮）、广东帮与土庄帮（上海帮），而其中以徽州帮势力最强。如谦泰昌、万和隆、源丰润、洪源永、公兴隆、汪裕泰、老嘉泰等著名的茶栈都是徽人开设的。[⑧]

邻近徽州的景德镇号称"天下瓷都"。徽人乘其地利之便，来此经营瓷器贸易者甚多，而该地的瓷行、窑栈亦多为徽人所开设。嘉庆、道

————————————

① ⑦ 《清朝续文献通考》卷 42。

② 王珍：《徽商与茶叶经营》，《徽州社会科学》1990 年第 4 期。

③ 《歙事闲谭》第 11 册。

④ 婺源《詹氏宗谱》卷首。

⑤ 《新安惟善堂征信录》。

⑥ 民国《夏口县志》卷 12。

⑧ 王珍：《徽人与茶叶经营》；又见《上海地方史资料》（三）第 102—106 页。

光年间，婺源人詹隆绂承继其叔父之业，在景德镇经理瓷务行。① 道光时，祁门人倪炳经"少承父业，窑栈连云，畎亩鳞接"②。詹本、詹潜兄弟二人"经营瓷务行，名怡和，盖取兄弟怡怡之意"③。詹隆楫"丽文公在昌江瓷务行"④。凡此种种都足以说明，在瓷器贸易中徽人之从事居间活动者并非罕见。

　　江南的棉布、丝绸也是徽商经营的重要商品，而在丝绸、棉布的贸易中徽州牙商也十分活跃。清人沈起凤在《谐铎》中写道："新安某富翁，挟千钱至吴门，作小经纪，后家日泰，抱布贸丝，积赀巨万。常大言曰：'致富有奇术，愚夫不自识耳！……'"他所说的致富奇术，就是不讲道德，不顾廉耻，为了牟利，可以不择手段。⑤ 这虽是为了讥讽市侩习气而编造的一则故事，但它却以"新安某富翁"作为典型，恰恰表明在苏州一带丝绸、棉布的市场上，这类徽州牙侩之多是人所共知的。崇祯《外冈志》载，嘉定县的外冈镇"俗称繁庶，四方之巨贾富驵，贸易花布者，皆集于此"。这表明该镇不但"巨贾"来自四方，而且"富驵"也并非土著。同书又云："外冈布，因徽商傦居钱名塘收买，遂名钱名塘布"⑥。可知在该镇开设牙行定点收布的"富驵"主要就是来自徽州的牙侩。自明中叶以来，苏浙一带盛产棉布、丝绸的城镇，向无不有为数众多的徽人侨寓其间，大概从那时起，徽人就已热中于经营丝、布牙行的行当了。入清以后，则徽州牙商更为活跃。乾隆时，上海褚华说，明朝末年，他的六世祖史长公在上海开设布行，专替秦晋布商收购棉布，获利甚厚。直至清初，褚氏牙行都很兴旺。可是后来，形势大变，"近商人乃自募会计之徒，出银采择，而邑之所利者惟房屋租息而

①③④　婺源《詹氏宗谱》卷首。
②　《祁门倪氏族谱》续卷。
⑤　《三冈识略》卷8。
⑥　崇祯《外冈志》卷1、卷2。

已"①。就是说，乾隆时，上海当地人经营牙行的利权，渐被外来客商所占夺。清代在苏州、松江一带开设色布字号的徽州布商为数甚多。他们大多兼营牙行业务，在城乡各地遍置布庄，广为收布。他们大概就是褚华所说的"自募会计之徒，出银采择"的商人。鸦片战争以后，徽州牙商仍然在苏州、松江一带的棉布市场上独领风骚。婺源人詹万锡"髫龄服贾，习布业而性灵敏。别白精粗，毫厘不爽。吴中诸商服其才，争投采办。咸丰年间，粤逆犯吴，苏、太沦陷，需饷孔亟。大府建议分行抽厘，闻先生贤，檄委专董其事。众商悦服，输金数十万。大府上其状，奉旨加五品衔，以直隶州知州补用，追封二代"②。协助官府征收课税固为牙商的职责之一，清政府利用牙商征收厘捐本是合乎情理的事。然而要在苏州城乡广大棉布市场上遍征厘捐，则远非詹万锡个人之力所能及。他之所以能够发挥如此重要的作用，主要是因为当地的棉布贸易操于徽人之手，而他则是徽州布商、布牙中的佼佼者，具有一定的影响力。可以说，詹万锡的事迹，表明了徽州布商、布牙在苏州棉布贸易中占有重要的地位。

在其他市场上，其他行业中，徽人之开设牙行从事居间活动者也屡见于记载。仅汉口一地在清末民初出任商务总会总理、议董、会董的徽人中，就有 5 人为牙行行东或经理的。如黟县人吴翰廷是春源油行的经理，休宁人汪益徽是汪世昌杂货行的经理，休宁人余月樵是复泰杂货行的行东，休宁人汪美堂是汪和泰杂货行的行东，婺源人汪春荣是同元茶行的行东。③ 由此可知在汉口的徽州牙商一定很多。

在沿海一带的对外贸易中，徽州牙商也很活跃。《明实录》载："（汪）直本徽州大贾，狎贩海，为商夷信服，号为汪五峰。凡货贿贸易，直多司其质契。会海禁骤严，海墺民乘机局赚倭人货数多，倭责偿

---

① 褚华《木棉谱》。
② 婺源《詹氏宗谱》卷首。
③ 民国《夏口县志》卷12。

于直。直计无所出，且愤恨海澳民，因教使入寇。"① 《明史》又载："初，明太祖定制，片板不得下海。承平日久，奸人阑入，勾倭人及佛郎机人来互市。闽人李光头、歙人许栋踞守双屿而为之主，司其质契。势家……或负其值，栋等即诱之攻剽。"② 可知汪直、许栋等当初都是在沿海一带对外贸易中从事居间活动的人物。他们为买卖双方主持交易，订立文约，充当担保人。他们虽未取得官府的许可，但却得到交易双方的信赖，当是属于私牙一类的牙侩。后来由于海禁骤严，拖欠货款者乘机赖账，他们才起而为寇。明朝在广州还有官府设置的牙行，专门主持对外贸易。在这种牙行中，徽人也有一席之地。万历《广东通志》载："洪武初，令番商止集舶所，不许入城。通番者有厉禁……嘉靖三十五年，海道副使汪柏乃立客纲、客纪，以广人及徽泉等商为之。"③ 明制，"凡外夷通贡者，我朝皆设市舶司领之……其来也，许带方物，官设牙行与民贸易，谓之互市"④。汪柏所立客纲、客纪当属这种"官设牙行"的性质，只是互市的对象已由贡舶扩大到商舶而已。清代的广东十三行实际上就是承袭这种客纲、客纪制度而建立起来的。据梁嘉彬先生考证，十三行中的东生行就是安徽商人刘德章、刘承霭父子开设的。⑤ 尤其值得注意的是，西方商人往往绕过十三行，同中国的"行外商人"进行走私贸易。有时"从行外人手里买进的货物要比从行商那里买的多"⑥。而在这种走私贸易中，也有徽人从事居间活动。徽商汪圣仪就是其中的一例。据官方记载，乾隆时，"徽商汪圣仪同子兰秀曾借洪任辉（英商）资本做买卖，伊父子俱代为包揽生理，及禁（外商）往

---

① 《明世宗实录》卷 453。
② 《明史·朱纨传》。
③ 万历《广东通志》卷 70。
④ 《筹海图编》卷 12。
⑤ 《广东十三行考》第 313—314 页。
⑥ 英国格林堡：《鸦片战争前中英通商史》第 50 页。

宁波，汪圣仪仍来广东，彼此极其亲密。近又往江苏代买货物"①。"汪圣仪父子与番商洪任辉交结，借领资本，包运茶叶，深属不法"②。这些记载表明，徽商汪圣仪父子是替英商采办货物的经纪人。其采购之货物以茶叶为大宗，采购地点远及江苏一带。他们从事这种活动已有多年的历史了。据《清朝文献通考》记载，乾隆二十四年，汪圣仪预支英商货款多达 10380 两。③ 足见其经营规模是相当可观的。乾隆二十年上谕称："洋船向收广东口……今奸牙勾结渔利，至宁波甚多"④。可知当时沿海一带像汪圣仪这样的"奸牙"非只一人，而这类"奸牙"之为徽人者又不知凡几。

总之，徽人之开设牙行，从事贸易居间活动者为数甚多，当时商业贸易的各个领域都有他们经营于其间。

徽人之所以热中于经营牙行不是偶然的，因为这一行业可以从各方面给他们带来厚利。

首先，牙商这一职业给为数众多的徽州小商人开了一个致富之门。在徽商中财力雄厚者固不乏人，但为数更多的则是为生计所迫而不得不闯荡江湖的小商小贩。后一种人虽然资本无多，但却从父兄亲友那里学得了丰富的商业知识。对于他们来说，充当牙商乃是一种最佳的选择。因为从事这一行不但可以"不费资本，赤手而得商用"，而且可以充分运用他们的商业经验，在居间活动中大显神通，采取"明抽暗骗"手段，于正当的牙佣之外，获取暴利。歙人阮弼早年家贫，"积逋数百"，后来在芜湖充当赫蹄行的牙侩，终于成为大富商⑤。前述"新安某富翁"初至吴门时不过手握千钱，充当小经纪后，竟然一跃而为富翁。婺

① 《史料旬刊》第 3 期新柱奏折。
② 《清高宗实录》卷 905。
③ 《清朝文献通考》卷 298。
④ 《中西纪事·互市档案》。
⑤ 《太函集》卷 45。

源人李廷芳"卜居金陵，握奇赢杂驵侩中……家日益起，声日益著"①。这些事例无不表明牙商这一职业确为徽州小商人提供了牟利生财的好机会，因而这一行也就成为他们竞相趋赴的热门了。

第二，徽人经营牙行可以为徽州商人的商品贩运活动提供方便。在当时，一切大宗交易都必须通过牙行才能进行，所以商人在其从事商品贩运活动时，几乎处处都离不开牙行为其提供方便。他们只有得到牙商的配合，才可能及时地从分散的小生产者手中购得大宗价廉物美的商品，并在销售地点以比较有利的价格及时地把商品抛售出去。同时，他们也只有得到运输行业牙商的配合，才可能雇得合适的车船脚力，安全迅速地组织货运。如果遭到牙行的坑骗或刁难，那么他们不但无从获利，而且难免于财毁人亡的厄运。徽商为了在商品贩运活动中获利，就不能不留心选择值得信赖的牙行。《商贾格言》称"凡买卖货物，必须问其信实行家"，又云"千里路上访主人（牙行主人）"。② 正是这一心态的写照。徽商为了商业利益，不但强调"慎择牙人"的问题，而且千方百计地培植徽州牙商的势力，利用乡族关系把商与牙紧紧地结合起来。《太函集》载，嘉靖时，歙人王子承入蜀经商，"不招而集，不约而坚，蜀人蚁附之。片言而市，无评价，无求良乎利权，无畔盟主，甚者若家人父子，聚族质成，出言唯行，无抗无坠……诸下贾至自新都，总已而听子承如祭酒。市迟则代居以市，归急则代价以归"③。就是说，王子承在管理市场、评定物价、主持交易、代客售货、预付货款等方面都能公平办事，令人信服，使众商听其约束，市场亦因之而活跃。汪道昆虽未明说王子承是个牙商，但就其活动的内容而论，则他是个牙商当属无疑。王子承之所以能在远离故土的四川充当牙商，并且巩固了自己的地位，除了他个人的因素以外，显然是与本帮商人的支持分不开的。

---

① 婺源《三田李氏统宗谱》。
② 谢光迤：《商贾启蒙·商贾格言》。
③ 《太函集》卷17。

王子承不但为本帮商人代销货物，而且可以预付货款，以利于他们周转资金，故徽人之入蜀经商者莫不奉之如祭酒。清朝乾隆年间，歙人程廷柱兄弟四人分工协作经营商业。"兰邑（兰溪）油业命弟廷柏公督任之，命三弟廷梓公坐守杭州分销售货，命四弟廷桓公往来江汉贸迁有无"，而他自己则在江西"经理玉山栈事"。① 廷柱之所以紧紧抓住牙商一业不放，显然是为了照顾他们商业贩运的利益。玉山县地处"八省通衢，五方杂处，经商远旅，络绎往来，陆则需夫，水则需舟，夫船行埠，实有攸赖"②。故该地夫行、船埠之类的行栈颇为发达。廷柱所经营的行栈大概属于这一类。玉山正是他兄弟数人相互联络的枢纽。他在这里设置行栈，组织货运，自然可使兄弟数人声息相通，连成一气，在商品贩运活动中大享其利。

第三，亦商亦牙的经营方式为徽州富商盘剥生产者与消费者提供了方便。关于这一点，姑且留待下文再作分析。

徽人不但热中于经营牙行，而且也有条件在这一行业中取得优势地位。一则徽商拥有人数多、财力强的优势。他们"小者雄一集，大者甲两河"，在其侨寓之地，控制着大批商品，操纵着资金的融通，互相间又结成牢固的群体。这样一个实力雄厚的商帮，为了自己的商业利益，支持本帮牙商，排挤其他牙商，当然容易取得胜利。再则徽商拥有政治上的优势。明清时期，牙商必须持有官府颁发的牙帖方能取得合法地位。承充牙商之后又必须协助官府管理市场，征收商税，充当官府统制商业的助手。所以当时的牙行"非藉势要之家不能立"③。而结交官僚、行媚权贵却是徽商的拿手本事，这就使他们在经营牙行的活动中大占便宜。前文所述的王子承，其从兄子修曾任四川按察使。子承随其从兄入蜀经商，他在经营牙行的活动中当然可以仰

---

① 歙县《程氏盂孙公支谱·程廷柱传》。
② 《西江视臬纪事》。
③ 《阅世编》卷7。

仗其从兄的政治势力。身为驵侩的李廷芳尝"与留都缙绅游，皆以行谊相推重"①。则"留都缙绅"成为他的政治靠山，自是不言而喻的。入清以后，更有许多徽商不惜捐纳巨资猎取爵衔，作为经营牙行的政治保护伞。如"经理玉山栈事"的程廷柱，兄弟四人俱为太学生；在孙家埠开设木行的章禄寿则身为儒林郎；在江西"窑栈云连"的倪炳经则挂有附贡生的头衔。乾隆二十七年，清廷为防止牙商倚势作奸、迫勒商民，明令禁止绅衿监生承充牙商。② 这一禁令本身恰恰反映出当时官绅牙侩沆瀣一气已是司空见惯的现象。尤其值得注意的是该禁令还规定："一家之中不皆监生，则令其无顶戴者报名给予司帖。"③这么一来，反倒使绅衿们以其家人出面经营牙行的现象合法化了。乾隆、嘉庆年间，章健德及其两个弟弟俱以赀为国子监生，而其兄则贾于宣城"节驵侩，贵出贱取，居数年，遂以起其家"④。这正是徽商为适应清朝的新规定而采用的新手法。

徽商利用牙行制度攫取垄断利润的主要途径便是采用亦商亦牙的经营方式，扩大其商品的购销差价。

牙商原来只是交易双方的居间人，本身并不参与交易。可是随着商业的发展，某些牙人逐渐积有资金兼营商业，而某些商人也往往借助政治势力领取牙帖兼营牙行，于是形成了商而兼牙、牙而兼商的现象。在这种亦商亦牙的经营方式下，商人既是评定物价、主持交易的中介人，又是交易中的买方或卖方，因而可以任意压价收货或抬价售货，牟取暴利。交易中的受害者若不听其摆布，则他们便可利用官牙的特权给予各种刁难，使之含冤而莫诉。所以亦商亦牙的经营方式，乃是我国封建时代商人利用封建特权把持市场、垄断贸易的一个重要手段。

---

① 婺源《三田李氏统宗谱》。
②③ 光绪《大清会典事例》卷 247。
④ 绩溪《西关章氏族谱》卷 26。

　　徽人之经营牙行者人数甚多，他们与徽商又有密切联系，这就为徽商采用亦商亦牙的经营方式提供了有利条件，故徽商利用这种方式攫取垄断利润的现象是相当普遍的。前文所述，明朝有徽商僦居钱名塘收购棉布者。据《钱名塘乡志》载，"丁娘子布，纱细工良，明时有徽商僦居里中收买出贩，自是外冈各镇多仿为之，遂俱称钱名塘布"。这个徽商既能僦居钱名塘，定点收布，且其收布范围之广，遍及外冈等各镇，足见其经营规模相当可观，绝非一般的小贩可比。这种活动，若非持有牙帖取得官牙身份的人是不能经营的。然而该徽商却非代客收布抽取牙佣的一般牙商，而是拥有资本用以"收布出贩"的人，则其兼具商人的性质当是无疑的。他的经营方式便是亦商亦牙的经营方式。由于这种经营方式便于把持市场，压价收布，所以此例一开群争效尤。清代在苏州、松江一带开设色布字号的徽商大多兼营牙行业务。清初在松江开设色布字号的徽商们在给官府的呈文中就自称，他们的"布店在松，发卖在苏，且牙行亦多居松"[1]。可知这里的徽州布商一面经营棉布的染踹加工，一面开设收布牙行。其所收之布，或经加工，或未加工，皆一并运往苏州发卖。正因为这些布商兼具牙商身份，所以在官府的文告里也把他们称作"奉宪给贴众商"[2]。所谓"帖"就是牙帖。奉上级之命，由地方政府发给牙帖的商人即是合法的牙商。徽商吴舆璠还自呈："切（窃？）璠原籍新安，投治西外开张富有字号，在郡门市居多。惟璠京镳生理，并无重号窃冒情弊。"[3] 在那"多倚织布为生"的松江广开门市，自然是为了买布而不是为了卖布。经营"京镳生理"的吴舆璠为了把大宗棉布运往北方行销，所以把牙行变成自己的收布门市部，为其贩运活动组织货源。在苏州开设色布字号的徽商也在城乡各地遍置布庄自行收布。如元和县"布庄在唯亭东市。各处客贩及阊门字号店，皆坐庄收

---

[1][2]　《上海碑刻资料选辑》第84—85页。
[3]　《上海碑刻资料选辑》第87页。

买，漂染俱精"①。嘉定县外冈镇所产之布"名曰冈尖，以染浅色，鲜妍可爱，他处不及，故苏郡布商多在镇开庄收买"②。该县南翔镇，"布商各字号俱在镇，鉴择尤精"③。所谓"布庄"，就是代客收布的牙行。布庄一词早在明代就有了。陈继儒说："凡数千里外，装重资而来贩布者，曰标商；领各商之资收布者曰庄户。乡人转售于庄，庄转售于标。"④ 徽州布商自行设庄收布，经过染踹，然后运销远方，这正是亦商亦牙的经营方式。在这种经营方式下，布商当然可以利用牙行的权力，肆无忌惮地用"低银小钱，收购花布……刻剥小民"⑤。钦善说：松江之民"讬命剡缕，三日两饥，抱布入市，其贱如泥，名曰'杀庄'，近日之狡黠为之"⑥。在这类惯用"杀庄"伎俩的"狡黠"之中，自然不少就是徽商。在那些地不产棉而棉织业又很发达的地区，徽州布商还开设牙行，从事以花易布的活动。无锡所产的布有 3 种，"一以三丈为匹，曰长头，一以二丈为匹；曰短头，皆以换花；一以二丈四尺为匹，曰放长，则以易米及钱。坐贾收之，捆载而贸于淮扬高宝等处。一岁所交易不下数十百万。徽人尝言……无锡为布马头。……无锡坐贾之开花布行者，不数年即可致富"⑦。花布行就是以花易布的牙行。嘉庆时，施国祁在湖州南浔镇为其姻家管理以花易布的店铺。他在其《寓中杂诗》里描写当时的情景道："抱布蚩氓寻贾客，卖花翁老佐牙郎。"⑧ 这个"卖花翁老"显然是指他自己，而"牙郎"则指的是店主。由此可知，以花易布的花布行确属牙行的性质。乾隆《无锡县志》载，该县

---

① 道光《元和唯亭志》卷 3。
② 乾隆《续外冈志》卷 4。
③ 嘉庆《南翔镇志》卷 1。
④ 《陈眉公全集》卷 59。
⑤ 光绪《嘉定县志》卷 29。
⑥ 《清经世文编》卷 28《松问》。
⑦ 《锡金识小录》卷 1。
⑧ 《涌幢小品》。

"市镇间布庄连比，皆预贸木棉为本……亦有以冬春客籴为易者，然必兼棉"①。这些用棉花、籴米交换棉布的布庄就是上述的花布行。足见无锡的花布行已不再是代客收布的一般牙行，而是持有自己的资金，自贸棉、米作本，为自己换取棉布的亦商亦牙式的牙行。这种牙行在交换中不但可以压低棉布价格，而且可以高估棉、米价格，从两个方面盘剥生产者。所以经营花布行者"不数年即可致富"。徽商既把无锡视为利薮，那么他们当然也会积极参与这种活动了。总之，徽商在江南产布之乡，把持市场，垄断贸易，把江南织棉之利尽笼入掌握之中。其所以能如此，主要靠的是亦商亦牙的经营方式。

在其他行业中，徽商利用亦商亦牙的经营方式牟取暴利的现象也是常见的。明朝嘉靖年间瓷器商潘仕就是一例。《太函集》载：

> （歙人潘仕）趋时居息，握算短长，即诸良贾争自下。先时处士（潘仕之父）贾昌江，居陶器，分道并出，南售浙江，北售銮江。次君（即潘仕）以三江相距各千里而遥，左右狼顾，惧不相及，非策也。銮江为江淮都会，当舟车水陆之冲，其并浙江归銮江，于策便。……昌江巧贩者率以下齐杂良金。次君至，则治牛酒会诸贤豪与之约，自今以往，毋杂下齐以厉陶，众服盟言，乃黜下齐。……岁既侵，诸陶家佣而掠食，居民聚族为御，率相格斗，而启兵金。授用事者，阴戒之曰："诸佣无它，独望屋糊其口耳。有司之白挺在，今散矣。若往而觇之，彼散则进，彼聚则退。幸而得达，则召诸贷者俱来，能偿则缓为之期，不能则焚其券。诸以陶器售者，无良苦悉居之。"后三日，复遣人赍千金授向者戒。又三日，次君亲行，诸失业者匍匐而归。既得次君宽责，即有余器争售次君，陶室

①　乾隆《无锡县志》卷11。

毕空，诸贾皆后至。顷之，易器者四集，悉抵次君。次君办给
之，其利三倍，既以不赀起。①

从这段记载中不难看出：（1）潘仕是位瓷器贩运商，初则从景德镇采购
瓷器贩往杭州、仪征等处发卖；继则专走仪征一路从事瓷器贩运活动。
（2）潘仕兼营牙行业务。他约定众商，不得以伪劣银两假冒通行货币用
以购买瓷器，坑害陶户。他的这一做法，正是履行牙商职责的表现。所
谓"卖货无牙，银伪价盲"，说的正是牙商的这种作用。他所收购的瓷
器数量极多，不但供他自己贩运，而且还就地卖给其他贩运商。有时甚
至垄断了货源，使贩运者全从他的手中办货。假若他没有取得牙商身
份，那么在牙商充斥的景德镇是绝不会让他直接从陶户之手收购这样多
的瓷器。（3）潘仕利用亦商亦牙的经营方式取得暴利。他借经营牙行之
便，用自己的资本收购瓷器，转手倒卖给贩运商，从中赚取差价。为了
压价收购瓷器，获取更多的利润，他还往往使用预付货款的办法，引诱
困难的陶户，逼其就范。当受雇的陶工与雇主发生剧烈争斗时②，众商
星散以避乱。潘仕则抢在诸牙商之前，派人安抚暴乱，并将陶户生产的
瓷器不论质量优劣悉行收购，等到各地商贩赶来办货时，则唯有潘仕一
家可以供货，因而得以漫天要价，获取 3 倍的暴利。潘仕之所以能"以
不赀起"，关键就在于他采用了亦商亦牙的经营方式。在徽州收购茶叶
的茶行向称"行号"。何润生说："山户采茶卖于螺司，聚有成数然后售
诸行号。"又说，光绪二十二年，茶价跌落，"行号开设太多，炮制未
纯，争先售卖，因之无润可沾，甚有坐本全亏者"③。可知这种行号已
不单纯从事居间活动，而是兼营茶叶的买卖和加工了。他们的主要收入
已不在于抽取牙佣，而在于从茶叶的购销差价中赚取利润了。清末民

---

① 《太函集》卷 51。
② 这次陶工之变发生于嘉靖二十年。事见《明世宗实录》卷 250。
③ 《清朝续文献通考》卷 42。

初，黟县人江辅卿、范蔚文、孙毓民 3 人合股经营木材贸易，他们一面派人至江西的吉安、泰和等地采购木材运至合肥售卖；一面又在合肥开设"森长源"木行。[①] 这种木行老板兼营木材贩运的现象早已有之。前文所述，在南京上新河的徽州木商，既有雄厚的商业资本，又有其固定的经营基地。他们的经营方式想必就是与江辅卿等相似的。

总之，徽商在许多行业中都采用过亦商亦牙的经营方式。这种经营方式使他们得以凭借封建政治势力，把持市场，垄断贸易，从而促进了他们商业资本的积累。

五、徽商资本的组合形式

徽商资本的组合形式相当复杂，人们常常从不同的角度把它区分为不同的类型，如自本经营与贷本经营之分；独资经营与合资经营之别；委托经营与非委托经营的不同等等。而每一类型之中又往往有许多不同的具体情况。随着商业的发展，商人之间相互借贷、合资、委托等关系也在发生变化。这种变化对于徽州商业资本的消长以至徽州商帮的聚散都有重大的影响。因此，徽商资本的组合形式问题，应该是徽商研究中的一个重要课题。

（一）

自本经营与贷本经营的问题是考察徽商资本组合形式的一个侧面。明清时期，徽商自本经营者固然很多，但贷本经营的现象也相当普遍。造成贷本经营现象盛行的原因大致有两个方面。其一是，徽商之出自贫

---

① 王珍：《徽州木商述略》．《徽州社会科学》1991 年第 2 期。

下之家者为数甚多，当其经商之初往往不得不以借贷所得充作起动资金。金声说：徽州山多田少，"其势不得不散而求食于四方，于是乎移民而出，非生善贾也……虽挟赀行贾，实非己赀，皆称贷于四方之大家，而偿其什二三之息"①。金声是明清之际的休宁人，他所说的情形当属事实。清人方承风也说："黟俗尚贸易，凡无资者，多贷于大户家，以为事业蓄计。"② 金、方二氏之说足以互相印证，表明贫下之家借贷资以经商，在徽州确是比较普遍的现象。造成徽人贷资经商现象盛行的第二个因素则是大宗商品贩运活动的需要。徽人经商向以盐、典、茶、木四大行业为主。除从事货币经营的典业这里姑置不论外，其他三业都要从事规模巨大的商品贩运活动。在这种商业活动中，即便是手握巨资的富商大贾也难免要临时地或部分地借贷资金以便乘时逐利。当时的盐业经营规模最大，动用资本最多。包世臣说，清代两淮盐场，每行一纲之盐，需用本银两千余万两，而运商中实际贩运引盐的散商资本不过五六百万两，其余的都是来自借贷。盐商之占窝者往往自己并不行盐，而将行盐之特权售予承运者，坐得窝价。每引窝价高达一两至二两五钱不等。于是有人专用现银支付窝价，取得根窝朱单交给承运者据以行盐，每月索取一分五厘之利息。这种高利贷者谓之"贺商"③。包世臣所说的情形足以表明两淮盐商中借贷资金的现象是极为普遍的。如果说包氏之言乃是道光年间"商力疲弊"时的情形。那么"商力充裕"时的情形又如何呢？且让我们回顾一则乾隆时徽州盐商年终躲债的故事。《三异笔谈》载：乾隆初，有一年除夕之夜，徽州盐商程某因负债银10万两，一时无力偿还，遂只身躲入扬州盐运司的鼓楼之上，借以逃避讨债人的纠缠。程某登楼未久，又有徽商吴某因欠银4万两亦来躲债。程对吴说："吾有金五万在家，自用则不足，济君则有余，何不假吾金去，尽

────────────

① 康熙《徽州府志》卷8。
② 方承风：《训导汪庭榜墓志铭》。
③ 包世臣：《安吴四种》卷5。

可归家料理。"吴某果然借此 5 万两渡过了难关。不久,程也在吴的接济下恢复了旧业。程、吴二人都是经商能手,程某更是略胜一筹。后来程某的生意越做越大,几与大盐商江春齐名。[①] 这则故事表明,早在乾隆初年,许多徽州盐商虽然貌似富有,但也往往需要贷资营运。有的人甚至在负债于甲的同时犹可贷资给乙,从而形成三角债的复杂关系。徽州木商经营规模也很大,故"盐商"、"木客"往往并称。为适应大宗木材贩运的需要,木商中贷资经营的现象也很多。雍正时,经商于武陵(今湖南常德)的徽州木商方某一下子就"贷旗员王银五万金"[②]。婺源人孙徽五尝贩木于湖南,不幸失火,木材尽为灰烬,"时,同侣贷五金市木者二十余人"都因此而无力还债。徽五遂焚毁债券,不使二十余人受累。[③] 婺源木商黄振甲,在常州经营木材贸易,时值咸丰、同治年间兵燹之后,木商损失甚大,振甲乃"检积券约数千缗……尽举而焚之"[④]。看来黄振甲也是一位贷资给其他木商的大贾。上列数例表明,徽州木商中贷资者人数既多,贷款的数额又大,足见贷资经营在徽州木商中是常见的现象。据王珍同志的研究,徽帮在杭州开设的木行最盛时多达百余家。木行一般都向木商发放贷款,收取利息。木商运到木材后,必须径投提供贷款之行发卖,由该行提取 3%—5% 的佣金。[⑤] 杭州木行如此经营,其他地区的情形也就不难想象了。茶叶贸易向为徽人经营的一项"巨业"。茶商为了及时地采购大批价廉物美的茶叶,往往要在茶叶采摘之前发放定金,完纳茶课,茶叶采摘之后,又要补足茶价,加工包装,远途运输,沿途纳税,凡此种种无一不需垫支巨额的资金。所以经营茶叶贸易者,也往往需要借贷资金以济不足。明代歙商汪伯

---

① 《三异笔谈》卷 3。

② 方树梅:《滇碑传集》。转引自《徽州社会科学》1991 年第 3 期第 57 页。

③ 《婺源县采辑·孝友》。

④ 光绪《婺源县志》卷 33。

⑤ 王珍:《徽州木商述略》。《徽州社会科学》1991 年第 2 期。

龄，年轻时就从父兄入蜀贩茶，临行时"称贷以益资斧"，后来卒成巨贾。① 清朝婺源人程锡庚"尝在广东贷千金回婺贩茶"②。婺源人查奎有族人贩茶入粤，因遭牙行坑骗而赔尽本钱不得归家者，"奎以一千五百金贷之"③。婺源人王锡燮，"有族某借银五百两，业茶进粤"④者。光绪时，婺源茶商詹世鸾曾"佐父理旧业，偿夙逋千余金"，其后贩茶入粤，恰逢许多徽州茶商因遭火灾而窘困不得归家，遂纷纷告贷。"鸾慷慨赀助，不下万金。"⑤ 清朝的徽州茶商甚至与外国商人发生借贷关系。乾隆时婺源人汪圣仪就曾"与番商洪任辉交结，借领资本，包运茶叶"，借领金额达 10380 两之多。足见徽州茶商贷资营运的现象极为普遍。清末徽人在上海开设茶栈，经营茶叶出口贸易者很多。茶栈一般都通过茶行向茶号发放贷款，茶号借此款项预付茶农部分茶价，借以保证货源之充足。⑥ 预付定金的做法，本是明清徽商常用的。徽商为预付定金而借贷的现象，想必也不会是清末才开始出现的。

　　大凡贷资经商者，一般都要向债权人交纳债息。这种债息当然是来自商业利润。只有当债息率低于商业利润率时，贷资经商者才能有利可图。那么在这种借贷关系中其利息率究竟是多少呢？当时由于市场经济发展得不充分，民间借贷的利息率往往因时因地而异，很难一概而论。这里只是根据一些具体事例，作些粗略分析，以期接近于当时的实际。明清两朝都曾规定："凡私放钱债及典当财物，每月取利并不得过三分。"⑦ 就是说，民间债务，月息应以 3％为限。而实际上，高利贷者盘剥贫民，索取的利息往往超过此限。但对于借贷门路较广、贷资数额较多、偿还能力较强的商人来说，其承担的债息往往低于 3％。金声说：

---

① 《太函集》卷53。
②③④　光绪《婺源县志》卷34。
⑤　光绪《婺源县志》卷33。
⑥　王珍：《徽商与茶叶经营》，《徽州社会科学》1990 年第 4 期。
⑦　《昭代王章》卷1、《东华录》顺治五年闰四月。

徽商"称贷于四方之大家，而偿其什二三之息"①。这里说的是年利20%—30%，折合月利率当为1.66%—2.5%。金声的话旨在强调徽人贷资经商之苦。所以言及债息率时只能是就高不就低的。即便如此，他所说的债息率也是略低于月息3分之数的。前述清代两淮盐业中的贺商，每月索取债息1.5分，已被人们视为重利了。足见贷资经商者，月息低于3分，大概是通常的现象。歙县茶商江耀华的后人家藏光绪年间借据两份，如下：

立借据源昌隆茶号　今收到

履泰洋行迁（九八）规银贰仟两整，每百两肆分行息，言定箱

　　茶运申投落

廉顺安茶栈售出之日，本息一并归还。恐口无凭，立此为据。

光绪念玖年五月念一日立借据

源昌隆茶号（图章）

经收人毕霞轩（印章）

　　今借到

万康宝庄迁（九八）元贰仟两，言定每月一分行息，候本号箱

　　茶至申售出归。此照

光绪乙巳年四月廿一日立券摺具

经收人　江耀华（押）

光绪乙巳年（三十一年）借据载明每月1分行息。廿九年的借据言定4分行息，而贷款期限则是自五月二十一日起至源昌隆茶号将茶运申售出之日止。而当时徽州的茶号，一般都是从五月开始做茶，赶在九月间运至上海售给外商的，前后约需4个月的时间。可知二十九年的借据实际

---

① 康熙《徽州府志》卷8。

上也是照月息1分算账的。另外，江耀华后代至今还保存着光绪三十一年经营茶号的账册，其中载明该号借得谦顺安茶栈纹银1万两，付息248两；借得万康庄6000两，付息230两；借得致祥庄2000两，付息103两。该茶号自四月七日开号，至七月二十五日茶事完毕，共历3个月零18天。据此计算则其月利率分别是0.66%、1.06%、1.433%。上述数例虽是清末的情况，但对考察整个明清时期商业贷款利息率的问题也具有参考价值。还有一个值得注意的现象是，当时徽商借贷资金大多是在同乡同族的范围内进行的。债权人往往念及乡族之谊，因而给债务人的贷款往往带有某种资助与接济的性质。在这种情况下，贷款的利息率一般都是很低的。如明朝嘉靖、万历年间，徽商李廷芳"每遇故旧之贫，量材贷之，俾治生，不较子利。故一时借以起家者不可缕举"①。歙人许积庆"九族贾而贫者，多惠贷不望其息"②。清朝乾隆时，歙人鲍尚志家贫，为人料理盐务。其舅程明远谓"依人非计，子苟欲自立，当贷子二百金，弗较息也"③，尚志卒因是起家。这种"不较息"、"不重其息"的贷款虽不能说是无息贷款，但必定都是低息贷款则是无疑的。总之，当时徽人之贷资经商者，其所承担的债息一般都低于月息3分之数，而徽州商帮内部为互相济助而贷款者，其利息率往往更低。正因为如此，所以徽人之善于经商者往往能够扩大商业利润率与利息率的差额，通过贷资经商的途径而使自己发财致富。如清朝婺源人詹汉"家故贫，比冠，贷赀营业，积有囊金"④。程鸣岐"幼极贫，嗣佣趁木簰，……贷资贩木，乃渐饶裕"⑤。汪光球"初家贫，习缝工，嗣业木苏州，勤慎笃实，人多贷以赀本，经营数年，渐丰裕"⑥。李士葆"家

---

① 婺源《三田李氏统宗谱·仲父光禄寺署丞冲源先生行状》。
② 歙县《许氏世谱》第5册。
③ 《鲍氏著存堂宗谱》卷21。
④ 光绪《婺源县志》卷34。
⑤⑥ 光绪《婺源县志》卷35。

故贫，弱冠佣工芜湖，备尽辛劳。中年贷本经商，家道隆起”[①]。李淖然“少习缝工，性朴诚，人多贷赀本，经商创业，二兄两弟均得分润成家”[②]。鲍士臣早年“贫无所依”，不得不为人“赁春以自赡”。后因拾金不昧，声誉大起，“或贷金于先生（士臣）而薄其子钱，先生始得时货之有无，兴贩四方……由是能蓄其财，悉偿先人逋负”[③]。这些事例都足以表明，当时的徽州商人贷资经商，一般都是有利可图的。

（二）

独资经营与合资经营的问题是考察徽商资本组合形式的另一个侧面。在徽商中独资经营者固然很多，然而随着商业经营规模的扩大，商业竞争的加剧，往往需要巨额的资金才能左右逢源，应付裕如。在这种形势下，不但小商小贩独力难支，即便是财力雄厚的富商大贾也往往会感到力不从心，于是合资经商的现象便应运而生了。尤其是传统的遗产均分制度给当时徽商扩大经营规模带来了极为不利的影响。往往一个商人经过毕生的努力，积累起巨量的资本成为“上贾”，诸子袭业后，均分产业，每人又重新沦为“下贾”。为了克服这种不利的局面，他们便不得不采取合资经营的方式。因此徽州商人中，兄弟叔侄之间合资经商的现象最为普遍。

早在明朝中叶，徽商中合资经营的现象就已经存在了。弘治年间，歙人程锁就曾“结举宗贤豪者，得十人，俱各持三百缗为合纵，号曰正义……长公（程锁）与十人者盟，务负俗攻苦。久之，业骎骎起，十人者皆致不赀”[④]。万历年间，祁门郑氏兄弟叔侄5人，因合赀贩木，亏折本银900余两而特立文约，规定照股均赔。文约称：“奇峰郑元祐、逢

---

①② 光绪《婺源县志》卷34。
③ 歙县《棠樾鲍氏宣忠堂支谱》卷21。
④ 《休宁率东程氏家谱·明故礼官松溪程长公墓表》。

晹、逢春、师尹、大前，原三十九年合伙拼买杉木，至饶造捆，往瓜发卖。不期即遇风潮，漂散捆木，又遇行情迟钝，耽误利息，以致蚀本。今托中鸣誓，将原留买木并在瓜木各名下支银逐一查算明白，……共计该银九百余。照原合伙议定分股，以做十二股均赔开派。各照单坐还各名下，再无异言。立此清单五纸为照……"文约中还载明，逢晹、大前的投资额分别占全部经营资本的十二股之五和十二股之四，其余3人各占十二股之一。每股摊赔76两余。① 足见在明代，等额投资与差额投资两种形式的合资经营制都已为徽商所采用。合资人的权利与义务已采取契约的形式规定下来。这表明当时的合资经营制度已经相当发达。明代小说《留仙外史》中还有一段描写徽人合资经商的故事："徽商甲乙二人合伙挟赀数万，遂于（苏州）阊门外开设布店，……经营数年，财雄一方。"②《初刻拍案惊奇》中也有一段徽人合资经商的故事：徽商金朝奉在浙江天台县开当铺。有一天，他的舅子"领着亲儿阿寿，打从徽州来，要与金朝奉合伙开当"③。徽商合资经营的现象在小说中得到反映，表明这种现象已是常见的了。在明末纂辑成书的《新刻徽郡补释士民便读通考》中，载有"同本合约格式"，专供合资经营者在订立合同文约时作为文字上参考之用。该格式的刊载，表明在徽人中这种合资经营的做法已被广泛采用了。该格式的原文是：

> 立合约人×××窃见财从伴生，事在人为。是以两同商议，合本求利，凭中见，各出本银若干，同心揭胆，营谋生意。所得利钱，每年面算明白，量分家用，仍留资本，以为渊渊不竭之计。至于私己用度，各人自备，不得动支店银，混乱账目。故特歃血定盟，务宜苦乐均受，不得匿私肥己。如犯此

---

① 合同原件藏于中国社会科学院历史研究所。
② 《留仙外史·一文钱》。
③ 《初刻拍案惊奇》卷10。

议者，神人共殛。今欲有凭，立此合约一样两纸，存后
照用。①

从这段文字中可以看出，当时的徽州商人已普遍认识到合资经营对
于扩大商业利润所带来的好处，"财从伴生"已成了徽商的共识，"合本
求利"已成了徽商常用的做法。为达合本求利之目的，在合资经营制下
财务管理制度已相当严密，对投资合股者的权利与义务也作出了详细明
确的规定。入清以后，徽商合资经营的现象更为普遍。在他们所经营的
各行各业中几无不有合资经营的事例。如婺源人程金文之父"与亲友合
伙业茶"②。董榱照"与兄合赀贩木姑苏"③。歙县盐商鲍志桐"与仰山
从兄合赀营运……十年累巨万"④。婺源人汪启逊"与程某共贾获利，
清厘市籍，分无求多"⑤。潘启权"尝与戚某贷资合贾"⑥。程国远"尝
偕粤人业茶，共亏金八百"⑦。清末九江已成华茶出口的重要商埠，在
该埠"业此项绿茶生意者，系徽州婺源人居多。……且多属合股而
做"⑧。这种"多属合股而做"的现象大概不仅是九江茶叶生意中特有
的现象。光绪时，徽商程振之等5人合资经营粮食贸易。他们立有合同
文约以为凭证。文约称：

　　　立合同议据人程振之、程耀庭、陈傅之、吴紫封、程润宏
　　等志投意合，信义鸿猷，商成合开溪西码头上永聚泰记粮食行
　　业生意，每股各出英（鹰）洋贰佰元，五股共成坐本英（鹰）
　　洋壹仟元。所有官利每年议以八厘提付，各股毋得抽动，本银

① 谢国桢：《明代社会经济史料选编》下册第 275 页。
②⑤⑥ 光绪《婺源县志》卷 35。
③ 光绪《婺源县志》卷 33。
④ 《歙县新馆鲍氏著存堂宗谱》卷 2。
⑦ 《婺源县采辑·义行》。
⑧ 《通商各关洋贸易总册》卷下。转引自彭泽益《中国近代手工业史资料》第 2 卷第 325 页。

亦不得丝毫宕欠。每年得有盈余，言定第二年提出照股均分。亏则坐照股镶足，如有不镶，公照盘账析出无辞。自议之后，各怀同心同德，行见兴隆，源远流长，胜有厚望焉。恐口无凭，立此合同议据，一样五纸，各执一纸永远存照，大发！

再批：官利候做三年之后，再行盘结分利。又照。

光绪拾玖年正月 日　　　　　　　　立合同议据人程振之

　　　　　　　　　　　　　　　　　　　　程耀庭

　　　　　　　　　　　　　　　　　　　　陈傅之

　　　　　　　　　　　　　　　　　　　　吴紫封

　　　　　　　　　　　　　　　　　　　　程润宏

　　　　　　　　　　　　　　居间执笔人　王致芬①

从合同内容看，清代徽商合资经营制度更加完备了。一则合同规定在商业利润中作出官利与红利的划分，并对官利议有定率；再则对于官利、红利分配的时间都分别作出了明确的规定。这些都是"同本合约格式"中所没有的。合同中还载明，生意亏蚀则按股镶足，对不履行义务者则取消其股东资格。这比"格式"所用"神人共殛"之类的套话也进步得多，实际得多。上述这些进步当然都是在合资经营的长期实践中取得的。

（三）

明清时期，徽人以资金委托他人代为经营借以图利的现象也是相当普遍的。这种委托经营的形式大体上可以分为两个类型。其一是，商人以自有资本为主，同时接受少量委托资本从事商业活动的经营形式。这一类型在当时被称作"附本经商"。徽商中附本经商者相当普遍。明朝

---

① 《明清徽州社会经济资料丛编》第1辑第580页。

后期，祁门人程神保在外经商，其"宗人扬与从兄贵通各以百金附神保行贾，神保为供子钱十年，而贵通室灾，延烧殆尽。宗人谓神保：'两家坐而得子钱十年，奚啻倍称之息，今且灾，可毋与母钱。'神保执不可"①。徽商吴某贾于嘉兴，其仆某甲自己攒了500两银子，欲将这笔银子附于主人资本中生息，又恐主人生疑，遂诡称该银为邻人夏某所有。他向主人说："邻人夏有少积，欲赖主人废著，冀得子钱，然又不欲使人知也"。吴某信以为真，接受了这笔资金，"为经营数年，计子母得一千八百矣"。一日某甲暴病而死，吴遂邀夏密语曰："向托某甲寄银五百，今且得千有八百。公安得坐享其利，而仆独任其劳乎！"于是连本带利一并交还夏某。夏某平白无故得了1800两银子，成了暴发户。② 歙商吴佩客死于开封，其妻汪氏为实现丈夫遗志，"乃举处士（佩）遗金授能者任转毂，居数岁，累百金"，汪氏遂用这笔钱为吴氏修建宗祠。③清朝黟县人金华英善经商，其"友范某有子不善治生，范以数十金付华英经纪"。数年后，范某之子果然耗尽了家产。华英屡屡予以接济。后来华英病重将死，急召范子，说明其父付托之意，并"以金归之，则获利千矣"④。婺源人毕周通弃儒经商，"邻村故旧王某病笃，子初喜尚幼，延通至榻前，以六十余金纳通袖，为藐孤计，人无知者。通归，另立一簿，记其年月数目。喜长，果苦无生计"。通乃召初喜至，"出簿，权子母如数畀金"⑤。上列数例表明，在附本经商的经营形式下，委托人往往只有少量资金，而又无人经营，故将资金委托他人，借以取利。受委托者往往是财力较强而又善于经商的人，他们所接受的委托资金在其营运的全部资金中只占很小的一部分。委托人与被委托人之间往往是

———————————
① 《大泌山房集》卷73。
② 《见只篇》中。
③ 《丰南志》第8册《溪南吴氏祠堂记》。
④ 同治《黟县三志》卷6。
⑤ 光绪《婺源县志》卷33。

至亲好友，受委托者之接受委托往往带有对委托人帮助与扶持的性质。在这种场合下，委托人所提取的利润是比较丰厚的，其利率大概与受委托者的商业利润率是一致的。程神保的从兄所获"奚啻倍称之息"；吴某之仆以银 500 两附本经商，数年后竟可获得本利 1800 两；金华英接受数十两银子的委托资金，竟以千两银子的利钱还给委托人。这些事实无不表明被委托者对于委托人几乎是白尽义务的。正因为如此，所以受委托者有时报怨说："公安得坐享厚利，而仆独任其劳乎！"然而即便在这种情况下，受委托者也并非完全无利可图。他们起码可以利用委托资金扩大经营规模，并在商业竞争中加强自己的实力。委托经营制的第二种类型，是被委托人以委托资金为主从事商业活动的经营形式。如清休宁人汪栋，因习举业不暇经商，他家的典铺则"择贤能者委之"①。清初休宁人朱文石"尝客芜阴（指芜湖），有族人者丰于财，悉举以托翁（文石）而身他去。鼎革间，……百计防维，守而弗去，城破焚掠，身几频死，卒能履险如夷，完归原主"②。婺源人詹谷"贸易崇明，为江湾某任事。某年老归家，值发逆（对太平天国农民军的诬称）窜东南，崇邑孤悬海外，道途梗塞近十年。谷竭力摒挡，业乃大振。后江湾某之子至崇肆，谷将历年出入市籍交还，涓滴无私"。詹谷离去时，某之子于"薪俸外加赠四百金。辞不受"③。道光、咸丰之际，徽人程诰"为寿春方氏司会计事，经营累巨万，丝毫不苟，方氏信之笃，任之专。先是方氏业典商，动辄亏折，自公经理，累多所入，利必倍蓰。方氏多公功，岁有所奖，而公不取也"④。康熙、乾隆年间，歙人喻瑾尚家贫，"乃因郑景阳之赀为逐时废贮，而景阳家益富"。景阳与瑾尚是亲家，故景阳的生意全恃瑾尚为其料理，而瑾尚亦能实心任事，至老而不休。瑾

---

① 休宁《西门汪氏大公房挥金公支谱·明经栋公传》。
② 《新安月潭朱氏族谱》卷 22。
③ 光绪《婺源县志》卷 35。
④ 《新安程氏宗谱》卷 9。

尚之子起钟成人后，瑾尚即将平生全部积蓄授予起钟，为银 200 两。起
钟遂持此银，寓居于兰溪米行凌某之家经营粮食贸易。10 余年后，起
钟与凌某结成知交。起钟"遂归不复出，一切主办属之凌"①。从上述
数例中可以看出，在这一类型的委托经营中，委托人一般都是相当富有
的人物。他们或因从事其他职业而不暇经商，或因能力不足而不善经
商，或因年老多病、战乱流移而不能经商，因而不得不将资金委托于他
人代为经营。接受委托者一般都是没有资金或很少资金但却有较强的经
营能力的人。他们所使用的资本主要是他人所委托的资本。在这种经营
形式下，盈利则由资本所有者独享；亏蚀则由资本所有者独当。受委托
者一般都可获得较多的酬金，尤其是在盈利较多的情况下更是如此。江
湾某之子给詹谷"加赠四百金"，寿春方氏对程诰"岁有所奖"就是明
证。喻瑾尚原本家贫，其后竟能积有 200 余金，这大概就是来自郑家给
予的酬金。还有一些徽州大贾为了提携其宗族子弟，往往将一部分资金
委托他们去经营，借以增加他们的收入，培养他们的经营能力。这种委
托经营的形式自然也属于第二种类型。如明朝徽人王子承入蜀经商，
"诸子弟从之游，分授刀布，左提右挈，咸愿与之代兴，各致千万有差，
无德色"②。徽人阮弼经商于芜湖，"诸宗族亲戚、闾右交游至者，辄推
赤心而纳之交……材可贾，则导之贾，能独立，则授之赀而薄其息；能
从游，则授稽而冀其成"③。徽人程君商于两广，"门下受计出子钱者恒
数千人。君为相度土宜趣物候，人人受计不爽也。数奇则宽之，以务究
其材，饶羡则廉取之，而归其赢。以故人乐为程君用，而自程君为大
贾，其族人无不沾濡者"④。在上列数例中，委托人都是富商大贾，被
委托者都是大贾的宗族子弟。大贾对宗族子弟授予资金，指导经营，盈

---

① 《松溪文集·代喻集美作先人行略》。
② 《太函集》卷 7。
③ 《太函集》卷 35。
④ 《弇州山人四部稿》卷 61。

利则薄取其息，亏蚀则宽其偿还资金的期限。在这些优惠条件下，受委托的宗族子弟往往都能发财致富，使非委托资本日益增多，逐渐走上独立经营的道路。明清时期，山西商人中有实行"股份制"者，不论出资经商的"银股"，还是出力营运的"身股"，皆得按股分利。从徽商资料中虽尚未发现这样的制度，但在徽商所采用的第二类型的委托经营制下，出资者与出力者都可在商业利润中获益。就这一点而论，两者是有相似之处的。

通过以上几个方面的考察可以发现，明清时期的徽州商人采取不同的形式把他们的资本组合起来，形成了一个庞大的网络，几乎使每个人都处于这个网络之中。那种与他人既无借贷关系又无合资、委托关系而完全独立于这个网络之外的商人，实际上是不存在的。而在绝大多数的场合下，徽商的这种资本组合关系都是在同乡同族的范围内建立起来的。他们之间因是同乡同族，足以互相信赖，互相支持，所以能把他们的资本组合起来从事商业活动。而这种资本的结合，又反过来强化了他们之间地缘与血缘联系的天然纽带。二者交互作用，遂使徽州商帮内部的结合更为牢固。徽州商帮之所以能够成为称雄于全国商界的一支劲旅，与其内部结合的这种牢固性是分不开的。然而随着商业的发展，商人之间相互借贷、合资、委托的关系必然要突破乡里宗族关系的界限而进一步扩大。清朝中叶以来，这种趋向已经相当明显了。如前所述，徽商程锡庚从广东贷资回婺源贩茶；汪圣仪向外国商人贷资，为其包运茶叶；程国远与粤人合资贩茶；程诰受寿春方氏委托而经理典业；喻起钟委托兰溪凌某代为经理粮食贸易。这些事例都表明，当时的徽州商人确已与本帮以外的商人建立了越来越广泛的信用关系。这种关系的发展势必淡化着作为徽州商帮内部联系纽带的乡族关系，从而成为商帮解体的一个潜在因素。

第三章
徽商在长江流域的经营活动

横贯东西的长江，是我国一条重要的商业运输路线。明中叶以来，沿江一线的贩运贸易逐渐发展起来。入清以后，这种贸易更有较大的增长，其规模几乎赶上了沿运河一线的南北贸易。徽商沿运河北上从事商品贩运活动，固然可获厚利，但却难免在远离故土的北方遇到势力强大的山陕商人与之竞争。而从事沿江贸易，则徽商不但享有地利之便，而且也较少强劲的竞争对手。因之明清时期的长江流域一直是徽商称雄的地方，沿江区域的大小城市几无不是徽商辏集之处，沿江一线几项重要的商品贸易也大部分操于徽商之手。徽商在长江流域的经营活动促进了这一地区商品经济的发展和城市的繁荣，同时也使他们自己获取了丰厚的利润，从而积累起巨量的商业资本，这对于徽州商帮自身的发展也具有重要意义。

一、徽商在上海

今上海市所辖的地区，自明清以来就是全国工商业最发达的地区之一。徽商是当时全国最大的一个商帮，上海工商业的发达，吸引徽商前往贸易；徽商的活动，又促进了上海的繁荣。徽商在上海的活动，在中国经济史上占有重要的一页。

（一）

明清时期，徽商足迹遍于全国，而上海地区则是他们活动的一个主要场所。明朝成化年间就有人说："松（江）民之财，多被徽商搬去。"[①] 足见那时的徽商就已经是上海地区最活跃的一个商帮。自那以后，徽商之"贾松江"、"居云间"、"商游吴淞"、"业贾上海"者屡见于记载。嘉靖时，休宁人邵鸾"贾云间"，独捐巨赀，修复金汇、薛家两桥，又"尝以岛夷发难，同诸父老白当路，筑邑城，愿输财筑城若干丈"[②]。休宁人程元利，"贾于嘉定……值倭围城，捐金募勇士，为诸室先，受甲登陴，城卒能保"[③]。邵、程两人的事迹，表明当时徽商在上海的财力已经相当雄厚了。在清初，人们列举徽商活动的主要城市，大都离不开松江。如康熙时赵吉士说："徽之富民，尽家于仪、扬、苏、松、淮安、芜湖、杭州诸郡。"[④] 廖庭奎也说："休宁巨族大姓，今多挈家存匿各省，如上元、淮安、维扬、松江、浙江杭州、绍兴、江西饶州、浒湾等处。"[⑤] 由于徽人旅居上海者日益增多，他们为了合力谋求同乡人的公益，遂于乾隆十九年联合宁国府人共建徽宁会馆于上海大南门外，号曰"思恭堂"。它是上海最早建造的几所会馆之一。此后，商业活动起步较晚的绩溪人也大批涌向上海，徽人之经商于上海者更多了。胡适曾说，编纂《绩溪县志》"应注重邑人移徙经商的分布与历史……新志应列'大绩溪'一门，由各都画出路线，可看各都移殖的方

① 《云间杂识》。
② 《休宁碎事》卷12。
③ 《徽志·补遗》。
④ 康熙《徽州府志》卷2。
⑤ 《海阳记事》卷下。

向及其经营之种类。如金华、兰溪为一路，孝丰、湖州为一路，杭州为
一路，上海为一路，自绩溪至长江为一路"①。就是说，绩溪人经商在
外者，主要分布于5个地区，而上海即是其中之一。胡适出生于绩溪茶
商的家庭，故对当地人经商情况知之颇深而言之凿凿。绩溪上庄胡氏一
族经商于上海的就很多。大约在乾隆、嘉庆之际，该族胡兆孔始商于上
海，及至道光、咸丰年间，上庄胡氏"列肆上海者又有万字招十三肆，
皆兆孔公派也；鼎字招九肆，皆志俊公派也；而余派亦称是。同、光之
际，则上海有贞海公之鼎茂、王庭公之万生端、贞春公之松茂"等，皆
是"业并素封"的富商。清朝末年，胡氏"旅食上海一带为最多，率常
数百人"②。绩溪庙子山王氏"光绪末经商上海者尤多"③。总而言之，
上海是徽商竞相趋赴的一块宝地，徽商是上海最活跃的一个商帮。

（二）

明清时期徽商的活动，对上海工商业的发展起着一定的作用。

首先，徽商的活动促进了上海地区棉织业的发展。明清时期上海地
区是全国棉织业的中心。叶梦珠说，"松民贸易半仰给于纺织"④，足见
棉织业的发展对于上海地区的繁荣具有重要意义。而棉布则是徽商经营
的重要商品之一。徽人自称："吾乡贾者，首鱼盐，次布帛。"⑤ 当时的
松江府城，许多布商字号都是徽商开设的。乾隆元年，松江府立碑禁止
苏州布商冒立字号招牌。在碑上署名的5家布商中，朱左宜店、朱汝高
店、李士元店分别以"紫阳辅记"、"紫阳甫记"、"紫阳□记"为招牌，
吴舆瑶店则店主亦自称"原籍新安"。可知这5家中，除1家籍贯不详

① 《绩溪县志馆第一次报告书》。
② 绩溪《上川明经胡氏宗谱》卷下。
③ 《绩溪庙子山王氏谱》卷9。
④ 《阅世编》卷1。
⑤ 《太函集》卷54。

外，4家都是徽商。清朝末年，上海县城还有许多徽商开设的棉布字号，如祥泰、恒乾仁、余源茂等等，它们都是鸦片战争以前开设的老店。这些字号的规模都很大。据碑刻资料记载，它们的"字号在松，发卖在苏，且牙行亦多居松"。徽商吴舆璠自称："切璠原籍新安，投治西外，开张富有字号，在郡门市居多。"[1] 这表明，每一字号往往设立许多分店，采取商牙结合的经营方式，在城乡各地广收棉布，或直接运销外地，或经本字号染踹加工之后再行发卖。它们的棉布除经由苏州转销各地外，还有许多是在吴淞口或浏河口直接装上沙船，由海道运往北方。乾隆四十九年，上海青蓝布业公所就曾规定，"各号发布，无论本地、刘河，每包捐银叁分"[2]，以备公用。在上海地区许多盛产棉布的市镇中，更有为数众多的徽州布商经营于其间。如南翔镇"往多徽商侨寓"，罗店镇"徽商辏集"[3]。《外冈镇志》载："四方之巨贾富驵，贸易花布者，皆集于此。""外冈布，因徽商僦居钱鸣塘收买，遂名钱鸣塘布。"[4] 可见该镇贸易花布的"巨贾富驵"主要是徽人。大场镇"山陕布客、徽商等来此坐贾……收买花布，非至深夜不散"[5]。周浦镇也是徽商活跃的地方。万历时，上海就有"新安布商持银六百两，寄载于田庄船，将往周浦"[6]。这些市镇上的徽商，或为松江、上海等处字号代收棉布；或由自己独立营运，把棉布的收购、染色、运销连成一体。明成化时，歙人郑富伟"东游吴淞，北寓临清"[7]。徽商汪应选"迁居南里（南翔镇），足迹历蓟门、辽左"[8]。徽商的活动，使上海地区广大生

---

① 《上海碑刻资料选辑》第85—88页。
② 《上海碑刻资料选辑》第252页。
③ 万历《嘉定县志》卷1。
④ 崇祯《外冈志》卷1、卷2。
⑤ 《宝山县续志》卷1。
⑥ 《沪城备考》卷6。
⑦ 歙县《郑氏宗谱》。
⑧ 《震川先生集》卷18。

产者生产的棉布得以及时地运销四面八方，又使他们所需的粮食、棉花等生产生活资料在市场上得到供应，从而为他们发展商品生产提供了有利条件。从这个意义上讲，上海地区棉织业的发展，徽商是不无功绩的。

其次，徽商活动促进了上海地区的造船业发展。南宋咸淳年间上海设镇，同时置市舶司。从那时起，上海已是海上贸易的重要港口。长期的海上贸易，刺激了造船业的发展。明清时期，由上海出发行驶于北洋的船只有专走牛庄、天津等处的沙船和专走山东各埠的卫船；行驶南洋者有专走福建的南船和专走宁波的宁船；还有行驶于长江的鸭尾船。[①]上述各类船只，许多是在上海建造的。其中数量多、船体大、造价贵者首推沙船。道光初，"沙船聚于上海约三千五六百号，其船大者载官斛三千石，小者千五六百石……每造一船须银七八千两"[②]。为建造这样大的沙船，须有大量质地坚硬的木材，而木材贸易则是徽商经营的四大行业之一。上海造船业所用的良材巨木，几乎全部由徽商供应。当时的南京、杭州是徽商经营木材业的两大中心。大批徽商到江西、湖广、贵州和四川的深山老林，采伐木材，搬运出山，沿长江水路运往南京的上新河。还有许多徽商则把皖南、浙西山区的木材，沿钱塘江运集于杭州的候潮门外。上海地区造船所需木材绝大部分从这两处转运而来。清初松江府曾立碑禁止兵丁胥吏借端扰累木材油麻等行商人。碑文称："看得木竹行业尽系徽民，挈资侨寓，思觅蝇头，冒险涉远，备尝辛苦，始得到埠。"又说："凡遇修造船只大工，自有委官船头领银采料，不得累商，违者必究。"[③]可见当时上海地区的木材贸易完全操于徽商之手，而他们所贩运的木材又恰恰是造船所需的材料。上海地区造船业的发达，与徽商的木材贩运活动是分不开的。

---

① 民国《上海县志》卷12。
② 《清朝经世文编》卷48。
③ 《上海碑刻资料选辑》第105—106页。

第三，徽商活动促进了上海地区的海上贸易。《海运新志》载：明末"海禁久弛，私贩极多。辽东、山东、淮扬、徽、苏、浙、闽之人，做卖鱼虾、腌猪及米豆果品瓷器竹木纸张布匹等项，往来不绝"。可见那时的徽商已是活跃在北洋航线上的一支积极力量。入清以后，上海地区的海上贸易更有所发展。"自康熙二十四年开海禁，关东豆麦每年至上海者千余万石，而布茶各南货至山东、直隶、关东者亦由沙船载而北行。"① 布、茶等货恰是徽商经营的主要商品。他们为了开拓市场，扩大销路，自然要积极参与海上贸易活动。浏河镇是当时海上贸易的重要码头。"东省徽籍以及通属各省商人"麇集于此，经营海上贸易。安徽商人金某还"赍资本至浏河，始创造海船"②。在江苏北部的海港重镇青口，还有徽州号商，自备船只，经营青口上海间的海运贸易。乾隆五年，他们获准从青口海运大豆至浏河镇粜卖。嘉庆十八年因浏河口淤塞，官府遂允准他们在浏河、上海两处任意卸货。他们贩运的物资，名义上仅限大豆一项，实际上苏北、山东出产的粮食、豆饼、豆油、腌猪、咸鱼、山货，江南出产的棉布、纸张等无不贩运。道光时，在青口的徽州号商叶同春等联合当地号商共 12 家，公议起饼油、山货等公积，创祝其公所于上海大东门外。③ 从道光三年至十二年，他们前后动用公积钱 8000 两购置祝其公所基地，又用 4000 两赈济青口灾民。两项开支大约合银 1.2 万两。商人从售货所得款项中提取一部分资金以备公用者谓之公积。公积的数额一般只占售货款额的千分之几，故提取公积又称"厘头捐"。如果叶同春等号是按千分之一的比例提取公积，那么 1.2 万两公积金必有 1200 万两的贸易额。其规模之大可见一斑。还有一些徽商从上海扬帆入海，远赴日本贸易。明朝嘉靖年间"闽广徽浙无赖奸

① 《清朝经世文编》卷 48。
② 《浏河镇纪略》卷 5。
③ 《上海碑刻资料选辑》第 304—305 页。

民，潜匿倭国者不下数千"①。其中不少大概是从上海出发的。顺治六年，江宁巡抚土国宝奏称："看得洋商乔复初等，其籍有山陕徽浙，于明季弘光元年三月初一日纳税给引，由定海出关。初十日，吴淞挂号泛海而达日本长岐（崎）。因传鼎革，流落异域。欣闻本朝柔远惠商之政，于今年正月初三日由日本开行，二月初三日过穄沙，初六日收泊吴淞。所携货物，俱于长岐贸易而来。"② 这段记载表明，当时上海的吴淞口是对外贸易的重要港口，而徽商的确参与了这种贸易。

第四，徽州盐商和典商在上海地区十分活跃，他们对上海工商业的发展也起了一定作用。明清时期，苏、松两府是行销浙盐的口岸之一，而两浙盐业向为徽商所操纵，上海地区行盐的商人，几乎全是徽人。顺治十二年，上海盐商汪凤翔等联名呈词，要求官府禁止胥吏对他们栽赃陷害。词称："商等俱系徽籍"，"远挟重资"，营运于江浙之间。③ 明末清初，在嘉定县行盐的商人程嘉宾则"原籍徽州"，张式之则"原籍新安"④。徽州盐商的财力十分雄厚，是徽州商帮的中坚；徽商经营的其他行业，往往是在徽州盐商的支持和带动下发展起来的。徽商在上海地区的活跃，与徽州盐商在该地的势力是有联系的。徽商在上海经营典当业的也很多。如明末徽商吴继善"之吴淞，以泉布起"，汪海等"以质剂息子钱，一居云间，一居东省"，郑桢"贾松江……权子母。不数年间，赀财稍裕，家道渐兴"⑤。《三冈识略》载："新安有富人二，一程一汪，以贾起家，积财巨万……以重利权子母，持筹握算，锱铢必较。"⑥《三冈识略》的作者董含是清初华亭县人，书中所记多为作者乡里之事，则程、汪二商必定是在华亭一带开当铺的老板。直至抗日战争

---

① 《筹海图编》卷 12。
② 《明清史料》己编第 1 本第 65 页。
③ 《上海碑刻资料选辑》第 457 页。
④ 康熙《嘉定县续志》卷 3。
⑤ 《太函集》卷 54、卷 55。
⑥ 《三冈识略》卷 8。

前夕，上海地区仍然是"朝奉司当赎，多徽州籍"①。这当是历史延续下来的现象。徽商经营典业的手段相当高明。明末歙商汪通保在上海开当铺，"乃就彼中治垣屋，部署诸子弟四面开户以居，客至则四面应之，户无留屦。处士（通保）与诸子弟约，居他县毋操利权，出母钱毋以苦杂良，毋短少，收子钱毋入奇羡，毋以日计取盈。于是人人归市如流，旁郡邑皆至。居有顷，乃大饶，里中富人无出处士右者"②。可见汪通保深得生财之道，他以种种优惠条件吸引顾客，使自己的当铺越开越大，分店越建越多，不但在其乡里堪称首富，而且在上海地区的典业中恐怕也是首屈一指的人物。徽州典商的活动，固然使小生产者深受盘剥之苦，但也发挥了调剂资金的作用，适应了小生产者的需要，对商品经济的发展并非完全无益。徽州典商在其长期经营活动中积累了鉴定银两的真伪及成色的丰富经验。光绪初，徽人汪兰亭便利用徽商的这一专长，在上海创设了公估局。凡银炉所制宝银，必经公估局加批重量与成色，方可在市面上流通。公估局的创立，对上海的金融市场一度起到良好的作用。③

（三）

鸦片战争以后，上海的经济形势为之一变，原来徽商经营的某些行业逐渐失去了往日的辉煌。特别是徽州的布商、典商和盐商的势力都一蹶不振。但他们在其他行业中扩大了经营规模，加强了实力。他们的活动，对上海的发展仍具积极意义。

在近代上海，徽商中实力最强者首推茶商。徽州所产茶叶，在明清之际已驰誉苏松。叶梦珠说："徽茶之托名松萝者，于诸茶中犹称佳品。

---

① 《松江文献·松江典当业沿革考》。
② 《太函副墨》卷4。
③ 杨荫溥：《上海金融组织概要》第110页。

顺治初，每斤价（银）一两。"① 顺治初苏松米价每石为银大约 1 两。1
斤松萝茶当石米之价，足见这种茶叶之名贵了。徽州茶叶不但受到上海
消费者的欢迎，而且还在上海装上沙船，运往北方销售。所以在鸦片战
争以前，徽州茶商在上海已颇为得势。五口通商之后，上海日渐取代了
广州地位，成为茶叶输出的主要港口，于是昔年贩茶赴粤的徽商，大都
改赴上海经营。徽州茶商遂成为上海商界最活跃的力量。光绪时"徽茶
内销不及十分之一二，外销者常及十分之八九"②。徽州所产的珠茶、
雨前、熙春等绿茶都是畅销海外的名茶。光绪二年，祁门胡元龙创建胡
日顺茶厂，改制红茶，更受欧美消费者的欢迎。据统计，光绪二十一年
徽州外销的红茶和绿茶共达 11 万引，约合 1320 万斤③，其中绝大部分
都是由徽商运往上海销售的。徽茶运抵上海后，"素投茶栈，转售西
商"④。茶栈是介绍茶叶出口的交易场所。茶叶成交后，由茶栈提取货
价的 2% 作为佣金。徽茶既是上海出口茶之大宗，所以这种茶栈也多为
徽商所开设。如北京路的"洪源永"茶栈即为祁门人开设的，专营红茶
出口贸易。天津路的"公兴隆"、福州路的"汪裕泰"等都是黟县、休
宁人开设的著名茶栈，经营绿茶的出口贸易。⑤ 其中汪裕泰茶栈规模宏
大，下设 6 个发行所，号称"茶叶大王"⑥。在上海的大街小巷中，由徽
人开设的茶庄、茶店更是随处可见。清末民初，仅绩溪一县在上海开设
的茶号就有 33 家。抗日战争前夕，歙人在沪经营茶叶贸易的商号更是
数以百计。⑦ 为适应茶叶出口贸易的需要，还有许多商人把商业资本投
向生产，在上海兴办茶厂。这种茶厂收购从产地运来的毛茶，重新加工
制造，以迎合外国消费者的口味。经营茶厂者"大都为安徽、广东、江

---

① 《阅世编》卷 6。
②③④ 《清朝续文献通考》卷 42。
⑤ 《上海地方史资料》（三）第 102—106 页。
⑥⑦ 《徽州地区简志》第 138 页。

苏三省人，而尤以安徽人为最多，上海之著名茶厂及大部分资本均属之"①。茶厂中的工人和技师，大部分是徽人。光绪二十年，浙江"永嘉茶商为扩充洋庄茶之营业起见，先向上海聘请徽帮茶司，分入平阳南北港各产茶地宣传指导，将毛茶坯改制炒青，运销上海，去路大旺"②。可见，在上海各茶厂中徽州茶司的技术是第一流的。

在近代上海丝绸出口贸易中，徽商也占有重要地位。湖州、杭州、苏州、嘉兴等府盛产丝绸的城镇历来就是徽商最活跃的地方。徽商之中涉足于丝绸贸易者大有人在。五口通商以后，上海成为丝绸外销的主要港口。1846—1859 年，上海丝绸出口量占全国 81%—100%，其中大部分是来自湖州等府。《南浔志》称："……小贾收丝交大贾，大贾载入申江界（指上海），申江鬼国（指外国）正通商，繁华富丽压苏杭，番舶来银百万计，中国商人皆若狂。"③ 正是湖丝通过上海大批外销的写照。而在这些经营丝绸外销的大贾、小贾之中，有不少人就是徽人。休宁人张颂贤就是其中一个。颂贤先世于康熙时移居南浔，以经营丝业盐业而致富。后颂贤开始面向国际市场，专收蚕丝售给西商，积资达 1200 余万两，成为当地财力最雄厚的富商。④ 富甲江南的"红顶商人"胡光墉（字雪岩，绩溪胡里村人），也在上海参与过丝绸出口贸易。他为了抵制西商压价收丝的活动，曾邀集华商，凑齐本银 2000 万两，尽收全国蚕丝，不使一丝流入西商之手。西商无奈，只得加价 1000 万两，雪岩犹不许。西商恼羞成怒，遂相约该年不买华丝。次年新丝上市后，华商因财力不济，不得不仍按西商之条件出售蚕丝。⑤ 徽商在这场抵制列强侵略的商战中，显示出举足轻重的地位。

---

① 《钱业月报》第 3 卷第 8 期。
② 《中国近代手工业史资料》第 2 卷第 353—354 页。
③ 民国《南浔志》卷 31。
④ 《湖州文史》第 4 辑。
⑤ 欧阳昱：《见闻琐录》后集卷 2。

　　茶叶和丝绸是中国近代两种主要的外销商品。徽商的活动促进了这两项商品出口贸易的扩大，对于缩小贸易逆差、减少白银外流具有积极意义。

　　在丝茶贸易之外，徽商在上海经营的其他行业也很多。如歙县人经营的京广杂货业，黟县人经营的草货、皮革、土布等业，婺源人经营的木材、油漆等业，绩溪、婺源人经营的墨业，以及绩溪人经营的饮食业，都在上海商界占有重要地位。绩溪的厨师精于烹饪，他们做成的"徽菜"别具风味，深受顾客的欢迎。上海大东门的"大辅楼"、小东门的"醉白园"、九江路的"太和园"、福州路的"中华第一楼"等都是绩溪人开设的著名徽菜馆。徽州制墨业素享盛名，上海的"胡开文"、"曹素功"、"詹大有"、"二妙堂"等墨店都是由徽人开设的。上海的徽墨贸易几乎成了他们的专利。[1] 徽商在上海经营纸张贸易者也很多。徽人方德宣就曾利用同乡关系，从各纸店中收集废纸，用以加工再生纸。这一行当竟使他发财致富，被誉为"纸边大王"[2]。总之，上海的各行各业几乎都有徽商经营于其间，他们的活动对上海的繁荣起了一定的作用。

　　在历史上，"繁华富丽压苏杭"的大上海，是全国人民共同创造的，而其中徽州商人的作用显得尤为突出。在今天改革开放的大潮中，皖人对上海经济的起飞自应作出新的贡献。

---

① 《上海地方史资料》（三）第 102—106 页。
② 《上海地方史资料》（三）第 159 页。

二、徽商在苏州

（一）

　　徽人之经商于苏州为时颇早。明朝永乐年间，歙人王福奴就曾"商游吴浙、士大夫深加敬爱"①。同时，歙人程实"尝以木易粟至姑苏贷人"②。生于宣德六年的休宁人黄义刚"少商木筏于杭、浙、姑苏"③，他的青少年时代当在正统、景泰年间。看来，大约在明初徽州商人就已经在苏州相当活跃了。明中叶以后，则徽人之"商于阊门"、"贾于吴市"、"商游姑苏"、"贸迁于吴越"者史不绝书。苏州的城乡各地几无不有徽商的活动，苏州的各行商业几无不有徽人营运于其间。据《北京歙县会馆观光堂题名榜》所记，清代歙人以寄籍而中进士者共有 165 人，其中寄籍于苏属各县者就有 23 人，约占总数 15％以上。④ 这个数字从一个侧面反映出苏州确是徽商比较集中的地方。明清时期，由于苏州工商业的发展，各帮商人纷纷在此兴建会馆，而其中以徽人所建之会馆最多。据碑刻资料所记，乾隆三十八年，徽人在镇抚司衙门之前兴建徽郡会馆。其后又在阊门外上塘街建有新安会馆。同治六年，又与安徽各府人士在南显子巷共建安徽会馆。在阊门外吊桥迤南，还建有安徽码头，专供安徽商人使用。苏州府属各城镇还有一些徽人的会馆。如在常熟、昭文二县则有徽人所建的梅园公所，在吴江县盛泽镇则有徽人与宁国府旌德县人共建的徽宁会馆等。⑤ 徽人所建会馆之多，足以表明他们在苏州是一个人多势众、财力雄厚的商帮。道光时，朱琦说："新安六邑多

---

① 歙县《泽富王氏宗谱》卷 1。
② 《新安文献志》卷 90。
③ 休宁《黄氏世谱》卷 2。
④ 《歙事闲谭》第 11 册。
⑤ 《江苏省明清以来碑刻资料选集》、《明清苏州工商业碑刻集》。

懋迁他省，吴门尤夥。"① 看来，他的话确非夸张之词。

苏州为什么能够吸引为数众多的徽州商人前去贸易呢？究其原因，则不外有两个方面：

首先，苏州是徽商经营长途贩运商业所必趋之地。明清时期，苏州号称"江南首郡"，是苏浙地区商业的中心。当时的苏浙地区是我国商品经济最发达的地区，这里出产的丝绸、棉布及其他手工业品运销于全国各地，而这里的粮食、棉花、木材等生产、生活资料又有很大一部分仰给于全国。因而苏浙地区与国内其他地区之间，较早地形成了相对稳定的商品供求关系；而这种商品流通大多又是以苏州为其枢纽的。所谓"天下之货莫（不）聚于苏州"②，指的就是这种情形。正因为如此，所以徽商为了经营长途贩运商业，就往往要以苏州为其贩运活动的起落点。他们利用长江、运河水运之便，或贸贩于吴楚之间，或往来于吴越齐鲁燕赵之区，或东走吴越，西涉淮汴，进而涉足于西北各地。许多徽州商人就是在这种长途商品贩运活动中发财致富的。如在成化、弘治年间，休宁人查大道"尝客吴楚间，货殖多中。中岁，业益殷"③。程宁政弃农经商，"历吴适汴入齐鲁诸大藩……资产丰裕，富甲一乡，大振家声"④。嘉靖时，休宁人汪勋"挟赀客吴楚……业由是益振，四方莫与之竞"⑤。歙人黄元芳弃儒经商，"往来荆吴齐鲁徐梁之区，足迹殆遍。……早值家艰，终克树立"，竟能"以资雄于乡里"⑥。歙人程相、程楷兄弟二人"东贾吴，北贾鲁……占所进货，更多他贾人"⑦。歙人

---

① 《小万卷斋文稿》卷18。
② 郑若曾：《江南经略》卷2上。
③ 《休宁西门查氏祠记》。
④ 休宁《率口程氏续编本宗谱》卷6。
⑤ 休宁《汪氏统宗谱》卷168。
⑥ 歙县《潭渡黄氏族谱》卷9。
⑦ 光绪重修《新安程氏世谱·征文录》。

郑石林"南游楚，东入吴，北涉淮泗陈豫，几半天下……"家业大起"[①]。清初歙人程胜恩家境贫寒，"室如悬磬"，后来弃农经商，"往来荆襄吴越间……不十年而家成业就，享素封之乐"[②]。上述事例表明，当时的徽商要想发大财就离不开经营长途贩运贸易，而要经营长途贩运贸易则往往离不开苏州这块宝地。徽人在其长期商业实践中逐渐觉察到苏州对他们商业活动的重要，所以当其经商之初就往往先赴苏州窥测形势。正德、嘉靖间，歙人程澄外出经商，"乃东出吴会，尽松江，遵海走维扬，北抵幽蓟，则万货之情可得而观矣，吾其坐而策之。东吴饶木棉，则用布；维扬居天下中，则用盐策；吾郡瘠薄，则用子钱。诸程聚族而从公，惟公决策，脱不给，公复为通有无。行之四十年，诸程并以不赀起，而公加故业数倍，甲长原"[③]。歙人江璠少从其父在家乡做小生意，本小利薄，难得温饱，遂请示其父："大人幸无恙，儿何不东走吴，西走越，北走淮泗，取四方甘毳，佐大人一日养，而坐令自窘为"？于是"挟赀游江淮……游既久，囊中装益起"[④]。可知，苏州处于全国商业联络网的枢纽部位，这里的商业信息最为灵通。商人要想了解全国大市场的行情，为自己的商业活动制订可行的方案，必先奔赴通都大邑作一番考察，而这种考察必自吴始。程澄与江璠在其经商之初就懂得如此行事，故能比较顺利地发财致富。

第二，苏州是徽州小商小贩们理想的逐利场所。明清时期，苏州广大农民由于耕地不足，租赋繁重，不得不在从事农业生产的同时，兼营丝织业、棉织业及其他副业，以弥补农业收入的不足。为了维持其小生产的运行，他们不但需要陆续不断地零星出售自己的产品，而且需要陆续不断地零星购买自己所必要的生产和生活资料。苏州广大农民与市场

---

① 歙县《双桥郑氏墓地图志》。
② 歙县《褒嘉里程氏世谱》。
③ 《太函集》卷52。
④ 歙县《溪南江氏族谱》。

的联系日趋密切，就为大批小商小贩提供了愈来愈多的牟利机会；而徽州商人中为数最多的恰恰就是借经商谋生的小商小贩。所谓"新安多游子，尽是逐蝇头"①，指的就是这种情形。他们为了追逐蝇头微利，纷纷涌向苏州，充斥于城乡各处市场之中，或从事丝、绸、棉布等生产品的收购活动，或从事油、米、盐、酱及棉花等消费品的零售活动。在苏州城乡各地徽州小商贩之多，可以从下述资料中得到证实。《徽郡新立吴中诚善局碑记》载：

> 新安六邑多懋迁他省，吴门尤夥。境遇不齐，偶遭客殁，旅榇侨寄，深为可悯。初有积功堂，权厝焉。久之几莫容。道光八年，特创诚善局，为访亲族，凭信邮，量程远近给资，俾还故土。②

《婺源县采辑》载：

> （婺源人汪昭佑）贸迁苏州，悯客死无归，慨捐千金恒济局，备棺暂殡。商者义之。③

《昭文县为梅园公所卜建存仁堂给示勒石碑》载：

> 焜（范焜耀）等徽籍，寄治贸易。缘有旅中故殁，众议推惠桑梓。前明在虞山北麓建设梅园公所，置地厝棺，以安旅骨。……嗣因公所隘窄，间遇有病就医之人，难以留顿。复于乾隆六十年在常邑境内附廓西庄，原设停棺栈屋之旁，卜建房

---

① 嘉庆《黟县志》卷16。
② 《小万卷斋文稿》卷18。
③ 《婺源县采辑·义行》。

屋，额曰"存仁堂"，以为徽人寄栖医病之所。①

　　上述记载表明，在苏州经商的徽人之中有很大一部分都是小商小贩。他们资本无多，获利甚微。其中有些人更是时运不佳，命途多舛，甚至客死异乡而无力还葬，或贫病交加而无处栖身，不得不依靠本帮商人的群体力量予以资助。"积功堂"、"诚善局"、"恒济局"、"梅园公所"、"存仁堂"等机构就是专门为此而设的。

　　当然在徽州小商贩中，生意失利者只是少数，大多数人毕竟还能在经营小本生意中求得温饱；而其中的佼佼者，更能以小本起家，走上致富之路。明嘉靖时，歙人黄铨"商游吴门，始而力作，既而毕智，终于观时，遂大致富饶"②。明末，休宁人汪社生"以贫奔驰吴越，肩布市买……嗣后家日隆起"③。清婺源人汪光球"初家贫，习缝工。嗣业木苏州，勤慎笃实，人多贷以赀本，经营数年，渐丰裕"，其后"积累二万余金"④。可见苏州的市场条件为大批徽州小商贩提供了牟利生财的机会，因而能对他们具有强大的吸引力。

　　徽人奔赴苏州经商，还有其地理上的便利条件。这也是徽商辏集于苏州的一个原因。据《天下路程图引》记载，由徽州至苏州的捷径是，从徽州陆行北上，经绩溪，越丛山关，趋宁国县，过广德州而达于浙江长兴县西南的四安镇；从四安镇登船东下，经湖州府，至平望镇驶入京杭大运河，沿运河北上抵达苏州。这条路线旱路410里，水路304里。⑤若以旱路日行80里、水路日行100里计算，则全程700里不过8日即可到达。如果要以舟代步，避免肩挑负担之苦，则可自徽州乘船，沿新

---

① 《明清苏州工商业碑刻集》。
② 歙县《竦塘黄氏宗谱》卷6。
③ 嘉定《休宁县志》卷14。
④ 光绪《婺源县志》卷35。
⑤ 憺漪子：《天下路程图引》卷1。

安江顺流而下，经严州、杭州而达苏州。这条路线全程 900 余里，虽然行程较远，但毕竟是水上行船，可借风帆之便，而且自严州以下水势平稳的一些路段可以昼夜兼程，所以全程所费时间也并不算长。婺源人詹元相曾于康熙三十八年、四十一年先后两次赴江宁应试，都是从屯溪上船，经杭州、苏州抵达江宁的。他在屯溪至苏州这段路上，每次都用了 9 天的时间。当时雇船的费用也不算太高。元相第一次搭船自屯溪至丹阳用银 5.6 钱；第二次自屯溪搭船至苏州用银 3.34 钱。[①] 当时徽州米价，每石为银 8 钱上下。由此可知，自徽州坐船至苏州所用船费大约相当于 5 斗米之价。这笔费用是徽州小商贩们所能承受的。徽人奔赴苏州经商的这种便利条件是山陕等帮商人所无法比拟的。所以山陕富商在苏州尽管势力很强，但他们的中小商人则显然难以与徽人竞争。

总之，苏州是徽商竞趋逐利的地方，不论豪商巨贾还是小商小贩，都可以在此求得牟利生财的良机。徽商在苏州的活动不仅对于苏州的繁荣具有重要意义，而且对于徽州商帮自身的发展也具有重要意义。

（二）

徽商在苏州的各行商业中都很活跃，而其中尤以布商、丝绸商、粮商、木商、典商为最盛。

布商。苏州是当时国内最大的棉布交易中心，不仅本府所产的布在此集散，而且邻近各府的布也多汇集于此，经过染踹加工之后，销往各地。钦善在其《松问》中写道："吾闻之苏贾矣，松之为郡，售布于秋，日十五万焉。"[②] 可知松江布大部分是经"苏贾"之手销往远方的。嘉兴一带所产之布除供浙江本省者外，大部分也是通过苏州运销北方的。

---

① 詹元相：《畏斋日记》。《清史资料》第 4 辑。
② 《清朝经世文编》卷 28。

如嘉兴县梅里镇的布"行于苏、松、衢、婺诸郡，远及关东"①。正因为各地所产之布都汇集于苏州，故"各省青蓝布，俱于此地兑买"②，致使苏州棉布贸易的规模十分巨大。在金门阊门一带苏州最繁华的商业区，"绸缎与布皆列字号，而布业最巨"③。可知棉布的贸易已成为苏州规模最大的一项贸易了。而这种贸易的主要经营者则是徽商。他们在棉布的收购、加工、运销等各个环节上都占有优势地位。清前期，阊门外数十家布商字号店绝大多数都是徽商开设的。他们所加工的青蓝布数量多，质量好，行销全国。苏州及其邻近地区，凡是产布之处，几无不有徽州布商的活动。他们利用牙行制度，把持市场，收购棉布，运往阊门的布商字号进行加工，从而形成了一个以苏州为中心的覆盖面甚广的棉布收购网络。徽商利用这个网络把江南布利笼入己手，使其他商帮难以插足。当时陕晋布商的财力固然雄厚，但他们只能在北方棉布的销售市场上发挥其优势，而在江南棉布的收购与加工活动中显然不能与徽商相抗衡。

丝绸商。苏州的丝绸贸易虽有浙江、江苏、山东、山西等处商人经营于其间，但徽商在这项贸易中也有其一席之地，不失为一个有力的竞争者。明嘉靖时，祁门人张之涣"始来游吴，筐厥绮纨，通于豫章……赀雄旅辈"④。嘉靖、万历时，休宁人朱世龙"尝持千金、鬻丝吴门"⑤。由于徽商在苏州贸易丝绸者甚多，所以明清小说中对这种现象也有所反映。如《龙图公案》中就有徽商宁龙携资千两，在苏州采购缎绢贩往江西的故事。《石点头》中又有徽商汪某以银数千两在苏杭采购绫罗绸缎运往四川发卖的故事。吴江县的盛泽镇是苏州的主要丝绸产地，徽商则

---

① 光绪《梅里志》卷7。
② 《雍正朱批谕旨》第42册。
③ 民国《吴县志·风俗》。
④ 祁门《张氏统宗世谱》卷3。
⑤ 《新安月潭朱氏族谱》卷22。

是在这里最活跃的一个商帮。嘉庆时，徽商与旌德县商人在此共建徽宁会馆。《徽宁会馆碑记》① 称："吴江县治南六十里曰盛泽镇，凡江、浙两省之以蚕织为业者俱萃于是。……皖省徽州、宁国二郡之人，服贾于外者，所在多有，而盛镇尤汇集之处也。"可知盛泽镇是徽商竞趋逐利的地方，他们主要都是为了经营丝绸贸易而来的。碑记又称：徽宁会馆中除供奉关帝等神座之外，又于别院供奉"紫阳朱文公"，为的是"皖人有迁居隶籍于吴，及侨居而遂家焉者，俾其子弟有所矜式"。这表明徽人来此经营丝绸贸易已有相当久远的历史了。其中有些人已在该镇安家落户，久居不返。更有些人则侨居日久，子孙相沿，并加入了当地户籍，变成该镇的土著居民了。这些人大概就是来此经营丝绸贸易的最早一批商人。他们的经营活动大概是以丝绸的收购为主，所以能够久居该镇而为坐贾。碑记又称，建造会馆所用之经费，除在该镇的徽、宁商人承担之外，"镇之邻近，如新塍、平望、王江泾、黄家溪、谢天港、坛丘、周家溪，在各镇之同乡者，亦皆乐善捐输，不限界域"。这表明徽商的活动不仅限于盛泽一镇，他们在太湖东南一带的许多市镇中都很活跃。这些市镇中有不少都是著名的丝绸产地。据记载，明中叶以来，"盛泽、黄溪（即黄家溪）四五十里间，居民乃尽逐绫绸之利"②。新塍镇的大张各圩"皆织绸为业"③。王江泾则"其民多织绘为业，日出千匹"④。徽商在这些市镇的活动显然是与丝绸贸易有关的。

　　粮商。苏州以西7里的枫桥是江南最大的粮贸市场。江西、安徽、湖广、四川等省外销的粮食大多运集于此，然后分销苏、浙、福建缺粮之区。这里的粮食贸易有很大一部分操于徽商之手。明清小说中有不少描写徽商在苏州经营粮食贸易的故事。这些故事反映出，自明中叶以

---

① 《江苏省明清以来碑刻资料选集》第446—447页。
② 乾隆《吴江县志》卷38。
③ 同治《新塍琐志》卷2。
④ 《闻川缀旧诗》。

来，吴楚之间的粮食贸易已逐步发展起来，那里徽商中经营这种贸易的专业粮商已经大有人在。这种贸易获利甚厚，故能吸引越来越多的徽商参与其事。直至清末徽商依然是苏州粮食贸易的主要经营者。光绪四年，在苏州经营粮食贸易的商人为重建仓王阁而向官府呈称："职等系粮食营生……而伙友半系安徽浙绍宣湖等处之人。"① 这里所说的安徽人主要就是徽商。

木商。徽州山区盛产杉木。南宋时，徽人就沿新安江贩运木材前往杭州发卖。徽人早年在苏州销售的木材大概就是从杭州转运而来的。如前所述，景泰时休宁人黄义刚在苏州经营木材贸易，他的木材贩运路线就是经杭浙而达姑苏的。后来由于苏州地区经济的发展，徽州木材已不能满足该地区造船、建房及制作工具的需要了。于是徽商除在浙西一带开拓货源之外，更远赴江西、湖广、四川等地购求木材，运至苏州销售。嘉靖时，徽人江容东"家人为木客，贾吴楚，或数千章"②。可知那时徽人在吴楚之间所经营的木材贩运活动已有相当可观的规模了。自此以后，徽人之"业木姑苏"、"运木于苏汇"、贩木于"吴头楚尾"者史不绝书，致使徽人成为苏州木材贸易的主要经营者。苏州的西汇原建有木商公所，名为"大兴会馆"。咸丰时毁于兵。同治四年，木商们"公借紫阳基地"，建造房屋，"照旧供奉关圣、朱子神位，以为木商集议公所"③。在重建大兴会馆中的这些做法，表明在苏州经营木材贸易者大部分都是朱夫子的同乡。这些徽州木商不但人数多，而且势力大。这从他们干预丹徒横闸的改建中可以得到说明。《婺源县志》载：婺源人戴振伸"素业木姑苏……丹徒江口向有横、越二闸。倾坏后，水势横流，船舻往来，迭遭险阨。道光间，大兴会馆董事请伸筹画筑二闸，并挑唐、孟二河。比工告竣，水波不兴，如涉平地"。清廷嘉其功，"赏给

---

① 《江苏省明清以来碑刻资料选集》第192页。
② 《大泌山房集》卷72。
③ 《江苏省明清以来碑刻资料选集》第101页。

九品议叙"①。然而实际上徽商在这项工程中不但无功而且有过。陆献在其《丹徒横闸改建议》中说，数十年前，徽人运木东下者俱从江阴入口。后以江阴路远，遂渐改由丹徒进口。他们为了运木方便，插手于丹徒横闸的改建工程。他们"施其诡计，蒙混经营"，但求闸门便于木簰通过，而不顾其是否利于蓄水，致使南运河水位降低，有碍漕运。故"丹徒横闸之坏，非坏于官，实坏于徽之木商也"②。陆献是江苏丹徒人，嘉庆二十五年举人。他以当时当地人言当时当地事，当然是比较可信的。推敲上述两段记载，便不难看出事情的真相：徽州木商为了运木之便，竟能贿通官府，在国家运输漕粮的主要航道上大作手脚。他们在作弊之后，不但不受惩罚，反而能以过为功，骗得朝廷的奖赏。徽州木商财力之雄，能量之大，于此可见一斑。

　　典商。典当业是徽商经营的四大行业之一。他们的典铺遍布全国，而以江浙为最多。苏州地区由于商品经济的发展，人们更加需要利用典铺资金的通融以济缓急，善于经营典业的徽商当然不会放弃在这一地区的经营。清初小说《豆棚闲话》中就曾描写徽商汪彦打发他的儿子带领家丁，携银万两，前往苏州开设当铺的故事。这表明徽商在苏州经营典当业已是司空见惯的现象。据碑刻资料记载，苏州府属的常熟县在顺治年间曾"奉宪招徕典商，抵押便民"③。常熟既需要典商，借以融通资金；徽商也需要经营典业，借以牟取厚利。由于两者相需，所以徽州典商的势力在这里发展很快。康熙二十年，该县已有典商37家。这一年，该县典商毕义和等10人联名呈词，要求官府严禁胥吏扰累典铺。毕义和等10人全是"附居徽籍商民"④。足见该县典商大部分都是从徽州招来的。常熟县的情形当是整个苏州地区的一个缩影。

　　此外，还有一些经营其他行业的徽商也在苏州十分得势。如徽人在

① 光绪《婺源县志》卷34。
② 《清朝经世文编》卷104。
③④ 《江苏省明清以来碑刻资料选集》第591、609页。

苏州经营捞油业、蜜枣业、皮纸业的就很多。创建徽郡会馆时，由于他们的捐助，才弥补了经费的不足。道光十七年，徽商吕松年捐房 13 间以为苏州漆业公所。① 可知徽商在苏州的油漆业中一定是很有地位的。徽商在苏州开酱园的也很多。同治时，苏州有酱坊 86 家，全是徽、苏、宁、绍 4 帮商人开设的。② 盐是制酱的主要原料，苏州是浙盐的行销口岸。所以经营浙盐的徽商与苏州的关系极为密切。乾隆时，身为两浙甲商的歙人汪绂就"尝居吴"，曾因获罪于达官，而被"责修苏城"③。徽人的酱园业或许就是在他们的支持下发展起来的。苏州的颜料业大多也是由徽人经营的。官府在文告中形容他们营业之艰难时说："衡衢徽民附居，店业营趑，异（巽?）觅□（蝇?）头，以事俯仰。"④ 徽商在苏州贩茶的也不少，如顺治八年徽商汪礼仙曾在芜湖贩茶往苏州发卖。⑤ 嘉庆时，绩溪人王泰邦在长洲县周庄镇开设茶叶店。由于茶叶贸易的季节性很强，所以徽人之业茶者，往往兼营他业。王泰邦就是如此。后人称赞他说："我祖王邦公，作贾在吴中，设市周庄镇，居然端木风，春季市茶叶，冬季海货通。"⑥ 徽州墨商在苏州也很有势力。侨寓苏州的婺源墨商吴宗灏曾一次捐银千余两作为救济贫民的经费。⑦ 可见他的墨店经营规模一定不小。

总之，"其货无所不居"乃是徽人经商的一大特色。在商业发达的苏州，他们的这一特色得到了更充分的表现。

---

① 《明清苏州工商业碑刻集》第 147 页。
② 《明清苏州工商业碑刻集》第 260 页。
③ 民国《歙县志》卷 9。
④ 《江苏省明清以来碑刻资料选集》第 272 页。
⑤ 《明季南略》卷 3。
⑥ 绩溪《盘川王氏家谱》卷 4。
⑦ 光绪《婺源县志》卷 35。

（三）

　　徽商是在苏州最活跃的一个商帮，它对苏州社会的影响自然是很大的。

　　首先，徽商的活动促进了苏州地区商品经济的发展。明清时期，苏州输出的商品以棉布、丝绸为大宗，输入的商品则以粮食、棉花、木材为大宗。在上述几项商品的贸易中，除棉花的贸易由于资料不足暂难评论外，其他几项商品的贸易则徽商都是主要的或重要的经营者。他们的活动促进了商品流通的扩大，使苏州出产的手工业品得以运销于四面八方，而当地所必需的生产资料和生活资料又得到源源不断的供应，这就有力地刺激了苏州地区商品生产的发展。恩格斯说：生产和交换这两种职能“在每一瞬间又互相制约、互相影响到如此程度，使得它们可以被称为是经济曲线的横坐标和纵坐标”[①]。可见徽商的商业活动对于苏州地区生产的发展和经济的繁荣具有十分重要的意义。尤其值得注意的是，苏州的棉布、丝绸绝大部分都是农家副业的产品。为了使极为分散的广大小生产者能够将其产品运往遥远的市场，进行大规模的交换，就不但要有富商大贾从事远距离的大宗商品贩运活动，而且要有人数众多的小商小贩从事产品的零星收购活动和消费品的零售活动。只有后者才能把农民小生产者零星的小额贸易同大宗商品贩运活动连接起来。而小商小贩人数之多恰恰是徽商在苏州地区活动的一个重要特点。他们的活动看起来虽然平淡无奇，然而对于促进苏州经济繁荣所起到的作用则是其他商帮所难以比拟的。更值得一提的是，清朝前期已有一些徽州商人投资于苏州的棉布加工业，并在踹布业中采用了资本主义经营方式。尽管这种经营方式仅仅局限于狭小的范围之内，但它毕竟提高了棉布加工的效率，适应了广大市场的需要，对于促进苏州棉织业的发展起到了积极的作用。

————————————

① 《反杜林论》1950 年版第 150 页。

其次，徽商在苏州的城市建设和公益事业中也作出了贡献。明朝正德年间，祁门富商汪琼就曾捐资治理阊门外的河道，以便交通。清朝乾隆十三年，阊门外跨越运河的渡僧桥，因遭火灾而倾坏，致使交通孔道受阻。当年就有8家布商捐资修复之。8家之中有6家是徽人。① 道光时，婺源木商金辑熙又以独资"修齐门吊桥，靡费千金"②。阊门外之南濠为徽商聚居之处，他们对这里的消防设施也倍加关心。乾隆时，徽商汪尚斌"廛于吴市之南濠。南濠为南北都会，市廛皆比栉次鳞，左右无隙地，每火作则汲道不通，炎炎莫可救。公（尚斌）请于大吏，辟廛居左右各一丈，所费数千缗……及今商民尚赖其利焉"③。更有些徽商在抚孤恤贫等项义举中慷慨解囊，不惜巨资。如婺源人吴宗灏侨寓姑苏，"尝捐千余金，集吴中同志，设义厂施浆粥棉衣"救济贫民。④ 汪昭佐"贸迁苏州，悯客死无归，慨捐千金恒济局，备棺暂殡"⑤。歙人江兆炯贾于苏州，"人有贫苦乏绝不能自振者，咸归君，君靡不为之尽计"⑥。他们的这些活动对于苏州社会的安定与经济的繁荣当然是有益的。

然而徽商毕竟是个封建性质的商帮，它对苏州社会的影响，从总体上看，依然是有利于维护封建制度的。徽商的活动虽然促进了苏州城乡各地商品交换的发展，但就当时的条件而论，商品交换的发展恰恰为农家副业提供了便利的市场条件，促使越来越多的农民采用耕织结合的方式以维护自己的小农经济。因为只有当农家副业的产品能够及时地找到销路，并换得他们用于交租纳税的银两以及他们所必需的生产、生活资料时，农家副业才能成为维护小农经济的有力支撑点。从这个意义上

---

① 《明清苏州工商业碑刻资料》第301—302页。
② 光绪《婺源县志》卷34。
③ 汪梧凤：《松溪文集》。
④ 光绪《婺源县志》卷35。
⑤ 《婺源县采辑·义行》。
⑥ 歙县《济阳江氏族谱》卷9。

说，徽商的活动实际上为耕织结合的小农经济带来了活力，增强了他们对于封建剥削的承受力。这对于地主阶级维护与扩大封建剥削自然是有利的。徽商与地主、官僚在经济上的一致，决定了他们在政治上的一致。徽商向以攀附封建政治势力为能事，他们的这个特点在苏州表现得尤为突出。明朝嘉靖时，婺源人李贤贾于吴，"乐与贤士大夫亲，故随所在吴士大夫咸愿与之游"①。清朝乾隆时，歙人江梅"贸易吴门……重交游，乐与贤士大夫款洽。姑苏为冠盖往来地，慕公名者恒造庐以访"②。歙人江兆炯商于吴中，"吴中士大夫与四方知名上，争以父君为叹"③。贪官污吏们的过分勒索虽然有时也激起他们的抗争，但这种抗争仅仅局限于封建法制所许可的范围之内。如李贤在苏州经商时，"市司有巨蠹，曾负所寄，公赴关奏理之"；其父也以此引为快事。④明末矿监税使在苏州大肆搜刮，使徽商受害颇深。但他们却没有积极投入反矿监税使的斗争，仅仅对这场斗争的领袖寄予同情而已。据记载，葛成出狱后，"有新安富商程尚甫者敬而爱之，赠一艾姬，成笑而纳焉。居浃旬，绝不与私，备装遣还其母家，再适人"⑤。可是当农民战争危及封建统治的时候，他们便紧紧站在地主、官僚一边，同农民军作对。咸丰时，太平军进攻苏州，歙商吴嘉鹏"罄家资，募乡民数千，以布缠额为识，坚守要害。贼数来攻，嘉鹏设策堵御，辄有斩获，先后擒贼目数人，获器械无数。贼以为劲敌"。后来，李秀成亲率大军来攻，才把他们消灭。⑥ 后来，为了镇压太平军，徽商更是不遗余力地为清兵筹集军饷。婺源人詹万锡"习布业，别白精粗，毫厘不爽，吴中诸商服其才，争投采办。咸丰间，粤逆犯吴，苏、太沦陷，需饷孔亟。大府建议分行

① ③ ④　婺源《三田李氏统宗谱》。
②　歙县《济阳江氏族谱》卷9。
⑤　《明清苏州工商业碑刻资料》第383—384页。
⑥　同治《苏州府志》卷112。

抽厘，闻先生贤，檄委专董其事，众商悦服，输金数十万"①。凡此种种都足以表明，明清时期，即便在商品经济最为发达的苏州，徽商依然是封建势力的附庸。

三、徽商在芜湖

（一）

芜湖地当大江长河汇流之处②，交通便利，商业素称发达。明清时期，随着商品经济的发展，芜湖进一步繁荣，成为全国著名的商业都会。据县志记载，元朝末年，芜湖曾遭到严重的破坏，这里的居民仅剩83家，全县岁纳税粮只有17石。③ 但经过短期的休养生息，很快就出现了繁荣景象。明初人黄礼说："芜湖附河距麓，舟车之多，货殖之富，殆与州郡埒。今城中外，市廛鳞次，百物翔集，文彩布帛鱼盐襁至而辐辏，市声若潮，至夕不得休。"④ 万历初，芜湖已成为"辖五方而府万货"的都会。⑤ 逮至乾嘉之际，繁荣更甚往昔。"四方水陆商贾日经其地，阛阓之内百货杂陈，繁华满目，市声若潮"，"阛阓之盛甲于江左"⑥。每逢端午节，这里的商民龙舟竞渡，热闹的场面吸引着南京游客。时人有诗称其盛况云："华灯照水笙歌舞，不枉人呼小建康。"⑦

芜湖在商业上的重要地位，还可以从明清两朝在这里设关征税的情

---

① 婺源《詹氏宗谱》卷首1。
② 青弋江古称长河。
③ 嘉庆《芜湖县志》卷19。
④ 嘉庆《芜湖县志》卷1。
⑤ 民国《芜湖县志》卷10。
⑥ 姚逢年：《芜湖县志·序》。
⑦ 民国《芜湖县志》卷59。

况中得到说明。明成化七年（1471 年），朝廷始在芜湖设置"工关"，万历时又在工关之外另置"户关"，征收过往商船的船税与货税。泰昌、天启间，芜湖户关虽一度被罢停，但到崇祯初年又重新建立，从此遂为定制。① 康熙年间，芜湖关已成为全国"税额俱多"的常关之一。② 乾隆时，芜湖户关每岁征银 31 万余两，工关征银 7 万余两。其税额在全国常关中名列前茅。③ 关税之多固然表明封建统治阶级的贪婪，但也反映出当时的芜湖确已成为全国重要的商业枢纽。

　　值得注意的是，芜湖商业的发展并不是当地人从事商业活动的结果，而是借助于客籍商人的力量。明初人黄礼说：在芜湖"居厚实，操缓急，以利权成富者，多旁郡县人。土著者仅小小兴贩，无西贾秦翟，北贾燕代之俗"④。对于这种情形《芜湖县志》也有明确记载："同光以来，邑人以商致富者颇不乏人，较之旧俗，大有进步。然城镇乡各处，大率业砻坊者居多，此外各业，仍不若客籍之占优势。"⑤那么这种客籍商人究竟来自何处呢？据县志所载，清末各地商民在芜湖所建的会馆已有 18 处之多。这表明，芜湖确是一个"五方杂处"的都会，客籍商人来自四面八方。然而这些商人中，人数最多、资本最雄厚、对芜湖商业发展起着重要作用的则是徽州商人。明末人汪道昆说："吾乡（指徽州）去芜阴 400 里而近，乡人贾者，往往居芜阴。"⑥清初人赵吉士也说："徽之富民，尽家于仪、扬、苏、松、淮安、芜湖诸郡以及江西之南昌、湖广之汉口，远如北京亦复挈其家属而去。"⑦ 可见徽商虽然"足迹几半宇内"，但芜湖却是他们主要的活动场所之一。

　　兹据有关资料列表于后，以证徽商在芜湖之活跃：

---

① 《明史》卷 254。
② 《清朝文献通考》卷 26。
③ 《清朝通典》卷 8。
④⑤　民国《芜湖县志》卷 8。
⑥ 《太函集》卷 10。
⑦　康熙《徽州府志》卷 2。

姓　名	籍贯	时　间	主要事迹	资料来源
郑时贞	歙县	明成化弘治	与其弟"移商湖阴，资积累千"	《郑氏宗谱》
郑朝霁	歙县	明正德	商于淮泗郢鄢，"客于芜湖"	《郑氏宗谱》
许　海	歙县	明嘉靖	商于吴越燕赵间，其后"定业湖阴"	《许氏世谱》第 5 册
许尚质	歙县	明嘉靖	商于吴越及西南各省，曾贩运沙板至芜湖	《许氏世谱》第 5 册
阮　弼	歙县	明嘉靖万历	在芜湖开设染局	《太函集》卷 35
江叔先	歙县	明嘉靖万历	赴芜湖经营粮食贸易	《太函集》卷 50
程　某	歙县	明嘉靖万历	在芜经商，被其乡人推为"贾人祭酒"	《太函集》卷 10
赵　正	歙县	明嘉靖万历	"商居湖阴"，捐资筑城	《岩镇志草·义行传》
徐行路	歙县	明嘉靖万历	"贾芜湖"，捐资筑城	民国《歙县志》卷 9
方如琪	歙县	明嘉靖万历	修治由金陵至芜湖的道路	《寄园寄所寄》卷 12
金　某	徽州	明嘉靖万历	"定居鸠兹，转徙荆襄吴越而北输于燕"	《澹园文集》卷 28（转引自《明清时代商人及商业资本》第 72 页）
汪尚权	休宁	明嘉靖万历	"商于湖阴"，募工治铁冶	《汪氏统宗谱》卷 116
汪一龙	休宁	明万历	在芜湖开设"永春"药店	民国《芜湖县志》卷 85
查　杰	休宁	明万历	"客芜湖，往来吴越扬楚间"	《查氏祠记》
程致和	歙县	明万历	商于芜湖，"大规利便，凡十年而素封"	《褒嘉里程氏世谱》
吴文彦	歙县	明万历	"尝分筑湖阴城"	民国《歙县志》卷 9

续表

姓　名	籍贯	时　间	主要事迹	资料来源
朱道圣	休宁	清顺治	"客芜湖，时族人以巨资相托"	嘉庆《休宁县志》卷14
吴宗圣	徽州	清康熙？	"客芜湖，赴京控告芜湖榷关主事刻剥商民之罪"	道光《徽州府志》卷12之5
吴　昂	休宁	清雍正	造台于芜湖磁矶，以利商船行驶	嘉庆《休宁县志》卷15
鲍叶氏	歙县	清雍正	自愿捐银2万两，用以生息，抵办芜湖商民所负担的"江夫河蓬银"	嘉庆《芜湖县志》卷21
李士葆	婺源	清乾隆嘉庆	初则"佣工芜湖"，继则"贷本经商"	光绪《婺源县志》卷34
俞　焕	婺源	清乾隆嘉庆	"以资雄吴楚间"。在芜湖建蝗矶庙	光绪《婺源县志》卷32
王立本	黟县	清嘉庆	"贸易湘潭芜湖两地"	嘉庆《黟县志》卷7
程立达	歙县	清嘉庆？	客芜湖，"倡复徽国文公祠"	民国《歙县志》卷9
许　仁	歙县	清嘉庆道光	贾于芜湖，修圩赈灾	《歙事闲谭》第4册
程待诏	婺源	清	商于吴楚，在芜湖造义渡	光绪《婺源县志》卷32
胡嗣奎	绩溪	清	客芜湖，为负债卖女者代偿其债	光绪《重修安徽通志》卷251
汪庆鹤	歙县	清	服贾芜湖	民国《歙县志》卷9
汪立枢	休宁	清	兄弟二人客居芜湖，贩于楚	嘉庆《芜湖县志》卷17
江羲龄	歙县	清	贸易于芜湖，博微利以养父	《橙阳散志》卷17
黄九叙	歙县	清	外出经商，客死芜湖	《潭渡黄氏族谱》卷9

续表

姓　名	籍贯	时　间	主要事迹	资料来源
余士恩	黟县	清咸丰同治	贾于芜湖获利数万	《环山余氏宗谱》卷21
李天本	婺源	清咸丰同治	在芜湖捐资赈灾	光绪《婺源县志》卷35
余朝旺	黟县	清末	"习贾于获港"，其后建议肆主人迁往芜湖营业	《环山余氏宗谱》卷21
余士英	黟县	清末	在芜湖从事金融事业	《环山余氏宗谱》卷21
单芳宗	婺源	清末	在芜湖设义渡	光绪《婺源县志》卷35
余锡荣	黟县	清末	在芜湖经商数年，颇有声誉	《环山余氏宗谱》卷21
汪守藩	歙县	清末	在芜湖倡捐创建乐善堂	民国《芜湖县志》卷12

注：本表中所引宗谱、族谱皆为安徽省博物馆藏本。

从以上的资料可看出：明清时期徽人贾于芜湖者为数甚多。他们或为行商，或为坐贾，或列肆于通衢，或营运于作坊。还有许多小贩，逐利于市井，叫卖于街巷，尽管他们资本无多，获利甚微，但却给芜湖增添了热闹的气氛。总之，芜湖的各种商业活动几乎无一不有徽人参与其事。

寄居芜湖的徽籍商人之多，在该地的赋役制度中也有所反映。据《太平府志》载：嘉靖六年（1527年），芜湖县知县王德溢议："将地方居民与徽贾盐商土著者，派夫三千三百五十六名，在官轮差答应。又以商之浮居傥屋，或往或来者，令其出银，协济各差之不足。……行之已久，民皆称便。"[①] 按明制，各州县的差役一般都是派自土著居民的，芜湖县却将一部分差役负担摊在客籍商人身上，而且特别指明要"徽贾盐商"分担这项差役。这表明在芜湖的客籍商人人数众多，而他们的主

① 光绪《太平府志》卷12。

力和中坚则是"徽贾盐商"。正因为如此，所以当这项制度产生弊病时，官府便不得不靠徽商首领的协助去加以整顿了。《太函集》称："芜阴当舟车辐辏之冲，其地多羁旅，少土著，县长吏籍羁旅者起丁夫。久之，践更皆不平，（程）处士诣县长吏，请以身平，其籍遂定。"这位程处士就是寄居芜湖的徽商，并被其乡人推为"贾人祭酒"①。这个事实进一步证实了徽商确是这项差役的主要承担者。

（二）

徽人在芜经商为何如此众多，究其原因大概有两个方面：

首先，芜湖是距徽州较近的一个最宜于发展商业的地方。徽州府城与芜湖相距不足 400 里，其中虽有崇山峻岭之隔，但自古就有大道可通，交通并不十分困难。民国 8 年，歙人吴日法在其《徽商便览》中介绍了自芜湖至徽州的两条道路。一条是，自芜湖乘小轮船至宣城，然后登岸南行，越崇山关，入绩溪以达歙县。另一条是，自芜湖乘小轮至南陵，然后登岸南行，经旌德，越新岭关，入绩溪以达歙县。考之史籍不难发现，上述两条道路古已有之。淳熙《新安志》载，自歙县至汴京的道路是："出东门，指绩溪，由宁国县入其府（即今宣城），济黄池，入太平州，渡采石江"，然后北上。可知早在唐宋时期，由徽州经宁国至芜湖的道路就已畅通无阻了。这条路上还有舟楫之便，足以代徒步之劳。旧时所使用的木船、竹筏可以沿水阳江溯流而上，经宣城、宁国，直达西津河上游的胡乐镇。② 该镇距绩溪县城仅 60 里，距歙县也不过 120 里左右。对于惯于远游的徽州商人来说，走这么一段旱路，简直是"胜似闲庭信步"了。嘉庆《休宁县志》载，自休宁至江宁的道路是："由郡城（即歙县）逾绩之新岭、宁国之旌德，经南陵、太平之繁昌、

---

① 《太函集》卷 10。
② 民国《宁国县志》卷 1。

芜湖及其府，以达于省。"① 则自徽州经南陵而达芜湖的道路在清代也是畅通无阻的。又按《太函集》载：明嘉靖、万历间，歙人阮弼赴芜湖经商，"芜湖道出南陵，险而淖，病行者。长公（阮弼）捐金以倡诸贾，甃而夷"②。可知这条道路并非始自清代，至少在明代已有许多徽州商人奔走往来于其间。该路经阮弼等人修治以后，行旅比较方便，所以到清代，它就成为徽州与芜湖之间的一条交通干线了。同时，与这条道路相平行的青弋江也可以行驶船舶，为商旅提供方便。因此在这条交通线所必须步行的旱路实际上也只有100余里。《橙阳散志》载，歙县诸生江有容，随父客芜湖，父有疾，奉之归，"贫无舟车费，背负以行，迍邅万状，旬余抵里"③。一个文弱书生，背负其父，10余日即可由芜湖回到徽州。足见在当时条件下，徽州与芜湖之间的交通的确不算困难。

人们也许要问：徽人出外经商，除了北走芜湖之外，还可以东走杭州，西走饶州，且北路有崇山关、新岭关之险，而东西两路却有新安江、昌江、婺江可供舟楫之便，然徽人赴芜经商的兴趣并不因此而稍减，这究竟是什么原因呢？这是因为，处在万山丛中的徽州，北上固不免于翻山越岭，但东西两路的交通实际上也不算方便。徽州的地势颇高，向东向西的河道，水量甚小，水流甚急，都不大便于行船。据志书所载：徽州"山峭厉而水清激，川在万山中，东涉浙江，其滩之险有三百六十，西通彭蠡，其滩之险有八十四，其岭之危有五"④。《祁门县志》中有一段记载，描写祁门、饶州之间水运困难的情形："溪流无常，三日雨则溢，五日不雨则涸，盈则由天而下，飞鸿怒马，一日千里；竭则日行不能六七滩，虽曰舟行，艰同负贩。"⑤ 所以单就旅途难易而论，

① 嘉庆《休宁县志》卷1。
② 《太函集》卷35。
③ 《橙阳散志》卷3。
④ 弘治《徽州府志》卷1。
⑤ 同治《祁门县志》卷12。

112

东西两路实在并不比北路优越。何况两淮的盐利，长江的水运，北方各省发展商业的广阔天地，都在吸引着徽州商人。他们要想利用这些条件为其商业活动服务，就非北走芜湖不可了。

其次，芜湖是活跃于大江上下的徽州商人的理想基地。这是造成芜湖徽商众多的另一个原因。万里长江是明清时期的国内交通动脉，也是当时的一条主要商业运输路线。清人李嘉端说："芜湖关税课，全赖川、楚、江西货物前赴浙江、江苏仪征、扬州、清江浦等处，转行北五省销售。"① 明清时期芜湖关税的不断增加，表明了大江之上的商业运输在不断发展；而芜湖的繁荣，是与这种商业运输的发展分不开的。所以清人梁启让说："安徽沿江南岸六县，皆舟舣停泊之所，而芜湖尤当其冲。盖以朝廷设关在此，故四方商民上下往来之舟舰，皆屯泊于江口，以待稽查而后放行者，较他县停舟之所尤多。"② 芜湖就是在这种情况下，发展成为"客商辐辏，百货丛聚"的都会的。必须指出：明清时期的长江流域是徽州商人在商业上称雄的地区。在当时，往来于大江之上，转贾于吴楚之间的富商大贾主要就是徽商。芜湖既是他们的商船必须靠岸纳税的港口，又是去远处经商的跳板；既便于奔赴扬州贾盐，又可贩运于大江上下；得志可远游万里，趋利四方，失利也便于返回家园，不致坐困他乡。于是，这里成为他们活动的基地也就是很自然的了。明末休宁人查杰说："鸠兹（芜湖的古称）为四通五达之涂，此天所授转输地也。"又说："湖阴善邸也，去吾郡五百里而近，信使日夕相通。"因此，他把家属安置于芜湖，令其弟、侄料理家务，并在当地经营商业。而他自己则"往来吴越扬楚间。三十余年，业果骎骎起"③。这个事例表明，徽商之所以看中芜湖不是没有道理的。

---

① 彭泽溢：《近代中国手工业史资料》第 1 卷。
② 嘉庆《芜湖县志》卷 21。
③ 《休宁西门查氏祠记》。

　　史称"芜湖关工税，向以木排为大宗"①，就是说木材是通过长江转运的重要商品之一。而在沿江运木的商人中，恰恰就是以徽商最为活跃。在《婺源县志》中，关于商人"业木维扬"、"业木姑苏"、"掌木业于金陵"、"贩木豫章"、"贩木湖南"、"往楚贩木"之类的记载俯拾皆是。这些都足以表明，当时从湖南、江西购买木材运往长江下游销售的徽州商人是很多的。而这些徽州木商中，有许多人就是以芜湖作为活动基地的。嘉庆《芜湖县志》载："炮台在县西滨江……今其下滩地为徽临两郡木商贩木箱之所。"民国《芜湖县志》又载："潇江会馆，原名临清会馆，在徽临滩。……又以在芜业木者以临郡他县人无与焉，恐滋混淆，因改称今名。"② 从上述两段记载中可以看出：在芜业木者以徽临两帮商人居多，其中尤以徽帮更占优势，故堆放木材之所称为"徽临滩"。

　　粮食也是当时通过长江转运的一种重要商品。不但江西、湖广每年都有大批粮食远销苏、浙以及北方各省，而且安徽沿江两岸的圩田也盛产稻米，可供外销。而在这种粮食贸易中恰恰又是以徽商最为活跃。徽州粮商以芜湖作为他们活动基地就是很自然的了。

　　此外，徽州的盐商、茶商、布商、绸缎商、陶瓷商等也都频繁往来于江上。其中自然也有许多人把芜湖作为活动基地。许多徽商正是为了便于在江上从事贸易，才在芜湖寄居的。前表所列举的歙人郑朝霁、许海、徽人金某、休宁人查杰、黟县人王立本、休宁人汪立枢、婺源人程待诏等都属于这种情形。

　　由此可见，明清时期芜湖徽商之多不是偶然的。它不但与芜湖、徽州两地特殊的地理条件有关，而且也同他们经营的商业范围分不开。

① 彭泽溢：《中国近代手工业史资料》第1卷。
② 嘉庆《芜湖县志》卷6、民国《芜湖县志》卷13。

（三）

明清时期，由于徽籍客商在芜湖较为活跃，因之，他们对芜湖经济文化的发展起着十分重要的作用。

首先，人数众多、资本雄厚的徽州商人长期在芜湖从事商业活动，这本身便促进了芜湖工商业的发展。例如休宁人汪一龙，于万历时迁居芜湖，在"西门外大街创正田药店，字号'永春'，垂二百余年，凡九世皆同居。慎选药材，虔制丸散，四方争购之，对症取服，应效神速"。他的药材不但驰名全国，而且远销海外。"每外藩入贡者，多取道于芜，市药而归。"① 明嘉靖时，休宁人汪尚权"商于湖阴数年。复大募工，治铁冶。指挥百人，斩斩有序，工罔费殽……资日丰于旧"②。这是一个商人投资生产的典型事例。尽管上述记载十分简略，亦可看出其经营的大概情形。汪尚权的冶铁作坊拥有工匠百人，规模已颇可观。工匠是由招募而来，其身份已是雇佣劳动者。由于作坊内实行分工，而且"斩斩有序"，劳动效率和产品质量当然有所提高。这种作坊，很可能已是资本主义性质的。先进的经营方式，势必促进芜湖的冶铁业。谚云："铁到芜湖自成钢"。芜湖冶铁业之所以享有盛誉，徽商当有一份功劳。嘉靖、万历年间，歙人阮弼在芜湖经营浆染业，"乃自芜湖立局，召染人曹治之，无庸灌输，费省而利滋倍，五方购者益集，其所转毂，遍于吴越荆梁燕豫齐鲁之间，则又分局而贾要津"③。阮弼的染局，规模既大，分局又多，生产技术也有所改进，故产品精美，畅销各地。宋应星指出"浆染尚芜湖"④。芜湖浆染业之所以能够誉满全国，与徽商的惨淡经营也是分不开的。

其次，徽商为了便于在芜湖做生意，往往带头抵制官府的横征暴

① 民国《芜湖县志》卷58。
② 《汪氏统宗谱》卷116。
③ 《太函集》卷35。
④ 《天工开物》卷上。

敛，在一定程度上保护了芜湖商民的利益。如徽商吴宗圣，"以义侠著声。客芜湖。榷关邓主事苛责诸商，多额外征，莫敢谁何。宗圣毅然入控登闻"。结果，差官按实拿问，而宗圣因劳瘁殁于京师。① 雍正时又有歙人鲍人龙、鲍献父子与士民呈请于官，要求废除向芜湖商民征收的"江夫河蓬银"。他们的要求未能获准，于是人龙母叶氏毅然呈请官府，"愿捐银二万两，生息抵办"。雍正帝迫于舆论，不得不下令废除这项苛派。② 徽商的这些活动为芜湖商民解除了一些不合理的负担，对工商业的发展显然起着积极作用。

再次，徽商为了自己的利益，十分关心芜湖与外地的交通，尤其芜湖与徽州间的交通。除前已述及的阮弼等修治南陵道以外，还有许多徽商也加意修治这条道路。如万历时查杰"广石道于南陵"，使之"水无病涉，陆无病淬"③。清朝的江演，以"郡"（徽州）北新岭峻险，行者艰阻，公（江演）呈请制抚，捐金数万，辟新路四十里，以便行旅。④ 南京是徽商自芜湖赴江苏、两淮以及北方各省的必经之地，歙人方如骐就曾"与郑滂石甃金陵孔道，以达芜湖"⑤。徽商为了便于在江上往来经商，还注意芜湖附近的江上航路安全。雍正时，休宁商人吴昂就曾在芜湖附近的痀痀上立庙建旗，提醒船夫注意，避免触礁。⑥ 徽商对沟通芜湖市区青弋江两岸的交通也作出过贡献。万历时，县城南门外的浮桥被木排撞毁。天启元年，歙县富商汪伯爵倡捐重建。他"新造方舟二十艘，垫以平板，匝以巨槛"，便于行走，因而被人们称为"便民桥"。此后又有婺源商人程待诏、单芳宗等分别在该桥以西直至江口的青弋江设置义渡，便利两岸商民的往来。⑦

① 道光《徽州府志》卷12。
② 嘉庆《芜湖县志》卷21。
③ 《休宁西门查氏祠记》。
④ 《橙阳散志》卷3。
⑤ 《寄园寄所寄》卷12。
⑥ 嘉庆《休宁县志》卷15。
⑦ 民国《芜湖县志》卷16；光绪《婺源县志》卷23、卷35。

　　第四，徽商为了保障他们在芜湖的经济利益，对社会秩序的稳定十分关心。嘉靖三十四年，倭寇自杭州入徽州，寇南陵，窜犯芜湖，在芜湖的青弋江南岸大肆焚掠。那时芜湖尚无城墙可资捍御，官吏束手无策。在这紧急关头，歙商阮弼挺身而出，组织商民数千人，杀牲誓众，协力守御，斩获倭寇一人，迫其溃退，使青弋江北岸的商业繁盛区免遭浩劫。① 明代的芜湖，原无城墙保障治安，官库两次被盗。万历三年始议筑城。歙商徐行路就是这一工程的主持人之一。官府"委任其事，迄底于成"。他还"捐千金独造南城井干之楼"②。歙商阮弼也是这项工程的积极参加者。他"扶议倡众"，"以身为版筑先"。结果"城完而坚，如期而告成事"③。此外，徽商赵正、吴文彦等也都捐资助役，为芜湖城的建造作出了贡献。④ 当芜湖发生自然灾害时，徽商也往往协助官府赈灾、抗灾，以维持社会秩序的稳定。如万历时，芜湖大饥，"芜邑下令募粟赈饥"。休宁商人查杰即日输 300 石以倡之。"邑高其谊，闻于当道而赐之爵。"⑤ 清嘉庆、道光时期歙商许仁在这方面的事迹更为突出。嘉庆时"安徽旱，饥民就芜湖索食，且酿乱。大吏廉居士（许仁）才，访之。居士曰：非先资流民出境，乱不解。拟章程十条。大府善之。下他县。乱乃已。"道光十年，芜湖发生水灾，破凤林、麻浦二圩。许仁又主持赈灾，并采取以工代赈的办法组织灾民修复二圩。次年二圩复溃，他又"倡捐巨万"赈济灾民，并拟定"二圩通力合作章程十六条"，令民奉行。"芜人感其德，请于官，为立祠于凤林圩之殷家山祀焉。"⑥

　　徽商对芜湖文化的发展也有一定贡献。明清时期，徽州的文人学士侨居芜湖者为数颇多，如胡邦旦、方兆曾、释渐江、韩铸、朱卉、谢

---

① 《太函集》卷 35；《岩镇志草》。
② 民国《歙县志》卷 9。
③ 《太函集》卷 35。
④ 《岩镇志草》；民国《歙县志》卷 9。
⑤ 《休宁西门查氏祠记》。
⑥ 《歙事闲谭》第 4 册。

嵩、孙逸、谢橙隽、黄兰谷等。这些人或为名医，或为宏儒，或精于赋诗，或工于作画，对芜湖文化的发展都在不同程度上作出了贡献。这些徽州文士为什么要侨居芜湖呢？因为有的本身即为徽商子弟，有的则是因为是徽商的同乡同族受到资助而来芜湖的。明末徽商阮弼在芜湖时，"诸宗族亲戚间右至者，辄推赤心而纳之交。业儒则佐之儒，材可贾则导之贾"①。清末"以贾起家"的徽人李爱得在芜湖时，"士林寒酸多赖公举火，邑人士之得科第者，费用大半取给于公"②。可见，徽州文士多侨寓芜湖的现象，是与徽商在财力上的支持分不开的。

徽商对芜湖经济文化的发展虽然有所贡献，甚至他们中的个别人很可能早在明朝嘉靖年间已在这个古老的江城采用过新兴的资本主义经营方式，然而直到鸦片战争前夕，他们中的绝大多数人还是封建商人，他们的所作所为在许多方面都起到了维护封建统治的作用。官府对他们的"义举"也倍加奖励，或旌其门户，或授予官爵，甚至为之立祠祭祀。他们的子弟以及在其资助下的徽州士子，通过科举而跻身于官僚士大夫之列者也不乏其人。尽管他们不满官府的横征暴敛，却从未采取过公开对抗手段，只是乞求皇帝"开恩"，借以达到目的。这表明，当时的徽商实际上不过是封建统治阶级的附庸；徽商十分活跃的芜湖只能是封建官府牢牢控制下的一个商业城市，而不可能像欧洲中世纪后期的自由城市那样，发展成为瓦解封建制度的策源地。

四、徽商在武汉

徽州商人，在东至海、西至川黔这条长江流域的商线上，有几个聚

---

① 《太函集》卷 35。
② 郑恭：《日记》第 3 册。

集点，那便是上海、苏州、扬州、南京、芜湖、九江、武汉、重庆。明清时期，这些沿江都市大多商贾辐辏，经济繁荣。徽商聚集于这些都市，实际上也是控制了这条黄金水道两岸的商业贸易。其中的武汉，是徽商较早贸迁有无的都市之一。他们驻足往来于这个商业要枢，与其他商帮竞相争利。从徽州商帮的兴衰史来看，武汉帮退出商界也比较晚。因此，徽商在武汉的商业活动，更值得我们大家研究。

（一）

武汉三镇，在历史上是先后形成和发展起来的。三镇中的武昌，早在汉末就为兵家争夺之地。当吴、蜀对峙之时，孙权于黄初二年（221年）"自公安（今湖北公安县）都鄂，改名武昌"，同年建武昌城（旧城在今鄂州市）。汉阳，在唐武德年间，即为江津县治所。元代，武昌和汉阳，分别都是路、府治所所在地。而汉口，在明初还是一块无人居住的芦洲，水涨一片汪洋，水落芦荻遍野，隶属汉阳。到天顺、成化间，才开始有居民。由于它是长江和汉水的汇合处，再加上东南边的武昌、西南边的汉阳早已是府治的治所，在明代武昌又是湖广布政司的衙门所在地，因此，"一水中流分武汉"的汉口，自然由一个民户不多的小集镇很快发展起来。据乾隆《汉阳府志》载：嘉靖二十四年（1545年），汉口居民计 1395 户，如按每户 5 口计，大约近 7000 人。这在当时，也算规模可观的小集镇了。到了明末，已形成粗具规模的商业都市，那便是"汉镇士民，不事田业，惟贸易视事，商船四集，货物纷华，风景颇称繁庶"[①]。崇祯四年（1631 年），蒲度之以其亲身经历并用形象的比喻，描写当时汉口的情景是："郡城之东为汉口，……两岸居民不啻若九牛一毛，而万舰千艘，有如靸者，如革履者，如箕斗者，啣尾络绎，

———————

① 乾隆《汉阳府志》卷12。

被岸几里许，……时余舟逆流排挤而上，尽费撑持。"① 可见，汉口这座水上都市已经相当繁盛了。到了清代，汉口已为长江中上游的一座商业重镇，被誉为全国四大镇（佛山镇、景德镇、朱仙镇、汉口镇）之一，又被称之为"四聚"（北京、苏州、佛山、汉口）之一。这都说明汉口已在全国商业都市中，居于举足轻重的地位了。

汉口这座商镇兴起之日，也是徽州商帮的崛起之时。明代中叶，徽州"出贾"人数众多，"足迹几遍宇内"。而长江沿线更是他们往来驰骋最活跃的贸易区域。他们或者是经浮梁，出湖口，溯江而上；或沿青弋江，出芜湖，溯江而上，便可直上荆、襄、川、黔。而武汉便是徽商到长江上游的必经和必然驻足之地。我们根据一些事实考察便可知道，武汉的商业发展又似乎和徽州商帮的发展是同时的。

早在明弘治、嘉靖间，就有休宁商人查道大"尝客吴楚间"②，万历间，有"新安商人自楚贩米至吴"③。徽商往来吴楚间，武汉乃是楚地的重要商镇，也必有徽商的足迹。入清以后，武汉更加繁华，据记载，这里已是"五方杂处，商贾辐辏，俱以贸易为业，不事耕种"④。而在清代，徽商之"客汉皋"者，人数更多。如乾隆间，黟商汪廷榜"少业贾至汉口"⑤。歙商江承东"少服贾汉阳"，歙商方佺"尝贾楚汉间"。这类事实，在徽州方志、家谱中俯拾可得。

徽州商人之所以把远离家乡的武汉，作为"射利"的聚集点，乃是因为武汉处于东西的水上商业路线和南北陆上商业路线的交叉点上，是全国东西南北贸易的枢纽，地位极为重要。所谓："汉口不特为楚省咽喉，而云、贵、四川、湖南、广西、陕西、河南、江西之货，皆于此焉

---

① 蒲度之：《硕迈园集》，转引自《再续汉口丛谈》卷1。
② 《休宁西门查氏祠记·城西善士世宏查君墓志铭》。
③ 《坚瓠五集》卷1《火焚米商》。
④ 《古今图书集成·职方典》。
⑤ 道光《黟县志》卷6。

转输，虽不欲雄天下不可得也。"① 其实，徽州的一些土特产品也有运至汉口"转输"的。明末以后，汉口不仅是商业都市，而且是西北、西南、东南、东北的货物转输之地。徽州商人多以长途贩运为其经营的主要方式，所以，他们也自然看重武汉三镇这座有利可图的都市，并在此建立全国性的商业网络。

武汉既然是长江中上游的商业中心，又是商品转输之地，不仅徽商聚集于此，而且从明代中后期各地商帮兴起以来，他们也多看重这个商业都城。因此，从明末到清代，这里又是一些商帮角逐的大市场。如两湖帮在这里是"近水楼台"，他们人多势众自不待言。而江右帮之到武汉，也不需多少时日，故曾有人说，江西商人到武汉，犹如跨过门庭。② 在清代，宁波帮在武汉也极为活跃，他们经营典当、银楼、粮食、药材等行业，生意颇为兴旺。③ 此外，山东商人、洞庭商人亦有涉足于此者。但是，在武汉这座都市里，徽商角逐的劲"敌"，恐怕还是山、陕商帮。从其经营的行业来看，山西帮在汉口经营的有：茶叶、布匹、药材、皮货、典当、纸张、果品等行业，陕西帮经营的主要是牛皮、羊皮、羊毛、生漆、水烟、药材、茶叶、布匹等。在武汉这个市场上，徽商所经营的有不少与山、陕商帮的货物相同，有的商品是买方和卖方的关系，有的是经营同一个行业，因此，竞争性就更大。由于商业竞争的需要，徽州帮和山陕帮几乎在同一个时期在汉口建立了会馆。据载，清康熙间，山陕商人在武汉建立会馆，又名关帝庙，极为壮丽。④ 与此同时，徽商也在武汉建立会馆，初名徽宁会馆，后改徽州会馆。山陕商人崇祀同乡关羽，徽州商人崇祀同乡朱熹，故在各自的会馆里对这两位"乡贤"分别加以供奉。

---

① 刘献廷：《广阳杂记》卷4。
② 参见《中国十大商帮》，黄山书社1993年版。
③ 民国《夏口县志》卷12。
④ 《汉口丛谈》卷2。

综上所述，可知徽商于明中叶崛起之后，在长江这条商线上，终于把武汉作为聚集点之一；在这里他们可以西通川黔，北达山、陕，南下两广，东接三吴两淮，于是，其商业网撒下了大半个中国。

（二）

自明代中期以迄于清末，随着武汉三镇商业经济的发展和在全国范围内贸易地位的日益重要，四方商贾来此者，日益增多，其中徽州帮自是一支较强的势力。综览有关材料，可以发现，徽商在武汉从事商业活动，有如下几个特点：

经营行业较多，这是徽商在武汉贸迁有无的特点之一。徽商是"其货无所不居"。然而，他们在一个城市，或一个地区，往往以集中从事某一个行业为主而兼及其他。如在扬州以经营盐业为主；在杭州，以经营盐、木为主；在苏州和江南地区以经营丝绸、棉布为主；在金陵则以经营典当为主。而徽商在武汉，所经营的行业有盐、粮、木、茶、棉布、丝织、墨、典当、药业、杂货、酒楼、银楼，乃至珠宝买卖。王世贞在《弇州山人四部稿》中就曾提到："程君者，新安人也。……年甫髫而从其舅江淮间为下贾，已进为中贾，……则转贩湘楚，……珠玑犀象香药果布之凑，盖不数年而成大贾。"王世贞是明代嘉、万时人，他记述新安程君"转贩湘楚"，则其足迹自会到达武汉三镇。他一人就经营这么多商品，足见徽商经营的行业之广。徽商在武汉之所以贸迁如此之多的行业，乃是因为：明清时期的武汉，还是一个新兴的商业都市，无论哪个行业，都未能为一个地域或商帮的势力所把持，因而，在这里各地商人均可"平等争利"；同时，在这个"四聚"之地，各地商人多蝟集于此，于是能够货畅其流，尤其是各地的土、特、名产品更易在这里交换、转运。这不仅有利于把生意做活，而且易于赚得利润且风险较少。

徽州商人在武汉从事商业经营的特点之二，是行商坐贾兼而有之。

例如，茶叶经营，他们既将徽州的茶叶运至武汉，然后售给山陕商人，贩运至西北各地；与此同时，他们又在武汉开设店铺经营茶叶生意。如婺源茶商王元化"壮贾汉阳，家渐裕，偕其侄业茶于汉"。鲍元义与兄元羲"贩茶"于湖北武惠镇。前者为坐贾，后者为行商。① 再如，经营药材业，他们一方面从有关产地贩运药材至武汉，或在武汉从其他商帮手里购来药材贩至畅销地出售②；另一方面，他们又在武汉经营药店。号称中国四大药店之一的叶开泰，其创始人叶文机就是徽商。他在明末白漂水迁来汉口，经过几代人的经营，叶开泰便成了集批发药材和零售药品于一家的大药店。③ 另外，有的徽商之家在其他各地列肆经营，而在汉口从事长途贩运，那是集行商坐贾于一家。清代康、乾时的歙商程廷柱，"自幼豁达，少随父侧奔驰江广，佐理经营。父殁后，克绍箕裘，友爱诸弟。（自己）总理（江西）玉山栈事，增至（殖）田产；兰邑油业命二弟廷柏公督任之；命三弟廷梓公坐守杭州，分销售货；命四弟廷桓公往来江汉，贸迁有无。（又）创立龙游典业、田庄，金华、兰溪两处盐务，游埠店业，吾乡丰口盐业……"④ 程廷柱兄弟所经营的油业、典业、盐业、田庄、店铺，这都是坐贾，而四弟程廷桓往来江汉间，则是行商。徽人在汉口的会馆，便是按坐贾行商的需要而设计建造的。据《重修古歙东门许氏宗谱·观察蓬园公事实》载："歙人许蓬园，出守邵陵（今湖南邵阳市），……湖北汉口市镇旧有新安会馆，专祀徽国文公，栋宇宏敞。昔时同乡人士欲扩充径路，额曰：'新安巷'，开辟马头，以便坐贾行商之出入。……公倡首捐输，得一万五千金，置买店房，扩充径路，石镌'新安街'额，开辟新安码头，兼建'奎星楼'一座为汉镇巨观。……更收买附近会馆房屋基地，造屋数十栋，以为同乡往来居

---

① 嘉庆《两淮盐法志》卷 11、卷 17。
② 薛宗正：《明代徽商及其商业经营》。见《徽商研究论文集》，安徽人民出版社。
③ 《武汉文史资料》第 1 辑。
④ 歙县《程氏孟孙公支谱·程廷柱传》。

止；并设经学延师儒以为同乡子弟旅邸肆业之所。"汉口的"新安会馆"与其他各地的会馆不完全一样，它既按行商"往来居止"的需要，又按坐贾"延师儒"以便"同乡子弟"学习的需要，设计不同规格的房屋，修建了各种设施。这既反映了清康熙、乾隆年间，徽商在武汉的人数之众，同时，也说明了徽商在武汉经营商业的这一特点。

徽州商人在武汉以转输贸易为大宗，这是徽商在武汉从事商业经营的特点之三。其所以如此，是由武汉的地理位置决定的。武汉为"九省通衢"之地，明清时期，它是长江中上游的货物转运中心。因此，徽州商人在武汉从事大宗买卖，便以转输贸易为主。其所经营的商品主要是盐、木、粮等转输贩运。

盐业是徽商所经营的"龙头"行业。他们从事盐业贸易的主要力量是在两淮，而淮盐行销总岸在汉口，两湖食盐都由汉口转运。据光绪《两淮盐法志》载："两湖户口繁殖甲天下，承平时，淮盐引岸，楚省称最。"① 因此，汉口总岸年销两淮额盐最多。在汉口承办淮盐分销的徽州商人、总商也不少。在两淮的徽州吴姓、江姓、鲍姓大盐商，在汉口几乎均有他们的同宗代理人；有的担任了匣商，一方面应酬官府，一方面办理淮盐转运。像婺源江缵绪还"入湖北盐道幕二十余年"②，成了盐道里的一位小幕僚。汉口的水商中也有徽人，像婺源的戴公选，"运盐湘汉间"。戴公选便是一位水商。有的盐商凭借自己的聪明才智，在汉口颇孚众望。如歙人巴树蕃，"理盐禺，客汉久，广交游。自缙绅以及闾巷，无不知其名者。尤能急人之急，故有'小孟尝'之目"③。汉口是淮盐畅岸，固然是由于"利赖既广"，但与一部分徽州商人转输贩运之得力，恐怕也有一定的关系。

木业是徽商在武汉经营的又一重要行业，其主要经营方式也是转输

① 光绪《两淮盐法志》卷70《督销门》。
② 《婺源县采辑•义行》。
③ 《汉口丛谈》卷5。

贸易。明中叶以后，武汉便是湘、鄂、川、黔的木材集散地。有一部分徽州木商深入到深山密林地区采购。湘黔地区的木材大多经沅江至常德转运至汉口，鄂西地区的木材可经汉水运达汉阳，四川的木材则可由长江的一些支流入江运抵汉口。像婺源木商汪蓉东、王杰、汪任祖等都是"货木三楚"①。歙县王士汲，在康熙间，"侍父华顺往四川贩木"②。明代嘉、万时期和清代乾、嘉时期，大兴宫殿，徽州亦有皇木商人在西南地区采购皇木者。③ 徽商在上述地区采购的木材，运至武汉后，武昌新淤白沙洲、汉阳新淤鹦鹉洲及汉口江岸，便是木材的存放地。乾隆时的桐城派大家姚鼐，曾在武汉目睹木材堆放的情景，写了两首竹枝词：

> 扬州锦绣越州醅，巨木如山写蜀材。
> 黄鹤楼头望灯火，夜深江北估船来。

> 蜀江水涨汉江低，江水东流也向西。
> 霜后西风江尽落，可怜离别汉阳堤。

第一首是描写武汉三镇木材堆放的情景；第二首是叙述木商"离别汉阳"之后，在西风萧瑟之中还要从事贩运活动。这是汉口木业兴盛的写照。

徽商在长江流域从事粮食贸易，也主要以武汉为转输地。明清时期，苏南、浙江以及徽州等地都是缺粮区，而湖广、四川则是产粮区。徽州商人从事粮食贸易，大多由四川湖广购买粮食运至汉口；或者是由四川、湖广的粮商将粮食运至武汉，脱手给徽州商人，经汉口转运后，再顺江而下苏浙。粮商大多是资本雄厚的商人，如休宁商人吴鹏翔在四

---

① 分别见《大泌山房集》卷12，光绪《婺源县志》卷30、卷34。
② 民国《歙县志》卷8《人物志・孝友》。
③ 《冬官记事》，转引自张雪慧《论徽商与西南民族地区社会经济的关系》，载《徽州社会科学》1991年第3期。

川和湖广进行粮食贸易，一次从四川运米至汉阳就达"数万石"①。两淮的徽州盐商，往往也兼营粮食贸易。他们将盐由仪征运至汉口，返程时，则以盐船载米而回，大大节省了运费，获利更多。《桐下听然》的作者，曾经编了一个故事，讥刺一位贪心的徽州粮商："万历己丑，新安商人自楚贩米至吴，值岁大旱，斗米百五十钱，计利已四倍，而意犹未惬。请道士降乩问米价，南极上帝附乩判云：'丰年积谷为凶年，一升米粜十升钱，天心若与人心合，头上苍苍不是天。'又判：'着火部施行。'道士未出门，庚火发，商人之米无遗粒。连栋百余仓，分毫不毁。"这则故事当然是编造的，但新安商人"自楚贩米至吴"能获大利，这又是合乎事实的。徽商在武汉从事转输贩运的还有茶叶等商品。

徽州商人在武汉从事商业活动的特点之四，是商儒结合。亦贾亦儒本是徽商的特色，在武汉的徽州帮，仍然保持着这个特色而有异于在这里的其他商帮。他们驻足于武汉以后，便建书院、延师以课子弟；在新安会馆里奉祀"徽国文公"朱熹，这不仅是为了纪念这位"乡贤"，而且也是"崇儒"的表现。汉口新安码头附近的魁星楼（奎星阁），建造壮丽，里面有一篇《奎星阁记》，其中云："新安为人材渊薮，占客籍擢巍科者代不乏人。"并且提到建"奎星阁"是"正欲使吾乡之侨寓汉滨者，父兄训其子弟，朋友勉其同侪，相与砥砺切磋，浸淫于诗书礼乐之中"②。因此，寓居武汉的徽商后代，亦是代有闻人。如"孙汉，字倬云，号楚池，世家休宁草市，入籍汉阳。乾隆乙丑进士，选庶吉士，官至御史"。此外，乾、嘉间还有歙籍吴仕潮，方尧克、吴澹止等均以诗文名于汉皋。③ 在汉口的徽商后代比较出名的是清初吴正治和道光年间的叶名琛。吴正治的曾祖吴文仲，新安商人，依外氏而落籍汉阳。吴正治曾任工部、刑部侍郎、工部尚书、武英殿大学士、太子太傅。他以

---

① 嘉庆《休宁县志》卷 15。
② 民国《夏口县志》卷 18《艺文志》。
③ 《汉口丛谈》卷 3。

"清廉执法著称"，受到康熙帝的信任。[①] 叶名琛便是前述叶开泰药店创始人叶文机的后代，他的曾祖叶廷芳和祖、父几代一直是走贾儒结合的道路。至叶名琛终于官两广总督，兼通商大臣，拜体仁阁大学士。吴正治和叶名琛因为先后拜武英殿和体仁阁大学士，故后人称他们为武汉"两相国"。

（三）

明清时期，武汉的商业繁荣，经济活跃，徽州商帮自是"与有力焉"。但反过来，武汉三镇又以其优越的地理位置和新兴商业都市的条件，使徽商能够得以长足发展。就整个徽州商帮的衰落情况来看，可以说是武汉的徽州帮纵横于商界的时间最长，退出贸易大舞台最晚。下面仅就这方面的情况略作分析。

首先，徽州商帮开始衰落后，而武汉徽帮的大宗贸易还在继续。徽州商帮的衰落，是从盐商开始的，而盐商的衰落又主要是因道光间"改纲为票"。这种盐制的改革，不利于运商。从此以后，两淮的运商纷纷破产歇业。但是，这次盐法改革，除改变过去凭引支盐为凭票支盐以外，其他诸如口岸、引地、转输等仍一如畴昔。汉口作为淮盐总岸的地位，随着两湖人口的浩繁，显得尤为重要。因此，原来"总鹾汉皋"的总商以及"匦商"、"水商"中的徽州商人，还是继续在汉口承办淮盐的分销，他们并未因两淮徽商的衰落而一同撤业。只是到了咸丰年间，太平天国革命爆发，其后定都南京，长江中下游交通中断，淮盐无法西运，于是两湖改食川盐和粤盐，汉口口岸由此大不景气。在太平天国失败后，清政府在汉口设督销局以维护"岸价"和缉私，在汉口的盐商因之蹶而复振。这种情况一直持续到清末。

徽州茶商，原来在汉口也很活跃，他们将本地的红茶、绿茶运至

---

① 《清史稿·吴正治传》。

汉口，除开设茶庄以外，便是转销西北和广东。后来，由于徽州离武汉路途较远，运输不便，再加上鄂南、鄂西、湘北、湘西的茶叶大批进入武汉，徽商被迫退却。但徽州茶商见识超人，从此他们便不从徽州贩茶，而是就在两湖产茶地采购运至武汉销售。于是，徽州的红、绿茶在武汉虽没有市场，而徽州在武汉的茶商仍很活跃。① 据《夏口县志》载：清末尚有婺源茶商程丽南任隆泰茶号经理，汪春荣任同元茶行行东。

徽商在武汉的大宗贸易，还有木材、粮食等，因为这都是长江下游地区经常短缺的生活必需品。所以，关于徽商"往来吴楚间"、或"尝贾楚汉间"从事粮、木贸易的记载，在清末民初的谱志中，均可觅得。

其次，徽商在武汉经营的具有徽郡特色的小商品和服务性行业，大多经久不衰，有的竟持续到解放前。徽州商人经营具有本地特色的小商品，较为出名的便是文房四宝。这除宣纸是出自泾县的以外，墨、砚、笔均出自徽州，其中以徽墨的生产历史最久，饮誉海内。清康熙以后，徽州胡开文墨店名噪一时。大约在同治年间，胡开文的后代胡源阶在芜湖开设"源记"胡开文墨店；光绪中叶，"源记"胡开文在汉口设立分店。其时，武汉是鄂省举人应试之地，再加上读书应试者日多，以致徽墨在这里畅销。同时，胡开文在汉口设立分店以后，便直接从汉口到万县采购制墨原料桐烟，又可减少中间环节的剥削，因此，源记胡开文墨的年产量由原来十几担猛增至近百担。一直到清末废除科举以后，胡开文墨店在武汉的分店生意才逐渐萧条直到歇业。②

在服务性的行业中，徽州菜馆在武汉颇有盛名。尤其是到了清代，徽商在武汉的人数增多，随之而去的徽菜馆、酒楼也遍布武汉三镇。其中最著名者，有光绪间开设于黄鹤楼对面的同庆楼，并有分店10余处。

---

① 程极平：《徽商随时代而发展》。载《徽学丛刊》第2辑。
② 关于胡开文墨店的部分资料抄件，现藏安徽师范大学徽商研究中心资料室。

其胡氏店主是武汉商界的大贾。继之而起者有"大中华酒楼"、"海洞春酒楼"等。

最后，徽州商帮善于审时度势，故在武汉能够长时期地站稳脚跟，以致较晚退出商界。众所周知，徽州商帮的衰落，其中有一个原因是外国资本主义的入侵，导致徽商不能适应近代商品市场的形势而最终走向末路。而在武汉的徽州帮，一方面由于五口通商以后，这里还是腹地，外来资本的侵入较迟；另一方面，当他们已经了解市场行情之后，又能适应形势主动"转业"。如光绪年间，歙县的一位世代茶商江耀华，由于茶叶生意不景气，便与他的儿子江元浈、江元溶合股在汉口帝王宫开设了"怡丰裕"洋货店，专卖"舶来品"。清末民初，类似江耀华这样"识时务"的徽商，并不是个别的。如黟县孙理和在汉口开钱庄，谭芝屏为庆余厚洋货号主人，休宁余德馨为恒和钱庄经理等。① 他们在"转业"的过程中，有一个为其他商帮所没有的条件，那就是在经济上有会馆的资助。徽州在武汉的会馆，向来资产丰厚。其用途之一，就是支持徽人经商所需要的资金。因此，有的商人原来经营的行业折阅之后，若欲另换招牌，转操新业，则有会馆作后盾，在资金方面予以扶持，有的因之蹶而复振。"徽州会馆"后改为"新安六邑同乡会"，一直活动于抗战时期。而武汉的徽州帮，也一直到 20 世纪 30 年代才最后衰落。

五、徽商与吴楚贸易

明末徽州人就曾自称："吾徽之人不讳贾，以故豪长者多游于吴越荆襄间。"② 可见徽商虽然"足迹遍天下"，但其主要活动场所不外苏浙

① 民国《夏口县志》卷 5。
② 婺源《三田李氏统宗谱》。

与湖广两个地区。值得注意的是，明清时期由于商品流通范围的扩大，活跃在苏浙湖广的徽州商人往往并不固定在一处经商，而是往来于大江之上，奔走于吴楚之间，从事长途商品贩运活动。他们的这种商业活动，不仅使自己积累起雄厚的商业资本，而且也对长江中下游的经济发展带来了深远的影响。

（一）

明清时期，吴楚贸易得到了显著的发展。这首先表现在粮食贸易的发展上。明中叶以来，大批劳动人口流入湖广地区，改变了这里地广人稀的局面。他们在两湖平原上筑堤防水，围湖造田，使稻米产量迅速增加，每年都有大批余粮运销外地。万历时，湖广已"鱼粟之利遍于天下"了。① 而恰在这个时候，向以鱼米之乡著称于世的苏浙地区则由于人口的猛增，城市的发展，经济作物种植面积的扩大，粮食反而不足自给。在这种形势下，吴楚之间的粮食贸易便迅速发展起来。明末的苏浙已经"半仰食于江楚庐安之粟"②，每逢"吴中不熟"则更"全恃湖广江西"③。清朝前期，这种粮食贸易更有所扩大。康熙时，"江浙百姓全赖湖广米粟"④。雍正时，蔡世远说："福建之米原不足以供福建之食，虽丰年多取资于江浙，亦犹江浙之米原不足供江浙之食，虽丰年必仰给于湖广，数十年来，大都湖广之米辏集于苏郡之枫桥，而枫桥之米间由上海、乍浦以往福建。"⑤ 则是湖广之米不但供给苏浙，而且还要通过苏浙转销福建了。正因为如此，当时才有"湖广熟，天下足"的谚语。

吴楚贸易的发展还表现在木材贸易的发展上。湖广西部和南部山区

① 张翰：《松窗梦语》卷4。
② 吴应箕：《楼山堂集》卷10。
③ 陈继儒：《晚香堂小品》卷23。
④ 《清圣祖实录》卷193。
⑤ 《清经世文编》卷44。

是我国著名的木材产区，以材质优良而驰誉全国的楠木和杉木多产于此。成化时，明政府在荆州设置工关，专门征收竹木税，这表明当时鄂西山区的木材沿江而下者已经为数颇多了。湘西的永顺、沅州等府，伐木业也很发达。万历时，人们甚至溯沅江而上，深入到湘贵边区的深山老林中，采伐楠木，"开板造船，载负至吴中，则拆船板。吴中拆取以为他物料，质轻性爽，不涩斧斤，最宜磨琢，故近日吴中器具皆用之"①。地处北河与沅江汇合处的辰州，是湘西木材的集散地，封建国家在这里也设有工关，专征竹木税。明清时期南岭山区的木材也被大批运销到长江下游。据记载，临清木商在芜湖所建的会馆，竟被命名为"潇湘会馆"②，这表明他们的木材大多是产自南岭，经由潇水、湘江而辗转运来的。咸丰二年，安徽巡抚李嘉端奏称："芜湖工关税，向以木簰为大宗，只缘楚南产木之区与粤西地壤相接，逆氛窜扰（指太平天国起义），处处戒严……以至簰把未能旺运"，税收因而大减。③ 足见运往长江下游的木材，有很大一部分出自"楚南"。

在湖广的粮食、木材大批运销苏浙的同时，两淮的食盐也源源不断的溯江而上运销湖广。明清时期，两淮盐场是产盐最多的地方，而淮盐的主要行销地区则是湖广。明万历时，白公祖说："夫两淮之盐虽行于各省直……惟敝省（指湖广）地最广，每岁解太仓者七十万，售边钞者四十万，楚居六七矣。"④ 《两淮盐法志》载：清代两淮岁行额盐141.036万引（后增至169万引）。⑤ 乾隆时舒常奏称，湖广岁销淮盐78万余引。⑥ 道光十六年，陶澍也说湖广岁销淮盐77.9万余引。⑦ 据此则

① 王士性：《广志绎》卷4。
② 民国《芜湖县志》卷13。
③ 彭泽益：《中国近代手工业史资料》第1卷第594页。
④ 《明经世文编》卷477。
⑤ 光绪《两淮盐法志》卷40。
⑥ 《清高宗实录》卷1305。
⑦ 陶澍：《陶文毅公全集》卷18。

湖广岁销盐额约占淮盐总额 55.3％。另外湖广几乎每年都要"融销"一大批其他口岸"滞销"的额盐。乾隆时又因湖广引盐畅销，往往"提后引以益现引"谓之"提引"，每年提引之数多达二三十万。如果把这些计算在内，则湖广岁销盐额几占淮盐总额 60％以上。值得指出的是，上述比数在明清两朝虽然没有变化，但湖广行销淮盐的绝对量却大有增加。明制，两淮岁引额盐初为 35.2 万余引，后为 70.508 万引；明初每引盐 400 斤，弘治间，改行小引，每引 200 斤，此后盐引逐渐增大，到明末每引已增至 300 余斤。清初复以 200 斤为引，规定两淮岁引额盐 141 万余引，到道光时淮盐额引增至 160 余万引，每引又渐增至 400 斤。据此则明清 500 年间两淮引盐数额增加了 3 倍以上，湖广销盐数也相应地翻了两番。

棉布也是吴楚贸易中重要商品之一。明清时期，长江三角洲一带盛产棉花，棉织业也很发达。当时"松江府、太仓州、海门厅、通州并所属之各县……种花者多而种稻者少，每年口食全赖客商贩运"①。而向这里提供商品粮最多的湖广地区，在乾隆以前还是一个棉织业不甚发达的地方，人们甚至不惜以高价购买江南的棉布。如明后期湖南常德府所产"棉布极粗，价十铢，不及江南梭布之一"②。当时上海所产之布则有标布和中机两个主要品种，前者运销秦晋京边诸路，后者则专走江西湖广和两广。清朝初年，北方销路不畅，"中机之行转盛，昔之作标客者，今俱改中机"③。可见湖广一向就是江南棉布的一个畅销市场，清初这一市场更有所扩大。更足以说明问题的是，在当时的吴楚贸易中往往直接采取以布易米的形式。乾隆初年，江苏布政司就曾议准：令崇明县商人运布至江宁易米 3 万石。该司认为"江广米商稔知江宁有布可

① 《清经世文编》卷 37。
② 嘉靖《常德府志》卷 8。
③ 叶梦珠：《阅世编》卷 7。

易，故岁岁载米，依期而来。今若闻崇商载米他往，恐楚商也因之而别赴"①。可见"楚商"运米而来贸布而归乃是一种经常性的现象。当时这种米布贸易的规模很大，上述 3 万石不过是其中极小的一部分。《崇明县志》载：康熙五十三年，该县外购粮食 22 万石。此后粮食外购量逐渐增加，至乾隆五十四年，竟增至 47 万石。②其中绝大部分必定都是用棉花或棉布换来的。因为该县主要的出产就是棉花，"唯藉此产通商利用"。当地农民收获棉花后，"输租之外，易米糊口"③。崇明一县如此，他县可知。为适应米布贸易的需要，当时的枞阳、芜湖、运漕、苏州等处已经成为这种贸易的主要市场。乾隆初年，安徽布政使晏斯盛就曾指出："江广米船开江东下，其口岸有三，苏州、芜湖、枞阳是也。"④而运漕也是"江广米船聚集之地"⑤。故"崇商如欲以布易米，远则原派买之枞阳，近则芜湖、运漕俱可易换……江广米客如欲易布，亦可于枞阳、运漕二处"⑥。至于苏州，则不但是米的集散地，而且"各省青蓝布俱于此地兑买"⑦，在这里进行米布贸易当然也是十分方便的。

　　上述几项商品之外，湖广的煤、铁、生漆、桐油和苏浙的丝绸、海味、日用杂货，也都是当时吴楚贸易中的重要商品，但其贸易额较小，这里姑不一一赘述。

　　总之，明清时期吴楚之间商品流通的规模日益扩大，越来越多的人民生活必需品被投入市场，卷进流通领域之中，使相距数千里之遥的两地人民之间在经济上形成"互补"关系。

（二）

　　明清时期，徽州商人在吴楚贸易中最为活跃，而其中又以盐商的实

---

① ④ ⑤ ⑥　《清经世文编》卷 47。

②　民国《崇明县志》卷 7。

③　雍正《崇明县志》卷 9。

⑦　《雍正朱批谕旨》第 42 册。

力最为雄厚。明清时期的湖广既是"淮盐畅销地面",因而也就成为两淮盐商争相逐利的场所。乾隆时,两淮盐政高恒奏称:"口岸有疲畅之分……无如商人一目之为疲岸,即安心弃置,而惟趋畅岸,以图易销。如安徽之安、池、太三府,江西之南昌等八府,人皆百计图避,群趋湖广。"① 在两淮盐商中徽人的势力最强,这是人所共知的事实。所以在这场竞争中,他们当然会凭借其优势的财力稳操胜券,把在湖广行盐的专利权控制在自己手里。此外,关于徽人"举盐筴入荆楚","业鹾汉皋"、"以盐筴游荆襄"之类的记载更是屡见不鲜。其中大多数也是指的这种商人。在湖广行盐的徽州商人,不但人数众多,而且财力雄厚,往往充当同业商人的首领,有的甚至成为在当地颇有影响的头面人物。如明末休宁人程惟清"以盐筴贾荆扬……诸贾东向事之"②。婺源人李世贤"治盐筴货荆楚,数为上官陈便宜,上官善之,使领袖其曹偶"③。当明清改朝换代之际,徽州盐商竟以湖广商民总代表的姿态,同清军统帅进行洽商,设法稳定地方秩序,保护商民利益:婺源人戴公选"运盐湘汉间。值鼎革初,三王督师驻楚,人心危疑,选挺身谒军门,陈悉详实,三王纳其言,抚谕立下,商民以安"④。顺治四年,湖广受灾,他又"输赀运米以赈,楚民赖存活者甚众。逋券盈匦,贫不能偿者,悉焚之"。他的义举备受人们称颂,竟至"义声三楚"⑤。在清代,"淮盐向止运至汉口镇,听水贩分运两湖销售"⑥。而这里的盐商首领也往往是徽人充任的。仅乾隆一朝,徽人之为汉口盐商首领而见于记载者就有 4人。如歙商江承东"总汉皋匦务"⑦。歙商吴钟"业鹾汉阳(时汉口镇

---

① 《清高宗实录》卷 739。
② 《太函集》卷 37。
③ 李维桢:《大泌山房集》卷 73。
④⑤ 光绪《婺源县志》卷 35。
⑥ 《光绪两淮盐法志》卷 43。
⑦ 歙县《济阳江氏族谱》卷 9。

隶于汉阳县），理繁治剧，众多赖之"①。歙商江昉"尝综理汉皋盐策"②。歙商江禹治"总司汉鹾，调剂得当"③。据记载：乾隆时两淮盐商在汉口设立公所，并"公举一二人专司交解各官养廉及各项生息，并应酬抽丰游客等事，名为匣商"④。上述江承东等就是这种人物。他们实际上就是两淮盐商派驻湖广的总代表。为了应酬当地文武官吏及社会上各色人物，每年由他们经手开支的匣费，往往多达数十万两以至百万两。而当他们充当这种角色之后，又无不利用其手中权力，扶持他们本族、本乡的人在楚经商。如江承东为匣商时，"凡徽人之游汉上者，多得资助，周贫济困，不惜多金。间有殁于客邸，丧不能归，必解囊赠恤，以返其榇"⑤。江治禹在"总事汉鹾"期间，曾大力支持汉口新安会馆的扩建与新安码头出路的开拓，以利徽人经商。⑥

吴楚之间的粮食贸易也大部分操在徽州商人之手。兼营盐米二业的商人，在这种粮食贸易中扮演了重要的角色。当时的汉口不但是"淮引总岸"，而且也是粮食的集散地。湖广四川的米大多汇集于此，然后转销苏浙，致使该镇"粮食之行不舍昼夜"⑦。所以两淮的盐船抵达汉口之后，正好可以把粮食作为回头货，满载而归。盐商的资本既多，货船又大，故其贩运的粮食也为数极多。雍正八年，盐商黄光德等曾请求运湖南常平仓积谷"随地随时售卖"，其数量竟达 30 万石之多。⑧ 雍正九年十一月至次年二月初，汉口的"外贩米船已有四百余号，而盐商巨艘装运者尤不可数计"⑨。在当时，盐商贩粮的多寡，直接影响着湖广粮

① 《丰南志》第 3 册。
② 《歙事闲谭》第 18 册。
③ 《橙阳散志》卷 3。
④ 民国《湖北通志》卷 51。
⑤ 歙县《济阳江氏族谱》卷 9。
⑥ 《橙阳散志》卷 3。
⑦ 《清经世文编》卷 40。
⑧ 《清朝文献通考》卷 35。
⑨ 《雍正朱批谕旨》第 54 册。

价的涨落。康熙四十七年，盐商江楚吉、秦晋兴等为"报答天恩"，情愿在江西、湖广卖盐买米，载回江苏平粜。两淮巡盐御史李煦等认为"多买则江西、湖广之米必贵，彼此必生事端"，于是决定："许其卖盐银内，每十两用银一两，买米载归。"①乾隆十四年，湖广总督新柱奏：湖广"米粮腾贵，其原不一，屯户厚赀广贮，汉口盐船满载，借商贩之名居奇"②。这种盐商绝大多数就是徽州商人。更值得一提的是，有些徽州盐商还插手于吴楚之间的米布贸易。如明末清初的徽人吴逸公"席先业，醝于广陵，典于金陵，米布于运漕，致富百万"③。运漕是吴楚间米布贸易的一个重要市场，吴逸公的活动当然是与这种贸易有关。在吴楚贸易中，像吴逸公这样身兼盐典米布数业的徽州大贾正不知凡几。

徽州木商在吴楚贸易中也占有重要地位。当时的江宁是重要的木材集散地。湖广四川出产的木材，多由长江水运至此，或被就地发卖，或被转销苏州、扬州以及北方各地。而在这里拥巨资、操利权者则是徽州商人。许承尧说："徽多木商，贩自川广，集于江宁之上河，资本非巨万不可，因有移家上河者，服食华侈，仿佛淮扬，居然巨室。"④湘西沅江上游所产的辰杉，材质优良，销路极广，是他们致力搜求的对象。《明季实录》载：明末农民军一度占领常德，许多"徽苏大贾"被阻于沅江上游，不得东归。农民军撤离后，他们"纷纷重载而下"。其中与徽商吴某结伴同行的一伙就有 500 人之多。行至常德战事又起，除吴某外，499 人皆遇难。⑤在那战火纷飞的时刻，他们偏要不顾风险，"重载而下"，正表明他们所贩运的商品主要就是笨重的木材。入清以后，徽州木商在湘西一带更为活跃。常德附近的德山，地处沅江河口，"婺邑

---

① 《李煦奏折》。
② 《清高宗实录》卷 336。
③ 《丰南志》第 9 册。
④ 《歙事闲谭》第 18 册。
⑤ 《明季实录》附录《苍梧兄酉阳杂笔》。

木商往来必经其地，篙夫不下数千人"，由于经常有大批徽人在此逗留，这里竟出现了专为安葬徽州人的义冢。① 沅江上游隶于辰溪县的浦市，向为盐商木客辏集之地。明末天启、崇祯年间，徽州"乡人之聚于此者最盛"。他们曾在市南建有关帝庙。顺治四年，该庙毁于兵燹。十三年，徽商许运南"纠众重新圣殿……庄严宏丽，雅抗前规"。康熙五年，又于庙门左侧创建新安会馆。次年，"堂皇庖庑秩然以成"②。由此可知，徽商在沅江上游是十分活跃的，明清之际的战乱之后，他们在这里的势力不但得到迅速恢复，而且有所加强。咸丰时湖南巡抚骆秉章在议及辰州木关税收情形时说："历来木商唯徽客资本最厚，江西次之，本省又次之。"③ 可见徽州木商称雄湘西的局面是由来已久的了。

徽州商人之所以热中于吴楚贸易不是偶然的，因为这种贸易在当时是获利最多的行当之一。在吴楚贸易中，主要的商品都是人民生活的必需品，它关系着千家万户的生产与生活。而吴楚两地又相距甚远，不但生产者与消费者之间不能进行直接交换，就连小商小贩也难以营运于其间，这就为富商大贾们买贱卖贵盘剥两地人民提供了有利条件。至于盐商，则可以凭恃封建特权，攫取厚利。而吴楚之间又有长江水运之便，当时的盐船载重量"大者三千引，小者千余引"④，自仪征溯江西上，一般不过 40 日即可抵达汉口⑤。这一便利条件，大大地节省了运输费用，缩短了资本周转的周期，从而提高了商业利润率。善于逐时趋利的徽州商人，对于这种情形是了如指掌的。明末歙人潘侃少时从诸父贾于四川。他对诸父的经营方式不以为然，"辄解父囊中装，以其间私请曰：'良贾急趋利而善逐时，非转毂四方不可。乃今走蜀道数千里，胡坐困

---

① 光绪《婺源县志》卷 35。
② 《青岩诗文集》卷 12。
③ 骆秉章：《骆文忠公奏议》卷 14。
④ 包世臣：《安吴四种》卷 3。
⑤ 《清朝文献通考》卷 29。

一隅？儿直赍此行，可以得意。'出而贾荆扬吴楚，遂致不赀……及二子修其业而息之，业滋大"①。潘侃的事迹向我们透露一个奥秘：驱使着徽州商人，犯风涛冒寒暑，纷纷然致力于吴楚贸易的动力不是别的，正是那迷人的厚利。

（三）

徽州商人在吴楚之间的商业活动，对社会经济的发展带来了深远的影响。这种影响既有其积极方面，也有其消极方面，必须给予全面的估价。

首先，徽商在吴楚间的商业活动有利于长江中下游商品流通的扩大和商品经济的发展。在吴楚贸易中，徽商所贩运的主要商品不是珍奇宝货之类的奢侈品，而是人民生活所必需的工农业产品。这种商业的发展势必促进工农业产品的商品化。尤其值得注意的是，徽商为了扩大货源，开拓销路，几乎深入到苏浙湖广的每一个角落，就连边远小镇，偏僻的乡村和闭塞的山区也都不乏徽商的足迹。如湖北的京山县，"日用所需惟徽商操其缓急，而收厚利焉"②。黄梅县则"开张百货，通盐利，又皆三吴徽歙之人"③。明代徽人王正广曾与其弟"商居湖广沔阳州景陵县官城村"④。清代徽人汪溶"佣于木商，跋涉江湖，远及苗洞"⑤。如此等等不胜枚举。正如《歙志》所云"山陬海壖，孤村僻壤，亦不无吾（徽）邑之人"⑥。徽商的商业资本既广泛渗入农村和山区，就必然改变着那些地方的闭塞状态，使越来越多的产品由于有了销路而被投入

① 《太函集》卷14。
② 《古今图书集成·职方典》卷1142。
③ 《古今图书集成·职方典》卷1178。
④ 歙县《泽氏五氏宗谱》卷4。
⑤ 《婺源县采辑·义行》。
⑥ 万历《歙志·货殖》。

交换，引导着人们为遥远的市场而生产。向称"呰窳偷生而无积聚"的
湖广人民，在明清时期竟一跃而为全国注目的商品粮供给者，这一巨大
变化显然是与徽商的活动和吴楚贸易的扩大分不开的。湖广粮食的供应
及其对于工业品的需求，又为苏浙城市的繁荣和手工业的发展提供了有
利条件，而徽商的活动恰恰助长了这种互相促进的作用。马克思说：
"商人资本的任何一种发展也一定会发生作用，使生产取得日益面向交
换价值的性质，使产品日益转化为商品。"① 徽商活动的意义正是如此。

　　徽州商人为了便于他们的商业活动，还在沿江一带疏浚航道，设置
航标，改善货物运输条件，为吴楚商品流通的扩大做出贡献。明正德间
徽人郑璲商于瓜渚。"见官运河为官民要道，遇粮运辄阻商行。璲捐金
别浚一河，使官运无碍，商不留难，至今赖之。"② 明祁门人汪琼贾于
苏州。"阊门流激善覆舟……（琼）前后捐金四千，伐石为梁，别道由
丁家湾而西再折南，迤逦五六里至路公遥，与故水道会，舟安行，民利
之。"③ 清雍正时，休宁人吴昂商于芜湖。"大江西有痀矶，石骨嶙峋，
水涨落不时，行楫误触，其害不测。邑人议造台石上，用为标识。
昂……乃白县官，独力建造。垒石为台，台上立庙建旗……名其矶曰
'永宁'，商舶利赖，尸祝不绝。"④ 更值得一提的是徽州木商还在长期
贩运活动中积累了经验，改进了木簰的制作：婺源人程文昂"业木造
簰，以竹制缆，创自巧思，牢固异常"⑤ 由于他的创造，能够在浪大流
激的条件下保证木材运输的安全，所以很快得到推广，"人咸赖之，至
今犹尸祝焉"⑥。

　　明清时期，沿江一带榷关林立，贪官污吏敲诈勒索，留难商旅，严

① 《资本论》第 3 卷，1966 年版第 366 页。
② 同治《祁门县志》卷 30。
③ 万历《祁门县志》卷 4。
④ 嘉庆《休宁县志》卷 15。
⑤ 光绪《婺源县志》卷 34。
⑥ 《婺源县采辑·义行》。

重地阻碍着吴楚贸易的发展。徽州商人对这种现象不断进行抵制和斗争。明末"九江关蠹李光宇等把持关务，盐舟纳料，多方勒索，停泊羁留，屡遭覆溺，莫敢谁何"。徽商江南能"毅然叩关，陈其积弊。奸蠹伏诛，而舟行者始无淹滞之患"①。明末徽商陈大道"见湖口税珰为商贾害，力陈其弊于上，遂撤之"②。明末龙江关使"往来商旅之应榷者恒苦滞泊"，徽商凌仲礼"为之条上便宜于直指，得嘉纳行之。以故商与官两益，而国课用饶"③。清康熙间，芜湖"榷关邓主事苛责诸商、多额外征，莫敢谁何"。徽商吴宗圣"毅然入控登闻。得旨：差官按实拿问"④。他们的斗争尽管带有极大的局限性，但毕竟取得了一定的效果，有助于吴楚之间商品流通的扩大。

其次，徽商在吴楚间的贸易活动促进了城市经济的发展。清初人赵吉士说："徽之富民尽家于仪扬、苏松、淮安、芜湖、杭湖诸郡以及江西之南昌、湖广之汉口。远如北京，亦复挈其家属而去。甚且舆其祖父骸骨葬于他乡，不稍顾惜。"⑤ 上述诸城市大多数都分布在长江中下游的沿江一线，这显然是与他们经营吴楚贸易有关。徽商的活动使这些城市作为各种商品的集散、转运、销售乃至加工制作的场所而日趋繁荣。例如扬州就是作为两淮盐业的经营中心发展起来的，而在扬州业盐者则以徽人占绝对优势。明后期扬州所聚"四方之民"就以"新都（徽州）最，关以西（陕西）、山右（山西）次之"⑥。清代扬州 8 总商"邑（徽州）人恒占其四"⑦。扬州居民中"土著较游寓二十之一"，而占人口

---

① 歙县《济阳江氏族谱》卷 9。
② 同治《祁门县志》卷 30。
③ 《沙溪集略》卷 4。
④ 道光《徽州府志》卷 12。
⑤ 道光《徽州府志》卷 2。
⑥ 万历《扬州府志》序。
⑦ 民国《歙县志》卷 1。

19/20 的"游寓"中则以徽商为最多。所以陈去病说"扬之盛实徽商开之"①。苏州是米、布的集散地，而苏州米、布二业则主要是由徽商经营的。万历十七年"新安商人自楚贩米至吴，值岁大旱，斗米百五十钱，计利四倍而意犹未惬"②。万历四十八年，苏州米贵，"一二饥民强借徽商之米，有司稍绳以法，而遂有万人屯聚府门，毁牌殴役，几致大变"③。苏州人民往往因粮价昂贵而迁怒于徽商，这表明苏州的米商多是徽人，米价的涨落操在他们的手里。苏州的布商字号甚多。他们收购大批棉布，经染踹加工之后转销各地。雍正时，该地踹匠已多达 2 万余人。为禁止踹匠叫歇，康熙九年苏州府特勒石立碑，"饬谕徽商布店、踹布工匠人等知悉：嗣后一切踹工人等，应听作头稽查，作头应听商家约束……"④ 道光十二年，吴县永禁踹坊垄断把持碑以及道光十四年苏州府为照章听布号择坊发踹给示遵守碑，都特别镌刻着"新安会馆竖主"字样。⑤ 这表明苏州的布商字号大多是徽人开设的。

汉口是湖广地区的商业枢纽，在吴楚贸易中占有极重要的地位。而该镇的各行各业几无不由徽人执其牛耳。乾隆初汉口镇以"盐当米木花布药材六行最大"⑥。其中盐米二业主要操在徽人手中已如前述。汉口又是徽州木商往来必经之地，他们在这里当然也很得势。而药材、典当、花布三行中徽商的势力也很大。明末徽商叶文机在汉口开创叶开泰药店，经数世之经营，终于发展成为全国"四大药店"之一。⑦ 清朝末年，徽商在汉口虽渐失势，然而他们犹"以典商及棉纱布商为最盛"⑧。

---

① 陈去病：《五石脂》。
② 褚稼轩：《坚瓠五集》卷 1。
③ 《明熹宗实录》卷 46。
④ 《明清苏州工商业碑刻集》第 53—54 页。
⑤ 《明清苏州工商业碑刻集》第 80—82 页。
⑥ 《清经世文编》卷 40。
⑦ 《武汉文史资料》第 1 辑。
⑧ 《夏口县志》卷 12。

休宁人朱保三还是"汉口典当帮首士"①。徽商人多势大，财力雄厚，在该镇的建筑中也得到反映，康熙时他们就修建了规模宏大的会馆，名曰："新安书院"，此后历经扩建，更为壮观。② 雍正时又修建"新安码头"，专供徽商停泊船只。③ 为勉励徽商子弟读书向学，还在码头附近修建"奎星楼"一座，蔚为"汉镇巨观"④。许多徽州商人也在汉口买地建房，比屋而居，渐成街巷。该镇所谓"新安街"、"新安巷"、"徽州街"等名称，都是这一历史陈迹的反映。在徽商购置的地皮上发展起来的"新安市场"更是该镇最繁华的闹市。汉口在明初还是一片荒无人烟的芦洲，到清代康熙时竟发展成为"天下四聚"之一，其原因固然很多，但其中确有徽商的一份功劳。此外如南京是徽商经营木材业的中心，芜湖因其地近徽州而被徽商视为经营吴楚贸易的一个理想基地。徽商对这些城市的繁荣都有不同程度的贡献。

徽商对沿江一带市镇的兴起与繁荣更起着重要作用。广济县的武穴镇是商船入楚停泊的第一个码头。歙人何永昌贾于该镇。"尝伐石甃江西彭泽县之梧桐岭，建太平庵于其上，构茶亭以荫渴者，施田亩以资僧稟。修黄州之牛关矶庙，设救生船……在武穴镇数十年，施粟设浆，有'何善人'之目。"⑤ 歙人鲍廷屿亦贾于该镇，"为人排难解纷，人多敬服"。他倡建"归榇局"，专以葬资路费济助客死该地的徽人。⑥ 仅就何、鲍二人的事迹，已可窥见徽商在该镇影响之大了。明末嘉定县的南翔镇"往多徽商侨寓，百货填集，甲于诸镇。比为无赖蚕食，稍稍徙避，而镇遂衰落"⑦。罗店镇"徽商辏集，贸易之盛，几埒南翔"⑧。这些市镇之兴衰竟以徽商的聚散为转移，足见沿江区域流行的"无徽不成镇"之谚确非虚语。

---

① 《夏口县志》卷12。
② 徐焕斗：《汉口小志·艺文上》。
③④ 《重修古歙东门许氏宗谱》。
⑤ 民国《歙县志》卷5。
⑥ 民国《歙县志》卷9。
⑦⑧ 万历《嘉定县志》卷1。

　　然而，在吴楚贸易中，徽州盐商勾结官府盘剥人民，却对社会经济的发展造成极大的危害。明清时期，两淮盐课甲于天下。每行一纲之盐，正杂盐课多至数百万两，而官吏需索之规费，盐商赚取之暴利又数倍于此。凡此一切耗费都被摊入盐价之中，强加在消费者身上。道光时，淮盐场价每斤为钱不过一二文至三四文，而汉口盐价竟高达四五十文，自汉口分销湖广各地的淮盐更有每斤八九十文者。① 湖广地区销盐既多，盐价又最贵，因而负担也就最重。正如林则徐所说："运盐纳课虽在两淮，而输纳营运之资大都出诸两楚。"② 湖广人民这项负担之重，只要把当时吴楚贸易中盐米两项商品的贸易额加以对比就更清楚了。乾隆五十三年，官府规定湖广盐价每包（8斤4两）为银2.89钱，"不得私增逾限"③。姑按这一价格计算。当时每引为盐364斤，价银当为12.7两。湖广岁销淮盐78万引，价银当为1006万两。乾隆三十五年，湖北常平仓于秋成时买米入仓，每石价银六七钱。④ 姑以每石7钱计之，则1006万两之盐价银，相当于1450余万石之粮价。据冯桂芬说："楚米"运销苏浙者，每年大约三四千万石。⑤ 这指的是太平天国革命前夕的情况，乾隆时未必能有此数，而且他所说的"楚米"是泛指来自长江中上游的米，其中包括四川米和江西米。由此推测，乾隆时湖广粮食每年运销苏浙者，充其量也不会超过2500万石之数。如果这一估计无误，那么湖广人民终岁勤劳增产粮食，而卖粮所得之银大部分竟要消耗于高价买盐。所以道光时两江总督陶澍说："江广之民，膏血尽耗于盐。"⑥ 乾隆三十一年，湖北、湖南二省共征地丁银229万余两⑦，而湖广人民

---

① 陶澍：《陶文毅公全集》卷12。
② 《新增经世文续编》卷42。
③ 光绪《两淮盐法志》卷96。
④ 《清高宗实录》卷865。
⑤ 冯桂芬：《显志堂集》卷10。
⑥ 陶澍：《陶文毅公全集》卷11。
⑦ 《清朝文献通考》卷4。

财力之耗于盐者竟相当于上述数字 4 倍多。湖广人民这一沉重负担，对社会经济的发展带来的不利影响是不容低估的。

湖广人民尽管每年都有大批商品粮食外销，但却不能免于贫困，这就使他们不但无力继续发展农业，并使之向商业性农业过渡，而且不得不致力于经营家庭手工业，以补助农耕之不足。如孝感县"数年谷贱伤农，又值凶旱，民皆恃此（棉织业）为生"①。汉阳县则"南乡家家春作外，以此（棉织业）资生"②。攸县则"秋收甫竣，即比户从事（纺织）……贫者耕不足恃，恒赖此支半载食用"③。巴陵则"妇女工织纸"，"乡间"处处可闻"机杼声络纬声"④。可知巴陵"都布"也多是出自农家妇女之手。

湖广经济的这种状态，不能不给苏浙手工业的发展带来不利影响。特别是湖广棉织业的兴起，不但使江南棉布在湖广难于行销，而且在许多地区都出现了湖广布同江南布争夺市场的现象。道光前后，巴陵所产"山花"不足供当地纺织之用，人们竟从太仓州采购"苏花"作为纺织原料。⑤ 这种形势就给苏浙棉织业的发展造成新的困难。苏浙的手工业既得不到顺利发展的条件，于是官僚、豪商们在淮盐的垄断贸易中捞到大批钱财之后，主要不是用于投资产业，而是用于奢侈性消费，致使城市中为奢侈性消费服务的行业日益增多，而真正的手工业者反倒为数甚少。如果说促使东南城市畸形发展的原因非止一端，那么徽州盐商的活动也应该是其中一个重要因素。

明清时期的吴楚贸易本来应该比当时我国南北之间的贸易发挥更大的积极作用。因为当时的我国经济中心在南方，政治中心在北方，南货

---

① 光绪《孝感县志》卷5。
② 乾隆《汉阳县志》卷10。
③ 光绪《攸县志》卷18。
④ 光绪《巴陵县志》卷52。
⑤ 吴敏树：《柈湖文集》卷20。

北运的规模虽然很大，但其中很大一部分并不是严格意义上的商品，而是赋税的担当物。吴楚贸易则不同，贸易的双方都以商品相交换。这种互为市场的关系必然刺激着两地人民各自发挥其生产上的优势，促进区域分工的发展。可是淮盐的垄断贸易却在这条正常发展的道路上设置了难以逾越的障碍。这正是徽商商业资本与封建政治势力相结合所造成的一个恶果。

第四章
徽商与两淮盐业

提到两淮盐业，一般都上溯到西汉吴王刘濞"煮海水为盐，以故无赋，国用富饶"①。但自汉至隋，由于经济中心尚在中原地区的黄河流域，古吴越地带人烟尚少，相比之下，海盐的产量不高，两淮地位尚不重要。在这段时期里，"顾朝议犹详西北而略于东南，其专及于淮者无有也"②。其后，情况有所不同。"自唐注意东南，东南尤重江淮。"③据史籍记载：从唐代开始，两淮的盐产量增多，封建王朝从增加盐课收入出发，注意到了对盐的生产、运销、征税的管理。宝应间（762—763年），刘晏任度支盐铁转运使，乃于"淮北列置巡院，搜择能吏以主之，广牢盆（煮盐器具）以来商贾。凡所制置，皆自晏始"④。由此可知，唐代是两淮盐业真正的发轫阶段。降及两宋，淮盐产量大增，盐税的征收由发运使统管。⑤ 这是两淮盐业的发展阶段。到了明清时期，两淮盐业达于极盛。两淮盐场的地位，也为全国各盐场之冠。所谓"府海之饶，两淮为最"⑥。盐赋收入已成为明清两朝的经济支柱。

---

① 《史记·吴王刘濞列传》。
②③ 嘉庆《两淮盐法志》卷1《历代盐法源流表·序》。
④ 《新唐书·食货志下》。
⑤ 《宋史·食货志下四》。
⑥ 光绪《两淮盐法志》卷1。

盐是人们生活中必不可少、需求量极大的消费品。长期以来，在盐的生产与消费之间，便有一批能使盐的生产者"免除交换的辛劳和风险，可以使他们的产品的销路一直扩展到遥远的市场"的人，他们通过这个流通领域，"很快获得了大量财富和相应的社会影响"[①]。这一批"中间人"就是盐商。

经营盐业向来获利丰厚。明清时期，既是两淮盐业的极盛时期，也是两淮徽商的黄金时代。徽州商人在明清两代分几批来到两淮，他们凭人数之众、资本之厚、筹算之精，在两淮盐业的经营中居于举足轻重的地位。在这近 300 年中，徽商在获得大量商业利润的同时，也培育了一大批有文化、居高官的后代，这是其他商帮所不可比拟的。

一、徽商进入两淮的几个阶段

从元末明初开始，徽商——这支商界劲旅，便陆续到达两淮经营盐业。明中叶以前，徽商还是零星、分散地来到这里，在明中叶和清康乾之际，徽商有几次联袂而来两淮。要考察他们"挟资去维扬"的轨迹，必须与各个时期社会政治环境与盐法变革结合起来。

（一）徽商进入两淮的初期阶段

徽商最早进入两淮的时间，学者们说法不一。一曰明初，即"开中法"行，徽人乃有"客燕代"而寓居扬州者；二曰明中叶，即陈去病在《五石脂》中所言："徽人在扬州最早，考其年代，当在明中叶。"这两种说法，似都有重新斟酌的必要。从史志谱牒的记载来看，徽商来到两淮是

---

① 《马克思恩格斯选集》第 4 卷第 162 页。

在明中叶以前，这点可以肯定。但是否在明初实行"开中法"后，徽商才开始到两淮呢？我们根据有关材料的分析，觉得还可提前一些。这是因为：第一，"开中法"并非始于明初而是初行于宋。据《文献通考》载："雍熙（984—987年）后，以用兵乏馈饷，令商人输粟塞下，增其置令江淮、荆、湖给以颗末盐。"《古今鹾略》云："此边商中盐之始。"端拱二年（989年），"置折中仓，以商人输粟京师，优其值给江淮茶盐"。丘濬在《大学衍义补》中指出：此即商人"入中"或称"中纳"之始。其后，在康定元年（1040年）、庆历二年（1042年）几次招商人输刍粟于边境，以领取东南盐茶或香药，听其所欲。"东南盐利厚，商旅皆愿得盐"①。"输粟塞下"在两淮领盐，山、陕商人较为便利，故他们来两淮最早。元代至元十四年（1277年），设立两淮盐运司，规定了行盐之法："客商买引，关给勘合，赴仓支盐，……运至扬州东关，俟候以次通放。"②

宋、元时期在两淮的"客商"中，是否有徽州商人，史无明载，不得其详。但从嘉庆《两淮盐法志》中，我们见到了有关徽商在两淮的零星记载。如该志《行谊》传中，记述歙商"鲍元凤，字叔和，歙人"。至正十二年，蕲黄红巾军打到徽州，元凤"挈家避乱刘村，会贼将项奴儿纵掠，元凤语妻子曰：'事亟矣，尔等自为计。'……乃弃家独负母吴裹粮入深山。翌日，妻子踪迹至，若有导之者，兵寝还乡，家竟无恙"③。这条材料虽只是叙述鲍元凤的懿行美德，而未提及其经商事实，但既载入于"盐法志"，足见他是歙籍鹾于两淮的商人无疑。否则，盐志决不会为其立传。④鲍元凤系元末人，说明至少在元朝末年，即有徽

① 《宋史·食货志下四》。
② 《元史·食货志五》。
③ 嘉庆《两淮盐法志》卷43《行谊》。鲍元凤侍母至孝的事迹，亦见于徽州方志中。
④ 嘉庆《两淮盐法志》卷46《人物》最后有编者的一个按语，其中云："两淮商人籍隶徽、西，各为善于其乡……各有郡邑者可考，入之盐志，则不胜书，且恐挂漏。故凡不在两淮产盐之乡与行盐之地者，事虽善皆略弗道。"由此更可证明鲍元凤必是两淮盐商，且籍隶两淮，否则，不可能"入之盐志"。

州商人在两淮从事盐业经营。又，该志在卷7《人物六》载："郑道同，字好问，歙人，登洪武二十年（1387年）丁卯科举人，辛未科（1391年）进士，后官山东道监察御史。"经查明刻《新安名族志》，在"郑"姓条下，亦载有郑道同其人，并述其原籍在歙县长龄里。郑道同的前辈也一定经商两淮，所以盐志才将这位盐商后代载于《科第表》中。如果这一看法不错的话，那么，郑道同于洪武二十年中举，时年当在20岁上下，其前辈来两淮经商至迟也在元末。这就说明：一、徽商初来两淮不一定与明初"开中法"有直接联系。二、徽商进入两淮的时间，当在明代之前。

元末政治腐败，社会紊乱，两淮盐业的凋敝可以想象。朱元璋在称吴王时，即"立盐法，置局设官，令商人贩鬻，二十取一"。其后，在称帝前两年，即1366年，"始置两淮盐官"①。这说明在朱元璋称帝之前，就注意对两淮盐务的管理。明朝建立后，百废待举，为了充实国库，自然重视盐课的收入。为此，在诸产盐地，一方面令其增加产量，一方面招徕商贾，从事转输贩卖。随着"开中"制的实行，作为全国六大都转运盐使司之首的两淮运司，便有一大批盐业商人聚集于此。那么在两淮的盐商中，是否有徽州商人呢？经查阅有关志乘，明成化以前，徽商在两淮的人数不多，但也并非没有。就是在明王朝建立之初，即有婺源商人许达商于两淮。据载："公讳达，字忠善（明初婺源人），其先世以孝友闻。大父讳天祥，讲学谈道，人所宗师。考讳寿，文艺渊邃。公风度巉峻，恬淡寡欲，以勤俭教家，非其有不取。业商于江淮，时天下草创，盐课未盈，公率诸商宣力以资国榷。后赀饶，业甲于乡。"②看来，许忠善既是明初在两淮的一位大盐商，同时还是新王朝的一位积极维护者呢！另据歙县《丰南志》载，嘉靖时期歙商吴彦先，其先辈

① 《明史·食货志四》。
② 《许氏统宗世谱·处士忠善公行状》。

"七世业盐策，客于淮海"①。从吴彦先上溯 7 世，其先最早来两淮的大约在洪武、永乐年间。除此以外，我们则很少见到成化以前徽州商人在两淮的记载，有些徽籍两淮盐商虽生于成化，而经商则在弘治、正德、嘉靖间。但据嘉庆《两淮盐法志》中的《科第表》所列从洪武到成化徽商子弟登科榜的情况，则可以推知在这段时期里，徽商在两淮的梗概。现将该志《科第表》所列徽籍登科士子表列于下：

姓　　名	籍　贯	登科等第	登科时间	官　　职
郑道同	歙县	进士	洪武二十四年	御　　史
汪善	歙县	进士	永乐四年	永州府同知
郑安	歙县	举人	永乐十二年	惠州府同知
马锡	祁门	举人	永乐十二年	南雄府通判
吴宁	歙县	进士	宣德四年	兵部右侍郎
方贵文	歙县	进士	正统元年	御　　史
许仕达	歙县	进士	正统十年	贵州布政使
吴绅	歙县	举人	景泰元年	福建盐运同知
洪宽	歙县	举人	景泰元年	郑州同知
程熙	歙县	举人	景泰四年	汀洲同知
吴真	歙县	进士	天顺元年	河南道御史
马嘉	祁门	举人	天顺六年	兵部员外郎
詹熙	歙县	举人	天顺六年	
程仪	歙县	举人	成化七年	大同府知府
曹观	歙县	举人	成化七年	
江昌	歙县	举人	成化十年	岳州府知府
程宽	歙县	举人	成化十年	漳州府知府

① 《明处士彦先公行状》，《丰南志》第 5 册。

姓　　名	籍　贯	登科等第	登科时间	官　　职
郑庄	歙县	举人	成化十年	赵城县知县
徐相	歙县	举人	成化十六年	
黄华	歙县	进士	成化十七年	参　　议
郑时	歙县	举人	成化十九年	桂东县知县
汪亨	歙县	举人	成化十九年	武义县知县
曹祥	歙县	进士	成化二十年	右副都御史
程玠	歙县	进士	成化二十年	知　　府
汪濂	歙县	举人	成化二十二年	溧阳县知县
汪侃	歙县	进士	成化二十三年	行　　人

　　表中所列共 26 人，我们从中可知：一、两淮徽商的子弟登科第者歙县人居多，说明歙商到两淮最早，且人数较众，这与徽州方志、家谱所载的情况正相吻合。二、从明初到天顺的 90 余年中，盐商子弟登科第者仅 13 人，而从成化七年（1471 年）到成化二十三年（1487 年）的 17 年中，登科第的人数也达 13 人，虽然洪武初有几年"罢科举"，但前后比较，还是成化时为多。这说明自仁、宣以后，徽商来到两淮的人数逐渐增多了。三、根据《两淮盐法志》中的《科第表》粗略统计，从弘治二年（1489 年）到崇祯十五年（1642 年）这 150 余年中，徽籍盐商子弟在两淮登科第者计 116 人。因此，从整个明朝的情况来看，成化以前两淮徽商子弟登科第的人数比之弘治以后要少得多，而且比较零散，这与徽州有关文献材料的记载也相一致。当然《科第表》所列徽商子弟人数，不等于徽商人数，但我们可以从这个侧面窥见从洪武到成化徽商之在两淮的大概情况。

　　明代成化以前徽州商人何以来两淮经营盐业的较少，这是有其缘由的。

　　首先，徽州是一个众山环绕之地，交通闭塞，即所谓"盖其山川复阻，风气醇凝，世治则诗书、什一之业足以自营；世乱则洞壑、溪山之险足以自保"①。这里的百姓"不染他俗，勤于山伐，能寒暑恶衣食"②，不愿意离开故土外出营生，自然也不愿远涉江湖从事盐业经营。

　　其次，徽州俗尚诗书，敦崇礼教，向慕朱子之学。在传统贱商思想的影响下，徽人耻于经商，更羞于外出。据徽州方志载，嘉靖以前，"人有终其身未入城郭者。……有稍与外事者，父兄羞之，乡党不齿焉"③。他们宁可在故里过清贫的生活，也不情愿远游异乡。所以在万历时，"长老称说，成、弘以前，民间椎朴少文，甘恬退，重土著，勤穑事，敦愿让，崇节俭"④。生活于这种习俗氛围中的徽州人，很少"牵车牛远服贾"，这是不难理解的。

　　其三，明初，盐业行"开中法"，召商输刍粟于边塞以换取盐引，然后支领淮盐转运贩卖。输粟边塞对于徽州商人来说，自是"路远费烦"，若像山、陕商人那样，就地商屯，徽商则又人生地疏，习俗异殊，垦辟既难，屯种非易。且无论是输粟边塞或就近屯种，都需要较大的资本。可是，在此时期内，徽州的阀阅之家一般还不屑于经商，而寻常百姓又拿不出经营盐业所需要的雄厚资本。因此，成弘以前，徽州虽有少数商人来到两淮，但不过是徽商进入两淮的起步阶段。

（二）　徽商两次联袂而来两淮

　　明清两代，徽商联袂而来两淮大约有两次。第一次是在明代中叶，第二次是在清康乾之际。

　　明代中叶，徽人来两淮经营盐业者日益增多，其中，有原在荆、

---

①　《重修古歙东门许氏宗谱》卷9《城东许氏宗谱·序》。
②　淳熙《新安志》卷1。
③　康熙《徽州府志》卷2《风俗》。
④　万历《歙志·序》。

湘、川、黔、齐、鲁、燕、赵经营别的行业"转徙"而来的；有原"业鹾"于两浙后东迁两淮的；而多数是从徽州原籍结伴而来的。到了万历年间，徽州在两淮的"大贾"超过了山、陕商人。故万历《歙志》载："《传》之所谓大贾者，……皆燕、齐、秦、晋之人，而今之所谓大贾者，莫有甚于吾邑。虽秦晋间有来贾淮扬者，亦苦朋比而无多。"①

考之徽州有关文献，在明代，徽商成批地到两淮是在从弘治到万历这个时期，而来到这里的又大多是徽州的大姓。这就是陈去病所说的"汪、程、江、洪、潘、郑、黄、许诸氏，扬州莫不有之"。这些寓居扬州的徽籍大姓商人，在两淮亦多成了盐业大贾。这里，仅举几个大姓以见一斑。

黄姓。歙之黄氏多聚居邑之竦塘。据《竦塘黄氏宗谱》载："黄氏世货鹾两淮，甲于曹耦。"如生于成化甲午（1486 年）、卒于嘉靖庚子（1540 年）的黄万安，青年时"乃挟赀治鹾淮阴间，善察盈缩，与时低昂，以累奇赢致饶裕"②。生于成化甲午（1486 年）、卒于嘉靖乙巳（1545 年）的黄用韬，先贾于荆襄，后转徙于淮南，遂为大贾。其子黄节斋继承父业，他在"客淮阴日，淮阴当南北要冲之地，士大夫毂击之区，君延纳馆餐，投辖馈遗"，毫不吝惜。③ 生于成化辛卯（1471 年）的黄崇敬，"初游齐、鲁、燕、赵间，既而止淮扬，……义入而俭出，赀大裕饶"④。生于弘治己未（1499 年）、卒于嘉靖庚戌（1550 年）的黄莹，"居止于广陵、淮阴"间，"文雅谨密，气直而温，言约而达，见者咸心知其非庸商也"⑤。歙商黄用礼，生于成化初，"少游广陵淮阴间，以居积起家，家政悉倚孺人（吴氏），子濡继其业，赀益大殖。是时海

① 万历《歙志·货殖》。
② 《竦塘黄氏宗谱》卷5《处士乐斋黄公行状》。
③ 《竦塘黄氏宗谱》卷5《节斋黄君行状》。
④ 《竦塘黄氏宗谱》卷5《明处士竹窗黄公崇敬行状》。
⑤ 《竦塘黄氏宗谱》卷5《云泉黄君行状》。

内平义久，江淮为京南北中，天下所辐辏，擅赢利其间，号素封者林积，而黄氏二世甲乙焉"①。据黄氏家谱所载，黄氏家族的盐商，是在明中叶来到两淮的，其富"称甲"的还不少。

汪姓。徽州的汪姓，族衍支繁，散居于徽郡6邑，其中聚居于歙县、休宁的人户最多。明代中期即有不少汪姓商人"业鹾"于两浙和两淮，用以致富。嘉靖、万历时人汪道昆，官兵部左侍郎，世居歙县松明山。他在所著《太函集》中云："……吾大父、先伯大父始用贾起家。""始宗盐策"于武林，后来，他的"世叔"因为知道"大司农岁入淮奉什二、浙奉百二，浙仅当淮之仂（零头），故今上贾贾淮，若第徙业于斯，而翁从此归矣"②。他的世叔由此乃从武林徙业淮扬。歙县汪姓盐商大多分散于两浙和两淮。而休宁汪姓盐商则多集中于广陵，而且是在弘治叶淇变盐法后来到这里的。据休宁汪氏家谱记载："吾宗著休宁西门，率用盐盐起家。"如生于弘治四年（1491年）的盐商汪福光，"光有远志，……乃学陶朱公"，于是"贾盐于江淮间，……恒得上算"③。生于弘治十四年（1501年）的汪本戚，年弱冠，"乃起盐业，北游淮扬，南贸迁荆、鄂、洪、鄱诸都会"④。汪本戚贩运食盐之地，均是两淮的行盐区域。由于休宁西门的汪姓盐商较多，故在明代即有"乡人称富者，遂有西门汪氏"之说。

吴姓。徽州的吴姓，亦是望族，族人从商者以歙县溪南人最多。旧谓"其倾县者称三吴"，并非夸张之语。明代正德、嘉靖间，即有一批吴姓商人来到两淮。如太学生出身的吴光，因其父"以盐策客淮扬"，乃克绍箕裘，继承父业。因为他有较深的文化知识，故能精通经商之

---

① 《竦塘黄氏宗谱》卷5《黄母吴氏孺人行状》。
② 《太函集》卷17《寿十弟耆序》、卷39《世叔十一府君传》。
③ 《休宁西门汪氏宗谱》卷8《益府典膳福光公暨配孺入墓志铭》。
④ 《休宁西门汪氏宗谱》卷6《乡善狮公传》。

术，在扬州被奉为盐业祭酒。① 还有吴黄谷"客广陵数十年"②。吴一敬"客广陵淮楚间，受事盐官，修先业而息之"③。生于嘉靖时的吴彦先，其先"七世业盐策，客于淮海"④，他家成为盐商世家。吴姓盐商从明代起陆续来到两淮，由于子孙繁衍，到了清代，吴姓商人在扬州者，遂各以原籍所居之地分成派别。据《扬州画舫录》载："吴氏为徽州望族，分居西溪南、长林桥、北岸、岩镇诸村，其寓居扬者，即以所居之村为派"。⑤

此外，明代中叶来两淮的徽商，还有郑姓如郑思穆、郑景濂等；潘姓如潘汀洲、潘图南等；程姓如程大功、程辅等；许姓如许大兴等。徽州方志、家谱以及徽人文集所记甚多，这里无须赘列了。上述徽州谱乘的记载，与嘉庆《江都县续志》和陈去病《五石脂》中所云"累世居扬"的"诸大姓"正好一致。

以上所列，说明明代中叶是徽州商人联袂而来两淮的第一个时期。

清康、乾时代，是两淮盐业的极盛期，也是徽商在两淮的极盛期。当时在两淮的徽商，有的先人明代就来此经商。凡在明代便"业鹾"于两淮的，时人称之为"旧商"；入清以后来的称之为"新商"。康熙四年（1665 年）巡盐御史黄敬玑在一份奏疏中提到："当日（明末清初之际）旧商消乏逃亡"，"见在新商岁办额课"⑥。事实上，康乾时期的两淮盐商以"新商"居多，徽商更是如此。据歙县方志载，此时在扬州的歙籍盐商，就有"江村之江，丰溪、澄塘之吴，潭渡之黄，岑山之程，稠墅、潜口之汪，傅溪之徐，郑村之郑，唐模之许，雄村之曹，上丰之宋，棠樾之鲍，蓝田之叶皆是也。彼时盐业集中淮扬，全国金融几可操

---

① 《大泌山房集》卷 74《吴公程孺人家传》。
② 《丰南志》第 4 册《从父黄谷公六十寿序》。
③ 《丰南志》第 5 册《一敬公状》。
④ 《丰南志》第 5 册《明处士彦吴公行状》。
⑤ 《扬州画舫录》卷 13。
⑥ 民国《歙县志》卷 1。

纵。致富较易，故多以此起家"①。其时，歙县就有这么多的大姓商人"集中淮扬"，这是明代所没有的。清代的两淮，除歙县商人外，徽州其他各县都有商人在这里经营盐业。如休宁的汪、程两姓商人，祁门的倪、马两姓商人，黟县的汪、胡两姓商人，绩溪的章姓商人等等。可以这样说，康乾时期，徽商在两淮的人数之众，势力之大是空前的。这是徽商联袂而来两淮的第二个时期。

（三）　徽商两批涌入两淮的缘由

徽州商人两批涌进两淮，都与封建国家的政治形势和盐法变革有密切的关系。这里，就从这两个方面加以论述。

明初的"开中制"，是在海宇翻新、政局稳定、君臣上下励精图治的形势下推行的。为了巩固边防，充实国库，在宋代"中纳"的基础上，实行"开中"，以期"盐法边计，相辅而行"②。故在洪武、永乐时期，有些边境军卫，"粮米充羡"，时人誉"开中乃策至良也"。但"开中"法行之未及百年，随着高、成、仁、宣的"盛世"过去，正统之后，政治倾颓已渐明显。具体表现是，明王朝纪纲不振，奸佞擅权，贪鄙成风，吏治腐败。这种污浊的政治局面，不仅影响到"开中"制的顺利推行，而且，这一所谓"良法"也和当日的政局一样趋于败坏。

在"开中"制下，"朝中募支"、"商乐转输"，这是封建国家与商人之间的一种权（盐的专卖权）、粮（纳粮取引）交换。国家不烦转输之劳，而在边境能坐得刍粟，同时又大裕盐课，增加国库收入；商人通过"报中"取得国家发给的盐引，享有对食盐的专卖以获得大利，这于国家于商人两有裨益。那么，政治腐败何以影响"开中"呢？主要是官吏贪婪的触角伸进"开中"制中。首先是豪势"揽中"。在成化初，便有

① 民国《歙县志》卷1。
② 《明史·食货志四》。

豪富吕铭等"托势要奏中两淮存积盐，中旨允之。户部尚书马昂不能执正。盐法之坏自此始"①。其次是"阉宦窃势"，"求讨占窝"②。无论豪势"挽中"还是阉宦"占窝"，无非都凭自己的身份、地位、特权占有盐引，抢得盐的专卖权。他们或是"卖窝罔利"，或是由其代理人凭引支盐，而商人手中的盐引，则不能按时支给。这样，原来根据每年产盐计划由商人"报中"、"守支"、"市易"这一套行之有序的运作机制被破坏了。其结果造成"商引壅滞"，"报中寝怠"。

另外，明初实行"开中"制时，还严禁余盐私卖，违者治罪。即使是灶户的余盐也是由官"出钞收之，下以资灶户，上以揽利柄"。但在仁、宣以后，一些"勋戚"、"权倖"往往凭借特殊的身份得沾"恩泽"，而"皇上"所赏的则多是"予以余盐，容其夹带"③。于是余盐私卖之禁也被打破了。此禁一开，便出现享有盐的专卖权的"内商之盐不能速售，边商之引又不贱售"④的两难局面。这样，明初所实行的"开中"制至此走到了末路。

琴瑟不调，改弦而更张之。"开中"制的变革乃是势在必然了。明政府改革的第一步是消除商人转输边境之苦，使边商转为内商，于是乃有弘治间户部尚书叶淇根据内商的意见，实行开中折色。这就是商人由原来纳粟边境改为纳银运司以领取盐引，既使商人"无远涉之苦"，而"太仓之银累至百余万"⑤。商人纳银运司不必远涉边境，"边商"与"内商"之别自然不复存在了。开中折色是明中叶货币经济发展的一个标志，它能否从根本上挽救"开中"法的危机，这里姑且不论；但开中折色的实行，对于徽州商人向往着从事盐业经营，特别是走向两淮则不啻是兴奋剂。因为徽州地近两淮，原先经营盐业需要输粟边境，其跋涉

---

① ② 《明史·食货志四》。
③ 李廷玑：《盐政考》。《明经世文编》卷460。
④ 《清盐法志》卷289。
⑤ 《续文献通考》卷20《征榷》。

之劳自不待言；即使后来可以从边商手里买引，也因"高价"所购而损失了一笔利润。现在既然可以在扬州——两淮盐政衙门所在地纳银取引，徽州商人则方便得多而获利又大。于是，在"开中折色"的吸引之下，徽商来两淮趋之若鹜。从弘治到万历这一段时期，徽商成批地来到仪征、扬州、淮安等地，就连淮安河下这个集镇，也成了一部分徽商的驻足之地。据《淮安河下志》载："明中叶司农叶公（淇）奏改开中之法，盐策富商挟资而来，家于河下，河下乃称盛焉。"① 那些"挟资而来"的"盐策富商"，主要是徽州商人。可见开中折色之后，遂出现徽商涌入两淮的高潮。

开中法的败坏，主要表现在商引壅滞上，虽然一些盐政大员也曾想到疏理积引的办法，但都无济于事。商人凭引"守支"，"次同鱼贯，累同积薪，有数十年老死不得给，至令兄弟妻子代支者"②。到了万历时期，情况更为严重。于是明政府乃有改革盐法的第二步，即由户部尚书李汝华、盐政大臣袁世振、龙遇奇等于万历四十五年（1617 年）创立纲运制。所谓纲运制是将原来分散运盐的运商组成商纲，结纲行运。由盐院编定纲册，淮南编为 10 纲，每年以 1 纲行旧引，9 纲行新引。实行纲运制的目的是为了"行见引"并"疏积引"。"预计十年，则旧引尽行"③。纲运制是我国盐法史上的一大变革，它沿袭到清代道光以前。

纲运制的实行，又一次吸引了众多的商人聚集于两淮这个全国最大的盐场，尤其是徽州商人。原因何在呢？因为纲运制必须结帮行运。"商纲又称商帮，是承办盐运的基本单位，每个商纲都是合股经营的独立商号。"这样，"盐的承销单位由个体商人转为有组织的商帮"④。事

---

① 《淮安河下志》卷 1《疆域》。
② 李廷玑：《盐政考》。《明经世文编》卷 460。
③ 《明史·食货志四》。
④ 薛宗正：《明代盐商的历史演变》、《清代前期的盐商》。分别载于《中国史研究》1980 年第 2 期、《清史论丛》第 4 集。

实正是如此。既然盐的承销要结帮，那么一向把"乡谊"和"宗谊"看得最重的徽州商人，当然是以同乡乃至同族人结成纲帮较为理想。所以万历末又有一批徽商来到两淮参与在这里的本籍或同宗盐商的结纲行运，于是两淮徽州帮的阵营又进一步壮大了。

叶淇变盐法和李汝华、袁世振实行纲运制，是导致明代中叶徽商涌入两淮的主要原因。

到了明末清初，两淮盐业经历了一段前所未有的衰败时期。其原因是：

第一，在明末，由于魏阉搜刮和"三饷"加派，两淮受害最大。据载："天启元年（1621年），户部侍郎臧尔劝题准每引加盐十五斤，征银一钱以充辽饷。六年，逆阉魏忠贤差中珰二员驻维扬搜刮，运帑八十万金为之一空。又以大工每引加盐十三斤，纳银八分。崇祯三年（1630年），户部尚书毕自严以兵兴饷急题充辽饷。五年，议照辽引摊行之例，于纲外另行新引七万，又题给黔盐五万引。六年，从抚臣唐晖请，又于湖广武昌、汉阳二府增行淮盐三万引。末年，复派练、剿诸饷，浮课增而商资竭矣。"① 这里具体地记述了"运帑空"和"商资竭"的事实。

第二，清王朝定鼎燕京之后，扬州遭受两次洗劫，两淮盐业自亦被害匪浅。先是清兵南下前，南明福王朱由崧的部将刘泽清、高杰纵兵在扬州焚掠，刘泽清在瓜洲、淮安一带大肆抢劫，"村落一空"。接着高杰的部队抵扬，"杀人则积尸盈野，淫污则辱及幼女"②。这是清兵南下前扬州经历的第一次兵祸。顺治二年（1645年）四月底，清兵南下，又有惨绝人寰的"扬州十日"。据《焚尸簿》载："全城死亡人数共80余万，而落井投河、闭门自缢者尚不在其内"③。在清兵屠城前，祁门盐

---

① 《古今盐议录要》下，见嘉庆《两淮盐法志》卷3。
② 《明季南略》卷1。
③ 《扬州十日记》。

商汪文德偕弟文健还以 30 万金犒师，"乞（豫）王勿杀无辜"①。其结果，扬州的 80 万生灵不仅惨遭屠戮，且寸丝粒米亦被搜刮殆尽。且这种大杀戮、大洗劫的过程中，扬州这个两淮的盐业中心，"盐尽商散"，盐业停顿。

第三，清军夺取扬州后，清王朝由于兵饷、国用的需要，亦欲尽快地恢复两淮盐业以收取盐课。可是，当时的两淮行盐区——湖广、江西、湖北等地，还是战事方殷，商旅断绝。在湖广地区南明军队与清军仍然战斗激烈；另外，明末农民起义军的余部刘体纯、袁宗第、郝摇旗、蔺养成、王进才部在湖南湘阴、新墙一带与清军接火；还有在江西的白旺部、在荆州地区的李过、高一功部也都在与清军继续较量。当此战火纷飞之际，"行盐地方迭罹兵灾，户口逾少"②，食盐的需要量也必然锐减。且这种兵戈扰攘之地，谁敢冒死到这里贩运食盐呢？

在明末清初这短短的 20 余年中，以扬州为中心的两淮盐业遭逢厄运，盐商纷纷"撤业"而逃，徽商自亦如此。

不过，两淮盐业的厄运很快过去，复苏的好景即将到来。1644 年，清王朝定鼎燕京，经过几年的用兵，全国大部分地区"戎衣初定"③。新王朝开国伊始，为了"军国急需"，便着手加强盐政管理以增加盐赋收入，一方面禁止私贩食盐，以纠正战争时期所出现的盐业经营中的混乱现象，在顺治三年、四年、五年连续发布了严禁"贩私"的"上谕"，言辞极为严厉④；另一方面实行"恤商裕课"政策以招徕商贾，复苏盐业。从顺治初到康熙时期，盐臣屡上有关优恤商人的奏疏，"皇上"亦下不少"恤商"的"上谕"。

顺治二年（1645 年），第一任巡盐御史李发元来到"残败"后的扬

① 康熙《祁门县志》卷 4、嘉庆《两淮盐法志》卷 44《人物》。
② 崔应弘：《商困当苏疏议》。雍正《两淮盐法志》卷 11。
③ 金镇：《盐法考》。载《皇朝经世文编》卷 50《户政》。
④ 光绪《两淮盐法志》卷 1《制语》。

州，考察之后，便上了一则停止积盐以助军饷的奏疏。疏言："自前朝套搭、左兵焚劫，商心已散，犹有一线之系者，恃此积盐耳。比臣入淮，见巨舰横流，皆固山助饷之盐，而淮北之盐尽矣。及入扬，四百余船之捆盐已变价开帆，而在桥、在坝、在垣，有主、无主之商盐，又奉尽行充饷之令，而淮南之盐又尽矣。其已经变价者，臣言亦无益。惟垣盐六万引皆商人资本购之场下，备脚运载至扬堆积垣内，各各封识。据道司申详，的系有主，虽云充饷，向未装运。数日以来，情景皇皇。商以此盐与臣决去留，臣亦以此盐与商觇聚散。在助饷不啻秭米，而系商势若万钧。伏乞皇上俯念商资（与）国课关系匪轻，仍将垣盐还商，庶几其心可结，而招徕可施。"①

　　顺治三年，户部复准李发元题请蠲免两淮盐课的一则奏疏："查江南底定，恩诏大兵经过地方免征粮一半，归顺地方不系大兵经过者免三分之一，元年，山东、长芦盐课先已蠲免，两淮事同一体，亦应照此征课，以昭朝廷浩荡之恩。"②

　　清王朝开国之际，第一任巡盐御史李发元面对两淮残破的情景，多次上疏建议朝廷采取"惠商"政策，以期"其（指商人——作者注）心可结，招徕可施"。这是较为高明的举措。"惠商"的意义虽然如此，但当国家财政匮乏、兵饷急筹之时，当权者们便又在盐课上打主意了。所以顺治朝虽然"惠商"之旨屡下，可是增课增引之令亦未停，以致"商力惟两淮最困"③。到了康熙年间，除平定"三藩之乱"以外，国内少有战争。再加上康熙是一位精明能干之主，他在位期间，多次下"恤商裕课"诏，并经常派一些"廉干之员"整顿盐政。如：康熙七年，下了一道"惠恤商民，疏通引法，以裕国课"的"上谕"。康熙九年，下了一道较为严厉的斥责各处盐官增加浮课的"上谕"，内称："各处盐差官

①②　嘉庆《两淮盐法志》卷 40《优异恤一，恤商》。
③　光绪《两淮盐法志》卷 1《优诏》。

员因循陋规，巧立名色，额外加派，苦累商民，殊为可恶。据（巡盐御史）席特纳等所奏，淮商六大苦、掣挚三大弊端等项，情节俱实。各盐差积弊作何禁止，官员作何处分，著再严切明白奏议。"① 这道"上谕"明确指出"淮商六大苦、掣挚三大弊"都是各级盐政官员对他们敲诈勒索的结果，而且要盐政对他们"处分""明白奏议"。在此"皇威"面前，"各处盐差"不能不感到胆怯。所以，到了康熙中叶，各级盐官的贪婪触角有所收敛，而"商困少苏矣"。当然，在封建社会里，官员的贪污腐败是无法杜绝的。雍正元年的一道"上谕"内称："盐道一官尤关国课，迩年盐法弊窦丛生，……上下各官需索商人，巧立名色，诛求无已，穷商力竭。……尔等运筹盐法，宜将陋例积习情弊禁革，必思何以苏商，何以裕课。"② 尽管封建社会里的官员勒索商人的情况杜绝不了，但屡犯屡惩，无论于"苏商"还是于"裕课"必有作用。

雍正皇帝在位时间虽然不长，但他实行的"恤商裕课"政策比之乃父康熙帝更加得力。雍正五年有一道"上谕"值得一读："据两淮巡盐御史噶尔泰奏称：乙巳纲商人呈称，感戴抚恤皇恩，盐丰课裕，家足户盈，情愿公捐银二十四万两，以充公用，以达微忱等语。朕轸恤众商，是以减除浮费，加添盐觔。种种施恩之处，无非欲使众商均沾利益，资本饶裕，并不计其感激报效也。伊等上年公捐银两，朕因其既已捐出，难于退还，故令即于本地建立盐义仓，以裕积贮，备地方之用。今伊等又复公捐，大非朕意。但据噶尔泰所奏，众商情愿恳切，着将此项银两令众商各暂行存贮，将来遇有公事运用之处，再候谕旨。或将此项任伊等资生利息，亦从其便。"③ 像这种"养鸡取蛋"的惠政，对于此后乾嘉时期两淮盐业的发展、盐商资本的充盈当有一定的影响。

由于清王朝采取了一系列"恤商裕课"的措施，不仅恢复和发展了

①② 光绪《两淮盐法志》卷1《制诰》。
③ 雍正《两淮盐法志》卷1《恩纶》。

两淮盐业，而且对盐商的招徕，也有磁石般的吸引力。因此，原来在战争年代逃匿的商人，纷纷"挟空囊"、"裹疮痍"回到两淮。[①] 同时，还有一大批"新商"在康乾——清王朝的全盛时期加入两淮盐商之中。其中，徽州 6 邑就有不少人结伙到了这里。前引民国《歙县志》所载在扬州的歙县那么多大姓，并且几乎操纵了全国的金融，就是明证。而此时徽州新旧商人之所以能云集两淮，正是由于其时政治较为修明，以及"恤商裕课"政策吸引的结果。

二、徽商在两淮盐业经营中的优势

"鹾客连樯拥巨资，朱门河下锁葳蕤。乡音歙语兼秦语，不问人名但问旗。"这首《扬州竹枝词》里的几句话，是描写那些"拥巨资"的盐商在扬州的活动情况。操"歙语"的是徽商，操"秦语"的是西商（山、陕商人）。明清时期，两淮盐业的经营，几由徽商和西商所操纵。尤其是在明中叶以后，徽商不仅财力超过了西商，而且寓居扬州的人数，也比西商为众。故万历《扬州府志》载：扬州的盐商，"新都最，关以西、山右次之"。这里所记述的，大约是指从弘治（1488—1505年）到万历（1573—1620年）这百余年间的事实。到了清代的康乾时期，两淮盐业达于极盛，而徽商更执诸盐商之牛耳。就以歙县的盐商而论，"两淮八总商，邑人恒占其四"[②]。徽商在两淮的势力由此可见。

在明清 300 多年中，徽商能够在两淮扎下根来，而且同最早进入两淮的西商相比，后来居上。那么，徽商的优势究竟在哪里呢？

---

① 李发元：《盐院题名碑记》。
② 民国《歙县志》卷 1《舆地志·风土》。

（一）

徽州盐商之能"称雄"于两淮，首先是借地缘优势。徽州相距两淮，虽有崇山之限，大江之隔，但与山、陕之距两淮相比较，尚属近邻；而且从徽州到两淮盐区的中心城市——扬州，水、陆可通，往来便捷。从水路启程由新安江泛舟杭州，转道京杭大运河可达扬州；从陆路启程经旌德、南陵、芜湖、太平府、江宁、南京，[①] 或经绩溪、胡乐、宁国、句容、仪征，均可直下扬州。[②] 明代盐法从弘治初实行"开中折色"以后，盐商可以直接纳银于运司换取盐引，不必长途跋涉输粟边境。徽州既然地近两淮，盐商们便从原先"客燕、代"的劣势转为"客广陵"的优势。相反，西商由原来就近输粮塞下的优势转为长途跋涉南下两淮的劣势（弘治以后"开中"制并未全废）。因此，从"开中折色"之后，徽州商人乃借这种地利之便开始成批涌入两淮，在同西商竞争中，发展了资本，扩大了势力。

徽州商人在两淮经营盐业的地缘优势还不止此，更重要的是，两淮行盐区大多都是徽州商人原来贸迁有无经常往来的场所。他们不仅了解这些地区的地理交通环境，而且甚至熟谙这里的人情、习俗。这对他们经营商业非常必要，也是其他商帮无法与之相比的。明代两淮行盐区域是："盐行直隶之应天、宁国、太平、扬州、凤阳、庐州、安庆、池州、淮安九府，滁、和二州，江西、湖广二布政司，河南（布政司）之河南、汝宁、南阳三府及陈州，正统中，贵州亦食淮盐。"[③] 以后虽小有变化，但终明之世，两淮行盐区域范围大抵如是。入清以后，两淮盐"行销江苏、安徽、江西、湖北、湖南、河南六省"[④]，与明代基本相

①《士商类要》卷1。
②《天下路程图引》卷1。
③《明史·食货志四》。
④《清史稿·食货志》。

同。早在明代中期以前，就有不少徽州商人经常往来于荆、湘、湖南、江右以及川、黔等地，所谓"出入荆楚"、"贸迁江右"、"商游川黔"、"转徙维扬"者不乏其人。有些商人凭自己比较熟悉商路的有利条件，从商旅往来的需要出发，还编纂了一些关于商旅交通路线方面的图书。如徽商黄汴编辑的《天下水陆路程》（原书藏日本山口大学）[1]，详细地记载了二京十三布政司的水陆交通路线、道路的起讫分合、水陆驿站的名称等等。徽州黄氏家族，为当地大姓，"多闻人显者"，其中有不少人是"世货鹾两淮，甲于曹耦"的富商。[2] 如盐商黄豹，其先世业盐，后家业受挫，乃"挟资以游荆襄南楚，堇堇物之所有，贸迁而数致困，公欲更其业，……于是辇其资斧之淮南。淮南，东楚都会之地，鱼盐之饶，公绝机诈，一为廉贾。久之，一年给，二年足，三年大穰，为大贾矣"[3]。黄家的大盐商见于族谱者还有黄万安、黄用礼、黄汝贵、黄元洁、黄国明、黄良和、黄晟等人。黄氏盐商早在成、弘之际便已业盐于两淮。黄汴系嘉、隆时人，是休宁的一位大贾。据他自己在《一统路程图记》的《自序》中说："汴弱冠随父兄自洪都至长沙，览洞庭之胜，泛大江，溯淮扬，薄庋燕都。……后居吴会，与二京十三省暨远方商贾贸易，得程图数家，于是穷其闻见，考其异同，反复校勘，积二十七年始成帙。"该书成于隆庆四年。从他在《自序》中述及曾经"溯淮扬"的经历来看，他可能曾是盐商，其足迹所至之洪都、长沙、洞庭区域，恰恰为两淮行盐之地。这部《一统路程图记》，确实如他的好友吴岫在《后序》中所言："商贾得之，可知风俗利害。入境知禁，涉方审直，万里在一目中。大为天下利益。"[4] 徽州商人重视商旅路程图书的编纂，

---

[1] 《天下水陆路程》原名《一统路程图记》，又名《新刻水陆路程便览》、《图注水陆路程图》，此书国内濒于失传。现有杨正泰教授校注本，1992 年山西人民出版社出版；亦见之于《明代驿站考·附录》，1994 年上海古籍出版社出版。
[2] 歙县《竦塘黄氏宗谱》卷 5《黄公莹传》。
[3] 歙县《竦塘黄氏宗谱》卷 5《明故处士黄公豹行状》。
[4] 杨正泰：《明代驿站考·附录》。

以免"见前途问津者，漫皆迷茫，险夷利害，每犯所讳"①，这正是徽商的过人之处，也是他们往往化险为夷、避逆就顺从而获得大利的高明之处。天启、崇祯间，徽商程春宇，还撰有《士商类要》一书②，其中介绍了江南北100条水陆路引。由于他"甫成童而服贾"，足迹所至之地，对"土俗之游漓，山河之险易，舟车辐辏之处，货物生殖之区"非常熟悉。所编《士商类要》，首先是有利于"近水楼台"的徽州商人，尤其是那些运盐、贩茶、贩木的大商人。有此一部路程指南，"又奚事停骖问渡，而难取素封之富者乎"③！那些离家远出的徽商，重视对商旅行程路线、环境的了解，是他们在商业经营中的一条成功之道。清代一位休宁商人编了一本《江湖绘画路程》，载《扬子江直上洞庭湖至衡州府、永州府等处路程图》33帧，记述由徽州府通过长江中游及杭州等地路引11条。有趣的是，其中还载有两首"行路歌"：一是《镇江盐船上楚水歌》，一是《湘潭至镇江路程歌》。④ 这两首歌很像是盐商所作，从题目看就可知道它反映了两淮"盐船"的行盐区域和路线。徽州商人熟悉经商路线，徽州盐商熟悉行盐区域的道路、关津、港湾、滩矶，乃至风土人情、传闻典故，这对他们从商致富都是非常需要的。

（二）

徽商在两淮之能执诸盐商之牛耳，还因为占有文化优势。徽商是一支以"儒贾"为特征的商帮，他们虽是商人，但不少人又是文人，具有程度不同的文化知识和儒家的道德修养。这与徽州的社会环境是分不开的。徽州向为"东南邹鲁"、"文献之邦"。特别是在南宋以后，这里因是集理学之大成的朱熹故里，以致人们对朱子几乎顶礼膜拜。所谓"新

---

① 吴岫：《一统路程图记·后序》。
② 杨正泰：《明代驿站考·附录二》。上海古籍出版社1994年版。
③ 方一桂：《士商类要》。
④ 吴敏：《徽商生意经和商路》。载《徽学》总2期。

安为朱子阙里，而儒风独茂"①。这里的青少年大多"以邹鲁之风自待，而以邹鲁之风传之子若孙也"②。因此在明清时期，徽人毫不掩饰地自矜："大江以南，畿辅为郡九，而以文献称者吾徽为最。"③ 出身于这种"教泽之长"、"人文骏起"的社会环境中的商人，文化的教养，道德的熏陶，对他们从事商业起着不可估量的作用。正因为如此，所以那些"业鹾于淮南北者"，莫不皆是"商而兼士"④。商人而有文化，自然在审时度势、运筹决算、取与进退乃至整个经营活动中能高人一筹。徽州盐商的起家，特别是在两淮盐业中能大显身手，一个重要的原因，便是凭借其文化知识的优势。

早在明代中期就有一批有文化的商人来到两淮，他们以"儒商"风度在这里艰苦创业，发家致富。

嘉靖时期的歙商黄长寿，"少业儒，以独子当户，父老，去之贾，以儒术饰贾事，远近慕悦，不数年赀大起。驻维扬理盐策，积贮益浩博。……翁虽游于贾人，实贾服而儒行，尝挟资流览未尝置"⑤。可见，黄长寿是因"贾服而儒行"而"赀大起"和"积贮益浩博"的。与黄长寿同时人汪福光，幼读诗书，心怀远志，及长，"贾盐于淮扬，艘至千只，率子弟贸易往来，如履平地。择人任时，恒得上算，用是赀至巨万"⑥。汪福光在盐业经营中"恒得上算"，与其有一定的文化知识不无关系。休宁商人汪弘，"幼失恃，承父多艰，……暨长就学，疏通闻见，弃儒就商，力行干蛊之业。于是北跨淮扬，南游南越，服贾鹾卤之场，积数十年遂有余蓄"⑦。婺源商人李大祈，父、祖辈均从事商业。大祈

---

① 康熙《绩溪县志续编》卷3《硕行》。
② 雍正茗洲《吴氏家典·序》。
③ 《新安歙北许氏东支世谱》卷5《寿昌许公八秩序》。
④ 《歙事闲谭》第18册。
⑤ 歙县《谭渡黄氏族谱》卷9《望去翁传》。
⑥ 《休宁西门汪氏宗谱》卷6。
⑦ 《汪氏统宗谱》卷116《江南山行状》。

童年聪颖，善记颂，读书过目不忘。其父"延琇公课之制科，业既通，而延琇公捐馆舍（去世），公茕立当户，百端丛脞，窘不能支。……于是弃儒服贾，挟策从诸父昆弟为四方游，……于是转徙维扬，出入荆楚，鹾艘蔽江，业骎骎百倍于前，埒素封矣"①。像李大祈这样富比素封的商人，差不多都是"儒贾"。

经商需要文化，自古皆然。历史上诸如管仲、弦高、范蠡、子贡、白圭、猗顿等这类大富商，无不都有一定的文化知识。他们有的原来就像猗顿那样是一个"穷士"，之所以很快能成为富商，道理也很简单，因为文化知识水平同一个人的气质、才干是密切相关的。这些就是马克思所说的商人的"抽象力"。商人的商业活动，诸如购买、运销、积贮、贩卖，都是需要这种"抽象力"的。两淮徽州盐商，大多是凭其"抽象力"而获厚利。再加上明清两朝是两淮盐业达于极盛的时期，盐商在盐业经营中的竞争，从某种意义上来看，更是一种"抽象力"的竞争，谁的"抽象力"强，谁就能很快发家致富。这说明文化对于商人非常重要。

另外，盐业又是一种特殊的商业，对盐业的生产、管理、运销、课税等，国家都有完整的政策规定，而且非常详细、具体。因此，从事盐业的经营，必须熟悉盐法。而盐法是明文颁布的法律文件，它不仅有"本朝"的盐业政策，而且还有前代的规定。所以，从事盐业经营的大贾，还须熟悉盐法，这就更要具有文化知识。

还要指出的是，明清时期，我国封建商品经济已发展到高峰阶段，它即将与近代商品市场接轨。在这个"接合点"的历史时期，市场更为扩大，交易更为复杂。因此，商人更需要与文化知识结缘，所谓"商而兼士"也是时代的需要。美籍华人学者余英时先生在美国一家刊物上发表的《中国近世宗教伦理与商人精神》一文指出："不但明清以来弃儒

---

① 婺源《三田李氏统宗谱·环田明处士松峰李公行状》。

就贾的普遍趋势造成了大批士人沉滞在商人阶层的现象，而且更重要的是商业本身必须要求一定的知识水平。商业经营的规模愈大，则知识水平的要求愈高"①。这在盐业的经营中更是如此。

盐商需要文化知识较之其他行业的商人之所以尤为重要，还因为在明清时期，"行盐之法"主要是"官督商办"。所以，商与官交往甚密。当时的盐政官员，不仅地位较隆，品秩较高，而且多为精通翰墨的饱学之士。以清代为例，两淮盐运使，秩从三品，高于四品的知府；"掌文移往来"的经历，不过是秘书一类的官员，也是秩从七品，仅次于知县。凡任盐运使者又多是科举出身。例如，卢见曾，"山东德州人，进士，乾隆元年官两淮盐运使，礼贤好士，海内名彦多与之游"。"刊有《雅雨堂丛书》为世所重"②，并著有诗文集4卷行世。朱孝纯，举人，"乾隆四十一年任两淮盐运使"。"孝纯工诗好文"，与桐城派大家姚鼐为挚友，是一位以文名于时的盐官。③ 曾燠，江西南城人，乾隆四十六年进士，后任两淮盐运使。"公暇与宾从赋诗为乐，……燠在扬，提倡风雅，一时才俊毕集，与前运使德州卢见曾同有好士之名，声华藉甚。"④封建王朝的中央政府，之所以委派这些有较高文化水平的人担任盐官，因为盐务动关国计，盐官要上通天子，下系盐商，而且法繁事多，非鸿儒硕学、干练明敏者莫能担此重任。而盐商尤其是总商或"上贾"要经常与盐官打交道，他们必须有一定的文化知识，才与盐官有共同语言、共同雅趣，甚至有可能成为与盐官唱和往来的诗文之友。从这个角度来看，文化知识是盐商通往盐政的桥梁，是"官督"与"商办"之间一条隐形纽带。

徽州的大盐商，因为文化知识水平较高，且又熟悉盐务，所以盐政衙门有关因革损益事宜，常常请他们参与决策。这对盐商来说，也是一

---

① 美国《知识分子》1986年冬季号。
② 光绪《两淮盐法志》卷138《名宦传》上。
③④ 光绪《两淮盐法志》卷138《名宦传》下。

种特殊的宠遇。这里，仅举几例：

明代徽商黄崇德，是一位通经史的商人。"初有志举业，（后）乃挟资商于齐东，齐带山海，沃壤千里，人多文彩布帛。公商其间……一岁中其息什一之，已而升倍之，为大贾矣。于是修猗顿业，治鹾淮海……乃赀累巨万矣……惟鹾国家仰给有法，或沿或革，自汉论鹾以来，至于唐宋《食货志》鹾法之议，纷纭不一，莫能究其指归。公博览多通，上自《春秋》、《管子》之书，东汉盐铁之论，唐宋食货之志，明兴《大明会典》，讲求周悉。乃盐司下询，则条陈利害，言论侃侃，监司辄可其议，下其法于淮之南北。夫淮海诸贾，多三晋关中人，好唾奇画策，见公言论，皆削稿敛衽从公，推公为纲。"① 黄崇德因其"博览多通"，才得到了监司的赏识而常常"辄可其议"，而三晋、关中的盐商们也不得不"削稿敛衽从公"。

另一位儒商黄莹，字元洁，号云泉，"幼有至性，庄重寡言，訾笑不苟。稍长，沉虑能断，在繁剧中不略动声色。家众咸曰：'是足以起两淮者，乃降节商游。国家以鹾利充边储，征榷之法甚悉。治其事者鲜自洁，顾独污商，不少假颜色。惟翁同曹耦白事，文雅拔俦等。词气温直，辄中肯綮，闻者往往心异之，言辄听。有所弛张捐予，多其建白。以是数十年两淮称首商，必曰云泉翁云"。黄元洁在盐业经营中之所以每"白事"而能"辄中肯綮"且对盐务"多其建白"，原来是因为"翁少读书，通大义"，又能悟计然经商之术，不仅"业饶声起"，而且博得盐官的器重和同曹的爱戴。②

入清以后，两淮盐业更加兴盛，而盐务也更为纷繁，一些有文化知识的大盐商，竟成为盐政"大宪"的"顾问"，或者是运使的左右手。

"歙人吴钖，字砚山，号嵩堂，年廿八，受知于督学李公，补邑诸

---

① 歙县《竦塘黄氏宗谱》卷5《明故金竺黄公崇德公行状》。
② 《竦塘黄氏宗谱》卷5《黄公莹传》。

生，每试辄高等。……读书问政山中，手披口吟，寒暑无间。……府君来扬，犹不忘举子业，往往昼筹盐策，夜究简编。……府君自少留心经世之务，经史子集环列几前，至老未尝释卷。遇事辄明于大体，能持公议。……两淮之人咸倚以为重，士大夫来扬者，每从而决所疑。事关盐政，大宪偶有咨询，府君亦尽言无隐，时蒙采纳焉。"① 尤其是清代的两淮总商，大多是儒雅商人，他们一方面能与盐政官员和广陵高士相与诗文往还，一方面佐理盐务，参与筹划，融官与商于一身。乾隆时的总商江春，号鹤亭，"性警敏，少攻制举"。后来经营盐业于扬州，"练达多能，熟悉盐法，司鹾政者咸引重之，俾综商务，勤慎急公"。他与从弟江昉"同为物望所归，一时广陵风雅之盛，自马氏（马曰琯、马曰璐）后，以二家为坛坫主"②。他在扬州建有"随月读书楼"，"奇才之士，座中常满"③。

总商鲍志道，字肯园，幼时家贫，但"夜诵所读书必精熟，母喜，然后敢卧"。后在"总司两淮盐策日"，还不忘披览百家之篇。据载，"公少废书，老而勤学，好接文士著作，颉颃于作者"④。鲍肯园也正是凭借自己的文化知识和经商才能，方能出入于盐政衙门，并"赞襄举措，悉中肯綮"的。

还有一些儒商，不仅通晓盐法，而且以处理政务的才能，为众商兴利除弊。明代歙商江南能，字元表，号彦宣，幼读诗书，"后业鹾淮南，致资累万……明末关津丛弊，九江关蠹李光宇等把持关务，盐舟纳料多方勒索，停泊羁留、屡遭覆溺，莫敢谁何。公毅然叩关陈其积弊，奸蠹伏诛，而舟行者始无淹滞之患"。江南能晚年以"琴书自适，优游以

---

① 《丰南志》第5册《显考蒿堂府君行述》。
② 嘉庆《两淮盐法志》卷44《人物》。
③ 《扬州画舫录》卷12。
④ 《鲍氏诵先录》卷5。

终"①。他之所以能为众商排忧解难，敢与关蠹作斗争，正是因为他具有文人气质和不同寻常的胆略。婺源有一位太学生出身的商人叫潘觐光，家在本县港口，因为港口地"界徽、饶间，淮、浙盐商争界，构大讼，官吏迭勘而不能决"。潘觐光熟悉两淮、两浙行盐范围，且能"指陈地势"，讲述地域行政沿革，一毫不差，经过他的陈述决断，于是"讼且息"②。潘觐光也是由于熟悉盐法、知晓当地行政区划沿革的历史，才能据实据理乎息这场纠纷。

徽州商帮的上述文化优势，是两淮的其他商帮所不及的。

（三）

徽州盐商能在两淮拥有雄厚的经济实力，还因为他们有一定的政治优势。盐业是一种特殊的行业，商人从事盐业经营是受封建国家控制的。所以，代表封建国家的盐政衙门，不仅有"清厘盐务"、征收盐课的任务，而且还有"管束商人"之责③。这种"管束"不单纯是经济性的，而且也是政治性的。盐商为了求得生意亨通、财源茂盛，就要依附于封建势力。具体地说，要投靠盐政衙门，同时，也要设法提高自身的政治地位，以利于与盐政官员乃至与封疆大吏直至天子相往还。徽州盐商明了这种政治与经济利益之间的关系，于是通过种种手段，以跻身封建士大夫行列。

徽商要谋求封建官员青睐，首先要恭顺地接受盐官的"管束"，一切听命于盐政大员。官府有需求，盐商要满足；盐官有索取，盐商要供奉；盐法有变革，盐商要遵从。总之，盐商对盐政衙门和盐官的"效忠"应是不遗余力，对他们的巴结奉承要不惜慷慨解囊。以两淮盐商供

---

① 歙县《济阳江氏族谱》卷9《明处士南能公传》。
② 光绪《婺源县志》卷30《人物》。
③ 嘉庆《两淮盐法制》卷首《制诰》。

给盐政衙门官员的饭食费和其他杂费为例，其数字是惊人的，就连封建皇帝也感到皇宫御膳的开支与两淮盐政相比也是小巫见大巫。乾隆五十九年（1794 年）八月，有一道"上谕"，内称"两淮盐政衙门每日商人供应饭食费五十两，又幕友束修笔墨纸张一切杂费银七十两，每日共银一百二十两，是该盐政一切用度皆取于商人，以一年计算，竟有四万三千余两之多"。这笔开支确实不小。为此，乾隆帝乃将盐政衙门的开支同御膳用银作了比较，他指出："试思御尚膳房度支经费，康熙年间需费较多，然比之前明光禄寺所用，减损已不啻倍蓰……现在宫闱只有二妃、二嫔以及诸皇子、皇孙等，并军机大臣、上书房、南书房以及侍卫、章京、拜唐阿等各分例，每年膳房所用，通计只三万余两。以朕玉食四方，其进奉之数不过如此"①。而一个盐政衙门的饭食费比皇帝御膳支出高出三分之一还多，足以见其奢侈浪费之严重。但从另一角度来看，盐政衙门的这笔庞大的开支，皆来自"商人供应"，从表面上看，商人是出自"心甘情愿"，实际上自是有苦难言。仅此一例，也可说明盐商是如何巴结、投靠封建政治势力的。

官与商之间的交际往还总是"互利"的。商人既然对盐政官员予以优厚的生活"供应"，毫无疑问，盐政自亦能给予商人格外关照。尤其是徽州盐商善于接交官府，"又善行媚权势"②，因而得到的关照更大。如：乾隆二十八年七月，盐政巴宁阿奏："据两淮（徽州）商人洪箴远等禀称：通河商众额完正杂钱粮之外，有分年带课不入成本计算者，如五十五年统销食盐，五十七年统销纲盐，又节次公捐等项按年带完，与正杂一同交库。带课既多，资本较重，恳念商艰，将两案统引钱粮并节次公捐借拨等银三百六十九万余两，奏乞天恩，统展十纲自甲寅年起作十年带完，以纾商力。钦奉御旨：嗣后不得援以为例。"③徽商洪箴远

---

① 《清高宗实录》卷 1458。
② 《大泌山房集》卷 66《何中丞家传》。
③ 嘉庆《两淮盐法志》卷 40《优恤》。

转请盐运使巴宁阿上了一道奏折，便获得在正杂钱粮之外摊派的并要一次交完的 369 万两银子，分别 10 纲 10 年完纳的缓缴"优惠"。可见盐政官员之关照盐商的利益，也是非常卖力的。对他们之间的这种"互利"关系，清人杨钟羲曾一针见血地指出："官以商之富也，而朘之；商以官之可以护己也，而豢之。"① 这便是"官以商为利薮"，"商以官为护符"②。而商之"豢"官既是为了创造政治势力，又是借以得到经济实惠。因此，盐官与盐商的利益往往是捆在一起的。康熙时巡盐御史李煦经常在奏折中出现"奴才与商人共戴万岁天恩"的颂词就是明证。③

事实还证明，盐商与盐政官员之间的关系大多拉得很紧，甚至"牢不可破"。盐官有难，盐商也竭力为之庇护。中国第一历史档案馆馆藏清代"军机处录副奏折、上谕档"，其中收有乾隆末年查办两淮盐政"巴宁阿与徽商交结联宗案"。案中提到两淮盐运使巴宁阿在任职期内犯了四桩过错：一、与总商汪肇泰（徽州人）联宗；二、认总商之子洪广顺（徽州人）为门生；三、离任时收受商人送的盘费银三万两；四、置买婢女。这是前任盐政全德向乾隆帝奏报的。于是乾隆立下御旨："严厉查办"。先是由现任盐运使董椿就巴宁阿与汪姓商人联宗和洪姓商人拜门生二事"向各商询问"，结果，除联宗外则称"实无其事"；后又就三万两盘费银事"向众商查问"，也同样是"众商并不应承"。其实，董椿奉御旨查询之事，巴宁阿已经"尽皆承认"，而盐商还为其隐匿包庇。由于乾隆对此案抓得很紧，江苏巡抚奇丰额便亲自找到总商张广德、鲍有恒等，"询以巴盐政在任有无别项婪索，尔等不妨详细说知"。他们均缄口不言，只是"俱以此外实无劣款回复"，实际上是为巴宁阿袒护。根据乾隆的分析，巴宁阿接受商人的馈送是不容置疑的："试思汪肇泰

———————————

① 《意园文略》卷 1。

② 王守基：《两淮盐务议略》。

③ 李煦：《湖广两淮口岸地方官员借端抑勒请饬禁折》。《李煦奏折》第 218 页。

系微末商人，巴宁阿若非图其馈遗谢仪，何肯与俯就联宗？即使巴宁阿未经言明，该商希图往来交结，岂有不馈送贽见之理？纵使巴宁阿在任未久，不暇向伊需索，但既与该商认作本家，且自称长辈，安知不望报于异日？巴宁阿（离任）进京后，该商人逢遇年节，或寄送礼物，俱属事之所有。"① 上述分析，鞭辟及里，入木三分。而盐商竟以"此外实无劣款回复"了事，足见他们对盐政官员是忠贞不贰的。

徽州盐商在投靠盐政的同时，亦设法投靠封建朝廷，乃至上交天子。所以一些大盐商能够急国家之所急，想国家之所想。如：凡遇天灾大作、军兴旁午、圣驾南巡、登位庆典、太后寿辰、工程兴修等等大事，徽商特别是大商人便自愿"捐输"、"报效"，而且都是出手不凡，一掷数十万两，甚至百万两。以雍正、乾隆、嘉庆时期盐商捐助军饷为例，据载"或遇军需，各（盐）商报效之例，肇于雍正年间，芦商（长芦）捐银十万两，嗣乾隆中，金川两次用兵，西域荡平，伊犁屯田，平定台匪，后藏用兵，及嘉庆初川、楚之乱，淮、浙、芦、东（河北）各商所捐，自数十万、百万乃至八百万，通计不下三千万"②。在各盐场中，以两淮盐商捐输极为活跃，且数额最大。据盐志记载"乾隆、嘉庆间，王师征大小金川，荡平台湾，勘定川楚教匪，淮商踊跃输将，称为极盛。然自抒悃忱，不暇思索，往往诏书屡却，吁恳再三，群以贡献邀允为至荣"③。而在"淮商"中主要是徽商的"捐输"、"报效"最为慷慨。乾隆几次南巡扬州，徽商程正可、黄源得、江春、汪正大等每次都捐银参与接驾，其数额由30万两至100万两。乾隆五十三年，两淮行盐区荆州遭受水灾，江春等自愿捐银赈饥。他在进呈的奏折中称："商等世业淮盐，荆州为行销淮盐纲地，今年堤塍被水冲漫，仰荷圣恩赈恤，频施发帑修筑，灾民固已得所。第商等转运所资，情关休戚，情愿

① 《历史档案》1994年第1期。
② 《清史稿·食货志四》。
③ 光绪《两淮盐法志》卷145《捐输门》。

捐银一百万两，稍助工赈之需，于运库应解部银内借支，乙酉纲起分作五纲归款。"① 商人的这种"慷慨解囊"，是为了通过经济手段达到政治目的，亦即谋取荣衔以抬高政治地位，同时也是为了保持食盐的专卖权。商人的捐输，大多得到封建朝廷的回报，那就是通过"降旨议叙"，封了空头官阶，如屡屡"报效"，至少"宠加一级"，甚至加了几级。虽然这种赏赐的官衔，无俸禄可拿，无小民可属，但其享有，不惟光宗耀祖，增辉门第，而一旦成了"红顶商人"，则社会地位便大大提高，身价自亦百倍于前了。商人的高额捐助，往往还能博得"殊荣"。例如：乾隆四十九年正月，盐政伊龄阿奏："据淮南北商人江广达等呈称，恭逢翠华南幸六举时巡，商等情愿公捐银一百万两以备赏赍之用。请先于运库拨解，自甲辰纲起分五纲带完归款。"此疏呈上后，"奉硃批：不必复经伊龄阿，于山东泰安行在面奏"②。一位威严赫赫至高无上的大皇帝，约见一个做盐业生意的商人，实属罕见。因此，江春之受宠若惊那是不言而喻的。再如：乾隆"御宇五十年"时，举行千叟大宴，以江春为首的一部分两淮总散各商被邀出席。他们如此沐浴"天恩"，就连一般封建官员也享受不到。商人有此"殊荣"，社会上自是另眼相看。时谓江春"以布衣交天子"，在两淮和徽州一时传为美谈。

　　商人以自己的商业利润，向国家、向皇帝捐输、报效，其实，他们在获得政治利益的同时，经济利益也有所得。因为商人在捐助之后，朝廷大多采取引盐加斤的办法予以弥补。一引有时加 10 斤，有时加 20斤，甚至更多。在清代两淮每年运销纲、食盐 160 余万引，每引按上述加斤数计，累计起来，盐商所得更属可观。这种经济—政治—经济的循环关系，徽商洞察入微，而且是躬行实践的。

　　徽商在两淮的政治优势，还在于他们培养子弟步入仕宦之途，利用

---

① 　光绪《两淮盐法志》卷 145《捐输门》。
② 　嘉庆《两淮盐法志》卷 42《捐输门》。

其政治地位，宋保护商业利益。徽州人在家道贫困之时，急于经商，当经商致富之后，则延师课子，通过科举考试获取功名，从而侧身朝列，借势维护经商事业。这种因商取官、以官护商的想法和做法，在徽商中比比皆是。明代嘉靖间的一位徽州商人，在同别人的一次谈话中，明白地说出了这种心理。这位商人叫许伯容，经商致富后，乃"隆师课子，冀功见当世。乙卯（嘉靖三十四年），佐举于乡"。有人问他："公有子且赐封，公恶用贾？"许伯容是这样回答的："儿出当为国，吾为家以庇焉。"① 其实，他是借儿子"为国"的政治势力，以"庇"其家的。《二刻拍案惊奇》中，介绍一个徽州商人，在扬州开当（典当）中盐（盐业），收一个叫江爱娘的为义女，"等待寻个好姻缘配着，图个往来。……恰好韩侍郎带领家眷上任，舟过扬州，夫人有病，要娶个偏房"。"原来徽州人有个癖性，是乌纱帽、红绣鞋，一生只这两件事不争银子，其余诸事悭吝极了"。听韩侍郎要娶妾，"徽商不争财物，反赔嫁妆，只贪个纱帽往来，便自心满意足"。后来，韩侍郎的元配死了，江爱娘被"册封"为夫人，"那徽商被认做干爷，兀自往来不绝"②。这则故事反映了徽州商人不惜财物通过各种渠道与政治势力结缘。所谓"贪个纱帽往来"，也无非是利用"纱帽"来抬高自己的身价，保护商业利益。所以，这位徽商有个韩侍郎做干女婿，自是"心满意足"了。

小说中的故事，虽不能作为信史，但却反映了一种社会现象。这里，还可以信手举出商人子弟为官维护商人利益和众商望门投靠的两件实例：明代万历年间，太监四出为虐，两淮盐业亦被其害。歙县盐商的后代江东之，"登万历五年（1577 年）进士，由行人改官御史"。时司礼监秉笔太监冯保掌权，外出太监多由他派遣。江东之既了解冯保为害全国，更熟悉冯保流恶两淮，便因仔肩御史重任，遂对冯保上章弹劾，

---

① 歙县《许氏世谱·明故乡士良源许公行状》。
② 《二刻拍案惊奇》卷 5。

结果"谪保奉御，安置南京，久之乃死"①。江东之劾死冯保，为朝廷除掉了一个恶贯满盈的"大伴"，也为两淮清除了由冯保派来的一群"吸髓饮血"的豺虎，从而减少了对盐商的压榨。此外，商人家里有子弟为官，则投靠结伙者也就多了。清代歙籍人士曹文埴、曹振镛父子，均官至尚书，振镛在嘉庆时拜体仁阁大学士、道光时再拜武英殿大学士、军机大臣。曹家累世为歙县盐商，就在曹氏父子居官显贵之际，曹振镛的弟弟曹锜还是"业盐，居扬州"。曹锜因一门有两尚书，政治后台很硬，因之"淮北人多赖之"②。可见政治靠山对于盐业的经营是多么重要。

综上所述，我们不难看出，徽商之所以要攀缘政治势力，要争做"红顶商人"，要培养子弟走仕进之路，无非是在求得"亢吾门"、"大吾宗"的同时，进一步增加商业利润，扩大经济实力。这也正是徽州商帮的高明之处。

（四）

徽州盐商之能在两淮立足，并在经济实力上很快超过其他商帮，还在于这个商帮利用了宗族优势。徽州人一向重视血缘亲族关系，所谓"重宗谊，修世好，村落家构祖祠，岁时合族以祭"③。因之，宗族观念极强。这种宗族观念在两淮盐业的经营中也表现得较为突出。在两淮的徽商，有不少就是父子、兄弟、叔侄在一起"励志营运"的，亦有同里、同乡族人结伙经营的。以血缘宗族关系结伙，从事盐的运销，这在纲运制下却是盐业经营中的一种优势。

盐业在实行纲运制以前，盐的运销是由个体商人独力承办。他们凭

---

① 嘉庆《两淮盐法志》卷44《人物》、《明史·冯保传》。
② 《扬州画舫录》卷10。
③ 《歙事闲谭》第18册。

引支盐，然后运至行盐地域出售，这都是"人自为战"。自纲运制实行后，支盐和运销都是以"纲"为单位进行。"纲"有总商有散商。总商上交运司，下统散商；散商根据自愿"附某总商名下"①，结纲营运。食盐在运销过程中，从盐场进垣到各处掣验，最后运抵口岸，不知要经过多少次盘诘、检查、抽税，还要办名目繁多的手续，甚至还要打通关节以减少刁难。因此，纲运食盐非个体商人所能承当，而必须结帮经营不可。所以有的学者指出："商纲又称商帮，是承办盐运的基本单位，每个商纲都是独立经营的商号。"② 徽商本来是地域性的商帮，在徽州这个地域内，商人又多以宗族关系结伙。纲运食盐既然要结帮营运，而结帮又当然是亲族同宗结合在一起更为理想。自明代万历间实行纲运制后，两淮的徽州盐商大多利用徽州传统的宗族观念，结伙经营。清初，总商汪汝善，其宗族姻戚在扬州"待以举火者多人"③。乾隆间，总商汪廷璋，"自曾祖镳始以鹾业侨居维扬"，他们家"一门五世同居共爨无间言"④。歙商郑景濂，"始迁扬州以盐策起家，食指千数，同堂共爨，有张公艺、陆子静之风"⑤。这些"五世同居"、"食指千数"的盐商之家，是以血缘亲族关系在一起经营盐业。他们同心合力，发家致富。徽州的江氏，"其族多事盐策，聚居扬城"⑥，其中有不少巨贾，有的还担任总商。如江嘉谟"缘是客居邗城，肩任鹾务，凡豫章、饶、吉诸盐埠，公尽司其责无少负托，声誉广播，业日隆起。……数十年来，乡党奉为祭酒，即诸宗人居邗上者靡不推诚钦服"⑦。在扬州的一大批江氏盐商，多是以血缘宗族关系结伙的。最典型的宗族结伙在两淮经营盐业者，要推歙县程氏家族。

---

① 乾隆《两淮盐法志》卷2《转运二》。
② 薛宗正：《清代前期的盐商》。《清史论丛》第4集。
③ 康熙《休宁县志》卷6《人物》。
④ 歙县《汪氏家谱·奉辰苑·汪君事实》。
⑤ 《扬州画舫录》卷8。
⑥⑦　歙县《济阳江氏族谱》卷9《清候选主簿嘉霖公原传》。

程姓"本新安望族",在明代即有业鹾于两浙、两淮的商人。入清以后,程氏盐商在两淮者不仅人数众多,且"皆极豪富"。清初,程国明是两淮的大贾,并为淮商办了一件好事。"国明字潜若,歙人。父仲台,业盐。康熙二十七年,河决高宝,诏开河道以泄之。金以泰州串场河为盐艘所经,议自东台抵新兴二百八余里责之商人,计费不下数十万。时淮商积困无以应,有弃业而逃者。国明谋之乡人黄家珣(黄氏家族业鹾于两淮者人数也很多——作者注),家珣曰:'开河重役也,数十万人巨费,此不可以不力争.'于是争之运司崔华,复争之巡盐陶式玉,复争之总河王新命。明年,圣祖仁皇帝南巡,国明率众趋行在,昧死上《通淮商困疏》,上是其言。命侍郎徐廷玺、巡抚于成龙会勘,减十分之八,只令濬三十七里,商力以纾。"① 程国明为了商人利益,敢昧死向康熙皇帝上疏,足见其才能与胆识之超群。程氏盐商在明末清初之际,即由徽州迁来两淮,其后,子孙繁衍,遂成为这里的"望族"。《淮安河下志》载有程姓后代写的一篇追述其先祖程连渡的文章。其中提到程家自程慎吾"由歙迁家于扬",他有5子,长子程量入等兄弟4人皆在扬州,量入的小弟程连渡字量越在淮安河下镇,兄弟5人均理盐策,且多有闻名。② 程量入系清初两淮总商。他在扬州治盐策时,"有裨盐政,常代众控得带办倒追盐勋银一百四十余万两,又请得衡、永、宝三府复归淮额,其最著者也"③。程量入的弟弟程奭,字青来,"事盐策,补扬州府学生。顺治六年(1649年),客于楚,泊舟湘潭,夜闻岸上哭声甚众,晓起见白骨山积,其地盖战垒也,倾囊而瘗之。湘人建亭其上,至今遗迹存焉"④。程青来的这一义举,博得了湘人的敬佩。程量入的儿子程牧、程特、程峙在扬州"皆能承其家风"。量入的孙子程渭航"业

---

① 嘉庆《两淮盐法志》卷44《人物》。
② 王振忠:《明清淮安河下徽州盐商研究》,《江淮论坛》1995年第5期。
③ 雍正《两淮盐法志》卷14《人物》。
④ 嘉庆《两淮盐法志》卷46《人物》。

龇两淮，以忠信诚悫为一时推重，当事稔其贤，有大事辄以咨之"①。程量越在淮安一支，后来也是"孙、曾蕃衍"，"诸程争以盐策富"。程氏盐商在扬州和淮安之所以能成为豪富，且其中有不少人名闻当时，一个很重要的原因，便是利用程氏家族的合力。此外，还有汪氏家族、吴氏家族、叶氏家族等在两淮经商的也很多。这种以血缘家族结成的商帮，彼此更加亲密，更加团结，因而凝聚力大，竞争力强，致富也较快。所以，我们认为，在特定的历史时期、环境和营商领域里，传统的宗族观念确实具有一定的历史作用。

三、从扬州到徽州的繁荣

扬州，是徽商"藏镪百万"、"富比素封"的聚集之地；徽州，是徽商祖宗祠宇所在地的桑梓之邦。明清时期，两淮盐业的兴盛，徽商资产的丰实，不仅使扬州这座古城空前繁荣起来，就连徽州这个原来穷困的山区，也开始走向富庶；而且这两州的繁荣，在明清两代又似乎是同步的。近人有谓："扬州之盛，实徽商开之。"② 那么，徽州之盛，无疑更是徽商作用的直接结果。

（一）明清时期的扬州：古城新貌

在未论述"扬州之盛"以前，我们先将"扬州"作一个简要的诠释。"扬州"这一地名，在古代有两个含义：一为地域之名，即所谓"扬州之名，昉于《禹贡》"③。而《禹贡》上的扬州，则是一块大的地

---

① 雍正《两淮盐法志》卷 14《人物》。
② 陈去病：《五石脂》。
③ 嘉庆《重修扬州府志》卷首。

域，即九州之一。后世或用以名郡（两汉为广陵郡），或用以名州（南朝宋永初年间），或用以名府（最早在唐末杨行密称吴王时为江都府，明清为扬州府），与《禹贡》所述地域范围相比虽然要小得多，但也是辖领几县（各代不一）的。一为城市之名。今之扬州市，在古代大多为郡、府、州、县之治所，即后世所称之商业古城。近人所说的"扬州之盛"，只是指这座古城之盛。我们认为，在论述明清时期的"扬州之盛"时，除这座古城外，还应该包括扬州府属各县产盐区域，甚至包括淮安府的部分县镇。这样，才与"府海之饶，两淮为最"相合。

扬州，作为一座古城，其兴盛之原因，前后不尽相同。古之维扬史称"雄州"，是以"地利"盛。故方志谓：扬州"襟带淮泗，锁钥吴越"；或者说"广陵居南北之冲，负淮带江而襟海①。其地理位置可谓得天独厚。尤以隋代大运河开通之后，扬州及其境域空前繁盛，故在唐代便有"扬一益二"之称。自唐至元，"东南三大政，曰漕、曰盐、曰河，广陵本盐策要区，北距河淮，乃转输之咽喉"。运河作为南北经济交流的一条大动脉，"漕艘贡赋岁至京师者，必于此焉是达"②。在这段时期里，扬州虽为盐策要地，而"转输"之利乃是主要的。

明清时期，情况不完全相同了。对此，清人即曾指出："扬州繁华以盐盛。"③ 这是说，扬州之盛，主要不在"漕"，不在"河"，而在"盐"。事实正是如此。

为什么在明清时期"扬州繁华以盐盛"呢？我们认为，主要原因有二：

第一，明清时期，两淮盐业空前发展，盐产量大大增加，行盐区域在全国各大盐区中最广。宋代是两淮盐业兴盛时期，其产量是："其在淮南曰楚州盐城监，岁鬻四十一万七千余石，通州利丰监四十八万九千

①② 嘉庆《重修扬州府志•序》。
③ 黄钧宰：《金壶浪墨》卷1。

余石，泰州海陵监如皋仓小海场六十五万六千余石"。另外，"海州板浦惠泽、洛要三场岁鬻四十七万七千余石，涟水军海口场十一万五千余石"①。总计 2154000 余石。宋制，盐"石五十斤"②，计 1.07 余亿斤；如按明代大引每引 400 斤计，约为 26 万余引。明代中期以后，两淮行盐为 90 余万引，每引并包索 430 斤（淮北 450 斤）。③ 其产量比宋时增加 3 倍多。到了清代，两淮盐额岁行 160 余万引④，其时虽将明时大引"一引剖二"，但到嘉庆时，则由清初每引 225 斤增至 364 斤，后来竟增至近 500 斤。粗略计算，清代两淮盐产量则高出宋代 6 倍以上。上列数字足以说明，明清时期两淮盐业的发展是空前的。盐业的发展，无疑促进了以扬州古城为中心的两淮经济的发展。

第二，明清时期，两淮盐政管理加强，机构已臻完备。因为盐产量的增加，就更加需要加强盐政管理；而盐政管理的完善，也必然加快盐业的发展。

在元代以前，两淮没有专理盐政的机构，甚至也无专管盐事的官员。宋代虽置茶盐制置使、提举茶盐司，都是茶盐合在一起，有时则将"盐事以漕臣兼领"。这些"兼领"的官员，也旨在综理盐课、缉捕私贩、酌议盐价、规划行盐地域而已。

两淮正式设立专理盐政的衙门是在元代。据载，至元十四年（1277年），置两淮都转运盐使司于扬州，这是在扬州设立盐政衙门之始。但此时的盐运司，也只是"专掌盐课"，且同其他运司分合无常，还不能视为定型的盐政机构。

---

① ② 《宋史·食货志下四》。

③ 《明史·食货志四》载：洪武时，两淮"岁办大引盐三十五万二千余引，弘治时，改办小引盐，倍之"，即每岁 70 余万引。另据万历时袁世振在《两淮盐政编》中云："夫两淮岁擎十二单，既行九十万引矣。"又云："近例行九十万，分为十二单"。淮南八单，每年该行引六十八万"，"淮北四单，每年该行引二十二万"。至于每引斤数，弘治改小引时，每引 200 斤，后有增至 485 斤者。

④ 参见包世臣《安吴四种》卷5、《小倦游阁杂说》（二）。

从明代开始，即在扬州设立管理两淮盐业的盐政衙门，有"巡盐御史、都转运盐使及同知副使等官，皆统于巡盐，而又有总理之称"①。在运司下，还在泰州、淮安、通州（今南通）设了3个分司，并设仪征、淮安两个批验所。盐政机构的人员都规定有具体的编制、职掌及其品秩。据嘉庆《两淮盐法志》载：运司设"都转运盐使一人，秩从三品，掌摄两淮盐策之政令，率其僚属八十一人以办其职务：给引符、表商盐、督课程、杜私贩、听讼狱、会计盈缩、平准贸易，明其出入以修其储贡，亭民阽于水旱流亡则赈恤之，俾无失业。凡兴革之事由所属者咸质正于运使，运使乃议于同知，参于副使，白于御史，而后宣于治境焉"②。这一套行之有效的盐政管理机构、运作程序及其所规定的官员职掌，是以往不曾有过的。由于机构完备，管理有序，才有可能将"官督商销"或"官运商销"的"行盐之法"付诸盐业营运之中。扬州这座古城，由于是盐政衙门的所在地，从而便以盐业营运中心的地位而空前繁盛起来。

明清时期的扬州，因为是两淮盐业的营运中心，所以这里舟车辐辏，万商云集。这些聚集于扬州的商人，每年将两淮所产的大宗食盐，转运6省行盐地域。这种转运贩卖，是官商结合的垄断贸易，无人与之竞争；再加上行盐区又是特殊而广阔的大市场，一般都是不会"疲软"的。因之，以扬州为中心，在"开江"之后，盐船扬帆而去，白银源源而来。故曾有诗叙之曰："黄鹤楼通系马台，量盐才过涌银来。"③大量白银会聚到扬州及其周围县镇，以致这里商业资本之雄厚（除上交盐赋外），富商大贾之众多，乃是全国其他城市所没有的。明代万历年间，

---

①　光绪《两淮盐法志》卷130《官志上》。
②　嘉庆《两淮盐法志》卷32《职官》。
③　林苏门：《邗江三百吟》。

有人估计扬州的盐商资本约为 3000 万两。^① 清代有人估计为七八千万两^②，这与乾隆时国库存银七八千万余两之数大致相等。这是两淮盐商资本的总数字。在明代，"藏镪有至百万者，其他二三十万^③的"中贾"也比比皆是。到了清代，有些巨贾"富以千万计"^④，"百万以下者，皆谓之小商"^⑤。这些巨额资金集中在扬州及其附近地区，是这里繁华兴盛的根本条件。虽然商人的商业资本并非都消耗在扬州，但扬州的繁华则主要源于盐商的利润，这点是无可置疑的。

从明代中期到清代乾、嘉，两淮盐商以徽商为主体。正因如此，才有"扬州之盛实徽商开之"之论。徽商之"称甲"两淮，非独人数之众多，更重要的是他们资本之雄厚。早在明代，就有人提到"新安多大贾，其居盐策者最豪"^⑥。不少人在两淮被称为"首商"或"盐策祭酒"，而"家资巨万"者不乏其人。入清以后，尤其是在康、乾时代，徽商在两淮盛极一时。他们财力之丰，就连乾隆皇帝也曾因之发出"富哉商乎，朕不及也"的感叹！^⑦

盐商手里的大量资金，流出的渠道不少，而消耗在扬州的主要有两大项：一是建设性开支，二是奢侈性消费。

从建设性开支来看，又可分为盐业生产的发展、城市建设和繁荣文化三个方面。

所谓盐业生产的发展，是指为了扩大盐的生产和运输而兴修的诸如疏浚河道、修堤筑坝等这类工程。对此，徽州商人较为慷慨。如：

明正德时的祁门人郑瓒，"商于瓜渚，见运河为官民要道，遇粮运

---

① 宋应星：《野议·盐政议》。
② 汪喜孙：《从政录》卷 2《姚司马德政图叙》。
③ 谢肇淛：《五杂俎》。
④ 《扬州画舫录》卷 15。
⑤ 《清朝野史大观》卷 11。
⑥ 《太函集》卷 2《汪长君论最序》。
⑦ 《清稗类钞》第 2 册，《国朝遗事纪闻》第 1 册。

辄阻商行，璈捐金别浚一河，使官运无碍，商不留难，至今赖之"①。

明代休宁盐商姚柱，贾两淮，为了盐船在高邮境内运行通畅，乃倡议沿河筑堤，以防河道淤塞。结果，盐船既无阻滞，而沿河地带又"遂成沃壤"②。

歙商黄家佩与弟家珣"同业淮盐"。康熙四年（1665年）"潮决范公堤③，偕其族人（黄僎）鸠众重修，不费朝廷一钱，而八百里全堤兴复如故，自是庆安澜者垂五十年"④。

康熙五年，徽商郑永成倡修安丰场五仓沙河，这是一条运盐的"灶河"，明代即已淤塞。"洎今（康熙初）百年，故道渐已湮没，亭棚悉圮，弥望惟寒烟白草而已。……有纲商郑永成为之倡，众商蒋方成、万祥等咸力襄盛举，贷课本一万一千有奇，……灶河故道既浚，两岸亭棚以次复整，灶无失业，……"⑤。

康熙初，歙商江演（江春祖父）"以盐策起家"，"浚扬州伍佑东河二百五十里及安丰串场官河，盐艘免车运之劳，商民受益"⑥。

歙商汪铨"以盐策占籍仪征……康熙中，奉旨浚海口及串场河，命铨司其事。铨以海口虽经疏凿，而各场运盐诸河尚苦淤浅，请并力浚之"，以致商灶均赖其利。⑦

歙商汪仁晟，"服贾淮安，洞悉盐务利弊，而于场海支河考核详审。嘉庆十九年（1814年），黄河漫口，运道艰阻，佥议无成。仁晟谒河院黎，奏开李工口门，放水入场河，冲刷积淤入海。事竣，北盐舟运通

---

① 同治《祁门县志》卷30。
② 康熙《休宁县志》卷60。
③ 明郭子章《重修范公堤记》云宋"范文正公监西溪盐仓……乃筑捍海堤于泰、通、海三州境"，故名范公堤。
④ 嘉庆《两淮盐法志》卷44《人物》。
⑤ 汪兆璋：《安丰场挑浚灶河碑记》，又见雍正《两淮盐法志》卷7。
⑥ 《橙阳散志》卷3《人物·义行》。
⑦ 嘉庆《两淮盐法志》卷44《人物》。

利，南河工料亦得全数运贮，至今为利"①。

在有关盐志、方志和徽州的一些家谱中，所载类似上引材料不胜枚举，这里就不一一胪列了。但以往的志书、谱牒都是将商人这类行动视为"义行"、"善事"，把它放在道德的戥盘里加以权衡，予以表彰。而近人在论述"扬州繁华以盐盛"的时候，却忽视了对上述材料的征引和分析，似乎这种"利灶利商"的活动与扬州的繁荣毫不相干。其实，徽商和其他盐商将手里的一部分资金用于浚河筑堤，资助亭灶，便利盐船行驶，这不只是道德范畴中的"善事"，而且是发展两淮盐业所必须做的"基础工程"，是盐业生产和运输这两个重要环节中的基本建设。"扬州繁华以盐盛"的前提是盐，只有亭灶复业，河运畅通，两淮盐业才能得以发展。这样亭民才有衣食之源，商人才有丰厚的商业利润，国家才有大宗的盐课收入。作为两淮盐业中心的扬州，正是在盐业发展的条件下进一步繁华起来的。因此，徽商浚河筑堤这类"盛举"，无论从经济的角度考察，还是从道德的角度评论，都是应该称赞的。

所谓城市建设，这里是指古城的交通、街肆和基础设施的修建。扬州这座古城，经历了明末清初的浩劫之后，原来的街道、桥梁、道路均多遭到严重破坏。所谓"满目疮痍，遍地荆棘"，并非虚语。以徽商为主体的两淮盐商，以其商业利润的一部分用于在扬州"治坏道"、"葺废桥"、"治街肆"、"修马头"，这同样也是促使扬州繁荣所必需的城市建设工程。

歙商汪应庚在扬州"建造船桥，济行旅"，又"兴修平山堂蜀冈，栽松十万余株"，"重价买堂旁民田，别浚一池"，以疏通水道。②

歙商鲍肯园，嘉庆时为两淮总商。其时，扬州至康山以西，至钞关北抵小东门，地洼下，街衢水易积，故为之易砖为石，街道积水得以清除。③

---

① 民国《歙县志》卷9。
② 《扬州画舫录》卷16，又见《汪氏谱乘·光禄寺少卿汪公事实》。
③ 《棠樾鲍氏宣忠堂支谱》卷21。

"总商罗琦尝甃扬州东关大街，并筑城外石马头"①。

歙商江蕃，修建"扬城街衢，或输己赀，或劝义助，力为甃治以便行旅，人皆颂德以祝"②。

特别是对扬州城市环境的改善，盐商出力甚多。乾隆末，袁子才在《扬州画舫录》的《序》中，以其亲眼所见的事实，描述了扬州城 40 年前后的变化，值得一读："记四十年前，余游平山，从天宁门外，拖舟而行，长河如绳，阔不过二丈许。旁少亭台，不过堰潴细流，草树卉歙（风吹树木声）而已。自辛未（乾隆十六年，1751 年）天子南巡，官史因商民子来之意，赋工属役，增荣饰观，多而张之，水则洋洋然回渊九曲矣，山则峨峨然隥约横斜矣（溪流中的踏脚石），树则栟榗发等桃梅铺纷矣，苑落则鳞罗布列，闸然（关门声）阴闭而雪然（散开貌）阳开矣。猗欤休哉！其壮观异彩，顾、陆所不能画，班、扬所不能赋也。"扬州的这种变化，当然是与"天子南巡"有直接关系，但"赋工属役"，则是"商民子来"之力。毫无疑问，这里所说的"商民"当是盐商，而其中主要是徽商之力也是可以肯定的。

扬州盐商对这座古城基础设施的建设和环境的治理功不可没，但有人却把盐商尤其是徽商投资于上述改造城市的各项举措，也斥之为奢侈性消费，这同样是不妥的。事实上，没有盐商的这些投资，何来"扬州繁华"？何来当日扬州"壮观异彩"的景象呢？

所谓繁荣文化，是指徽商及其子弟积极资助文教并直接参与文化事业的各项活动。

扬州的繁华，不仅表现在经济的活跃和城市的"壮观"上，而且也反映在文化的昌盛上。明清时期的扬州，因两淮盐业的发展而富极东南。有了如此雄厚的经济基础，所以，在文化领域也出现了前所未有的

---

① 嘉庆《两淮盐法志》卷 46《人物》。
② 《橙阳散志》卷 3《人物》。

昌盛局面。对此，徽商及其子弟也是有一份功绩的。他们全方位地参与了这里的文化建设。

文化的主体是教育。明清两代扬州教育比较发达，这与"两淮商士萃处于斯"是分不开的。①据载，徽商及其子弟对学校教育的资助不遗余力。雍正末，祁门盐商后代马曰琯，独力重修梅花书院，这是扬州著名的书院之一。乾隆初，歙县盐商的后代汪应庚曾捐 5 万余金重修扬州府学，复捐银 13000 余两置学田 1500 亩，"以待学宫岁修及助乡试资斧"②。嘉庆四年（1799 年），徽商洪箴远捐资在扬州十二门各设义学一所。③清代，扬州的学校教育，在管理体制上有一个明显的特点，即几所有名的书院——附郭的安定、梅花两书院、仪征的乐仪书院，"皆隶于盐官，藉其财赋之余以为养育人才之地，故饩廪之给视他郡为优"④。这几所书院划归盐官管理，自是得天独厚，而盐官的"财赋"也是取之于盐商。可见，书院经费充裕，薪俸从优，还是凭借商人的财力。

教育发达，"英才蔚起"，所以清代的扬州人文荟萃。乾嘉时期，扬州在经学、文学、医学、绘画、书法、金石、考古、戏剧等领域盛极一时，而每一个领域也都不乏徽人的踪影。诸如：扬州学派是清代经学派别之一，其中的凌廷堪便是歙县盐商的后代，侨居海州之板浦场。他"通诸经，于三《礼》尤深"。廷堪"与江都焦循并称"⑤，同是"扬州学派"中的主要人物。在文学方面，徽商及其子弟有不少人都是扬州文坛上的活跃人物，有的人还是当时的文坛坫主。乾隆时的总商江春，"工制艺，精于诗"，他的从弟江昉工诗词。家有紫玲珑馆，"江氏世族繁衍，名流代出，坫坛无虚日。奇才之士，座中常满"⑥。他们还在扬州与诸同好集结诗文会社，唱和不绝。歙商汪廷璋"平生无他嗜好，惟性

①③④　嘉庆《重修扬州府志》卷 19《学校》。
②　《汪氏谱乘·光禄寺少卿汪公事实》。
⑤　李斗：《扬州画舫录》卷 5。
⑥　李斗：《扬州画舫录》卷 12。

耽吟咏以自适。广陵冠裳总会，名士硕彦络绎于此"①。方西畴系歙商后代，乾隆间，他在扬州"与诸名流结韩江吟社"，相互酬唱，诗作极丰。② 据李斗《扬州画舫录》载："扬州诗文之会，以马氏（曰琯、曰璐兄弟）小玲珑山馆、程氏（梦星）篠园及郑氏（侠如）休园为盛"。马氏、程氏、郑氏都是徽州盐商之后，他们在文坛上均负盛名。徽州在扬州的诗人之多、诗作之富还要推歙商程氏后代。"《皖雅》引《星岩》云：新安程氏多诗人，侨居淮扬有专集行世者，指不胜屈。"③ 清代全盛时期，扬州文坛之活跃，"专集行世"之多是空前的。而寓居扬州的徽人，是当时文坛上的一支重要力量。至于绘画、书法艺术方面，当时的扬州，更是群星璀璨，百态千姿。仅据《扬州画舫录》所载，其中徽州的高手不下数十。在闻名遐迩的"扬州八怪"中，就有汪士慎、罗聘这"两怪"是徽州人，其先辈都"业鹾"于扬州。盐商既然富比素封，无不希望寿登耄耋。因此，他们便十分重视医药的研究。歙县盐商黄履暹，居扬州倚山南，"有十间房花园，延苏医叶天士于其家，一时座中如王晋三、杨天池、黄瑞云诸人，考订药性，于倚山旁开青芝堂药铺，城中疾病赖之。刻《圣济总录》，又为天士刻《叶氏指南》一书"④。这说明扬州的徽商还参与了医药的研究与实践。还有一些徽州商人为了附庸风雅，"好蓄古玩"，他们收购"商周彝鼎及晋唐以下图书"不惜重金。歙县盐商巴源绥的弟弟巴慰祖，"居扬州，工八分书，收藏金石最富"⑤。有的人家里，"鼎彝在陈，图书在座，足不窥户，宛如身在三湘五岳商周秦汉间也"⑥。此后扬州人爱好古董和翻刻古书的风气较浓，可能与徽商有关，这也是文化繁荣的一个方面。

---

① 《汪氏谱乘·奉辰苑卿汪君事实》。
② 民国《歙县志》卷9《人物》。
③ 《歙事闲谭》第8册。
④ 《扬州画舫录》卷12。
⑤ 《扬州画舫录》卷6。
⑥ 《丰南志》第5册、《太函集》卷15《赠吴伯举》。

上述事实告诉我们，明清时期的扬州，无论是盐业生产的发展，城市面貌的改观，还是文化的繁荣，都与徽商于其中投入了财力、人力、智力是分不开的。而这些"投入"应该说大多是富有积极意义的。

徽商手里的资金，消耗在扬州的另外一项是奢侈性消费。这是一项巨大的开支。但它又与扬州的繁华有一定的关系。

徽州盐商的奢侈之风，大约起于明代的嘉（靖）万（历）而盛于清代的康（熙）乾（隆），这与其时盐业的发展密切相关。盐商经营食盐的运销利润极高，他们在获得大量的商业利润之后，除"正供完纳而外，仍优然有余力，以夸侈而斗靡。于是，居处饮食服饰之盛甲天下"①。尤以清代康熙中叶以后，两淮盐商的奢侈性消费又为各处盐商之冠。而在两淮的徽州盐商，其骄奢淫逸又更甚于其他商帮。

徽州盐商的奢侈性消费，首先是在园林的建造上。明中叶以后到清代道光以前，扬州的园林之多甲于东南。正如晚清文人吴趼人所说的："原来扬州地方花园最多，都是那些盐商盖造的。"② 其中，徽州盐商盖造的较多。故民国《歙县志》载，歙邑的大盐商，"在扬则盛馆舍，招宾客，修饰文采"。诸如祁门马氏盐商后代于所居新城东关街附近筑小玲珑山馆，其中有看山楼、红药阶、透风透月两明轩、七峰草堂、清响阁、藤花书屋、丛书楼、觅句廊、浇药井、梅寮等景点。歙县汪氏盐商在扬州九莲庵建别墅曰南园，有深柳读书堂、谷雨轩、风漪阁诸胜。总商江春家居扬州南河下街，建随月读书楼，又建秋声馆、水南花墅、深庄、江园、康山草堂、东园诸名胜。歙县黄履晟、黄履暹、黄履昙、黄履昴4兄弟，俗称"四元宝"。他们分别筑有易园、10间房花园、容园、别圃。歙县郑氏盐商家族元嗣、超宗、赞司、士介4兄弟，也分别筑有王氏园、影园、嘉树园、休园，"于是兄弟以园林相竞矣"③。徽州盐商

① 《淮鹾备要》卷7。
② 《二十年目睹之怪现状》第45回。
③ 以上材料分别引自《扬州画舫录》卷4、卷7、卷8、卷12。

的园林不仅遍布扬州城内外，而且在仪征、瓜洲等地都有他们的园林馆舍，仅淮安的河下镇，徽商建造的园林就有 20 余处之多。[1] 盐商建造园林，都是竞相斗侈，各不一样，其耗费之巨是难以计算的。

与此同时，盐商在衣饰、饮食、婚嫁以及娱目欢心的嬉游娱乐方面的消费，更是挥金如土。据《扬州画舫录》载：他们"一婚嫁丧葬，堂食饮食，衣服舆马，动辄费数十万"。在衣、食、住、行诸方面，"一时争奇斗异，不可胜记"[2]。有些盐商的奢侈性消费，就连"封君"也自愧弗如。

徽商和其他盐商这种毫无节制的奢侈性消费，是长期以来中国富商大贾的一种"通病"。这类商人大多由于富有，便将手里的资金用于两个方面：一是"交通王侯"，二是穷极奢侈。但其目的只有一个，那便是以富求贵。徽州盐商正是在这两个方面消耗掉大量的资金，甚至有的盐商一面借帑银，一面"捐输"、"报效"，迎来送往、花天酒地。这并不是他们"白痴"的表现，而同样是为了以此来炫耀自己，从而求得身份地位的提高。在中国封建社会里，由于"法律贱商人"，而商人则"因其富厚"通过上述两途来争得一定的社会地位。所以盐商们在"家业大饶"之后，大多不曾想到再进一步将手里的资金用于扩大商品流通领域，更不用说投资于商品生产，将生产与流通结合起来了。从这里，也反映了明清时期的盐商同以往的区域性商人群体一样，是一个道道地地的封建性商人集团。两淮的徽商亦是如此。

那么，我们如何看待徽商和其他盐商这种奢侈性的消费呢？全面地看问题应当是：它导致了两方面的结果。

一方面是，盐商由于将一部分商业利润消耗于非盐业生产和非盐业经营领域里，以致盐的生产和流通往往得不到所需要的资金而遇到种种

---

① 李元庚：《山阳河下园亭记》。转引自王振忠《明清淮安河下徽州盐商研究》，载《江淮论坛》1994 年第 5 期。

② 《扬州画舫录》卷 6。

困难，甚至出现生产、流通规模下降的情况。由此而倒楣的则是作为生产者的灶户，特别是有的贫灶因缺少工本而失业；盐的消费者也因商人的挥霍而提高盐价加重了负担。同时，两淮盐商的奢侈陋习不仅败坏了扬州的社会风气，而且也蔓延到大江以南的一些地区，徽州被害尤甚。民国《歙县志》载："奢靡风习创于盐商，而操他业以致富者，群慕效之。"有些盐商乃是因为奢侈无度而倾家荡产。因此，盐商的这种奢侈性消费，就整体而言，是无可称道的。

另一方面，我们还要看到，两淮盐商的奢侈挥霍，其空间是在扬州，他们因奢侈生活而消耗的白银，也主要是流进了扬州的千家万户。在这种情况下，"金和银因此自然而然地成了有余或富有的社会表现"①。一个城市，如果不是多数人"富有"（相对的），那是繁华不起来的。"扬州繁华以盐盛"的成因，乃是盐业发达和盐商、盐官的消费，由此而带动了各行各业的发展。仅以扬州的园林建筑为例。明清两代，主要是清代，两淮盐商在扬州及其附近县镇，建造了那么多"楼台绕曲池"的园林别墅，这该需要多少劳动力，需要多少能工巧匠，需要多少设计大师，需要多少建筑材料，需要多少运输工具，又需要多少与之相配套的行业、人手啊。而这些人力物力的聚集，在客观上无疑促进了扬州的繁华。我们从生活的角度看盐商大造园林，这是奢侈性的消费；而从市政建设的角度看盐商的园林，又是城市繁华、壮观的一种表现。正是由于盐商大造园林，以致古城扬州才成为连皇家也称艳的一座花园式的城市。李斗在《扬州画舫录》里，还介绍了乾隆年间扬州的市场兴旺、熙来攘往的景况。诸如：鱼市、花市、缎子街、珠宝首饰等专门街肆生意兴隆，酒楼、茶店、浴室以及歌舞场中人声喧阗，这无一不与盐商的奢侈生活联系在一起。

当然，一部分人这种脱离社会生活实际的奢侈性消费，虽然可以给

---

① 《资本论》第 1 卷，1966 年版第 112 页。

这个城市带来一时的繁荣，但它不可能持久。事实上到了嘉道时期，尤其是两淮改纲为票以后，一些大盐商纷纷破产歇业，其境遇也"非复旧时光景矣"①。随着他们的"高台倾，曲池平，子孙流落"②，扬州的"旧日繁华"也因之减色"二分"了

（二）　徽州：旧郡名区

徽州在晋代为新安郡，后来行政区划屡有变迁，名称亦有更改，到了北宋末年改称徽州。明清两朝，这一方境域竟成江南名区而闻名海内。其所以出名，一是因为比较富庶，即所谓："东南称饶，首推新安"③；二是因为文化昌盛，即所谓"新安为朱子阙里，而儒风独茂"④。但在明代中叶以前，这里还是一个贫穷的山区，"深山穷民，仰给杂粮"，"精馐华服，毕生不一遭焉"⑤。大约从成化、弘治以后，情况开始改变。那就是这里"出贾"的人逐渐增多，他们通过裙带关系一带十甚至带百而"足迹遍天下"。明末休宁的抗清志士金声就歙、休两县从商的情况作过如下的叙述："夫两邑人以业贾故，挈其亲戚知交而与共事，以故一家得业，不独一家食焉而已，其大者能活千家、百家，下亦至数十家、数家，且其人亦皆终岁在外，而家居者亦无几焉。"⑥ 明末以前，徽人"出贾"在外大抵占十之七，"家居"占十之三。这些十之七的商人，其家资亦有上中下之分，"其巨者高轩驷马，俨然缙绅；次亦沃土自豪，雄资足赡，自谓无求于人；最次亦逐什一，征贵贱，饱暖其妻孥，而优游以卒岁"。试想，从商的人家最差的都在温饱线上，这

---

① 钱泳：《履园丛话》卷20。
② 黄钧宰：《金壶浪墨》卷1。
③ 《休宁西门查氏祠记·查灵川暨配汪孺人行状》。
④ 康熙《绩溪县志续编》卷3《硕行》。
⑤ 康熙《徽州府志·风俗》、《歙事闲谭》第18册。
⑥ 《金太史集》卷10《与歙令君书》。

必然推动"家居"的务农者逐渐脱贫致富。万历《歙志》记述徽州的富庶便是以弘治时期为起点的:"……至于弘治盖綦隆矣。于是家给人足,居则有室,佃则有田,艺则有圃。催科不挠,(盗贼)不生,婚嫁依时,间阎安堵。妇人纺织,男子桑篷,臧获服劳,比邻敦睦,诚哉一时之三代也。"这里虽不乏粉饰之词,但徽州由穷转富自此始则是可信的。到了万历时期,徽州的富商巨贾逐渐增多,他们生活豪华,派头十足,整个徽州社会生活的变化则大异往昔了。据上引志书所载:"而今(万历)则家弦户诵,夤缘进取,流寓五方,轻本重末,舞文珥笔,乘坚策肥,世变江河莫可底止。"入清以后,徽商声名赫赫,而徽州境内的繁荣又呈现前所未有的景象。清末进士许承尧曾说:"自国初以来,徽商之名闻天下,非盗虚声,亦以其人具干才、饶利济,实多所建树耳。"① 康熙《徽州府志》亦载:徽州"民鲜田畴,以货殖为恒产。春月持余资出贸什一之利,为一岁计,冬月怀归,有数岁一归者。上贾之所入,当上家之产;中贾之所入,当中家之产;小贾之所入,当下家之产。善识低昂,时取予,以故贾之所入,视旁郡倍厚"②。到了乾嘉时代,便是"新安富甲江南"了。

徽州商帮经营的行业很多,所谓"其货无所不居",然其中"以盐、典、茶、木为最著"。在这四大行业里,从事盐业的经营资本最厚,获利最多,因之盐商也最为富有。徽州的繁荣富庶虽然是由于从事各业的商人为数众多,但论财力还是盐商,尤以徽州在两淮的盐商人多势大。他们的一部分利润流归故里,以致对桑梓之邦的繁荣起了重大的作用。

扬州的盐商,大抵"以流寓入籍者甚多,虽世居扬而仍系故籍者亦不少"③。但无论是已"入籍"扬州或"仍系故籍"的徽商,他们祖先庐墓都在徽州,对修族谱、置族田、建宗祠,都是慷慨资助的。甚至他

① 《歙事闲谭》第 18 册《歙风俗礼教考》。
② 康熙《徽州府志》卷 2《风俗》。
③ 嘉庆《江都县续志》卷 12。

们的祖、父辈还家居故里，因之，其子孙经商之所入，更是要拿出一部分"用孝养厥父母"了。这种情况，明代嘉、万时人汪道昆在《太函集》里就有过记述：有些父母在徽州而子弟经营盐业于两淮，"主人终岁家食，跬步不出里门，坐收山林林木之利于其家，岁课江淮盐策之利于其子，不逐时而获，不握算而饶"①。像这类终岁住在徽州的人，一方面"坐收山林林木之利"，一方面又有儿子将一部分"江淮盐策之利"寄回家，因此，"主人"安能不富！汪道昆所讲的这类"主人"并不是个别的。

明清时期，由于徽州商帮的崛起，山区由贫转富，还可以从境内市镇的兴起得到说明。

徽州6邑，在明代以前，除府治所在地歙城以外，比较大的市镇极少。明代中期以后，乡村市镇兴起，据有关志书记载，到了清代嘉庆时期，府属各县计有市镇53个，其中较大的有渔亭、屯溪、五城、岩寺、深渡、镇头、历口等。②市镇的兴起是社会经济繁荣的一个标志，而徽州社会经济的繁荣又与徽商特别是两淮盐商有一定的关系。因为盐商的财力雄厚，他们资助故乡或寄给家人的银两也比较多。尤以歙县是两淮盐商故籍的大本营，所以在徽州6邑中也以歙县最富。这里，仅以歙县的岩镇为例，来说明徽州市镇兴起的一个缘由梗概。

岩镇亦称岩寺镇，在明清时期是徽州的大镇之一，距歙县县城10余公里，为黟、歙、休（宁）之间交通孔道。明初属永丰乡，而兴起成为一个大镇，是在嘉靖、隆庆之时。据志书记载："歙城附郡之东郭，自县治而西二十五里曰岩镇，其乡旧名永昌，洪武二十四年（1392年），改曰永丰，其里曰清泰，居六邑之都会，为九达之通逵。鳞次万家，规方十里，阀阅蝉联，百昌辐辏，则自有明嘉、隆之际始也。"③

① 《太函集》卷14。
② 参阅《徽州地区简志》。
③ 佘瑞华：《岩镇志草》。

这个兴起来的万家之镇,不仅商业发达,经济繁荣,文化也颇为昌盛。歙人汪道昆说:"夫以文献概吾乡,其著者称岩镇。"[①] 又说:"岩镇甲歙四境,其市万家,故多荐绅大夫,郡县博士者三之一。"[②] 这种经济、文化双双兴盛的情况,在《岩镇志草》里还有一段记述:"岩镇当嘉靖之时,甲族蝉联,人文鹊起,风会之极隆也。"

可以肯定,岩镇的兴起与盐商有一定的关系。因为从时间来看,岩镇之兴始于嘉、隆,这正是两淮的徽州商人在"开中折色"之后,大多"家业隆起"之时,而此时又是大批徽州商人联袂而来两淮还不太久,他们和故乡更有千丝万缕的联系。而"集中淮扬"的歙县诸大姓:江、吴、黄、程、汪、徐、郑、许、曹、宋、鲍、叶等盐商的故里,大多居住在岩镇周围。商人虽经营盐业于两淮,但"在歙则扩祠宇、置义田,敬宗睦族、收恤贫乏"[③],以及助修书院、设置考棚等,对故乡经济、文化的繁荣自然大有裨益。而上述诸姓盐商对于岩镇本身的建设,更是积极相助。万历时人潘句写过一篇《岩镇逍遥堤建石桥记》,其中提到两淮盐商资助修建岩镇石桥的情况:"维时里中英彦,云集广陵,同志之士,各侣其侣,有友若而人焉。念乡国之神皋,格上人之诚信,或既输工于沙堤而未尽其意,或偶动念于桥圮而深长其思,同力合作,无事他求。"[④] 那些"云集广陵"的"里中英彦",不正是歙县盐商及他们的子弟吗!

另外,在两淮的休宁盐商,其势力仅次于歙县。休宁商人也大多"疏财仗义",乐于资助乡里。如正德、嘉靖间的汪福光,经营盐业于两淮,他对家乡"修城隍池、修去思诸亭、筑庠宫文峰之垒,建夹溪、汶

---

① 《太函集》卷 32《方在宥传》。
② 《太函集》卷 34《潘汀洲传》。
③ 民国《歙县志》卷 1。
④ 见《岩镇志草》。

溪诸石梁，大抵君之捐资成事居多"①。嘉万时期，休宁盐商汪寰，和他的父亲汪渐溪均"贾淮海"，他们父子二人对家乡"府庾之贮谷，邑廪之储饷，白岳之再筑，太素宫黉序之更新，……"均能积极捐金资助。② 黟县的渔亭镇，就有盐商出资参与在这里修桥筑路。③ 而休宁的屯溪、五城、诸镇，大多兴于嘉万时期，可以推知，这些市镇的兴起和繁荣，当与包括盐商在内的徽商一部分利润流归桑梓是分不开的。

　　再从明清时期的徽州乡村的建筑来看，也足以证明其时的徽州是比较富庶的。徽州建筑自成一派，这在一般乡村里是罕有的。这里无论是园林、民居、牌坊、亭榭、街坊，还是桥梁、寺观、祠宇都别具一格，这本身就是经济富有的一种反映。而形成徽派建筑的经济基础，无疑还是徽商的雄厚财力。除此之外，徽派建筑的特色，也非白天而降，它是吸收各地的建筑艺术，经过取舍损益，在不断实践的基础上形成的，这也离不开徽商的作用。因为商人行贾四方，见多识广，一部分商人在"家业大饶"之后，便在家乡筑馆舍、造园林以及从事各种"义举"。他们把外地各式各样的建筑式样、技巧带回故乡，再加上明清以前，徽州在建筑方面就饶有"古风"，这种"内外"融合，便成为徽派建筑艺术之"源"。以园林建筑为例。徽州境内由商人或商人的后代达官贵人建造的园林就很多；而徽州的园林建筑艺术，大多仿于"二州"即杭州与扬州的园林，这无疑是两浙和两淮盐商所"引进"的。在徽州的园林中，也是盐商尤其是在两淮的盐商建造的为多。如明代盐商吴天行，"以财雄于（歙县）丰溪，所居广园林，侈台榭，充玩好声色于其中"④。许承尧在《歙事闲谭》中引《胡心亭集》里的《水香园记》，有一段记述："吾县（歙县）西山水平远，居人复工选胜，园亭树石，错

────────────

① 《休宁西门汪氏宗谱》卷6《福光公暨配金孺人墓志铭》。
② 同上谱同卷《处士寰公暨配金孺人墓志铭》。
③ 嘉庆《黟县志》卷7《人物》。
④ 《虞初新志》卷20。

落分布于其间，与川岩相映发，而水香园为最著，载在邑乘，故余姻家右湘汪先生所筑。"而汪右湘便是在清康熙、乾隆间"禺策于扬"的盐商。① 商人为了生活的享受而大建园林馆舍，自亦是奢侈性消费，但徽州的园林建筑又是这一方富庶的象征。此外，歙县的棠樾牌坊群和鲍家祠堂全是由鲍家盐商建造的。由于其建造技艺别具一格，而被列为今日徽州的旅游景点之一。

徽州的富庶主要还是反映在村落民居的建筑中。明代以前，徽州的村落无可称道者。到了明代中期，由于商帮的崛起，"商人致富后，即回家修祠堂，建园第，重楼宏丽"②。当时的乡村"林泉之胜，以第宅楼观相雄者，亦比比有之"③。到了明末清初，徽州境内的民居，大多粉墙青瓦、雕梁画栋、形式别致、高低错落，一片繁华景象。康熙末，寓居扬州的歙商后代程且硕，在一次返回故乡后，写了一篇《春帆纪程》，记述亲眼所见的家乡情景："乡村如星罗棋布，凡五里十里，遥望粉墙蠹蠹，鸳瓦鳞鳞，棹楔峥嵘，鸱吻耸拔，宛如城郭，殊足观也。"④这种"宛如城郭"的乡村，在其他各地是不多见的。到了乾嘉时期，正是徽商的鼎盛阶段。其时有些乡村，更是殷庶无比。例如，歙县桂溪村，是项氏商人的聚居之地。嘉庆年间，这里是"望衡对宇，栉比千家，鸡犬桑麻，村烟殷庶。祈年报本，有社有祠。别墅花轩与梵宫佛刹，飞甍于茂林修竹间，一望如锦绮。而文苑奎楼腾辉射斗，弦歌之声更与樵歌机杼声相错"⑤。这虽不免带有文学夸张的成分，但也并非虚构。可以作为印证的是，道光年间，程怀璟"奉命守徽州"，他在道光《重修徽州府志》的《序》中，对其时徽州乡村的景况也作了如下描述：

---

① 《歙事闲谭》第 27 册《水香园于乾隆中易主》。
② 民国《歙县志》卷 1。
③ 弘治《徽州府志》卷 35《宫室》。
④ 《歙事闲谭》第 8 册。
⑤ 《桂溪项氏宗谱》，《徽学通讯》第 9、10 期合刊。

"……行其野，则村墟刻镂，桑麻铺棻，比户习弦歌，乡人知礼义。"程怀璟笔下的徽州，同样是颇为殷实的。

明清时期，徽州的文化昌盛，也是这个地区繁荣的一个重要方面。在这几百年中形成的"徽州文化"，独树一帜，自成派别，也是其他乡村境域所不多见的。诸如新安理学、新安医学、新安画派以及徽州朴学（皖派经学）、徽州篆刻、徽州刻书、徽派版画，还有徽剧、徽雕、徽菜等等。文化的基础是经济，而酿出"徽州文化"的"酵母"则是徽商。徽州商人在发家致富之后，乃不惜以重金助修书院，捐资助同族贫困士子；同时，延师课子侄，务期学有所进，业有所成。诸如明代的黄用礼、汪伯瀛、汪福光、汪洪以及清代的江春、汪应庚、鲍肯园等这类两淮的盐商，以各种方式对故乡的文化教育作出过积极的贡献。

在科举制下，明清两朝，徽州中试的人数之多，也是他郡少有的。甚至有些鸿儒硕学、达官贵人，竟是盐商和其他商人的后代。由此可知，只有徽商成帮，才有徽学成派，才有仕宦如林，这是毋庸置疑的。

盐业是徽州商帮的"龙头"行业，而在两淮的徽商，又是徽商的主体。当我们在考察明清时期的扬州和徽州繁荣的时候，必须看到促进这"二州"繁荣的主体力量。当然，这不等于说主体力量是唯一的力量。有关材料说明，这"二州"繁荣（指明代以后）的起步大约都在明中叶。尽管扬州早就是一座古城，殷庶已久，但从"扬州繁华以盐盛"这个角度来考察这座城市，其"繁华"的起点也是明代成、弘以后，至清乾嘉达于极盛。而在徽州，无论从市镇的兴起、村落的繁荣、民户的殷实，或是从文化的昌盛来看，大抵与"扬州繁华"同步。

四、两淮盐商的衰落和徽商门楣的光大

清代康乾时期，是两淮盐业兴旺发展的顶峰，也是盐商特别是徽商的黄金时代。其富商巨贾不仅煊赫于广陵，接交于公卿，而且"全国金融几可操纵"，真可谓隆盛之时了。然而，星移物换，陵谷沧桑，到了嘉、道之际，那些往日的豪富之家，讵料"顿成贫户"；旧时的园林别墅，唯剩枯木寒鸦。曾几何时，竟同隔世。故时人钱泳在目睹此种变化之后，不禁发出"抚今追昔，恍如一梦"的感叹！①

但是，学者们在论及两淮盐商衰落的时候，只注意到他们裹足不前、破产歇业的一面，却未看到一些徽州盐商尚有辉煌的一面。那就是他们在盐业经营上虽一蹶不振，但一部分商人子弟通过饱读诗书，或衣章服，或入士林，即或任官，或为儒，位尊名高，门楣光大。——这是我们在考察两淮徽商盛衰的时候，必须加以论述的一个问题。

（一）

徽州商人十分重视令子弟"业儒"，而"业儒"的目的，主要不在于更好地继承家业，而是走读书—科举—仕宦这条道路，以期荣宗耀祖、光大门楣。尤其是那些盐商中的富商，在他们家财能满足其奢侈性消费的情况下，便觉得地位比金钱更加重要，因而也就志不在商而在官了。实际上这是中国封建社会长期形成的一种"官本位"思想，而这种思想在徽州人的脑海里更为根深蒂固。其所以如此，那是有历史渊源的。

徽州是一个群山环抱的四塞之地，魏晋以前，人口不多，经济落后，但在战乱年代，却是避乱的"世外桃源"。因此，从公元4世纪初

---

① 关于徽州盐商衰落的情况，本书第十一章将作专题论述，这里从略。

年以后，每当中原动乱，便有一批世家大族、缙绅冠带举家南迁，其中就有一部分人迁到这个静僻的山区，或任官职，或为豪右，或入编户。大批迁来这里的主要是在以下三次动乱时期：一是西晋末年的"永嘉之乱"，二是唐代末年的黄巢起义，三是宋室南渡。那些衣冠之家迁来这里，便是后来一部分"新安名族"的始迁祖。故民国《歙县志》载：明清时期的徽州大姓，"半皆由北迁南，略举其时，则晋宋两南渡及唐末避黄巢乱，此三朝为最盛。又半皆官于此土，爱其山水清淑，遂久居之，以长子孙焉"①。据明刻《新安名族志》载：明清时期"称甲"于两淮的徽州黄姓、鲍姓等大盐商，其始迁祖便是在晋末"永嘉之乱"时避乱来到徽州的。这些"由北迁南"的中原望族，有的原是累世冠盖，有的原是名门世家，因之，无不重仕宦、重门第、重世系、重名分。他们把这种思想观念、社会习俗带到了徽州，其影响极其深远。及至明清时期，徽州人的宗法观念、光宗耀祖思想仍然极其浓厚。再加上徽州又是朱熹的故乡，"朱子之学"所宣扬的纲常伦理以及"读书志在圣贤"的说教，对徽人海迪尤深。徽州商人对朱熹也是顶礼膜拜，他们在外地市镇建立的会馆，大多供奉朱子，对他敬若神明。由于上述历史原因，所以徽人为学者多，为官者亦多。道光《重修徽州府志·序》云："自晋太康中易名新安（按：此前为新都郡）以来，（徽州）代有伟人，于江左实为望郡。"

　　有不少学者都认为，徽州人"重贾轻儒"。其实，徽人"重贾"只是为生计所迫，不得不转毂于四方，但从一定意义上讲，他们"重儒"还是甚于"重贾"。所谓"重儒"就是希望子弟走读书做官的道路，盐商于此尤为突出。

　　盐商多是资产丰厚的商人，他们除受徽州传统的思想影响之外，这些商人因其富有而"交通王侯"，常往来于名卿显宦之间，虽自知身附

---

① 民国《歙县志》卷1。

骥尾，然"心窃慕之"。有些商人虽通过"捐输"、"报效"取得了荣衔，但毕竟不是"正牌"的官职，若欲光耀门第，当然只有寄希望于子弟了。他们的这种心曲，从两淮、两浙盐商强烈要求立"商籍"以便于子弟参加科举考试中，可看得一清二楚。

科举时代，从童子试开始必有籍。明制，籍有儒、官、民、军、医、匠之属，分别流品，在本郡（府）应试，而不得试于他郡。边镇设有旗籍、校籍，都市设有商籍，盐区设有灶籍等。徽州盐商主要是"业鹾"两淮和两浙，其子弟则随父兄寄居于上述两地。为了便于子弟的应试，商人强烈要求"以家所业闻，著为籍，而试于是郡"①。据嘉庆《两淮盐法志》载："万历中，（扬州）定商、灶籍"，自是盐商子弟因有"商籍"，可以在两淮就地应试。不过，其时"且有西商无徽商"②。到清康熙间，巡盐御史李煦根据徽商之请上了一道奏折，内称："窃两淮商人原籍，或系山西、陕西，或属江南之徽州。其西商子侄随父兄在两淮，不能回籍考试，因另立商籍，每逢岁考，童生取入扬州府学，定额十四名。徽商子侄因原籍在本省，不得应商籍之试。但徽商行盐年久，大半家于扬州，故徽州反无住居。且自扬至徽，道途千里，回籍考试甚属艰难。今徽商求将子侄照西商例，亦于扬州府学额十四名，免回籍应考。"康熙帝接到这份奏折后，朱批："此事甚关尔之声名，不可轻忽，须同运使商量妥当，再具题可也"。不久，李煦又遵照康熙的朱批，上了一份《两淮商籍童生进学及乡试事已与运使商妥折》，在这份奏折里，提出商人要求将"商籍另编字号赏中数名"。"奴才与运使张应诏商量妥当"③。李煦的这两份奏折，反映了徽州商人要求为子弟立"商籍"和定学额的迫切心情；同时，也说明当时的巡盐御史李煦能够为徽商陈言。

① 《敕事闲谭》第 29 册。
② 嘉庆《两淮盐法志》卷 47 科第表序。
③ 《李煦奏折》，中华书局 1976 年版第 242—243、253 页。

　　自从万历时期两淮的"商籍"建立之后，盐商（主要是西商）子弟便可就地应试。可是，这在两浙引起了很大的反响。两浙盐商及其子弟为此向"台臣"力争，发起者为歙人吴宪和汪文演。据嘉庆《两浙盐法志》载："吴宪自新安来钱塘，初试额未有商籍，业鹾之家，艰于原籍应试。宪因与同邑汪文演力请台使（巡盐御史）设立商籍，上疏报可。至今岁科如民籍例，科第不绝。"[1] 该志在《汪文演传》中亦云："（汪文演）与同邑吴凤（宪）兴商籍如河东、两淮例，岁收俊士如额。"吴宪、汪文演在杭州争商籍，还是依赖巡盐御史叶永盛的关照。叶原是安徽泾县人，和吴宪、汪文演是皖南同乡，清人即曾揭其底细：叶永盛"请许商人占籍，或亦维桑梓之私意乎"[2]！由此可知，两浙之有商籍，当是盐商及其子弟的"力请"和叶永盛维护和关照桑梓的结果。这一事实，反映了盐商及其子弟们的由商而儒、由儒入仕的迫切心情。由于他们把做官看得比经商更为重要，所以才努力争商籍，这是不言而喻的。明代有位盐商的后代汪起英弃商为儒，最后考中进士，这一事实，可以进一步证明盐商是如何希望子弟通过科举之途跻身仕宦行列的。汪起英，休宁人，前辈治盐策于淮扬，"家世饶裕"。后因其父汪新长期卧病，"困顿医药十年，竟堕业"。而此时汪起英仍然发愤读书，准备应科举考试。"一日，公叔父曰：'家道替矣，孺子治经不如治生。'"这就是要他弃儒经商以振家业。但汪起英的父亲坚决不同意，他说："儿读书宁不一试？试不遇，弃之未晚也。"可见他延师课子目的就是为了使儿子参加科举考试，只有当科场失利之后才可弃儒从贾。结果，汪起英从父命，最后"中进士乙榜"，任应城令，后"迁南（南都——南京）比（刑）部"[3]。汪起英父子以读书做官为首位的思想，在徽州的富商及其子弟中是具代表性的。

---

① 嘉庆《两浙盐法志》卷25《商籍》。
② 《九九清夏录》卷10《浙江商籍》。
③ 《休宁西门汪氏宗谱》卷6《司寇英公传》。

　　徽州的富商大贾，不仅希望自己的子弟业儒为仕，而且对族中子弟英俊者，也想方设法予以培植，使其能步入仕宦之途。如徽州吴姓"因多上贾"，而且大多"业盐策"于两淮。《茗洲吴氏家典》就明确提出："族中子弟有器宇不凡、资禀聪慧而无力从师者，当收而教之，或附之家塾，或助以膏火，培植一个两个好人，作将来楷模，此是族党之望，实祖宗之光。"① "家典"里所谓的"一个两个好人"，实际上是"一个两个好官"的同义语。所以，徽州人虽然从商者众，但他们总是把"好官"看得比富商为重，而其最终所追求的也是能当上大官、好官，惟有如此，方孚"族党之望，祖宗之光"。而商人哪怕是家藏百万，也莫能膺此之誉的。徽州商人希望子弟学成之后能为"好官"，然而，"好官"的标准是什么呢？歙商江大用的一次"庭训"，讲得比较具体明白。

　　江大用原在钱塘经营杂货，"后游青、齐、梁、宋间，逐什一之利，久之，复还钱塘，时已挟重货，为大贾，已而财益裕"。大用有4子，"即收余资令琇（长子）、珮（次子）北贾维扬，而身归于歙。教瓛（三子）、珍（四子）读书学文为举子，遂不复出。每自言曰：'吾先世奕华衣冠，今久易业商贾，不可。'无何，瓛与珍并入学为诸生。"后来，江瓛于嘉靖甲辰（二十三年）登进士第，后授江西高安县知县。一次，瓛回歙，其父勉之曰："吾祖宗厚积久不发矣，汝今受命为民司牧，汝其勉哉！吾闻高安财赋之区，而疲瘵之余也。汝毋要名，毋希上官之旨，唯廉唯勤，唯镇之以静，而抚之以宽，勉之行矣。"② 江大用训子的这一席话，既反映他以有一个做县令的儿子为荣，也表达了他对儿子为官的要求与希望。在江大用看来，在维扬经营盐业的两个儿子可能家缠万贯，但是能"发"江氏"祖宗厚积"的还是这位考中进士后当上县令的儿子。

---

① 《茗洲吴氏家典》卷1。
② 歙县《溪南江氏族谱·终慕江公墓表》。

从上述事实中，不难看出，徽商虽然也和各地商人一样，希望"快快发财"，"一本万利"，但有不少商人并不把营商致富作为奋斗的终极目标；有的商人，即使是先儒后贾，从贾终身，亦希望子孙成名，以炫耀门第。这就是所谓"易儒而贾，以拓业于生前；易贾而儒，以贻谋于身后"①。这几乎是徽州富商们的共同心愿。他们希望子孙"易贾而儒"，也并非全是求得做官，若子孙学贯古今，著述宏富，蜚声儒林，名扬海内，自亦能光大门楣。这同样是他们所希望的。

徽州盐商之所以不惜资财培养子弟为官为士，根本原因还是他们有财力为后盾。"富而教"的前提是富。明清时代，商品经济比较发达，流通规模较前扩大，商业利润尤其是盐商的利润极高，因之，富有者多数是商人。故官与士大多出之富商之家，这是很自然的。对此，清人即曾有论及：近世"货殖之事益急，商贾之势益重，非父兄先营事业于前，子弟即无由读书，以致身通显。是故古者四民分，后世四民不分。古者士之子恒为士，后世商之子方能为士，此宋元明以来变迁之大较也"②。这一分析大体上是合乎事实的。徽商中的盐商子弟能为士（包括"仕"），正是因其家富方能由读书而"致身通显"的。

(二)

徽州商人当其"家业隆起"之后，望子成名的心情便很迫切。因之延名师不惜重金，督课艺不避晨夕。尤其是在进入清朝以后，中国封建社会曾一度呈现"回光返照"的局面，那就是康、雍、乾时期，相对来说，这一百多年间，海宇承平，文物昌盛，莘莘士子由科场入仕途比较通坦，这当然是徽商子弟得以扬名声、显父母的大好时机。一些家资累

---

① 婺源《三田李氏统宗谱·环田明处士松峰李公行状》。
② 《落帆楼文集》卷24《费席山先生七十双寿序》。

万的两淮徽商，处在这样形势之下，那种"富而教不可缓也"的心情，自然更加强烈。有的以"生平不习儒业为憾"，而对子弟"属望甚殷"；有的为"复吾家旧业（为儒）"，对子弟严督课艺。于是在两淮的徽州盐商中，培养子弟"习举子业"者蔚成风气。歙商吴岘山的家教，反映了商人训子之严，期望之殷，也是具有代表性的。

吴岘山自幼读书问政山中，"手披口吟，寒暑无间"，后因"家口"之累，来扬州"业盐策"。其时正当乾隆年间，盐业兴隆，家产饶裕，他便一心要将几个儿子培养成"龙"。据他的儿子们在所撰家父的《行述》中说：吾父"训诸侄必以礼，遇臧获宽而有制，而督不孝等则一主于严。为不孝等延名师家塾，谆谆以陶侃惜分阴之义相警。见不孝等所业进，则加一饭；所业退，则减一饭。每呈阅课艺，必掎摭利病，期当于应科法程"。① 吴岘山厚望儿子的拳拳之忧自不待言，而且他按"八股取士"的"法程"要求来培训诸子，其希望儿子能金榜题名的心情，又是何等殷切！

据有关志乘记载，从清初到清中叶，两淮徽商子弟登科第和登仕宦者确实不少。仅嘉庆《两淮盐法志》中的《科第表》所列，从顺治二年（1645 年）到嘉庆十年（1805 年）这 160 年间，徽商子弟登科者即有 256 人②，其中，进士 85 人（包括武进士），举人 116 人（包括武举人），贡生 55 人（包括拔贡），这个数字是可观的。

明清两朝，在两淮经营盐业的商人主要有山西帮、陕西帮和徽州帮。这里，我们再以上述盐志所列山、陕商人子弟登科第的人数同徽商子弟登科第的人数，列表作一比较，以见其差异。

---

① 《丰南志》第 5 册《显考嵩山府君行述》。
② 《科第表》中所列姓名，不包括已登科第而在该志中另有传者，因此，实际人数当不止此。

表一　顺治二年—嘉庆十年两淮山、陕、徽籍商人子弟科第人数

籍贯\人数\科第别	进士	举人	贡生	合计
徽　州	85 人	116 人	55 人	265 人
陕　西	11 人	25 人	9 人	45 人
山　西	6 人	11 人	5 人	22 人

在上表所列人数中，从乾隆朝到嘉庆十年这 70 年间，陕西籍仅进士 3 人，山西籍仅举人 3 人，而徽籍则是进士 24 人、举人 30 人、贡生 11 人，两相比较，其差距就更大了。这一方面反映了清代中叶徽商在两淮已居优势；另一方面也证明徽商致力于培养子弟走科举仕进之路，而西商确实是"重利之念甚于重名"，他们令子弟中的俊秀者经商，"中材以下方使之读书应试"①。因此，在科第榜上自然出现两种结果。

此外，上述盐志对"间有出于科第之外"即非经科举之途而任官者另列一《仕宦表》，其中，徽籍盐商子弟任官的有：京官 26 人，地方官 74 人，武职 1 人，计 101 人。这里，不妨再与西商子弟任官人数，列表作一比较。

表二　顺治二年—嘉庆十年两淮山、陕、徽籍商人子弟仕宦人数

籍贯\人数\官秩别	京　官	地方官	武职	合计
徽　州	26 人	74 人	1 人	101 人
陕　西	2 人	3 人		5 人
山　西		6 人		6 人

---

① 《雍正朱批谕旨》卷 47 雍正二年九月条。

从任官（除科举之途以外）情况来看，徽籍商人子弟，无论是"京秩"还是"外任"的人数，都是西商子弟不能与之比拟的。

通过上列两表中的数字比较，可以看出：山、陕商人之在两淮，一心想的是争利；而在徽商中，则大多名利兼争。从一定意义上说，他们是把争利作为手段，而把争名作为归宿。因此，徽商子弟在争得了名之后，声誉远扬，门第生辉，自然不会再继承家业做"盐驮子"了。我们只要留心披阅一些徽籍盐商的家谱，就不难发现，在清代的全盛时期，两淮徽商中的富商之家，经过一两代之后，其子孙大多不是加入儒林，就是荣膺仕宦。他们所追求的不再是"财源茂盛"，而是显名于时，甚至是扬名后世。下面，我们再以两淮的几个徽商大姓之家实例，作一些介绍和分析，以见这些富商之家所走的经商—读书—科举—仕宦这条道路的情况。

程姓盐商。程姓商人大约在明代弘治年间就已来到两淮了。清初，程量入为两淮总商，还有程朝宣、程朝聘、程增，都是盐业大贾。但经过一两代之后，除个别的还在"治盐策"做盐商以外，大部分子孙则奔走于仕宦之途。例如：康熙年间，程增的长子程銮，任官粮道；三子程銎，进士，任官郎中。此外，程姓盐商子弟程浚，进士，任官大名府知府。程湜、程湄兄弟为同年进士，均任官知县。特别是乾隆时的程晋芳，家本富有，但他却"不理盐策"，"独惟惟好学，服行儒业，罄其资以购书，庋阁之富，至五六万卷，论一时藏书者莫不首屈一指"[1]。晋芳中乾隆三十六年进士，并参加《四库全书》馆纂修；后在京"招致天下高才博学与共讨论，四方宾客游士辐辏其门，由此交日广，名日高，而家日替"[2]。程晋芳一生著述宏富，他对《易》、《书》、《诗》、《礼》、《春秋》的研究，均得其旨要，撰有专著；另有《诸经问答》12 卷、

---

① 《清稗类钞》第 20 册《义侠类》。
② 嘉庆《两淮盐法志》卷 46《人物》。

《群书题跋》6卷、《勉行斋文集》10卷、《蕺园诗集》30卷。程晋芳弃
盐业经营,所追求的不是仕宦而是名儒,故袁枚讲他"铅椠日富,而囊
橐日空"①。他与袁枚、姚鼐为文字交,在文坛上3人齐名,因之3人并
入《清史稿·文苑传》。看来,程晋芳的家道是中落了,而他的名声却
远扬于后世。此后,在两淮的程氏子孙,为官为仕者代不乏人。嘉庆朝
的程赞宁,进士,官编修;程元吉,进士,翰林院庶吉士;道光朝的程
恩泽,进士,官户部右侍郎。嘉道之际,两淮盐商已开始衰落,而程家
的一部分子孙却名声煊赫,其地位与其先祖之总鹾两淮,不可同日
而语。

江姓盐商。歙县江氏商人来到两淮大约也在明中叶。万历间,江氏
盐商之后江东之、江伯达先后登五年、三十二年进士。清初,江东之之
侄江国茂复理盐策,到国茂之子江演时,"乃以盐策起家"。演子承瑜,
乾隆时任总商,其子江春嗣其业。在两淮的江氏盐商中,论殊荣、论名
声,没有人超过江春。他因"捐输"、"报效"、"接驾"、"缉捕逃犯"有
功,乾隆皇帝赐给他各种荣衔,以致门楣生辉。江春死后,家业倾颓,
两淮盐政为追缴他生前所借的帑银,变卖了他家的大部分家产。因此,
江春过继的儿子江振鸿自然生活拮据,经商乏本。乾隆皇帝因轸恤其生
计艰难,特为此下了一道"上谕",内称:"江广达(春)充当总商有
年,办理公务尚为出力。今念伊继子生计艰窘,自当量加轸恤。江广达
旧有康山园一处,本家无力修葺,著传谕董椿(巡盐御史)即令众商出
银五万两承买作为公产,其银两即赏给江振鸿营运,毋庸起息。又,江
广达旧借帑银三十五万两,业经缴还,并著于内务府闲款内拨给银五万
两,照例生息。其所借本银,不妨令其从容缴纳。江振鸿得此十万两作
为营运资本,伊家生计自必渐次宽裕,以示体恤……"② 江振鸿不过是

① 袁枚:《小仓山房尺牍》卷上19《与程原衡》。
② 嘉庆《两淮盐法志》卷17《转运》12。

一名盐商，只是由于父亲的关系，竟获得至尊至贵的"皇上"如此关照，如此"体恤"，这本身就是无与伦比的"恩荣"了。后来，家渐裕，嘉庆时他还在家乡赈饥，并为候选道，著有《莺花馆诗抄》①。这一切，也可谓重振门户了。此后，江氏盐商的后代，"名流代出"。江廷祥的两个儿子都"连掇高科，苼任开府"②。江嘉谟的"诸弟侄俱得成名入仕"③。此外，江氏盐商的子孙，还有：江兰，在嘉庆朝，任兵部左侍郎；江璧，同治乙丑（四年—1865 年）进士。事实说明，江氏盐商衰落之后，子孙并未衰落。

吴姓盐商。早在明代嘉靖间，就有"人言诸吴固多上贾"之说。④所以，入清以后，吴氏谱乘云："吾家自前明入国朝，历二百年，世习盐策。"⑤但从清代中叶起，吴氏盐商之后，大多不治盐策，而通过读书或居仕位，或入儒林。前述盐商吴岘山谆谆教子，他 7 个儿子都显名于时。长子吴绍芳，敕授儒林郎、候选布政司理问；次子吴绍灿，进士，官内阁中书、武英殿行走；三子吴绍波，国学生；四子吴绍浣，进士，翰林院庶吉士；五子吴绍洮、六子吴绍溁、七子吴绍祥均为国学生。乾、嘉间，吴家盐商子弟中进士者，尚有吴以镇、吴玉榕、吴文镕（嘉庆二十四年乙卯榜）；还有道光朝进士吴骏昌、咸丰朝进士吴潮、光绪朝进士吴丙湘、吴筠孙。两淮在改纲为票以后，盐商虽然纷纷歇业了，而吴姓盐商子孙却英俊辈出，门第增辉，大胜往昔。

鲍姓盐商。歙县鲍氏盐商有两支，另一支是新馆鲍氏商人，主要业盐于两浙；另一支是棠樾鲍氏商人，主要是业盐于两淮。"鲍于歙为著

① 《歙事闲谭》第 8 册。
② 《济阳江氏族谱》卷 9《清候选知州司马廷祥公传》。
③ 《橙阳散志》卷 3《人物》。
④ 《太函集》卷 54《溪阳吴长公墓志铭》。
⑤ 《丰南志》第 5 册《乔太恭人行述》。

姓，而居棠樾者尤盛"①。大约在明末，有鲍士臣者曾"以廉贾称"②。而始来于扬州的，便是在乾隆时两淮总商鲍志道的曾祖父。乾嘉之际，鲍志道任总商20年，煊赫一时。后其弟鲍启运、子鲍漱芳均业盐于扬。志道的次子鲍勋茂，"由举人、内阁中书，历官至通政使司通政使"③。道光十一年（1831年），因"年已耳顺"乞休，奉旨："鲍勋茂年力就衰，着以原品休致"④。道光皇帝对鲍勋茂算是特别"恩宠"了。

最值得一提的是在此之前，嘉庆皇帝袒护鲍志道的弟弟鲍启运被告一事。鲍启运，字芳陶，时为盐法道员，嘉庆九年（1804年），被巡盐御史佶山（内府镶黄旗人）告以"抗金误课"罪，请旨予以"严行审办"。嘉庆皇帝为此连下3道"上谕"，最后，鲍启运用5万两银子了结此案。⑤ 旗人佶山这一举告，若非嘉庆皇帝的关照，鲍启运的后果不堪设想。为此，鲍启运在感激涕零之余，将这3道"上谕"命工镌刻在石碑上，置于棠樾鲍氏的祠堂里，并又"敬勒"了一个简短的"后记"。内容是："臣启运被参，若非日月照临，夔龙明允，焉有今日？再造深恩，感泣不尽。谨将上谕三道，敬勒宗祠，俾启运世世孙孙，仰戴殊恩厚德，以图报称于万一。"鲍启运之所以将这3道"上谕"勒石置于祠堂，这不仅表达了他感激"殊恩"之忱，而且还因为这是一件光宗耀祖、荣荫后代的盛事。这块感恩碑，至今犹存。此后，鲍家后代有荣名者尚有：鲍志道的孙子鲍时基，在道光间官贵州黔西州知州；曾孙鲍彤轩工部郎中，鲍敦本为盐课大使；其余鲍德桴、鲍劭楷、鲍承樂、鲍东植等"俱业儒"⑥。这已是咸（丰）同（治）年间了。可见，棠樾鲍家在

———————

① 《棠樾鲍氏宣忠堂支谱》卷21《中宪大夫肯园鲍公行状》。
② 《鲍氏诵先录·鲍惜分行状》。
③ 民国《歙县志》卷9《人物》。
④ 《鲍氏诵先录·鲍树堂府君行述》。
⑤ 关于佶山告发鲍启运"抗金误课"案详细内容，请见本书第六章《清代徽州盐商经营的曲折道路》一节。
⑥ 《鲍氏诵先录·鲍树堂府君行状》。

两淮者，以盐策起家，而其子孙则大多走上了为仕为儒的道路。

曹姓盐商。歙县雄村的曹姓商人，在清代，也是两淮的徽商大姓之一。乾隆间，官户部尚书的曹文埴，乃是盐商之后。他在官京师日，幼子曹镇仍业醝于扬州。曹文埴的长子曹振镛，乾隆辛丑（乾隆四十六年）进士，官吏部尚书、体仁阁大学士、军机大臣。明清两朝，徽人任"京秩"者无出其右。就在曹振镛官居显要之际，盐业不振，尤以"淮盐败坏，商困课绌，岌岌不可终日"。时任两江总督兼理盐政的陶澍，为革除积弊，首先在淮北废除纲法，实行票法。① 这样，便取消了纲盐制下盐商掌握"引窝"、"根窝"的世袭专卖权，盐商高额利润的来源被堵截了。可是，"振镛家故业盐"，同时还有个弟弟业盐于两淮，盐法一变，自也损害曹家的利益。而陶澍又是"出振镛门下"，有一层师生关系；再加上以往"帝巡塞外，振镛以宰相常留京师决事"，因此，他又是陶澍的顶头上司。在陶澍"足将行而趑趄"之际，乃"先以私书请命"，想试探振镛的态度，结果，镛"力赞之，事得以举"②。曹振镛之所以如此"不恤其私"支持盐法改纲为票，固然由于他知道这是大势所趋，不欲自作螳臂；同时，他也深知自己既官居极品，功名利禄已是聚于一身，哪里还在乎家里那点盐商事业的得失呢？他虽明明知道，盐法一变，"旧商受损"，却大夸海口"焉有饿死之宰相家"③，这便反映了徽商子弟在获得仕宦以后，也就心不在商而在官了。

从上面几个盐商之家的一些事实中，可以得出如下几点认识：

第一，明清时期的商人，尤其是像徽州在两淮的那些富商，他们所想的主要不是使自己的商业资本扩大、扩大、再扩大，而是一门心思在培养和鼓励儿孙从家庭经商这条道路上"蝉蜕"出来。所以，这类商人，在中国封建社会濒临崩溃、资本主义萌芽已经出现之际，只能相互

---

① 《清史稿》卷379《陶澍传》。
② 民国《歙县志》卷6《曹振镛传》。
③ 《清史稿·曹振镛传》。

结成松散的封建性商帮，而不能进一步组成商业企业集团，更不能促使商业和产业相结合。

第二，在中国封建社会中，长期形成的"官本位"思想，在徽商的脑海里扎根最深。在他们看来，"官"是闪光的瑰宝，只有居官，才能身价百倍，才能扬名声、显父母，荣宗耀祖，光辉门第，才能衣锦还乡，泽被后代。因此，一些富商大贾，把主要的气力直接或间接地用在仕途、官场的竞相追逐上，而不是继续致力于商品市场的竞争中。当然这是不利于商品经济发展的。

第三，徽州人宗族观念极强，两淮盐商也将这种思想观念带到盐业经营中。他们以宗亲为纽带，结伙经营，这在一定时期和一定限度内虽产生一些作用；然而，在"大吾门、亢吾宗"的思想、愿望的指引下，不少商贾之家为此目的而放弃了商业，做了"半截子"商人。所以在乾嘉时期，虽有不少徽人寓于扬州，但并非都在经营商业，有些人不是手披口吟的文人雅士，便是致仕归来的官宦。因此，这种浓厚的宗族观念，又导致商人群体力量的削弱，直到商帮的解体。

第五章
徽商在茶、木、粮、典和棉布业中的经营活动

徽州商人"其货无所不居",经营范围极广。然其大宗,除业盐以外,就是茶、木、粮、典及棉布业。他们"足迹遍天下",主要是经营这几种行业。因此,通过对徽商所从事的这几种行业的研究,就可以了解这个商帮经营活动的梗概。

一、徽商与茶叶贸易

茶叶贸易是徽州商帮商业经营活动的重要组成部分。关于徽商茶叶贸易的情况,国内外学者已有不少论述。他们的论著,为我们勾勒了徽商与茶叶贸易的大致状况。然而,与学术界对徽商其他行业的研究相比较,关于徽商茶叶贸易的研究,尚有更多的课题需要开拓与深入。譬如,茶叶贸易在徽商经营活动中的地位、徽商茶叶贸易的经营方式、徽州茶商经营活动的特色,等等。这里,我们根据新近发现的徽州茶商资料,结合其他文献的有关记载,对上述问题略作探索,以期有助于对徽州茶商的深入研究。

（一）茶叶贸易在徽商经营活动中的地位

茶叶贸易在徽商经营活动中处于何等地位？这一问题早已有人作出过答案。近人陈去病在《五石脂》中说："徽郡商业，盐、茶、木、质铺四者为大宗。"这里，陈氏推茶叶贸易为徽商四大商贸活动之一。民国《歙县志》卷1《舆地志·风土》也有同样的看法："邑中商业，以盐、典、茶、木为最著。"目前，以盐、典、茶、木为徽州商帮四大支柱行业的看法，已是学术界徽商研究者的共识。就明清徽商经营活动的总体状况而言，这一"答案"完全合乎史实。不过，需要进一步说明的是：（1）尽管盐、典、茶、木四项均为徽商经营的"大宗"，但它们在徽州商帮中的地位与作用，并不能"等量齐观"。（2）在徽商发展的不同时期，各行业在徽州商帮中的地位亦有相应的变化。因此，考察茶叶贸易在徽商经营活动中究竟居于何等地位，仅有上述"答案"，不免失之笼统。这里，我们将从徽商经营的主要行业变迁的角度，分两个阶段考察茶叶贸易在徽商经营活动中地位的升降。

1. 明成化、弘治（1465—1505年）年间到清道光（1821—1850年）中叶

这一阶段，就整个徽州商帮而言，是由形成、发展以至全盛转衰的时期。茶叶贸易在徽州商帮这一阶段经营活动中的地位，概而言之，乃是四项"大宗"贸易之一；具体来说，则位在盐业之下。

徽人经商的历史，可以追溯到很早的年代。不过，徽州商帮的形成，则大致在明代成化、弘治年间。从徽州商帮形成之日始，其经营活动就呈现出以盐、典、茶、木为主的特色。这一特色一直保持到道光中叶才出现变化。因此，在综论徽商时，向来就有"徽郡商业，盐、茶、木、质铺四者为大宗"的说法。在这四大行业中，居"龙头"地位者，当首推盐业。盐业之下，典业、茶业、木业可谓难分伯仲。就歙县而

言："歙之巨业，商盐而外，惟茶北达燕京，南极广粤，获利颇赊"①，
是盐业之外的第二大经营行业。而对婺源来说，尤其注重木业。乾隆
《婺源县志》卷4记载："婺源贾者率贩木。"休宁商人则多从事典业。
许承尧在《歙风俗礼教考》中说："典商大多休宁人，歙则杂商五，鹾
商三，典仅二焉。治典者亦惟休称能。凡典肆无不有休人者，以专业易
精也。"② 典业、茶业、木业，徽属诸县各有所擅，分别成为商人逐利
的重点目标。

因此，在徽州商帮形成、发展以至鼎盛的过程中，出现了以盐业为
"龙头"，茶业、典业、木业相继其后的行业格局。这一阶段，茶业在徽
州商帮中的地位，概而言之，是"四分天下有其一"；具体来说，则与
典业、木业不相上下，而次于盐业。

为什么会形成这一行业格局呢？这里，仅就茶业成为徽商四大支柱
行业之一的原因，略作探讨。

首先，自然条件得天独厚的徽州是著名的产茶区，它为徽州茶商提
供了大量的优质茶叶货源。

徽州茶商经营茶叶生意的方式，主要是收购廉价的徽州本地名茶，
长途贩运到各地销售，这一方式一直保持到清末不变。因此，徽州茶树
种植和茶叶生产规模的大小于徽州茶商之影响至关重要。那么，徽茶的
种植和生产情况如何呢？

众所周知，徽州地处皖南及皖浙赣交界的重峦叠嶂之区，据有关气
象资料分析，这里地处中亚热带北缘，为亚热带季风湿润气候，年均温
16℃，1月均温3.8℃，7月均温28.1℃，年降水量1617.8毫米，无
霜期288天。气候的最主要特点是热量丰富、雨水充沛、云雾多、湿度
大。土地酸度适中，土层中的有机质含量较高。特别是在海拔高1000

---

① 《歙事闲谭》第18册《歙风俗礼教考》。
② 《歙事闲谭》第18册。

米以上、相对高 800 米以上的"中山"山顶平面和缓坡上的山地草甸土,多为花岗岩类风化发育而成,尽管土层较薄,但腐殖质层较厚,表层有机质含量高达 17％。无论是土壤性质,还是气候特征,皆适宜于茶树生长。因此,至迟到唐代,由四川经陕西、河南、皖北而传至徽州的茶树,已在当地广为种植。一代"茶圣"陆羽在《茶经》中记载:"歙州产茶,且素质好。"唐宣宗时杨华著《膳夫经手录》,称"婺源方茶,制置精好"。描述唐代徽州种茶之盛者,莫过于唐懿宗时的歙州司马张途。他在《祁门县新修阊门溪记》中说:"邑山多而田少,……山且植茗,高下无遗土。千里之内,业于茶者七八矣。由是给衣食、供赋役,悉恃此。祁之茗,色黄而香,贾客咸议:逾于诸方。每岁二三月,赍银缗缯素求市将货他郡者,摩肩接迹而至。"[1] 至明清时期,徽州茶树种植漫山遍野,成为徽民赖以生活的重要经济作物。《治事丛谈》说:"山郡(徽州)贫瘠,恃此灌输,茶叶兴衰,实为全郡所系。"说明茶叶一项在徽民生活中的重要性。光绪《婺源乡土志·婺源风俗》也称:"我婺物产,茶为大宗……农民依茶为活。"徽州不仅种茶面积广,而且多优良品种。宋代就有所谓"谢源茶",为全国六大名茶之一。[2] 明代的"松萝茶",更是远近闻名。袁宏道在《西湖记述》中称:"松萝茶者,味在龙井之上。"推松萝茶为茶叶上品者,并非袁氏一人。叶梦珠在《阅世编》中也说:"徽茶之托名松萝者,于诸茶叶尤称佳品。"清初直隶广平人宋起凤著《稗说》,特别指出:茶叶产地虽多,"惟徽州北源藏溪松萝数种,可供中原渴吻"[3]。清代中叶后,徽茶之名品又有"屯绿"与"祁红"。可见,由于自然条件优越,自唐以及明清,徽州即为著名的产茶区。

因此,明清时期,徽州的茶树种植和茶叶生产的发展,为茶商供给

---

[1] 《全唐文》卷 803。

[2] 《宋史》卷 184《食货志》。

[3] 宋起凤:《稗说》卷 3《品茶》。

了大量名品优质的茶叶货源。正是凭借这一基础，徽州茶商在年复一年的贩运本地名茶过程中，积累起资本，扩大了规模，成为徽州商帮的四大支柱之一。

其次，明清时期，社会上的饮茶风气在国内迅速普及，稍后又在国外开始流行，为徽州茶商的发展，提供了广阔的茶叶销售市场。

货源充裕与否，固然制约了徽州茶商经营的规模；但是，销售市场的大小，也是徽州茶商能否发展的关键。明清时期，由于饮茶在国内蔚然成风，在国外逐渐流行，茶叶需求量激增，徽茶的销售市场得到前所未有的拓展。

正如不少论著所述，我国是茶的故乡。种茶和饮茶均起源于西南地区。顾炎武《日知录》说："秦人取蜀，始知有茗饮事。"说明早在先秦时代，蜀地已有饮茶之事。随着茶树栽培技术和茶叶制作技术的推广，国内饮茶风气渐甚。到南朝时，茶已经成为"人家日用，一日不可无之物"了。明初，饮茶方式由煮茶改为冲泡。此法既便捷，又不失茶叶真味，更加推动饮茶风气的普及。明清诗文中，有大量反映饮茶的作品。无论是王侯之家，还是村野陋室、寺庙道院，宾至客来，必呼"看茶"。各地茶坊、茶馆、茶肆、茶楼林立。明代文学家张岱在描述京城的一爿茶馆时说："汤以旋煮无老汤，器以时涤无秽器，其火候、汤候，亦时有天合之者。余嘉之，名其馆曰'露兄'，取米颠'茶甘露有兄'句也。"① 清代京城茶馆更具规模。徐珂《清稗类钞·茶肆品茶》中说："京师茶馆，列长案，茶叶与水之资，须分计之。有提壶以往者，可自备茶叶，出钱买水而已。"如此场所，即使位至三四品的达官贵人，也经常厕身其间"与圉人走卒杂坐谈话，不以为忤也"。乡村不比都市讲究，不过，供商旅行人歇脚解渴的茶亭、茶庵也是随处可见。如徽州，

———————————

① 张岱：《陶庵梦忆》卷8《露兄》。

明朝宣德年间就有黟县人余富宗"建梓桐石桥并茶庵"①。清乾隆年间黟县人孙淇维"造石乳亭施茶济行人"②，又有苏源"施茶于三星庵，行人便之"③等等。这类记载在徽州方志等典籍中不胜枚举。上述情况表明，明清时期饮茶在国内无论城市、村庄，已是蔚然成风；甚至在少数民族地区，饮茶之风也很盛行，茶马贸易活动经久不衰。

中国茶叶开始出口欧洲，约在明末清初。它首先在荷兰登陆，其后风靡瑞典、西班牙、普鲁士、法国、丹麦、葡萄牙等国。英国稍迟于荷兰进口华茶，在 17 世纪末时，各阶层的人俱已习惯饮茶。大量的介绍茶叶知识的文章和广告见诸报端，为饮茶在英国的流行起了推波助澜的作用。从 17 世纪末到 18 世纪末，英国华茶的消费量由每年平均 2 万磅，激增至 1900 万磅。美国也是大量输入华茶较早的国家，鸦片战争前的 19 世纪 20 年代，每年约有 460 余万元的华茶输入美国。饮茶之风甚盛的另一国家是俄国，早在明末崇祯年间华茶即已输入其地。清代，中俄之间"彼以皮来，我以茶往"④ 的贸易形式十分流行，道光十二年（1832 年）经恰克图旱路运至俄国的华茶有 646 万余磅。总之，明清两代，饮茶风气不仅在国内盛行，而且在欧美等国也大为流行。

饮茶风气在国内普及和国外流行，导致国内外市场上茶叶需求量激增，徽州茶商的营销规模也随之扩大。它主要表现在两个方面：第一，明清徽州茶商的活动范围空前拓展。正如《歙事闲谭》所说，徽商茶叶贸易"北达燕京，南极广粤"，足迹几遍宇内。无论是南北两大都会，江、浙、闽、广诸省；还是苏、松、淮、扬诸府，临清、济宁诸州，仪征、芜湖诸县，瓜洲、景德诸镇，都有徽州茶商活动的踪迹。他们除在国内市场中极为活跃外，甚至还远涉海外。绩溪《上川明经胡氏宗谱》中的《荫林胡公传》载："歙与绩溪接壤也，而上庄在绩之西。……是时初启关为五口互

---

① ② ③　《黟县志》卷7《人物·尚义》。
④　何秋涛：《朔方备乘》卷37。

市，公生父景棠公常居茶贸迁各国……"① 众多史料说明了明清徽州茶商的活动范围已有空前拓展。第二，运销的茶叶数量激增。明代，尽管茶税较轻，仅为 3.3%，然而明政府在皖南收到茶税仍达到过 57 万余贯。② 它说明了明代皖南商品茶叶年产量和销售量之大。徽州是皖南最重要的产茶区，皖南茶税中相当一部分就是从徽属 6 县茶商身上收取的。清代徽州茶商运销的茶叶数量增长更快，尤其是"洋庄"茶兴盛以后，大量的外销茶通过徽州茶商销往海外。在所谓"广州体制时期"的道光十二年（1832年），由广州出口的茶叶总值是生丝出口总值的 7 倍，超过 1500 万元。而这些茶叶"向于福建武夷及江南徽州等处采办"③，说明徽州茶商运销的徽茶在其中占了相当的份额。

徽州茶商在明清时期活动范围的空前拓展以及运销茶叶数量的大增，表明其营销规模的扩大。而这一结果的出现，又是明清饮茶风气在国内普及和国外流行、造成茶叶需求量激增所致。因此，徽州茶商得以跻身徽州商帮四大支柱之一，追根寻源，同明清广阔的茶叶销售市场密切相关。

当然，茶叶贸易在明清成化、弘治年间到道光中叶的数百年间，得以成为徽州商帮四大贸易活动之一的原因，并不仅止于货源充裕与市场开拓两项。茶叶营销利润的丰厚、徽州茶商严密的采办、加工、运输、销售体系等，也是茶叶成为徽州商帮"大宗"贸易的重要因素。正是众多因素的合力作用，确立了茶叶贸易在当时徽州商帮中的地位。

2. 道光中叶到清末民初

这一阶段，就整个徽州商帮而言，正处于走下坡路的衰落时期；但茶叶贸易在徽州商帮这一阶段的经营活动中，地位反而上升，成为支撑徽州商帮残局的最主要力量。

---

① 绩溪《上川明经胡氏宗谱》上卷：《荫林胡公传》。
② 《安徽茶叶史略》，《安徽史学》1960 年第 3 期。
③ 《广东十三行考》。

为什么从明朝成化、弘治年间到道光中叶维持了数百年的徽州商帮"盐业为首，茶业、木业、典业相继其后"的行业格局会被打破，茶商反而地位上升，成为支撑徽州商帮残局的最主要力量呢？起决定作用的因素主要有二：

首先，道光中叶以后，徽州盐商在徽州商帮中率先衰落了。

徽州盐商在徽州商帮中向来居于"龙头"的地位。它的率先衰落，直接原因有内外两个方面。从内因来看，业盐于两淮的徽州盐商在道光年间出现了严重的经营危机。从外因来看，道光中叶清政府在两淮盐区实行"改纲为票"的盐法改革，是将徽州盐商推上绝路的一帖"催命剂"①。徽州盐商率先衰落后，原先徽州商帮中以其为"龙头"的行业格局就不复存在了。道光十二年（1832年）在徽州商帮发展史上是一个关键的年代，它标志着徽州商帮走下坡路的开始，也是其行业格局出现变化的一个契机。

其次，同治及光绪前期，徽州茶商的再度中兴。

道光中叶，徽州盐商率先衰落后，徽州商帮的发展进入了低谷阶段。尤其是19世纪50年代至60年代中国社会的战乱，予徽州商帮以沉重的打击。②徽州茶商与其他行业的商人一样，资本受损、人员伤亡、经营活动大多被迫停止。然而，战乱后的徽州茶商在同治年间及光绪前期却奇迹般地得到了复苏，并再度中兴。《安徽茶叶史略》在描述这一段历史时说："同治年间，洋庄茶盛行时，经营洋庄的徽州茶叶商，资本额较大者，有忆同昌等48家。在外地经营大茶号的徽商为数也不少，汉口、芜湖有，九江、上海也有。如九江即有仁德永等6家，上海有洪永原等七八家，营业一时还颇为发达。有数家资本额还曾达四五万两，其余亦在数千两。"③据光绪十一年（1885年）"皖南茶厘总局"的详文

———————————

①② 参阅本书第十一章《徽商的衰落》。
③ 《安徽史学》1960年第3期。

称："查道光年间（1821—1850 年），皖南茶引岁销五六万道（按：当时每引为 120 斤），自同治年间（1862—1874 年）洋庄茶盛行，岁始销引十万余道。"表明了同治以后徽州商帮茶叶贸易活动的兴盛。

为什么同治及光绪前期，徽商茶叶贸易活动会再度中兴呢？从有关史料记载来看，最主要原因是当时"洋庄"茶的盛行。

所谓"洋庄"茶，就是外销茶叶。徽州茶商从事茶叶外销活动，其实早在同治以前就已经颇盛了。由于当时清政府限定广州为唯一外贸口岸，所以，徽州茶商外销茶叶均集中在广州。如光绪《婺源县志》记载："朱文炽，字亮如，官桥人。性古直，尝鬻茶珠江，踰市期，交易文契，炽必书'陈茶'两字，以示不欺。牙侩力劝更换，坚执不移。屯滞二十余载，亏耗数万金，卒无怨悔。在粤日久，而同乡族殁者，多不能归葬，爰邀同志捐赀集会，立归原堂，限五年舁柩给赀，自是无枯骸弃外者。"[①] 原籍婺源的我国近代著名铁路建筑工程师詹天佑之父詹世鸾，字鸣和，"佐父理旧业，偿夙逋千余金。壬午贾于粤东，关外遭回禄，茶商窘，不得归，多告贷，鸾慷慨赀助，不下万金"[②]。《明清徽商资料选编》[③] 收录了有关徽州茶商在广东经销茶叶的资料，其中绝大部分反映了同治以前茶叶外销的情况。太平天国革命时期，徽茶外销经江西、越五岭、入广州的运输路线不畅，因而徽州茶商经营外销茶叶的生意大受影响。即使仍有冒险上路者，亦多亏耗赔本。19 世纪 50 年代至60 年代的战乱结束后，外销的"洋庄"茶生意由低谷发展到高潮。下面是同治七年（1868 年）至宣统三年（1911 年）我国茶叶输出量及输出值的一份统计表[④]：

─────────────

①② 　光绪《婺源县志》卷 33《人物·义行》。

③ 　张海鹏、王廷元主编，黄山书社 1985 年版。

④ 　据杨端六《六十五年来中国国际贸易统计》有关统计表编制。其中 1868—1874 年系上
　　海两，1875—1911 年系海关两。

年份	输出量（担）	输出值（两）	年份	输出量（担）	输出值（两）
1868	1440871	37172015	1890	1665391	26663450
1869	1528469	37070786	1891	1750032	31028584
1870	1369053	30282637	1892	1662679	25983500
1871	1678348	40325775	1893	1820828	30558723
1872	1774576	44795166	1894	1862310	31854575
1873	1617391	39299139	1895	1865680	32449862
1874	1735377	41186006	1896	1712841	30156886
1875	1818386	36697512	1897	1532158	29216546
1876	1762810	36647926	1898	1538600	28879482
1877	1909925	33340132	1899	1630795	31469100
1878	1898955	32013184	1900	1384324	25444801
1879	1987460	33271739	1901	1157993	18512826
1880	2097117	35728169	1902	1519211	22859829
1881	2137471	32890268	1903	1677530	26333574
1882	2017148	31332207	1904	1451249	30201964
1883	1987076	32174015	1905	1369298	25445652
1884	2016215	29005142	1906	1404128	26629630
1885	2128712	32269040	1907	1610119	31736011
1886	2217199	33504820	1908	1576136	32933140
1887	2152968	30041100	1909	1498443	33567057
1888	2167460	30293251	1910	1560800	35931167
1889	1877331	28257314	1911	1462803	38335379

　　该统计表详细反映了同治及光绪前期"洋庄"茶的销售旺势。"洋庄"茶盛行，为徽商茶叶贸易的再度兴盛，提供了广阔的茶叶销售市场。其时"五口通商"之后新的外贸出口格局已经形成，上海取代广州而成为我国茶叶外销的第一大口岸。这一情况的变化，又为徽州茶商经

销"洋庄"茶提供了极大的便利。因为由徽州运茶至上海，远较由徽州运茶到广州便捷，仅运输时间就缩短了 1/3 以上，运输费用也大为减少。正如徽州茶商江文缵写给其妾秀兰的信中所言："现因连年茶叶夷商通于上海，利虽微而生意快捷，予所代经理之茶叶，年年均往上海脱售。……上海之近，惟广东之远，贸易与广东一式，不能舍近而图远也。"① 于是，徽州茶商适应"洋庄"茶盛行、且多经上海出口这一新的外贸形势，纷纷将人员、资金由广州转移到上海，扩大经营规模。婺源程泰仁便是当时由粤转沪的茶商之一。据《婺源县志》卷 34《人物·义行》记载，程泰仁原因"家食维艰，弃砚就商"，随同乡贩茶至粤，"众举经理徽州会馆，六县商旅均服其才"，成为粤东徽州茶商中的头面人物。其后粤东生意难做，咸丰年间，程泰仁转而"业茶上海"，获利巨大，曾经"独捐巨资修广福寺"。当时，有一大批徽州茶商改"贩茶粤东"为"业茶上海"。在上海的徽州茶商生意也日渐兴隆。《绩溪庙子山王氏谱》中记载："王维达……年十二随人至上海入程裕和茶号为学徒，勤恳愿（?）实，得当事者欢心。裕和茶号年资颇老，顾客限于本帮。维达建议推广至山东、青岛一带，倾销俄罗斯国，货真以信实招徕，店务日起，自习帐以至经理凡六十年未脱离裕和一日……每年获利恒至万金，一时裕和之名扬溢海上……"② 凭借"洋庄"茶盛行的市场有利条件，以及茶叶外销多经上海出口的地理优势，徽商茶叶贸易在同治及光绪中叶以前再度繁荣。正如《中西纪事》中所说："自五口既开，则六县之民无不家家蓄艾，户户当垆，赢者既操三倍之价，绌者亦集众腋之裘，较之壬寅（1840 年）以前，何翅倍蓰耶！"③

徽州茶商的再度中兴，正是徽州商帮已经开始走下坡路的衰落时期。其时，徽州盐商已经"一败涂地"，失去了往日在徽州商帮中的

──────────

① 原件藏安徽师范大学徽商研究中心资料室。

② 《绩溪庙子山王氏谱》卷 20《王维达传》。

③ 《中西纪事》卷 23。

"龙头"地位。因此，徽州茶商之中兴，于徽州商帮而言，具有举足轻重的意义。首先，它支撑着徽商的残局，依靠其"换血输氧"之功，徽州商帮在走向彻底衰落前出现了"回光返照"。其次，中兴的徽州茶商取代了原先徽州盐商在徽州商帮中的地位，成为徽商后期的中坚力量。

（二）徽商茶叶贸易的经营方式

徽商从事茶叶贸易活动，多采取茶叶收购、加工、运输、销售一体的经营方式。这种经营方式，是徽商茶叶贸易的一个重要特色。它既有别于其他仅仅"贱买贵卖"的商品交易活动，也与各地一般的茶叶零售商人不同。这里，我们拟具体考察徽商在茶叶收购、加工、运输、销售等环节中的活动，以期深入了解徽商茶叶贸易的经营方式。

1. 茶叶收购

茶叶收购是徽商从事茶叶贸易活动的第一个环节。

徽州茶商收购茶叶，多往著名的产茶区。其中徽州本土自然是徽商收购茶叶最重要的茶区。如《通商各关华洋贸易总册》卷下《光绪十七年九江华洋贸易情形论略》中说："业此项绿茶生意者，系徽州婺源人居多，其茶亦俱由本山所出……"[1] 其他资料亦表明，徽州茶商从事茶叶贸易活动，一般是将本地所产的各种名茶，长途贩运到各地销售。[2]不过，徽州茶商收购茶叶，也不局限于徽州一地。据《清史稿》卷124《食货志》记载：清朝在江西发放茶引，征收茶课的事务大部分都交由徽商办理。"曾谓之茶埠"[3] 的九江，"每值春夏之交，以茶商生意为大宗，城内外之开茶栈者共四十余家，各栈伙以及诸色人等应用千余人。

---

① 转引自《中国近代工业史资料》第2卷。
② 参阅《明清徽商资料选编》。黄山书社1985年版，第3章第3节《茶叶业》。
③ 《中国近代农业史资料》第1辑第4章。

红绿茶开秤时，城厢远近之妇女拣茶者约以数千计"①。这里，有相当数量的商人就是徽州茶商。明代茶法有三：一曰官茶，储边易马；二曰商茶，给引征课；三曰贡茶，进贡皇室。清代因之，继续推行"以茶治边"的政策。官府实行招商中茶之法，以严格控制四川、陕西、甘肃等地茶叶的产、运、销。其法或令商人向边塞交纳银米而酬给茶引，或令商人运茶至茶马司，以一部分纳官，一部分归商人自卖。在这种中茶活动中，徽州茶商也极为活跃。如明末歙县商人汪伯龄曾贷资入蜀，"榷茶雅州（今四川雅安）"，家中"坐客日集百余曹，四座常满。椎牛结客以为常"，成为远近闻名的大茶商。② 清康熙时，又有歙县人李遴入川贩茶，后成为当地茶商首领，众商纳课办引之事均由他办理。③ 这些情况表明，明清时期徽州茶商采购茶叶，以徽州本土为主要地区，然而决不限于徽州一地。

茶叶的采摘，一年两次，所谓"春茶一担，子茶（夏茶）一头"。徽州茶商收购茶叶，一般在每年（农历）三月左右开始。茶树冬槁春荣，时届清明节候，次第萌芽，一到谷雨时节，则叶开始舒展。采茶者以愈嫩为愈贵，倘若多延数日，则叶片已老，其价值就大跌了。所以采摘必须抢在谷雨节的三五日间。这时，便也是徽州茶商茶叶收购的最紧张时刻。当茶芽初出极嫩时，清明节前采摘者名"明前"，谷雨节前采摘者名"雨前"，这些就是《茶谱》中常说的"旗枪雀舌"等类，叶片最细最嫩，适宜加工优质青茶。茶叶采摘除头茶外，四月底五月初为二茶，六月初为荷花，七月为秋露，均适宜做红茶。徽州茶商茶叶收购的活动，一直要到七月才最后结束。其间，茶叶随收随送茶号加工，每批加工完毕后即销往各地。

茶树的种植、培育以及茶叶的采摘，均与茶商无涉。这些工序由各地的茶农负责。据光绪二十三年（1897 年）时任歙县知县的何润生在

---

① 光绪十年三月二十八日《申报》。
② 《太函集》卷 53。
③ 《清稗类钞》第 17 册。

《茶务条陈》中说："徽属种茶者名山户。"① 其他地区也有称茶农为"山农"者。徽州茶商从各地茶农手上收购到的茶叶称"毛茶"。所谓"毛茶"，是指已经进行过初步加工的茶叶，这道工序亦由茶农完成。清代，茶农制作"毛茶"的过程是：一摘择，二干枯，三压卷，四酝酿，五烘烤。② 具体制法有二种：（1）做青茶。雨前摘取嫩叶，用锅略熟炒后，用簸箕盛做一堆，用手力揉去其苦水，再炒再揉，然后用炭火焙干。火不宜大，恐令焦黑。（2）做红茶。雨前摘取茶叶，用晒垫铺晒。晒软合成一堆，用脚揉踩去其苦水。踩后又晒，至手捻不粘，再加布袋盛贮、筑紧。需三时之久，待其发烧变色，则谓之上汗。汗后仍晒，以干为度。③

徽州茶商在收购茶农毛茶时颇多讲究。首先要核算成本，计算出在茶叶贸易过程中所需的炭火、人工、箱罐、关税、厘金、船钱等一切费用，然后才能依据核算的成本，开出收购茶农毛茶的价格。收购时还要特别注意秤骨以及银钱成色。其次要讲究质量。一般来说，毛茶细嫩、紧结者为高，精加工后质量较好。碰到死茶、烂茶、断折、红蒂等现象较多的毛茶，徽州茶商即拒绝收购。因为这类毛茶无法加工成优质上品的茶叶。第三须杜绝假冒。毛茶中搀假或杂以劣质的茶梗、茶子、茶朴等情况，徽州茶商在收购过程中经常遇到。为免遭损失，徽州茶商总结出了一整套的鉴别毛茶真伪的方法，并著成文字，示之经办人员。在长期的经营实践中，徽州茶商在毛茶收购方面，积累了丰富的经验。

徽州茶商收购毛茶，一般在茶区水陆交通便捷之地开设有"茶号"。茶号每年收茶前挂牌，俟当年茶叶贸易事务结束后，即撤牌停业。来年茶号重新挂牌时，既可挂去年的招牌，亦可另树一帜。屯溪在明清以来

---

① 《清朝续文献通考》卷42《征榷十四》。
② 《光绪十三年十月十四日，江汉关税务司裴式楷申呈总税务司》，《仿察茶叶情形文件》第18—20页。转引自《中国近代手工业史资料》第2卷第13章。
③ 《襄阳县志》卷30。

一直是徽州茶商开设茶号最集中的城市。据我们掌握的有关徽商茶叶贸易的资料来看，徽商开设茶号所需资金，大致有四个来源：（1）茶号历年积余的"老本"银；（2）其他商人的搭股资金；（3）洋行的贷款；（4）钱庄的借贷资本。规模较大的茶号，通常在各地设有数目不等的小茶庄，具体从事收购毛茶的业务。小茶庄的收茶资金多由茶号发放，其经理人员亦多系茶号老板之亲信。在小茶庄与茶农之间，还有众多的茶叶小贩（徽州地区俗称"螺司"）。[①] 茶农的毛茶正是经过"螺司"走乡串村的收购后，转卖到小茶庄，再由小茶庄送至茶号中。茶农→"螺司"→小茶庄→茶号，这就是徽商毛茶收购的具体环节。

毛茶的收购价格（又称"山价"）无定数。不同品种、不同产地、不同年份的毛茶，其价格均不相同，甚至相差悬殊。那么，每斤毛茶的"山价"大致在什么水平呢？这里，我们根据歙县坑口江氏茶商的收茶账簿，举例说明。[②] 据道光二十五年（1845 年）的收茶账簿记载，当年收茶17523.4 斤，收购成本是 5435.38 元，平均每斤毛茶的收购价格是 0.31元。道光二十六（1846 年）账簿记载收茶 20864 斤，收购成本 5811.77元，平均每斤毛茶的收购价格是 0.279 元。光绪二十三年（1897 年）账簿记载收茶 68196 斤，收购成本 13029.63 元，平均每斤毛茶的收购价格是0.191 元。在这里要特别说明的是，徽州茶商常沿用中世纪的一套陈规陋习敲诈茶农，收购毛茶所用"司马秤"和"松萝秤"比"槽平秤"要大许多。[③] 所以，据账簿记载，道光二十五年及二十六年收购毛茶分别是17523.4 斤和 20864 斤，但制成茶则达到 23800 斤和 30814 斤（茶梗等尚不计在内）。若按制成茶计算，道光二十五年和二十六年江氏茶号每斤收茶成本分别是 0.2284 元和 0.1886 元。从这几个数字的对比来看，从道光到光绪，毛茶的收购价格波动幅度并不大。另据江氏茶商《乙巳年，谦泰

---

① 螺司，或作"螺丝"。
② 原件藏安徽师范大学徽商研究中心资料室。
③ 司马秤每斤合槽干老秤 17 两至 32 两，松萝秤每斤合槽平秤 18 两 4 钱。

恒号》账簿记载①，光绪三十一年（1905 年）该号收购毛茶及加工等其他费用在内，共支款 24676.69 两②，其中"山价"为 17829，090 两。由此可知"山价"约占茶叶贸易支款总数的 72.25％。

在论述了徽商茶叶收购的大致情形之后，有一个问题应当提出：明清徽州茶商的资本有没有投入到茶农的茶叶种植生产活动之中？在福建、台湾等茶区答案是肯定的，这种现象大量存在③，而我们在徽州茶区目前仍未发现有具体的史料记载。希望学术界同人在发掘有关资料后，对徽州茶商与茶农的关系有深入的揭示。

2. 茶叶加工

茶叶加工是徽商从事茶叶贸易活动的第二个环节。

茶叶加工原先在徽商的茶叶贸易活动中并不是一个独立的环节。其发展为徽商茶叶贸易不可或缺的一部分，只是清中叶茶叶出口兴盛以后的事。④ 据实业部国际贸易局所编《中国实业志》"浙江省"部分记载："制造茶叶，习俗相沿，皆系茶户随采随制，售于茶行，运销国内。至前清中叶，我国茶叶，输出日渐增多，为迎合国外顾主心理起见，对于出口茶叶，始加以重制，于是茶栈应时而生。是种茶栈，即茶厂之一种，收买茶户毛茶，加以精制，与代客堆存买卖之栈不同。在浙省境内，绍兴之平水，首先创立，其次为上虞之章镇。清同光年间，绍兴上虞茶叶，由茶栈精制，运往外洋者甚伙，获利殊巨，此后诸暨、嵊县等处，亦先后设立茶栈。光绪二十年时，永嘉茶商，为扩充洋庄茶之营业起见，先向上海聘请徽帮茶司，分入平阳南北港各产茶地，宣传指导，

---

① 原件藏安徽师范大学徽商研究中心资料室。
② 含请引 531 道 1330.07 两，不含茶叶各种税金。
③ 参见《中国近代手工业史资料》第 12、14 章。
④ 徽商在茶叶出口兴盛以前，对茶农提供的茶叶有简单的加工、改装步骤。不过，这种步骤并没有发展为茶叶贸易活动中一个独立的环节。与后来的"洋庄"茶加工工艺更不可同日而语。

将毛茶坯改制炒青，运销上海，去路大旺。……"①

　　这段记载，反映了茶叶加工的几个问题：（1）清中叶茶叶出口兴盛以前，内销的茶叶一直由"茶户随采随制"，茶商没有专门的加工工序。（2）将毛茶加工精制，乃是"为迎合国外顾主心理起见"，它只是在清中叶茶叶出口兴盛以后的事。（3）徽州茶商在茶叶加工方面技术领先，所以光绪二十年（1900年）时，永嘉茶商"为扩充洋庄茶之营业起见"，须向上海聘请徽帮茶司，深入各产茶地，加以"宣传指导"。（4）经过加工精制的茶叶"运销上海，去路大旺"，运往外洋，也是"获利殊巨"，销路远较一般茶叶为广。虽然这段记载主要反映浙江茶叶加工的情况，但明了上述问题，对我们了解茶商加工茶叶的一般情形，大有裨益。

　　茶商加工精制茶叶之处，在浙江省称"茶栈"。而在徽州，这一环节通常由茶商开设的"茶号"完成。各茶号因资金多寡有别，所以规模有大有小，既有雇工百人左右的小茶号，也有雇工千人以上的大茶号。其茶叶加工能力，小者年产数十箱或百箱，大者年产数千箱甚至上万箱。清末民国年间，歙县罗三爷、婺源孙三森、休宁汪燮昌等年制茶均在万箱以上。② 我们新近发现了光绪年间歙县坑口茶商江耀华大量的经营账册，这些经营账册反映出江氏的"谦顺昌"茶号，每年加工毛茶都在2—3万斤以上。光绪二十三年（1897年）加工毛茶达68196斤。光绪二十八年（1902年），"谦顺昌"茶号经由上海"谦顺安"茶栈一次代沽的绿茶就有2176件，合92833斤。从中可见，"谦顺昌"茶号当时的加工规模也颇大。③

　　徽州茶商的茶叶加工活动，与其茶叶收购是同步进行的。每年三月开始，到九月结束，季节性的生产长达7个月左右。茶号内各类管

① 《中国实业志·浙江省》第7编，转引自《中国近代手工业史资料》第2卷第15章。
② 王珍：《徽商与茶叶经营》．《徽州社会科学》1990年第4期。
③ 《谦顺安茶栈代沽单》．原件藏安徽师范大学徽商研究中心资料室。

理及辅助人员有：管号、茶司、司账、庄称、看拣、管锅、毛称架、打印、研靛、保夫、押帮、打杂、司厨等。制茶工分为抖筛、搣簸、拣茶、焙茶、风扇等类。其中焙茶和拣茶人数最多。拣茶工多用女工，为防止滋生事端，徽州茶商特别强调："拣场之事，看拣掌秤之人，必须正气为主，不可与妇女谈笑搅午，恐生是非。"① 茶号中各类人员的工钱计算方式分二种：（1）管理及辅助人员以日计酬；（2）焙茶工和拣茶工计量计钱。加工茶叶的各类工具及辅料有：炉灶、茶锅、茶板、筛簸、风车、秤、铁钉、锡罐、板箱、蔴袋、炭、柴、洋靛、香、烛等。

徽茶品种繁多，仅"洋庄"绿茶就有麻珠、针眉、凤眉、宝熙、贡珠、秀眉、宝珠、宝圆、蛾眉、眉熙、圆珠、眉雨、熙春、蕊眉、贡熙、奇峰乌龙、芽雨、虾目等名目。各品种徽茶制作工艺极其复杂，从毛茶进号到出成品茶，一般要经过焙、筛、扇、拣等工序。据《制茶节略》记载，徽州茶商对每道工序都有严格要求和规定。如第一道工序："毛茶初下锅，婺曰焙潮渗，休、歙曰出小伙。启者把作头及副手务须要时常在锅浪之前照应，炭火切不可过大手重，恐其焦碎之。茶焙炒至头枝香，嘱焙伙茶之人宜轻手浪风车转火头略大些。伙至二枝香，火宜平倒，手宜勤转。管锅灶头或副手宜看火摸锅。至第三枝香，任其平倒自然文、武火放在锅底中间，不准爬出灶门口，恐糟蹋化炭而无火力。手宜轻转，反摩不碎。三枝香焙完，亦有焙至香头二枝半者。摩板、香样、起锅、分筛、过搣、上扇，各司其事。"②

徽茶出号之前的最后一道工序是包装。光绪二十三年（1897年），歙县知县何润生在《茶务条陈》中对徽茶包装规格有详细说明："红茶只一色，绿茶分三，总名曰珠茶、曰雨前、曰熙春（三种内又各分四五等），均为洋庄。内用锡罐，外装彩画板箱。箱分三，名曰二五双箱

①② 《制茶节略》（手抄本）。原件藏安徽师范大学徽商研究中心资料室。

（连罐计重不过十一斤有奇）、曰三七斤箱（十二斤有奇）、曰大方箱
（十五斤有奇）。每箱可装细茶四十余斤、粗茶三十余斤。徽茶内销不及
十分之一二，专用篓袋盛储，茶朴、茶梗、茶子、茶末居多。"我们在
歙县坑口江氏茶商后人处，见到当年徽茶出口的包装箱及锡罐若干，与
何氏所说完全吻合。

　　茶叶加工是徽州茶商经营活动中重要的一环。那么，这一环节的
费用，在徽商茶叶贸易的支出费用中，占有多大的比例？由于不同的
年份加工茶叶的各类工具及辅料价格不同，尤其是雇佣劳动力的工钱
及开号场租费不同，所以茶叶加工的成本并不稳定，每年都有高下的
差别。这里，举光绪三十一年（1905 年）歙县坑口江氏茶商的"谦泰
恒"号为例：当年"谦泰恒"号支款总数为 24676.69 两①，其中涉及
茶叶加工的支款名目与数目有：各友梓资 674.33 两、房租 265.32
两、青铅 325 两、锡罐 128.8 两、茶箱 416.95 两、焙茶 766.02 两、
拣茶 687.2 两、篾箱 105.64 两、买柴 94.43 两、买炭 360.85 两、洋
钉 128.81 两、招牌纸 10.3 两、各司辇酒洋 46.7 两、置物洋 30.08
两、福食 201.23 两，总计 4232.66 两，约占茶叶贸易支款总数
的 17.2%。

　　3. 茶叶运输

　　茶叶运输是徽商从事茶叶贸易活动的第三个环节。

　　在徽商茶叶贸易的这一环节中，我们首先讨论徽商茶叶运输的路线
问题。

　　众所周知，明清徽州茶商运销徽茶，足迹"几遍宇内"。从这个
意义上来说，明清时代的天下水陆路程，就是徽商茶叶运输的路线。
不过，从徽茶的主要流向来看，徽商茶叶运输的重要路线有 3 条。第
一条路线：徽州至京津。徽州茶商在徽州境内，多借助新安江、青弋

---

① 含请引 531 道 1330.07 两，不含茶叶各种税金。

江、水阳江水系运输茶叶。出徽州地界，经宁国府、溧水县、句容县，在河口附近渡江到仪征，然后沿漕河北上，沿途经过扬州府、高邮州、淮安府、清江浦、宿迁县、邳州、沛县、济宁州、乐昌府、临清州、德州、沧州、静海县、天津卫、通州，抵达北京。① 这条水路是明清徽茶北运的最重要路线。清中叶以后，因海运开通，徽州至京津的路线有所变化。徽州茶商大多沿新安江东下，抵达杭州，经内河到上海，然后再从上海吴淞口出海，坐海轮直抵天津、北京。② 徽商在徽州至京津这条路线上，主要贩运内销的徽州茶，俗称"京庄"茶。借助这条茶叶运输路线，早在明隆庆年间，徽州名茶产区歙县就有成千上万人在北京经商。清乾隆中叶，徽商在北京开设的著名茶行有 7 家，茶商名字号共 166 家，小茶店数千。③ 不仅京津地区如此，徽茶在北方以及运河沿岸城镇的行销，都与这条运输路线密切相关。

第二条路线：徽州至广州。该路线由屯溪为始点，往西南行经休宁、祁门，在倒湖附近进入江西地界；途经浮梁县、景德镇、狮子山、饶州府、竹鸡林、康山，抵达江西省城南昌府；再由南昌府南行，经樟树镇、新淦县、峡江县、吉安府之庐陵县、泰和县、万安县、赣州府之赣县、南康县、南安府之大庾县，在梅岭头入广东省界；复经南雄州、韶州府、英德县、清远县、三水县，最终到达广东省城广州。④ 该路线长达 3000 余里，据《道光二十五年江祥泰进广誉清账册》⑤ 记载，徽州茶商携茶前往，水路雇船、旱路雇夫，途中费时在两个月以上。徽州至广州的运茶路线，最盛时在清初到道光中叶。其时茶叶外销，仅开广州口岸，徽茶出口，此为必经之路。迄今为止，我们见到的

---

① 《天下水陆路程》卷 5。
② 安徽师大徽商研究中心资料室藏有光绪八年二十五日歙县茶商江耀华的《沐雨节风》手写稿。其中详细注明了徽州经杭州、上海，海道至京津的路程、时间及船价等。
③ 《歙县会馆录》。
④ 此据道光七年《徽州至广东路程》(手抄本)。原件藏安徽师范大学徽商研究中心资料室。
⑤ 原件藏安徽师范大学徽商研究中心资料室。

大量徽州茶商在广东活动的史料，大多在这一时期内。第三条路线：徽州至上海。从徽州到上海有水旱两路可走，因旱路不便运输，所以徽州茶商多走水路。水路的行程是：在屯溪搭船，沿新安江东下，途经渔潭、深渡、山茶坪、街口、威坪、慈滩、淳安县、塔行、茶园、小溪滩、白沙埠、严州府、乌食滩、张村、钓台、桐庐县、柴埠、横梓关、程墳、当阳县、鱼浦口、毛家堰、范村，抵达杭州。这一程有《水程捷要歌》唱道："一自渔梁坝，百里至街口。八十淳安县，茶园六十有。九十严州府，钓台桐庐守。橦梓关富阳，三浙坆汀口。徽郡至杭州，水程六百走。"[①]　在杭州过塘，经过回回坆、龙子山、长安坝、崇德县、皂林、嘉兴府、七里桥、嘉善县、泖桥、斜塘桥、松江府、黄浦，到达上海。从徽州至上海，这是条茶叶运输最便捷之路，徽州茶商多取此道而行。光绪年间，因清政府在杭州经嘉兴到上海的途中，设卡征收浙江塘工捐银，茶每引须纳银五钱，故徽州茶商一时纷纷改道，不经杭州，而走绍兴内河，经过余姚，抵达宁波，换海轮运茶上海。这一改道，平添许多麻烦。歙县知县何润生在光绪二十三年（1897年）的《茶务条陈》中说："惟走绍兴内河，抵义桥，搬运过塘，到曹娥过坝，不数里又百官坝，数易其船。由百官至余姚，复有河清、横山、马车、陡门等堰，始抵宁波。上栈下栈，装载海轮抵沪，下轮存栈。种种烦难，茶箱每多破损，不独修整需工，且易启西商挑剔。"[②]　因此，徽州茶商多次呼吁免征塘工捐银，以便徽茶运输走杭州、嘉兴抵上海之道。[③]　徽州至上海的路线，自古以来就是徽茶的重要运输之道。道光中叶"五口通商"之后，该路线的重要地位愈发突出。这里有两个原因：第一，行销北方的"京庄"茶此时多由上海海运津京。第二，"五口通商"以后，徽州茶叶（尤其绿茶）不再长途贩运至广州外销，而多经由上海口岸出

---

① 《天下路程图引》卷1。
② 《清朝续文献通考》卷42《征榷十四》。
③ 江耀华：《致布政司呈文稿》。原件藏安徽师范大学徽商研究中心资料室。

洋。所以，道光中叶以后徽茶行销海内外所借助的最重要运输路线，就是徽州至上海路线。徽州茶商贩茶走完该路线全程，约需20余日。

在讨论了徽商茶叶运输的路线问题之后，我们再考察一下徽商茶叶运输的方式。

徽州茶商自己一般并不拥有车、船等运输工具。凡遇旱路，则雇夫肩挑背驮，若走水路，又临时雇船。远距离的长途贩运，一路上需不时更换运输方式。歙县坑口江氏茶商在《徽州至广东路程》中①，曾详细注明了由徽入粤，于何处雇夫、何处雇船的情况。力夫或船家将茶叶运到某一地点后，徽州茶商即付讫运输费用。途中遇盗，或碰上船覆等不测变故，货物损失概由徽州茶商自己承担。如《祁门县志》记载：明代茶商邱启立（字见参）"偕诸侄联旺贩茶湖口，侄舟覆，启立悬重赏救之，侄以货物尽失，生不如死，启立遂以己茶一船予之"②，说明船家并不赔偿因"舟覆"而损失的茶叶。又有《婺源县志》记载：李登瀛"尝业茶于羊城，至赣郡被盗，力控究办，请示勒石，以安商旅"③。这里，被盗的茶叶也不能得到赔偿。

道光中叶以后，徽茶出口多经上海口岸。因此，徽州茶商运输茶叶，大多借助新安江水运。据熟悉徽州掌故的当地耆老称，徽茶最重要的集散地屯溪，向有"无船三百只"之说，盖言其水运发达也。新安江水运船户有严密的组织，茶商在屯溪雇船极为方便。这一时期徽州茶商在徽州至上海的运输线上，茶叶运输多采取托运的方式，途中遇坝茶箱上下岸以及水道湍急之处雇纤夫等事，均无须徽州茶商一路操心，而全由船家操办。唯遇税卡，则由茶商自投纳税。安徽师范大学徽商研究中心收藏有多份同治、光绪年间徽州茶商托运茶叶的"船契"、"船行票"。这些船契、船行票从起讫地点来分，有二类：一是

---

① 手写本。原件藏安徽师范大学徽商研究中心资料室。
② 同治《祁门县志》卷29《人物·孝友》。
③ 《婺源县志采辑·孝友》。

徽州至杭州，二是杭州至上海。兹按原式举一例，以见当时徽商茶叶运输之大概。

奉宪船契

　　今据×府×县船户×××、×××、×××，今自己船在歙县水南薛坑口埠头凭行揽到×××宝号客名下货，计开茶箱（茶末篓）×××件

　　包装送至××顶埠交卸。其货上船注明船票，以杜蒙湿。倘船户盗卖客货，并少数目、潜逃等情，扣留原船赔偿，理涉无辞。其行李照客单检收。如路无水、盘滩体驳各色等项，船户包体，均概无贴，不得另生枝节等情。恐口无凭，立此船契，顺行为照。三面议定水脚船钱（洋）×××

　　凭行当付钱（洋）×××

　　挂欠下找钱（洋）×××至×地给付

　　客用船膳每位（食）计×××文，食粥减半神福一应在行付讫×××，客自膳无贴×××年××月××日部贴官牙×××记行船票

　　　　　　　一路顺风 福星载道

从船契上反映出徽州茶商在茶叶运输过程中采取的"托运"方式，具有如下特征：①运输费用分两次结清，雇船时先预付大部分款项，余款则货运到埠时付给。②一次谈妥运价后，途中不再付给其他任何名目的运输费用。③茶叶遭盗卖或缺少数目，可扣留原船，向船户索赔。④船户包揽运输途中的一切事务（唯纳税除外）。具有这些特点的托运方式，较其他地区随行随雇方式要安全、便捷得多。道光中叶以后，徽州茶商多集中在上海从事茶叶外销活动，运输方式安全可靠也是其重要原因之一。

无论是采取随行随雇的方式，还是采取托运的方式，徽州茶商在贩运每批茶叶途中，均须持有徽州地方衙门所颁的"引票"（或"照验"）①，以备关卡检查。道光以前，徽州茶叶出山，皆在休邑屯溪办理，由休宁县派员查验给引，再由太厦司切角放行。歙县知县何润生在《茶务条陈》中记载了"查验"的具体方法："各商赴局报捐，局中必提出一箱，令其拆口去茶，秤验箱罐轻重，一箱若千斤，众箱准此为法，名曰去皮。凡过关卡均如斯。"② 查验之后，徽州茶商便可纳银取得引票。途中逢卡必须出示引票，并且由关员卡吏秤验茶箱，以检查票与货是否相符。同治年间，清廷曾一度改变皖南茶叶税收办法，所有诸项茶叶税厘，均一次交清，由"督辕颁发三联引票、捐票、厘票，随时填给，不得于三票外多取分毫"③。三票就成了徽州茶商贩运茶叶的凭证，仍然是逢关出示后才能通行。

徽州茶商除应交纳引银外，还要缴付各种名目的捐税。各种捐税一般是在运输途中交纳的。所以"船契"以及"船行票"上均在抬头位置注明"凡遇捐税，尊客自管"、"货船捐客管"、"遵示尊客，货凡遇关津，自投纳税"等字样。徽州茶商贩运茶叶至不同地区，途中所遇关卡及纳税数目都不相同。据光绪二十三年（1897年）何润生《茶务条陈》说："歙、休、黟之茶均由新安江运浙之威坪，首卡每引抽厘捐二钱。光绪二十一年加抽八分，又另抽关税银一钱，杭引课银三分四厘。再由威坪运绍兴，达宁波，逢卡验票，不复重抽。在宁波新关，每百斤预完出口全税银二两五钱。设运至杭州，过塘由嘉兴至上海，每引须纳浙江塘工捐钱五钱。……

---

① 安徽师范大学徽商研究中心收藏有咸丰五年（1855年）九月切角"照验"一张，上书："江南徽州府正堂加十级随带加一级记录十次林/为给发引照事，照得咸丰五年徽郡出境引茶部引未奉颁发，今据歙邑茶商源茂配茶拾担，给总照一道，照验截角放行，俟引颁到，按照截角缴销，须至信照者。/咸丰五年九月十五日给。""照验"实际上是部引未颁之前，地方衙门签发给商人的运茶临时凭证，其作用与"引票"同。
② 《清朝续文献通考》卷42《征榷十四》。
③ 同治《祁门县志》卷15。

婺源绿茶、祁门红茶均由鄱阳湖运江西之姑塘关，每百斤完常关税银二钱六厘，规费银七分。抵九江新关，仍须预完出口税二两五钱，此洋庄茶完纳厘税之定章也。至内销，如茶朴、茶梗、茶子、茶末等不完落地税，惟逢卡抽厘，屯溪街口每百斤各抽钱百文，浙之威坪抽三百余文，严东馆抽百五十余文，杭属厘卡抽钱三百余文，嘉属抽钱百五十余文，此内销本地茶抽收厘金之定章也。"① 这里应当说明，徽州茶商在运输途中缴纳的捐税，即使走同一条线路，年份不同，数目亦不相同。何润生《茶务条陈》中的记载，仅是光绪二十三年前后的事。在清代的一个普遍趋势是，愈到后期，徽州茶商途中所纳捐税名目愈多、数目愈大。

最后，我们还想大致估算一下运输费用在徽商茶叶贸易支出中的比例。当然，这一比例在不同时期和不同销售地区，存在显著的差别。仍以光绪三十一年（1905 年）徽州茶商江耀华销往上海的洋庄茶为例，以窥其一斑。该年江氏"谦泰恒"号支款总数为 24676.69 两②，其中用于运输的水脚洋 732.83 两，茶箱上下力洋 39.71 两，合共 772.54 两，运输费用占支款总数的 3.13%。

4. 茶叶销售

茶叶销售是徽商从事茶叶贸易活动的第四个环节。

以茶叶销售市场而言，徽州茶商在明代即已遍及南北二京以及东北、华北、华东、华南、西南、西北等地区。据《歙县会馆录》称，"隆庆中，歙人聚都下者，已以千万计"，其中以经营茶业者为多。《歙事闲谭》一书的作者许承尧，其祖上在明正统时"已出居庸关运茶行贾"③。关于明代西南地区徽州茶商的活动，汪道昆在《太函集》中记载：歙人方景真"在荆州，将以贾茶入蜀，资斧董董，闻者争附之，辇

---

① 《清朝续文献通考》卷 42《征榷十四》。
② 含请引 531 道 1330.07 两，不含茶叶各种税金。
③ 《歙事闲谭》第 1 册。

二千缗一日至"①。又有汪伯龄"始胜冠,辄从父兄入蜀,称贷以益资斧,榷茶雅州,客蜀久,广交游"②。入清之后,徽商的茶叶销售市场更为拓展,所谓"歙之巨业,商盐而外,惟茶北达燕京,南极广粤,获利颇赊"③。其中以销北方为大宗。另一销售热点地区是广州,当时谓之"漂广东"或"做广东茶"。在北方市场上销售的茶叶品种主要有毛峰、烘青、大方等,而在广东最畅销的品种是徽州绿茶。

大约在道光初年,徽商的茶叶销售逐渐形成了"内销"和"外销"两大体系。

经营内销,俗称"京庄"。它在徽商传统的茶叶经销活动基础上发展而来,销售市场以京、津及北方地区为主,兼及长江流域和东南沿海地区。内销的茶叶品种仍以烘青、大方为主,后又加窨珠兰、茉莉等各种香花,制成花茶。其包装专以"篓袋盛储",质量逊于外销茶,其中"茶朴、茶梗、茶子、茶末居多"④。内销茶叶在徽州出山,无须纳落地税,惟于屯溪街口、浙之威坪、严东馆以及杭、嘉所属各关抽取数目不等的厘捐。内销茶叶大多通过遍布于全国各地的徽州"茶庄"、"茶叶店"零售。从徽茶总的销售情形来看,光绪年间内销茶约占10%—20%左右。

经营外销,俗称"洋庄"。它是适应中外贸易形势发展而兴盛起来的徽茶重要销售渠道。光绪年间,外销茶在徽茶中的比例高达80%—90%。外销茶大多为绿茶,有珠茶、雨前、熙春3大类数十个品种。其包装精美,内用锡罐,外装彩画板箱。初时徽商外销茶叶均往广州,而在"五口通商"之后,大多改道上海。徽州茶商将外销茶运至上海后,一般通过茶栈卖与洋行。一些财力雄厚的徽州茶商往往自己开有茶栈,

① 《太函集》卷40《儒侠传》。
② 《太函集》卷53《处士汪隐君配袁氏合葬墓志铭》。
③ 《歙事闲谭》第18册。
④ 《清朝续文献通考》卷42《征榷十四》。

直接同洋行打交道。茶栈为茶号代售茶叶，收取一定的佣金和其他费用。据新近发现的一份光绪三十年（1904年）上海"谦顺安"茶栈为徽商"谦顺昌"茶号代售茶叶的《代沽单》①注明，这批绿茶共140件，售价为98规元23228两4钱8分。茶栈为"谦顺昌"茶号代扣的各种费用包括：洋行息、打包、修箱、茶楼、磅费、叼佣、码头捐、栈租、力驳、堆拆、出店、火险、各堂捐、律师、会馆、商务捐、膳金、息等18项，计1076两1钱5分。从中可知，茶号通过茶栈销售茶叶的各项费用，约占售价的4.63%。

　　茶叶的销售价格，内销相对比较稳定，外销波动幅度较大。徽州民谚曰：茶叶两头尖，三年两年要发颠。盖指外销茶叶价格而言。终清朝一代来看，茶叶外销价格一直呈下跌的趋势。光绪十四年（1888年），江海关税务司好博逊在一份文件中提到："溯查中国出口茶税，从前系照广东海关，每百斤计完税银二两五钱。彼时茶价尚好，每百斤可售银五十余两……至今茶价日贱，每百斤售三十余两者十居二三，售十余两至八九两者十居七八……"②光绪二十八年（1902年），商约大臣盛宣怀在《奏请减轻茶税》一疏中也称："从前外洋不谙种茶之法，各国非向中国购食不可。彼时茶值甚昂，不论货之高低，牵匀计算，每担可售五六十两至七八十两不等。……近来销滞价跌，红茶最高者，为祁门宁州，绿茶最高者为婺源平水，每担售价不过四五十两，其次之各种低茶，售不及二十两。"③茶叶销售价格在光绪中叶以后大幅度下跌，最主要原因是受到洋茶的冲击和洋商的压抑。茶叶销售陷入困境，徽商的茶叶贸易活动就大受挫折。光绪中叶以后，徽州茶商走向衰落，从其经营方式来看，根本原因是茶叶销售这一环节出现了无法挽救的危机。

　　综上所述，徽商茶叶贸易的经营方式，乃是集茶叶采购、加工、运

---

① 原件藏安徽师范大学徽商研究中心资料室。
② 《访察茶叶文件》，第34—35页。转引自《中国近代手工业史资料》第2卷第14章。
③ 《光绪政要抄本·实业三》。转引自《中国近代手工业史资料》第2卷第14章。

输、销售于一体。每一环节之间，既相对独立，又互相联系，构成了徽商茶叶贸易活动的整体。从茶叶贸易经营方式来看，徽州茶商的组织结构比其他行业的商人组织要精细得多，贸易活动的运作程序也更复杂。

（三）徽商茶叶贸易活动的特色

徽商"其货无所不居"，所经营的行业众多。由于各行各业具有自身的特点，所以徽商的各类经营活动也各有其特色。那么，徽商在茶叶行业中，贸易活动的特色有哪些呢？在对大量有关徽州茶商的资料考察之后，我们认为徽商茶叶贸易活动具有三大特点：

首先，徽商茶叶经营活动多呈季节性。

形成徽商茶叶经营活动季节性特点的原因，是由于我国茶叶采摘和毛茶加工全年一般只有 7 个月左右的时间。在自然条件的影响下，茶树"冬槁春荣"，在每年清明节时次第萌芽，到谷雨节叶片开始舒展。根据茶树的生长规律，徽州茶叶的采摘，一年分两季，所谓"春茶一担，子茶（夏茶）一头"。春茶的采摘，普遍在清明节前后。因此，徽州茶商的经营活动，一般在每年的二三月份开始。这种情况，早在唐代即已出现。唐懿宗时的歙州司马张途在《祁门县新修阊门溪记》中说："每岁二三月，赍银缗缯素求市将货他郡者，摩肩接迹而至。"① 清朝大吏曾国荃在《茶厘酌减税捐片》疏中谈到包括徽州茶商在内的皖南茶商的情况时，说得更加明白："向来茶业各号，均于清明节前开设。"② 光绪十年三月二十八日的《申报》上，也记载了徽州茶商重要活动场所的九江"每值春夏之交，以茶商生意为大宗，城内外之开茶栈者共四十余家，……"③在新近发现的歙县坑口江氏茶商的大量账簿、札记等资料

---

① 《全唐文》卷 802。
② 《曾忠襄公奏议》卷 29。
③ 光绪十年（1884 年）三月二十八日《申报》。

中，详细记载了茶商江耀华每年经营茶叶生意的踪迹。从中可以看出，江耀华做茶叶生意，每年都是在二三月间于屯溪觅址设立总号，在徽州各地设置小茶号，从"螺司"（小贩）手中收购毛茶，然后加工转运各地销售。徽商在二三月份开始的茶叶收购、加工、运输、销售等经营活动，一般到九十月份就要告一段落。其时茶号关闭、伙计辞退、家什封存，商人多回家以待来年二三月间重新开始茶叶经营活动。这里，徽商茶叶经营活动季节性的特点十分明显。

为便于了解这一特点，我们以光绪三十年（1904 年）徽州茶商江耀华的活动情况为例。据《甲辰谦顺昌日记便登》[①] 记载：光绪三十年三月初六日至九月初六日，江耀华均在屯溪茶号中经理茶叶收购、加工、运销等业务；九月初七日从屯溪返歙县坑口家中；十六日在坑口起航至深渡，然后沿新安江水路途经威坪、淳安、小沙滩、严郡、乌食滩、桐庐盐关、富阳，抵达杭州；二十六日过塘由城内石牌楼驳至拱宸桥，二十七日五点到达上海住在茶栈中；十月廿一日往苏省；同年十一月中旬回坑口，结束了全年的茶叶贸易活动。江耀华在其他年份的茶叶经营活动时间，也大致在二三月至九十月之间。它表明，徽商的茶叶贸易活动并非是一项全年性的活动，而具有明显的季节性。

当然，在谈到徽商茶叶贸易活动季节性特点的时候，我们并不否认有一部分小本经营的坐贾，在各地开设小茶叶店，长年累月从事茶叶的零售活动。不过，这部分人并不足以代表徽州茶商的主流。尤其是在清中叶"洋庄"茶兴盛以后，徽茶十之八九外销，零售的地位更微。

其次，"兼营"的现象尤为普遍。

在徽州商帮中，某一行业的商人从事其他行业的商贸活动，并不少见。譬如业盐于两淮的徽州盐商，每每在运盐湖广之后，船载当地的粮食、木材等货物，顺长江东下，销往东南地区。这里，盐商实际上就兼

———————————

① 原件藏安徽师范大学徽商研究中心资料室。

营了粮食业和木材业。歙县《程氏孟孙公支谱》中有一段记载："（程廷柱）字殿臣，号理斋，永洪公长子也。国学生。自幼豁达，卓立有志，厚重少文饰。随父侧奔驰江广，佐理经营。父殁后，克绍箕裘，友爱诸弟。总理玉山栈事，增至田产；兰邑油业命二弟廷柏公督任之；命三弟廷梓公坐守杭州，分销售货；命四弟廷桓公往来江汉，贸迁有无。创立龙游典业、田庄，金华、兰溪两处盐务，游埠店业，吾乡丰口盐业，先绪恢而弥广焉。公生康熙庚寅，卒于乾隆辛丑。"① 从中可见程氏商人经营的行业有盐业、典业、油业、店业等，至于四弟廷桓"往来江汉，贸迁有无"，更是一项综合性的贸易活动。

不过，徽州商帮中，茶商"兼营"的现象最为普遍。正如一位熟悉徽州掌故者所言："茶号系季节性经营，然茶商并不闲。因他们多半兼营其他行业。或开钱庄、布店、南货店，或为木材、粮油行商。茶季来临，资金重点投入茶叶，俟茶叶脱手，又在沪、杭采购各类商品回徽州贩卖。所以在徽州，一般地说茶商多家大业大，根基牢固。"② 绩溪《盘川王氏家谱》中记载："我祖（王）泰邦公，作贾在吴中。设市周庄镇，居然端木风。春季市茶叶，冬季海货通。"③ 在茶叶生意的淡季从事其他行业的经营活动，这是"兼营"的一种类型。此外，徽州茶商"兼营"的另一种重要类型是将部分资金长年投入到其他行业的商贸活动之中。歙县坑口江氏茶商就是这种"兼营"类型的商人典型。据资料反映，早在乾隆年间，江氏茶商就有江起辉经营旌里酒店 10 余年。嘉庆年间，江大棣（字仲池）又开张了大顺店业。作为江氏茶商顶峰人物的江耀华，曾在汉口投入资金 1000 两，与江元滇、江元溶合股开设怡丰裕洋货号；还在上海永隆京广洋货号投资 1000 两，苏州信昌成投资 1000 两；又在苏州阊门外渡僧桥下塘投资 500 元，与人合伙开设恒大有

---

① 歙县《程氏孟孙公支谱·程廷柱传》。
② 《徽州社会科学》1990 年第 4 期。
③ 绩溪《盘川王氏家谱》卷 4《文苑·颂泰邦公》。

油行，在闾门外吴邑水姚家街口投资 200 元合股开设裕泰米铺，在薛坑口投资 300 元开设吉祥杂货店；并独资开设江瑞茂糕点店；杭州的"最利转运公司"，也有江耀华的股本。从中可见，江氏茶商兼营的行业包括了酒店、洋货店、油行、米铺、杂货店、糕点店及转运公司等。① 徽州茶商"兼营"现象普遍存在的原因，一是由于茶叶经营活动具有季节性的特点，大部分徽州茶商无需花费全年的时间用以经营茶叶业。因此，他们在茶叶生意的淡季，有时间与精力从事其他行业的经营活动。二是徽州茶商资本雄厚，他们平时用于修桥、筑路、济困、赈火、修祠堂和买田地等方面的费用动辄成百上千金。同治年间，在上海、芜湖、九江、汉口等地"业茶"的徽州商人，资本额一般均在数千两以上，有的达到四五万两。如何为这些资本寻找出路，使之不断增殖呢？徽州茶商一方面尽量扩大每年的茶叶营销规模，另一方面又积极开拓新的财源，将多余资本投放到典、木、油、棉布等其他行业的经营活动中去，遂使"兼营"现象普遍存在。

第三，合资经营较其他行业为多。

正如兼营现象一样，合资经营在徽州商帮的各行业中也是均有出现。不过，只有在徽州茶商的贸易活动中，合资经营才是最常见的经营方式。《通商各关洋贸易总册》卷下《光绪十七年九江华洋贸易情形论略》中说："业此项绿茶生意者，系徽州婺源人居多，其茶亦俱由本山所出，且多属合股而做，即有亏蚀之处，照股均分，亦不觉其过累。"② 这里提到的徽商从事茶叶贸易"多属合股而做"的情况，在其他史料中亦不乏记载。譬如，《婺源县志》说："程金广，字以成，长径人。国学生。自少任侠不羁。父与亲友合伙业茶，屡折阅，微有退志。时两兄守故业，一读一耕。广请肩父任，许之。经营有年，赀饶裕。……"③ 这

---

① 有关资料藏安徽师范大学徽商研究中心资料室。
② 转引自《中国近代手工业史资料》第 2 卷第 14 章。
③ 光绪《婺源县志》卷 35《人物·义行》。

条史料记载了"与亲友合伙业茶"的现象。此外，还有"兄弟业茶"以及"偕友合伙贩茶"的情况。如"程焕铨，字景廷，石岭里人。国学生。……尝与兄弟业茶，亏蚀，债负数千金，铨以己租抵偿，不累兄弟"①。又有婺源县渔潭人程国远"性仁厚。尝偕友合伙贩茶至粤，公耗八百金。远念友赀无从措，独偿之"②。从这些材料中我们可以看出，徽州茶商"合资"经营的对象不一，既有兄弟、亲友之"合股"，也有朋友之间的"合伙"。

有一种情况在徽州茶商的经营活动中也较为常见，这就是"贷资"经营。如光绪《婺源县志》卷34《人物·义行》记载：程锡庚"尝在广东贷千金，回婺贩茶"。在"洋庄"茶兴起之后，徽州茶商中多有通过茶栈向洋行贷款者。歙县坑口江氏茶商的账簿中，江耀华每年都有一笔向洋行借贷的记录。有的学者将这类贷款也视作"合资"经营的一部分，我们认为不尽妥当。因为尽管钱庄或洋行的贷款是徽州茶商经营资本的一部分，但钱庄或洋行并不承担赔亏的风险，也不按资本比例同徽州茶商瓜分利润，而只是收取本金和利息。这同"合资"经营的亏蚀之处照股均摊，若有盈余亦照股均分的原则，完全不同。

合资经营对徽州茶商来说，至少有两点好处：一是资本相对集中，便于扩大茶叶的营销规模。二是减少了亏赔的风险，如《九江华洋贸易情形论略》中所说："即有亏蚀之处，照股均分，亦不觉其过累。"

综上所述，徽商的茶叶经营活动具有季节性、多兼营、多合资的特点。这里需要指出的是，徽州茶商是徽州商帮的重要组成部分，因此，徽州商帮有别于其他商帮的一些重要特征如"贾而好儒"、商业道德等，徽州茶商亦均具备。

---

① 《婺源县志采辑·义行》。
② 光绪《婺源县志》卷34《人物·义行》。

二、徽商与木材贸易

"徽郡商业，盐、茶、木、质铺四者为大宗"[①]。木材贸易是徽商经营的四个主要行业之一。徽商从事木材贸易时间早、人数多、资本雄厚，活动范围广阔，在徽商商业贸易中占有举足轻重的地位。在大工业出现以前，木材是建造房屋和制作车船、工具乃至家具所使用的基本材料，在人们的生产、生活中起着十分重要的作用，以致有的西方经济史学家把大工业以前的时代称为"木材时代"[②]。因此，徽商的木材贸易活动，对当时社会经济的发展无疑具有积极的意义。

（一）

徽州地处皖南山地丘陵区，"农力最为勤劳，缘地势陵绝，厥土驿刚而不化"[③]，不宜农作物生长，但林木资源却很丰富。徽州林木资源按其用途，大致可分为用材林，如松、杉、梓等；经济林，如桐、漆、乌柏等；果实林，如桔、梨、栗等；以及薪炭林。其中用材林杉与松则一向是徽州林木生产的大宗。"大抵新安之木，松、杉为多。"[④] 在徽州6邑中，又属婺源的林木蕴藏量最大，所谓"山林之利，我婺独擅"[⑤]，再加上婺源杉木质佳，"自栋梁以至器用小物，无不需之"[⑥]，因而婺源的木商最为众多。

南宋时，由于外来移民的增多，再加上人口的自然增殖，徽州田少人多的矛盾已经十分突出，于是山林就成了徽州人民生产资料和生活资

---

① 陈去病：《五石脂》。
② 转引自李伯重《明清时期江南地区的木材问题》，《中国社会经济史研究》1986年第1期。
③ 《歙县闲谭》第18册《歙风俗礼教考》。
④ 《古今图书集成》卷261《草木典》。
⑤ 光绪《婺源县志·风俗》。
⑥ 《增补陶朱公致富全书》卷1。

料的重要来源。"土人稀作田，多以种杉为业"①。同时，"女子始生则为植杉，比嫁斩卖，以供百用"②，则成了当时徽州山区的习俗。在这种情况下，一些徽州人就利用山区丰富的林木资源同邻近的江西、浙江、江南产粮区进行以木易粟的贸易，从而使徽州木商开始进入邻近的区域性市场。如："祁门水入鄱，民以茗、漆、纸、木行江西，仰其米自给"③；休宁"山出美材，岁联为桴，下浙江，往者多取富"④；婺源"每一岁概田所入不足供通邑十分之四，乃并力作于山，收麻兰粟麦佐所不给，而以杉桐之入易鱼稻于饶，易诸货于休"⑤。南宋时，徽州木材的输出贸易已相当发达，徽州木商的人数也已颇为可观。如宋人范成大记其泊严州所见："（严州）浮桥之禁甚严，歙浦杉排毕集桥下，要而重征之，商旅大困，有濡滞数月不得过者。……休宁山中宜杉……出山时价极贱，抵郡城已抽解不赀，比及严则所征数百倍。严之官吏方曰'吾州无利孔，微歙杉不为州矣。'"⑥ 徽州输出的木材成了严州税收收入的主要来源，可见其数量之多，参与木材贸易的人数之众了。

明中叶以后，随着徽州商帮的形成，徽商经营行业和活动范围的扩大，徽州木商也有了长足的发展。如果说明代以前，徽州木商是取材于本地，内产外销，目的主要是以木易粟，换取邻近地区的粮食以满足徽州本土的需要；那么，明代以后，情况就大不相同了。这一时期，徽州木商已进入国内木材大市场，其足迹遍及西南、东南木材的各个重要产区；贸易的重点是外购外销；经营的目的则是获取贱买贵卖所造成的价格差额。

我国南方森林资源主要集中于西南诸省。王士性在概述天下资源分布情况时指出："西南川贵黔粤饶楩柟大木"，"深山大林，千百年砍伐

---

① 范成大：《骖鸾录》。
②③④ 罗愿：《新安志》卷1《风俗》。
⑤ 光绪《婺源县志》卷3《风俗》。
⑥ 范成大：《骖鸾录》。

不尽"①。王象晋也指出："樟木，大者数抱，西南处处山谷有之"，"楠木……黔蜀山中尤多"②。明清时期，徽州木商在四川、贵州诸省十分活跃。如婺源商人洪庭梅，"偕姻戚权木值于闽越楚蜀数千里外"③；汪溶，"家贫，佣于木商，跋涉江湖，远及苗洞"④。歙县商人程之藩，"年少时，随其父行贾于四川，至建昌雅州宣慰司董仆家。土司所属，深谷峻岭多巨木，伐之为利"⑤；王士汲，"年十九，侍父华顺往四川贩木"⑥。等等。

湖南木材主要产于湘西地区。明清时期，徽州木商在湖南贩木的也不少。如婺源商人毕兴，"业木楚尾吴头，备尝辛苦"⑦；汪任祖，"初家贫，嗣业木吴楚间，渐有余蓄"⑧。歙县商人黄伐"贩木湖南"⑨。等等。在湖南贩木的，以徽州木商的人数最多，资本最为丰厚。清朝大臣骆秉章曾在一封奏议中说："窃查辰州府例征关税向于城外分设木关按照税则征收，凡贵州及本省沅州永顺一带贩运木植出江皆经由此地，故原设木关统以辰州为筦键。历来木商唯徽客赀本丰厚，江西次之，本省又次之。而木排则以杉木为大宗，其余杉枋杉板及杂木税亦甚微。至于贩运来源以沅水上游为最旺，向于交界之蛇口屯集扎成木排，经辰州南关纳税。永顺一带多产杂木，经辰州北关纳税。"⑩ 又如光绪《婺源县志》卷 35 记载："朱昌孝……幼读书，以父年迈，弃砚就商，设钱肆于湖南德山。婺源木商往来必经其地，排夫不下数千人，有客死者，赁地藁葬，甚且委诸草莽。……"

---

① 《广志绎》卷 1《方舆崖略》。
② 《二如亭群芳谱》木谱一。
③ 婺源《墩煌洪氏通宗谱》卷 58《清华雪斋公传》。
④ 《婺源县采辑·义行》。
⑤ 《戴南山先生全集》卷 8《程之藩传》。
⑥ 民国《歙县志》卷 8《人物·孝友》。
⑦⑧ 光绪《婺源县志》卷 30《人物·孝友》。
⑨ 《歙事闲谭》第 3 册《黄可堂传》。
⑩ 沈云龙：《皇朝政典类纂》卷 87，引骆秉章《骆文忠奏议》卷 14。

徽州木商也有南下福建贩木的，如婺源商人黄世权，"顺治戊子，以厚资畀故交，贩木于闽"①。再如，光绪《临汀汇考》卷4记载：福建宁化"先时徽贾买山，连伐数千为捆，运入瓜步……"

在江西贩木的徽州木商也很多，如婺源商人董昌瑗，"买木南赣"②，单启泮"业木豫章"③；祁门商人倪国时"贩木饶河"④，倪望铨"往来贩木于鄱湖闉水间"⑤；等等。

明清时期，徽州木商将本土的木材输往浙江、江南地区的活动仍在继续。徽人赵吉士说："徽处万山中，每年木商于冬时砍倒，候至五六月，梅水泛涨，出浙江者，由严州；出江南者，由绩溪顺流而下，为力甚易。"⑥徽州邻近的宁国府太平县所产的木材也大多为徽州木商所购买。如徽商程希道就"尝往邻邑太平之弦歌乡，置买山场，做造排筏，得利无算"⑦。

浙西衢州府的开化、常山等县也是木材产区，在这里置买木材的主要也是徽州木商。如明代开化，"当杉利盛时，岁不下十万，以故户鲜通赋，然必仰给于徽人之拼本盈，而吴下之行货勿滞也"⑧。清初徽州木商程某"常在衢、处等府采判木植，商贩浙东、南直地方，因此常处开化"⑨。徽商王恒到常山贩杉木，一次拼买丁氏山林即"用银一千五百两"之多。⑩清婺源商人江恭埸，"尝购木开化"，一次就曾采购王姓兄弟之木计价1200金。⑪

① 光绪《婺源县志》卷31。
② 光绪《婺源县志》卷38。
③ 光绪《婺源县志》卷34。
④ 《祁门倪氏族谱》卷下。
⑤ 《祁门倪氏族谱》卷续。
⑥ 《寄园寄所寄》卷12。
⑦ 《新安程氏诸谱会通》第3册《希道公传》。
⑧ 雍正《浙江通志》卷106《物产六》。
⑨ 《醉醒石》第4回。
⑩ 《详状公案》卷2《断强盗掳劫》。转引自藤井宏《新安商人的研究》。
⑪ 光绪《婺源县志》卷33。

　　明清时期，徽州木商贩运木材的路线不同，方式多样，但其主要的集散地则是江南地区。一般说来，他们是将川、贵、赣、湘的木材借长江干流运往江南。如，明代，四川"凡楠木最巨者，商人采之，凿字号，结筏而下。既至芜湖，每年清江主事必来选择，买供造运舟之用，南部（南京工部）又来争，商人甚以为苦"①。清代，康熙四十六年川抚能泰奏："川省地方，山深林密，产木颇多。……商贩所运木植过夔关时，止纳板税，其余木植运赴湖广、江南货卖"②。明代贵州楠木，"大者备官家之采，其小者土商用以开板造船，载负吴中拆开船板，吴中拆取以为他物料，……近吴中器具皆用之"③。湖南的木材当更是如此，因为在方志、谱牒中，关于徽州木商"业木楚尾吴头"、"业木吴楚间"的记载不少。

　　福建的木材大多是走海路运往江南。据记载："（浙江）材木之用，半取给于闽。每岁乡人（浙江木商）以海舶载木出（福州）五虎门，由海道转运……"④ 浙江木商如此，在福建贩木的徽州木商大约走的也是同样的路线。因为前面所提到的婺源木商黄世权，以厚资委托"故交"，贩木于闽，而他自己却是坐镇京口的。

　　江西、徽州、衢州等地的木材则是通过昌江、鄱江、新安江、青弋江、富春江等支流运往江南地区。

　　此外，徽州木商还将木材经运河北上运往扬州、泰州、淮泗等地。如婺源商人王学炜，"比长，业木泰州"⑤；李广璧，"弃儒服贾，往泰州海门厅业木，艰难起家"⑥；俞悠春，"尝业木维扬，资颇饶，辄喜施与"⑦。

────────────

① 《涌幢小品》卷 4 《神木》。
② 雍正《四川通志》卷 16 《榷政》。
③ 《广志绎》卷 4 《江南诸省》。
④ 《安澜会馆碑记》。
⑤ 光绪《婺源县志》卷 34。
⑥⑦ 光绪《婺源县志》卷 35。

徽商汪堰，"尝货木淮泗"① 等。

综上所述，可知明清徽州木商的活动地域远较前代广阔，运输规模远较前代更大，其人数也远较前代更多。

清朝末年，徽州盐商、典商相继衰落，徽州商帮也随之逐渐解体，然而，此时的徽州木商却仍然活跃于木材贸易领域，具有相当大的势力，这种情况一直持续到20世纪40年代。如1911年，黟县木商江辅卿、范蔚文、孙毓民合股经营木业，派人携巨款前往赣南吉安、泰和等山区收购木材，然后通过赣江、鄱阳湖由湖口转入长江，经彭泽、安庆、无为的凤凰颈，转巢湖运抵合肥，并在合肥开设"森长源"木行进行销售。继之，他们又先后在凤凰颈、大通、巢湖等地设立了办事处。1915年范、孙拆股息各得3万元退出，江辅卿独资继续经营，至1924年已拥资10万余元，足见其规模之大了。再如杭州的"徽商木业公所"创建于清乾隆五十一年，参加者有6邑木商五六百人，在候潮门外建有房舍，用为议事场所；又在江干购置沙地3690余亩，用以堆放木材。每年六月初一，徽州木商要在公所内举行一次集会，每逢会期不用邀请，自行到会。自清乾隆时起直到1937年，从未间断。抗日战争期间，一度停顿。1946年恢复，更名为"徽州旅杭木业福利社"，当时尚有会员380余人。休宁的黄乐民、汪行之先后担任董事长，迄解放止。②

木材贸易作为徽州商帮的四大支柱行业之一，发展最早，而衰落却最迟，由此可见它在徽州商帮中的地位和作用何等重要。

（二）

将西南、福建、江西、徽宁的木材运往江南地区是徽州木商贸易的重点，因而江南地区各个重要城镇就成了徽州木商的据点及其木材的集

① 《汪氏统宗谱》卷85。
② 转引自王珍《徽州木商考略》，《徽州社会科学》1991年第2期。

散地。如芜湖，"炮台在县西滨江，明总兵黄得功建。今其下滩地为徽、临两郡木商堆贩木箱之所"①。芜湖的木材，除少量来自徽、宁二府之外，大部分则是来自长江上游的西南各省的木材生产区。咸丰三年，安徽巡抚李嘉端就曾说："芜湖工关税向以木排为大宗，只缘楚南产木之区与粤西地壤相接，逆氛窜扰，处处戒严……以致排把未能旺运，税收因而大减。"②

南京是明清时期长江上游的木材运往江南各地的最大中转站。这里的徽州木商不仅人数众多，而且资本十分雄厚。如婺源商人洪大诗，"营金陵木业，囊渐充裕，因居白下"③；程肇基，"业木金陵，资饶裕"④；金照"业木金陵。尝捐资置义冢一区，以安旅榇。又修上江考棚、府嘉兴坛、婺邑城垣，共捐一千数百金"⑤。另据《歙事闲谭》载："徽多木商，贩自川广，集于江宁之上河，资本非巨万不可。因有移家上河，服食华侈，仿佛淮阳，居然巨室"⑥。上新河一带建有徽商会馆，清代婺源木商施德栾就曾"客金陵，督理会馆，以朴诚著誉，守江宁者屡举总商，务多有成"⑦。

镇江是长江木材转折运河北上和南下的必经之路，这里的徽州木商势力亦很大。清人陆献说："（丹徒）横闸之坏，非坏于官，实坏于徽州之木商也。数十年前，木筏由常州之江阴进口，后以江阴路稍远，改由镇江大闸口而入。当京口粮船正在开行时，木筏齐停镇江口，俟粮船开毕，然后入大闸。至今镇江之西外江口，土人谓之排湾。排湾者，木排湾船之所也。不知何年擅入横闸。横闸金门狭而长，闸底又深，木排之大，不足以容焉，且口门西向，潮水西注，而木排入闸，碍于闸左臂之

① 嘉庆《芜湖县志》卷6。
② 《中国近代手工业史资料》第1卷第594页。
③ 婺源《墩煌洪氏宗谱》卷59。
④⑤ 光绪《婺源县志》卷34。
⑥ 《歙事闲谭》第18册《歙风俗礼教考》。
⑦ 光绪《婺源县志》卷29。

伸长，转折不便。故于修闸之时，施其诡计，朦溷经营，而横闸遂成变局，再坏再修，再经营而变为有闸不如无闸之局矣。"①

苏州和杭州是徽州木商在江南地区的两个重要的木材转运基地。光绪《婺源县志》"义行"部分有关徽州木商"业木苏州"、"购木钱塘"的记载不少。为了增强凝聚力和竞争力，徽州木商在这两地建有会馆和公所。徽州木商在苏州西汇创立的大兴会馆，咸丰年间"缘罹兵燹，地成瓦砾"，后于同治四年重新修建，"兹议公借紫阳地基，起造正堂三间。后厢两极一间……以为木商集议公所"。在重建大兴会馆时，捐款的徽州木行计有 3 家，捐款的徽州木商计有 48 人。② 杭州候潮门外的"徽商木业公所"，规模更大，参加的徽州木商人数更多。

再如松江府，据清代《松江府为禁修葺官府横取赊买竹木油麻材料告示碑》记载："本郡四门木竹商人程泉、程召、李全、汪塘等呈称：泉等俱属徽民，远贩者□投治。……蒙本府知府廖，看得木竹行业尽系徽民，挈资侨寓，思觅蝇头，冒险涉远，倍尝辛苦，始得到埠。……"③ 可见，在松江府从事木材贸易的主要也是徽州木商。

明清时期，徽州木商涉足深山老林，漂浮江河湖海，不畏艰险，从事大规模的木材长途贩运，而且将其木材的主要集散地放在江南地区，其中的原因何在呢？

我们知道，徽州是个众山环抱的地区，林木生产是徽州地区经济的重要构成部分。正如《徽州府志》所说："其山林材木、茗、栗、桐、漆之属，食利亦无算。"④ 徽州人民在长期与森林打交道的过程中，积累了采伐利用、栽培管理天然林和人工林的丰富经验。徽州各种地方志中多有这方面的记述，一些成功的经验甚至载入了如《农政全书》等重

---

① 陆献：《丹徒横闸改建议》。《清经世文编》卷 104。
② 《江苏省明清以来碑刻资料选集》第 101—102 页。
③ 《上海碑刻资料选辑》第 105 页。
④ 康熙《徽州府志》卷 8。

要的农学著作。这方面的情况，张雪慧的《徽州历史上的林木经营初探》① 一文中有详细的论述。到南宋时，徽州木材的输出贸易得到了发展。在木材贩运的过程中，徽州木商又不断总结经验，发挥聪明才智，创造了以竹制缆捆扎木排的新方法。如婺源商人程文昂，"业木造排，以竹制缆，创自巧思，牢固异常，人利赖之"②。捆扎木排，以竹为缆，不仅牢固，而且不易腐烂，从而减少了徽州木商在运输路途中的风险。这些有关木材砍伐、保管、运输的经验，就为明清徽州木商走向国内木材大市场提供了前提条件。

此外，明中叶以后，徽州经商的人数骤增，"足迹几遍禹（宇）内"，"滇、黔、闽、粤、豫、晋、燕、秦，贸迁无弗至焉；淮、浙、楚、汉又其逐焉者矣"③。这些人通过各种途径将外地的信息传到徽州，从而使徽州木商能了解到各地木材的供需情况，再加上在外地经商的徽州人具有相互提携，"以众帮众"的传统，这些也为徽州木商大步走向国内木材大市场提供了便利。

江南地区森林不多，"惟沿村有树，其河港之在野者罕植。间有之，亦必取作器，小则伐为薪"④。以故史载常熟"无室庐之材"⑤，无锡"木不足以备屋材"⑥。然而，明清时期江南城镇的发展以及造船业的发达又迫切需要大量的木材。徽州木商将江南地区作为其木材的集散地，盖因于此。

明清江南造船业发展很快。以近海沙船为例，嘉靖时长江三角洲（包括江北通州、泰州）一带已有沙船千艘以上⑦，而到清中期，"上

---

① 《中国史研究》1987 年第 1 期。
② 光绪《婺源县志》卷 34。
③ 《歙事闲谭》第 18 册《歙风俗礼教考》。
④ 《清稗类钞·矿物类》。
⑤ 康熙《常熟县志》卷 1《物产》。
⑥ 《锡金识小录》卷 1《山泽之利》。
⑦ 参阅周世德《中国沙船考略》，《科学史集刊》第 5 辑。

海、乍浦各口有善走关东、山东海船五千只，每只二三千石不等，其船主俱土著之人"①。200 多年中钞船数量增加了 4 倍多。这些沙船都是在江南一带建造的。江南所造海船、漕船、兵船也很多。如康熙五十五年十月康熙帝谕大学士九卿等曰："……朕南巡过苏州时，见船厂问及，咸云每年造船出海贸易者，多至千余，回来者不过十之五六，其余悉卖在外海……"② 至于内河运石、运货、农家代步的湖泖之船（或称浪船）则为数更大。据《天工开物》记载："凡浙西、平江（即苏州）纵横七百里内，尽是深沟，小水湾环，浪船以万亿计。"③ 此外，江南渔船数目也不少，其中最大者规制不下于大中型海船。据郑若曾《太湖图论》说，嘉靖时太湖中最大的渔船帆罟和江边船，载重量达 2000 石。

这些船只的建造与维修，每年要耗费大量的木材。据元代规定，造一艘"一百料"的内河船，要用各种尺寸的板木 203 条片，而船上樯、橹、棹头板、鞴头板等设备所用木材还不包括在内。④ 明初规定，造一艘"四百料"的河运漕船，"每船用新杉篙木六十二根，株、樟、榆、槐二十余段"⑤。造海船所用木料更多。明初规定造一艘"一千料"的中型海船，需杉木 302 根，杂木 149 根，株木 20 根，榆木柁杆 2 根，栗木 2 根，橹杯 38 枝，共 513 根。⑥ 造船不仅耗费木材，而且对木材的尺寸、种类都有讲究。例如造漕船，"桅用端直杉木；……梁与枋樯用楠木、槠木、樟木、槐木；浅板不拘何木；舵杆用榆木、榔木、槠木；关门棒用稠木、槐木；橹用杉木、桧木；此其大端云"⑦。造船业的主要用料：杉、松、楠木等，江南本地所产极少，自明初以来就主要仰赖

①《履园丛话》卷 4。
②《清康熙实录》卷 270 康熙五十五年十月壬子。
③《天工开物》卷 9。
④ 沙克什：《河防通议》上卷《造船物料》。
⑤ 席书、朱家相：《漕船志》卷 4《料额》。
⑥《明会典》卷 200 工部 20。
⑦《天工开物》卷 9。

川、黔、湘、闽，如明初所造的大艨宝船，木材即来自川、黔、湖广。到清顺治末年，"经屡次造船之后，（江浙）老材巨榦搜伐无遗"①，特别是造较大船只的木材，本地再也难以寻觅到，因而对外地木材的需求就更为急迫了。

随着商品经济的发展，明清江南市镇迅速兴起，其中有些市镇的规模还相当大。据有关学者统计，明中后期江南有市镇 329 个，而清前中期增至 517 个。其中千户以上的大型市镇，明中后期约有 14 个，清前中期则增至 19 个。② 明清江南城市人口的增长更为迅速，如南京，明初只有 27000 多户③，约 10 多万人口，而到万历时，则是"生齿渐繁，民居日密"，仅十三门内外的人户，就有"几十余万"之多。④ 又如杭州城，据明成化时的统计，当时共有户 9 万，口约 30 万。但到嘉靖万历时，据江山杨魁说："（杭州）城有四十里之围，居有数百万之众。"⑤ 又如苏州，"府城闾门外，……明时尚系近城旷地，烟户至稀。至国朝生齿日繁，人物殷富，间阎且千，鳞次栉比矣"⑥，人口增加很多。

城镇的发展和人口的增加，导致了建筑业的兴盛，从而进一步加大了江南地区对木材的需求。因为江南房舍大多为竹木结构，使用砖石甚少。即使是繁华的大都市，情况亦基本如此。如杭州城内的民居，自南宋时即是"板壁居多，砖垣特少"⑦，直至清代仍然是"计一室所用，其为砖埴之工者，止瓦稜数片耳"，而"自基墼以至梁俪栋柱榱桷，无非木也。且以木为墙障，以竹为瓦荐壁夹。凡户牖之间牖用栝楄，而半

---

① 顺治十七年福建道试监察御史胡文学《为民力尽于船工修练宜姻于平昔事》题本，《清史资料》第 3 辑。
② 刘石吉：《明清时代江南市镇之数量分析》。《思与言》第 16 卷第 2 期。
③ 《明太祖实录》卷 63 洪武四年闰三月。
④ 周晖：《二续金陵琐事》。
⑤ 万历《杭州府志》卷 33《城池》。
⑥ 转引自李伯重：《明清时期江南地区的木材问题》。
⑦ 田汝成：《西湖游览志余》卷 25。

塘承塘又复以板与竹夹为之。间护牖以笆，护塘以篱，层层裹饰，非竹即木"①。苏州也是"瓦屋鳞鳞，俱以木成"②。再加上明清时期江南及运河沿岸的淮、扬一带聚积了大量的富商大贾、达官贵人，他们争建园林别墅，制作家具什物，耗木甚多，所有这些建筑用材，加上家具和农具用材的数量当比造船用材更为可观。

由于以上这些原因，就使得明清时期的徽州木商纵横于国内木材的生产和销售地域，并且将江南地区作为木材的主要销售市场。

（三）

明清徽州木商的经营方式有合资和独资两种形式。合资经营的主要是一些资本较小的木商。徽州木商在涉足木材贸易之前，有不少人家境贫寒，是以耕樵为生的自耕农甚至是破产农民。光绪《婺源县志》"孝友"、"义行"部分所记载的徽州木商大多属于此种类型。他们资本的来源或是靠亲朋、宗族的资助；或是靠借贷，如程鸣岐"贷资贩木"③、孙徽五则贷金给"同侣市木者二十余人"④。而木材，特别是优质木材，大多生在深山老林之中，道远山深，采伐极其困难。如西南林区的木材，"在彝方瘴疠之乡，深山穷谷之内，寻求甚苦，伐运甚难"⑤；"木非难而采难，伐非难而出难。……上下山阪，大涧深坑，根株既长，转动不易，遇坑坎处，必假他木搭鹰架，使与山平，然后可出。一木下山，常殒数命。直至水滨，方了山中之事"⑥。木商在运输木材的时候，是"以其赀寄一线于洪涛巨浪中"⑦，风险亦

---

① 毛奇龄：《杭州治火议》。载《武林掌故丛编》。
② 《咫闻录》卷8《失火酬神》。
③ 光绪《婺源县志》卷35。
④ 光绪《婺源县志》卷33。
⑤ 周洪谟：《大木议》。《古今图书集成·职方典》卷619。
⑥ 《广志绎》卷4《江南诸省》。
⑦ 乾隆《婺源县志》卷4。

很大。如婺源商人叶明绣"尝购木钱塘，江潮骤至，漂木过半"①；汪见大"贩木荆楚，遇蛟龙水漂荡"②。再加上木材贸易的周期较长，所有这些就决定了经营木材需要较多的人手和雄厚的资金。为了减少风险，增强竞争力，一些资本不大的徽州木商就采取了合资经营的方式。合资一般是以宗族乡党为限，如前面所提到的徽州木商洪庭梅就是和"姻戚"合资的。再如王杰"偕堂弟货木三楚"③；董梿照"与兄合资业木姑苏"④ 等。合资经营，赚钱按股均分，蚀本则照股均赔。如万历三十九年祁门奇峰郑元祐、逢旸、逢春、师尹．大前 5 人合伙拼买杉木，从饶州造捆，往瓜洲发卖。"不期即遇风潮，漂散捆木；又遇行情迟钝，耽误利息，以致蚀本"。后来 5 人将所蚀之本，"照原合伙议定分股，以做十二股均赔开派"。⑤

　　独资者相对来说拥有的资本要雄厚些。他们为了适应木材贸易的需要，大多雇有人手。如前面所提的黄世权，就是雇佣"故交"到福建贩木的；汪溶在初期则是"佣于木商"的。

　　无论合资、独资，徽州商人在木材贸易中，除极少数有"本利亏折"的现象外，大多都获得了丰厚的商业利润。如婺源商人施圭锡，"佐父业木，比父归里，孳息倍于前"⑥；汪光球，"初家贫，习缝工，嗣业木苏州，勤慎笃实，人多贷以资本，经营数年，渐丰裕。兄弟三人，球行二，积累二万余金……"⑦；王杰，"货木三楚，……比抵仙镇，获利数倍"⑧。至于一些徽州皇木商，他们通过夹带私木，逃避国课所获得的利润就更为惊人。如明万历间，修建乾清、坤宁两宫，"徽州木商王天俊千人，广挟金钱，依托势要，钻求札付。买木十六万根，

①④光绪《婺源县志》卷 33。
② 　光绪《婺源县志》卷 31。
③⑧ 　光绪《婺源县志》卷 30。
⑤ 　中国社会科学院历史所藏徽州文契，编号 3687。
⑥⑦ 　光绪《婺源县志》卷 35。

勿论夹带私木,不知几千万根;则此十六万根木,逃税三万二千余根,亏国课五六万两。"①。总之,明代后期至清代,徽州木商积累起可观的货运资本,其木材生意越做越大,一次贩木"数千茎"②、"数千章"③的为数很多。据统计,清末民初,仅徽州木材外运江南地区的每年即达10余万两(两:木材计量单位,龙泉码,视木材大小分别计算。大体而言离根部6尺,腰围1尺5寸折0.15两,腰围2尺折0.24两)。④所以徽州习惯上把盐商、木客联起来看。俗谓"盐商木客,财大气粗",意思是说他们不但有钱而且有一定的势力。

徽州木商采购木材的方式有三种。其一是在木材产区收购乡民自行砍伐的零星木材。其二是深入山区,登门拼买,即购买山民成材的青山,雇工砍伐。如前面所讲的徽州木商在衢州开化、常山,在四川建昌雅州,在宁国府太平县弦歌乡等地采购木材,就有采用这种"登门拼买"方式的。其中徽州木商王恒在常山除"登门拼买,凭中交易"外,还带去了"家丁随行十余人"⑤;程之藩在雅州拼山则是"役夫尝数百人"⑥。再如,正德嘉靖时婺源商人李迪,"其贻谋甚远,出囊借贷,共集不赀。抵广信,广买山材,木尽还山,自谓子孙无穷之利,工佣无虑数十人,货成无限数"⑦。其三是置买山场,雇工造林、管理,等树木成材后再砍伐货卖。如明代歙县一胡姓置产簿所示,从洪武至成化间置买山场林木的买契40多件,山数百亩。⑧清代休宁黄姓商人地主在乾隆五、六年卖山林材木,所得银两占年总收入的三分之一以上。⑨再加万

---

① 《冬官记事》。
② 《西吴枝乘》卷下。
③ 《大泌山房集》卷72《江先生家传》。
④ 王珍:《徽州木商述略》。《徽州社会科学》1991年第2期。
⑤ 《详状公案》卷2《断强盗掳劫》。
⑥ 《戴南山先生全集》卷8《程之藩传》。
⑦ 婺源《三田李氏统宗谱·明故处士兰田质斋李公墓志铭》。
⑧ 中国社科院历史所藏徽州文契,编号100025。
⑨ 中国社科院历史所藏徽州文契,编号100434。

历天启时歙县富商吴养春置有黄山山场 2400 余亩，雇人"蓄养木植"，"砍伐树木货卖，年久获利何止数十余万两"。在他被祸下狱的那一年，其山场木植价值 30 余万两。[①] 可见，徽州木商的后两种采购木材的方式，都不同程度地使用了雇佣劳动。虽然由于资料所限，这种雇佣劳动的性质我们现时还不能够确定，但这两种方式中的徽州木商的商业资本已经具有了产业资本的性质，则是无疑的了。

徽州木商木材的销售，则是委托木行居间进行的。交易做成，木行从中提取 3%—5% 的佣金。这一方式自清乾隆时直到解放，历无变易。为了销售木材，徽商在全国各地，特别是江南地区开设了大量的木行。如徽商在杭州开设的木行，最盛时达百余家，抗日战争前后，仍有乾吉、永安、三三、永丰、中孚、益生、三怡、东南等数十家。木行对木商来说，不仅是交易的中间人，同时还是变相的信用机构。木商资本不足时，还可向木行贷款，但木商贷了哪家木行的款，其木材就必须落交哪家木行出售。有些徽州木商既贩运木材，又开木行。如休宁木商张彦超、程鹏飞就分别在杭州开设了"三三"、"三怡"木行，并在屯溪闵口设立办事处，互通行情，开拓业务。[②]

为了减少木材运输和销售过程中的种种关卡盘剥，徽州木商也有依靠、攀援封建政治势力的一面。如《徽州公所征信录》中记有光绪二十九年杭州徽商木业公所董事的名单，他们大多捐有功名："木业董事五品衔浙江补用知县余家鼎、江苏补用通判许钺、候补知县江仁、指分浙江知县江家瑞、补用知县戴茂椿"等。徽州木商"急公"捐资的也很多，如婺源木商程鸣岐"捐助大营军饷银 1000 余两。及南乡总局团练本里，五美局招勇，捐费不下数百金"[③]。关于这一点，从徽州木商的政治态度上看得更为清楚。如清婺源木商程开绂，侨居金陵，"值发逆

① 程寅生：《天启黄山大狱记》。
② 王珍：《徽州木商述略》。《徽州社会科学》1991 年第 2 期。
③ 光绪《婺源县志》卷 35。

窜金陵，方白祁橄木横江，屯兵安炮，堵截上游，绂输木作筏，约费数千金。后官军克复镇江，两次采木，制云梯，造浮桥，绂皆捐助。江苏抚宪郭额以'储材报国'"①；潘光余"……嗣贩木业，稍获赢余，侨居盐会。咸丰癸丑，金陵城陷，河宪劝捐，踊跃急公，先后输数百金"②。但相比较而言，徽州木商对政治势力依附、结纳的程度，远不如盐商。

徽州木商在长江流域及福建地区进行大规模的木材长途贩运，对促进这些地区经济联系以及商品货币经济的发展，无疑具有积极的作用。在这里，尤其值得一提的是，徽州木商对疏通河道，修筑堤堰、桥梁、船闸等事颇为热心。如清婺源商人俞盛，"业木金陵……疏上新河水道、甃文昌阁大路"③；程兆枢，"弃砚就商业木。……归家创祠宇……督造水口桥梁……"④；王学炜，"嗣居家，修广济桥，造枧田路，葺站坑岭，俱不惜巨资"⑤。再如戴振伸，"素业木姑苏。资禀奇异，洞悉江河水势原委。丹徒江口向有横越二闸倾坏，后水势横流，船排往来，迭遭险厄。道光年间，大兴会馆，董事请伸筹画筑二闸，并挑唐、孟二河。比工告竣，水波不兴，如涉平地。……又杨泾桥为南北通衢要道，倾圮有年，伸邀同志捐修，行旅至今利赖之"⑥。这些事实，从主观上来说，是徽商为方便木材贩运的一种生产性投资，但它在客观上却促进了明清时期水利事业的发展，方便了人民生活。

三、徽商与粮食贸易

明清时期，随着社会分工的扩大、工商业人口的猛增以及赋税折征银两的普遍化，商业贸易比前代有了较大发展。同时，跨区域市场的形

---

①②⑤⑥ 光绪《婺源县志》卷34。
③④光绪《婺源县志》卷35。

成以及人民生活必需品被大批卷入流通领域，是这一时期商业贸易的显著特点。

在发达的商业贸易中，粮食贸易规模的急剧扩大是一个引人注目的现象。明人丘浚曾有一段总括性的议论，他说："后世田不井授，人不皆农，耕者少而食者多，天下之人食力者什三四，而资籴以食者什七八矣。农民无远虑，一有收熟，视米谷如粪土，变谷以为钱，又变钱以为服饰日用之需。"① 可见，明代粮食的商品化已经是大规模的，也是"什七八"的"资籴以食者"生活中不可缺少的经济现象了。进入清代，粮食的商品化趋势进一步发展。据吴承明先生对清代前期主要商品量的估计，粮食排在第一位，其次才是棉花、棉布、丝、丝织品、茶、盐。②

明清时期粮食商品化的急剧增加，特别是沿江区域粮食供需市场的形成，是与资金雄厚、精于筹算、执江南商界之牛耳的徽商，"因地有无以通贸易，视时丰歉以计屈伸"③，进行长距离的、大规模的粮食贩运分不开的。下面就徽商从事粮食贸易的发展轨迹，徽商在明清时期沿江区域粮食贸易中的地位和作用，以及他们的经营特色等问题分别予以论述。

（一）徽商从事粮食贸易的历史发展轨迹

徽州原是山越人的栖息之地。它"东有大鄣之固，西有浙岭之塞，南有江滩之险，北有黄山之厄，即山为城，溪为隍"④，是个重峦叠嶂、众峰环抱、兵燹罕至的"世外桃源"。正因为如此，每当北方战乱，徽州就成了北人南渡的避难之所。据徽州方志载：新安各大族，"半皆由

---

① 《大学衍义补》卷 25。
② 吴承明：《论清代前期我国国内市场》，《历史研究》1983 年第 1 期。
③ 康熙《休宁县志》卷 1《风俗》。
④ 道光《徽州府志》卷 1《形势》。

此迁南。略举其时，则晋宋两南渡及唐末避黄巢之乱，此三期为最盛"①。经过晋、唐、宋三次人口大流入，徽州"客户"超过了土著，外来"名族"多于本地的大姓，户口因此骤增。

外来人口的大量迁入，使徽州这个"山多而地少"、"土地瘠确"的地区"生计日隘"。至少从宋代起，徽州所需食粮的大部分就靠从外地输入，即所谓"所仰四方之来者"②。为了生存的需要，徽人很早就从事粮食的贩运活动。"转他郡粟给老幼"③ 就成了徽人经商的最初动因。徽州地处万山之中，与外界往来的水路只有两条：一为新安江通浙江，一为昌江通江西。明代以前，徽商主要是将本地的土特产从水路运往邻近的浙江、江西，然后再从两地的产粮区运回粮食以满足徽州本土的需要。如："祁门水入鄱，民以茗、漆、纸、木行江西，仰其米自给"④；婺源，"以其杉桐之入，易鱼稻于饶"⑤；休宁，"山多田少，粒米是急，日仰给东西二江，一遇公禁私遏，旬日之艘未至，举皇皇枵腹以待"⑥。《徽州府志》亦云：徽州入境之米，"取道有二，一从饶州鄱、浮；一从浙省杭、严。皆壤地相邻，溪流一线，小舟如叶，鱼贯尾衔，昼夜不息"⑦。基于此，傅衣凌先生说："为了这一现实环境的需要，所以徽人的经营粮食贸易者，为数特多。"⑧

如果说，明代以前，徽商主要是在邻近的产粮区从事短距离的粮食贩运，目的是为了满足徽州本土的粮食需求，在全国其他地区的粮食市场中还罕见其踪迹的话，那么，明代以后，情况就大不相同了。

———

① 民国《歙县志》卷1《风俗》。
② 淳熙《新安志》卷9。
③ 顾炎武：《天下郡国利病书·江南20》。
④ 淳熙《新安志》卷1。
⑤ 《婺源县志·疆域·风俗》。
⑥ 康熙《休宁县志》卷1《风俗》。
⑦ 康熙《徽州府志》卷8《蠲赈》。
⑧ 傅衣凌：《明清时代商人及商业资本》。

在商品经济日益发展的影响下，明代中叶以后，徽人经商的人数与日俱增，实力迅速增强，成为全国首屈一指的最大商人集团。他们怀挟重资，逐利四方，"足迹几遍禹内"。此时的徽商已不满足于在徽州本土及其邻近地区从事短距离的粮食贩运了，他们根据市场的需要，在各地从事粮食的转运贸易，其触角伸入到全国各个地区的粮食市场。如：明正德嘉靖间的歙县粮商许邻溪，"偕仲弟贾于太平郡之黄池，居积转输，日以赢足，……常独贸迁于吴、越、燕、赵间，少有所获，必均分之，不以一钱自私。……时转采抵庐江，适县下令遏籴，诸商皆袖手无策，惟侄（指许邻溪）躬见邑侯，具陈民隐，由是除其令"[1]。明嘉靖间的歙县粮商许尚质，"负担东走吴门，浮越江南，至于荆，遂西入蜀。翁既居蜀，数往来荆湖，又西涉夜郎、牁牂、邛筰之境"[2]。明成化嘉靖间的歙县商人王周广，把粮食贩至大同、甘肃边地，"聚金累万"[3]。明嘉靖、万历年间的歙县商人张顺，在甘肃泾川的郎川市中"贸米盐零星之物"。因他"执勤不懈，百货心历相时而消息之"，最终"佐父起家为大贾"[4]。又如《海运新志》载："查得海禁久弛，私泛极多，辽东、山东、淮扬、徽、苏、浙、闽之人做卖鱼虾、腌猪及米豆果品、瓷器、竹木、纸张、布匹等项，往来不绝。"这也就是说，其中徽商也将东南的瓷器、竹木、纸张、布匹等从海路贩往辽东、山东等地，又将鱼虾、腌猪、米豆果品等贩往东南。由上可知，明中叶以后，徽商在粮食贸易业中主要是从事大规模、远距离的粮食贩运了。

从短距离到长距离的粮食贩运，从满足徽州本土的粮食需求到参与全国各个地区粮食市场的角逐，这就是徽商从事粮食贸易的发展轨迹。它不仅从一个侧面反映了明代以后粮食商品化的急剧增加，粮食贸易规

---

① 歙县《许氏世谱·邻溪行状》。
② 歙县《许氏世谱·朴翁传》。
③ 歙县《泽富王氏宗谱》卷4。
④ 《新安张氏续修宗谱》卷30《潜德志》。

模的急剧扩大，同时也反映了徽州粮商从被动适应市场到主动参与市场竞争、从地方走向全国的历史进程。

（二）徽商在沿江区域的粮食贸易活动

明清时期，徽州商人虽然在全国各个地区间的粮食市场中都留下了自己的踪迹，但其贸易的重点则是在长江区域的四川、安徽、江西，特别是苏浙和湖广地区。究其原因，不外以下几点：

其一，长江区域是徽商活动的据点，徽商在这一区域的实力最为强大，"沿江区域向有'无徽不成镇'之谚"①，即是证明。因此，徽商在这一区域从事粮食贸易，不仅有资金的保证，而且有群体的依靠，得心应手。

其二，这一区域水运交通便捷。长江黄金水道横贯数千里，连系长江的河流、湖泊密如蛛网，为粮食的大规模运输提供了得天独厚的条件。

其三，也是最重要的一点，这一区域有广阔的粮食供需市场。江西南部和安徽江南北一带米谷丰饶，据史料记载："赣（州）无他产，颇饶稻谷，自豫章、吴会咸取给焉。两关转谷之舟，日络绎不绝，即俭岁亦橹声相闻。"②"六皖皆产谷，而桐（城）之辐舆更广，所出更饶。计繇枞阳口达于江者，桐居十之九，怀（宁）居十之六，潜（山）居十之三。"③ 这两个地区直到近代还是这样。与此不同的是，明清时期，沿江区域的苏浙和湖广地区的经济格局则发生了重大变化，从南宋的"苏湖熟，天下足"一变而为"湖广熟，天下足"。一方面，南宋时农业生产明显落后于两浙路的荆湖路，进入明代，由于两湖流域的开垦、水利

---

① 民国《歙县志》卷1《风俗》。
② 天启《赣州府志》卷3《舆地志三》。
③ 《古今图书集成》卷28《草木典·稻部》，引明方都韩《枞川榷稻议》。

的兴修、早熟稻栽种的普遍化，万历时，已经是"鱼粟之利遍于天下"①，一跃成了全国的粮仓。另一方面，原先曾以全国粮仓闻名于天下的苏、湖二州及太湖流域，明中叶后，由于商品经济的繁荣，手工业、商业的迅猛发展，大量耕地改种经济作物（如桑、棉、麻之类），以适应市场不断增长的需求；再加上这一地区人口增殖较为迅速，形成地狭人稠的局面，终于使余粮区逐渐转化为缺粮区。

明清时期，作为全国粮仓的湖广地区，以及全国重要的产粮区江西、安徽、四川地区，同全国缺粮区苏浙之间的粮食贸易迅速发展起来。明末的江苏和浙江已经"半仰食于江、楚、庐、安之粟"②，每逢"吴中不熟"，则更"全恃湖广、江西"③。进入清代以后，这种粮食贸易的规模更加扩大。康熙时，"江浙百姓全赖湖广米粟"④；雍正时，"杭嘉湖三府属地，地狭人稠，民间以育蚕为主，田地大半植桑，岁产米谷，除办漕外，即丰收之年尚不敷民食，向籍外江商贩接济"⑤。嘉庆、道光年间，"苏州无论丰歉，江、广、安徽之客米来售者，岁不下数百万石"⑥。据吴承明先生考察，清代前期全国的粮食贸易总计有10条主要路线，年贸易量约在3000万石以上，而安徽、江西所产米运往江苏、浙江；四川、湖南所产米经长江运往江苏这两条路线的年贸易量最保守的估计的当在一千五六百万石以上。⑦ 由此可见，明末清初，沿江区域是当时全国最大的粮食供需市场。

在沿江区域广阔的粮食市场中，徽州商人十分活跃。如：明成化、

① 张瀚：《松窗梦语》卷4。
② 吴应箕：《楼山堂集》卷10《兵事策第十一》。
③ 陈继儒：《晚香堂小品》卷23。
④ 《清圣祖实录》卷193。
⑤ 《雍正朱批谕旨》。
⑥ 包世臣：《齐民四术·庚辰杂著二》。
⑦ 吴承明：《论清代前期我国国内市场》，《历史研究》1983年第1期。

嘉靖间休宁商人汪平山在安庆、潜山、桐城一带进行粮食贸易。① 休宁商人汪梦龙,"少时至楚中贩米"②。清黟县商人郑嘉莲,"尝于桐城金山墩卖米,自江西运之"③。清绩溪商人章传仁,"家故贫,初执艺以养父母,嗣偕兄弟兴贩稻粱于宛陵。亿每多中,不数十年,遂以起其家"④。清休宁商人吴鹏翔,在四川和湖广间进行粮食贸易,一次从四川运米至汉阳就达"数万石"之多。⑤

　　沿江区域的缺粮区主要是徽州和苏浙一带。徽州虽然严重缺粮,但一府之地对粮食的需求毕竟有限,相比之下,苏浙5府对粮食的需求就大得多了,因此,将湖广、江西、安徽之米顺江运往苏浙,就成了徽商贩运粮食的主要线路。《明史》载:"(万历年间)南畿、浙江大侵,诏禁邻境闭籴,商舟皆集江西,徽人尤众。"⑥《桐下听然》载:"万历己丑,新安商人自楚贩米至吴。"⑦ 由此,《古今小说》还讲述了一位姓陈的徽州粮商,每年往返襄阳、苏州以贩卖米豆的故事。⑧ 另外,皖北的桐城、怀宁、潜山等县产粮区的粮食主要集中于枞阳口岸,然后经长江销往苏浙。据方志载:"枞阳为桐城首镇……百货俱集……徽宁商贾最多。"⑨ 可见,将皖北的粮食从枞阳口贩往苏浙的也人多是"徽宁商贾"。

　　在沿江区域的粮食贸易中,徽州商人具有举足轻重的地位。他们人数众多,势力强大,不仅是长江中上游江西、安徽,特别是四川、湖广产粮区商品粮的主要贩运者,同时,更是长江下游苏浙缺粮区商品粮的

① 休宁《方塘汪氏宗谱·墓志铭》。
② 张潮:《虞初新志》卷8。
③ 嘉庆《黟县志》卷7《人物·义行》。
④ 绩溪《西关章氏族谱》卷24《家传》。
⑤ 嘉庆《休宁县志》卷15《人物·乡善》。
⑥ 《明史》卷224《陈有年传》。
⑦ 褚稼轩:《坚瓠五集》卷1《火焚米商》。
⑧ 冯梦龙:《古今小说》卷1《蒋兴哥重会珍珠衫》。
⑨ 道光《桐城续修志》卷1《乡镇》。

主要供应者，可以说，沿江区域的粮食供需市场几乎为徽州商人所操纵。

万历二十年刊行的邵陛《两台奏议》卷7《乡官输谷赈济疏》说："该臣会同巡按湖广监察御史柯挺，看得楚地古称泽国。……况近奉明旨，不许遏籴。外省巨商，鳞集辐辏，搬运不绝，以致本省（湖广）米价腾踊。贵所一两之上，贱所亦不下八钱。富家见利价之高，甘心商贩；贫民绝称贷之路，枵腹待亡。"崇祯年间沈演所著的《止止斋集》卷18《施仁出示万民得命事》云："据上饶县民吴礼拾状告前事，该本道看得严禁外商搬运一节，业经旧年申禁甚详。今据所告，米谷奸牙、大户，辄通外商，私贩出境射利，以致米价日增，小民嗷嗷。"外省商人在湖广、江西产粮区勾结当地的"富家"、"奸牙"、"大户"大肆搬运，导致了两省的"米价腾踊"、"米价日增"，影响到贫民的生活，可见两省的粮食供应市场被外省商人所操纵。湖广、江西是徽商贩运粮食最集中的地区，因此以上材料中所说的"外省巨商"、"外商"无疑大多是徽州人。

下面再来看看苏浙两省粮食需求市场的情况。前面提到，万历年间，南畿、浙江缺粮大饥，前往江西运米者，"徽人尤众"，说明了苏浙的粮食供应主要是由徽商所承当。又如，焦竑的《澹园文集》中记载了这样一件事，在"浙涝田苗没，或窃高田苗种之，相争无已时"，徽商金某"乘轻舸籴他郡，归以遗争者，众大惭，乃止"[①]。浙江粮田受涝，农民怕粮荒，甚至偷窃别人未受涝的高田苗来栽种，造成纷争，徽商金某粮船一到，以粮遗相争者，纷争随之平息，可见，徽州粮商是浙人食粮的主要供给者。又如，万历四十八年，苏州"因遏籴米腾，一二饥民强借徽商之米"，官府出面镇压，致使"万人屯聚府门，毁牌殴役，几

---

① 焦竑：《澹园文集》卷28《太医院吏目西山金公暨配江氏墓志铭》。

致大变"①。苏州人民因粮价昂贵而迁怒于徽商,这表明苏州的粮商多是徽人,且米价的涨落操纵在他们的手中。

(三) 徽商经营粮食贸易的特色

明清时期,徽商审时度势,根据当时的主客观条件,在粮食贸易领域形成了自己的经营特色。

第一,粮食经营往往与食盐经营相结合,粮商又是盐商。明清时期,两淮盐场是产盐最多的地方,长江中游的行盐区几为徽商所把持。特别是湖广地区地广人多,食盐消耗量很大,且距离产盐区较远,私盐不易到达,所以一直是淮盐的"畅销地面"②。明万历时,白公祖说:"夫两淮之盐虽行于各直省……敝省(湖广)地最广,每岁解太仓者七十万,售边钞者四十万,楚居六七矣"③。清道光十八年,湖广总督林则徐也说:"淮南年额应销盐一百三十九万五千五百十引内,江苏、安徽、江西三省销售之数仅居四分有零,而湖广销额几及十分之六。……此湖广之所以为淮南最重要之口岸也。"④ 湖广需要两淮的食盐,而苏浙又需要湖广的稻米,因此"淮商载盐而来,载米而去"⑤,粮食经营和食盐经营相结合,就成了一举两得、获利甚丰的买卖。

当时的汉口不仅是"淮盐总岸",而且也是粮食的集散地,湖广、四川的粮食大多汇集于此,然后转销苏浙。"湖南相距江浙甚远,本处所产之米,运下江浙者居多……且江浙买米商贩多在汉口购买,而直抵湖南者无几,是湖北转运江浙之米,即系湖南运下汉口之米。"⑥ 另外,

---

① 《明熹宗实录》卷 46。
② 《清高宗实录》卷 1315。
③ 《明经世文编》卷 47。
④ 《新增经世文续编》卷 42。
⑤ 嘉庆《长沙县志》卷 14。
⑥ 赵申乔:《赵恭毅公自治官书类集》卷 6《折奏湖南运米买卖人姓名数目稿》。

川米也大多是在汉口落岸，即所谓"江浙粮米历来都仰给于湖广，湖广又仰给于四川"①。所以，该镇"粮食之行不舍昼夜"②。两淮的盐商将盐运达汉口脱手后，正好可以把粮食作为回头货，顺流而抵苏浙。盐商的资本雄厚，货船又大，故其贩运的粮食为数极多。雍正八年，盐商黄光德等曾请求领运湖南常平仓积谷"随时随地售卖"，其数量竟达 30 万石之多。③ 雍正十年二月二十四日，湖广总督迈柱奏报："今查，汉口地方，自去年十一月至本年二月初旬，外贩米船已有四百余号，而盐商巨舻装运者，尤不可数计。"④ 足见规模之大。当时，盐商贩粮的多少，直接影响湖广粮价的涨落。康熙四十七年，盐商江楚吉、秦晋兴等为"报答天恩"，"情愿于江西、湖广二处出米之处，卖盐买米，即照彼处价值载回平粜。"对此，两淮巡盐御史李煦等认为，"多买则江西、湖广之米必贵，彼此必生事端"，于是决定，"许其卖盐银内，每十两用一两，买米载归"⑤。乾隆十四年，湖广总督奏：湖广"米粮腾贵，其原不一，屯户厚资广贮，汉口盐船满载，借商贩之名居奇"，则是主要原因。他认为，为稳定湖广粮价，必须限制盐商"聚船返运"⑥。

　　上述事实说明，两淮盐商不但经营盐业，同时也是湖广和苏浙间粮食贸易的主要经营者。而两淮盐商大部分都是徽州商人，因此我们说，粮食经营与食盐经营相结合，粮商又是盐商，这是徽商经营粮食贸易的一大特色。

　　第二，粮食经营与棉布经营相结合，粮商往往又是布商。明清时期，苏浙一带棉花种植与棉布纺织业十分发达，如松江一带，"官民

---

① 《宪庙朱批谕旨》第 8 函第 1 册《任国荣折》。
② 《清经世文编》卷 40。
③ 嘉庆《两淮盐法志》卷首一《制诏》。
④ 《雍正朱批谕旨》第 54 册。
⑤ 《李煦奏折》第 52—53 页。
⑥ 《清高宗实录》卷 336。

军灶垦田凡二百万亩，大半种棉，当不止百万亩"①。在上海县，"地产木棉，……故种植之广与粳稻等"②；在昆山地区，"物产瘠薄，不宜五谷，多种木棉"③；在太仓州则"郊原四望，遍地皆棉"④。苏州府的嘉定县，"其民托命于木棉"，"种稻之田不能什一"⑤。这些种棉织布地区，人民的食粮大都依赖商人贩运。如"松江府、太仓州、海门厅、通州并所属各县……种花者多而种稻者少，每年口食全赖客商贩运"⑥。以盛产棉布著名的嘉定县，"县不产米，仰食四方。夏麦方熟，秋禾既登，商人载米而来者，舳舻相接也。中人之家，朝炊夕爨，负米而入者，项背相望也"⑦。产米甚多的崇明县，也是"民间食米仰给予上江"⑧。

棉织地区的人民"多藉纺织谋生"⑨。如"民业，首藉棉布，纺织之勤，比户相属"的嘉定县，"家之租庸、服食、器用、交际、养生、送葬之费，胥自此出"⑩。上海，"田产收获输官租外，未卒岁而室已空，其衣食全赖此出"⑪；"不特贫者藉以糊口，即稍有家资者，亦资以利用"⑫。这些"全倚花、布"以维持生计的小商品生产者，他们的手中没有多余的资金来获取生活资料和生产资料，于是利用手中的棉布直接换取粮食或棉花，就成了他们最易接受，也是最经常的交易方式。如：上海县七宝镇一带的织户，"清晨抱布入市，易花、米以归，

① 徐光启：《农政全书》。
② 叶梦珠：《阅世编》卷7《食货四》。
③ 归有光：《震川先生集》卷8。
④ 崇祯《太仓州志》卷14。
⑤ 《天下郡国利病书》原编第60册，引《嘉定县志》。
⑥ 《皇清奏议》卷6。
⑦ 万历《嘉定县志》。
⑧ 乾隆《崇明县志》。
⑨ 《紫堤村志》。
⑩ 万历《嘉定县志》。
⑪ 《上海县志》。
⑫ 《寒圩小志》。

来旦复抱布出"①；真如一带的织户则"昼夜不辍，暮成布匹，晨易钱米，以资日用"②。嘉兴府的嘉善县，明人陈正龙描述道："吾邑以纺织为生，妇人每织布一匹，持至城市，易米以归。"③ 黄印在谈到乾隆时无锡的情况时说："布有三等。一以三丈为匹，曰长头，一以二丈为匹，曰短头，皆以换花；一以二丈四尺为匹，曰放长，则以易米及钱。坐贾收之，捆载而贸于淮扬高宝等处。一岁所交易者不下数十百万。"④ 他又说，无锡之民"春月则阖户纺织以布易米而食，家无余粒也"⑤。可见，这种以布换米的交易方式在苏松的棉织区是十分普遍的。

苏松盛产棉布的城镇大都是徽商活跃之地。如嘉定县的罗店镇，"徽商丛集，贸易甚盛"⑥；南翔镇，"多徽商侨寓，百货填集，甲于诸镇"⑦。宝山县，"出棉花纱布，徽商丛集，贸易甚盛"⑧。平湖县新带镇，"饶鱼米，花布之属，徽商麇至，贯铿纷货，出纳颇盛"⑨。嘉善县，"负重资牟厚利者，率多徽商"⑩。上海县，"五方贸易所最，宣歙人尤多"⑪。无锡"棉布之利独盛于吾邑"，所产之布大多由徽商运销于苏北各地，因而徽人称"无锡为布码头"⑫。

徽商是苏浙粮食市场的主要销售者，已如前述。与此同时，他们又控制了各棉织业市镇，是苏浙棉布的主要收购者，因此，从事棉织业的小商品生产者"以布易米"，当主要是和徽商之间进行的。徽州商人将

---

① 《七宝镇志》。
② 《真如镇志》。
③ 陈正龙：《几亭全书》卷 25。
④⑤⑫ 《锡金识小录》卷 1。
⑥ 光绪《罗店镇志》卷 1《风俗》。
⑦ 万历《嘉定县去》卷 1《市镇》。
⑧ 乾隆《宝山县志》。
⑨ 天启《平湖县志》。
⑩ 嘉庆《嘉善县志》。
⑪ 《上海碑刻资料选辑》第 232 页。

产粮区的米运抵苏浙，然后换取棉纺区小生产者的棉布，再将棉布运销产粮区以及全国各地。因此，粮食经营与棉布经营相结合，粮商又是布商，是徽商经营粮食贸易的又一大特色。

第三，粮食经营与典当经营相结合，粮商往往又是典商。明清时期，苏浙一带是小商品生产者最为集中的地区。小商品生产者一方面受到封建统治者及地主的残酷压榨，资本无多。另一方面又需要进行商品生产，需要一定的资金随时购买自己所必需的生产和生活资料，因此往往不得不依赖于借贷。嘉靖时大官僚高拱说："江南之民，其财易耗，耕桑之本，匪借不给，公私之用，匪借不周。故或资以赡口食，或资以足钱粮，是借贷之相济亦久矣。"① 这就为典当业的发展创造了条件。

苏浙一带经营典当业的有不少是徽州人。据方志记载：扬州府"质库无土著人为之，多新安并四方之人"②。常州府"质库押资孳息，大半徽商"③。嘉兴府"新安大贾与有力之家，…每以质库居积自润，产无多田"④。在苏浙的其他城镇中，徽州典商的势力也很大。如镇洋县"行盐、质库皆徽人"⑤。金坛县"典质铺俱系徽商"⑥。平湖县"城周广数□（里?）余，而新安富人，挟资权子母，盘踞其中，至数十家"⑦。

苏浙一带的徽州典当商人，有许多是将典当经营与粮食经营结合在一起的。他们或者既经营典当，又贩运粮食，多项并举。如徽商吴无逸，"席先业鹾于广陵，典于金陵，米麦于运漕，致富百万"⑧。或者在经营典当的同时，根据当地的年成，丰年平价囤积粮食，荒年再高价卖

① 高拱：《高文襄公集》卷16《覆给事中戴凤翔论巡抚海瑞书》。
② 康熙《扬州府志》卷7《风俗》。
③ 《古今图书集成》卷715《职方典》。
④ 崇祯《嘉兴县志》卷22《艺文志》。
⑤ 乾隆《镇洋县志》卷1《风俗》。
⑥ 《明季南略》卷18《金坛大狱》。
⑦ 康熙《平湖县志》卷4《风俗》。
⑧ 《丰南志》第9册《松石庵》。

出。如明弘治嘉靖间休宁人程锁，"中年客溧水，其俗春出母钱贷下户，秋倍收子钱。长公（程锁）居息市中，终岁不过什一，细民称便，争赴长公。癸卯，谷贱伤农，诸贾人持谷价不予，长公独与平价囤积之。明年饥，谷涌贵，长公出谷市诸下户，价如往年平。境内德长公，诵议至今不绝"①。像程锁这样丰年"囤积"，荒年出售仍"价如往年平"的商人毕竟是少数人，大多数典当商"囤积"粮食是为了获取厚利。

明末清初，"米典"和"囤当米谷"的出现，则是典商与粮商结合的明证。万历浙江《秀水县志》卷 1《风俗》载："迩来富商设米典，佃农将上米质银，别以中下者抵租。……小民得银耗费，满课为难，其后利归典商。"米典是适应小商品生产者的需要而产生的，在苏浙的某些地区，它甚至成了小生产者日常生产和生活不可或缺的行当。清人黄印在讲到无锡的情况时就说："乡民食于田者，惟冬三月，及还租已毕则以所余米舂臼而置于困（?），归典库以易质衣。春月则阖户纺织以布易米而食，家无余粒也。及五月田事迫，则又取冬衣易所质米归，俗称种田饭米。及秋稍有雨泽，则机杼声又遍村落，抱布质米以食矣。"②

随着"米典"的发展，形成了典当商人与囤积商人合为一体，用"囤当"的方法，囤积粮食，贱买贵卖，以剥削小生产者、牟取暴利。乾隆九年，安徽巡抚范璨奏称："遂有一种射利之徒，避囤户之名，为典质之举。先与富户、当户讲定微息，当出之银，复行买当，赀本无多，营运甚巨。坐视市米缺乏，价值大长，始行赎出取利，不顾民食艰难，视囤户尤酷。"③ 乾隆十二年，陕西道监察御史汤聘在《请禁囤当米谷疏》中写道："近闻民间典当，竟有收当米谷一事，子息甚轻，招来甚众，囤积甚多。在典商不过多中射利，而奸商刁贩，遂恃有典铺通融，无不乘贱收买，即如一人仅有本银千两，买收米谷若干石，随向典

---

① 《太函集》卷 61《明处士休宁程长公墓表》。
② 《锡金识小录》卷 1。
③ 《清高宗实录》卷 215。

铺质银七八百两，飞即又买米谷，又质银五六百两不等。随收随典，辗转翻腾，约计一分本银，非买至四五分银米谷不止。迨至来春及夏末秋初，青黄不接，米价势必昂贵，伊等收明子钱，陆续取赎，陆续出粜。是以小民一岁之收，始则贱价归商，终仍贵价归民。典商囤户，坐享厚利，而小民并受其困矣。……盖囤当之弊，江浙尤甚。"①

在江浙一带经营"米典"和"囤当米谷"活动的，无疑大多是徽州人。因为徽州典商在江浙人数众多，同时也有直接的材料可以证明，如明末胡元敬说：浙江德清县塘栖镇"财货聚集，徽杭大贾，视为利薮，开典顿米，贸丝开车者，骈辏辐凑"②。可见早在明后期"徽杭大贾"们就已经大搞其囤当米谷的活动了。这就足以说明，粮食经营与典当经营相结合，粮商又是典商，也是徽商从事粮食贸易的一个特色。

徽商经营粮食贸易的以上特色，符合沿江区域商品流通的要求，适应了小生产者的需要，是当时客观条件的产物，但同时也反映了徽商在市场竞争中较强的应变能力。

（四）徽商经营粮食贸易的原因及其作用

徽州商人积极跻身于明清的粮食市场，不辞劳苦，长途贩运；利用各种方式，从事粮食贸易。原因至少有以下三点：

其一，粮食需求市场的不断扩大，为商人在这一领域从事贸易活动提供了广阔的舞台。清代是我国人口增长速度最快的时期，乾隆后期全国总人口已突破 3 亿。清前期比明代的人口多出约近 4 倍，而耕地面积只增加了百分之十九。对此，乾隆五十八年，乾隆皇帝在对比历朝人口数字之后不无忧虑地指出："以一人耕种而供十数人之食，盖藏已不能如前充裕，且民户既日益繁多，则庐舍多占田土，……生

---

① 《皇朝奏议》卷 44。
② 光绪《塘栖志》卷 18《风俗》。

之者寡，食之者众，于闾阎生计诚有关系。"① 生齿日繁，造成了对粮食的需求激增，粮价日见腾贵，粮食的供需矛盾日益突出。乾隆十三年，云贵总督张允随就曾说："天下沃野，首称巴蜀，在昔田多人少，米价极贱，雍正八九年间，每石尚只四五钱，今则动至一两外，最贱亦八九钱。查贵州旧案，自乾隆八年至今，广东、湖南二省人民由黔赴川就食者共二十四万三千余口，其自陕西、湖北往者更不知凡几。国家定蜀百余年，户口之增不下数十百万，而本地生聚，尚不在此数。一省如此，天下可知。"② 生齿日繁而使部分劳动力投入手工业、采矿业及商业，即所谓"生齿日众，逐末遂多"③。如贵州采矿业兴盛，"银铜黑白铅厂上下游十有余处；每厂约聚万人不等，游民日聚。现今省会及各郡县铺店稠密，货物堆集，商贾日集"④。云南与贵州相同，"由于出产五金，外省人民走厂开矿，几半土著"⑤。这也必然急剧地增加了对粮食的需求。生齿日繁，又使田价上涨，加速了土地兼并过程；昔日自耕农沦为仰给市场接济的穷佃，无疑也扩大了对粮食的需求。乾隆十三年，湖南巡抚杨锡绂说："国初地余于人，则地价贱；承平以后，地足养人，则地价平；承平既久，人余于地，则地价贵。……近日田归富户者，大约十之五六，旧时有田之人，今俱沦为佃户，岁入难敷一年口食，必需买米接济，……"⑥

风俗的日渐奢靡，酿酒业的蓬勃发展，也造成了粮食需求量的增大。杨锡绂谈他的家乡江西："国初人经乱离，备尝艰苦，风尚俭朴，迨安居乐业，数十年后，子弟有笑其祖父之朴陋者矣。衣食竞求佳丽，婚丧务期美观，始于通都大邑，今则荒徼山僻之农民，亦渐习奢靡。平时揭借为常，力田所入，抵债去其大半，余又随手花销，甫交冬春，即

① 《清高宗实录》卷441。
②④⑥ 《清高宗实录》卷311。
③ 《清高宗实录》卷323。
⑤ 《清高宗实录》卷317。

须籴米而食，农民口食亦取给于市，……"① 乾隆皇帝说："耗谷之尤甚者，则莫如烧酒。"② 据统计，乾隆初年，河北5省，每年酿酒岁耗谷米不下千余万石③；"就两江而论，酿酒数千家，获利既重，为业日多，约计岁耗糯米数百万石，踩曲小麦又数百万石"④。此外，烟草、甘蔗、桑、麻、棉等经济作物的大量种植，更进一步扩大了粮食的需求市场。

其二，经营粮食获利甚丰。据《旧小说》记载："采石有某大姓者，家畜舟，募水手撑驾，以是取利。有徽商某于家雇舟载米，往吴门粜之，价适腾贵，二三日即尽，获利且倍。趋还，再贩至京口。"⑤《桐下听然》载："万历己丑，新安商人自楚贩米至吴，值岁大旱，斗米百五十钱，计利已四倍，而意犹未惬。"⑥ 贩卖粮食，有利可图，这从当时的米价中也可得到反映。明中叶以后，全国平均米价：嘉靖和隆庆时，6钱1石，万历时6钱4分，天启时9钱多，崇祯时涨到一两2钱。江南地区涨风更盛，从明中叶到明末，由每石2钱5分涨到二三两。⑦ 清初，以康熙五十六年为例，据《清圣祖实录》载："近来米价……桐城县米价银一两可得三石，见今四川米价亦复如此，云南、广西、贵州米价亦不甚贵，……"⑧ 而两淮巡盐御史《李煦奏折》称，康熙五十六年江南的米价则每石都在1两以上。由此可见，徽商将产粮区的粮食运往缺粮区的江南，"获利且倍"，当不虚妄。仅贩运粮食就有成倍的利润可图，更何况徽州粮商一般都还同时经营其他行业呢！

其三，与统治者鼓励商人贩运粮食的政策有关。清前期各地区间远距离、大规模的粮食余缺调剂，主要是通过商人来完成的，而国家则在政策上予以扶植奖励，并消除阻碍粮食流通的不利因素。这些惠商、便

①④ 《清高宗实录》卷319。
②③ 《清高宗实录》乾隆二年五月丙申。
⑤ 《旧小说》已集《诺皋广志》。
⑥ 诸稼轩：《坚瓠五集》卷1《火焚米商》。
⑦ 刘志琴：《商人资本与晚明社会》。《中国史研究》1983年第2期。
⑧ 《清圣祖实录》康熙五十六年四月丁酉。

商的政策主要表现在：一是荒年停征各关米税，俾米谷流通，不致增价，有妨民食。① 二是借本招商。商人采买的本钱由官府贷给，甚至不取利息。② 三是严禁遏籴。如雍正皇帝即位之初曾发布一道上谕："凡有米商出境，任便放行，使湖广、江西、安庆等处米船直到苏州，苏州米船直到浙江，毋得阻挠，庶几有无流通，民皆足食。"③ 乾隆时，更是屡次重申不许遏籴之令，如乾隆七年诏曰："着各省督抚各行劝导所属官民，毋执畛域之见，务敦拯恤之情，俾商贩流通，哀多益寡，以救一时之困厄"④。严禁遏籴，打破了地区间的经济封锁，保护了粮食的正常流通，保障了商人的正当利益。四是开放粮价。对商人的粮食贩运，清政府不赞成由官员来"酌量定价"，而是放开价格，"俾民间米谷自在流通"，使粮价按照市场的供求需要自然涨落。⑤

　　雍正皇帝有一次处理湖广仓储积谷之事，是清前期最高统治者支持商人贩运粮食、进行余缺调剂的一个极好的例证。事情的原委是这样的：雍正六年，湖南布政使赵城奏："湖南现贮仓谷六十余万石，另有捐纳改收粮食，……楚南地势卑湿，积贮既久，不无霉烂之虞，请分拨别省，令其来运。"户部认为："江浙户口殷繁，需用粮食甚多，应行文江浙。……需用水脚核实报销。"继之，两淮巡盐卸史噶尔泰奏："商人黄光德（徽商）等具呈情愿出资将湖南积谷三十余万石照依原买之价交纳湖南藩库领运，随时随地售卖，仍将所售价银交纳运库。"雍正皇帝同意户部的建议和黄光德等商人的请求，谕准将湖南省"雍正三年动帑所买谷一十六万二千余石照原价给商，交价运售"。然而，湖广总督迈柱则不同意这种处理，奏称："今湖南岳、常二府微欠雨泽，恐来年青黄不接之时，不无昂贵之虑，属等预为绸缪，动用公项银一万两买米备

---

① 《清高宗实录》卷143。
②⑤ 吴慧：《清前期的粮食调剂》，《历史研究》1988年第4期。
③ 乾隆《湖广通志》卷首之二雍正元年上谕。
④ 《清文献通考》卷36《市籴五》。

粜。而贮仓之现谷与其照原价以给商，不若留俟来年春夏照原价平粜以济本地之民食，似应饬商暂停领卖，俟明年无需用之处，仍听该商领运。"接到迈柱的奏疏，雍正很是恼火，当即训斥说："湖南抚藩皆言地方积谷甚多，难以久贮，奏请分拨别省运售，……两淮商人愿效力。今商人既已交价，而迈柱又称楚南需米，是前后矛盾。另，湖南现贮六十万石，欲拨别省，则本省又有需米之处，正可将此平粜济民，而迈柱又动用一万两帑银买米备粜，这又自相矛盾。况且不需米仍听该商领运，是米贵时听商停运，米贱时则听商领运，念甚非情理之平。"不同意迈柱的奏请，主张维持原议，"著该商仍照前议领米，即于湖南需米之处照时价粜卖"。同时在诏令中告诫地方官，不许"抑勒商人，……倘商人获有余利，听其自取，不许交官"。雍正对这件事的处理，使"淮商领米得以贸易，而楚省积谷仍得流通，于商民均有裨益"[①]。封建皇帝支持商人贩运粮食，这是徽商积极参与粮食贸易的又一重要原因。

徽州商人活跃于全国各地的粮食市场，特别是在湖广和苏浙之间进行大规模的粮食贩运活动，对社会经济的发展所产生的影响是巨大的。

首先，促进了经济作物种植区的手工业和商品经济向纵深发展。明清时期的苏浙地区是我国棉织业和丝织业的中心，也是商品经济最发达的区域。经济作物的大量种植，为手工业的发展创造了条件，而手工业的发展，又造成了城镇人口的激增和商业贸易的繁荣。明清时期，苏浙地区这种经济格局的形成，是与徽州粮商的活动分不开的。因为粮商保证了人们食粮的供给，才使得苏浙地区有可能让出相当一部分土地和劳动力从事经济作物的生产以及各种工商业活动。

其次，促进了粮食作物种植区人们商品意识的增强，保证了这些地区赋税折征银两的实现。产粮区的农民主要以生产粮食为主，对手工业生产不太重视，如明末湖广地区的棉织业，除孝感、咸宁等地比较发达

---

① 嘉庆《两淮盐法志》卷首一《制诏》。

而外，其他州县的技术水平都还相当低下。① 因此，产粮区的农民要获得粮食以外的其他生活资料和生产资料，就必须以谷易银，用银购物，或进行物物交换，而这些都必须有商人的参与，特别是粮商的参与才能实现。如"楚南民朴，……惟米谷所聚，商贩通焉"，正因为粮商在此购粮，当地人民才获得了"所需日用之常资"②。清代的江西人就深刻认识到，如果江西的粮食没有商人贩运的话，那必将是"一方粟死，一方金死"③。粮商的参与，使产粮区人民手中的粮食由使用价值到交换价值的转化得以真正实现，从而促进了粮食作物种植区商品经济的发展，使人们商品交换的意识大大增强。

另外，商人以银购粮，也保证了明末清初赋税折征银两的改革得以在产粮区普遍推行。因为只有粮商的参与，农民手中的粮食才能变成银两，交纳赋税。如湖南农村"别无生息，惟望北来商贩，籴买米谷，以输国课"④。从这个意义上来说，粮商的活动，又促进了货币经济的发展。

总之，徽州粮商的活动，促进了手工业的发展、农业区域分工的扩大，以及商品经济的繁荣，为江南地区资本主义萌芽的出现创造了条件。

唯利是图是一切商人的本质，徽州粮商当然也不例外。因此，我们在看到他们对当时社会经济的发展起了很大的促进作用的同时，也应当看到他们对当时社会经济的发展所起的消极作用。譬如，在湖广地区，徽商低价收购粮食，高价出售食盐，加重了湖广人民的经济负担。在苏浙地区，徽商从事以米换布的交易，也是贵卖贱买，盘剥手工业者。嘉兴府嘉善县的陈正龙描述说："吾邑以纺织为业，妇女每织布一匹，持

---

① 从翰香：《试述明代植棉和棉纺织业的发展》，《中国史研究》1981 年第 1 期。
② 乾隆《湖广通志》卷 49。
③ 《施济备览录》卷 3《救荒策》。
④ 《赵恭毅公自治官书类集》卷 8《复湖北请开米禁诏》。

至城市，易米以归。荒年米贵，则布愈贱，各贾乘农夫之急，闭门不收，虽有布，无可卖处。"① 徽州商人就是这样"乘农夫之急"，拼命抬高粮价，压低布价，牟取暴利。这样，小生产者大多处于穷困的境地，只能难持简单再生产，而很难改进技术，扩大再生产。这对东南地区商品经济的进一步发展显然是不利的。

四、徽州典商述略

经商和放债是徽商谋利生财的两个主要手段，而他们放债的主要方式则是经营典当业。明清时期徽人开设的典肆遍布全国，其数量之多，规模之大，资本之巨，都是其他商帮所难以比拟的。他们的这种高利贷活动与其商业活动的关系甚为密切。徽商中有许多人因家境贫寒而贷资经商，也有许多人经商致富后改治典业，或在经商的同时兼营典业，这就使他们的商业资本与高利贷资本之间结成不解之缘。因此，为了弄清徽州商业资本的运动规律，就不能不注意徽州典商的活动。

（一）

明清时期，徽商经营典当业是不遗余力的。尤其是休宁人，几乎把典业视为他们的专门职业。许承尧称："典商大多休宁人，……治典者亦惟休称能。凡典肆无不有休人者，以专业易精也。"② 休宁的商山吴氏，自明中叶以来"皆以典质权子母"，以故"家多素封"，声势煊赫，是休宁著名的望族。③ 《初刻拍案惊奇》中描写商山吴氏有个大财主，

---

① 陈正龙：《几亭全书》卷 25。
② 《歙事闲谭》第 18 册《歙风俗礼教考》。
③ 《金太史集》卷 7《寿吴亲母金孺人序》。

拥有家私百万，号称"吴百万"。这个财主就是经营典当业的"大朝奉"①。歙商也多热衷于经营典当业。《歙县志》载："邑中商业以盐典茶木为最"②。就是说典当业是他们所经营的四大主要行业之一。歙县的岩镇，在明末就号称子钱家之薮，致使该镇成为富甲一方的都会。③徽州其他各县以典为业者也不乏其人。如清初婺源人汪拱乾，一面经商，一面放债，致富不赀。子孙继其业，"家丰裕"。到乾嘉时，"大江南北开质库或木商、布商汪姓最多，大半皆其后人"。时人誉之为"本朝货殖之冠"④。

当时徽人开设的典铺为数甚多，分布极广，全国各地几无不有。尤其是在苏浙一带财富之区，典当业几为徽人所垄断。江苏的扬州，典当业全由"新安诸贾擅其利"⑤，而当地人竟无从插手。扬州府属各县及乡村市镇的典业亦多为徽人所把持。如泰兴县"质库多新安贾人为之，邑内五城门及各镇皆有"⑥。扬州附近的村镇中，还有许多"代步当"（或称"接当"）。这种典铺规模不大，当本无多，收当衣物后，即转当于城中大典，以便周转。⑦徽州典商通过这种方式把广大乡村变成自己的盘剥对象。徽州典商在南京也甚为得势。周晖说，明后期南京的当铺共约 500 家，多为徽州人、福建人所经营。徽人典铺本大，利轻；福建典铺本小，利重。⑧常熟县在康熙时有典铺 37 家，大部分都是"附居徽籍商民"。充任典头的吴奇、汪彦、程隆 3 人则全是徽人。⑨在苏浙其他

---

① 《初刻拍案惊奇》卷 2。
② 民国《歙县志》卷 1。
③ 《太函集》卷 59《明故处士郑次公墓志铭》。
④ 钱泳：《登楼杂记》。转引自《明代社会经济史料选编》中册第 100 页。
⑤ 万历《扬州府志》卷 2。
⑥ 康熙《泰兴县志》卷 1。
⑦ 《中国近代农业史资料》第 1 辑第 570 页。
⑧ 《金陵琐事剩录》卷 3。转引自《明代社会经济史料选编》中册第 200 页。
⑨ 《明清苏州工商业碑刻集》，第 186—187 页。

城镇中，徽州典商的势力也很大。如镇洋县则"行盐质库皆徽人"①。嘉兴县"新安大贾与有力之家……每以质库居积自润"②。平湖县"新安人挟资权子母盘踞其中者竟达数十家。③ 徽州典商在北方各地也极为活跃。明末"徽商开当遍于江北"，河南一省就有徽典213家。④ 明末徽人汪箕在北京经营典业，有"家资数百万，典铺数十处"⑤。至于山东、湖广、江西、闽、粤各省也不乏徽州典商活动的事例。如明末休宁人汪海治典于山东。⑥ 婺源人洪仁辅"居息八闽"⑦。徽人汪朝奉开当于襄阳。⑧ 休宁人程周治典于建昌（今江西省南城县）。⑨ 清休宁人汪可钦"伯兄以高资行质于粤"⑩。如此等等，不胜枚举。

　　明清时期徽州典当业之兴盛还表现为徽州典铺资本雄厚，规模庞大。除前述吴大朝奉、汪箕等拥资百万至数百万外，其他富有的徽州典商见于记载者也很多。如明末徽人汪通保，在上海经营典业，其当铺规模极大，四面开户接待顾客，又在其他州县开设分店。"里中富人无出处士右者"⑪。徽商程璧治典于江阴，清兵南下时，为支援军民守城，先后捐银竟达175000两之多。⑫ 清代侨寓扬州的徽商吴某，"家有十典，江北之富未有其右者"。号称"吴老典"⑬。清代徽人汪已山，其家侨寓清江浦200余年，"家富百万，列典肆，俗称为汪家大门"⑭ 许多徽商

① 乾隆《镇洋县志》卷1。
② 康熙《嘉兴县志》卷9。
③ 康熙《平湖县志》卷4。
④ 《明神宗实录》卷434。
⑤ 《明季北略》卷23。
⑥ 《太函集》卷55《明故处士兖山汪长公配孺人合葬墓志铭》。
⑦ 《江村洪氏家谱》卷9《明敕赠修职郎提举松山公墓志铭》。
⑧ 《古今小说》卷1。
⑨ 《新安休宁名族志》卷1。
⑩ 康熙《休宁县志》卷6。
⑪ 《太函副墨》卷4《汪处士传》。
⑫ 《江阴城守记》。
⑬ 《扬州画舫录》卷13。
⑭ 《清稗类钞》第24册《豪侈类》。

因其雄厚之财力，一家开设典铺多至数十百处，役使大批雇员、奴仆为其经营管理。如明末休宁人孙从理，在今浙江吴兴一带经营典业，“慎择掌计若干曹，分部而治”。前后增置典铺上百所。[①] 清代歙商许某，累世经营典业。资本多达数百万，家有“质物之肆四十余所”，布列于江浙各地，各典肆的“管事”以及“厮役扈养”共计不下2000人。[②] 有些徽商在不同地区同时经营典业，两地之间竟有相距数千里之遥者。如明末歙人洪仁辅，其父为典商，“两都八闽奔走无宁日”；仁辅兄弟二人继业后，兄则“居息八闽”，弟则“居息南都”[③]。歙人黄钟以“竖子严资主质剂据东瓯”，其另一竖子“鲍秋亦主质剂据金陵”[④]。在交通不甚发达的明代，如果没有雄厚的财力，要在相距遥远的不同地区同时经营典业是难以想象的。

（二）

明清时期徽州典商的发展不是偶然的，而是当时的社会条件造成的。明清时期，随着商品经济的发展，贵金属白银已成为社会上通用的货币。它不但发挥了“权轻重”、“通有无”的作用，而且作为支付手段的功能也在不断扩大。这首先表现在赋税的折银上。明英宗正统元年开始在江南各省税粮中折征白银100万两，谓之“金花银”。自此以后，赋税中折银的部分不断增加。张居正行一条鞭法，规定除漕、白二粮以及一部分上贡物料继续征收实物外，其他一切赋税皆“计亩征银”，输纳于官。清承明制，地丁钱粮一概征银。同时又陆续把一部分漕粮和上贡物料折银征收，进一步缩小了赋税中的实物部分。在赋税货币化的过程中，封建国家还不断通过加派田赋、加征火耗以及变换银粮比价等手

① 《太函集》卷52《南右孙处士墓志铭》。
② 《歙事闲谭》第17册。
③④ 《太函集》卷56。

段，迫使人民负担越来越多的货币赋税。自一条鞭法推行以后，封建国家岁收银两的数额一直在不断增加，其速度之快是惊人的。万历四十七年，户部侍郎李长庚言："臣考会计录，每岁本色折色通计千四百六十一万有奇。"① 崇祯十六年，户部尚书倪元潞奏称，该年实征正赋以外的兵饷银竟达 1584 万余两。② 清朝建立后，岁收银额仍在继续增加，乾隆三十一年已达 4800 余万两。③ 从万历末年到乾隆中叶，不过 150 余年，封建国家每年向民间搜刮的银两竟增加了八九倍，这自然大大超过了民间支付能力增长的速度。在这种形势下，高利贷的盛行自然不可避免。明清两代"小民称贷纳官"之苦史不绝书。如乾隆时方苞说："正当青黄不接之时而开征比较，典当无物，借贷无门，富家扼之。指苗为质，履亩计租，数月之间，利与本齐。是以遇丰年，场所甫毕而家无担石，不厌糟糠者，十室而七也。"④

　　明清时期南方各省盛行的押租制也扩大了白银的支付手段功能。在当时，地租虽仍以交纳实物为主，但押租在绝大多数场合下都是以银钱支付的，而且这笔现金为数甚多。从《乾隆朝刑科题本》中可以看到，有所佃之田额租 3 石 3 斗，而押租银多达 12 两者；有所佃之田额租 9 斗 9 升，而押租银多达 24 两者。⑤ 贫苦的农民为了支付巨额押租，往往不得不陷入高利贷者的罗网。如湖南的佃农"所出进庄写田之银（即押租银），多属借贷"⑥。江西的农民在承租土地时如果无力交纳押租，则地主便将这笔应付的押租银充作佃户的欠款，"计银若干，岁入息三分，统俟冬收交纳"⑦。至于佃户在交纳押租之后，囊空如洗，为维持生活

---

① 《明史》卷 256《李长庚传》。
② 《倪文贞公奏疏》卷 8《覆奏并饷疏》。
③ 《清史稿》卷 125《食货》六。
④ 《望溪集·年谱》。
⑤ 《清代地租剥削形态》第 370—382 页。
⑥ 《清史论丛》第 1 辑，第 51 页。
⑦ 《魏季子文集》卷 8《与李邑侯书》。

和支付生产费用而被迫借债的现象，则更是屡见不鲜了。

　　由于商品经济的发展，使广大农民、小生产者所必需的生产资料、生活资料越来越多地仰赖于市场，用钱的机会越来越多。而随着生产的发展，农民小生产者又必须筹集更多的资金，购买更多的生产资料以适应生产中新的需要。这种情况也是迫使农民负债的一个重要因素。清人章谦在论及农民的境遇时曾说："一亩之田，耒耜有费，籽种有费，畬斛有费，雇募有费，祈赛有费，牛力有费，约而计之，率需千钱。"春耕时节，为了筹集这笔资金，及时播种，"势不得不贷之有力之家"①。对于那些"以织助耕"、"以桑佐稼"的农民来说，他们在支付农业生产费用之外，还要在副业生产上投入一笔数量可观的资金。这就使他们往往为纺织而借债买棉，为养蚕而借债购买桑叶，甚至不得不为扩大经济作物的种植而借债买粮，借以糊口。可见在商品货币关系日益发展的明清时期，农民小生产者对货币的需求日益迫切，从而使他们越来越多地陷入高利贷的盘剥之下。

　　明清时期不但有为数众多的农民佃户需要借债，而且也存在着许多拥有货币财富、需要放债牟利的商人。其中尤以徽州商人最称富有。明谢肇淛称："富室之称雄者，江南则推新安，江北则推山右。新安大贾，鱼盐为业，藏镪至有百万者，其它二三十万则中贾耳。"② 到清代乾嘉之际，他们的资本又有了进一步的增长。《淮鹾备要》载："淮商资本之充实者，以千万计，其次亦以数百万计。"③ 这里所说的淮商主要是指徽商。徽商既然拥有如此巨量的货币财富，那么他们在高利贷活动中扮演主要角色也就不足为奇了。从有关资料中可以看出，许多徽商都是在商业活动中积累起巨量的货币财富之后，才改治典业从事高利贷活动的。如明末歙人汪铢初"贾海阳，骤致千金者三，称良贾矣。既复以质

---

① 《清朝续文献通考》卷60。
② 《五杂俎》卷4。
③ 《淮鹾备要》卷7。

剂出入宛陵，居数载，一再倍之"①。歙人江世俊"一意服贾，……初
于北关溪上列廛，旋治典于家"②。清初小说《豆棚闲话》中有一段故
事，描写绩溪人汪彦经商起家，积资至 20 余万，后令儿子兴哥携万金
到平江路（即苏州）去开典铺。③ 这个故事表明徽商的商业资本转化为
高利贷资本，在当时已是司空见惯的现象。还有许多徽商一手经商，一
手放债，把商业资本和高利贷资本紧紧结合在一起。如明末休宁人程周
贾于江西，"为建昌当，为南昌盐"④。歙人黄谊为贾于杭州、扬州、开
封等地，"盐与子钱并举，……厚积而速成。同侪莫之或及"⑤。休宁人
程惟清，"以盐策贾荆阳，以居息贾京邑（南京）"⑥。歙人潘汀州，"或
用盐策，或用橦布，或用质剂，周游江淮吴越，务协地宜"⑦。潘仕
"以盐策贾江淮，以质剂贾建业，粟贾越，布贾吴"⑧。程澧因"东吴饶
木棉则用布，维扬在天下中则用盐，吾郡瘠薄则用子钱"⑨。婺源人李
大鸿贾南京，"以资事盐策"，"又出母钱为质于姑熟者二"⑩。在徽商的
心目中，并没有商业与高利贷业的界线，只要有利可图，便可放手
经营。

典当业是最适合商人放债的一种经营方式，因为它是以收取债务人
的质押物作为保障债权的手段的。商人放债与地主放债不同，他们大多
是远离故土、客居异乡从事高利贷活动的。他们与债务人之间萍水相
逢，素昧平生，除了利用商品和货币之外，再没有其他可供建立信用关

① 《太函集》卷 40。
② 歙县《济阳江氏族谱》卷 9《明处士世俊公传》。
③ 《豆棚闲话》第 3 则。
④ 《新安休宁名族志》卷 1。
⑤ 《潭渡黄氏族谱》卷 9《黄东泉处士行状》。
⑥ 《太函集》卷 37《海阳长公程惟清传》。
⑦ 《太函集》卷 34《潘汀州传》。
⑧ 《太函集》卷 51《明故太学生潘次君暨配王氏合葬墓志铭》。
⑨ 《太函集》卷 52《明故明威将军新安卫指挥金事衡山程季公墓志铭》。
⑩ 《三田李氏统宗谱》。

系的凭借。尤其在五方杂处、人口流动的城市中，情况更是如此。因此收取债务人的质押物就成为保障债权的必要手段。徽商之所以把典当业作为他们放债的主要方式，其原因就在这里。

典当业的发展，还需要一个重要条件，即当铺的信用要取得官府保证。当铺为了有效地保障债权，就必须使质押物的价值大于贷出的金额。所以明清时期的当铺一般都是按"值十当五"的定例办事的。在这种情况下，当债务人提供质押物时，就必然要考虑当铺的信用是否可靠。因此求得官府对当铺的信用的保证显然是十分必要的。从历史上看，求得这种保证经历了一个相当长的过程。《此木轩杂著》载："弘治间，江阴汤沐知石门时，徽人至邑货殖，倍取民息，捕之皆散去，阖境称快……徽人所为殖货者典铺也。"① 据此则弘治时典铺尚未取得巩固的合法地位，故地方官得以随意逮捕或驱逐之。万历三十五年，河南巡抚沈季文奏称："今徽商开当，遍于江北。资数千金，课无十两，见在河南，计汪充等二百十三家。"② 据此则万历时典铺已须报官纳税，所以封疆大吏可以精确掌握当地当铺的数字及其纳税的情况。报官纳税制度的形成，表明当铺已取得官府的认可了。《清朝通典》载："雍正六年，设典当行帖。"③ 其具体办法是："各省民间开设典当，呈明地方官，转详布政使请帖，按年纳税，于奏销时汇奏报部（户部）。其无力停止者，缴帖免税。"④ 到此终于确立了当铺报官纳税请帖的一整套制度。所谓典当行帖，就是由布政司衙门发给当铺的营业执照。当铺持有这种执照便称"公典"，其信用大为提高，远非未经请帖的私典可比。可见当铺报官纳税请帖制度是典当业发展的产物，又是推动典当业进一步发展的杠杆。徽州典商就是在这一制度形成的过程中发展起来的。

---

① 《此木轩杂著》卷8。
② 《明神宗实录》卷434。
③ 《清朝通典》卷8。
④ 《清朝续文献通考》卷47。

（三）

徽州典商到处活动，剥削人民，使广大农民和其他小生产者日趋贫困，对社会经济的发展危害极大。清初江苏吴江县的典铺以质物价值规定利息："十两以上者，每月一分五起息；一两以上者，每月二分起息；一两以下，每月三分起息。贫巨衣饰有限，每票不及一两者多。隔一二年，本利科算不能取赎，每多没入。"① 贫苦的农民在官税私租交迫之下，往往举债应急，但借债之后，他们就在租税之外又添加了一重债息的负担，这就使他们更深地陷入贫困状态之中而"永远不得翻身"。无锡县农民"食于田者，惟冬三月，及还租已毕，则以所余米舂而置于困，归典库以易质衣。春则阖户纺织，以布易米而食，家无余粒也。及五月田事迫，则又取冬衣易所质米归，俗称"种田饭米"②。耕男织妇们无论怎样挣扎，却始终逃不出高利贷者的魔掌，只能使社会再生产在极其艰难的条件下进行。这种现象在明清时期是相当普遍的。清人焦袁熹说："徽人挟丹圭之术，析秋毫之利。使人甘啖其饵而不知，日以朘，月以削。客日益富，土著日益贫。岂独石门一邑而已，盖所至皆然也。"③ 活跃在全国各地的徽州典商，就是靠吮吸劳动人民的膏血养肥自己的。更值得注意的是，许多当铺往往和囤积商人串通一气从事"囤当"活动，使贫苦的人民受害更深。乾隆九年，安徽巡抚范璨奏称："遂有一种射利之徒，避囤户之名，为典质之举，先于富户、当户讲定微息，当出之银，复行买当，资本无多，营运甚巨，坐视市米缺乏，价值大长，始行赎出取利，不顾民食艰难，视囤户尤酷。"④ 明末人胡元敬说：塘栖镇"财货聚集，徽杭大贾，视为利数，开典顿米，贸丝开车

---

① 《吴兴旧闻》卷 2。
② 《锡金识小录》卷 1。
③ 《此木轩杂著》卷 8。
④ 《清高宗实录》卷 215。

者，骈臻辐辏"①。可见早在明后期徽杭大贾们就已经大搞起囤当米谷
的活动了。在这种囤当活动中，商人得到典铺在财力上的支持，可以扩
大囤积规模，更有效地操纵市场价格，因而可以牟得更多的暴利。广大
农民和其他小生产者，无论是否借债，只要同市场发生联系，就无法逃
脱典商囤户共同布下的罗网。结果他们只能呻吟在贫困的深渊中，而不
可能有效地改进生产。这种状况，对社会经济发展所造成的危害是不可
估量的。马克思说：高利贷资本"不改变生产方式，而是紧紧地寄生在
它上面，使它贫乏。它吮吸着它的膏血，破坏着它的神经，强使再生产
在日益悲惨的条件下进行"②。徽州典商的历史作用就是如此。

经营典当业既可以不劳而获，坐享厚利，又有官府保护而无风险可
虞，自然被徽商视为最理想的行当。所以他们积累起巨量的货币财富之
后，总是热衷于广开典铺，牟取厚利。这样就使他们的商业资本长期被
禁锢在流通领域之内，而不向产业转化。而这种状况对于资本主义萌芽
的发展是极为不利的。

明清时期，不仅商人、官僚、地主竞相投资典当业，而且封建官府
也不断把大批公款发典生息，谓之"生息银两"。甚至民间修桥补路等
公益活动和恤贫抚孤等慈善事业，也往往把筹集到的资金存入典铺，提
取利息，以供经常性的开支。这就使当铺越来越多，当本越积越大。明
后期南京就有当铺 500 家，清乾隆时北京也有六七百家当铺。其他城市
的当铺以数十数百计者比比皆是。这样，典商之间的相互竞争必不可
免。如明末休宁人程锁"中年客溧水，其俗春出母钱，秋倍收子钱，长
公（程锁）居息市中，终岁不过什一，细民称便，争赴长公"③。程锁
取息"终岁不过什一"固属夸张，但取息较少则可以肯定。他这样做当
然不是出自什么善良的动机，而是竞争的形势造成的。因为不如此，就

---

① 光绪《塘栖志》卷 18。
② 《资本论》第三卷，人民出版社 1966 年版，第 699 页。
③ 《休宁率东程氏家谱》。

不能收到"细民称便，争赴长公"的效果。明末休宁人孙从理治典雪上（在今浙江吴兴），"什一取赢，矜取予必以道。以质及门者，踵相及，趋之也如从流。慎择掌计若干曹，分部而治。……迭更数岁又复迭增凡百。以质剂起家，宜莫如处士"①。明人周晖在《金陵琐事剩录》中载：南京的"当铺总有五百家，福建铺本少，取利三分四分，徽州铺本大，取利一分二分三分，均之有益贫民。人情最不喜福建，亦无可奈何也"②。这里徽商取利较低旨在同福建典商竞争是不言而喻的。这样剧烈的竞争，势必造成利息率下降的趋势。明朝规定："凡私放钱债及典当财物，每月取利并不得过三分，年月虽多，不过一本一利。违者治罪。"③ 这表明当时典息超过3分是比较普遍的现象，故立法加以限制。清承明制，重申月利不得超过3分之禁。④ 然而实际上却有许多地方的典息低于这个规定。《平湖县志》载：康熙时"吾邑……典利3分，视京师及其它郡邑为独重……今抚院金，严禁重息，贫民永赖"⑤。据此，则当时"京师及其它郡邑"的典息都是低于三分的。同治时，江苏巡抚丁日昌奏称："苏省典铺，从前取利以二分为率，当期三年为满"⑥。据此，则鸦片战争以前，典铺以2分取息已是江苏省的普遍情形了。固然明清时期的债息往往因时因地而异，情况十分复杂，特别是私人借贷，其利息有高有低，很难一概而论，但作为正式营业的典铺，其利息率已有逐渐下降的趋势则是可以肯定的。

利息率的降低，可稍稍减轻徽商高利贷资本对生产的破坏，便于小生产者利用典铺资金以济缓急，有利于扭转徽商商业资本独立发展的倾向。这是明清社会经济发展所取得的可喜成果之一。但不幸的是，鸦片

---

① 《太函集》卷52。
② 《金陵琐事剩录》卷3。
③ 《明会典》卷164。
④ 《清世宗实录》卷38、卷41。
⑤ 康熙《平湖县志》卷4。
⑥ 丁日昌：《抚吴公牍》卷47《饬司核减苏省各典当利息议复》。

战争以后，由于白银大量外流，民间对白银的需求转趋迫切，遂使当铺的利息率普遍回升。[①] 于是这点可喜成果竟化为泡影。这正是西方列强破坏中国社会正常发展的一个佐证。

五、徽商与江南棉织业

（一）

　　明清时期徽州商人对经营江南棉布贸易十分重视。嘉靖时歙人程澧多年闯荡江湖，对全国各地的市场形势有比较深刻的认识，摸索出一条经商的经验："东吴饶木棉则用布，维扬在天下中则用盐策，吾郡瘠薄则用子钱。"事实证明，他这种因地制宜的经商方式，确是一种行之有效的生财之道。"诸程聚族而从公，惟公所决策。……行之四十年，诸程并以不赀起，而公加故业数倍，甲长原。"[②] 在明代徽商中采取程澧这种经商方式的人并非罕见。歙人潘次君也同样"以盐策贾江淮，质剂贾建业，粟贾越，布贾吴，……卒赢得过当"[③]。歙人潘汀州则"或用盐策，或用橦布，或用质剂，周游江淮吴越务协地宜，邑中宿贾，若诸汪，诸吴悉从公决策受成，皆累巨万"[④]。这些徽商发财致富的经验有一个共同的特点，就是他们都把经营江南棉布贸易作为自己商业活动的一项重要内容。这种贸易对徽商资本的积累起着重要的作用。歙人吴良儒说："吾乡贾者，首鱼盐，次布帛。"[⑤] 可见在徽商心目中，行盐之

---

① 《中国近代农业史资料》第 1 辑，第 571—573 页。
② 《太函集》卷 52。
③ 《太函集》卷 51。
④ 《太函集》卷 34。
⑤ 《太函集》卷 54。

外，贾布就是他们最看中一个行当了。

然而尽管行盐可以获得厚利，但食盐毕竟是封建官府严加控制的商品，非巨贾不能任。而做棉布生意则可大可小，可以量力而行，对于大多数徽州商人来说，是个最便于经营的行当。正因为如此，徽人经商往往是先贾布，后行盐。即在经营棉布贸易中积累起足够的资本之后，才去经营盐业。就整个徽州商帮的发展而论，他们也是先在布业中得势，后在盐业中称雄的。如果说，明代弘治以后徽商开始在两淮盐业中取得了优势地位，那么在此之前的成化年间他们就已经是经营棉布贸易最活跃的商帮了。据记载，歙人吴良友的曾祖父吴有贵、祖父吴继善"始以布贾燕齐间，父自宁公蒙故业而息之，赀益大饶，累巨万"①。良友生于嘉靖二年，其曾祖始营布业之时最晚当在成化年间。歙人郑富伟"东游吴淞，北寓临清，逾四十年，累资甚巨"②。吴淞为产布之乡，临清是棉布集散之地，富伟往来于其间，显然也是为了贩布。富伟生于正统十三年，他经营布业也当在成化年间。《云间杂识》载："成化末，有显宦满载归，一老人踵门拜不已，宦骇问故。对曰：'松民之财多被徽商搬去，今赖君返之，敢不称谢！'宦惭不能答。"这位松江老人的话固属谐谑之词，但却反映出"松民之财多被徽商搬去"已是当时人所共知的事实。表明当时的徽商已是盘剥松江棉织业者的主要商帮了。因为松民之财主要出自纺纱织布，徽商攫取松民之财的有效途径也只能是棉布贸易。

松江的棉织业始于元，而松江棉布的大批商品化则是明中叶发端的。成化时，华亭人张弼说："棉布虽松江所产，旧亦不多。……（成化）二三十年，松江之民多倚织布为生。"③成化二十二年，松江知府樊莹为消除粮长制之积弊，曾主张以"布行人"代替粮长押送官布入

---

① 《丰南志》第 5 册。
② 歙县《郑氏宗谱》。
③ 崇祯《松江府志》卷 10。

京，并听其"赍持私货以赡不足"①。这表明成化时松江棉织业大有发展，人们织布已主要不是为了自用，而是为了持往布行销售。当时的松江布在北方各地已成为畅销货，因而把棉布当作免征商税的"私货"贩往北方，则是布行老板们梦寐以求的事情。在这种情况下，松江便有愈来愈多的人"倚织布为生"了。而正当松江棉布开始大批走向市场时，徽州商人如"鸷鸟之击"，一下子扑向松江，把这里的棉布贸易紧紧地握在自己手里。仅此一事已足以表明徽州商业资本与江南棉织业的关系之深了。

（二）

徽商在江南棉布贸易中的重要地位，首先表现在江南许多盛产棉布的城镇都是徽商最活跃的地方。如嘉定县的南翔、罗店两镇产布甚多，贸易极为发达，因有"金罗店，银南翔"之谚。② 而在两镇中最活跃的商人则是徽商。归有光说："嘉定南翔，大聚也，多歙贾。"③《嘉定县志》载罗店镇"比间殷富，今徽商辏集，贸易之盛，几埒南翔"④。嘉靖时，常熟县产布甚多，大部分"行贾于齐鲁之境"⑤。而当时徽人已在该县建有"梅园公所"，作为客死其地的徽人停柩之处⑥，足见徽商在这里的人数已相当多了。天启时，平湖县新带镇"饶鱼米、花布之属，徽商麕至，贯铿纷贷，出纳颇盛"⑦。嘉善县的治所魏塘镇乡民以纺纱为生，有"买不尽松江布，收不尽魏塘纱"之谚。而这里"负重资

---

① 崇祯《松江府志》卷8。
② 光绪《罗溪镇志》卷2。
③ 《震川先生集》卷18。
④ 万历《嘉定县志》卷1。
⑤ 嘉靖《常熟县志》卷4。
⑥ 《明清苏州工商业碑刻集》第349—350页。
⑦ 天启《平湖县志》。

牟厚利者，率多徽商"①。入清以后徽州布商更为活跃。盛产棉布的上海县为"五方贸易所聚，宣歙人尤多"②。宝山县大场镇"商业首推布匹"，有许多徽商在此收购棉布。③ 太仓州"向来多种木棉，纺织为业"，而这里"质库及市中列肆，安徽、闽、浙人居多"④。无锡"棉布之利独盛于吾邑"，所产之布大多由徽商运销苏北各地，因而常有徽人言"无锡为布码头"⑤。清代的苏州已是棉布印染业的中心，"各省青蓝布俱于此地兑买"⑥，而苏州印染棉布的字号大部分都由徽商开设的。⑦ 在棉布生产"甲于他郡"的松江，色布字号也主要是由徽商开设的。⑧

徽商在江南棉布贸易中占有重要地位还表现为徽商在江南棉布的收购、染色、运销等环节中都发挥了重要作用。

首先，徽商是最活跃的棉布收购商。明清时期江南棉布主要出自农家织妇之手，其产量虽多，销路虽广，但生产者却极为分散。只有把为数众多的小生产者零星出售的棉布集中起来，才能适应大规模商业贩运的需要。因此棉布收购活动便成为棉布贸易中的重要环节，而在这种活动中扮演重要角色的则是徽商。当时，在徽州布商中富商大贾固不乏人，但为数更多的则是小商小贩。他们多为生计所迫，外出经商，江南棉布产地距徽州甚近，正是他们经营小本生意的好地方。他们人数多，资本少，正适合走街串巷从事棉布的零星收购活动。明末休宁人汪社生"以贫困奔驰吴越，肩布市卖"⑨。在嘉定县外冈镇"徽州王某，少客镇

---

① 嘉庆《嘉善县志》卷 6。
② 《上海碑刻资料选辑》第 232 页。
③ 《宝山县续志》卷 1。
④ 光绪《太仓直隶州志》卷 6。
⑤ 《锡金识小录》卷 1。
⑥ 《雍正朱批谕旨》第 42 册。
⑦ 《明清苏州工商业碑刻集》第 80 页。
⑧ 《上海碑刻资料选辑》第 87 页。
⑨ 嘉庆《休宁县志》卷 14。

中，营布业，……积数十金归，娶妇生子"①。汪、王等人大概就是褚华所说的那种"袄头小经纪"，他们是"零星购得（棉布）而转售于他人者"②。更值得注意的是徽商还善于利用牙行制度将江南棉布的收购市场把持在自己手里。在那个时代，商品的大宗贸易必须通过牙行才能进行，私相贸易者有禁。上述那些零星购得的棉布也只有通过牙商开设的布行、布庄，才能转售给贩运商人，销往外地。这种制度本来是不利于商业资本活动的封建制度，但徽商却能够利用这一制度来巩固自己的地位。他们采用商牙结合的经营方式把江南棉布的收购市场把持在自己手里，使之成为自己取之不尽的财源。

其次，徽商是江南棉布染踹业的主要经营者。前已述及明清时期江南棉布染踹业中心苏州、松江等处的色布字号主要是徽人开设的，而在江南其他城镇徽商开设的色布字号也很多。如鸦片战争前，徽商胡朗甫、汪锦城首先在常州开设"胡仁泰"、"汪怡兴"两家字号，其后该地陆续出现的字号多达数十家，其中徽人开设者当亦不少。③ 上海色布字号"祥泰"、"恒乾仁"、"余源茂"等也都是徽商经营的。④ 徽商之所以能够在棉布染踹业中占有优势地位，首先是由于他们拥有雄厚的财力。据记载，当时苏州色布字号的经营规模都很大，"自漂布、染布、看布、行布各有其人，一字号常数十家赖以举火"⑤。字号所染的色布还要经过踹坊砑踹之后，方能作为商品出售。雍正八年，李卫奏称，苏州已有踹坊 450 余处，踹匠 10900 余人。⑥ 乾隆四年碑刻则载明当时苏州布商字号共有 45 家。⑦ 如果从雍正八年至乾隆四年的 9 年之内，苏州字号与

① 《续外冈志》卷 4。
② 褚华：《木棉谱》。
③ 《常州土布史料初稿》（未刊稿）。
④ 《江南土布史资料》（未刊稿）。
⑤ 乾隆《长洲县志》卷 10。
⑥ 《雍正朱批谕旨》第 42 册。
⑦ 《明清苏州工商业碑刻集》第 80 页。

踹坊数字没有大的变化，那么，平均一字号就有 10 家踹坊，240 余名踹匠为其踹布。经营这样大规模的字号首先要拥有巨量资本。所以时人说，"惟富人乃能办此"①。而财力雄厚的徽州商人恰好在这方面发挥了优势。清初"新安汪氏，设益美字号于吴阊，巧为居奇。密嘱衣工，有以本号机头缴者给银二分。缝人贪得小利，遂群誉布美，用者竞市，计一年销布以百万匹。论匹赢利百文，如派机头多二万两，而增息二十万贯矣。十年富甲诸商，而布更遍行天下。……二百年间，滇南、漠北无地不以益美为美也"②。按岁销青蓝布百万匹，其总价值当在 50 万两以上，在商品流通速度不高的条件下，没有数十万两资本是难以经营的，可见汪益美之所以能够运用巧妙的竞争手段取得成功，说到底还是因为他拥有较强的经济实力。

徽商字号的产品质量精良也是他们取得优势地位的一个重要原因。乾隆《长洲县志》载："布坊各处俱有，惟阊门为盛，漂染俱精。"苏州阊门外上下塘一带正是徽州字号集中的地方，这表明"漂染俱精"者主要就是徽商字号。正因为他们的产品质量好，所以他们总是在自己所染色布的布头上标明本字号的图记，借以提高信誉，扩大销路。顺治十六年和乾隆四年，两次呈请官府严禁假冒字号图记的布商主要就是徽商。徽商字号之所以能做到"漂染俱精"不是偶然的。一则他们掌握了技术上的优势。宋应星说："织造尚松江，浆染尚芜湖。"③ 而芜湖距徽州甚近，又是徽商早年发迹的地方，这里发达的浆染技术早为徽商所熟知。明末清初，当徽商在江南棉布产地就近经营染踹业的时候，自然要引用这种技术，并加以提高。再则徽商掌握了最好的颜料。据乾隆时的碑刻记载，苏州颜料铺户汪永丰等 23 家，都是"衢衢徽民附居，店业营趁，

---

① 《乾隆重修元和县志》卷 10。
② 《三异笔谈》卷 3。
③ 《天工开物》卷上。

异觅蝇头，以事俯仰"的商人。① 足见当时苏州的颜料商多数都是徽人。这就为徽商字号选用最好的颜料提供了方便。三则徽商各字号在各产布市镇开设布庄，广收棉布，把最好的布料把持在自己手里。如前所述，质地精良宜于染色的钱名塘布、冈尖布等就一直是徽商手中的王牌。徽商字号以最佳技术、最好的颜料，染踹质地精美的棉布，这就保证了他们的产品质量比其同行略胜一筹，从而在竞争中取得优势地位。

第三，徽商是最活跃的棉布贩运商。明清时期，纵贯南北的大运河是江南棉布北运的主要路线，而在这条线上的棉布贩运活动很大一部分都操在徽商之手。如淮安是运河沿线的棉布转运枢纽，江南的棉布运抵淮安后，或则沿运河继续北运，或则通过清口，沿淮河而西运往皖北、河南，甚至转销于西北各地。《淮安府志》载："布帛盐醝诸利薮则皆晋徽侨寓者负之而趋矣。"② 足见经由淮安贩运棉布的商人主要是徽商和晋商。《龙图公案》中描写徽商汪成在开封开设布店的事，反映出明代徽州布商已在河南推销棉布了。他们的棉布大概是经由运河、淮河辗转贩运而来的。山东的临清是运河线上又一个重要棉布转运枢纽。江南棉布运集于此，"辽左布商"、山西"行贾"，前来转运者络绎不绝。万历时这里有布店 73 家，而该地则是徽商称雄的地方。谢肇淛说："山东临清，十九皆徽商占籍。"③ 贩运江南棉布自然是他们商业活动的一项主要内容。嘉靖时徽商李谋就往来于临清、南翔之间从事商业活动："嘉定南翔，大聚也。多歙贾，（李）君遂居焉，亦时时贾临清，往来江淮间。间岁还歙，然率以嘉定为其家。"④ 李君之所以要以嘉定南翔为其家，大概是为了便于收购棉布运销北方，把棉布的收购与贩运活动结合起来。还有些徽商把江南棉布直接运往临清以北各地销售。如徽商汪应

---

① 《江苏省明清以来碑刻资料选集》第 72 页。
② 康熙《淮安府志》卷 1。
③ 《五杂组》卷 14。
④ 《震川先生集》卷 18。

选"居南里（南翔镇），足迹历蓟门、辽左，……以贸易起家"①。徽商吴良梓"往来吴越齐鲁燕赵之都，出入布帛盐策之场"②。康熙时徽商谢定五等还在北京前门外打磨厂开设日成祥布店，将售布所得银两利用会票兑往南方。③ 有的会票上还注明兑付"鼎谦号布价"，足见他们的棉布是直接从南方字号中贩运去的。

明清时期江南棉布通过海运北上者很多。明代辽东棉布奇缺。明初令山东登莱等处田赋折布，海运至辽，以供军户。正德初山东布解折银。于是辽东棉布的需求只得仰赖商贩的供应。从那时起，徽州布商便活跃于江南辽东之间的海运线上了。万历时梁梦龙说："查得海禁久弛，私泛极多，辽东、山东、淮扬、徽苏闽浙之人做买鱼虾腌猪及米豆果品、瓷器、竹木纸张、布匹等项往来不绝。"④ 入清以后，东北地区人口大增，棉布需求量不断上升。"旗民种棉者虽多，而不知纺织之利，率皆售于商贾转贩他省"，"布帛之价反倍于内地"⑤。所以东北地区一直是江南棉布的重要市场。"自康熙二十四年开海禁，关东豆麦每年至上海者千余万石，而布茶各南货至山东、直隶、关东者亦由沙船载而北行。"⑥ 包世臣说："沙船之集上海实缘布市。"⑦ 足见江南棉布是当时沙船运载北上的主要商品。而徽商在这条海运线上仍然是一支重要力量。康熙时在江南沙船的主要港口刘河镇"始创造海船"的商人就是安徽商人金某。此后，这里一直是"东省徽籍以及通属各省商人"活跃的地方。⑧ 赣榆县的青镇是江苏北部的海港重镇，嘉庆、道光时徽州叶同

① 《南翔镇志》卷7。
② 《丰南志》第9册。
③ 《文献》1985年第2期。
④ 《海运新志》。
⑤ 《皇清奏议》卷44。
⑥ 包世臣：《安吴四种》卷1。
⑦ 包世臣：《安吴四种》卷29。
⑧ 刘湄：《刘河镇纪略》卷5。

春、叶长春等字号就在该镇经营海运贸易。①

长江中上游地区是江南棉布的又一个重要市场。湖广、江西每年都有大批商船载米东下，贸布而归。安徽的"枞阳、芜湖、运漕为江广米船聚集之区"②，米布贸易规模甚大，而在这种米布贸易中，徽商均占显要位置。如明末家产百万的徽商吴逸公就"席先业，醵于广陵，典于金陵，米布于运漕"。枞阳则为"桐城首镇，……徽宁商贾最多"③。芜湖更是徽商称雄的地方，徽商自然也会插手米布贸易。

总之，徽商不但活跃于江南产布之区，而且把持着江南棉布的收购、染色与运销。他们在江南棉布贸易中的地位是不容低估的。

（三）

明清数百年间，徽商一直是江南棉布收购、染色、运销的主要经营者。因此，他们的活动就不能不给江南棉织业的发展带来深远的影响。

首先，徽商的活动促进了江南棉织业中商品生产的发展。明清时期江南棉织业主要是作为农副业而发展起来的。广大贫苦农民，在官税私租的重压之下，不得不借纺纱织布以弥补生计不足。他们资金短缺，生产资料和生活资料的贮备都很不足，只有及时地用自己的产品换得棉花和粮食，才能维持其小生产的地位。徽商资本雄厚，人数众多，遍布江南城乡各地，与棉织业者的接触面甚广；不但可以及时地收购棉纱、棉布，而且可以随时向广大棉织业者提供棉花和粮食。明清时期，江南涌现出一大批以棉花、棉布、粮食贸易为主的市镇，在这些市镇中，徽商都发挥了重要作用。正是这些市镇把江南广大棉织业者同遥远的市场联系起来，使他们生产的棉布得以运销四面八方，而他们所需求的生产生

---

① 《上海碑刻资料选辑》第304—305页。
② 《清经世文编》卷47。
③ 道光《桐城县志》卷1。

活资料也得到了源源不断的供给，从而为江南棉织业商品生产的发展提供了有利条件。

其次，徽商的活动促进了江南棉织业技术的提高。徽商在收购棉布时为保证所收之布便于行销，特别注意布的质量。在他们开设的字号、布庄中都有专司"看布"的人员，负责检验布的质量。在布商的严格挑选下，棉织业者不得不"媚贾师如父，幸而入选，如脱重负"①。这实际上就是由徽商把市场信息及时地转达给生产者，使他们为消费者的需要而在改进棉布质量上精益求精。如南翔镇所产之扣布"光洁而厚，制衣被耐久，远方珍之。布商各字号俱在镇，鉴择尤精，故里中所织甲一邑"②。前文所述的钱名塘布也是由于徽商广为推销才名声大振，于是外冈等镇"多仿为之"。

第三，徽商投资于棉布染踹业，有助于资本主义萌芽的滋长。在徽商开设的字号中，布商与染工关系的性质目前虽不甚清楚，但据碑刻资料的记载，布商与踹匠的关系则是资本主义性质的。正因为徽商采用了资本主义的生产关系，才有可能在棉布染踹业中进行年产色布百万匹的大规模生产，从而满足了全国市场对色布的需求。这对提高棉布的销售量，促进江南棉织业的发展具有积极意义。

然而徽商对江南棉织业者的盘剥极为残酷，使之陷于极端贫困之中，这就妨碍了棉织业技术的改进和社会分工的发展。徽州商人利用封建牙行制度把持江南棉布收购市场，尽力压低棉布的收购价格，牟取厚利。每当青黄不接之际，贫苦农民急于以布易米，而狡黠牙侩们却乘人之危，压价收布。农民"三日两饥，抱布入市，其贱入泥，名曰'杀庄'"③。在徽商最活跃的嘉善县，"荒年米贵，则布愈贱，各贾乘农夫

---

① 崇祯《松江府志》卷6。
② 嘉庆《南翔镇志》卷1。
③ 《清经世文编》卷28。

之急，闭门不收。虽有布，无可卖处"①。徽商在低价收布的同时，又操纵棉粮价格，盘剥小生产。典商、囤户往往勾结一气大搞囤当活动，当棉、粮收获之际，囤户借典铺的资金周转，乘贱收购大批棉、粮，待价而沽，致使"小民一岁所收，始则贱价归商，终仍贵价归民，典商囤户坐享厚利，而小民并受其困"②。徽商以贱买贵卖的手段，两头盘剥棉织业者，使他们只能在饥饿线上辗转求生，而无力改进生产工具，提高生产技术。直到鸦片战争前夕，江南棉织业的生产效率仍然十分低下，其纺者每日不过成纱四五两，织者每日不过成布二三丈。江南棉织业这种长期停滞不前的现象固然是由多方面因素造成的，但徽商对棉织业者的盘剥不能不说是其中的一个重要因素。而江南棉织业技术长期得不到提高，它在全国的领先地位也就难以维持下去。

当江南棉织业技术止步不前的时候，其他地区的农民也同江南农民一样，力求做到"以织助耕"。他们千方百计克服自然条件的限制，发展自己的家庭棉织业。这种形势严重威胁着江南棉织业的领先地位。早在明后期，一些有识之士便已为此忧心忡忡。弘治时邱濬就"常揣度，此后数十年，松之布当无所洩"③。徐光启也说："数十年来肃宁一邑所出布匹，足当吾松十分之一矣。初犹莽莽，今之细密，几与吾松之中品埒矣。其价值仅十之六七，则向所言吉贝贱故也。"④ 万历《嘉定县志》的作者更指出："今北方自织花布，南方几弃织作，虽种木棉，亦难措办完官"⑤。入清以后形势更加严峻。北方农民或"朝夕就露下纺"，或"阴雨亦纺"，或"穿地窖数尺"，"借湿气纺之"⑥。闽广商船赴上海贸易"不买布，而止买花衣以归，楼船千百皆装布囊累累。盖彼中自能纺

---

① 陈正龙：《几亭全书》卷25。
② 《皇清奏议》卷2。
③ 周治：《上海县志》卷32。
④ 《农政全书》卷25。
⑤ 万历《嘉定县志》卷7。
⑥ 褚华：《木棉谱》。

织也"。至清朝的乾嘉时代，江苏、浙江、湖北、江西、四川、福建、广东、直隶等省都成了"自来织布盛"的地区。① 这些地区棉织业的普遍兴起，势必造成江南棉布市场的不断缩小，价格的不断下跌，棉织业者的收益也随之减少。明初规定民以花、布折征税粮者，花1斤准米2斗，布1匹准米1石。布每匹长3丈2尺，阔1尺8寸，重3斤②。按照这个规定，则织布1匹可得4斗米的收益。这种规定固然带有鼓励棉织业的意图，但与当时市场的价格毕竟相去不远。成化时"三梭一匹，极细者不过直银二两，而米价遇贵则有一石直银一两者"③。明初，折征则例规定：3梭布1匹准米2石，其价值倍于一般棉布，足见在当时市场上1匹布与1石粮，价格是大体相当的。明后期则棉布的比价便明显地下跌了。《华亭县志》载："三梭布每匹折价六钱一分，棉布每匹三钱，……其制当即嘉靖时所定。"④ 而当时的米价据唐顺之说："夫（石米）五钱者江南之平价也。"⑤ 足见这时1匹布仅当6斗米之价了。《阅世编》载康熙二十三年物价相对平稳以后，标布每匹值银2钱上下，米价则每石常在1两左右。按清代标布匹长20尺者，其重约25两至30两之间。⑥ 明代则"官布例重三斤，纳者多以纱粗验退。（周）忱奏准不拘斤重，止取长阔中式"⑦，看来其重量不足3斤。姑以每匹40两计之，则是明代官布工匹约当清代标布1.5匹。而1.5匹标布值银不过3钱，仅当3斗米之价。鸦片战争前后布价每匹3钱，粮价则每石涨至2两，是棉布1.5匹，不是3斗米之价了。⑧ 布价日落，则棉织业的收益

---

① 《清朝续文献通考》卷385。
② 《续文献通考》卷2、《明会典》卷30。
③ 《明宪宗实录》成化十六年七月丙申条。
④ 光绪《华亭县志》卷8。
⑤ 《明经世文编》卷261《与李龙冈论改折书》。
⑥ 王廷元：《论明清江南棉织业的劳动收益及其经营形态》，《中国经济史研究》1993年第2期。
⑦ 邵广宪：《苏松田赋考》。
⑧ 许涤新等：《中国资本主义的萌芽》。

下降，嘉庆时已是"木棉价贵布价贱，爨火欲断心皇皇"①。道光初更是"木棉常贵，布值常贱，所以小民生计益艰"②。可见早在洋纱、洋布大批输入中国之前，江南棉织业便已呈现衰落之象了。随着江南棉织业的衰落，徽州布商的生意也大受影响。至乾隆后期，徽商所开设的字号已是"本重而利微，折阅者多，亦外强中干矣"③。嘉道之际则"新安朱泰源、金陵李宏昇均折阅而去"。其他布商亦有人"逆知布业之将衰"，拆回资金买田置地去了。④ 徽州商业资本与江南棉织业的这种两败俱伤的局面正是两者的封建性质所决定的。

① 光绪《青浦县志》卷 28。
② 道光《江阴县志》卷 9。
③ 《乾隆重修元和县志》卷 10。
④ 《三异笔谈》卷 3。

第六章
徽商与封建势力

徽商在其发展过程中，与封建政治势力建立了密切的关系。但封建政治势力既在一定程度上维护徽商利益，又未放松对徽商的勒索敲诈。他们之间虽有矛盾，有斗争，但徽商从未改变对封建政治势力的依附，从而决定了徽商的封建商帮的性质。徽商与封建政治势力之间的这种关系，反映了封建社会晚期商人社会地位的低下、经济地位的动摇和政治品格的懦弱，因而也就避免不了与封建社会同枯共衰的命运。这是徽商的悲剧。

一、徽商与封建政治势力的关系

在封建社会里，商人与封建政治势力的关系，说到底就是钱与势的关系。一般说，钱不敌势，因此钱总是依附于势。但随着商品经济的发展，钱与势的关系又呈现出比较复杂的情况。明清时期，徽商与封建政治势力的关系，正是这种钱与势关系的缩影。探讨这种关系，有助于我们了解在封建社会晚期商人的地位、徽商的性质及其命运。

（一）

徽商是明清时期驰骋商界的大商帮。由于其时是封建专制主义的一统天下，封建政治势力的触角伸向社会的各个角落，所以徽商足迹所至，势必与封建政治势力发生各种各样的关系。依附、逢迎与仰攀是徽商对封建政治势力所持的基本态度。

各级封建官员是封建政治势力在中央和地方的代表，具有相当的政治地位和政治权力，因而徽商通过各种手段巴结逢迎他们。

手段之一是交友联谊。徽商足迹遍天下，他们每到一处，总是广交朋友。交友，在他们心目中已不是纯粹的商业行为，而是涂上了浓厚的政治色彩。所以，在很多商人那里，谈笑有名流，往来多缙绅。如歙商梅仲和，"弃儒服贾，贸易吴门，……重交游，乐与贤大夫款洽，姑苏为冠盖往来地，慕公名者恒造庐以访"①。歙商凌和贵，在三衢（武汉）经商，"自达官绅士及氓庶无不以礼相接，与地方长吏过从款洽"②。清歙商江禹治，"总司汉鹾"，"当路巨公迄四方才智士顾与缔纳"③。这类例子，不胜枚举。徽商之所以能与各级官员结朋友，官员又之所以愿意折节纳交，一来徽商富有，常常慷慨解囊，这是徽商交结官员的先决条件。二来徽商"贾而好儒"，他们与缙绅士大夫比较容易找到共同的语言，一些心理上的障碍能够消除。如休宁商汪新贾于淮扬，"既雄于赀，又以文雅游扬缙绅间，芝城姜公、金公辈名儒巨卿皆与公交欢"④。黄存芳"虽为贾人，而言论风旨雅有士人标格，故缙绅辈乐与之交"⑤。可见，"好儒"已成为徽商与官员相契合的重要条件。

徽商对一些暂时失势的官员也往往不吝解囊，表现出少有的慷慨。

① 歙县《济阳江氏族谱》卷9。
② 《沙溪集略》卷4《文行》。
③ 《橙阳散志》卷3。
④ 《休宁西门汪氏宗谱》卷6。
⑤ 歙县《竦塘黄氏宗谱》卷5。

如歙商方佺"尝贾楚汉间……观察某诖误，将入京，贫不能办装，佺厚赠资斧，后复原任"①。何永昌贾于广济县时，"广济县令陈某失上官意，将以亏帑劾"，他"弛囊金六千助之，事乃解"②。"高尚"的行为往往掩藏着世俗的动机。他们这样做，实际上是在下政治赌注。因为他们一旦帮助这些官员化凶为吉，保住乌纱，今后无疑可以背靠大树好乘凉了。

徽商不仅与在任官员倾心过从，就是对一些士子也乐意与之交结，反映出他们政治上的远见。如歙商黄锜在淮阴经商，"淮阴当南北日冲之地，士大夫毂击之区，君（黄锜）延纳馆餐，投辖馈遗，而尤注意计偕（指举子），寒素者赖君踊跃穷途，飞翼天衢"③。对那些应试的寒素举子，黄锜慷慨资助，不是为了别的，就是因为他们一旦中试，就是朝廷命官。资助一名举子，就是结交一位官员，来日即使不能期望涌泉相报，起码也能沾其余润。

手段之二是联姻攀附。徽州之俗，"婚配论门第"④，深受徽俗浸染的商人也是如此。在他们的家谱中我们发现，徽商中尤其是一些大商人总是和封建官员结有姻亲关系。一些在外地的徽州商人，也总是千方百计与封建官员联姻。如扬州一徽州盐商有一义女江爱娘，被视为可居奇货，"等待寻个好姻缘配着，图个往来"。听说朝廷韩侍郎打算娶个偏房，"先自软瘫了半边"，立即派媒人说合，把江爱娘"认做自己女儿，不争财物，反赔嫁妆。只贪个纱帽往来，便心满意足"。后来，韩夫人去世，江爱娘被立为继房，并获夫人封诰，"那徽商（被）认做干爹，兀自往来不绝"⑤。这一故事把徽商逢迎、攀附封建政治势力的心态淋漓尽致地暴露出来。虽是小说家言，但作者选取徽商作为描写对象，无

---

①② 民国《歙县志》卷9《人物·义行》。

③ 歙县《竦塘黄氏宗谱》卷5。

④ 康熙《徽州府志》卷2。

⑤ 《二刻拍案惊奇》卷15。

疑是现实生活的典型化。

　　与现任官员联姻，"贪个纱帽往来"，自然求之不得，但如果没有这样的机会，即使能与未来的官员攀亲，徽商也心甘情愿。明代万历年间，杭州城内某徽商有一个女儿，一心想嫁给一个佳士，故许多求婚者均被拒绝。万历十三年（1585 年）仲秋节后某夜，商人梦龙戏爪水中。次日，姚江徐应登，以儒士应试毕，偕友过商门。友竭力作伐，入言于商。徽商听说只是个儒生，"虽口诺而意未允"。朋友一再请商人出门看看再说。谁知商人送友及门，看到徐应登正"濯手水瓮中"，这恰与其昨晚"龙戏爪水中"之梦境相符，商人认为这是一大吉兆，不仅"欣而许之"，而且"请友玉成"了。① 他这种前倨后恭的态度也反映了商人对封建政治势力倾心攀附的心理。

　　手段之三是行媚巴结。徽商的优势是雄于赀财，他们往往不惜重赀行媚权势。时人指出："徽多高赀贾人……又善行媚权势。"② 对此，大可不必从品德、道义上谴责徽商，因为这实际上是由时势使然，这且待后论。行媚巴结的一个重要表现就是贿赂权贵。时人在谈及两淮盐商的情况时曾说："官以商之富而朘之，商以官之可以护己而豢之，在京之缙绅，过往之名士，无不结纳，甚至联姻阁臣，排抑言路，占取鼎甲，凡力之能致此者，皆以贿取之。"③ 两淮盐商的主体是徽商，所以这段话实际上也可说是徽商的写照。

　　徽商行媚权势的另一个重要表现是将权势贪赃之款代为营运，让他们坐取厚利。如乾隆时的河道总督白钟山在任期间，巧宦欺公，暗饱私囊，将贪赃银两分别交给商人程致中 2 万两、程之女婿典商汪绍衣 4 万两生息，另交商人程容德 2 万两、程迁益 2 万两等。这些程姓、汪姓商人都是徽商。乾隆在诏谕中道："白钟山身任总河，乃与盐商交结往来，

---

① 《坚瓠九集》卷2。
② 《大泌山房集》卷66。
③ 杨仲羲：《意园文略·两淮盐法要序》。

以赀财托其营运，甚属无耻。"① 此案业已查出，可以肯定，没有查出的类似案件还有不少。

手段之四是跻身仕林。依附封建政治势力总不如自己成为封建政治势力中的一员，这可以说是所有商人梦寐以求的事。商人以富求贵、跻身仕林最便捷的办法就是捐赀买官。一部小说中写道："原来徽州人有个癖性，是乌纱帽、红绣鞋，一生只这两件事不争银子。"② 这里所谓的"徽州人"自然指的是徽商，他们在经商致富后不惜巨赀捐赀买爵，这类例子在徽州宗谱、族谱中屡见不鲜。比商人自己捐官更为普遍的是让子弟攻习儒业，博取功名，他们以"富而教不可缓"的迫切心情延师课子，盼望他们将来能够蟾宫折桂，一举成名，成为封建仕林中的一员。这方面的资料特别多，兹不赘引。

封建政府是封建政治势力的象征，对封建政府的态度尤其是我们考察徽商与封建政治势力关系的一个重要方面。大量事实证明，尽管孜孜逐利的徽商很少过问政治，但他们的所作所为已证明他们是依附于封建政府、站在封建政府一边的。

首先，也是最突出的就是徽商大量捐赀报效政府，佐解国家之急。明休宁商汪新，挟赀游淮扬，应诏输粟，被授南昌卫指挥佥事。③ 万历年间，因国家兴作，鸠工征材，费用不足，歙商吴时佐慷慨捐输 30 万两报国。④ 如果说明代商人报效政府尚不普遍的话，入清以后，商人尤其是盐商报效则已成了司空见惯的事了。"乾隆嘉庆间，王师征大小金川，荡平台湾，勘定川楚教匪，淮商踊跃输将，称为极盛。"⑤ 徽商为两淮两浙盐商之中坚，故淮商报效大多出自徽商。"嗣乾隆中金川两次

① 《清高宗实录》卷 270。
② 《二刻拍案惊奇》卷 15。
③ 《休宁西门汪氏大公房挥金公支谱》卷 4。
④ 《丰南志》第 10 册。
⑤ 光绪《两淮盐法志》卷 4。

徽商研究

用兵，西域荡平，伊犁屯田，平定台匪，后藏用兵，及嘉庆初川楚之乱，淮浙芦东各商所捐，自数十万、百万以至八百万，通计不下三千万。其因他事捐输，迄于光绪、宣统间，不可胜举。"① 其中，淮商、浙商自乾隆至嘉庆，单军需一项，共捐输银两2640万两。② 可见徽州盐商对政府报效之巨。而徽州其他商人在这方面也是不遗余力。康熙十三年（1674年），"额附石大将军建营房千间于京口，当事仓惶无措"，后全部委于婺源木商黄世权，他竭尽全力，"未匝月而工告竣，将军嘉其才义，锡之袍帽，待以礼"③。

其次，明清时期阶级斗争始终没有停止过，尤其是明末农民起义和清中叶的太平天国革命，是两次规模最大的农民战争，震动了全国。在明末农民大起义的影响下，徽州佃仆也纷纷揭竿而起，展开反奴役的斗争。在这些大规模的阶级斗争面前，徽商的态度非常鲜明，始终坚定地站在封建政府一边。他们采取各种方式为封建政府效劳，有的弃贾从戎，亲自参战：如明末徽商张梦玺在洛阳经商，由于对天下形势深悉洞明，受到福王器重。当李自成农民军跃过黄河，势不可当时，福王授梦玺为参将，遂"与州守史记言共为防御。公（张梦玺）登陴射之，三殪渠魁，乘胜蹑其后，斩获过当"。后来城陷，"公反兵巷战，射杀数贼，身被重创，遂遇害"④。可见，张梦玺完全成了镇压农民起义的刽子手。清咸丰年间（1851—1861年），太平军转战在皖南，婺源商朱有升策划并参与对太平军的围追堵截，他"购捷足，昼夜轮探，逆（指太平军）至则沿村驰报，使老弱预避，集壮丁截堵，多赖保全。丁巳（1857年）八月，民团围逆于茶坑株木岭等处，擒斩逆首十余颗"⑤。有的出谋划策：崇祯十五年（1642年），张献忠军攻陷庐州、六安、无为、巢湖、

① 《清史稿》卷123《食货四》。
② 左步青：《清代盐商的盛衰述略》，《故宫博物院院刊》1986年第1期。
③⑤ 光绪《婺源县志》卷31。
④ 《新安张氏续修宗谱》卷29。

314

庐江、含山诸县，南京震惊，贫苦百姓欢欣鼓舞，而徽商章韬却"特往金陵陈方略，出家赀助饷。事闻，朝廷嘉之。以将材召用"①。明末清初，在李自成起义军的鼓舞下，徽州以杨继云为首的奴仆举行暴动，官军屡捕不得。"一日忽至，众怖甚。君（歙商方时翔）乃帅乡之有力者密谋之，先藏器械诱之至，突起击之仆地，村众继至，共杀之，余党皆骇散。"②奴仆暴动终于被镇压下去。大多数徽商则采取捐赀助饷的方式为官府镇压农民起义而效劳：清嘉庆元年（1796年），川楚陕爆发了大规模的白莲教起义。五月，起义军一部进入湖北孝感县，汉口戒严。这时，徽州盐商汪必相等主动"倡募乡勇，随官军防御"。后来由于人众粮寡，汪必相又"独捐米一千五百石，以济军食"。朝廷闻知，特赐孔雀翎。汪必相受宠若惊，又续捐米2万石以助军需，真可谓不遗余力了。③嘉庆四年，白莲教起义失利，徽州盐商感到由衷高兴。他们考虑到大功告成以后，政府"抚辑赏赍，需用较繁"，于是总商洪箴远、程俭德率领众商"情愿公捐银三百万两，以备善后之用"。投桃报李，嘉庆帝下旨赏收200万两，并将该商众等交部照例分别给予议叙，以示优奖。第二年正月，盐商又捐银200万两，嘉庆赏收100万。旨下，商情恳切，坚持捐输，嘉庆又收50万。七月再捐100万，赏收50万。六年五月，由于清军镇压农民起义连获大胜，盐商再公捐200万。嘉庆八年，又捐200万，赏收100万。为了镇压这次农民大起义，徽州盐商三番五次送捐巨款，足见盐商已与政府完全休戚与共。在这几次捐输中，徽商鲍漱芳等三人，"遇事奋勉"，嘉庆还格外加恩，"先行交部优叙"④。婺源商查大亨，当清初地方小股农民起来反抗时，"捐厚赀为守御计"⑤。太平军兴起后，清政府在皖南筹饷，婺源商黄文"送捐巨

---

①② 《方氏圣宗统谱》卷19。
③④ 嘉庆《两淮盐法志》卷42《捐输·军需》。
⑤ 光绪《婺源县志》卷31。

赀"①，查时茂也"捐巨赀为倡"。同治初年，左宗棠率军驻皖南进剿太平军，查时茂又"踊跃输助"②。当太平军围攻金陵时，清军橄木横江，屯兵安炮，堵截上游，正在金陵的徽州木商程开绂"输木作筏，约费数千金。后官军克复镇江，两次采木，制云梯，造浮桥，绂皆捐助"。江苏巡抚以"储材报国"匾额赠之。③为了对付太平军，各地纷纷组织团练，徽商则慷慨捐赀助饷，以最实际的行动鲜明地表露了自己的阶级立场。

封建皇帝是封建政治势力的最高代表，能够仰攀上皇帝自然是商人的无上荣耀。然而，"天高皇帝远"，真正能够以布衣交上"九五之尊"的也只能是商人中极少数财大气粗的"上贾"。令人惊奇的是，这样的幸运者又恰恰大多是徽商。康熙、乾隆两位皇帝多次南巡，浙江为游幸所至，而扬州则为翠华莅止之地。每次南巡，两淮盐商都实心报效，捐出百万以上巨款，承办南巡差务。至于临时供应及所捐之数更不可胜计。徽州盐商还为皇室的其他大典捐赀尽力。例如，乾隆几次为其生母举办大规模祝寿庆典，两淮盐商和其他盐商届时都来京华捐赀装饰街道景点，耗银数十万两。乾隆本人八十大寿，特许捐出巨赀的盐商赴京祝寿。由此可知徽州盐商中的巨子与皇帝关系之密切了。

徽商逢迎、依附、仰攀封建政治势力，与其结成了十分密切的关系，这在封建社会的商帮中还是少有的。因而，当我们研究商人与封建政治势力的关系时，徽商也就更具典型意义。

（二）

追逐"重利"是商人经营活动的目的所在，但徽商却又不惜耗费巨

---

① 光绪《婺源县志》卷35。
②③ 光绪《婺源县志》卷34。

资去攀附封建政治势力，那么，造成他们的这种心态，并促其身体力行的原因何在呢？

其一，为保全之计，寻找政治保护伞。

徽商主要从事长途贩运贸易，远途跋涉之劳、餐风宿露之苦、惊涛骇浪之险是难免的，然而这些都可以克服，最令人头痛的是各种恶势力的侵犯：贪官污吏的勒索、地痞流氓的欺诈、土匪盗贼的掠夺等，往往使商人倾家荡产。明弘治十二年（1499 年）吏部尚书倪岳曾上疏曰："近年以来，改委户部官员出理课钞，其间贤否不齐，往往以增课为能事，以严刻为风力，筹算至骨，不遗锱铢，常法之外，又行巧立名色，肆意诛求，船只往返过期者，指为罪状，辄加科罚。客商资本稍多者，称为殷富，又行劝借。有本课该银十两，科罚劝借至二十两者。少有不从，轻则痛行笞责，重则坐以他事，连船拆毁，客商号哭水次，见者兴怜。"[①] 到了万历年间，随着商品经济的发展，贪官污吏更是欲壑难填，正如给事中萧彦所说："他姑无论，即如河西务大小货船，船户有船料矣，商人又有船银，进店有商税矣，出店又有正税。张家湾发买货物，河西务有四外正条船矣，到湾又有商税，百里之内，辖者三官，一货之来，榷者数税。"[②] 在这种情况下，经商之难可想而知。明代小说《石点头》中有一个徽商被贪官污吏敲诈的故事，读来令人感慨。一汪姓徽商在苏杭买了几千金绫罗绸缎前往川中发卖，来到荆州，如例纳税。那班民壮，见货物甚多，企图狠狠敲诈一下，要汪商发单银十两，汪商以其他各税司从无此例为由拒绝交付。不想激怒了士兵，劈脸就打，接着又是拳击。然后汪商被拖入衙门见监税提举吾爱陶，士兵竟然恶人先告状："汪商船中货物甚多，所报尚有隐匿，且又指称老爷新例苛刻，百般詈骂。"吾爱陶闻言，拍案大怒，下令查验货物。货物抬到堂上，逐

---

① 《明经世文编》卷 78。
② 清官修《续文献通考》卷 18《征榷》。

一看验，不想果然少报了两箱。吾爱陶不仅下令将汪商打 50 毛板，而且道："漏税，例该一半入官，教左右取出剪子来分取。""吾爱陶新例，不论绫罗绸缎，布匹绒褐，每匹半分，半匹入官，半匹归商。可惜几千金货物尽都剪破，总然织锦回文也只当做半片残霞。汪商扶痛而出。"①小说作者特地以徽商作为故事主人公，可见现实中徽商的类似遭遇屡见不鲜。清代也是如此，关吏们为饱私囊，私设关卡，私置非法衡器，不一而足，徽商无疑也饱受盘剥之苦。切肤之痛，使徽商感到从商事业的艰难，财产生命缺乏保障。因此，只有依附封建政治势力，才是保全身家之计。万历年间，歙商汪士明面临矿监税使的恣意诛求，十分感慨地说："吾辈守钱虏，不能为官家共缓急，故掾也鱼肉之。与其以是填掾之壑，孰若为太仓增粒米乎！"②在钱与势的抉择面前，他终于大彻大悟了，认识到无权无势，要想充当"守钱虏"是行不通的，与其让那些贪官污吏"鱼肉"，不如报效政府，还能援例授官，保全自己。应该说汪士明的话反映了大多数徽商的共同心态。果然，汪士明"应诏输粟实边过当，授中书舍人直武英殿"。社会地位陡然大增，贪官污吏也不敢任意"鱼肉"，"而家难寝抒矣"③。前述商人吴时佐输金报国，结果，"天子旌之，一日而五中书之命下"，他也"富而益之贵"。看起来，损失数十万金，是"不利"，但换来了"天子之命"，岂止地位大增，而且光宗耀祖，这又是"大利"。故时人认为这样做是"移家为国，庶几以不利为利乎"④！

"移家为国"，报效政府，是为了以不利求利，而倾心交官，趋炎附势，也是为了寻求保护伞。如"弘治间（1488—1505 年），江阴汤沐知石门时，徽人至邑货殖，倍取民息，捕之皆散去。……徽人所谓货殖

---

① 天然痴叟：《石头记》卷 8《贪婪汉六院卖风流》。
②③ 《太函集》卷 55。
④ 《寄园寄所寄》卷 8。

者，典铺也。"① 可见，没有政治势力的庇护，商人连立足都十分困难，更遑论发展了。因此，徽商的"善行媚权势"，实在不是生性如此，而是形势使然。

徽商要同各种各样的人物打交道，买卖交易之际，难免要发生一些纠纷，有些纠纷非经衙门不得解决。而一涉官司，那么平时与官府有没有交往，其结果也就迥然不同。徽商为了避免败诉，交结官吏，以为奥援，就必不可少了。正如两淮盐差李煦在向康熙上的条奏中所说："商家原属懦弱，平居安保无事，设遇家庭交际之间偶有小嫌，一经衙门，必致借端勒诈，不得不预为之计，以勉应其求也。"② 话虽说得比较含蓄，但已把商人交结官员的苦衷和盘托出。事实也是如此，有了官员的帮助，确能免除不少意外的劫难。如歙商鲍绍翔在浙江江山县经营盐业，家渐富裕，"顾人多忌之，辄藉端欺凌，争讼不休者凡数家"，官司甚至打到巡抚那儿。但由于鲍绍翔平时与官员过从甚密，故能得到他们的援助，以致官司"先后历十余年而志未尝稍挫焉"。晚年鲍绍翔每每忆及此事，感慨系之，谆谆告诫后人："余每逢强敌，必有相与成之者，天下事知非可以一手一足自持也，汝曹当深念之。"③ 在诉讼中，能够"相与成之"的人当然非官莫属。清道光年间（1821—1850 年），由于两淮纲盐之弊积重难返，政府准备实行票盐制度。此举一旦实施，两淮盐商不仅垄断贸易特权将告终结，而且连他们当初用重金买下的"根窝"也将变得一文不值。这当然是极大的损失。但有些商人由于平时与有关官员过从甚密，预先得到消息，于是暗中卖掉根窝，抽回资本，转营他业，从而得以挽回不少损失。④

其二，为了获取垄断经营的特权。

商人一般都是逐"什一之利"，但垄断商业的垄断利润就非"十一之

① 《此木轩杂著》卷 8。
② 《李煦奏折》。
③ 《鲍氏诵先录》。
④ 金安清：《水窗春呓》卷下。

利"可比，而是能获取几倍、十几倍、甚至几十倍的高额利润，因此攫取垄断商品的经营特权就成了众多商人追逐的最高目标。在封建社会能够称得上垄断商品的，除了一些违禁品以外，就是盐和外贸商品了，而其中盐又是千家万户不可或缺的商品。封建社会中绝大多数时期盐业都是官营，高额垄断利润由官府独占，盐税也成了国家财政的重要收入。明清实行官督商销榷盐制度，商人只要向政府交纳足数银两，就可获得"盐引"，到指定产盐区向灶户买盐，再运到指定地点去销售。这样，盐商实际上就获得了垄断经营权。在全国各大盐场中，两淮盐场无论是产量之多还是行盐地区之广都居首位，盐业的垄断利润极为丰厚。据记载，清代前期，淮盐在产地的价格是每斤约制钱二三文，运销江西等地，竟高达六七十文，价格抬高了二三十倍，扣除运费和课税，其利润也令人瞠目。两淮之所以令徽商趋之若鹜，其原因正在这里。徽州盐商资本所以高达几百万、上千万，其奥妙也在这里。这种垄断经营权当然受惠于政府。饮水思源，盐商对政府、对皇帝特别感恩戴德也就在情理之中了。

政府视盐商为摇钱树，盐商也目政府为保护神。一旦他们的经营特权受到侵犯时，封建政府甚至皇帝就会出面加以维护。例如，清代榷盐制度规定，各盐场所产之盐都有指定的行销地区，不得越界销售。如淮盐行销区包括今江苏、安徽、江西、湖南、湖北5省和河南省的一部分，但由于两淮盐场距江西较远，加上盐商的抬价，故淮盐运到江西后，价格猛涨二三十倍，这自然令广大消费者不堪忍受。而江西与福建毗邻，故闽盐运至江西，售价较低，销路自然大畅。尽管江西不是闽盐行销地，但闽盐常常阑入江西，从而极大地影响了淮盐的销售，使淮商垄断利益受到侵犯。据记载："乾隆末年，福建盐阑入江西，其势蜂拥不可止。淮商颇困，而事体重大，莫能撄者。"歙商鲍肯园时任两淮总商，"身任其事，支拄两载，其患始平"[①]。这里虽没有讲出平患的具体

––––––––––––––––––

① 歙县《棠樾鲍氏宣忠堂支谱》卷21。

细节，但从"其事体重大，莫能撄者"来看，此事非常棘手。可以想见，如果没有朝廷与地方政府的出面干涉，闽盐"蜂拥不可止"的势头是很难遏止的。在关键时刻，政府维护了盐商的垄断特权。

其三，为了扩大影响，提高声望，有利竞争。

明清时期，商品经济已发展到一个新的高度，全国涌现出不少大商帮，他们活跃在各地市场上。徽商作为一个大商帮，与其他商帮之间，势必产生激烈的竞争。为了在竞争中立于不败之地，必须设法扩大影响，提高声望，而要达到这一目的，除了自身的信誉以外，加强与封建政治势力的关系，当然是十分有效的办法。同时商人对自己的社会地位也有自知之明。"大贾倾十万，一名终不书。"① 熟读唐诗的徽商何尝品味不出诗中所包含的辛酸。当腰缠万贯以后，他们迫切希望提高自己的声望和地位。徽人汪道昆说，徽商"游大人而为名高"②。"游大人"之所以能够"名高"，一来可以抬高自己的身份；二来可以通过"大人"为自己延誉、褒扬。明休宁商许宁一，商游于楚，因思母亲而作《望云思亲卷》，楚王朱慎庵欣然为之作序，可见两人交谊之厚。③ 歙商方勉柔服贾大梁，"虽贵倨如周藩及诸戚畹，亦且折节下交，争相引重"④。很显然，像许商、方商这样的人连皇亲国戚都折节下交，其他人更不必说了。

除皇亲国戚外，更多的是大量的官员或文人为徽商延誉。歙商凌仲礼经商金陵，"公一以结客四方，名大噪江湖间"⑤。婺源商李古溪，服贾江湖，也是"晋纳于贤士大夫，每以名显"⑥。他们都因倾心交结达官贵人、文人士子而声名远播。我们在明清不少著名文人士子的诗文集

---

① 《全唐诗补遗》卷10《寓言》。
② 《太函集》卷44。
③ 《许氏统宗谱》。
④ 《方氏会宗统谱》卷19。
⑤ 《沙溪集略》卷4《文行》。
⑥ 婺源《三田李氏统宗谱》。

中每每看到关于徽商的传记、寿文和墓志铭，就是明证。"一名终不书"的现象终于改变了。这些都大大增强了徽商在市场上的知名度和美誉度，扩大了徽商的影响，进而大大增强了徽商在市场上的竞争力，使其商务不断发展。如徽商方迁曦"商于吴梁间，所至交纳豪杰，为江湖望，家业益以丕振"①。

徽州盐商对政府、对皇帝的巨额报效，更换来了巨大的荣耀。"盐商时邀眷顾，或召对或赐宴，赏赉渥厚，拟于大僚。"② 如大盐商江春、吴钖屡蒙乾隆赐秩、赐物、赐宴，被视为"异数"。其他一些徽州盐商也获加级晋衔的奖励。有了此等殊荣，身价自然百倍，不用说普通人油然而生敬慕之情，就连官员也要对他们另眼相看了。

其四，少数徽商交结官员是为了借势行私。

一些徽商采取卑鄙的手段交结官员，是为了达到卑鄙的目的。如明万历年间，徽州木商王天俊一千数十人闻知宫中将大兴土木，乃"极力钻求，内倚东厂，外倚政府"，广挟金钱，依托势要，钻求扎付，终于买通官吏，求得代购皇木16万根的特旨。有这道特旨，不仅可以夹带私木数千上万根，仅此16万根皇木，就可逃税32000余根，亏国课五六万两。③ 此事后被工部侍郎贺凤山查出制止，但像这类例子肯定不止一起。

至于商人买通官吏偷税漏税更是在所难免。《金瓶梅词话》中记载西门庆因贿赂临清关税官，在杭州所买1万两银子的货物，税只交了35钱钞银子! 徽商是否如此，尽管历史上没有留下记载，但谅不可免，只是程度有所不同。因为徽商中确有一些被人斥为"徽狗"的奸商，他们当然不会放过任何一个与官员勾结、牟取私利的机会的。即如捐赀纳官，除了想抬高声望、提高地位的目的外，也还有一些人隐藏着卑鄙的

① 《方氏会宗统谱》卷19。
② 《清史稿》卷123。
③ 《冬官纪事》。

动机，认为捐官后能够"视簿领如左券，纳苞苴如子钱"①，可以坐享其成了。

（三）

徽商逢迎官员、依附政府、仰攀皇帝，反映了徽商与封建政治势力统一的一面，但他们之间也有矛盾的一面。这种矛盾主要表现在封建政治势力视商人为摇钱树，总想从商人身上榨出更多的油水来，所谓"官以商之富而朘之"。当这种剥削保持在一定限度之内，商人尚能忍受，甚至主动进奉，所谓"商以官之可以护己而豢之"。一旦超出了这个限度，商人感到官不能"护己"时，他们也会起来抗争。纵观明清时期，徽商抗争的对象主要有以下几种类型：

一类是关津蠹吏。这些人不顾封建法制。恣意盘剥过往商人，从而激起商人的反抗。《歙县济阳江氏族谱》卷9载："明末关津丛弊，九江关蠹李光宇等把持关务，盐舟纳料多方勒索，停泊羁留，屡遭覆溺，莫敢谁何。"歙商江南能"毅然叩关陈其积弊，奸蠹伏诛，而舟行者始无淹滞之患"。清康熙间，芜湖"榷关邓主事苛责诸商，多额外征，莫可谁何"。徽商吴宗圣奋然入控登闻，康熙下旨："差官按实拿问。"② 这两次对关津蠹吏的斗争都取得了胜利。但是，他们付出的代价也是沉重的，江南能"公缘此案，费用不赀，家业亦复中落，乃退守田园，琴书自适，优游以终"。一个"致赀累万"，很有发展前途的商人就这样退出商场，从此销声匿迹了。吴宗圣也因赴京告状，"以劳瘁殁于京师"。由此可以知道，和关津蠹吏斗争的艰难。

一类是矿监税使。万历年间，神宗派遣大批矿监税使分赴各地，他们像饥狼饿虎一般扑向商人及其他富户。其逞凶之处，大多是商品经济

---

① 《太函集》卷18。
② 道光《徽州府志》卷12《人物·义行》。

比较发达的地方，也是徽商比较活跃的区域，徽商自然不能幸免。仅以南直隶而言，矿监税使所到之处，被敲诈者，"不罄不休，盖多者万金，少者亦不下数千金，如仪征之监生李良林，南京之盐商王懋估，淮扬之高、汪、方、全诸盐商，皆立见倾荡，多至丧身"①。其中提到的倾家丧身的淮扬高、汪、方、全诸盐商，虽姓名不详，但汪氏、方氏盐商极可能是徽州盐商，而且受害者决不止这几家盐商。在这场空前的劫难面前，徽商也起来抗争过。如休宁商朱承甫佐父业盐淮楚间，"中涓衔命辜榷，以大贾为奇货，鱼肉之。承甫倡义执言，暴其监奴门客为奸利状，词辨注射，气奋不可夺，中涓语塞，乃罢"②。通过面折廷争，终于捍卫了自己的利益。其时，税珰孙隆在苏州横征暴敛，使得商店罢肆，作坊倒闭，工人失业，终于激成以葛贤为领导的苏州民变。在几千人的斗争队伍中，也有徽商参与。因为苏州是徽商比较集中的地方，在对矿监税使的斗争中，他们从切身利益出发，不可能作壁上观。民变之后，当葛贤遇赦得释后，新安富商程尚甫怀着对葛贤的崇敬之情，竟以一美姬相赠。③ 此举虽近荒唐，却表明了徽商对矿监税使的憎恨。

一类是当差恶棍。这在明末黄山大案中尤为明显。据记载，歙邑商人吴养春自祖辈起始以业盐起家。吴养春有黄山地 2400 亩，神宗时，养春兄弟构讼，旧台官骆骎曾有"一半入官"之题奏，但当时留中未下。天启六年（1626 年），魏忠贤借名助工，旧案重提，以欺隐黄山山场之罪，命工部主事吕下问专敕驻歙，查追所谓黄山山场银 30 余万两，外有赃银 60 余万两，抚按行府县追解，遂逮养春父子及方中凡等，8 名"钦犯"立刻就缚，后释归者 3 人，余俱毙狱，养春妻汪氏也投缳死。吕下问刑苛网密，凡吴氏亲邻族党无不株连，坐勒商人吴献吉山银 1 万两，献吉逃匿，其家属供有至亲监生潘谟，家住岩寺。吕下问命快捕黄

---

① 《神宗留中奏疏汇要》刑部卷 4。
② 《大泌山房集》卷 72《朱承甫家传》。
③ 《明清苏州工商业碑刻集》第 255 条。

文前往拘捕。时潘谟已外出。黄文所带白捕知潘谟邻家潘家彦富厚，思蚕食之，适家彦亦远出未回，室尽妇人，两白捕破门而入，妇人惊号，从而激起众怒，当场殴毙两白捕，并毁其尸。接着，乡城之人乘机而起，大书"杀部安民"四字，遍布通衢。当时蜂拥至察院者不下万人，愤怒的群众毁其门，焚其宫，吕下问仓皇破壁宵遁。这就是魏忠贤一手挑起的摧残徽商的黄山大狱案。徽商吴养春一家及有关人员蒙受了巨大灾难。而随后爆发的民变，实际上是一次自发的斗争。岩寺是歙县首镇，商人极多，在这不下万数的"乡城之人"中，无疑会有不少商人在内。

由上可以看出，徽商所抗争的对象，绝不是整个封建政治势力，而只是其中最凶恶、最贪婪的部分。这股封建政治势力，一般说来，损害了地主阶级的根本利益，所以也为封建统治者所不容。徽商之所以敢于起来抗争，正是认识到这一点。

徽商与封建政治势力的斗争，有着明显的分散性、个体性、软弱性的特点。他们总是以个人的身份与恶势力斗争，而从没有以徽商群体的形式进行抗争。即便在黄山案这样的小范围的突发事件中，也看不到徽商有组织的反抗。而且在群众性的自发抗争中，徽商也从未以领导者的姿态出现在政治舞台上。他们的斗争方式一般都局限在倡义执言或叩阙告状，在封建政治势力面前求公道，甚至有的还寄希望于封建政治恶势力。如黄山案中直接受害者吴养春父子面对突然降临的劫难，不是奋起抗争，而是于"就逮时，卖数万金随王临民至田尔耕家，张筵剧谈，意以续命之膏望生全之路"。田尔耕是魏忠贤死党，吴养春显然是在向封建恶势力哀求、乞怜，结果自然是一场空，"赀尽而命亦尽，人亡而家愈破"[1]。与此相类似，大多数徽商面对恶势力的侵犯，都采取退避三舍的态度，这充分表明了他们懦弱的政治品格。

---

[1]　《岩镇志草》。

有比较才能鉴别。如果将徽商对封建政治势力的态度与其对农民起义的态度作一对比的话，我们可以清楚地看出，两者是截然不同的。对后者，徽商可谓不共戴天，势不两立，竭尽全力地支持封建政府镇压农民起义。由此，徽商作为一个封建性的商帮，作为封建政治势力的附庸的性质，也非常明显地表现出来了。

（四）

任何一种社会现象总反映一定的本质。徽商依附、逢迎、仰攀封建政治势力的行迹，既不是孤立的，也不是偶然的。它是封建社会晚期钱与势关系的缩影，只不过更典型罢了。它实质上反映了明清时期商人阶层社会地位的低下。

谈到明清时期商人的社会地位，一些论者总是津津乐道商人地位的提高。诚然，在明清时期，商人入仕有了更多的途径；统治阶级中的有识之士对商业的重要性有了新的认识；发端于宋代的工商皆本的思想，至明清时期也得到更多的响应：一些文人甚至官员纷纷为商贾正名，李贽发出了"商贾何鄙之有"① 的呐喊，黄宗羲也说："世儒不察，以工商为末，妄议抑之，夫工固圣王之所欲来，商又使其愿出于途者，盖皆本也。"② 这一切都说明了商人的社会地位比明初有了提高，但四民之末的地位并没有根本转变，商人远没有迈进他们的理想王国。

封建社会的传统国策是重农抑商，它是建立在地主制经济基础之上的，只要这个基础不改变，这一传统国策就会延续下去。明清社会经济仍然以地主制经济为基础，因此，重农抑商的政策一以贯之。且不说政府的闭关政策、专卖政策对商人的限制，就是在商品经济十分活跃的时期，统治阶级也没有放弃这一国策。只是在贪官污吏对商人盘剥过重，

---

① 《焚书》卷2。
② 《明夷待访录·财计三》。

商人裹足不前，商品流通受到严重影响时，统治者才适当采取一些"恤商"政策，但其目的在于"裕课"，即增加财政收入，而决不意味着商人迎来了黄金时代。

政治上的抑商导致了思想上的贱商。贱商作为几千年来占统治地位的观念，在明清时期仍有相当市场。乃至有的商人在劝自己儿子奋发业儒时竟说出"毋效贾竖子为也"①的话来。试想，如果社会上没有严重的贱商鄙商思潮，李贽又何必空穴来风，大声疾呼"商贾何鄙之有"。黄宗羲之所以写下那段愤激的文字，不正说明还有不少"世儒"，仍"以工商为末，妄议抑之"吗！

我们再看一个关于商人的典型案例。这就是发生在乾隆年间的巴宁阿与盐商交结联宗案。巴宁阿，汉军正白旗人，曾任内务府大臣、粤海关监督、两淮盐政、工部右侍郎、户部右侍郎等职。乾隆五十九年（1794年），由他监修的热河安远庙工程竣工不久，在一场大雨中，大殿前坡琉璃瓦脱落数十陇，并将下面两层屋檐瓦全部砸坏。适逢其时，乾隆驻跸热河，闻知此事大为震怒，认为这是巴宁阿"昧良欺伪"的大败露，由此想到他前在扬州两淮盐政任内必有营私黩货之事，传旨有关大员严行查奏。

经过反复调查审讯，巴宁阿罪状共有4款：（1）接收商人洪广顺为门生；（2）置买婢女；（3）离任前收受盘费银两3万两；（4）与总商汪肇泰联宗。前三款巴宁阿均已供认不讳，最后一款巴宁阿坚不承认，但据徽商汪肇泰供称："商人（汪肇泰自称）充当总商。巴盐政于上年到任，商人进见时，巴盐政看见手本，就问：你姓汪，可是徽州人？商人禀称：祖籍原系徽州。巴盐政说：我祖籍也是徽州，你与我原是一家。商人回称：商人微末，不敢认。巴盐政又说：徽州本无二汪，你年纪尚小，我还是你的长辈呢。巴盐政与商人认本家是有的，至于发样交办首

————————

① 参阅本书第七章二节。

饰，实无其事。今蒙皇上天恩，不治商人之罪，如此剀切垂询，商人尚敢瞻顾巴盐政不据实直供？

商人的话应是可信的。由此看来，巴宁阿与商人联宗之事当是不虚。在巴宁阿 4 款罪状中，这一款既不是贪赃，又不是枉法，纯属个人交际之事。然而，恰恰对这一款巴宁阿"坚不承认"，而乾隆帝也恰恰对这一款尤为震怒。原因何在？正如乾隆在上谕中所说："巴宁阿与总商汪肇泰联宗一节，坚不承认，自应其事太觉卑鄙，有玷名器，情罪较重，是以不肯据实供出。"应该指出，总商在盐商中也是有身份地位的，"故事，推择淮商之干敏者，以承有司之事，谓之总商。凡盐事之消长赢缩，以逮公私百役巨细，无所不当问"①。总商实际上就是官商，是众盐商的领袖。然而，官员即使和这样的人联宗，也被认为"情罪较重"，皇帝更认为"过于卑鄙，有玷名器"。士商地位之悬殊，由此可见一斑。再看乾隆的几通上谕中，左一个"微末商人"，右一个"微末商人"，可知在封建"名器"面前，商人还有什么社会地位可言！②

社会地位的低下，往往产生两种不同的结果，或则激成反抗的精神，或则养成懦弱的品格。体现在商人阶层的正是后者，所以李煦说"商家原属懦弱"，这实在是通过长期观察得出的结论。社会地位的低下，也使商人的经济地位极不稳定，恰如"一团茅草乱蓬蓬，蓦地烧天蓦地空"。其兴也速，其败也速。明代官员顾起元曾说："每见贸易之家，发迹未几，倾覆随之，指房屋以偿逋，挈妻孥而远逃者，比比是也。"③ 发迹之家，转眼败落，多不是因为折阅亏本，主要恐怕还是由于政治的原因使然。

低下的社会地位，动摇的经济地位，懦弱的政治品格，使商人难以

---

① 歙县《棠樾鲍氏宣忠堂支谱》卷 21。
② 中国第一历史档案馆：《乾隆五十九年查办巴宁阿与盐商交结联宗案》。载《历史档案》1994 年第 1 期。
③ 《客座赘语》卷 2。

形成一支独立的政治力量，更难以把握自己的命运。它只有逢迎、依附、仰攀封建政治势力，才能在忍气吞声中求得发展。所以徽商只能成为封建性的商帮，这绝不是偶然的。作为拥有巨额商业资本，在全国商界首屈一指的徽州商帮，本来最有希望像西欧 16、17 世纪的商人那样，在反封建的舞台上演出一场威武雄壮的活剧，但最后却走向反面，沦为封建统治的附庸，并且随着封建制度的衰落而衰落，从而葬送了自己的远大前程，这是徽商的悲剧。它说明，在封建专制制度的一统天下中，商人阶层难以独立地得到发展。商人只有彻底摆脱封建势力的控制，改变对封建势力的依附，才能有属于自己的光明的前途。

二、明代嘉靖年间徽商的抗倭斗争

嘉靖倭患是明代嘉靖年间我国一些海盗不顾民族利益，勾引倭寇对我国东南沿海地区进行烧杀抢掠所造成的巨大灾难。嘉靖时期的抗倭斗争是一场反掠夺、维护民族利益的正义斗争。这一时期，徽商作为一支重要商帮已经崛起并活跃在东南地区。他们在这场斗争中扮演了什么角色？传统的观点认为徽商通倭。近年来，有的学者更进一步认为，徽州海商就是倭寇海盗的中坚力量，他们与徽州坐贾、行商结成走私贸易的3个层次。倭寇海盗的活动，直接催生了我国的资本主义萌芽。应该指出，这些观点是值得商榷的。大量事实表明，徽商非但没有通倭，更没有与倭寇海盗"联成一体"。相反，在倭患当头之际，徽州行商与坐贾却采取各种形式积极抗倭。这当然不是偶然的。深入探讨这个问题，对于我们进一步认识嘉靖倭患的性质以及徽商的爱国主义精神都是有意义的。

（一）

徽商是否通倭，这是首先需要辨明的问题，因为这个问题曾引起少数学者的很大误解。

茅坤《条上李汲泉中丞海寇事宜》记载，他家乡有一男子，自昆山为海寇所掳，50天后得间逃归，在谈到自己亲眼所见的倭寇活动情况时说："其诸酋长及从，并闽及吾温台宁波人，间亦有徽人，而闽所当者什之六七。"① 这说明有些徽州人通倭后并担任了"酋长"或侍从。

究竟有哪些徽人通倭，史籍语焉不详。但徽人通倭代表是许栋和汪直（一称王直、王五峰），则是人所共知的事实。关于许栋的籍贯，文献记载颇不一致。一说是饶平黄冈人，一说是徽州歙县人。后说较为可信。因为：一、胡宗宪《筹海图编》卷5说："许栋，歙人许二也"。胡宗宪是绩溪人，与歙县同属徽州府。他如果没有充分根据是不会将一个海盗巨魁说成自己的同乡。二、许姓为歙县著姓，明代许姓外出经商者极多，"足迹几遍宇内"。与此同时，非经商而离家远走者也所在多有。许栋长期浪迹江湖，他为歙人极有可能。三、许栋成为海上巨寇以后，汪直前来投奔，许栋命其"管柜"。汪直是歙县人，如果不是凭借自己和许栋的乡谊之情，他不会轻易归之麾下，更难受到如此宠遇。

许栋最先在海上称强，汪直继而长期逞强海上，他们都联络倭寇，并成为倭寇中的巨魁。因此，有的学者就把他们作为徽商通倭的典型，这是不确的。

许栋的身份是"寇"还是"商"？事实是很清楚的。史载他以罪系福建狱，后来越狱逃跑入海，"住双屿，号海寇，最强"②。负责御倭的福建巡抚朱纨说："贼首许二等纠集党类甚众，连年盘踞双屿，以为巢穴。每岁秋高风老之时，南来之寇，悉皆解散，惟此中贼党不散。用哨

---

① 《明经世文编》卷256。
② 《明书·汪直传》。

马为游兵，胁居民为响导，体知某处单弱，某家殷富，或冒夜窃发，或乘间突至，肆行劫掳，略无忌惮。彼进有必获之利，退有可依之险，正门庭之寇也。"① 从上述记载来看，显然他是"寇"而不是"商"。

那么汪直是不是徽商呢？明代的史籍或称其"海商"、"奸商"，或称其"奸民"、"海贼"，记载颇不一致。汪直在嘉靖三十六年给朝廷的奏疏中也自称"觅利商海，卖货浙福，与人同利，为国捍边"②，俨然以一个爱国商人自诩。今人论著中亦有称其为"巨商"的。③ 实际情况又如何呢？

汪直是徽州歙县人，自少落魄任侠，后来成为著名的倭寇首领。他为何走上这条海盗道路？我们从他在人海前对同伙们说的一段话中可知其动因，他说："中国法度森严，吾辈动犯禁网，孰与至海外逍遥哉？"④ 原来他去海外，并非为了经商，从事海外贸易，而是要寻找一个天高皇帝远的地方，图个无法无天、逍遥自在的生活。尤其是当他得知母亲生他之夕，"梦弧矢星入怀，已而大雪，草木皆冰"的所谓"异兆"时，更是喜出望外地说："天星入怀，非凡胎；草木冰者，兵象也。天将命我以武胜乎？"⑤ 海盗生涯，既以"武胜"，又能"逍遥"，汪直自然心向神往。而当时确也存在这样的条件。因为嘉靖中期以来，"海禁渐弛，贪利之徒，勾引番船，纷然往来，而海上海盗也纷然矣"⑥。故以"天命"自居的汪直终于选择了入海为盗的道路。

明清之际的顾炎武曾说过："徽歙奸民王直（即王五峰）、徐惟学（即徐碧溪）先以盐商折阅，投入贼伙。"⑦ 我们如何看待这条材料呢？

① 《明经世文编》卷 205。
② 《倭变事略》。
③ 傅衣凌：《明清时代商人及商业资本》。
④ 《殊域周咨录》。《明书·汪直传》记载与此略有不同。
⑤ 佚名：《汪直传》，借月山房汇钞本。
⑥ 万表：《海寇议》。
⑦ 《天下郡国利病书》卷 119。

固然，我们不能因为与汪直同时代的人的大量著作中没有说过汪直曾经经营过盐业，就以孤证难信为理由轻易否定这条材料，但即便此说可信，汪直在以盐商折阅后，显然已放弃了经商，此时他并非以一个徽商的资格入海贸易，而是以一个无业游民的身份投入贼伙的。

汪直入海后并未经商，而是首先投奔许栋。如前所述，许栋此时是横行海上的巨寇，汪直投奔他，并为其"管柜"，自然也是寇而不是商。

嘉靖二十七年（1548年），朱纨派遣都司卢镗领兵进攻双屿，明军破其巢穴，焚其舟舰，并筑截双屿港，许栋因此遁去。余党遂推汪直为首，改住沥港。从此汪直取代许栋，成为这股海盗势力的渠首。此后，他又火并陈思盼，"余党悉归直"①。汪直一跃而为海盗巨魁，"虽有一二新发番船，俱请五峰旗号，方敢海上行驶"②。史载："五峰之势于此益张，海上遂无二贼矣。"③

汪直称雄海上后，又纠集亡命，四散海上，劫掠番舡，抢劫对外贸易商船。同时勾结倭寇，频入内地侵盗，"而三十六岛之夷，皆其指使，时时遣夷汉兵十余道流劫滨海郡县，延袤数千里，咸遭荼毒"④，成了当时势力最强、危害最大的倭寇首领。在这期间，他也装载硝黄、丝绵等违禁物品前往日本、暹罗及西洋诸国贸易。这是不足为怪的。本来，任何海盗抢劫来的货物，总是要卖出去的，卖了以后再抢。寇而商、商而寇，一身二任，但这并不改变其海盗的本质。对汪直也应作如是观。更何况至今我们尚未发现一条材料，证明在汪直通倭后，徽商与汪直有联系，或借助汪直的势力来发展海外贸易。

有的学者认为，徽州坐贾"收买"物品，经由徽州行商"出贾"给徽州海商（即倭寇海盗中坚）。而且这种运行机制是双向的，倭寇海盗也将舶来品卖给徽州行商，再由他们转售给徽州坐贾。这种"源头活

---

① 《明书·汪直传》。
②③ 万表：《海寇议》。
④ 佚名：《汪直传》，借月山房汇钞本。

水"，畅流不竭。其根据就是绩溪《盘川王氏家谱》卷4《文苑·颂泰邦公》："我祖（王）泰邦公，作贾在吴中。设市周庄镇，居然端木风。春季市茶叶，冬季海货通。"他认定这"海货"就是徽州海商（倭寇海盗）走私来的舶来品，其中介就是徽州行商。他还依据王世贞述及的万历初年一位程姓徽州行商"稍稍徙业二广，珠玑犀象香药果布之凑，盖不数年而成大贾"的材料，断言"坐贾王泰邦们的海货得自徽州行商"。

这种推测是牵强附会的。首先，正如该文作者所说，"私买贩卖海货触犯刑律"。坐贾王泰邦经营的"海货"，如果真是走私来的违禁品，其后代岂敢对其祖公的违法行为在家谱中公开加以歌颂？其次，这些海货也绝不是来自以汪直为首的倭寇海盗。汪直早在嘉靖三十八年已被枭首，到嘉靖末年，倭患已基本平定。隆庆元年，明政府已基本开放海禁。徽州行商程君万历初年从事海货贸易已是开禁后的事了。用这样的材料来证明徽州行商充当徽州海商（倭寇海盗）和徽州坐贾的中介，进而证明徽州行商、坐贾、海商（倭寇海盗）"联成一体"，显然是欠妥的。

明代学者金声曾说："休歙两邑民皆无田，而业贾遍于天下。自寇乱，破家荡产者大半。夫两邑人以业贾故，挈其亲戚知交而与共事，以故一家得业，不独一家食焉而已。其大者能活千家百家，下亦至数十家数家，其人亦皆终岁客居于外。而家居亦无几焉。今不幸而一家破则遂连及多家与俱破。"① 金声此段话的意思非常清楚，他是说由于倭寇的抢掠，使得一个徽商破产，就连带附属于其下的千家百家、数十家数家也随之破产。然而，有的学者为了证明徽州坐贾、行商和倭寇海盗的紧密关系，却根据这段话得出两个结论：一是"因寇乱而破家荡产者中不少是受'旌扬'的抗'倭'的徽商。"即是说不少徽商因捐赏缮兵筑城而破产。二是"破家荡产者还有因亲戚知交从事海外贸易而被指诬为通

----

① 《金太史集》卷4《与歙令君书》。

倭的徽商"。第一个结论是没有根据的。试想，如果某些徽商真是因为捐赀抗倭而破产，对这种为国破家的行为，家谱、宗谱、族谱肯定要大书特书的。可惜，我们至今并未看到这样的材料。第二个结论也是凭空臆说。如果真是这样，官方完全可以列举通倭商人的姓名、籍贯、罪状，并严加处治，杀一儆百，然后公布四方，以为通倭者戒。可是在官方的记载中为什么找不到一个徽商因通倭而被严惩的记录？正确的解释只能是徽商无论坐贾还是行商，并没有通倭。

综上所述，通倭的巨魁许栋和汪直都不是徽商，而是海盗。汪直的乡人同党，其身份虽史无明载，但从他们活动来看，和汪直是别无二致的。所以我们可以认为通倭的"徽人"不是徽商。

通倭的"徽人"，一般说来都是些无业游民和不逞之徒。因为"徽州介万山之中，地狭人稠，耕获三不赡一"①，因此徽人中从儒和业贾的人极多，但也有一些既无能从儒、也无资业贾的徽人，或则不屑"耕获"，或则失去"耕获"条件，因而当其生活无有着落的时候，只好沦为无业游民或不逞之徒，浪迹湖海。在沿海奸民通倭盛行的情况下，这些人就很容易铤而走险，与倭寇为伍。正如郑晓所说："缘此辈皆粗豪勇悍之徒，本无致身之阶，又乏资身之策，苟无恒心，岂甘啄息，欲求快意，必至鸱张，是以忍弃故乡，番从异类。"② 郑晓的话比较深刻地揭示了一部分人通倭的原因，有的徽人也是如此。

（二）

徽商通倭者无之，徽商抗倭者却大有人在。我们从徽州大量家谱中发现，在明代的抗倭斗争中，也有徽商的一份功劳。尤其在嘉靖倭寇侵扰之际，很多徽商都能尽其所能，采取各种方式参加到当时抗倭斗争的行列。

---

① 康熙《休宁县志》。
② 《明经世文编》卷217。

一、捐赀筑城，募勇抗倭。明初定制，附郭不城，以后相沿不改。加上明中叶海防废弛，军队腐败，以致在倭寇的突然袭击之下，既乏守备之人，又无守备之具，以致造成巨大的损失。例如王忬在浙时，曾令两浙诸县皆筑城自固，唯独慈溪士人持不可，终未建城。结果，嘉靖三十五年，倭寇突至，"杀掠焚毁，千有余年之积，一旦荡然。县治皆为焦土"[1]。鉴于此种教训，很多地方为御倭抗倭，纷纷筑城。在明中叶国家财政发生危机的时代，筑城之费，一般都由地方自筹。有着雄厚资本的徽商在这方面就起了很大作用。例如，休宁故无城，县大夫委托巨商程锁筹备修城事宜，程锁慨然应允。除了他自己捐赀外，又"区别诸室受工，莫不唯唯"。宗人程甲家贫，难以筹款。县大夫询及程锁，程锁曰："某贫，宜不胜任，锁幸有余力，毋以一夫烦君侯，请代之"[2]。立捐 500 缗而告成事。嘉靖年间，"海寇四逸，（休宁）林侯议筑城为御，金谓非君（休宁商汪福光）不就，乃延以为倡。君毅然曰：'侯为吾民，民可自为乎！'即日鸠工伐石，首建城洞一所，寻造城楼及城若干丈，计费凡数千金"[3]。歙商吴烈夫也是如此："倭数窃发，邑侯以旧城狭隘，乃营新城以广之，公欣然赴义。"[4] 汪忠浩也是歙商，当嘉靖三十四年倭患孔棘之时，"有司募民出粟筑城郭，以备不虞，翁即应募不辞"[5]。

徽商不仅在捐赀助修自己家乡县城时，能"欣然赴义"，"应募不辞"，就是旅居外地的徽商当该地筑城时，也能"慨然分任"，助一臂之力。前述程锁，在溧水经商时，恰逢该地筑城，他当即慷慨捐赀 500 缗。休宁商人邵鸾，贾于云间（松江），"尝以岛夷发难，同诸父老白当

<hr/>

① 《明经世文编》卷 280。
② 《太函集》卷 61《明处士休宁程长公墓表》。
③ 《休宁西门汪氏家谱》卷 6。
④ 《丰南志》第 5 册《存节公状》。
⑤ 《汪氏统宗谱》卷 31《行状》。

路，筑邑城，顾输财筑城若干丈"①。休宁程瓖商游吴越，"郡有倭寇侵扰，邑侯营城，部分版筑，求免者众，翁慨然分任，竟亦卒事"②。

明中叶以后，政治黑暗，军队尤其腐败。谭纶曾十分感慨地说："比来法令废弛，行伍空虚。各该卫所官兵大都桀骜不驯，顽钝无耻。驱之戎行，则恍然自失；责之城守，则恬若罔闻。"③ 官军既不足恃，于是当倭寇侵犯时，少数地方官以及文吏儒生商人百姓便自动组织起来，担负起抗御倭寇的重任。徽商在这方面的表现也非常突出，他们或捐赀募勇守城，或输财助饷抗倭，徽州谱牒上不乏这类记载：

歙商凌珊，嘉隆间人，曾经商瓜洲，"嘉靖庚戌（1550年），倭寇猖獗，掠江南北诸郡，公在瓜洲围城之中。城旦夕破，守者计无所出。公奋然曰：'是非重赏无得死力者以保危城。'即解千金装，散诸少年以为倡，从而解者各有差。诸少年踊跃登陴。倭奴疑有备，宵遁"④。很显然，凌珊的慷慨解囊，对于保住瓜洲城，起了关键性的作用。

嘉靖年间曾贾于嘉定的休宁商程元定，"值倭围嘉城，捐金募勇士，为诸室先。受甲登陴，城卒能保"⑤。

汪新，休宁商，曾挟重资游吴楚间，而多居货于豫章。"公捐金数百助军饷御倭难"⑥。为表彰他的功劳，朝廷以恩例拜其为南昌卫大挥使。

嘉靖三十五年，倭寇徐海、陈东、叶麻遣兵围巡抚阮鹗于桐乡县，攻之甚力。当时歙商程次公正贾于桐乡，"倭围之数重，城中粮绝，旦暮且破，次公首输千金，以佐军实，为士民先，卒保桐乡。城完，次公

---

① 《休宁碎事》卷12《大鄣山人集》。
② 《休宁率东程氏家谱》卷4。
③ 《谭襄敏公奏议》卷1。
④ 《沙溪集略》卷4《义行》。
⑤ 《徽志·补遗》。
⑥ 《休宁西门汪氏大公房挥金公支谱》卷4。

力也"①。桐乡解围，主要是胡宗宪设计重贿徐海，使其罢兵，陈东势孤，遂与叶麻一道退兵。说"城完，次公力也"固然不确，但次公在保卫桐乡过程中的作用也是不能抹杀的。

祁门商人徐正，嘉靖年间商于淮泗，"时东南倭寇未靖，兵役往来，淮当要冲。正捐金八百以佐徭费"②。

明代大学士许国曾经指出："曩东南诸郡，缮兵筑城，所籍客户，十九皆徽"③。这里的徽人"客户"，自然指的是客居在外的徽商。由此可知，为了抵抗倭寇侵袭，活跃在东南诸郡的徽商们慷慨解囊，缮兵筑城，做出了突出的贡献。

二、出谋划策，领导抗倭。徽商大多贾而好儒，文化素养较好，有一定的见识和组织能力，从而在地方局部抗倭斗争中发挥了重要作用。

嘉靖年间，当各地纷纷筑城御倭时，歙县起初毫无所备。鉴于此，商人许谷上十三策，拜谒守令，提出应急三策。一、筑歙城。"顷岛夷入浙，列邑悉城，歙虽岩居，其东略相唇齿，……即有不虞，非城不守。"故"请亟城歙"。二、置监司。"歙连六郡，矜保界以壮金汤，惟中丞直指岁周巡郡县，画地而治，虽在甸服，请置监司分部之"。三、练材官。"岁久承平，尺籍皆不为，赖徒饷丁夫，以代受甲，率不教而弃之。请置材官，训一旅以备缓急。"④ 这三条建议确是抗倭寇、保家乡的当务之急。然而"守令心壮之，格不达"。嘉靖三十四年，倭寇潜入界，守令惊慌失措，竟然下令"亟夷版屋，毋延火攻"。许谷先是坚决反对："未距守而先毁夷，脱有漏言，示弱已甚"。继而他自告奋勇，组织群众拒守东门。适逢县令奉老母至城下，许谷闭门不纳："今日之事，军事也，即有君命有所不受，何有令君？"县令无可奈何，望门顿

---

① 《太函集》卷17《寿草市程次公六十寿序》。
② 同治《祁门县志》卷30。
③ 《许文穆公集》卷9。
④ 《重修古歙东门许氏宗谱》卷9《许本善传》。

足说："君以吾不令也者而弃之，吾无憾，有老母且老死，则何事?"许谷质问他："自列邑以首鼠败谋，寇至而不知所备，彼其所虏刘者、系缧者，夫非尽人之母耶? 籍第令城成，太母有安宅矣。"县令答应筑城后，许谷才开门让其进来。在守歙期间，许谷也充分发挥了自己的才能："盛军容，昼旌旗，夜火鼓，践更者以期至，失期有诛。"倭寇知道有备，"闻先声而退二舍"。倭寇退后，县令全权委任许谷主持筑城，在他的运筹指挥下，终告成事，所以人们说："城议兴，始谷策，终谷功也。"①

　　嘉靖时期政治腐败，地方官大多昏庸无能，倭寇一来，或则束手待毙，或则弃城而逃。相反，倒有不少徽商在关键时刻挺身而出，亲自组织群众，领导抗倭斗争。嘉靖三十五年，倭寇从浙江窜到徽州，将要进攻芜湖。芜湖无城可守，县官束手无策，歙商阮弼却毅然负起守土之责。他倡议捐赏招募强壮少年，合土著壮丁数千人，刑牲而誓，阮弼并做了战前动员："寇邪? 虎邪? 虎而阱，手可搏; 虎而翼，矢可加。如其寇也，则业已穷。虽张，吾侪直醢之以谢天子。"② 数千人同仇敌忾，誓与倭寇决一死战。寇侦有备，终于宵遁，使芜湖避免了一场浩劫。事后，有司上报御寇之功，群推阮弼为首，且下章服，阮弼力辞："贾竖子何敢以此钓奇，有如异日寇至也，将倚办诸贾人，则吾为之俑也。"③后来，人们为了纪念阮弼，把芜湖西门称为"弼赋门"。

　　徽商中有的人熟读兵书，通晓兵法，在抗倭斗争中起到了一般商人起不到的作用。当嘉靖倭患波及到徽州时，由于休宁故无守军，人们纷纷襁负老幼入山。休宁巨商程锁对大家说："吾以岩郡阻上游，寇未必至。至则境内皆倭也，何避焉?"于是他亲自组织里中少年，召集三老豪杰，分据形胜，列五营。程锁亲自领导中军，中立一强干者为之长。

---

① 《重修古歙东门许氏宗谱》卷9《许本善传》。
②③ 《太函集》卷35《明赐级阮长公传》。

由于他曾攻读《孙武子》，熟知孙子兵法，于是按照孙子治兵的方法训练里中少年。他军纪严明，毫不迁就，"既畋，法不用命者一人，乃归伍；明日再至，法失伍者一人，乃归伍；又明日三至，法哗者一人，乃归伍"。接连处罚三人，产生了极大影响。"由是悉遵约束，人人幸自坚"①。虽然后来"寇略郡东，寻遁出境"，但可以预料，万一倭寇突至，这样训练的民兵是有相当强的战斗力的。作为一个商人，竟有如此治兵才能，确是不多见的。

三、弃贾从戎，杀敌疆场。史有的徽商在国难当头之际，毅然弃贾从戎，跃马横戈于抗倭战场，做出了杰出的贡献。休宁商人程良锡就是一个典型。他本是个商人，曾"挈重资，贾浯溪，昼则与市人昂毕货殖，夜则焚膏燔书弗倦"。后来又"尽读阴符黄石公诸书暨孙吴兵法，日与诸豪士试剑校射。群英咸集，乃跃马三试之，皆中鹄贯革，海宁诸武胤咸吐舌推毂"。于是他三次应武试，皆因故弗售。乃慨然叹曰："丈夫贵立功名垂竹帛耳，岂必科目显哉？"正是怀着"立功名，垂竹帛"的抱负，他毅然弃贾从戎，例授宣州卫指挥佥事。在任上，他"既佩分符，乃严纪律，勤训练，赫然有长城之寄"。当时正是倭寇猖獗之时，巡抚陈公将他调至前线防御苏松，刚至莳门，与倭猝然相遇。程良锡毫不畏惧，"抽矢先登"，并指挥将士以强弩射倭，立毙倭寇 17 人。倭寇仍未退却，"君乃奋剑贾勇，驱壮士馘斩剧贼六人，城危遂解"。由于他临危不惧，指挥有方，上级迭行嘉奖。

嘉靖三十五年，程良锡受命防守胜敦，"倭见旗鼓一新，不敢窥伺"。总督胡宗宪深为器重，又调他移守太仓，令其邀击倭寇归路。在此后的日子里，他屡立战功。五月，倭寇于三江口焚劫，他率家丁迎击，"倭遂溃裂，一方得安"。六月同总兵俞大猷出海追贼至茶山，手斩悍黠剧贼三人，"身被重伤，尚奋勇力战"。以后又一直转战浙江、福建

---

① 《太函集》卷 61《明处士休宁程长公墓表》。

沿海一带，大有斩获，以致"倭畏君威，闻风无不披靡"。每战他必奋勇当先，而且善抚士卒，故人们称赞他有"古名将风"①。

大量事实表明，在徽商中无论坐贾或行商，也无论盐商、典商、茶商、木商或其他商人，更无论在家乡或外地，他们都能积极主动、尽其所能地参加抗倭斗争，可以说这是一个比较普遍的现象。

时人赵炳然在论及明军腐败的情形时曾说："今之军，皆食民者也。然寇变之来，不惟不能卫民，每借民以为城守之助。是养军者民也；保军者又民也；御贼者民也，保民者又民也。"② 徽商的抗倭事迹从一个侧面印证了赵炳然所指出的情况。

（三）

嘉靖年间，徽商之所以能与军民一道共抗倭患，绝不是偶然的，而是有着深刻的原因。

首先，这是由徽商的经济利益决定的。有明一代，东南沿海数省是全国经济最发达的地区。明朝初年全国有三十几个手工业和商业比较发达的城市，其中南方就占了二十几个。到了明中叶，东南沿海的都市在原有的基础上更形发达繁荣。特别是苏松杭嘉湖五府地区成为最繁华的区域，而且在这五府之内及其附近又兴起了很多手工业及商业城镇。如江苏的清江浦，"千舻丛聚，侩埠麕集两岸，沿堤居民数万户，为水陆之康庄，冠盖之孔道，闤闠之沃区"③。很多徽商视为利之渊薮，趋之若鹜，从事各种商业活动。万历《歙志·货殖》载："今之所谓都会者，则大之而为两京、江浙闽广诸省；次之而苏、松、淮、扬诸府；临清、济宁诸州；仪真、芜湖诸县；瓜洲、景德诸镇……故（歙）邑之贾，岂

---

① 《休宁率东程氏家谱》卷11《明威将军程天宠甫小传》。
② 《明经世文编》卷252。
③ 《古今图书集成·职方典》卷742。

惟如上所称大都会皆有之，即山陬海壖，孤村僻壤，亦不无吾邑之人，但云大贾则必据都会耳。"这不仅是歙县商人的情况，休宁也是一样："休宁巨族大姓，今多挈家存匿各省，如上元、淮安、淮扬、松江、浙江、杭州、绍兴、江西饶州、浒湾等处。"① 胡适在谈到纂修绩溪县志时也说过："县志不可但见小绩溪，而看不见那更重要的'大绩溪'"。这里所谓的"大绩溪"，就是指绩溪商人的经营活动范围。他指出："如金华、兰溪为一路，孝丰、湖洲为一路，杭州为一路，上海为一路，由绩溪至长江为一路。"② 很显然，绩溪商也主要仕东南沿海数省活动。其他几个县也大致如此。总之，尽管说"钻天洞庭（商）遍地徽（商）"，徽商"足迹几遍宇内"，但东南沿海数省却是徽商的主要驻足地，是他们的利益之所在。

　　徽商不仅聚集于这一带的大都会，甚至这一带新兴的城镇也遍布徽商的足迹。据万历《嘉定县志》载，该县的南翔镇"往多徽商侨寓。百货填集，甲于诸镇"。罗店镇也是"徽商凑集，贸易之盛，几埒南翔矣"。杭州府的塘栖镇在明中叶更是"徽杭大贾，视为利之渊薮，开典顿米、贸丝开车者，骈臻辐凑③。翻开《明清徽商资料选编》④，明中叶贾于沿海数省的徽商比比皆是，不胜枚举。

　　东南沿海数省的富庶，既吸引着徽商纷至沓来，也引起了倭寇三尺垂涎。明中叶尤其是嘉靖时期倭寇劫掠的重点就是这一带。张时彻指出："东南为财赋具区，而留都（今南京）乃根本重地，数年以来吴浙之间横被倭患，所在伤残。"⑤ 沈一贯也说："自嘉靖壬子（三十一年）来，（倭）寇蹂躏我浙直山东，以至福建、广东，沿海万里，直入腹里

---

① 《海阳纪录》卷下。
② 《绩溪县志馆第一次报告书》《胡适之先生致胡编纂函》。
③ 光绪《塘栖志》卷18。
④ 张海鹏、王廷元主编，黄山书社1985年版。
⑤ 《明经世文编》卷243。

淮扬徽太杭嘉金衢之间，至窥南京，裂国家幅员之半，而焚掠之，所在为墟。"① 而且倭寇每到一处，"毁民居，劫库藏"②。"所历地必掠，所掠地必焚，相望若举燧然"③。在这种空前的浩劫之下，沿海士绅百姓蒙受巨大灾难，徽商自然也在劫难逃。例如前述曾上十三策的歙商许谷早年"贩缯航海而贾岛中，赢得百倍，舟薄浯屿，群盗悉掠之"④。浯屿正是倭寇经常出没之处，所谓"群盗"当指倭寇海盗无疑。休宁商邵鸾嘉靖间贾于云间（今松江），后来，"岛夷入海宁、云间，诸子亡其财，家人愤忧"⑤。正因为他亲罹倭难，无比"愤忧"，所以他才主动建议地方当局筑修邑城，并慷慨解囊，输财相助。

倭寇在劫掠过程中，常"籍华人为耳目"⑥，因而"下之闾阎贫富，彼无不知；上之府库虚实，彼无不悉"⑦。由于徽商大多富有，故在倭寇劫掠中，徽商首当其冲，深受其害。例如休宁商人程珽，于平湖开质库，"擅雄资"。嘉靖年间，倭寇一来，其质库也就遭了殃。史载当时他恰"与诸客饮，或报倭奴焚质库且尽，一座惊愕。公从容问伤人否？恬不为动，人服其量"⑧。所谓"恬不为动"，实在是不得已在客人面前做做样子，借以表现自己所谓"临大难而不惧"的超人度量而已。其实，自己多年积蓄的家产，顷刻荡然无存，心中能不"为动"吗？有的学者一相情愿地把嘉靖倭寇的中坚力量说成是徽州海商，然后又把徽州行商、坐贾本来与倭寇海盗水火不容的关系一笔抹杀，说这三者构成了走私贸易的三个层次，并凭借血缘、地域纽带"联成一体"。他们之间以"出死力"、"以众帮众"精神互相帮助，密切联系。既然如此，那么当

---

① 《明经世文编》卷 435。
②③ 《倭变事略》。
④ 《重修古歙东门许氏宗谱》卷 9《许本善传》。
⑤ 《休宁碎事》卷 12《大鄣山人集》。
⑥ 《明经世文编》卷 217。
⑦ 谢杰：《虔台倭纂》上卷《倭原二》。
⑧ 《休宁率东程氏家谱》卷 11《谷兰程公行状》。

这些倭寇海盗（所谓徽州海商）入犯时，又为什么全然不顾"桑梓同志"之谊，不顾曾经"出死力"帮助过自己的同乡，反而使这些徽州行商、坐贾深遭劫难，"破家荡产者大半"呢？如果徽州行商、坐贾与倭寇海盗真是那样一种"声应气求"的关系，那么当嘉靖倭患最烈之时，也应是徽州行商、坐贾与他们联系最密切的时候，可是为什么恰恰在这个时期，那么多的徽州行商、坐贾以"出死力"的精神，同仇敌忾，踊跃抗倭呢？其实，道理十分简单：倭寇海盗并非徽州海商，徽州行商、坐贾与倭寇海盗本来就是冰炭不容的关系，你对我抢掠焚杀，我当然要死力抵抗。如此而已。

同时，倭寇在东南沿海数省的肆虐，往往造成一些地方焚掠殆尽，不仅极大地破坏了这一地区的经济，而且打乱了这一地区正常的社会秩序，也严重妨碍了徽商的商业活动。

正是由于徽商的利益在嘉靖倭患中蒙受严重损失，所以他们憎倭抗倭，甚至不惜自己的身家性命，这也就不奇怪了。

其次，徽商的抗倭也是由其性质决定的。徽商是一个封建商帮，它主要是借助于封建政府赋予他们的某些特权而崛起称雄于商界的。例如盐业，一直是封建政府控制较严的一种贸易，但徽商由于得到官府的支持，在很大程度上垄断了两淮、两浙盐业的贸易，盐商也成了徽商的中坚，有的甚至"藏镪百万"，资本极大。再如，对番商贸易，明政府又使徽商插足其间。据万历《广东通志》卷70载："洪武初，令番商止集舶所，不许入城，通番者有厉禁。正德中，始有夷人私筑室于湾澳者，以便交易。每房一间，更替价至数百金。嘉靖三十五年，海道副使汪柏乃立客纲、客纪，以广人及徽、泉等商为之。"凡此种种，不一而足。徽商正是凭借这种封建特权，再加上他们牢固的宗族势力和亦贾亦儒、以贾求儒、以儒通官的优势，在广阔的国内市场上纵横驰骋，才得以保持他们的称雄地位。徽商和封建政权在经济利益上的息息相关，决定了他们政治上的休戚与共。因而当嘉靖倭患给封建政权带来威胁时，他们便毫不犹豫地举起抗倭的旗帜。

徽商的抗倭，也是他们爱国主义的一种表现。中华民族在几千年的发展中形成了伟大的爱国主义传统，这种传统显然也深深教育、影响着徽商。倭寇的入侵，直接侵犯了中华民族的利益，中华民族各阶层人士都能奋起抵抗，维护民族利益，徽商采取各种形式抗倭，也是毫不为怪的。徽商的这种爱国主义在近代表现得尤为明显。如道光年间，清政府为了抵御英国殖民者的入侵，在虎门修筑炮台，当时在广州的歙县茶商江某就踊跃捐赀，表现了爱国主义热情。当时户部出具的收条至今仍保存完好。①

有的学者认为，倭寇是在发展海外贸易，他们的活动有利于资本主义萌芽的成长。徽商的抗倭斗争恰恰说明了倭寇的活动并不反映商人发展海外贸易的要求。明代中期的徽商还没有发展到非要到国外寻求市场的程度。虽然当时徽商从事海外贸易者也不是绝无仅有，但海外贸易并不是徽商的主要出路、更不是徽商的唯一出路，一旦此路不通，他们就转入国内市场。例如，嘉靖中歙商许谷，伯兄予以千金，于是贩缯航海，而贾岛中。后在浯屿，货物被倭寇一抢而空。伯兄再予千金，他从此再也不搞海外贸易，而是"就近市贾"。后又因赈灾，资本告罄。伯兄三予千金，他"乃择地而贾，贾就李之皂林"②。如果他不是因为暴饮而死，很难说他不会致富。当徽商在国内市场上能够致富的时候，他们又何必非要冲破明王朝的海禁，去冒险从事海外贸易呢？

而倭寇也不是在搞正常的海外贸易，更不是促进资本主义萌芽的成长。首先，倭寇大量掠夺社会财富，严重破坏商品生产。按照有的学者的说法，倭寇海盗的活动，"通过中介层次对外围层次传递海外需求的

---

① 原件现存歙县文馆所。
② 《重修古歙东门许氏宗谱》卷9《许本善传》。

信息，刺激并造成外围层次'无徽不成镇'的局面"，那么在倭寇海盗最猖獗的时期也应是东南商品经济大发展的时期。然而，事实恰恰相反。如嘉靖三十二年（1553年）"汪直勾诸倭大举入寇，连舰数百，蔽海而至，浙东西、江南北，滨海数千里，同时告警"[①]。太仓、上海、江阴、乍浦、金山、崇明、常熟、嘉定、苏州、松江、嘉善、崇德等地，无不遭其蹂躏。他们恰恰在东南商品经济最发达的地方"焚爇庐舍，掳掠女子、财帛"。这种破坏延续了10余年，使这一地区的商品生产遭到严重摧残，"东南元气，于是大伤"[②]。这恰恰是阻碍了资本主义萌芽的发展。当时日本有很多东西需要从我国进口，"彼中百货取资于我最多者无若丝，次则瓷，最急者无如药"[③]。因此倭寇重点掠夺丝和瓷器。"贼所宝在丝棉"[④]。他们每到一地，见丝就抢。嘉靖三十七年（1558年）正月初九，倭寇攻陷崇德，"入叶序班家，见丝棉库广，踊跳而喜"[⑤]，满库的丝棉自然成了他们的囊中之物了。倭寇对丝织品大肆抢掠，对丝的原料——蚕茧也不放过。"所掠蚕茧令妇女在寺缫丝"[⑥]。前述杭州塘栖镇在明中叶"贸丝开车者，骈臻辐凑"，可见丝织业非常发达，但在倭寇大肆掠夺丝茧的情况下，丝织业必然受到严重摧残。倭寇对制瓷业的劫掠破坏所造成的恶果，从浙江瓷业的盛衰可以看得清清楚楚。宋元时期，浙江制瓷业迅速发展。据日本学者小村俊夫《支那窑业史》统计，宋代全国瓷窑有名可考者共28个，浙江一省就占8个。[⑦] 其中尤以处州瓷业最盛，诸如龙泉窑、丽水窑、哥窑、景宁窑都驰名中外，从处州到温州瓷窑林立。但这样兴盛的制瓷业到明中叶以后，都衰落下去了，其中固然有其他原因，但根本原因还是倭寇骚扰所

---

① 《明史》卷322。
② 陈懋恒：《明代倭寇考略》。
③ 徐光启：《海防迂说》，《明经世文编》卷491。
④⑤⑥ 《倭变事略》。
⑦ 转引自李剑农《宋元明经济史稿》。

造成的。除了丝瓷以外，其他社会财富也是焚掠一空，从而给东南沿海带来极大的破坏。其次，倭寇掠夺商人，破坏商品流通。倭寇对商人的掠夺，从徽商的遭遇中可见一斑。掠夺商人必然使商人或破产，或资本短缺，或裹足不来，这就使得商品流通不能正常进行。马克思说："商品生产和发达的商品流通，即贸易是资本产生的历史前提。"① 嘉靖倭寇的活动，恰恰破坏了"资本产生的历史前提"。

至于嘉靖倭寇的活动与资本原始积累，更是风马牛不相及的事。因为至今没有一条材料证明倭寇把掠夺到的财富转变成产业资本，也没有一条材料证明他们把掳掠到的人口转变成雇佣劳动者。中西比较研究的方法是值得提倡的，但如果说 16 世纪的西方有一个资本原始积累时期，就断言 16 世纪的中国特别是东南沿海地区也进入同样的历史时代，这样生搬硬套，就难免有削足适履之嫌。

三、清代徽州盐商经营的曲折道路

嘉庆九年（1804 年），在两淮盐商中发生了一起所谓歙县商人鲍芳陶"抗金误课"案。鲍芳陶乃淮南盐商，是当时两淮盐运总商之一鲍志道的弟弟，曾议叙盐法道员、资政大夫。嘉庆八年他被两淮巡盐御史佶山金派办理淮北盐务，受命之后，称病告退。佶山大怒，上奏告发，疏称鲍芳陶"忽生告退之心，捏称患病，躲避在家，不肯接办，明有受人唆使愚弄情弊，请旨革去道衔，严行究办。并究明唆使之人，一并究办"。

风波骤起，闹得沸沸扬扬。嘉庆皇帝对此案也非常重视，曾令两江

---

① 《资本论》第 1 卷，人民出版社 1966 年版，第 167 页。

总督、总理盐法大臣、新授兵部尚书陈尚文赶赴扬州查办此案，并于三月初八日、四月初三日、四月十三日专为此案连下 3 道上谕。此案经过一个多月的折腾，最后，淮南众盐商出面，"情愿"摊带淮北停运 2 万并引之课项，鲍芳陶也输纳 5 万两银子代完淮北退商未运纲盐 1 万余引正课，从而免于斥革，保住了道衔。[①]

一场风波终于平息了，但其中所反映的深刻的背景远不像此案本身那么简单。佶山为什么金派淮南商人去承办淮北盐运？鲍芳陶为什么"忽生告退之心"？淮南众盐商为什么"情愿"摊带淮北停运引盐之课？鲍芳陶又为什么乖乖掏出 5 万两银子？这一切都不是偶然的。管斑窥豹，透过"抗金误课"一案，我们可以看到徽州盐商经营中的曲折和艰难。

（一）

由于活跃在两淮和两浙行盐区的盐商主要是徽商，因而两淮、两浙盐商的状况，也就基本上反映徽州盐商的情形。为了了解清代徽州盐商经营的曲折道路，首先有必要弄清清代两淮、两浙的盐法。

清代两淮、两浙在实行票盐制度以前，一直是承袭明制实行纲引制度。每年额定运销之盐称为一纲，由盐商（又称纲商）向官府缴课，取得盐引，即获得纲盐专卖权。然后到指定盐场买盐，再运到指定地区销售。两淮行盐区地跨江苏、安徽、湖南、湖北、江西、河南 6 省区，两浙行盐区包括浙江、江苏、安徽、江西 4 省区。分疆划界，不得逾越。在这种制度下，盐商必须受到官府的严格控制和约束。以两淮为例，每年第三季度，众商即将承办明年新纲引数、花名，附于某总商名下，然后由总商投报盐运司，名为滚总。盐商一旦确定承办引数，无论亏折盈余，都要缴足盐课，而且一定要按数将盐运到指定口岸，不准积压。可

---

① 见歙县棠樾鲍氏祠堂内嘉庆 3 道"上谕"碑文。转引自《徽州社会科学》1987 年第 1 期。

见，这是一种严格的官督商销制度。清政府之所以实行这种制度，就在于"官督"可以严格控制盐商，使其散而不乱，并确保盐课的征收，而"商销"又使官府免去运销过程的诸多麻烦，省去不少费用。两淮两浙盐课在国家财政中占有重要地位。两浙盐课每年共 418000 余两，而两淮就远不止此了。清初淮纲正课每年原只 90 余万两，加以织造、铜斤等项共有 180 余万两。到清中叶，两淮盐课包括正杂各项，输纳之额在 500 万两上下。道光末、咸丰初，竟高达 600 余万两。正如乾隆年间署理江苏巡抚印务觉罗·雅尔哈善所说："盐笑之为额供也，居赋税之半，而两淮又居天下之半。"① 正因为如此，从皇帝到户部，从地方封疆大吏到两淮巡盐御史，都极为关注两淮盐务。

为了确保两淮两浙盐课的正常缴纳，清政府在行盐疆界、行盐数量、引目引斤以及各地盐价上都做了严格的规定，非经政府和皇帝许可，不许改变。盐商正是凭借这种别人不得染指的垄断地位，在商品流通的两极，既剥削食盐生产者，又剥削食盐消费者，取得高额垄断利润，积累起大量的资本。徽州盐商之所以成为徽商中的首富，其奥秘正在于此。

以往的研究者大多注目于盐商的高额垄断利润上，这无可厚非。但要全面地认识盐商，恐怕不能忽视以下两点：一是这种高额的垄断利润的获取只是在一段时间内，并非整个清代 200 余年都是如此。随着清代统治的日益腐败，盐商的经营也越来越艰难。二是盐商的高额垄断利润也并非尽入私囊，它要受到来自各方面的多重分割，即他们在得到巨额收入的同时，也承受了沉重的负担。

盐商的负担首先表现在各种名目繁多的正杂课税上。根据嘉庆年间官修的《两淮盐法志》我们将盐商必须缴纳的各种课税，列表如下：

---

① 乾隆《两淮盐法志序》。

嘉庆年间两淮盐商缴纳各种课税一览表

类　别	课　目	岁额银（两）（余数不计）
	淮南北正纲	946443
	吉安引课	51331
	衡永宝三府代纳两粤引课	55186
	衡永宝三府代纳粤西杂税	15000
	宁国和含淮扬加窝食盐引课	113064
	上江八县加窝食盐引课	65313
	增引窝	107370
奏	宁国和含上江八县食盐加课	21067
	宁饷滴珠	62205
销	桅封	8307
	更名食盐变价　即裕惠崇	3946
考	潮包	2700
	仪征仓盐折价　即仪仓附带	5000
核	巡盐赃罚	4600
	裁省京书禀费	188
正	加丁	16663
	加斤　即割没溢斤公罪	197048
	衡永宝认纳停引	20405
课	增巴东引课	2806
	增饶州引课	38885
	增永顺永绥引课	2652
	增淮北纲盐加斤引课	38736
	增高宝、泰兴食盐	5009
	节省河饷	50000
	铜斤	50000

类别	课 目	岁额银（两）（余数不计）
奏销考核正课	停解织造	227620
	江甘食盐融销升课	4003
	淮北食盐融销升课	1618
	漓税	60
	赎锾	1516
	积余	450
	盐政节省经费	2100
	全裁公费	96
	全裁心红纸张	20
不入奏考正课	经费	21113
	解费	38392
	脚价	16360
	归纲纸硃积余等项	2202
不入奏考杂项	拼茶场折价	1812 又 27
	织造水脚饭食	6828
	铜斤水脚饭食	1500
	节省河饷水脚	783
	核减江广匣费	80000
	泰州等处引费	6620
	仪征军器牙税	491
	盐务道养廉	3000
	三江营兵役工食	13960
	各场火优工费	35089
	盐义仓工食	1101
	范堤堡夫工食	2136

类别	课　目	岁额银（两）（余数不计）
不入奏考杂项	水兵工食	2969
	书院义学膏火	12694
	普济育婴等堂经费	6460
	督院书吏廪工饭食	700
	奏销户部都察院解宝	1985
	领引并解残引饭食	1830
	户部都察院六科衙门规费	14460
	归公盐规引费	67830
	苏藩库不充饷盐规	7018
	院司节省	50810
	京协各饷饭食	30539
	减米余平	28295
	一半充公	28295
	倾销元宝耗费	55440
	外支不敷	40000
	裁归办贡委员差役公务等项	29131
	户部提引饭食	850
	扬州教场地租	1117
不入奏考杂费	纸硃	5056
	淮南匣费	61688
	仪征匣费	6024
	池太引费	5230
	屯船归公	27317
	湖广匣费	132218
	布税充公	28000

续表

类别	课　目	岁额银（两）（余数不计）
不入奏考杂费	江西匣费盐规	61843
	江西引费	22080
	吉安饶州盐规引费	7059
	外支公费	48000
	淮关盐钞	10000
	淮北贴费	13980
	裁减匣余平色	4980
	山清巡费场船水脚	5691
	淮安府等衙门归公引费	2020
	淮北掣盐养廉	2400
	淮北例贴淮南杂项	22000
	涟关充公掣费	17072
	海州分司等衙门书役饭食	828
	海州盐规	700
	山阳普济堂经费	300
	板中临三场书院膏火	360
	巡缉弁兵薪盘饭食	22421

　　由上表可知，清政府加在盐商身上的各种课税可谓林林总总。其中奏销考核正课2121418两，不入奏考正课75853两，不入奏考杂项553770两，不入奏考杂费507267两，各项累计高达3258308两。在这些盐课中，有不少是额外加派，所谓"正课之外有织造银两，有铜斤银两，有开河银两，有义仓银两，屡屡加派，日重日深"①。有些是

---

① 《清朝经世文编》卷50。

明季妄加的浮课，也被清政府继承下来。顺治七年五月，两淮巡盐御史王士骥曾列举盐商 14 项不合理负担，如裕府食盐银 1200 两，"系明季隆庆年间改解太仓，今明季裕府已削，此项应行停免"。还有明代惠府岁支淮南食盐 1725 引，每引重 665 斤，崇府岁支淮北食盐 6.6 万斤，"查此二项系前明藩王支取之盐，今惠崇已削，商未带盐，无从关支，应行停免"。椓封银，"系明末于京掣时印给椓封，令商输纳，此系杂派，应行停免"。巡盐赃罚银，"系明末巡盐御史邓启隆因军需多故，将各项纸赎捐解助饷，今不准追赎，原非常额，应行停免"。裁省京书廪费银，"乃前明隆万年间御史涖位，携带京书随行，后因作弊，题参裁革，以省费解京充饷，今各差吏书已定经制，此项应行停免"。宁饷滴珠，"系明万历间因宁夏用兵而设，沿至明末，遂为新饷。其滴珠原无此例，偶因法兑不足，故以滴珠补之。今明满洲法码足兑，滴珠何用，应行停免"等等。但奏书呈上后，就被户部以种种理由驳回，一律要盐商"如数认纳"①。

在上述盐课中，还有一些课目征收是毫无道理的。如"衡永宝认纳停引"一项 2 万余两，本因吴三桂叛乱波及湖南，湖南 7 府停引一半，后长、岳、常、辰 4 府补行停引，惟衡永宝三府自康熙十四年至十八年停引 367677 道。以后商人"情愿自备资本分作二十年自（康熙）三十四年乙亥纲起至五十三年甲午纲止，每年除正纲八万一千七百零六引之外，补行停引一万八千三百八十四引，行二十年补运全销"。康熙五十五年原任浙江道程銮赴部具呈题准照停引之数，每年增引 18384 引，永远认行。后来添行引目壅滞不销，但清政府并不体恤商情，所增引目可以永停，这 2 万余两课银却一点也不能少，"令淮南众商摊纳"②。盐商无形中又增加了 2 万余两的无盐之税。"节省河饷"一项原是康熙三十八年石佳彝补两淮运使后，奉旨在正额钱粮之外，将以前存留余银 5 万

两解送上缴，以助河工。但从此却将5万两作为"节省河饷"固定课目每年如数交纳了。

对盐商来说，负担最重的，除盐课外，还有额外盘剥。当时的情况正如雍正在一道上谕中所说："官无论大小，职无论文武，皆视（盐商）为利薮，照引分肥。"① 这种"分肥"集中体现在各种盐规上。所谓盐规，说白了就是各级衙门官员对盐商的公开勒索。盐规名目繁多，有在口岸之盐规，如湖广、江西、安徽、河南、江苏各省上下衙门之岸费等；也有在场之盐规，如盐政运司各衙门之月费供应等。这些盐规，"立法之初，本无此名色，缘行盐利息绕余，各处不免馈送"②。其实，商人真心"馈送"者少，官员强逼勒派者多。行之既久，成了惯例，不给不行了，并由地下转为公开。康熙四十三年，江南总督阿山曾访得两淮盐院勒派盐商的13项浮费：

> 一、盐院差满之时，赏给各差役银一万六千八百两；一、盐院差满起行，送远近别敬共银二万一千六百两；一、馈送官员及过往程仪杂费等项银三万一千六百余两；一、盐院书差每引带盐七斤，收银四分二厘，计银五千六百两；一、隔年未经过所残引，次年续过，书差每引带盐五斤，收银三分，约计银子五六千两不等；一、书差随费每引收银一分六厘，计引收银八厘，计银一万六百六十余两；书差重收桅封，每引八厘，共计银一万六百六十余两；一、北桥承差指守桥，每引收银一厘，计银一千三百三十余两；一、隔年残引未曾过所，至新院到任过所，又复派规费一钱几分不等；一、盐每引额重二百五十二斤，过所称掣间有多出盐斤。令商人纳价，并发仓堆储，

---

① 嘉庆《两淮盐法志》卷首一。
② 《清朝经世文编》卷50《请定盐法疏》。

勒赎变卖；一、新院到任需用，向有力商家豫借，每年因升出
利银三四万两；一、每年新院到任，于额设承差二十名之内点
用一名，名曰发收，一任内事无钜细，皆系经手，鱼肉
众商。①

这仅是总督所访得的浮费，他没有访得的浮费想必还有不少。而且我们
还应看到，淮盐行销6省，浙盐行销4省。上下各衙门不知凡几，凡与
盐务有交涉者，无不染指盐利。在行盐地方，"文官自督抚以至州县杂
职，下及胥役，武官自提镇以至千把，下及兵丁莫不皆有额规而额外交
际诛求，又复不可计算"②。

盐规有多少呢？"各省岸费以数十万计，各衙门陋规大者数万，小
者数千"③。如此重负，盐商何堪承受！

凭借这巨额的盐规，盐政官员得以过着极其奢侈的生活。乾隆五十
八年，据董椿奏称："两淮盐政衙门每日商人供应饭食银五十两，又幕
友束修笔墨纸张并一切杂费银七十两，每日供银一百二十两，是该盐政
一切用度，皆取给商人。以一年计算，竟有四万三千余两之多。"盐政
官员如此铺张，连乾隆皇帝都感到"骄奢过分"，因为作为九五之尊的
皇帝，其每年膳房所用，通计仅止3万余两，而盐政官员作为一个"微
末司员"，每年供应竟至4.3万余两之多，乾隆又指出："况盐政每年例
进物件又系商人承办，并非自出己资。"按理说，盐政官员对盐商如此
勒索，应该严加惩处，但乾隆也只轻描淡写地说一句"此弊已久，亦不
加追问"④，就过去了。

雍正初年，曾对各衙门陋规进行一次清查。照说，既是陋规，自宜

①　嘉庆《两淮盐法志》卷40《优恤一》。
②　《清朝经世文编》卷49，卢询：《商盐加引减价疏》。
③　《清朝经世文续编》卷42，余德渊：《呈贺耦耕师》。
④　嘉庆《两淮盐法志》卷首。

汰革，但雍正却实行"陋规归公"政策，竟将这些陋规作为固定课项，"按数归公"了。这可苦了盐商。时人沈起元曾说：这些陋规，"昔年之可以九折八折，市物馈送，而犹有或收或不收者，今转为足平纹色（银）矣"。他曾列举自己所在衙门引费一项为例说，此"乃当年墨吏之私赃，今为解部之正项"。所以每当兑收之际，他也"不胜为之叹息"。他还指出，陋规归公后，"且在大员必无私行再取之理，而此下厅佐等员，岂能别无交际"，还要再向商人收取"陋规"，盐商的负担岂不更加重了！①

两浙也是如此。据雍正四年户部查议两浙浮派盐规案披露，自康熙六十年五月至雍正二年十一月止，盐臣傅色纳、杨为梓、噶尔泰三任共三年半时间，除正课以外的浮费银高达 712000 余两。其中傅色纳单得盐规银 104000 余两，杨为梓得银 72000 余两，噶尔泰得银 166000 余两，连户部都惊叹："两浙盐课正额不过二十八万九千余两，而每年浮费至四十二万余两。"② 这些浮费自然全落在盐商身上。

上行下效。官员恣意勒派商人，下面的胥吏也就有恃无恐，利用一切机会鱼肉众商。清代盐商承办运销，手续极为烦琐。了解内情的人曾慨叹："夫天下在官之事，未有委曲繁重如商人之办运者。"③ 盐商办运，首先要纳请引、呈纲、加斤钱粮，在盐运司一衙门，设收支、广盈、架阁、承发 4 房，盐商必须出入各五六次，遍历经、库、知、巡 4 首领，办完手续，然后转历分司、场员、坝员、监掣、批验、子盐各衙门，盐方得上船赴岸。凡经一署、投一房，则有一次使费。"其赴所也，引有引费，程有程费，捆有捆费，搬有搬费。其赴掣也，书役有免委、减斤、加钩、批验、供应、公费之需；承差有监掣、监仓、传旗、叫

① 《清朝经世文编》卷 50，沈起元：《上督院赵公论淮盐书》。
② 嘉庆《钦定重修两浙盐法志》卷 10《奏议》。
③ 李澄：《淮鹾备要》卷 3。

牌、填封、发封、催掣、摆帮之索。"①

　　这种雁过拔毛的现象早在清初就出现了。康熙九年十月巡盐御史席特勒、徐旭龄曾总结了两淮盐商行盐的六大苦，可以让我们更深切地知道盐商经营的艰难：

　　　　其一为输纳之苦。商人纳课，例将引数填注限单，谓之皮票，所以便商下场也，而运库扣勒皮票，每引科费数钱不等，方得给单。而胥役又有使用，谓之照看；纲总又有科敛，谓之公匣。除正纳外，必费一二钱始得筑一引之盐，计岁费约数万金。

　　　　其二为过桥之苦。商盐出场，例将舱口报验，谓之桥掣，所以便商放桥也。而关桥扣勒引票，每引科费数分不等，方得掣放。而面盐、底盐又有搜盐之费，斤多斤少又有买斤之费。除溢斤外，必费七八分，始得过一引之盐，计岁费又约数万金。

　　　　其三为过所之苦。商盐呈纲，例必造册摆马（码），谓之所掣，所以便商验斤也。而未经称掣，先有江掣之费，一引数分不等；又有茶果之费，一引数分不等；又有缓掣之费，又有加寓之费。除割设外，每引必费一二钱，方能过所，计岁费又约数万金。

　　　　其四为开江之苦。引盐既掣，例必请给水程，每引数分不等；又请给桅封，每张数两不等。以至报状扑戳，引各钱余不等；封引解捆，引各数分不等，每引约费二三钱方能放行，计岁费又约数万金。

　　　　其五为关津之苦。盐船既放行矣，而所过盐道有挂号之费，营伍有巡缉之费，关钞有验料之费，计岁费又数万金。

━━━━━━━━━━━━━━━━

①　《清朝经世文编》卷50，吕星垣：《盐法议》。

其六为口岸之苦。船盐既抵岸而江（西）、（湖）广进引，每引道费钱余不等，样盐每包数厘不等，查批收房，每船数两不等，计岁费又数万金。此六苦者，实为淮商切骨隐痛。①

应该说，如果没有细致、深入的调查，这些话是说不出来的。它们如果出自商人之口，自不足为奇，正因为发自主管官员的心声，更可见问题的严重。虽然清政府口口声声表示"恤商裕课"，但实际上从未认真、大力整顿过盐政之弊，他们真正关心的是如何"裕课"，而不是怎样"恤商"，这就使得盐政弊端朝朝相因，并且花样翻新，而盐商的"切骨隐痛"也就有增无已，日形加重了。

还须指出，在清政府加给盐商的负担中，还有重要的一项，就是盐商的所谓"报效"。每逢军需、庆典、河工、灾济之时，盐商都要报效巨额银两，每次少则几万、十几万，多则几百万。就军需报效银而言，仅在乾隆和嘉庆朝，淮商就因朝廷用兵，7次共捐银2100万两，浙商共捐银540万两。② 如果加上其他各类和其他各朝所捐，其数目之巨是相当惊人的。这些报效，其中有的固然是盐商出于对皇帝、政府的效忠而主动捐助，但在盐商已经身处艰难竭蹶之中，仍然借帑报效，分年还款的情况下，它究竟是否"情愿"就很值得怀疑了。深知内情的曹一士曾指出："向来积弊，每有众商公捐之举，其实皆非出之商人本心。缘为大吏者，每遇一事，必传商纲授意，遂尔勒派众商勉强从事。"③ 因此，所谓"报效"，可以说是清政府对商人的另一种形式的榨取。

综上所述，中国封建官僚体制对商人的盘剥，通过盐业的经营充分地反映出来，作为两淮、两浙盐商主体的徽州盐商经营之难也由此典型地表现出来。

---

① 嘉庆《两淮盐法志》卷11《转运六·挈验》。
② 参阅左步清《清代盐商的盛衰述略》。载《故宫博物院院刊》1986年第1期。
③ 《清朝经世文编》卷50，曹一士：《请停商捐并申盐禁疏》。

（二）

　　封建政府对盐商的层层盘剥，使得"一引之课渐添至数倍有余"，它所造成的直接后果就是盐价的大幅度上涨。既然政府的盐课丝毫不能短少，各级官吏的恣意诛求又必须一一满足，盐商为了不致亏折，唯一的办法就是尽可能地将某些开支纳入官盐成本，把负担转嫁到广大消费者身上。由于这样做并不损害封建政府的利益，因而也得到官方的认可。

　　康熙后期，据郭起元说，在江南仪征、通州等处，由于离产盐区较近，每斤盐只卖制钱二三文，至江西、湖广买盐，每斤竟需制钱 20 文不等。① 到了乾隆末年，据嘉庆《两淮盐法志》所载计算，运往湖广的引盐每斤成本约合大制钱 30.6 文，运往江西的引盐每斤成本约合大制钱 31.8 文②，如果加上各级官员的额外勒索以及盐商的利润，盐价自然又要抬高许多。到了道光年间，盐价已经涨到令人咋舌的程度。据陶澍说："汉镇为销盐第一口岸，盐价每斤需钱四五十文，迨分运各处销售，近者六七十文，远者竟需八九十文不等。"以当时价格论，"计算场价，每盐一斤，不及十文，而转销各处，竟至数十倍之价"③。

　　昂贵的官盐价格，无疑给私盐的泛滥造成可乘之机。由于私盐逃掉了政府的沉重课税，又在很大程度上避免了各级官吏的层层盘剥，因此私盐价格大大低于官盐价格。正如时人所说："盖私盐自赀本人工脚载而外，每斤多卖一厘，则此一厘即属余利，则其价安得不贱。……官盐自赀本脚载人工而外，其为费方将数倍于此，每斤必照私盐多卖数倍，方有余利，则其价安得不贵。"④

---

① 《清朝经世文编》卷 50，郭起元：《酌盐法》。
② 嘉庆《两淮盐法志》卷 24。
③ 《清朝经世文续编》卷 42，陶澍：《敬陈两淮盐务积弊附片》。
④ 《清朝经世文编》卷 49，卢询：《商盐加引减价疏》。

　　私盐的泛滥，是两淮、两浙盐商遇到的又一大难题，可以说从清代建立伊始，私盐就一直像幽灵一样，在两淮、两浙行盐区时隐时现，严重困扰着两淮、两浙盐商。

　　清代的私盐突出表现在两方面，一是邻私，一是淮私或浙私。

　　所谓邻私，是指他盐区之盐侵灌本盐区引地。例如，淮盐行销口岸，北接芦盐，则为芦盐所侵；南接粤盐，则为粤盐所侵；西接浙盐，则为浙盐所侵；东南接闽盐，又为闽盐所侵。甚至还有打出官店旗号，借官行私。雍正年间，"浙闽川粤及长芦之商乃于淮盐接界地僻人稀之处，广开盐店，或数座或数十座不等，多积盐斤，暗结枭徒，勾通兴贩，是私枭借官店为囤户，盐店以枭棍作生涯"①。就两浙而言，主要是淮盐侵灌两浙引地，如淮北私盐于瓜洲、扬州偷渡过江，透越镇江，甚至遍达于苏州、常州等地。

　　邻私之所以大量侵灌，是由于清代官盐行销口岸不合理而造成的。两淮、两浙行盐都是定地配引，分疆划界，彼此不得侵越。所定疆界基本继承宋元明时期的成例，但当初划界时远近情形未能斟酌尽善，从而造成一些极不合理的现象。例如江南之镇江府，与淮扬盐场相去甚近，而规定必食浙盐。浙江路远，商运需费多，盐价自贵，而淮盐就近可得，价亦甚贱，但不准买卖。江西建昌府例食淮盐，却距淮南2000余里，而离闽省邵武、汀州等处不过二三百里，路程近至10倍，闽盐与淮盐盐价必然悬殊。类似这样情形的还很多。如河南上蔡等县，本有河东之盐，而必销淮引；湖广巴东等县，逼近四川之界，而必食淮盐等等。对于这种不合理的现象，历朝都有人奏请更改，但清政府为了"保固藩篱"，不致使两淮引地日少，影响盐课收入，而下令"不必更张，以悉仍其旧为是"。不合理的东西，即使用专制的办法去维持也是难以奏效的。人们自然不愿意舍近求远，舍贱

---

① 嘉庆《两淮盐法志》卷13《转运八·缉私上》。

买贵，邻私也就难以禁止，防不胜防了。

除了邻私之外，还有淮私和浙私，也就是本盐区的引外之盐。这也是很严重的问题。

这种私盐的来源大多来自灶户透漏。灶户每于额定产量完成后，其多余产量往往通过各种方式出售，变成私盐。也有的是当地地棍枭徒乘官盐船在湾头等候水汛上闸之时，或在北桥等候放桥给旗之时，或在杨关等候完钞查讫之时，偷扒官盐，变卖成私。

私盐走私的方式多种多样。

回空粮船夹带在清初尤其严重。那时湖广已成为重要产粮大省，每年都有大批粮船满载粮食顺江而下，直抵淮扬卸下，以后再由运河北运。回空粮船往往夹带私盐，数量颇大。顺治十七年据两淮巡盐御史李赞元疏言："回空粮船约有六七千只。皆出瓜仪二闸，一帮夹带私盐奚止数十万斤，合而计之，实侵淮商数十万引盐之数。"① 他们有的是直接向灶户购买，有的是沿途从盐枭处收购。这一问题虽经反复查禁，但收效甚微，至清中叶愈演愈烈。淮安及通泰二州靠近盐场各镇，有不少人专门从事走私活动，他们平时挟赀收召亡命，船载骡驮，贱买堆积，一俟粮船回空之时，或泊无人之境，或约昏夜之时，运帮装载，使得私盐越来越多。

盐商夹带也是走私的方式之一。商人办盐，本应按承办引数捆运，每引也有额定斤两，此称为正盐。由于长途贩运，盐有折耗，故政府允许正盐之外，又加若千斤两，无须纳课，此加斤称为耗卤加斤，即成为"官中之私"。这种走私，为数不大，严重的是商人借引行私。"如江淮两浙之商，例有管理上场、下河之伙计，其不肖之徒，纠合无赖，挟持官引，以为影射，江河四达，莫敢伊何。又间有大胆豪商，贿通官长。捆载多觔，公然行掣，径同额盐，一体装往地头发卖，或别售他商，以

① 嘉庆《两淮盐法志》卷13《转运八·缉私上》。

取倍称之息。此南方奸商借引行私之弊也。"①

到了清代后期，随着盐商的各种负担越来越重，不走私就无法弥补亏空，难以为继，因此走私现象越来越严重，且花样翻新，手段高明。盐商捆盐出场时，往往多带重斤。商人的商厮、商伙亦是如此，而司盐官吏以及地方有司因收受贿赂，称掣之时，往往任其夹带，不完课税，皆称官盐。盐商还经常以私盐抵偿船价，甚至船户转以重金贿赂商厮、埠头乃至商宅之婢役，图谋装载私盐。每捆解放私盐谓之买砠。每船装官盐只有十之五六，余仓尽以装私，谓之跑风船。装盐之后，又将一船之盐分为三四船，途中只要有一船遭风失浅，即捏报全引淹销，将并未失事之二三船亦请补盐。按规定，淹销之盐可以补买，且照例免课，补买之费，又能得到通纲津贴，到岸之后，并可提前先卖，谓之"淹销补运"。这样一来，该商即以一引而换数引。其中除一引为正盐外，其余均为私盐。官盐运到汉口，商人抬价居奇，停船挨次发卖，谓之"整轮"，这样私贩转得畅行。有些商人将待轮之盐价卖，俟轮到时再买私盐填补，谓之"过笼蒸糕"。有的盐已卖尽，仍报淹销，将船凿沉，以灭其偷卖之迹，谓之"放生"。种种情弊，不一而足。由于商运官引之重斤与装盐江船之夹带，数额颇大，被统治者惊呼为"淮纲腹心之蠹"。

私盐日益泛滥，引起清政府的严重关切，始终将缉私作为保卫淮纲的头等大事。为此，政府制定了严厉的法律，并设置重重关卡，投入大量巡缉兵丁，但也无济于事。到了清后期，"官商夹带加斤，十已浮四，盖以船私比水程所载引数，不啻过倍"②。

(三)

私盐的泛滥，严重堵塞了官盐的销路。盐虽是人们生活的必需品，

---

① 《清朝经世文编》卷50，徐文弼：《缉私盐》。
② 包世臣：《安吴四种》卷3《庚辰杂著》五。

但其消费量大致有个限度，据当时估计，平均而言，每人每天约需盐 3 钱。虽然清代各地人口均有增加，但官盐引目也随之增加。所以两淮、两浙口岸所销引盐大致与人口的消费量相等。当人们争相购食私盐时，官盐必然滞销。例如，乾隆末年，由于闽盐大量侵灌江西，其势蜂拥不可止，"淮商颇困"，所谓"困"者，就是纲盐滞销难售。其时，歙商鲍志道身任两淮总商，面对这种情况，十分焦急，费了九牛二虎之力，"支拄两载，其患始平"①。由此可见，由于私盐泛滥所造成的盐壅引积便成了盐商尤其是两淮盐商遇到的第三个难题，乃至成为不可逾越的障碍。

当然两淮盐商也曾有过一段黄金时期，这就是在清代中叶的部分年份，由于社会经济发展，人口滋多，社会比较安定，私盐较少，官盐销量大增，两淮行盐口岸销畅售旺，本年应行盐引往往不敷销售，乃预提下纲部分盐引以资接济。如乾隆二十九年预提乙酉（三十年）淮南纲引 30 万道、淮北纲引 10 万道，乾隆三十年又预提丙戌（三十一年）纲引 20 万道，乾隆三十一年又预提丁亥（三十二年）纲引 20 万道、淮北纲引 5 万道，乾隆三十二年也照此数预提下纲盐引。所有预提盐引，均须按引纳课。纲盐的畅销，自然给盐商带来巨大的利润。徽州很多大盐商也都是在这样的情况下发迹的。

大量白银流进盐商的钱囊，引起了清政府的垂涎。为了在正常盐课外还能从商人身上榨取更多的油水，清政府想出了追缴"余利"的新招。即预提盐引除了引价以外还有"窝价"，即所谓余利，这部分余利应该归公。于是乾隆三十三年清政府策划了一起震动两淮的提引案，清查两淮历年预提盐引之余利银。据江苏巡抚彰宝等奏："两淮预提纲食盐引目，乾隆十一年起至三十二年共预提淮南淮北四百九十六万六千六百二十二道，内除食盐五万一千二百二十八引口岸甚疲，非纲引畅销可

---

① 歙县《棠樾鲍氏宣忠堂支谱》卷 21《鲍肯园先生小传》。

比，及淮北纲盐四十九万零二十道向无余利，均不计算外，惟淮南所提纲引共四百四十二万五千三百七十四道。历年引价高低不一，每引值银二两，递加至三两不等，按年核算，商人除完纳正项钱粮外，共有余利一千零九十二万二千八百九十七两六钱，俱系归公之正项，乃历年各盐政从未议请归公，始则散给商人领运，听其渔利自肥，继则选择总商分赏，以作奖励示惠。该商等或代购器物，结纳馈送，或藉称差务浪费浮销，种种情弊，不可枚举，所有查出各款银两，自应尽数追缴，以清国帑。"① 经户部核查，这 1000 多万两"应缴"余利银中，除奉旨与拨解江宁协济差案及解交内务府抵换金银牌课与一切奏明动用并因公支取例开销银，加上现贮在库归款银共 72 万余两免其追缴外，其余 1014 万余两均应如数追缴。

当然，这一大笔银两并未全落入盐商腰包，其中有辛力膏火银、总商代各任盐政购办器物用银、各商办差用银共 927 万余两。可是清政府不认账。还有各商代盐政吉庆、高恒、普福购办器物作价银 57 万余两、各商交付高恒家人经收各项银 20 万余两、各商代高恒办做檀梨器物银 8 万余两，清政府也不认账。尤其是花在盐政高恒、普福名下的银两，本应由他们来赔缴，但清政府竟决定"高恒、普福名下无可追抵之项著总商名下赔完"，甚至"普福向运库支用并无档册可稽之丁亥（乾隆三十二年）纲银四万二千八百五十一两四钱三分九厘，若普福不能追抵，亦应如所奏在于通河众商名下均摊赔补。其卢见曾婪得商人代办古玩银一万六千二百四十一两，例应于卢见曾家属名下勒限追缴，如不能全完，亦应在众商名下著落分赔"②。商人完全成了替罪羊，清政府恨不得从他们身上扒下三张皮来。

在清政府的专制淫威下，两淮盐商忍痛认缴这 1000 万余两银子。

---

① 嘉庆《两淮盐法志》卷 16。
② 嘉庆《两淮盐法志》卷 16《转运十一·提纲》。

据江苏巡抚彰宝奏称，商众"情愿"于本年戊子纲（乾隆三十三年）一年限内先缴银 127 万余两，其余 800 万两，从明年开始，每年完银 100 万两，分作 8 年全完。至于代盐政购办器物及交付高恒家人银两并办做檀梨器物及普福自支丁亥（乾隆三十二年）纲银和代卢见曾办古玩银两，俟他们本身应交银两全完后，所有各应行追赔之项亦于一年完缴，通计分 10 年全完。后来由于商力艰难，实在难以赔缴，于乾隆三十五、三十六、四十五年分别钦奉上谕展限赔缴，又于乾隆四十七、四十九年两次钦奉恩旨豁免 363 万余两。一场大案至此结束。

两淮提引案是清政府对盐商的一次大掠夺，这一事件实质上是政府和盐商在盐业利润上的再分配。政府从盐商身上除了正课以外，又额外榨取了 600 余万两银子。直到乾隆三十五年，皇帝奉太后巡幸天津，淮商忍痛强颜赴津祝釐，才给还商人们提引案内原革职衔。无疑，在这一事件中，徽州盐商受到一次沉重打击。《橙阳散志》卷 3 记载徽商江春事迹时曾写道："当提引事发，人情危惧，公（江春）毅然赴质，比廷谳，惟自任咎，绝无牵引。上识公诚，置商不问，保全甚众。"对这段材料，我们应作全面分析。江春作为两淮总商，在"人情危惧"的情况下，凭借自己与乾隆的特殊关系，"毅然赴质"、"惟自任咎"，是完全可能的。至于说乾隆"置商不问，保全甚众"，就不可信了。事实上，几百万两银子正是要众商掏出，谈何"不问"？而所谓"保全"，也只能理解为商人保住了自己的身家性命，至于白花花的银子，商人自然无法"保全"了。

自乾隆三十三年提引案发生后，两淮盐商提引除额课以外，一律要缴纳余利银，而且窝价余利不断提高。乾隆三十三年，两淮盐商预提下纲引目 20 万道，每引应缴余息银 2 两 6 钱，共应缴银 52 万两。乾隆三十四年预提下纲引目 20 万道，每引余息银就涨到 2 两 8 钱，共应缴银 56 万两。乾隆三十九年，每引余息涨到 3 两，到了乾隆五十七年，每引余息则猛涨到 4 两 5 钱，同样预提引目 20 万道，此时仅余利一项就要缴纳 90.1 万余两了。

由上可知，两淮盐商即便在他们的黄金时代，经营也是艰难曲折的，政府通过正课之外的余利又刮去盐商的不少利润。

何况，即便这样，也是好景不长。在很多年份，由于私盐的泛滥，导致壅积。仅从乾隆中叶以后的若干年份的销引情况，就可知这一问题之严重。

乾隆二十三年，"两淮纲食引盐现多壅积，而今年戊寅纲又须请领引目，按课输销，已本不能转运，情形未免拮据"。

乾隆三十四年，淮北山阴等 8 州县食盐额引难销。

乾隆三十五年，两江总督高晋等复奏，江都、甘泉 2 县戊子（乾隆三十三年）纲盐未销，己丑（乾隆三十四年）纲盐未运，新旧盐引积压，实有难以销售之势。

乾隆三十八年八月盐政李质颖等奏，淮南宁国府属 6 县、江宁府属 6 县、通州之泰兴县共额行食盐 181085 引，递年积压。

乾隆五十年盐政全德奏称，两淮食盐口岸滞销，积引太多。……两淮共有食盐 316694 引，未有运销。同年全德又奏称，淮北积引已达 36 万余道，内午（乾隆五十一年）纲引已无法再运。

乾隆五十二年三月盐政全德奏称，乙巳、丙午（乾隆五十、五十一年）两纲尚有积压未销之引，本年六月即届丁未（乾隆五十二年）纲奏销，又接戊申（乾隆五十三年）本纲，积压过多，有占新纲地步。

乾隆五十四年盐政全德奏，淮北盐场"递年以来，积压未运者已三十余万引……"旧引未销，新引又压，终不能年清年额。

乾隆五十五年十二月盐政全德奏称，淮南食盐官引又积至六七十万有余。

乾隆五十七年二月盐政全德奏，湖广江西额引因乾隆五十三年以前口岸滞销，递年积压过多，除陆续补销外，尚有 122 万余引，一时断难销尽。

乾隆五十八年三月，据江苏巡抚兼署盐政奇丰额奏，淮北引盐积滞，自丙午（乾隆五十一年）己酉（乾隆五十四年）两纲递年积压，辛亥（乾隆五十六年）等纲又递压至 202300 余引，以致壬子（乾隆五十七年）一纲 296900 引，仅据请领 400 引，其余全未行运。

乾隆五十九年二月据盐政董椿奏，宁国 1 府、上元、江宁 2 县递年存岸未销之盐过多，宁国达 10 万余引，上江达 5 万余引，以致癸丑（乾隆五十八年）两个口岸未经请运之盐达 8 万余引。①

嘉道年间两淮销引更是每况愈下，几乎年年都有积引。

两浙由于盐引较少，壅滞情况虽不及两淮如此严重，但也步履维艰。如乾隆五十八年据户部称："查两浙额应销引目八十五万余道，今积引一百二十八万余道，几逾一年半之额。"② 这种情况亦十分惊人。

盐壅引滞，给商人带来极大困难："官引到岸，累年不售，成本占搁，愈占则愈难疏通，商本日蹙，转运愈难。"③ 但更为忧虑的是清政府，因为"盐课关系国计，最为紧要"。盐壅引滞，盐课就不能如期按数缴纳，正常奏销，从而严重影响政府的财政收入。为了绝对保证盐课的如数征收，清政府采取了种种疏销积引的办法，主要有附行积引、融销和铳销等。

所谓附行积引，即是将历年积引带入正纲内附销。如顺治十七年，由于两淮纲盐历年壅积达 230 余万，巡盐御史李赞元奏请，行现年额引，将积盐带入正纲内，2 引附销 1 引，每包加盐 100 斤。户部允准。但实践证明，此法并不能奏效。顺治十八年巡盐御史胡文学奏，十五、十六两年积引仅销 30 余万，而十七年正引反壅至 40 余万，皆因每引盐斤未减，以致赢壅，因此奏请淮南附销之引，纳引半之课，行一引之

---

① 以上均见嘉庆《两淮盐法志》卷 15。
② 嘉庆《钦定重修两浙盐法志》卷 12《奏议三》。
③ 《清朝经世文编》卷 42，俞德渊：《上贺耦庚制府书》。

盐，除加带百斤，俟 3 年积盐销清，如旧征纳。报可。① 如果说这次清政府允许附销之引仅纳一半之课，是格外加恩的话，那么以后就绝没有这种加恩了。

所谓融销，即将滞销口岸积盐移于畅销口岸通融代销。此制源于明代。② 康熙八年，户部曾议准，将上元等 8 县壅积之引限 2 年内酌量于行食盐之淮南宁国等 7 处销完。③ 这是淮北壅积之盐于淮南引地融销之例，此所谓"以北改南"。也有淮北壅积食引于淮北纲盐引地融销，此所谓"以北改北"。如康熙十年八月，巡盐御史席特纳等疏言：淮北之山阳、清河、桃源、宿迁、邳州 5 州县食盐地方连年水患，户口逃亡，戊申（康熙九年）一纲之半计 11930 引于淮北纲地照纲盐额重运销，户部议复暂准分销一年。④ 此后两淮续有融销之例。但从整个融销情况来看，只有在极少数口岸引盐滞销，绝大多数口岸畅销的情况下，融销才有可能。融销的引数一般都不多。融销对疏销积引，回收资金来说是有利的。但必须指出，这对政府更为有利，一是使盐课能够迅速收缴；二是有时还能增加盐课。如两淮食盐之课轻于纲盐，当食盐融销于纲盐引地时，清政府就特别强调，所融销之食盐一律"照纲输课"。而且乾隆四十年规定"融纲窝价归公"⑤。如乾隆五十三年扬州江都、甘泉 2 县食盐经奏准"融销楚省者，食盐课轻，照纲纳课外，每引又纳窝价银一两，报部归公"⑥。可见，清政府在盐课征收上是锱铢必较的。

乾隆二十六年大学士傅恒在条奏中指出："食盐融纲，不过偶尔权宜之计，倘任意通融，纲引即难畅销。"⑦ 所以，政府是严格控制融销

---

① 《清朝经世文编》卷 50，金镇：《盐法考》。
② 嘉靖二年，巡按御史秦钺请将淮北 4 场内商人所领莞渎、临洪 2 场盐 78680 余引改起仪征批验所与淮南引盐一体掣卖，以济淮南里多盐少之处。此乃融销之所创。
③④ 嘉庆《两淮盐法志》卷 15。
⑤⑥⑦ 嘉庆《两淮盐法志》卷 15《转运十·融销》。

的。这样，承办滞销口岸的盐商不得不在艰难竭蹶之中想方设法疏销积引，一旦疏销不成，资本亏折，只有"消乏告退"，甚至倾家荡产。

还有所谓铳销，即由于历年盐壅，口岸积引尚多，乃将尚未开运的引盐停止运销，盐引销毁。如乾隆十年十二月户部议准署盐政吉庆等复奏："淮北山阳等八县壬戌（乾隆七年）、癸亥（乾隆八年）两纲已经完课，尚未运盐之引，既经积压在前，自难责令照额运销，应令即行铳毁解部查销。"① 以后随着盐政的腐败，两淮各口岸盐引滞销日益严重，积引越来越多，铳销也渐渐增多。盐引销毁，盐斤停运，盐课收入岂不减少？清政府当然是不会允许的。因此政府规定，所有铳销盐引之盐可以停止运销，但盐课却要如数征纳。因此就形成这样的不合理现象：商人纳课不行盐。如乾隆二十三年三月上谕："两淮纲食引盐现多壅积，而今年戊寅纲又须请领引目，按课输销，商本不能转运，情形未免拮据……著加恩将戊寅一纲提出，停其捆运，以便输销积引，所有应征额课分作十年带征。"② 又如淮南宁国府属6县、江宁府属6县及通州泰兴县共额行食盐181085引，由于两淮食盐口岸每致积引壅滞，乾隆三十八年盐政李质颖等奏准，将本年一纲食引铳销，以疏积滞。但户部强调："引课银两应照旧征收造报奏销。"盐政原请分5年带征，未获批准③。这就意味着，此纲铳销后，盐课必须在本年按期如数缴纳。清政府为了绝对保证盐课收入，不顾盐商死活，无论铳销多少引目，停运引课必须照旧完纳，甚至不准分年带征，从而在铳销年份，盐商本来就因盐引壅积而请铳销，如今更是雪上加霜，要缴双倍的盐课。

当然，融销、铳销都是权宜之计，清政府所期望的是各口岸能年销年额，盐通引畅，因此当某些口岸盐引壅积情况严重，不少商人消乏告退之时，盐政官员不是设法剔除盐政弊端，往往强逼金派其他商人前往该口岸承办盐运，鲍芳陶被金派去淮北就是其中一例。

---

①②③　嘉庆《两淮盐法志》卷15《转运十·铳销》。

淮北引盐销售情形很糟，连嘉庆皇帝都承认："淮北鹾务，久形疲滞。"① 疲滞的主要表现就是盐引壅积，而冰冻三尺，又非一日之寒。清初定制，淮北每年派行纲、食引盐 229122 引。② 淮北引盐向由各盐场运至黄河北岸之永丰坝盘验过坝，然后运至淮所称掣，分往各口岸行销。但淮北行盐有比淮南更难之处：一是运费高。据顺治十七年巡盐御史李赞元言：淮北"引盐出场，包索脚费用银一两有奇，今剖一为二（指清与明制相比，一大引剖为两小引），包索脚费减亦无几。昔大引过所，水商运销，以原装赴口岸，脚费约用一两三钱，今盐重仅半，而脚费竟不能减。则官盐成本必重，售价必贵，官盐价贵，则私盐滥行，无怪其盐壅商疲"③。二是商本耽搁时间长。淮北盐场每年须俟六月间盐闸开放之后始能发运出场，于七月、八月、九月、十月 4 个月内全运到淮，以备来年捆掣，交冬冰冻即行停止。这样一年运脚之费均于一时预给，商本已属停搁，又因为运到安徽、河南各口岸都要岸运，难以水运，岸运费多，盐商又难免支绌。由于这两个原因，故而淮北引盐成本加重，盐价较贵，不敌私盐，盐引经常壅积难销。为了降低成本，清政府采取了一些措施。如在淮北盐场，凡捆工抬扛装运水脚等项止论包数，向不论斤，康熙二十年曾批准淮北改行并引，即以 2 引之盐合为 1 包，每包例捆 728 斤。虽然这样能节省一些运脚，但仍解决不了根本问题，盐壅引积仍很严重。到了乾隆末嘉庆初，随着两淮盐政的日趋腐败，淮北引盐更加运艰销滞，以致纲引递年积压。据乾隆五十四年盐政全德奏："递年以来，积压未运者已三十余万引。"④ 乾隆五十七年一纲共 296900 余引，商人仅请领 400 引。⑤ 淮北向有 20 余商家认运，由于口

---

① 见歙县棠樾鲍氏祠堂内嘉庆 3 道"上谕"碑文。转引自《徽州社会科学》1987 年第 1 期。
② 《清朝经世文编》卷 50，金镇：《盐法考》。
③ 嘉庆《两淮盐法志》卷 7。
④⑤　嘉庆《两淮盐法志》卷 15。

岸疲滞，乾嘉之际只存 12 商，其余多消乏告退，实际就是破产。而
"退商所悬之引即加派于现商"，现商更为困难。嘉庆八年七月盐政佶山
向政府告急："淮北纲盐每年应运十四万一千余并引，现在办运只有十
二商人，半属资本缺乏，又兼河道艰阻，转运维艰，壬戌（嘉庆七年）
纲盐尚有未运九万余并引，转瞬即届奏销，万难赶办完额，且癸亥（嘉
庆八年）现在开纲，若今新残并运不惟商资不继，抑且岸销疲滞，积压
更多。"①

　　显然，淮北盐务已到了难以为继的时候，作为盐政的佶山本应针对
问题症结所在，采取积极措施，革除旧弊，扶植乏商，但他既疏理无
能，又不恤众商，只知勒派淮南盐商前去淮北办运，明显是要将绞索套
在他们头上。鲍芳陶经营多年盐业，深知淮北盐务之难，自然不肯眼睁
睁地往火坑里跳。

　　鲍芳陶告退，淮北引盐乏人承运，盐课必然受到影响。佶山作为盐
政，当然害怕皇帝怪罪下来，担当不起，于是恶人先告状，请旨革去鲍
芳陶道衔，严行究办并追查唆使之人，企图拉出商人充当自己的替罪
羊。但嘉庆皇帝知道，"久形疲滞"的淮北鹾务，谁去承办谁遭殃。所
以他在三月八日第一道上谕中提问："如果办运可以获利，则商人趋之
若鹜，何以鲍芳陶转推诿不前？此次可金之商，是否皆踊跃愿往，独鲍
芳陶一人记（借）故躲避，抑其余各商均不免观望？"嘉庆也知道："如
果金派之初本非情愿，既勉强责令承办，向后亏折成本，办运竭蹶，不
特淮北鹾务全无裨益，使淮南殷实富厚之商统归消乏，殊有关系。"正
是从整个两淮盐务全局考虑，嘉庆帝并未听信佶山的一面之词。

　　但商人抗命，此风断不可长。否则，以后政府若要金派商人就困难
了。对此，又必须有一明确处理。所以嘉庆谕令两江总督陈大文赶赴扬
州，秉公查办此案。他在给陈大文的上谕中指出："如该盐政果有婪索

————————

①　嘉庆《两淮盐法志》卷 15。

不遂，勒逼金派情事，即应将佶山参奏。若鲍芳陶实系抗金误课，亦当将该商奏明革惩。其淮北盐务是否应令淮南商人兼办，抑或佶山办理不善，未协商情，另须设法调剂，仍遵前者评议是奏。"

陈大文何尝不知，鲍芳陶乃一介商人，岂敢与官员对抗，显然是佶山"勒逼金派"，但他宁可让商人吃点亏，也不愿得罪旗人佶山。淮北的问题主要是盐引壅积，国课难征，只要没法疏销积引，保证国课就行。于是他到扬州后，经过一番调查，决定于淮北 4.5 万余壅积并引之中，酌提 2 万并引铳销，这样剩下的 2 万余并引，淮北各商就得以从容办运了。但这停运铳销的 2 万并引盐课一点不能少，于是向淮南众商施加压力，由他们出面请将这 2 万并引课项摊入淮南纲盐之中，"情愿按纲代为完纳"。鲍芳陶自然更脱不了干系，必须掏出 5 万两银子，"代完淮北退商未运壬戌（嘉庆七年）纲盐 1 万余引"的盐课，才能保住道衔，免予斥革。在这一切都办妥之后，陈大文圆满地完成了使命。既然盐课一两也不少，同时也实际上惩罚了有关商人，嘉庆也就顺水推舟，在四月十三日的上谕中说："至商人鲍芳陶认运求退，既讯系上年奉金时患病属实，且于北运人地生疏，伊有一子，读书不谙盐务，势难兼顾，尚非有心违抗，著免其斥革"①。

此案终于平息了。结果，政府保住了盐课，而淮南众商及鲍芳陶却无端平添了一份重负。盐商经营之难，于此可见一斑。

负担重、私盐盛、官引滞是两淮、两浙盐商当然也是徽州盐商经营中所遇到的三大障碍，这是无法解决的三大难题。究其根源，全在官府和官吏对盐商的层层盘剥，而这又是封建专卖制度下的不治之症。只要清朝政府视盐课为国家命脉，只要各级官员视盐商为俎上鱼肉，盐商的负担就不会减轻，官盐的成本就会越来越重。盐商为了减少损失，只有通过抬高盐价转嫁负担，殊不知这只能是作茧自缚，自塞其路。盐价愈

---

① 见歙县棠樾鲍氏祠堂内 3 道"上谕"碑文，转引自《徽州社会科学》1987 年第 1 期。

高，私盐也就愈盛，官盐也就愈壅，前纲压后纲，官盐的销售陷于恶性循环之中，而盐商也就在这种漩涡中越陷越深，不能自拔，以至沉没。引既不能年销年额，课自然不能年清年款，在政府的淫威之下，盐商只好将所欠之课或分 15 年带征，或分 30 年归补，乃至每年课额越来越重。到道光年间，两淮盐商积欠盐课已达数千万两，实在到了山穷水尽的地步，大批商人破产消乏，资本亏折。徽州盐商的子弟也越来越视盐业为畏途，不再插足其间了。如歙商鲍志道任两淮总商 20 年，深知盐业经营之艰难，故嘉庆以后，鲍氏子弟已基本绝迹两淮了。在艰难竭蹶之中，甚至曾经盛极一时的大商人也昙花一现，转瞬即衰了。如号称"以布衣交天子"的徽商江春（江广达）身任两淮总商几十年，资本雄厚，深得乾隆眷顾，加授布政使衔，荐至一品，可谓飞黄腾达。然而到晚年也"家产消乏"，生活维艰，还是乾隆赏借帑银 30 万两"令其作本生息，以为养赡之计"。乾隆五十四年江春病死，身后几乎未留下家产，使得其唯一的过继之子江振鸿竟然"生计艰窘"。江春旧有康山园一处，江振鸿已无力修葺。乾隆传谕，令众商出银 5 万两承买此园，作为公产，其银两赏给江振鸿营运，毋庸起息，再拨借帑银 5 万两，照例起息。江振鸿就靠这借来的 10 万两作为营运资本，维持生计。[①] 像江春这样的著名盐商都落得如此凄惨的下场，其他商人的命运更可想而知了。两淮盐业极盛时有盐商数百家承运，由于消乏亏折，道光时仅存数十家，且大多借贷营运。过去是"两年三运，今乃一运两年，愈迟愈积，月利愈亏。而商人习惯淫侈，率多醉生梦死之徒，不知自行经理，惟任商伙商厮编摆作弄，蒙混侵吞，以致日形竭蹶"。[②] 两淮盐商衰落，反映了两淮的纲盐制度已到了穷途末路，票盐制度正是在这种形势下应运而生的。

---

① 嘉庆《两淮盐法志》卷 17《转运十二·借帑》。
② 《清朝经世文编》卷 42，陶澍：《再陈淮鹾积弊疏》。

第七章
徽商的"儒贾观"和商业道德

徽州既以"东南邹鲁"驰誉遐迩，又以"商贾之乡"闻名海内。生于斯、长于斯的徽商或是"先儒后贾"，或是"先贾后儒"，或是"亦贾亦儒"，从而形成了"贾而好儒"的重要特色。徽商之所以能够在艰难曲折的道路上不断发展壮大，乃至成为称雄商界的劲旅，是与这一重要特色分不开的。徽商之所以在经营中重视商业道德，讲求经营之道，也无不是这一特色的体现。"贾为厚利，儒为名高"。徽商虽孜孜追逐"厚利"，但他们更念念不忘"名高"。在儒贾观上，与其说徽商"右贾"而"左儒"，毋宁说他们"右贾"更"右儒"。

一、徽商"贾而好儒"的特色[①]

明清时期的徽州，是一个"以贾代耕"、商人足迹"几遍禹（宇）内"的经济活跃之区[②]；又是一个人才辈出、"虽十家村落，亦有讽诵

---

① 本节初稿部分内容系唐力行先生所写。
② 《丰南志》（稿本）第 2 册《从叔一公行状》。

之声"的文风昌盛之地。① 曾经在商界纵横驰骋 300 多年的徽州商帮，便是从这里崛起的。这个商帮的重要特色是"贾而好儒"。它既促进了徽州的儒学兴盛，而儒学对徽商从事商业经营又产生了积极的影响。

（一）

徽州地处山区，剩余劳动力舍"从贾"与"业儒"，则又别无谋生之路。所以，"大抵徽俗十三在邑，十七在天下"②。这些"从贾"和"业儒"的徽人，有的"先贾后儒"，有的"先儒后贾"，还有的"亦儒亦贾"。歙人汪道昆云："新都（徽州）三贾一儒，……贾为厚利，儒为名高，夫人毕事儒不效，则弛儒而张贾；既侧身飨其利矣，及为子孙计，宁弛贾而张儒。一弛一张，迭相为用，不万钟则千驷，犹之能转毂相巡，岂其单厚计然乎哉！"③ 他既对邑人"张贾"与"张儒""迭相为用"的原因、目的作了合乎实际的分析，也揭示了这里贾与儒之间相互作用的关系。

恩格斯说："政治、法律、哲学、宗教、文学艺术等的发展，是以经济发展为基础的。"④ 明清时期，徽州文化学术的发展，也是与这里的经济比较富足有密切的关系。在明代，即有人称"徽州富甲江南"⑤。顾炎武甚至说："新都勤俭甲天下，故富亦甲天下"⑥。徽州的富，除因山区自然资源丰富外，主要是"徽俗多行贾"⑦。这里，"有以计然起家

---

① 万历《休宁县志·风俗》。
② 王世贞：《弇州山人四部稿》卷 61《赠程君五十寿序》。
③ 《太函集》卷 52《海阳处士仲翁配戴氏合葬墓志铭》。
④ 《马克思恩格斯选集》第 4 卷第 506 页。
⑤ 《魏叔子文集》卷 70。
⑥ 《肇域志·江南十一·徽州府》。
⑦ 汤宾尹：《睡庵集》卷 23。

者，有以盐策起家者"①。巨商富贾，多热心于"振儒业"，以期名利兼收。所谓"贾者力生，儒者力学，克尔家有日矣"②。而在实际生活中，可行的途径，大多是先贾而后儒。这就是汪道昆说的："古者右儒而左贾，吾郡或右贾而左儒。"③ 所以，徽州以一个商贾之乡，竟又成为"东南邹鲁"。

那么，徽人在"张贾"获利之后，是怎样"张儒"求名的呢？徽商之家，多延师课子；这是徽商"张儒"的一个重要方式。"夫养者非贾不饶，学者非饶不给"④。如鲍柏庭，"世居歙东新馆。……家初以贫，奉养未能隆，后以业浙蓛，家颇饶裕"。"其教子也以义方，延名师购书籍不惜多金。尝曰：'富而教不可缓也，徒积资财何益乎'！"⑤ 柏庭从事商业活动是在万历年间，其时正是徽商走向发展阶段，他提出"富而教不可缓也"的思想，在徽商中是具有代表性的。再如："潘涟，（婺源）坑头人，……始业儒，后念贫无以养，遂服贾。家稍裕，延师课子，倡兴文会。""堂弟申郡庠生，境亦困乏，涟时傃助，届时给以资斧。"⑥

徽州商人之所以如此急不可待地延师课子，是向往子弟擢高第，登仕籍。汪道昆说："吾乡……喜厚利而薄名高。"⑦ 这不过是表面现象。其实，徽商既"厚利"又"厚名"。"厚利"不过是"厚名"的阶梯，他们希望子孙通过仕进之路而"名高不朽"。如：

凌珊，隆庆时人，"早失父，弃儒就贾"。"恒自恨不卒为儒以振家声，殷勤备脯，不远数百里迎师以训子侄。起必侵晨，眠必丙夜，每日

---

① 《新安休宁名族志》卷1。
② 《太函集》卷50《明故礼部孙长君墓志铭》。
③ 《大函集》卷54《明故处士溪阳吴长公墓志铭》。
④ 《太函集》卷42《明故程田汪孺人行状》。
⑤ 《歙县新馆鲍氏著存堂支谱》卷3《柏庭公传》。
⑥ 《婺源县采辑·孝友》（抄本）。
⑦ 《太函集》卷18《蒲江黄公七十寿序》。

外来，闻咿唔声则喜，否则嗔。其训子侄之严如此。""一日语室人曰：
'儿虽幼，已为有司赏识，吾与尔教子之心当不虚。异日者尔随任就养，
必教儿为好官，以不负吾志乃可。'"① 凌珊望子成名之心如此之切，责
其为学如此之严，目的是望儿为"好官"，这正说明徽商"张儒"是为
了门楣生辉。

清代江肇岷，字源长。子练如，"性颖悟，好读书，以家事浩繁，
服贾瓜渚。（肇岷）公思振家声……复命归读，名振胶庠。康熙戊寅
（1698 年）贡成均，克付公期望之意"②。

许万竹，有四子，"公课以儒业，宾名师以训之"。目的也是"擢高
第有俟焉"③。

有些商人，到了晚年，乃至临终之际，仍念念不忘勉励子弟著儒
服，"大吾门"。歙商汪镗，曾"去海上业贾"，临终前，对诸子曰："吾
家世着田父冠，吾为儒不卒，然簏书未尽蠹，欲大吾门，是在尔等。"④
类似上引材料，在徽人文集以及方志、谱牒中，俯拾可得。

在徽商后代中以"业儒"而成名者代不乏人。例如歙人汪道昆，是
嘉靖、万历时期文坛上的"后五子"之一，他与当时的文坛巨擘王世贞
先后官兵部，时称"天下两司马"。⑤ 汪道昆就是出身于商人家庭，据
他自己说："由吾曾大父而上历十有五世，率务孝悌力田，吾大父、先
伯父始用贾起家，至十弟始累巨万，诸弟子业儒术者则自吾始。"⑥ 休
宁金声，幼时随父远贾江汉间，即在客居之地延师受教，中崇祯元年进
士，授庶吉士。后在抗清斗争中英勇不屈，以身殉难，著有《金太史

① 凌应秋：《沙溪集略》卷 4。
② 《济阳江氏族谱》卷 9《清候选经历肇岷公传》。
③ 《新安歙北许氏东支世谱》卷 5。
④ 《汪氏族谱·处士镗公传》（抄本）。
⑤ 《明史》卷 28《王世贞传》附《汪道昆传》。
⑥ 《太函集》卷 17《寿十七弟及耆序》。

集》行世。① 入清以后，徽商后代的名儒高士更多。乾隆时期，汉学的皖派首领戴震，即出身于一个商贩之家。乾嘉时期的凌廷堪，系歙县著名的经学家和文学家，他父亲曾经商于海州，父殁后，自己还当过"朝奉"。道（光）咸（丰）间经济学家王茂荫，也是世代经商之家的子弟。客籍扬州的徽商中，更是"世族繁衍，名流代出"。李斗《扬州画舫录》所记的高人雅士，有不少就是徽商或他们的子弟。

在徽商中，有的人在"从贾"之前就曾知晓诗书，粗通翰墨。"从贾"之后，还是好学不倦，"蔼然有儒者气象"。如明代休商江遂志，行贾四方，"虽舟车道路，恒一卷自随，以周览古今贤不肖治乱兴亡之迹"②。程淇美，"年十六而外贸……然雅好诗书，善笔札，虽在客中，手不释卷"③。程锁，是休宁巨商，他于"暇日乃召宾客，称诗书，其人则陈达甫、江氏莹、王仲房；其书则《楚辞》、《战国策》、《孙武子》、《史记》"。汪道昆评论他："迄今遗风具在，不亦翩翩乎儒哉！"④ 程长者，在金陵"以质剂代耕"，"常屈首抱几，自《六经》以及百氏无所不窥，凡金石古文、名家法帖、手摹指画务得其真，无所不习；绘事则自皇唐以迄胡元，名品则自宗器以迄玩物，无论百金之价，什袭之珍，无所不购"⑤。这些所谓"贾名而儒行"的人，既已成为富商，又欲挤入儒者之林，这在一定程度上也有助于壮大士人的队伍。

徽州商人，无论令子弟"业儒"，抑是自己"雅好诗书"，"老而归儒"，都不单纯是他们个人的志趣和爱好所致。因为个人意愿是受一定的历史环境和阶级关系所支配。正如马克思、恩格斯在评述食利者和资本家的个性时所指出的："他们的个性是受非常具体的阶级关系所制约

---

① 《明史》卷277《金声传》。
② 《济阳江氏族谱》卷9《明光禄丞乡饮大宾应公原传》。
③ 《旌阳程氏宗谱》卷13《淇美程君传》。
④ 《太函集》卷61《明处士休宁程长公墓表》。
⑤ 《太函集》卷59《诰封微仕郎莆田程长者墓志铭》。

和决定的"①。我们对于徽商的志趣和爱好要进行具体的阶级分析。过去即有人把徽商分为"上贾"、"中贾"、"下贾"三等:"藏镪百万"者为"上贾",二三十万则"中贾",再次则为"下贾"。从有关材料中可以看到,在下贾中拥有三五万金以上资本的也大有人在。现实的经济地位决定了他们的思想意识必然依附于地主阶级。列宁说过:马克思主义者"必须到生产关系中间去探求社会现象根源,必须把这些现象归结到一定阶级的利益"②。因此,我们认为,徽商在"家业隆起"之后,急欲"张儒求名",从而"大吾门"、"亢吾宗",实质上也是"大"了地主阶级,适应了这个阶级利益的需要。

正是由于这种阶级的利益所支配,所以那些富商之家,在"富而教不可缓"的同时,竟又毫不吝惜地输金资助"振兴文教",这对徽州的"儒学之盛",也是很大的促进。

我国书院之设,始于唐代,宋元以来日益增多。明清两朝"天下书院最盛者,无过东林、江右、关中、徽州"③。而徽州书院之盛,主要是徽商慷慨资助的结果。明代,徽州书院勃兴,到了清初,徽属6县计有书院54所。④ 尤其在乾隆年间,两淮盐商中的徽商,积极在徽州、扬州两地兴办或修建书院。《两淮盐政全德记》云及徽州府治所在地的歙县情况:"歙在山谷间,垦田盖寡,处者以学,行者以商,学之地自府、县学外,多聚于书院。书院凡数十,以紫阳为大;商之地海内无不至,以业盐于两淮者为著,其大较也。……大之郡邑,小之乡曲,非学,俗何以成;非财,人何以聚。既立之师,则必葺其舍宇,具其廪粮,及夫释菜之祭,束修之礼,是不可以力耕得之也。"⑤ 书院的经费来源既然不能靠"力耕"得来,那只有赖"以贾代耕"者的资助了,就以紫阳书院为例:

① 《马克思恩格斯选集》第1卷第84页。
② 《列宁全集》第1卷,人民出版社1959年版第480页。
③⑤ 道光《徽州府志·学校》。
④ 康熙《徽州府志·学校》。

　　歙之紫阳书院，系明正德十四年（1519 年）由知府张芹主持创建于紫阳山阿，又称"山间书院"。乾隆五十五年（1709 年），出身于盐商之家的曹文埴另在原"文公祠旧址，复建书院，名曰'古紫阳书院'，于是两院并存"。古紫阳书院全是两淮盐商捐资重建起来的。据道光《徽州府志》的材料统计，乾嘉数十年间，扬州歙商共捐两书院银计 7 万余两，其中两淮总商鲍肯园两次独捐银 11000 两。王铁夫所撰《中宪大夫肯园鲍公行状》云："（肯园）生平好施，独不喜建佛堂道院。其乡有两书院，一在城内曰'紫阳'，一在城外曰'山间'，并垂废矣（按：紫阳书院系指原文公祠），公慨然与乡士大夫作新之。以状白盐使，请援扬州安定书院例，出库金增诸生膏火，自以私财白金三千两益之，于是（古）紫阳书院成；又出白金八千两置两淮生息。据《两淮盐政全德记》载：按月一分起息，每年应缴息银九百六十两，遇闰月加增八十两，以复城外山间书院。"① 纪晓岚在《鲍肯园先生小传》中亦云："肯园捐金三千复紫阳书院，捐金八千复山间书院，功在名教。"② 鲍肯园是一位"由困而亨"的大盐商，竟如此热心于兴修书院，徽商之"功在名教"，振兴儒学，于此可见一斑。

　　徽州其他各邑，商人助修书院的事例，亦所在多有：祁门商人马禄，家初贫，"长力商，客常州……嘉靖戊午（1558 年）修学宫，禄自投牒输三百金佐费"③。方南滨"商于吴梁间"，因"家业益以丕振"乃"肇建书屋于金山隈，俾后嗣相聚相观，以振儒业"。④ 黟县舒大信，经商江右，乾隆间，"修东山道院，旁置屋十余楹，为族人读书地。邑人议建书院，大信捐二千四百金助之"。⑤ 绩溪章必泰"经商吴越间……（绩溪）东山书院鼎建，（必泰）自备资斧，襄葳其事，邑建考棚，捐银

---

① ② 《棠樾鲍氏宣忠堂支谱》卷 21。
③ 万历《祁门县志·人物》。
④ 《方氏会宗统谱》卷 19《明故处士南溪方公行状》。
⑤ 《黟县志》卷 10。

二百两以助"①。有些绅商的佣人，对于兴修书院亦能慷慨解囊。婺源江溶，"佣于木商，跋涉江湖，远及苗洞，中年稍裕……道光年间，创立湖山书院。振兴文教，溶与有力焉"②。道光五年（1825 年），黟县议建考棚，不两月绅商集资三万余金。③

徽商不仅热心于原籍建书院、设考棚，同时，在一些寄籍之地，也同样如此。世居扬州的歙商汪应庚，在乾隆元年（1736 年）见扬州府学——江甘学宫"岁久倾颓，出五万余金亟为重建，辉煌轮奂，焕然维新。又以二千金制祭祀乐器，无不周到，以一万三千金购腴田一千五百亩，悉归诸学，以待岁修及助乡试资斧"。④ 祁门马曰琯亦于扬州修建梅花书院，延名儒主讲其中。清代的扬州文人雅士蜂起一时，在其培育过程中，徽商是"与有力焉"。曾经有人说："扬州之盛，实徽商开之"。这虽然有点夸张，但也不无所据。尤其是在两淮改纲为票以前，徽州大姓著于扬州者众多，故"徽扬学派，亦因以大通"⑤。这确系事实。

明清时期，徽州商业贸易的发展，商人重视和资助"振兴文教"，自然收到出人才、出成果之效。在这几百年中，徽州人才济济，儒林文苑，百态千姿，从而产生了"新安学派"、"新安医派"和"新安画派"，它们在不同的领域里自树一帜。徽州科举及第者亦多，据朱彭寿《旧典备征》统计，有清一代（自顺治至光绪）各省状元人数，安徽居第三位，计有 9 人。安徽有八府五州，其中仅徽州一府便占 4 人，他们是休宁黄轩（乾隆戊戌）、歙县金榜（乾隆壬辰）、休宁吴锡龄（乾隆乙未）、歙县洪莹（嘉庆己巳）。徽州状元人数与广西、直隶相同，比江西、福建、湖北、湖南、河南、陕西、四川、广东、贵州、山西、甘肃、云南

① 《绩溪西关章氏族谱》卷 34。
② 《婺源县采辑·义行》。
③ 道光《徽州府志·学校》。
④ 《汪氏谱乘·光禄寺少卿汪公事实》。
⑤ 陈去病：《五石脂》。

各省均多。这从一个侧面说明了商人好儒，是促进文化学术发达的原因之一。在徽郡 6 邑中，歙人多经营盐业，富商巨贾甚多。据有关资料统计，歙县的进士数，在明代为 184 人，占明代徽州进士数的 45.53％；清代（道光六年前），为 235 人，占同时期的徽州进士数的 45.45％。以一邑而几乎占全府进士数之一半，进一步说明了徽州经济的发达以及商人重视"业儒"，是这里人才辈出的重要原因。明清两朝，徽州文人学士的著作也是蔚为大观。据道光《徽州府志·艺文志》载，明时经 162 部，史 185 部，子 337 部，集 514 部；清时经 310 部，史 121 部，子 278 部，集 579 部；两朝著述总计为 2486 部。其中有不少的作者就是商人本身及其子弟。

（二）

从历史事实来看，"当一种历史因素一旦被其他的、归根到底是经济的原因造成的时候，它也影响周围的环境，甚至能够对产生它的原因发生反作用"①。明清时期的徽州，儒学对商业所产生的这种"反作用"，也是非常明显的。

首先，徽州由于"儒学之盛"，因而在徽商中有许多人受过儒学教育。他们掌握了一定的文化知识，这对开展商业活动是非常有利的。在明代，就曾有人把徽人分为"儒贾"和"贾儒"两种："贾名而儒行者"谓之"儒贾"，以"儒饰贾者"谓之"贾儒"。那些"贾名而儒行"的人，都是具有不同文化程度的商人。他们在经商活动中，大都善于审时度势，决定取予；运以心计，精于筹算。

在我国封建社会后期，社会分工不断发展，商业联络网日益扩大，商品与货币的运动错综交织，商品经济与市场经济行将接轨，社会矛盾也越来越趋于复杂化。当时，市场上的商品供求关系变化多端，乃至

---

① 《马克思恩格斯选集》第 4 卷第 502 页。

"每日都有许多单方面的商品形态变化同时进行"①。这种瞬息万变的情况是较难预测的。商人掌握一定的文化知识，有助于在商业活动中分析市场形势，分析自然和社会诸因素对供求关系的影响，从而在取予进退之间不失时机地作出正确的判断，以获得厚利。同时，随着商业经营规模的不断扩大，同行业之间的交往联系日益密切，这又需要一定的管理和组织才能。有不少人正是具备这些经商才能，所以能在商业活动中大显身手。例如：

明嘉靖时的曹演，因家贫"舍儒而贾"。开始本是资本微薄的"下贾"，由于他在商业活动中"辄操心计"，故"骎骎乎五年而中，十年而上矣"②。歙人黄镛，少时"绩学业举，志存经世"，后来弃儒从商，转贩于闽、越、齐、鲁之间。他"克洞于天人盈虚之数，进退存亡之道"，所以获利甚多，"赀大丰裕"。③ 清代的绩溪章策，是一位见识超人的商人。幼时，父贾兰溪，即随父延师"习举子业"，后父殁，遂弃儒承父业学贾，往来兰、歙间，"精管（仲）刘（晏）术，所亿辄中，家日以裕"。其所以如此，乃是他在经商中，犹能阅读"先儒语录，取其益于身心以自励，故其识量有大过人者"④。与章策同族的章健德，幼"业儒"，"弱冠偕仲叔二兄贾于宣城。君慷慨有大略，节驵侩，贵出贱取，居数年遂以起其家"⑤。歙人叶天赐，"性聪颖，嗜学工诗，擅书法，家贫为人行贾"。他在"行贾"中"料事十不失一，晚业盐策于场"，一跃而为独立经营于扬州的一家富商。⑥ 休宁程声玉弃儒经商，他"寓经济于废著之地"，以致"获利如操左券"，"所求无不遂，所欲无不得"。⑦

---

① 《资本论》第 1 卷第 97 页。

② 《太函集》卷 33《赠奉政大夫户部贵州清吏司郎中曹公传》。

③ 《潭渡黄氏族谱》卷 9。

④ 《西关章氏族谱》卷 26《绩溪章君策墓志铭》。

⑤ 《西关章氏族谱》卷 26《章君健德墓志铭》。

⑥ 民国《歙县志》卷 9《人物·义行》。

⑦ 《旌阳程氏宗谱》卷 13《程声玉公赞》。

这些有文化的商人易于学得计然术，所以往往能全操胜算，生意越做越活，资本越积越多，在商界的名声也日益煊赫。

还有一些有文化的徽商，因善于操持生财之道，竟成为众商赖以经营的智囊。万历时，在两淮经营盐业的歙商吴彦先，有暇辄浏览史书，与客纵谈古今得失，即便宿儒也自以为不及，因而博得群商的拥戴，一切营运必奉其筹画。他既膺众望，便能"权货物之轻重，揣四方之缓急，察天时之消长，而又知人善任，故受指而出贾者利必倍"①。吴彦先这种运筹分析的才能，很大一部分是来自他的文化程度。再如：汪尚信，早年"刻意经史"，后因科场失意而弃儒从商，"有商于四方者亦奉公筹画，为时良贾，以是家益振"。②歙商潘汀洲，"家世用陶，公独与时逐，或用盐盬，或用橦布，或用质剂，用游江淮吴越，务协地宜。邑中宿贾若诸汪、诸吴悉从公决策受成，皆累巨万"。潘汀洲早年习贾，从商之后，"虽托于贾人而儒学益治"。他曾自矜："吾能事无虑累百，其可市者三：以儒则市甲第，以贾则市素封，以奕则市国手。"③除去自我夸张的成分之外，表现在他身上儒、贾、奕三方面的才能是相得益彰的。

在徽商中，以"业儒"出身者居多，这是徽商异乎其他商帮之处，也是徽商迅速发展的一个重要原因。考察一下明清时期山西商和徽商势力的消长情况，更能说明问题。

在明代，山西商帮和徽州商帮势均力敌。万历时人谢肇淛曾说："商贾之称雄者，江南则称徽州，江北则称山右。"④但从明代后期到清代嘉（庆）道（光）之际，在两淮盐业中，山西商每况愈下，徽商却迅猛发展。究其原因，论者一般都认为是地理因素所致。也就是说，由于

① 《丰南志》第5册《明处士彦先吴公行状》。
② 《汪氏统宗谱》卷31。
③ 《太函集》卷34《潘汀洲传》。
④ 《五杂俎》卷4。

开中折色和开中制的废除，边商竞争不过内商。这虽是一个原因，但并非是唯一的。我们根据有关材料得出的看法是，山西商人不重视读书，这同徽商恰是鲜明的对照，也是这两个商帮此起彼落的原因之一。清人刘于义曾在一份奏折中说："山右积习，重利之念甚于重名，子弟中俊秀者多入贸易一途，至中材以下，方使之读书应试。"雍正帝在批示中也指出："山右大约商贾居首，其次者犹肯力农，再次者入营伍，再下者方令读书。"① 他们将子弟中的俊秀者"从贾"，庸材"业儒"，其结果必然是"从贾"者少有文化知识，因而对他们的商业经营必然会有影响，这怎能与那些贾儒结合而"练达明敏"的徽商相比呢！"多才善贾"，历来如此。清代戏剧家李渔在谈到"学技"与"学文"的关系时，曾提出过独到的见解，他说："学技必先学文，……通天下之士农工贾、三教九流、百工技艺皆当如是观。……明理之人学技与不明理之人学技，难易判若天渊。然不读书不识字，何由明理？故学技必先学文。"② 我们如果把李渔"学技必先学文"的看法改为"学商必先学文"，那么，儒学对促进商业的发展，正是一种反作用力。

其次，"业儒"出身的商人，在经营活动中，多以儒道经商。这是他们舍小利而谋大利，从而迅速起家的一个"奥妙"所在。有的学者在研究徽商中也曾提出过"徽人的商业道德"问题。徽人的商业道德，实际上就是儒道。徽州的一些大商人（除少数被人目为"徽狗"者外），由于自幼受到儒道的熏陶，能"本大道为权衡，绝无市气，协同人于信义，不失儒风"③。嘉靖时，歙商黄长寿就"以儒术饬贾事，远近慕悦。不数年，赀大起"④。乾隆时，休宁程模贾于闽，"时人咸谓公有儒者气

---

① 《雍正朱批谕旨》卷 47 雍正二年九月九日条。
② 《闲情偶寄》卷 1。
③ 《旌阳程氏宗谱》卷 13《〈程〉季公传》。
④ 《潭渡黄氏族谱》卷 9。

度"①。清末婺源程执中，善于以儒学教育子弟，"故门下多端士，诸弟及期功子弟虽营商业者亦有儒风"②。休宁的皖派经学大家戴震也曾说过："吾郡少平原旷野，依山为居，商贾东西行营于外以就口食。……虽为贾者，咸近士风。"③ 商人而有儒风，是徽商在商业经营中的一个特色，而这个特色的形成又不是偶然的。

在我国封建社会里，儒家思想长期占据统治地位。徽州素称"文献之邦"、"礼让之国"，儒家的思想道德在人们的心目中更占有崇高的位置。徽商生长在这样的环境中，自然受到儒道的影响；再加上他们当中，有不少人自幼就曾受儒学教育，儒家的一些道德说教，也就成了他们后来立身行事的指南。因此，徽商的经营活动，在一定程度上便受到儒家思想的支配。其表现：

(1) 所谓"以诚待人"。如：明代休宁商张洲，"少潜心举业，蜚声成均，数奇弗偶，抱玉未售。……挟资游禹航，以忠诚立质，长厚摄心，以礼接人，以义应事，故人乐与之游，而业日隆隆起也"④。歙商鲍雯，自幼习儒，后业盐于两浙，他"虽混迹廛市，一以书生之道行之。一切治生家智巧机利悉屏不用，惟以诚待人，人亦不君欺，久之渐致盈余"⑤。歙商许宪，在总结自己的经商经验时说："惟诚待人，人自怀服；任术御物，物终不亲"。他把"诚"付诸实际行动中，故"其经商也，湖海仰德"，"出入江淮间，而资益积"⑥。道光间，黟商胡荣命贾于江西吴城50余年，童叟不欺，名声大著。晚年，罢业还乡，有人要"以重金赁其肆名"，胡荣命拒绝了。他说："彼果诚实，何藉吾名

① 《旌阳程氏宗谱》卷13《醉痴公传赞》。
② 《婺源县志稿》(抄本)。
③ 《戴震集》上编卷12《戴节妇家传》。
④ 《新安休宁名族志》卷1。
⑤ 歙县《新馆鲍氏著存堂宗谱》卷2《鲍解占先生墓志铭》。
⑥ 《新安歙北许氏东支世谱》卷3。

也。① 田这就是说，要创出一个块"金"字招牌，非"以诚待人"不可；如果待人不诚，即使借别人的招牌也是无益的。徽商所谓的"诚"，也就是儒家所宣扬的"诚笃"、"诚意"、"至诚"、"存诚"的道德说教，在其经商活动中的具体应用。

（2）所谓"以信接物"。如：歙商吴南坡重视经商信誉，他曾说："人宁贸诈，吾宁贸信，终不以五尺童子而饰价为欺"。他以这种思想指导经商，以致"四方争趣坡公。每入市视封，识为坡公氏字，辄持去，不视精恶短长"②。讲究商业信誉，既有利于商品的销售，也易于资本的筹集。休宁商程伟贸易于江浙一带，由于他"信义远孚"，故"富商大贾之赀咸欲委托于公。自是公之财日益丰，公之名亦益著"③。以信经商，有时虽不能立刻致富，但持久下去，必会获得厚利。休宁商程家第和他的儿子程之珍的一段经商历程，就是一个很好的例证。初，程家第设铺于宁邑河口，他"一以信义服人"，但未能获利。有人对他说："经商本大道，亦须运以心计"。程家第不以为然。应之曰："世之以废著起家者多矣，……岂尽由智巧得耶？使由智巧得，陶朱、猗顿后，何以不闻皆为陶朱、猗顿也？吾敦吾信义而已，赢余之获否，亦听之而已。"后来，他的儿子程之珍"承公遗谋"，仍在河口开张，"信洽遐迩，大焕前猷，丰亨豫大，迥异寻常。亦信义之报，公平之效，未得于其身，正以取偿于其后"④。这则材料说明，"信义之报"迟早都是会得到的。徽商恪守的"信"，自然也是从儒家所谓"立信"、"笃信"、"言而有信"、"讲信修睦"中来的。

（3）所谓"以义为利"。徽州商人大多标榜重义轻利、非义之财不取。清代的凌晋，便是徽商中"以义取利"的一个典型。他家居歙邑，

① 《黟县三志》卷6下《人物》。
② 《古歙岩镇镇东磻头吴氏族谱·吴南坡公行状》。
③ 《旌阳程氏宗谱》卷13《子原程君传并赞》。
④ 《旌阳程氏宗谱》卷13《公擢程君传》。

"虽经营圜阓中，而仁义之气蔼如。与市人贸易，黠贩或蒙混其数，以多取之，不屑屑较也；或讹于少与，觉则必如其数以偿焉。然生计于是乎益殖"①。道光间，黟商舒遵刚从商人角度对义、利关系进行了淋漓尽致的阐述。他说："生财有大道，以义为利，不以利为利。"并设喻说："钱，泉也，如流泉然，有源斯有流，今之以狡诈生财者，自塞其源也；今之以吝惜而不肯用财者，与夫奢侈而滥于财者，皆自竭其流也。……圣人言：'以义为利'。又言：'见利不为'，无勇。则因义而用财，岂徒不竭其流而已，抑且有以裕其源，即所谓大道也。"② 这就是说，"因义用财"才能开辟财源，使之流而不竭，用此生财之道，可以收到赚大利、发大财之效。舒遵刚这种"义中取利"的思想，在徽商中是有代表性的。"（孔）子罕言利"③，孟子曰："王何必曰利，亦有仁义而已矣。"④ 徽商所津津乐道的"以义为利"其源盖出于此。

徽州的富商大贾，在经商中所标榜的"诚"、"信"、"义"，不过是他们求得"快快发财"、"一本万利"的一种手段。这种以儒术建立起来的商业道德，有益于生意兴隆和发财致富。这就告诉我们，那些"习儒业"、"慕儒风"，以"儒术"谋利的"儒贾"，对于商业的发展，曾经起过一定的特殊作用。

再次，明清时期的徽州，儒学对商业的"反作用"，还可以从徽籍学者的经济思想对商业发展的影响来加以说明。

在我国封建社会后期，社会生产方式和人们的思想意识都开始发生变化，徽商的经营方式及其性质在部分行业和商人的经商活动中，也表现出某些变化的苗头。大家知道，人们的意识，是随着人们的生活条件、人们的社会关系、人们的社会存在的改变而改变的。生活于这个商

---

① 凌应秋：《沙溪集略》卷4。
② 《黟县三志》卷15《舒君遵刚传》。
③ 《论语·子罕》。
④ 《孟子·梁惠王上》。

贾之乡的名儒，必然产生与这里的生活条件、社会关系、社会存在相联系的思想意识，并作用于产生它的社会存在。最明显的便是他们所提出的某些经济理论，冲破了传统思想藩篱，有益于徽商的发展。其中较突出的便是商、农"交相重"的思想。

重农抑商，是我国封建统治者长期以来所实行的一项政策。朱元璋建立明王朝后，对于这一传统政策，仍然恪守不变。洪武十八年（1385年），他曾谕户部臣曰："人皆言农桑衣食之本，然弃本逐末鲜有救其弊者。先王之世，野无不耕之民，室无不蚕之女，水旱无虞，饥寒不至。自什一之涂开，奇巧之技作，而后农桑之业废。"接着又说："朕思足食在于禁末作，足衣食在于禁华靡。"① 他把"什一之涂开"看作是"农桑之业废"的原因，于是把商与农对立起来，重申要重农抑商。从明到清，这种抑商政策一直无大更改。如果说在我国封建社会前期，重农抑商政策，对于避免"商人兼并农人，农人所以流亡者也"的现象，还有某些积极作用的话，那么，在我国封建社会后期，这一政策，对于商业资本的发展和资本主义萌芽的发生，都只能起着抑制作用。尤其是徽州境内各县，山多田少，"其地瘠，其土骅刚，其产薄，其种不宜稷粱"，"则事无常业而多商贾，亦其势然也"②。在这里，要是继续"禁末作"，不仅商业无由发展，且大多数人便失去生活之源。从徽商的发展史来看，到明清时期，徽人经商已有上千年的历史。自五代到南宋，随着经济重心南移，徽州商贾贸易也逐渐活跃。明清是徽商的鼎盛时期，在这样的社会环境和历史条件下，某些出身于商贾之家的名儒，提出商农"交相重"的理论，既是为了维护商人的利益，也是对传统"重农抑商"政策的挑战。其代表人物便是明嘉靖时期出身于富商之家的汪道昆。收集在他的《太函集》里的一系列关于经济思想方面的论述，是值得我们一读的。

---

① 《明太祖实录》卷 175。
② 洪玉图：《歙问》。

汪道昆对传统的"重本抑末"进行了有力的批判。他说:"窃闻先王重本抑末,故薄农税而重征商,余则以为不然,直壹视而平施之耳。日中为市肇自神农,盖与耒耜并兴,交相重矣。耕者什一,文王不以农故而毕蠲;乃若讥而不征,曾不失为单厚。及夫垄断作俑,则以其贱丈夫也者而征之。然而关市之征,不逾什一,要之各得其所,商何负于农?"① 在这里,他明确反对传统的"重本抑末"政策,主张"壹视而平施"。这种商、农"交相重"的思想,是直接受徽商思想影响的。明弘治、正德间,歙商许大兴就曾说过:"予闻本富为上,末富次之,谓贾不耕若也。吾郡保界山谷间,即富者无可耕之田,不贾何待?且耕者什一,贾之廉者亦什一,贾何负于耕?古人非病贾也,病不廉耳。"② 从许大兴这席话里可以看出:汪氏所言,道出了徽商的心声,是为维护商贾利益而发的。

汪道昆的商、农"交相重"的思想,过去从不为人所注意。应该说,他的这一经济思想既超越前人,又启迪来者。南宋的叶适曾经说过:"夫四民交致其用而后治化兴,抑末厚本非正论也。"③ 不过,他只是认识到"抑末厚本"有片面性,即所谓"偏"。汪道昆则进一步否定了农为"本"、商为"末"的观念,认为商与农不存在"轻"、"重"之分,而应当是"交相重"。这比叶适的思想前进了一步。明末思想家黄宗羲明确提出"工商皆本",但这比汪道昆要晚约100年。

汪道昆为了说明他的"交相重"思想是正确的,又把商贾对国家的贡献作了具体的阐述。他说:"今制大司农岁入四百万,取给盐策者什二三。淮海当转毂之枢,输入五之一;诸贾外饷边,内充国,僇力以应度支。"④ 因此,他要求封建国家不应"抑商",而应该"便商"。他针

① 《太函集》卷65《虞部陈使君榷政碑》。
② 《新安歙北许氏东支世谱》卷8。
③ 《习学记言序目》卷15《史记一》。
④ 《太函集》卷66《摄司事裴装公德政碑》。

对当时盐业专榷制度的弊病，提出要给商人一些便利："且也盐之急，不急于粟，粟价不在官而在民；盐之急不急于钱，钱法不在上而在下，何以故？从其便故也。从民之便则乐其食而安其居，从商之便则愿出其途而藏其市，此不易之道也。"① 徽州的富商巨贾，盐商居多。汪道昆希望封建政府"从商之便"，无异是代盐商向官府进言，以期谋得更大的利润。

徽商子弟以"业儒"成名而位居高位者，莫不关心商贾的利益，认为国家不应当以重税困农商。康熙时，歙商子弟许承宣官工科给事中，针对当时农商赋税负担繁重的情况，他在一则奏疏中提出："请禁赋外之赋，差外之差，关外之关，税外之税，以苏农困，以拯商病。"他认为"天下之大无逾四民。……士仅处十之一耳，而农与商贾则大半天下"②。在许承宣的奏折里，"苏农困"与"拯商病"是相提并论，等量齐观，说明他把商放在农的同等重要地位。这对重农轻商的传统观念，也是一种否定。康、乾之后，随着商业经济的发展，货币在商品流通中的媒介作用愈益重要。而货币的铸造、交换、流通是与国计民生以及商人的利益有密切联系的。咸丰间，出身于歙商世家的王茂荫，官至户部右侍郎，他从"利于商"出发，提出钞币发行办法，陈述了他的经济思想。鉴于当时商品流通中货币的需要量大，他主张发行钞币，以辅助金属币的不足；但发行的钞币应能兑取现银，不宜滥发。他认为："现行银票钱钞，均属天下通行，而行速要以银票为宜。欲求远行，必赖通商，欲求通商，必使用银可取。"如能"准其兑取现银，则商人用钞便"③。另外，他又反对滥铸大钱，以防止通货膨胀。当时，清王朝正处在内外交困之中，财政也濒临崩溃边缘。为了解决用度不足，清政府拟发行不能兑取现银的钞币和滥铸大钱，其结果，必使商贾百姓受害。

---

① 《太函集》卷64《督课黄明府政绩碑》。
② 《清朝经世文编》卷28，许承宣：《赋差关税四弊疏》。
③ 王茂荫：《王侍郎奏议》卷6《再议钞法折》。

王茂荫有鉴于此指出："宝钞不能易银，即不能置货。此虽强令行用，将来货物日尽，宝钞徒存，市肆必至成空。"① 则将导致商业萧条，尤其是典商最先破产。他说："查现在典铺取赎者用钞不敢不收，而当物者给钞率多不要，使典铺之钞有入无出，将来资本罄而钞仅存，不能周转，必至歇业，典铺歇业，贫人亦无变动之方。"② 王茂荫的意见，竟致惹得咸丰帝的恼怒，斥责他"专为商人指使"③。但从这里却可看出，被马克思称为"中国财政大员"的王茂荫，确实关心商贾的利益。尽管他受到皇上的斥责，后来，他仍然针对官府对商民的捐税过多，又一次奏报："大江南北捐局过多，官私错杂，扬州以下沿江各府州县设有十余局，苛敛行商过客，假公济私，包送违禁货物，甚至聚众敛钱，以钱聚众，……商民无不受害。"④ 这也是从商人的利益着想的。

汪道昆、许承宣、王茂荫等人，有的是商人子弟，有的本身就是富商。他们能够提出这些"便商"的理论和主张，正是贾儒结合在经济理论领域里的反映。

（三）

徽商"贾而好儒"，虽然对商业的发展起着一定的促进作用，但是儒学毕竟是维护封建制度的一种思想武器，徽商的视野和经商活动，也必然因此被禁锢在封建主义的栅栏里。在我国封建生产方式和政治制度处于变革之际，像这样的封建商帮，最后也不可避免地伴随着我国古老的封建社会一同归于衰落。这里，我们根据历史事实从以下方面稍加说明。

首先，徽商"贾而好儒"，促使自身得以直接攀援封建政治势力。

---

① ② 王茂荫：《王侍郎奏议》卷 6《再议钞法折》。

③ 《东华续录》卷 26。

④ 《东华续录》卷 30。

徽州商人也同其他封建商帮一样，只有得到封建政权的支持才能求得发展；所不同的是，徽州商人，特别是那些富商，由于贾儒结合，也就易于与封建政治势力相结合。徽籍盐商的事例，就是比较典型的。

徽商活动的内容多种多样，所谓"其货无所不居"。但其中则"以盐、典、茶、木为最著"。近人陈去病也说："徽郡商业，盐、茶、木、质铺四者为大宗。"① 而在这"四大宗"中，盐业居于首位。最富者为两淮盐商。诚如万历《歙志》所云：徽商"举其大者，莫如以盐策之业贾维扬之者而已"②。在扬州的徽籍盐商，既是明清两朝两淮盐商中的主要势力，也是整个徽商的中坚力量，他们执徽商之牛耳。我们就两淮盐商与封建官府之间的关系加以剖析，这对于了解徽商与封建政治势力的结合，足以管中窥豹。

食盐向为国家专营。明清两朝，盐法几经变更。明初实行开中制，万历间改行纲法，清道光间实行票法。无论如何更革，盐商与官府之间的关系都是较为密切的。尤其是实行纲法的二百多年中，既是两淮盐商利途通坦的兴盛阶段，也是他们同封建政治势力打得最火热的时期。所谓纲法。是一种在官府监督下的商收、商运和商销的盐法制度。就商贾而言，"贱买贵卖，无过盐斤"③。而他们要取得专卖特权，则必须投靠官府。就封建国家而言，明代"国家财赋，……其半取给盐策"④；到清代，"两淮岁课，当天下租庸之半"⑤。清政府从财政收入考虑，曾采取"恤商裕课"政策以扶持商人。明清两代的盐场，以两淮盐场产盐最多，盐利最厚，因之淮盐的专卖权便成为许多商帮竞相追逐的目标。然而，在许多商帮之中，唯独徽商受到官府的特别宠遇，从而取得优势地

① 陈去病：《五石脂》。
② 万历《歙志·货殖》。
③ 《清朝经世文编》卷50《户政》25。
④ 《明经世文编》卷474《户部题行盐法十议疏》。
⑤ 嘉庆《两淮盐法志》卷55。

位。究其原因自是多方面的，但其中一个重要因素则是徽商善于利用儒学作为与官府的粘合剂，他们的这一手是其他商帮所望尘莫及的。特别是在清康、乾"盛世"时期，两淮盐业兴旺发达，盐政事务繁多，于是官府经常聘请有文化的盐商充当盐政官员的助手，这些商人无不受到官府的器重和礼遇。如弃儒从商的江人龙，"谙于盐法，利弊周知，督运观察使朱公闻公贤，一切有关盐政事，必礼请面商"①。寄籍扬州的江世栋，因"两踬场屋"而舍儒从贾，"银台曹公视鹾两淮，以品行经术见重，邀共事"②。同时，盐政衙门的官员，尤其是历届的巡盐御史和盐运使，多是封建文人，盐商攀援他们也必须有一定的文化知识，这在两淮总商与封建权贵的交往中最为明显。两淮总商始设于康熙年间。据许承尧《歙县志》载："两淮八总商，邑人恒占其四。"总商是半官半商，堪当其任者应具备两个条件：其一，"于商人中择家道殷实者"③，即"资重引多"④ 的富商；其二，"于各商中择明白晓事者"⑤，即"推淮商之干敏者以录有司之事"⑥，那就是要有一定的文化知识和能力。由此可知，在两淮盐业经营中，商—儒—政相通，儒是中间环节。我们从歙籍总商江春、鲍志道和婺籍总商施德栾的一些史料中，便可知道他们是如何同封建政治势力结合的。

江春"少攻举子业"，且长于诗文。他嗣父业任总商40年，并在扬州筑"秋声馆"以结纳名士，著有《黄海游录》、《随月读书楼诗集》。他通过金钱和学识竟"以布衣交天子"。乾隆帝"御宇"50年，他送贺礼100万两；乾隆南巡扬州，"自赐宴加级外，拜恩优渥，不可弹述"，

---

① 《济阳江氏族谱》卷9《江公人龙传》。
② 《济阳江氏族谱》卷9《栋公原传》。
③ 《清盐法志》卷114《两淮》15《运销门》2。
④ 乾隆《两淮盐法志》卷14《课入》8。
⑤ 蒋兆奎：《河东盐法备览》《运商》。
⑥ 汪岂孙：《中宪大夫肯园鲍公行状》。载《棠樾鲍氏宣忠堂支谱》。

并"钦赏布政使秩"衔。① 可见江春是由于"贾而好儒"、"亦贾亦儒"才攀上了封建皇帝的。

鲍志道也是一位"业儒"出身的盐商。他任总商20年，名重淮扬。他以雄厚的财力培养子弟读书，均学有所成。长子鲍漱芳继任父业，次子鲍勋茂官至内阁中书加一级兼军机行走。鲍家总商子弟，通过"业儒"的道路，便径直跻进封建士大夫的行列了。②

此外，还有婺源施德栾"终身服贾三十年"，曾"客金陵督理会馆，以朴诚著誉。守江宁者屡举总商，务多有成。劳暇则寄情诗酒，著《北山诗稿》为袁太史所赏识，采入《同人集》；大司寇熊赠额曰'北山华棣'"③。施德栾也是因善诗属文而结好于封建士大夫。

总商为盐商之首，他们通过"业儒"的道路，与封建政治势力相结合，既取得较高的社会地位，又获得较多的经济利益。这条攀援封建政治势力的道路，不仅为徽籍诸盐商所追求，即是经营其他行业的徽商，也莫不方式有异而道路相同。在商—儒—政这条道上，徽商既然找到了封建政治势力作为自己的靠山，于是他们便可凭借特权在流通领域谋取厚利，而不必向生产投资。这就堵塞了商业资本可能向产业资本转化的渠道，使其封建性更加牢固。反过来，他们的资本越是局限在流通领域内，也就越是需要封建政治势力的支持与保护。这种状况，便决定了在徽商及其子弟中，只能产生一批商人地主和官僚，却不能像欧洲中世纪末期那样，"从这个市民等级中发展出最初的资产阶级分子"④。

其次，徽商"贾而好儒"，也进一步促使他们与封建宗族势力黏合得更紧密。明清时期，在徽州6邑中，人们的宗族观念极强。据明代嘉靖《徽州府志》介绍，这里"家多故旧，自唐宋以来，数百年世系比比

---

① 李斗：《扬州画舫录》卷12，又见民国《歙县志》卷9。
② 《棠樾鲍氏宣忠堂支谱》。
③ 光绪《婺源县志》卷29《人物》。
④ 《马克思恩格斯选集》第1卷第252页。

皆是。(人们)重宗义,讲世好,上下六亲之施,无不秩然有序"。清初
休宁赵吉士也说,新安有数十种风俗胜于他邑:"千年之塚,不动一抔;
千丁之族,未尝散处;千载谱系,丝毫不紊;主仆之严,数十世不改,
而宵小不敢肆焉。"① 徽人的宗族观念之所以"胜于他邑",是与这里的
"儒风"、"儒道"也"胜于他邑"分不开的。

　　徽州素称"东南邹鲁"之邦,东晋、南朝以来,由于北方士族纷纷
南迁,加深了人们的宗族观念。南宋而下,朱熹的理学和封建宗法思想
对这里的影响,更是"胜于他邑"。因为"新安为朱子阙里",加上这一
层乡土观念,徽人对朱熹几乎是顶礼膜拜,其中商人和士人尤为突出。
由商人和士人共同建立起来的汉口、芜湖、杭州等地的徽州会馆都"崇
祀朱子"便是明证。② 徽人既然视朱子为"圣人",因之,朱子的思想
和言论,便成了人们思想和行动的准则。

　　"徽州各姓聚族而居"。族有"族规",氏有"家典",朱熹所制订的
"家礼",成为各族"族规"或"家典"的依据。清雍正间,窦容恂在休
宁《茗洲吴氏家典》的"序言"中即指出:吴氏"族规"乃"推本紫阳
家礼,而新其名曰家典"③。而朱子的"家礼"是以"三纲五常为大
体",目的是"明君臣父子夫妇之伦","序亲疏贵贱之仪"。徽州各族的
"缙绅先生"把朱子"家礼"搬到"族规"中,从而又维护与加强了宗
族统治。徽商仰慕儒风,他们与族内的"缙绅先生"——封建宗族势力
的代表情投意合,于是不惜捐助资金,为本族修宗祠、立族规、续宗
谱、置族田及从事其他"义举",这便为维护封建宗族制度提供了物质
基础,徽州商人和士人既共同维护了封建政治制度,又共同维护了封建
宗族制度,难怪明人王献芝说徽州"士商异术而同志"了。④

---

① 赵吉士《寄园寄所寄》卷12。
② 民国《歙县志》卷9《人物》;又民国《芜湖县志》卷13《会馆》。
③ 休宁《茗洲吴氏家典》。
④ 休宁《汪氏统宗谱》卷116《弘号南山行状》。

事物之间的作用往往是相互的。徽州的封建宗族势力对徽商的发展和衰落，也起着一定的作用。徽商在经商活动中，常有同族的家贫无以为生者前来投靠，听其役使。万历时，在两淮从事内商的汪显，便是一位宗人"掌计"①；歙人叶天赐经营盐业于扬州，"族党戚里待举火者甚多"②；汪道昆的曾祖父治盐策，"客东海诸郡中，于是诸昆弟子姓十余曹皆受贾"③。这些同族的"掌计"、"伙计"与主人之间，实际上也是主仆关系，他们经常遭到主人的凌辱乃至鞭打。宗族对于这些从事"掌计"、"伙计"的贫苦"宗人"，则有权协助其主人对他们进行管制。例如：这些宗人掌计"若有稍紊主仆之分，则一人争之，一家争之，并通国（邑）之人争之"④。我国封建社会中的商人，一向是"以末致财，用本守之"，徽商也不例外。他们有的在经商致富之后，"堂构田园，大异往昔"；"田连阡陌，富甲一方"⑤；有的竟至"田地万亩，牛羊犬马称是，家奴数十指"⑥。这些商人地主也同样役使佃仆劳动，而"所役属佃仆不得犯，犯者正诸（宗族）公庭"⑦。宗族利用这种"特别法庭"保护了富商地主的利益，并又加强了宗族统治。

徽商由于在儒风的熏拂下，封建宗族观念极深，他们乐意将其一部分商业利润资助于维护宗族统治的各种事业，这势必消耗了一部分可以用于扩大商业经营的资本，使其输入到封建性的非流通领域，这样，徽商资本的出路，也就多了一条刻有封建印记的管道。同时，那些为商人役使的宗人"掌计"、"伙计"同主人既是主仆关系，也就是封建的依附关系，从这个侧面也可看出，徽商所采取的是封建的经营方式。诚如有

① 《太函集》卷56《明故新安卫镇抚黄季公配孺人汪氏合葬墓志铭》。
② 民国《歙县志》卷9《人物》。
③ 《太函副墨》卷14《先大父行状》。
④ 康熙《徽州府志》卷2。
⑤⑥ 《济阳江氏族谱》卷9。
⑦ 康熙《祁门县志》卷1。

的同志所说，这"是地方封建关系牢固地反映于商业经营制度上的表现"①。其所以如此，是与这里聚族而居、人们的封建宗族观念极强分不开的。

综上所述，徽商"贾而好儒"，这在一定的时间里虽有助于商业的发展，同时却又加强了这个商帮的封建性。所以到了清代嘉（庆）、道（光）之后，我国封建社会已走向它的末日，而维护封建统治的儒术已不适应时代的需要，于是徽商也就在外来资本和民族资本这两股潮流的冲击下跌落下来。它所留下的这个踪迹，对于我们探索我国封建社会晚期资本主义萌芽发展缓慢的原因，从一个侧面提供了颇有价值的参考材料。

二、"左儒右贾"辨

明清时代的徽州，可谓地灵人杰。这里，既以朱子阙里而被誉为"东南邹鲁"，又以商贾之乡而名闻全国。业儒和服贾遂成了徽人所从事的两项主要职业："其俗不儒则贾，相代若践更。"② 论贾，则有藏镪百万、足迹"几遍宇内"的徽州商帮；论儒，则有读书登第的达官显贵、名贤才士。但儒与贾究竟孰轻孰重？孰高孰下？明代徽人汪道昆在谈到这一问题时说过："古者右儒而左贾，吾郡或右贾而左儒。"③ "吾乡左儒右贾，喜厚利而薄名高"④。汪道昆的话是否反映了徽州社会的实际情况，这关系到我们对明清时期徽州社会风尚能否有个全面正确的了解，也关系到对徽商儒贾观的研究，故不能不作一辨。

---

① 李龙潜：《明代盐的开中制度与盐商资本的发展》。见《明清资本主义萌芽研究论文集》。
② 《太函集》卷55《诰赠奉直大夫户部员外郎程公暨赠宜人闵氏合葬墓志铭》。
③ 《太函集》卷54《明故处士溪阳吴长公墓志铭》。
④ 《太函集》卷18《蒲江黄公七十寿序》。

（一）

"左儒右贾"的含义似乎不能用那么多篇幅来辨析。因为"左儒右贾"的左、右，与历代官制尚左尚右并无必然联系。封建王朝的官制，时而尚左，时而尚右，这是事实。但上述两字的字义并不因官制尚左尚右的变化而有所变化。"右"古训为大、崇尚或高，如《史记·孝文本纪》："左贤右戚"，裴骃引韦昭注云："右犹高，左犹下也。"① 再如，宋代官制尚左，但《宋史·选举制》："国家恢儒右文"。"恢"和"右"都是重视或崇尚的意思，并不因其时官制尚左，而写为"左文"。"右武"也是重视武的意思。古代，国家有事则"右武"，承平之际则"右文"。因此，汪道昆所云"左儒右贾"只需用重商轻儒或崇商卑儒解释即可。

那么，明清时期的徽州是不是"左儒右贾"？这是要根据事实进行深入分析的。

徽州"右贾"，从现象上看确是如此。明清徽人经商远远超过他邑。这里，"人庶仰贾而食"②。故在诗人笔下有这样的描述："丈夫志四方，不辞万里游。新安多游子，尽是逐蝇头。风气渐成习，持筹遍九州。"③

这里不少人从小就开始经商："徽州俗例，人到十六就要出门做生意。"④ 实际上很多人不到16岁就踏上经商之途。如黟县人孙遴"年未成童（15岁）贾于苏浙江湖间，所如操胜算"⑤。明代歙人许烓，"年十四与（父）添荣公挟囊东游，商于太平郡"⑥。舒遵刚"精榷算，善权衡，年未

---

① 《史记》卷10。

② 《唐荆川文集》卷15。

③ 嘉庆《黟县志》卷26。

④ 《豆棚闲话》第3则。

⑤ 同治《黟县三志》。

⑥ 歙县《许氏世谱》第5册。

十三即能创业"①。也有刚完婚的新郎即离家别妻而去服贾。《初刻拍案惊奇》卷 2 就记载了这样一个故事：屯溪潘甲娶滴珠为妻，成亲后仅在家里住了两个月，潘父就斥责儿子道："如此你贪我爱，夫妻相对，白白过世不成？如何不想去做生意。"潘甲无奈，与滴珠说了，两人哭诉了一夜，次日潘父就逼儿子外出去了。这虽是小说家言，但反映的情况却是真实的。民国《歙县志》卷 1 载："邑俗重商，……新婚之别，习为故常"。

徽民经商，人数之多，国内也罕有其匹。"大抵徽俗，人十三在邑，十七在天下"②。汪道昆也说："新都业贾者什七八。"③ 还有的说："徽人十九为商"④。就是缙绅之家，经商服贾也是代不乏人。

徽州不仅经商人数多，而且经商范围广。所谓"钻天洞庭（商）遍地徽（商）"的俗谚正形象地反映了徽商足迹之广。即便"诡而海岛，罕而沙漠"也有徽商的身影。不惮风涛之险，"入海而贸夷者"也大有人在。休宁汪铠"去海上业贾，息钱恒倍"⑤。歙商鲍文玉也出洋贸易，而且"货委于地，人皆争取，无积滞"⑥。

因为经商人数多，经营的行业也就多。"徽郡商业，盐、茶、木、质铺四者为大宗。"除此而外，布商、米商、绸商、瓷器商无不有之。举凡一切有关衣食住行的商品，只要市场需要，有利可图，都有徽商插足其间，"相机而行，随我活变"。而且徽人经商大多有一种执著的精神："徽之俗，一贾不利再贾，再贾不利三贾，三贾不利犹未厌焉。"⑦这种百折不挠的顽强追求，使得不少商人在失利中吸取教训，总结经验，终成巨富。

---

① 同治《黟县三志》。
② 《弇州山人四部稿》卷 61。
③ 《太函集》卷 16《阜成篇》。
④ 《歙县潭渡杂记》。
⑤ 《休宁西门汪氏宗谱》卷 6。
⑥ 歙县《棠樾鲍氏宣忠堂支谱》卷 21。
⑦ 光绪《祁门倪氏族谱》卷下。

综上所述，"右贾"确实成了徽州的一种风尚。在这种风尚的影响下，徽州业贾者越来越多，资本也越来越大。"新安大贾，鱼盐为业，藏镪有至百万者，其次二三十万则中贾耳"①。以致形成一个巨大的商帮，称雄于商界。

（二）

徽商"右贾"，是否就"左儒"呢？如果我们进行全面深入细致的考察，就会发现"右贾"只反映了徽俗的一个侧面，另一个侧面呈现的却是"右儒"、崇儒。

徽商"右儒"的表现之一，反映在他们的儒贾观上。"贾为厚利，儒为名高"，但徽州商人绝不是像汪道昆所说的"喜厚利而薄名高"。黟县西递村古民居中有副楹联，颇值得玩味："读书好，营商好，效好便好；创业难，守成难，知难不难。"从中就看不出"左儒右贾"的倾向，而且在一定情况下还将"读书"看得重于"营商"。再举几例，以见一斑。清初婺源木商洪庭梅致富后，慨然曰："今庶几惟所欲为，奚仆仆风尘坐以商贾自秽。"② 没有业儒，就是到"惟所欲为"的程度也觉得自惭形秽，正反映了他的儒贵贾贱的价值观。休宁商人金赦事贾大饶后，其妻戴氏对他说："乃今所不足者，非刀布也。二子能受儒矣，幸毕君志而归儒。"③ 于是遣二子入太学，从"毕君志"三个字可以看出，遣子业儒是金赦夙愿，只不过以前没有业儒的条件，如今具备了这个条件，该了却这桩心愿了。而"归儒"二字正反映了他们回归业儒正途的心情。盐商汪才生甚至告诫儿子奋发业儒，"毋效贾竖子为也"④。一个商人竟然在儿子面前自贬为"贾竖子"，可见其儒贵贾贱的思想倾向何

① 《五杂俎》卷4。
② 婺源《墩煌洪氏统宗谱》卷58。
③ 《太函集》卷52《海阳处士金仲翁配戴氏合葬墓志铭》。
④ 《太函集》卷67《明赠承德郎南京兵部车驾司署员外郎主事汪公暨安人郑氏合葬墓碑》。

等强烈。他们之所以崇儒，乃是认为儒能"大吾门"、"亢吾宗"，致远大之业，贾则不能。在徽商看来，"非儒术无以亢吾宗"①，"非诗书不能显亲"②，即便富埒王侯，也不能荣宗显祖，光耀门楣，只有业儒入仕才有可能。明代歙商汪海已是上贾，但他在命儿子汪体义治经术时说："其从叔父入太学，庶几异日大吾门"③。吴佩虽以服贾起家，却常对妻子说："吾家仲季守明经，他日必大我宗事，顾我方事锥刀之末，何以亢宗？"④ 歙商许积庆勉励他的儿子说："苟弗事远者大者，斯已已。苟欲事焉，非力学蔑以为也。"⑤ 只有力学才能成就大事业。因此，他们便认为业儒为上，服贾为次。休宁汪良举出身盐商之家，还是认为服贾低于业儒："父母生予八尺躯，上之不能乘时取甲第以树勋朝家；次弗克窃三秉粟以奉母欢，曷称为子！"⑥ 李大祈也认为："丈夫志四方……即不能拾朱紫以显父母，创业立家亦足以垂裕后昆。"⑦ 将力儒致身朱紫看得高于服贾创业立家。盐商江登云把贾贬得更低："丈夫志功名为国家作梁栋材，否亦宜效毫末用，宁郁郁侪偶中相征逐以终老耶？"⑧ 还有"进而为儒"、"退而为贾"等说法也无不带有儒胜于贾的色彩。

徽商由于把业儒看到高于服贾，因此有些人将不能业儒引为终身憾事。明万历时婺源人李大祈年轻时继承父业服贾，后来"业骎骎百倍于前，埒素封矣"。但他晚年却对儿子们说："予身犹服贾人服，不获缴一命以显先德，予终天不能无遗憾。"⑨ 休宁汪昂，在明弘嘉间治

---

① 《太函集》卷 67《明赠承德郎南京兵部车驾司署员外郎主事汪公暨安人郑氏合葬墓碑》。
② 《丰南志》第 5 册《从父敬仲公状》。
③ 《太函集》卷 55《明处士宛山汪长公配孙孺人合葬墓志铭》。
④ 《太函集》卷 72《溪南吴氏祠堂记》。
⑤ 歙县《许氏世谱》第 5 册。
⑥ 《休宁西门汪氏宗谱》卷 6。
⑦⑨ 婺源《三田李氏统宗谱》。
⑧ 歙县《济阳江氏族谱》卷 9。

盐业，垂老之时也因自己"弗终儒业"而懊悔不已。① 明中叶歙人江珮，年轻时业儒，因母亲去世，遵父命弃儒从贾，两个弟弟业儒。后来大弟未中县学，父亲乃令其业贾。江珮对弟弟说："夫农之望岁，固也，奈何以一岁不登而辍耕乎！且吾业已悔之，汝复蹈吾悔耶?"② 这些商人对未能服儒的遗憾和悔恨正隐含着他们对儒业的追求与向慕。

徽商在业贾致富后，总是让儿孙们读诗书，"就儒业"。汪道昆曾回忆道："（歙）临河程次公昇、槐塘程次公僎与先司马并以盐策贾浙东西，命诸子姓悉归儒。"③ 休宁商人程封因早年父死家贫，弃儒经商，历尽艰辛，终于致富。弥留之际，他留遗言告诫三子："吾故业中废，碌碌无所成名，生平慕王烈、陶潜为人，今已矣。尔向仁（长子）、向学（二子）业已受经，即向策（三子）幼冲，他日必使之就学。凡吾所汲汲者，第欲尔曹明经修行庶几古人……"④ 正是出于这种"汲汲"于子弟业儒的强烈愿望，故延师课子成为徽商中的普遍现象。明休宁人汪文璧，少有大志，多闻强记，经商的父亲特地为他"延名士为师"⑤。歙许晴川也是"五子咸延名师以训"⑥。盐商鲍橐不惜重金延揽名师，购买书籍教育子弟，并且说："富而教不可缓也，积赀财何益乎。"⑦

为了让更多的子弟习儒就学，徽商积极捐资，广建书院。据道光《徽州府志》载，明清时期，"天下书院最盛者，无过东林、江右、关中、徽州"。在清初，徽州书院多达54所，大半为徽商所建。在外籍徽

---

① 休宁《汪氏统宗谱》。
② 《溪南江氏族谱·撰述》。
③ 《太函集》卷55《诰赠奉直大夫户部员外郎程公暨赠宜人闵氏合葬墓志铭》。
④ 《太函集》卷61《明处士休宁程长公墓表》。
⑤ 《大泌山房集》卷65。
⑥ 歙县《许氏世谱》卷6。
⑦ 歙《新馆鲍氏著存堂宗谱》卷2。

商比较集中的地方，他们也捐金建立书院，为子弟习儒提供方便。有的家族明确规定，对族中聪颖好学的子弟，无力从师者，必须给予资助，并将此列入家典，世世遵行。①

徽商对子弟业儒无不寄予厚望，期待甚殷。有的干脆晚年弃去贾业，专意课督诸子。盐商吴钶"谆谆以陶侃惜分阴之义相警"诸子，见诸子"所业进，则加一饭；所业退，则减一饭。每呈阅课艺，必为掎摭利病，期当于应科法程"②。这种情况显然是和"喜厚利而薄名高"的心态大异其趣的。

在科举时代，习儒正是为了入仕。徽商向儒说穿了就是向官。歙商许莲塘经商致富后，宁可自处粗粝，也不惜重金延揽名儒教育诸弟。有人对此大惑不解："子之诸弟容容与与，息游儒林。子胡自苦犯晨夜、冒霜雪，焦神极能耶？"他回答："噫！客乌知大体哉！昔汉得一良相陈平者，是谁之力欤？乃由干之兄陈伯也。《陈平传》载：陈伯纵弟平游学，而陈伯肩家事，肆陈平学成相业也。吾独不能如陈伯乎！"③原来他含辛茹苦、呕心沥血供养诸弟读书，是希望他们能早日撷取功名，博得高官！

对儒业的崇慕，形成巨大的动力，再加上父兄的全力支持，使得徽州业儒的学子在科场中大显身手。据统计，明代徽州有进士392名，举人298名，生员则更多。④清代单是歙县一县（包括寄籍）取得科第者，计大学士4人、尚书7人、侍郎21人、都察院都御史7人、内阁学士15人、状元5人、榜眼2人、武榜眼1人、探花8人、传胪5人、会元3人、解元13人、进士296人、举人近千人。⑤整个徽州就更可观了。

————————————

① 《茗州吴氏家典》卷1。
② 《丰南志》第5册。
③ 歙县《许氏世谱》第5册。
④ 参见叶显恩《明清徽州农村社会与佃仆制》第91页。
⑤ 《歙事闲谭》第1册。

如此众多的人拼搏科场，如果没有一种浓厚的右儒、崇儒的风气，是决不能形成这种局面的。

徽商"右儒"的表现之二，就是不少商人致富后，或弃贾业儒，或弃贾就仕。江登云，清康乾时人，16岁随兄外出经商，虽大获成功，却殊不自得，决心要"为国家作栋梁材"，终于弃贾业，入武庠，"连第进士，膺殿廷选、侍直禁卫"①，官至南赣都督。康熙年间休宁商人汪淳涉足商界已10余年，后"复习举子业"，一举登第，授中书舍人。②歙县许遽园，虽"拥多财"，却"壮岁通籍部曹"，官至大观察。③清代程晋芳最为典型，他业盐于淮，但悄悄好儒，购书5万多卷。后弃贾服儒，屡试不售。他年过40，心犹不死，终于举为进士，改吏部文选司主事。四库馆开，议叙改翰林院编修，晋芳大喜过望。④袁枚题诗曰："束发悄悄便苦吟，白头方许入词林。"⑤这反映了程晋芳对儒业功名的不倦追求。

诚然，明清时期的徽州，弃儒服贾者也不乏其人。这是否意味着他们"左儒"了呢？不是。商人弃儒服贾主要有以下几种原因：一是家遭变故，无以为生。如前述汪锌，"性颖悟，过目终身不忘，年十七随父雅会游楚，为高汇旃先生首拔"，显然是个业儒的好材料，不幸"以父卒，家中落，弃儒服贾走四方"⑥。歙人江羲龄也是自幼习儒，后"以亲老家贫，弃儒服贾，以为供养"⑦。一是家少兄弟，代父服贾。黄长寿，"少业儒，以独子当户，父老，去之贾"⑧。金起凤"少习举业，通

---

① 《丰南志》第5册。

②⑥ 康熙《休宁县志》卷6。

③ 《重修古歙东门许氏宗谱》卷10。

④ 《啸亭杂录》卷9。

⑤ 《歙事闲谭》第3册。

⑦ 歙县《济阳江氏族谱》卷9。

⑧ 歙县《潭渡黄氏族谱》卷9。

经史，以父奔走四方，欲代其劳，遂弃儒服贾"①。一是屡踬科场，仕途无望。明休宁人程祖德，"连举未第，退事于商"②。歙人吴钶年轻业儒，为不"以家口贻亲忧"，乃弃儒服贾，但仍向往儒业，"昼筹盐策，夜究简编"，只因"棘闱屡踬"，"始绝意名场"③。休宁商人汪可训，起先业儒，"终不得志，……遂辍帖括"，而去经商④。因此可以说，徽人弃儒服贾，绝大多数是迫不得已而非自愿。可见，上述的弃儒，并非"左儒""卑儒"。

相反，那些弃贾服儒的人，却大都已是富商大贾而转向科场的。但在科举时代，凭考试及第又非易事。因此，不少徽商选择了一条捐资买官的道路。《二刻拍案惊奇》卷15写道："徽州人有个癖性，是乌纱帽、红绣鞋，一生只这两件事不争银子。"这里的徽州人自然指的是徽商。尽管这是出自小说家之口，却颇符合实际情况。歙人吴自宽以贾起家，正德中即"以赍赐爵一级"⑤。黟商余逢盛也是以资"捐叙营千总加戴卫千总，遇缺即补，人因称为飞骑君云"⑥。盐商吴永亨连续几次捐资，"初捐州同，封父母。加捐通判，以子树卓布政司理问，加二级。又塘工议叙附带加二级，赠朝议大夫"⑦。举监生员虽不是官，但由于属绅衿行列，并有出仕的可能，故商人也乐于捐资以抬高声望。清代章绪毓经商起家，人到中年，"以赀为国子监生"⑧。章健德兄弟三人经商致富，"相继以赀为国子监生"⑨。有人指出，徽商"捐监授职，计费匪轻"⑩。当非虚语。

---

① 《婺源县采辑·义行》。
② 《休宁率东程氏家谱》。
③ 《丰南志》第5册。
④ 《休宁西门汪氏宗谱》卷6。
⑤ 《太函集》卷47《明故处士吴克仁配鲍氏合葬墓志铭》。
⑥ 黟县《环山余氏宗谱》卷21《飞骑唐珊余君传》。
⑦ 嘉庆《休宁县志》卷15。
⑧⑨ 绩溪《南关章氏族谱》卷26。
⑩ 徽州《阄书契底》。

徽商右儒的表现之三，就是投靠官府，广交官僚。徽商无论行商抑或坐贾，无论在本地抑或外籍，无论大贾、中贾抑或小贾，他们大多攀援官僚士大夫。如明万历时婺源商李古溪经商吴越荆襄间，"晋纳于贤士大夫，每以名显"①。休宁商汪浩，"所至吴越，即交欢吴越缙绅名士。转在楚蒲圻，楚人士争交欢者复如吴越"②。这类例子不胜枚举。徽商交结官员，上自首辅、尚书，下至一般官僚。如正德中，歙商吴自宽就与南京兵部尚书乔宇"为布衣交甚"③。徽商罗龙文也与权相严嵩打得火热。有的徽商甚至能交上了皇帝。如清代盐商江春竟"以布衣上交天子"，一时传为佳话④。

徽商何以能够结交官僚士大夫？

其一，以学识相交。这是一种比较高雅的手段。既然儒与官通，贾而好儒又恰是徽商的一大特色。这样，儒学则成了商与官之间的黏合剂。如明代休宁人汪新是扬州盐商，"既雄于赀，又以文雅游扬缙绅间，芝城姜公、金公辈名儒巨卿皆与公交欢"⑤。汪可训曾就学于南京国子监，博学多才，名噪南都。一时名士缙绅各得与语为快。后弃儒服贾于芜湖，周旋于士大夫之间，与前来摄芜湖关事的西蜀雷公以及继任者潘二岳二人结成莫逆之交。"余如罗柱史、张铨部、程观察诸大老曲席折节，指不胜屈。……往来造访无间日，或漏泻二十刻，犹稠迭庭中，太学（可训）不厌也"⑥。官与商之间形成这种亲密无间的关系，正是"儒"的媒介作用。

其二，以联姻为戚。在封建社会，婚姻往往是一种政治行为。徽商每每通过联姻来交结士大夫。明代"（歙县）海阳属新都上邑，故

① 婺源《三田李氏统宗谱》。
② 《休宁西门汪氏宗谱》卷6。
③ 《太函集》卷47《明故处士吴克仁配鲍氏合葬墓志铭》。
④ 民国《歙县志》卷9。
⑤⑥ 《休宁西门汪氏宗谱》卷6。

多贤豪,悬簿击钟,户相望也"。海阳商人程次公,"其(子女)婚姻皆郡中名公卿"①。有些商人为了达到与官僚联姻的目的,是不惜代价的。《二刻拍案惊奇》记叙了明代扬州一位徽州盐商的义女江爱娘嫁给朝廷韩侍郎做偏房的故事。文中写道:

> 韩府也叫人看过,看得十分中意。徽商认做自己女儿,不争财物,反赔嫁妆,只贪个纱帽往来,便自心满意足。韩府仕宦人家,做事不小,又见徽商行径冠冕,不说身价,反轻易不得了,连钗环首饰,段匹银两,也下了三四百金礼物。徽商受了,增添嫁事。自己穿了大服,大吹大擂,将爱娘送下官船上来。

后来,"那徽商(被)认做干爹,兀自往来不绝"。这段文字将这位徽商"贪个纱帽往来"的心态淋漓尽致地描写出来。

徽商对与官员联姻固然求之不得,即便是应试入学的儒士,只要将来有及第的可能,徽商也巴不得将其揽为乘龙快婿。《坚瓠九集》记载了这么一件事:"浙省城南班巷,徽商吴某寓焉,商只一女,女及笄,择配,未偕所愿。万历乙酉(十三年)仲秋望后,梦龙戏爪水中。次日,姚江徐应登以儒士应试毕,偕友过商门。友谓徐曰:'此家赀财巨万,有女求配,意得佳士,不计贫富也,兄纵未第,应试入学,非佳士乎?我素识其人,请为作伐,兄少俟。'遂入言于商。商虽口诺而意未允。其友曰:'此兄在外,试一观之。'遂及门,徐适濯手水瓮中,商以符所梦,欣然许之。遂请友玉成。反语徐,徐欲俟归,具礼聘之,商乃出金使质焉。及放榜,果中式十一名。辛丑(二十九年)成进士。"商人从"口诺而意未允"到"欣然许之",再到"出金使质",这种前倨而

_____

① 《太函集》卷16《海阳程次公七十寿序》。

后恭的变化意味深长。促使发生这种戏剧性变化的主要原因，就是徐生"濯手水瓮"这一极平常、极偶然的举动恰与蛟龙"戏爪水中"的梦中情形相符，预示着徐应登必将大富大贵。这就反映了徽商右儒崇官的心态。

其三，以报效攀援。这是徽商结交官府的又一种手段。最突出的莫过于扬州盐商。"两淮盐策运课所入甲于天下，凡转饷、捐赈、兴工，动关国计，鹾运大吏量入计出，有补于公而本不告匮，必资业鹾数大家堪任事者，商榷赢绌综厥事"①。如歙商汪廷璋"谨慎坦白，无所矫激，赞襄举措，悉中肯綮"②，深受官府器重。江春也是大盐商，由于"练达多能，熟悉盐法，司鹾政者咸引重，俾综商务，勤慎急公"，"逢大典礼暨工、赈、输将重务，殚心筹策，靡不指顾集事"，连皇帝都认为他能"尽心国事"，特加褒奖。③ 有的是为官府排忧解难。明代中期"比年国家兴作，鸠工征材，费用不足"，盐商吴光禄率诸兄弟捐银 10 万两，"天子旌之"④。再如婺源木商黄世权，经商江右。康熙三十年，"额附石大将军建营房千间于京口，当事仓皇无措。大将军知权名，召见之，悉以委权，未匝月而工告竣"⑤。有的为官府捐赠银两。据嘉庆《两淮盐法志》载：从康熙十年至嘉庆九年 100 多年里，扬州盐商为军需、河工、城工、灾赈、备工等向朝廷捐输银两达 3900 余万两、米 2 万余石、谷近 33 万石。这大部分都是徽商捐输的，其中固然有一些商人出于不得已，但也有不少是为了报效官府而自愿输纳的。在封建社会，官儒一体，徽商投靠官府，广交官僚的行动曲折地反映了他们"右儒"、崇儒的倾向。

综上所述，明清时期的徽州尤其是徽商并非像汪道昆所说的是左儒

①② 歙县《汪氏谱乘》。
③ 《澄阳散志》卷 3。
④ 《丰南志》第 4 册。
⑤ 光绪《婺源县志》卷 31。

右贾，而是右贾不左儒，甚至是右贾更右儒。既如此，徽州业贾之人又何以众多呢？首先，这是"治生"的需要。"徽州介万山之中，地狭人稠，耕获三不获一。即丰年亦仰食江楚，十居六七，勿论岁饥也。天下寄命于农，徽民寄命于商。"[1] 当农业"三不获一"、手工业也不能容纳众多劳力的时候，人们自然会趋向商业，"以贾代耕"。其次，这也是业儒的需要。徽州实际是右儒崇儒，但正如汪道昆所指出的那样："夫养者非贾不饶，学者非饶不给。"[2] 清人沈尧也说："仕者既与小民争利，未仕者又必先有农桑之业，方得给朝夕，以专事进取。于是货殖之事益急，商贾之事益重，非兄老先营事业于前，子弟即无由读书，以致身通显。是故古者四民分，后世四民不分。古者士之子恒为士，后世商之子方能为士。此宋元明以来变迁之大较也。"[3] 这就非常明确地点出了服贾对业儒的经济保证作用。所以徽州出现了这样的普遍现象：或则父兄服贾在先，子弟业儒在后；或则兄弟数人，亦贾亦儒：有的经商，"以给朝夕"，有的读书，"专事进取"。如休宁人汪心如经商在外，其弟汪尧俞业儒，心如曰："仲（尧俞）读书，冀光承父志，某愿以羡私佐夜膏。"[4] 徽商吴次公服贾一生，临终前给4个儿子留下遗言："而翁从此西矣，大继（长子）当室，大纯（次子）佐之，大缙（三子）业已游成均，治经术，大绅（四子）从之。四人者左提右挈，以亢而宗，而翁瞑矣。"[5] 可知，贾取厚利，为业儒创造经济条件；儒求名高，为服贾提供政治后盾。业儒和服贾，"左提右挈"，相互依赖。因此，徽州服贾人数众多，也就不奇怪了。

---

① 康熙《休宁县志》卷7。
② 《太函集》卷42《明故程田汪孺人行状》。
③ 《落帆楼文集》卷24。
④ 《太函集》卷56《吴田义庄吴次公墓志铭》。
⑤ 《休宁西门汪氏宗谱》卷6。

（三）

"以贾代耕"的商贾之乡，为什么会产生这种"右儒"的倾向呢？

第一，这是中国封建社会官本位的影响。官本位是一种按官职大小确定地位高低的官僚制度。它是一种特权制度，对人们有着极大的诱惑力。一旦跻身官僚士大夫行列，说不尽的好处就会纷至沓来。首先可以优免徭役。明代徭役很重，但明代建立伊始就制定了优免官员徭役的政策，在编派徭役时，"历来止编民户，不及官甲"①。就是举监生员之类也享有这类特权。其次，可以躲避赋税。有田纳粮，自是理所应当。但明清官僚士大夫总是凭借自己的身份和地位，千方百计地逃避赋税。甚至生员也是如此："贫生无力完粮，奏销豁免。诸生中不安分者，每月朔望赴县恳准词十张，名曰乞恩。又揽府户钱粮，立于自名下隐吞，故生员有坐一百走三百之语。"② 明末有人这样总结业儒的好处："常见青衿子，朝不谋夕，一叨乡荐便无穷举人，及登甲科，遂钟鸣鼎食，肥马轻裘，非数百万则数十万，诚思胡为乎来哉？……彼且身无赋、产无徭、田无粮、物无税，且庇护奸民之赋、徭、粮、税，其人之正未艾也。"③ 除此之外，还可享受到其他种种特权。

商人的境况又如何呢？尽管他们大多数"以末致富"，但其中艰辛备至。明清时期对盐、茶及一些金属矿物禁榷制度很严，商人涉足其间，如临深渊，如履薄冰。还有到处设立关卡，征收过往商税。关吏们"往往以增课为能事，常法之外，巧立名色，……以致客商惧征求，卖船弃业"④。万历年间，钞关更加增多。清代规定各钞关所必须完成的税额，"关税短缺令现任官赔支"⑤。这就更助长了钞关人员对商人的横

---

① 《皇明制书》下卷。
② 《消夏闲记摘抄》卷中。
③ 《明季北略》卷12。
④ 《明会要》卷57。
⑤ 《钦定户部则例》。

征暴敛，致使商人视钞关为"大小法场"。市税也是不断增加。明代商税有增无已，清代税吏更是"倚势作奸，垄断取利，鱼肉商民"。在上述情况下，商人只能在夹缝中求生存、图发展，其艰难状况可想而知。业儒与服贾两者境遇上的巨大反差正是封建社会官本位的反映。徽人之所以弃贾服儒、弃贾就仕或令子弟业儒，正是为了跻身官僚或准官僚阶层，攫取商人得不到的利益。徽商黄蛟峰的一段话很能说明问题。黄蛟峰经商在外，一次回家，"值里胥催租，辞色凌厉。先生曰：'予岂不能为士以免役哉！'即下帷数月，诵制举义，……明年补邑弟子员"①。黄蛟峰弃贾服儒正是为了享受免役的特权，不受里胥凌辱。

　　第二，封建政府推行的轻商、贱商政策也是徽商"右儒"的原因。轻商、贱商是封建社会传统观念，至明清时期也无明显改变。"（洪武）十四年，上加意重本抑末，下令农民之家，许穿绸纱绢布；商贾之家，止许穿布。农民之家但有一人为商贾者，亦不许穿绸纱。"② 虽然这一规定后来有所突破，但抑商政策仍在继续。这从一个案例中也可看出。商人某匿税被捕，法官在判语中将"遂肆欺公之计，不从抑末之行"列为其罪状之一，可知"抑末之行"是法律规定的。③ 清代也是如此。雍正就明确说过："四民以士为长，农次之，工商其下。"④ 《大清会典》也明载："崇本抑末，载诸会典，若为常经，由来已久。"⑤ 试想，天子的诏谕、朝廷的法典如此贱商，商和农工的平等地位尚不可得，和高踞于四民之"长"的士相比更有天壤之别了。随着商品经济的发展和资本主义萌芽的出现，这种传统的重本抑末思想已受到冲击。张居正、黄宗羲、李贽等都提出了"重商"思想。因此有人认为明清之际出现了一股

---

① 歙县《潭渡黄氏族谱》卷 9。
② 《农政全书》卷 3。
③ 王世茂：《仕途悬镜》。
④ 雍正《东华录》卷 5。
⑤ 光绪《大清会典》卷 237。

重商思潮，这不无道理。但这股思潮只能是封建主义坚冰之下的一股奔腾的暖流，虽然其社会意义不能低估，但在当时的社会影响实在有限。另外，我们还要看到这种思潮，其主旨在为商贾的"末业"地位鸣不平，其所达到的最高境界莫过于认为"工商皆本"，但在士商观上并没有突破一点封建思想的传统藩篱。连激进思想家何心隐也只是提出"商贾大于农工，士大于商贾，圣贤大于士"① 的观点，认为商人还是居于士之下的。在这种氛围里商贾尽管腰缠万贯、富埒王侯，也要自惭形秽的。不然的话，何以盐商汪才生在儿子面前自称"贾竖子"。透过商人这种自卑的话语，我们可以强烈感受到令人窒息的传统观念的重压和当时包括徽商在内的商人的难以诉说的悲哀。

第三，徽州"右儒"也与徽州业儒的历史传统有关。徽州地处万山之中，兵革不到，故东晋南朝的一些士族在社会动荡时为避乱纷纷来此定居。隋末、唐末不少世族地主为了躲避农民起义狂飙的冲击也举宗合族迁居徽州。他们的到来对徽州风俗影响很大。据宋淳熙《新安志》卷1《风俗》载："其（新安）人自昔特多以材力保捍乡土为称，其后寝有文士。黄巢之乱，中原衣冠避地保于此，后或去或留，俗益向文雅。"宋兴以后，这些留居的世族地主凭借他们的政治地位以及家学渊源，通过科举入仕又在各级封建政权取得一席之地，以致"名臣辈出"。朱熹以后，这里又成了"文公道学"之邦，"彬彬多文学之士，其风埒于邹鲁"②。在理学之风的熏陶下，从而形成一种业儒的历史传统。名门望族，必有业儒入仕而为朝廷显官者。他们一代教诲、提携一代，终于形成"十家之村，不废诵读"、"家弦户诵，寅缘进取"的局面。

徽州的"右贾"使这里成为"商贾之乡"，而"右儒"又使这里成为"东南邹鲁"。这两者又是相互结合相互作用的。

---

① 《何心隐集》卷3。
② 乾隆《绩溪县志》卷3。

三、徽商的经营之道

明清时期的徽商是全国商界大商帮之一。当我们回顾徽商兴起、发展乃至鼎盛的轨迹时，他们独具特色的经营之道不能不引起我们研究的兴趣。

（一）

徽商的经营之道，主要有以下几个方面：

第一，讲求商业道德，争取广大顾客。

商业主体面临的最重要的公众是广大的顾客。顾客的充分信赖是商业兴旺发达的源泉，而良好的商业道德又是使源头活水永不枯竭的保证。徽商正是看到这一点，所以坚持商业道德，成了他们在经营中普遍遵循的信条。

（1）崇尚信义，诚信服人。

明嘉靖间歙商许文才长期经商，始终本着一条原则，即讲求信义。"贸迁货集，市不二价"[1]。鲍雯在经商中，"一切治生家智巧机利悉屏不用，惟以至诚待人"[2]。在商场中，有人以"诈"生财，有人以"信"致富，在"信"与"诈"之间，吴南坡态度十分明朗："人宁贸诈，吾宁贸信，终不以五尺童子而饰价为欺。"[3] 明中叶休宁商程镶在吴越经商，"吴越之人喜其忠信，遐迩归心"[4]。清初婺商潘元达经商吴楚间，"以信义著"[5]。休宁商吴天衢在广东"以信义交易"[6]。祁门商张元涣

---

① 《新安歙北许氏东支世谱》卷 8《逸庵许公行状》。
② 《歙新馆鲍氏著存堂宗谱》卷 2《鲍解占先生墓志铭》。
③ 《古歙岩镇东礀头吴氏族谱·吴南坡公行状》。
④ 《休宁率东程氏家谱》卷 4《明故处士公辅程公行状》。
⑤ 光绪《婺源县志》卷 36《人物·质行》。
⑥ 《新安休宁名族志》卷 3。

"与人交，尚信义"①。王子承经商所至"务推赤心"②。每当我们翻阅徽
州族谱、宗谱时，像这类记载比比皆是。

徽商崇尚信义，诚信服人，反映了他们在商业上的远见，不惑于眼
前小利。黄鉴看到其他商人设智巧，仰机利，大不以为然："嘻！此辈
卑卑取富，益目前耳，大贾顾若是耶？当种德也。德者，人物之谓
也。"③ 他就反对狡诈生财，处处"种德"，以取得顾客的信任。所以他
们父子相授受，皆成大贾。明汪通保也是如此，他在上海开典铺，生意
越做越大，但他并未忘记"诚信"二字，"处士（汪通保）与诸子弟约，
居他县毋操利权，出母钱毋以苦杂良，毋短少；收子钱毋入奇羡，毋以
日计取盈"④。意思是说不准子弟欺行霸市；贷人银钱，不准杂有恶钱，
更不准短少；收入利钱时不要计较零头，也不要按日计算以多收利息。
这种经商作风，当然能深深赢得广大顾客的信任。

（2）薄利竞争，甘当廉贾。

这也是徽商（除盐商外）成功的秘诀之一。江次公有一段话很有代
表性，他教导从商的儿子说："余闻本富为上，末富次之，谓贾不若耕
也。吾郡在山谷，即富者无可耕之田，不贾何待？且耕者什一，贾之廉
者亦什一，贾何负于耕？古人病不廉，非病贾也，若第为廉贾。"⑤ 在
他的眼里，农耕只能获取什一之利，经商若也只取什一之利，就不会受
到人们的诟骂，心理上也能得到平衡。徽商中的不少人正是抱着这样的
宗旨甘当商场上的廉贾。例如，明代在南京城内有当铺 500 余家，主要
由徽州人和福建人经营。这两个商帮商业道德完全不同，福建人用高利
经营，利息三分四分，徽商则不同，"取利仅一分二分三分，均之有益

---

① 祁门《张氏统宗世谱》卷 3《张元涣传》。
② 《太函集》卷 17《寿城篇为长者王封君寿》。
③ 歙县《竦塘黄氏宗谱》卷 5《黄公鉴传》。
④ 《太函副墨》卷 4《汪处士传》。
⑤ 《太函集》卷 45《明处士江次公墓志铭》。

于贫民"。竞争的结果,自然徽商赢得了顾客:"人情最不喜福建。"①

从经营的角度看,商家与顾客的关系绝不是一方盘剥另一方的关系,而是互惠互利,相互依存。只取不予,贪图大利,一味只是"利用"、敲诈顾客,虽然能给自己带来暂时的利益,但却毁坏了双方长期合作的基石。大多数徽商正是看到了这一点,才自觉地薄利经营。对此歙商鲍直润说得很明白:"利者人所同欲,必使彼无所图,虽招之将不来矣,缓急无所恃,所失滋多,非善贾之道也。"②

(3)宁可失利,不愿失义。

义和利,是时刻摆在商人面前如何看待和处理的问题,商场中见利忘义的现象屡见不鲜。但也有不乏"义利双行"的。徽商也求利,而他们的信条是:"职虽为利,非义不可取也。"③婺商朱文炽曾贩新茶去珠江,抵达后却错过了大批交易的日期,这样新茶也就不新了。在后来的交易中,朱文炽必自书"陈茶"两字,以示不欺,从而大大影响了茶价。牙侩力劝其将"陈茶"两字去掉,朱文炽坚执不允,尽管如此他损失了一大笔利润,但却在顾客心目中树立了良好的形象。

很多商人还能在义利不得两全的情况下,舍利取义。明休宁人汪平山在安庆、潜阳、桐城间经营粮食生意,正德某年闹饥荒粮价猛涨,而汪平山正蓄积了大批谷粟,如果按时价抛出,可多获利几倍,但汪平山不愿乘人之厄来牟取暴利,而是将所积之米"悉贷诸贫,不责其息"④,帮助众人渡过了难关。清休宁商吴鹏翔也在汉阳从事粮食贸易,某年他从四川运米数万石至,正值大灾,米价踊贵。面对嗷嗷待哺的饥民,他并没有见利忘义,而是"减值平粜,民赖以安"⑤。又有一次,他批发

---

① 《金陵琐事剩录》卷3。
② 《歙县新馆鲍氏著存堂宗谱》卷2《中议大夫大父凤占公行状》。
③ 《汪氏统宗谱》卷3《行状》。
④ 休宁《方塘汪氏宗谱·墓志铭》。
⑤ 嘉庆《休宁县志》卷15《人物·乡善》。

胡椒 800 斛，忽发现该胡椒有毒，卖主愿意全部收回胡椒，但吴鹏翔仍照价买回，然后付之一炬。他之所以这样做，是担心若退了胡椒，卖主很可能转售而坑害更多的人。婺源商人詹元甲在外地经商，其年当地大灾，严重缺米，詹元甲受当地太守委托，携带 20 余万两的银子去外地采购米粮。既至，旅店主人告诉他："此地买米，例有抽息（回扣），自数百两至千万两，息之数视金之数。今君挟巨赀可得数千金，此故例，无伤廉。"在数千两银子的巨大诱惑面前，詹元甲毫不为动，而是说："今饥鸿载途，嗷嗷待哺，予取一钱，彼即少一勺，瘠人肥己，吾不忍为。"① 可想而知，这样的商人怎能不赢得人们的称颂呢！

（4）注重质量，提高信誉。

徽商在经营中十分注重商品的质量，确保商业信誉，以增强在市场上的竞争力。清代后期崛起的制墨商号胡开文就是如此。据载，胡开文的第二代传人胡余德曾造出一种墨，在水中可久浸不散。一次一位顾客慕名前来购买一袋此墨，返回时，墨袋不慎掉入河中，捞起后发现此墨已开始溶化了。顾客去见胡余德，经调查，发现该批墨锭在生产中未按规定去做，胡余德一面道歉，一面以一袋"苍佩室"名墨相赠。同时告诫所属各店各坊，立即停售停制此批墨锭，并高价收回业已售出的这批墨锭予以销毁。此举虽在经济上受了损失，但却保住了商品的信誉。清末创办的绩溪"同德仁"中药店也十分重视质量和信誉。他们除了采取一系列措施保证本店所产中药材的质量外，还对自制的"百补全鹿丸"进行大力宣传。每年秋末冬初，他们都要邀请各地客户前来观摩"百补全鹿丸"的制作全过程，从活鹿缢杀到制作全丸，大家有目共睹，从而使该店信誉大大提高了，产品销路很好。

良好的商业信誉是靠长期艰苦的努力建立起来的，信誉本身就是商品价值的一部分，所以不少商人都极力维护这种信誉，视之比金钱更宝

---

① 光绪《婺源县志》卷 34《人物·义行》。

贵。徽商中的一些大贾，就是凭信誉起家的。

第二，把握市场信息，采取灵活的经营策略。

商场形势，千变万化，只有充分把握市场信息，审时度势，采取灵活的经营策略，才能取得成功。徽商在这方面也显示了他们的经商艺术。

首先是经营方式的选择。明清时期，由于各地经济发展的不平衡和自然条件的不相同，必然会出现物产此欠彼丰，物价此贵彼贱的现象，对此，徽商十分明了。他们大多选择长途贩运的经营方式。明中叶歙商江才年轻时曾随兄长在钱塘开店铺，售杂物，利润微薄。他认为："丈夫当观时变，察低昂，立致富贵耳"。于是他毅然告别兄长，"北游青、齐、梁、宋间，逐什一之利。久之，复还钱塘时已挟重赀，为大贾"①。明末歙商潘侃也认为："良贾急趋利而善逐时，非转毂四方不可。"因此，他在荆扬吴楚间长途贩运，"遂致不赀"②。可以说，江才、潘侃的观点是徽商的共识。徽商形成的四大行业盐典茶木以及粮商布商等，除典商外无一不是转毂四方，长途贩运的。他们把苏浙的棉布、丝绸、徽州的茶叶、竹木运销于四面八方；又把长江中上游的药材、木材，尤其是粮食运至长江下游销售；还利用运河航道，把北方的棉花、大豆运至江南。就在这种东一西、南一北大规模的双向商品交流中，徽商获取了丰厚的利润。

其次，经营项目的选择也建立在充分把握市场信息的基础上。歙商程季公在决定从贾时，做了一次远游："东出吴会尽淞江，遵海走维扬，北抵幽蓟。"这样，天下"万货之情"了然于胸。在这个基础上他决策："东吴饶木棉，则用布；维扬在天下之中，则用盐筴；吾郡瘠薄，则用子钱。"即是说，在江南，由于棉织业发达，则做布生意；在维扬，由

---

① 歙县《溪南江氏族谱·处士终慕江翁行状》。
② 《太函集》卷14《潘次公夫妇九十寿辰》。

于地处天下之中，则经营盐业；徽州贫穷，则可经营典当业。实践证明，他的这种决策是完全正确的。所以不仅自己"加故业数倍"，而且带动同族一大批人致富。① 歙商阮弼经商初次来到芜湖，看到这里舟车辐凑，信息灵通，决定在此创业。当时市场均分行立业，唯独赫蹄（缣帛）② 无人经营，他乃决定经营此业："鸠其曹，敛母钱，躬载橐而规便利。就绪捆载者，悉居之留都（南京），转运而分其曹，利且数倍。"后来彩色缣帛旺销，染人获利颇丰。阮弼又决定"自芜湖立局，召染人曹治之。无庸灌输，费省而利滋倍，五方购者益集，其所转毂，遍于吴越蓟梁燕豫齐鲁之间，则又分局而贾要津"③。显然他已成为大贾。阮弼能根据市场信息，果断决策，反映出他较高的经商谋略。明末休宁商汪心如"东底东粤，北走燕京，凡征歉物转之必盈之，征贱物转之必贵之，所至操奇有声"④。他经商之所以达到出神入化的程度，显然是因为准确把握市场信息，灵活调整经营策略的缘故。

徽商中像程季公、阮弼、汪心如这样的人大有人在，宗谱、族谱中记载不少商人"趋时观变"、"因俗时变"、"相度土宜，趋物候"等，都说明了他们能够根据市场信息，制定灵活的经营策略，所以不少人得以致富不赀，成为上贾、大贾。

第三，广结各方良缘，创造良好的外部环境。

环境是制约商业的活动的重要因素之一，创造一个良好的外部环境，就能促进商业顺利的发展。外部环境主要是由形形色色的人组成，因此，善于同各种人打交道，广结良缘，始终为徽商所重视。上至朝廷命官、文人士子，下至三教九流、布衣百姓，徽商都倾注极大的热情。

---

① 《太函集》卷52《明故明威将军新安卫指挥佥事衡山程季公墓志铭》。
② 赫蹄，一云薄小纸。宋赵彦卫《云麓漫钞》卷7："《赵后传》所谓赫蹄者，注云'薄小纸'，然其实亦缣帛。"今从之。
③ 《太函集》卷35《明赐级阮长公传》。
④ 《休宁西门汪氏宗谱》卷6。

这是徽商不同于其他商帮的重要特点之一。

在徽商的座上宾中，最引人注目的是官员士大夫。可以说，大多数徽商在官场中都有自己的朋友或至交。

休商汪可训在芜湖经商，座上宾常满，樽中酒不空。短短几年，就结交了不少官员。"朝廷用大司农言，置榷芜关，西蜀雷公来摄事，公余访闾井贤豪，间得太学（汪可训），一见大悦。……去之日，依依江湖不忍别。嗣濑上潘二岳来，濒访而得太学，见悦有加于雷。历一月，宾见者数四。后则击节奏钥启便室揖入，修家人欢，礼款逾厚为骨戚，有'三日不见鄙吝生'之叹。太学于二君称莫逆。余如罗柱史、张铨部、程观察诸大老曲席折节，指不胜屈。自是干旄之导、山人之衣及囊陪京之游，往来造门无间日，或漏泻二十刻，犹稠迭庭中，太学不厌也。"① 从这段记载中，我们可以看到一个周旋于官僚士大夫之间的商人形象。像这类例子岂止汪可训一人：

歙商梅仲和，"弃儒服贾，贸易吴门……重交游，乐与贤大夫款洽，姑苏为冠盖往来地，慕公名者恒造庐以访"②。

歙人黄长寿经商扬州，"性喜吟咏，所交皆海内名公，如徐正卿、叶司徒等，相与往来赓和，积诗成帙，题曰《江湖览胜》并《壬辰集》，前太史景公赐之为引，梓成藏为家宝"③。清歙商江禹治，"总司汉鹾，调济得当，当路巨公迄四方才智士顾与缔纳"④。凌和贵在浙江从商，广泛交友，"自达官绅士以及氓庶无不以礼相交接，与地方长吏过从款洽"⑤。

徽商在和官员相交时还表现出相当的远见。如何永昌在广济县经

① 《休宁西门汪氏宗谱》卷6《太学可训公传》。
② 歙县《济阳江氏族谱》卷9《清候选州司马梅公传》。
③ 歙县《潭渡黄氏族谱》卷9《望云翁传》。
④ 《橙阳散志》卷3。
⑤ 《沙溪集略》卷4《文行》。

商，"广济令陈某失上官意，将以亏帑劾"，何永昌慷慨解囊，以六千金助之，"事乃解"。① 此举使何永昌与陈县令结成生死之交。有这样一把保护伞，其生意自然会一帆风顺了。

与文人交往，在徽商中可谓蔚然成风，更是封建社会晚期的新现象。明歙商黄明芳"好接斯文士，一时人望如沈石田、王太宰、唐子畏、文征明、祝允明辈皆纳交无间"②。黄文茂"商游清源……喜与文士游。清源名流，屈己纳交，暇日琅琅讽诵经史"③。郑月川"其所历吴越江淮齐鲁江右之间，虽以贾行，所至遇文人魁士，往往纳交，多为诗文以赠之"④。商人江兆炜"长佐叔父于姑苏创置店业……尤乐与名流往来"⑤。其弟江兆炯也是如此，"吴中贤士大夫与四方知名士争以交君为叹"⑥。

徽商与文人相交，除了和文人在一起诗歌唱和或纵论古今，进行思想交流外，还在物质上资助文人。如徽商黄锜，号节斋，"好贤礼士，挥金不靳，有柳开客大名之风。君客淮阴日，淮阴当南北日冲之地，士大夫毂击之区，君延纳馆餐，投辖（留客）馈遗，而尤注意计偕（举人赴会试），寒素赖君踊跃穷途，飞翼天衢，儒绅翕然称节斋"⑦。黄锜不仅对这些文人"延纳馆餐，投辖馈遗"，而且特别注意资助那些赴京会试的穷举子，进行感情投资。可想而知，这些人一旦得以"踊跃穷途，飞翼天衢"，自然会对他们涌泉相报的。徽商程元利与昆山文士俞允文友善，允文乃一介布衣，善诗歌，工书法，有文名。允文死后，元利"不惜重赀，梓其遗稿千余篇，使不泯没"⑧。由此可见他们之间的感情之笃。

----

① 民国《歙县志》卷9《人物·义行》。
② 歙县《竦塘黄氏宗谱》卷5《双泉黄君行状》。
③ 歙县《竦塘黄氏宗谱》卷5《黄公文茂传》。
④ 歙县《郑氏族谱》。
⑤⑥ 歙县《济阳江氏族谱》卷9。
⑦ 歙县《竦塘黄氏宗谱》卷5《节斋黄君行状》。
⑧ 转引自夏成淳《明代后期文士与商人的关系》，《社会科学》（沪）1993年第7期。

在传统的士农工商社会结构中，商人尽管腰缠万贯，社会地位仍是低下的，富而不贵常使他们自惭形秽。因此，与社会名流、贤达的交往，成了他们提高社会声望和地位的一种手段，所谓"游大人而为高"①。而徽商的"贾而好儒"又使他们与官员士大夫、文人骚客之间找到了双方的契合点。于是金钱是手段，儒学是媒介，将双方结合起来。

第四，善于用人尽材，建立和谐的内部环境。

徽商当其小本经营时，大多是单独从商，当其资本逐渐扩大后，多是选择若干人为己所用。这样，如何处理好内部关系，建立一个和谐的内部环境，就是徽商面临的又一个问题。

处理内部关系，归根结底是用人。大量事实表明，徽商是深谙此道的。休宁商汪福光"贾盐于江淮间，艘至千只，率子弟贸易往来"。这么一个庞大的组织，如果用非其人，将不可收拾，但他善于"择人任时"，故能"恒得上算，用是赀至巨万"②。程事心"课僮奴数十人，行贾四方，指画意授，各尽其材，橐中装赢于囊时矣"③。休宁孙从理在吴兴经理典业，矜取予，必其道，生意非常兴隆，为了扩大质铺规模，"乃慎择掌计若干曹分部而治"，各部利润均好，于是每"析数岁之赢，增置一部"，连汪道昆也说："以质剂起家宜莫如处士（孙从理）。"④ 看来他选用的掌计确实能干。

歙县江氏有一大盐商，看准了本族的江明生，聘他去扬州，委以盐务。江明生果然"诚笃谙练，握算庭户管钥之间，业兴海滨千里之外"。结果，"主宾倚重，相与有成"⑤。不仅江氏的生意有了大发展，就是江明生本人也积累了部分资本。

---

① 《太函集》卷 44《先叔考罗山府君状》。
② 《休宁西门汪氏宗谱》卷 6。
③ 《从野堂存稿》卷 3。
④ 《太函集》卷 52《南石孙处士墓志铭》。
⑤ 歙县《济阳江氏族谱》卷 9《清候选州司马明生公原传》。

徽州有着牢固的宗族制度和强烈的地域观念，徽商所用之人，非同宗同族，即本村本里，这种以血缘和地缘关系结成的商帮，使商业上的主从关系又加上宗族上的名分关系和地域上的同乡关系，从而具有极大的凝聚力。这种优势是其他商帮所不能比拟的。此外，徽商不仅善于择人，因材而用，而且大多对他们"推心置腹，体恤无不周"，故能在内部形成一种合力，从而不断推动商业的发展。如前述王子承贾于蜀，"诸弟诸子从之游，分授刀布，左提右挈，咸愿与之代兴，各致千万有差"①。商帮内部的团结一致，于此可见一斑。

第五，热心公益事业，提高知名度和美誉度。

中国历史上还没有哪一个商帮像徽州商帮那样对社会公益事业如此关心，并且蔚成风气，代代相传。徽州是徽商的桑梓之地、父母之邦，是其"根"之所在，徽商对家乡总是有深厚的感情，他们在致富后，首先想到的就是在家乡兴办公益事业，为家乡尽力。他们广置族田、义田，救济本族或家乡穷人；他们还赞助家乡的各种建设，在修城、筑路、架桥、修建书院等方面都有许多贡献。这类材料在徽州方志及宗谱、族谱中不胜枚举。他们的种种"惠及乡间"的质行义举，尽管耗费了他们不少资本，但赢来了一片颂声。

"欲把名声充宇内，先将膏泽布人间。"徽商不仅在家乡的公益事业中留下了美好的"名声"，而且随着他们经商足迹所至，还把"膏泽"洒遍经商社区。尽管在那些地方，徽商本无寸土之责，但人们常常可以看到，对于建桥、修路、筑堤、浚河、救灾、赈荒等公益事业，徽商都倾注了巨大的热情，不仅慷慨解囊，而且出谋划策。他们还捐资建殡房、置义塚，收葬无主尸骨，置救生船以拯溺，设药局以疗疾，开我国近代慈善事业之先河。他们经商一方，造福一片，不仅提高了徽商的知名度，也使徽商的美誉传遍遐迩。

---

① 《太函集》卷17《寿域篇为长者王封君寿》。

（二）

徽商卓有成效的经营之道确实对商务的发展起到了极大的推动作用。

一是有利于开拓市场，并得以在竞争中立于不败之地。

在激烈的商品竞争中，要开拓一个市场，绝非易事，尤其对一个外地商帮而言，更是艰难之极。但是徽商坚持商业道德，赢得了广大顾客的信赖；广结良缘又使他们成功地建立了一个"人和"的外部环境，加上他们对社会公益事业的关心，树立了自己的良好形象。这一切产生了综合效应，使徽商得以在每一个新的市场较快地站稳脚跟，打开局面，迎来了柳暗花明的景象。前述许文才在淮泗经商，讲求信义，"市不二价"，很快出现了奇特的效果："人之适市有不愿之他而愿之公者。"[①]吴南坡以"信"贸易，也使他的商务别开生面："久之，四方争趣坡公，每入市，视封识为坡公氏字，辄持去，不视精恶长短。"[②] 王子承在蜀经商 40 年，"务推赤心"，结果，"不招而集，不约而坚，蜀人蚁附之"[③]。像吴南坡、王子承这样，可以说已牢牢地占领了当地的市场。在上海开典铺的徽商汪通保以诚信服人，"人人归市如流，旁郡县皆至，居有顷，乃大饶"[④]。

成功的经营之道能够使商业不断开创新局面，开拓新市场。休宁商程锁中年经商于溧水，这里的惯例是春天贷钱给下户，秋天倍收子钱，利息相当高，而程锁却反其道而行之："居息市中，终岁不过什一。"因此，"细民称便，争赴长公"。某年大丰收，谷物上市，诸贾人尽量压价收购，程锁却"平价困积之"；第二年大饥，一些粮商又拼命抬高谷价

---

① 《新安歙北许氏东支世谱》卷 8。
② 《古歙岩镇镇东硼头吴氏族谱·吴南坡公行状》。
③ 《太函集》卷 17《寿域篇为长者王封君寿》。
④ 《太函副墨》卷 4《汪处士传》。

出售，可程锁售谷却"价如往年平"。程锁所为，大大提高了自己的美誉度，结果"境内德长公，莫不多其长者"。借助这样的声誉，他又"部署门下客，分地而居息吴越间"，不仅占领了溧水市场，又开拓了吴越市场。① 鲍建旌一生在外经商，由于他深谙经营之道，加上一些文人士大夫为其宣扬传播，使他每到一地都很快树立起良好的形象，所以市场越来越大，"客豫章、客楚、客浙、客姑苏，晚而久客京口，四方贤士大夫骚人韵侣服其直谅，绝不以贾人遇之"②。这样，他在市场上自然也就左右逢源，如鱼得水了。

市场竞争主要是商业信誉、商业道德的竞争。由于徽商坚持了商业道德，提高了商业信誉，也就增强了竞争的实力，并得以在竞争中立于不败之地。前述金陵城内的徽州典商以薄利战胜福建典商就是一例。再如，据万历《扬州府志》载："质库，无土著人，土著人为之，即十年不赎，不许易质物，乃令新安诸贾擅其利，坐得子钱，诚不可解"。作者不解为什么新安典商能够占领扬州市场，其实，根据金陵的例子以及徽商一贯的经营作风来看，良好的商业道德和信誉恐怕是他们占领扬州市场的主要原因。不少材料记载，徽商在很多地方，经过一段时间后，就出现顾客"绾毂归之"、"归市如流"的局面，这正是多方面成功的经营之道给他们带来的新气象。

二是有利于克服商务发展中的障碍。

商海泛舟，决不会总是一帆风顺的，常常会遇到意想不到的风波，给商业发展带来障碍。但徽商由于建立了比较和谐的环境和氛围，内部能够团结一致，和衷共济，外部又能得到顾客的信任和各种帮助，这样往往使他们能够逢凶化吉，遇难呈祥。尤其是徽商在各地与各级官吏、文人士大夫等封建政治势力建立的密切关系，使他们往往能够借助封建

---

① 《休宁率东程氏家谱·明故礼官松溪程长公墓表》。
② 《鲍氏诵先录》。

政治力量来克服各种障碍，谋求商务的发展。如汪锜的父亲在淮南经营盐业，"以通醝利忤豪猾"，双方酿成一场官司，告到盐运使和巡按御使那儿。汪锜父亲平时与官员交往颇多，于是关键的时刻显出了重要作用："台司皆直君，率置豪猾法。"① 官司终于打胜了。又如明朝末年，"九江关蠹李光宇等把持关务，盐舟纳料，多方勒索，莫敢谁何"。这时歙商江南能"毅然叩阙，奸蠹伏诛，醝商永利"②。江南能乃一介商人，无权无势，他能赴京"告御状"，并获成功，如果没有官场中一大批得力朋友的帮忙，那简直是不可思议的。嘉道年间，鲍绍翔继承父业经商致富，"顾人多忌之，辄藉端欺凌争讼不休者凡数家"，从而爆发了一场旷日持久的诉讼，而且"敌势甚张"。由于鲍家与有关官员可谓世交，朋友甚多，在他们的帮助下，"官司先后历十余年而志未尝稍挫焉"，最后终于胜诉。③ 诚然，在那种社会，胜诉并不意味着就一定有理、合法，但鲍家胜诉后确实为自己商务的发展清除了障碍，创造了条件。这正是徽商所追求的目标。

（三）

是什么原因造就了徽商这种高明的经营艺术呢？

《鲍氏诵先录》上有一段话对我们探讨这个问题很有启发。清代歙商鲍建旌从小本经营起家，历尽艰辛，终成巨贾，他的后人在总结他一生的经历时说：他"自少至壮，以孑身综练百务，意度深谨，得之书史者半，得之游历者半"。意思是说他的经商才能和见识，一半是从书史中得来，一半是从游历中得来。所谓"书史"，就是指历史经验；所谓"游历"，乃可谓实践经验。这里虽说的是鲍建旌个人的情况，但却道出

---

① 歙县《竦塘黄氏宗谱》卷5。

② 《橙阳散志》卷3《人物·义行》。

③ 《鲍氏诵先录》。

了一个带有普遍性的答案：徽商的才能和见识，当然也包括他们的经营之道，一是来源于历史经验，一是得益于实践经验。

我们知道，"贾而好儒"是徽商的一大特色，这给徽商带来两方面的影响。

首先，徽商的"好儒"，使他们普遍具有较高的文化素质，因此徽商比起那些只会筹算计数的一般商人，更善于从历史上汲取经验。中国几千年的文明史，留下了无数的文化典籍，诸子百家、四书五经以及历代书史中蕴藏着极其丰富的政治、经济、人才管理、谋略、运筹、伦理等思想精髓，成为徽商取之不尽、用之不竭的思想源泉。例如《史记·货殖列传》几乎成了徽商必读的教科书，他们从中汲取了不少有益的经验。如歙商黄莹"少读书，通大义，观太史公《货殖列传》……大悟若者不效世用一切狙诈术，惟静观盈缩大较，揣摩低昂，恒若执左契，诚一所至，业饶声起"①。休宁商汪可训弃儒经商，两次"发货殖传读之"，从中汲取从商经验。② 许秩经商十余年，已成大贾，还常常读《货殖列传》，"一日读货殖传，见蜀民工于市易，贾而田池射猎之乐拟于人君，逌然动游兴，于是买舟浙江，溯流而上，直达成都，历川峡之胜，迁厥物产于齐鲁间，如是往来者再，资用益饶"③。

徽商尤其注意从历史上那些著名商人身上学习经商艺术，作为自己的借鉴，如19年三致千金的范蠡（陶朱公），深谙经商之道的计然、白圭，富比王侯的盐商猗顿，与国君分庭抗礼的子贡以及卓氏、巴寡妇清等，都成了他们效法的榜样、崇拜的偶像。范蠡致富后，"再分散与贫交疏昆弟，此所谓富好行其德者也"④。徽商之所以那么热心公益事业，不能说不受"富好行其德"思想的影响。在这方面，汪拱乾的例子很典

① 歙县《竦塘黄氏宗谱》卷5《黄公莹传》。
② 《休宁西门汪氏宗谱》卷6。
③ 歙县《许氏世谱》第5册《平山许公行状》。
④ 《史记·货殖列传》。

型。他经商 30 余年成为巨富，平时自奉菲薄，"然有人告借者，无不满其意而去，惟立券时必载若干利，因其宽于取债，日积月累子母并计之，则负欠者俱有难偿之患"。有一天，他的几个儿子在一起私下议论道："昔陶朱公能积能散，故人至今称之，今吾父聚而不散，恐市恩而反招怨尤也。"谁知此番议论让拱乾听到了，他对儿子们说："吾有是念久矣，恐汝辈不克体吾志耳。是以蓄而不发，今既能会吾意，真吾子也!"于是"检箧中券数千张，尽召其人来而焚之，众皆颂祝罗拜"①。从这一事例中我们可以看出，汪拱乾父子"当众焚券"这一行为，显然是受到陶朱公"能积能散"做法的影响。宋代的范仲淹虽贵为重臣，但衣食俭朴，"好施予，置义庄里中以赡族人，泛爱乐善"②。熟读书史的徽商也受到他的影响。前述祁门商胡天禄广置义田，资助族人等做法，就是"皆师范希文（仲淹）法"。孔丘弟子子贡经商所至，"国君无不分庭与之抗礼"的风采，当然会令徽商倾倒，那么，子贡"结驷连骑，束帛之币以聘享诸侯"的做法也不能不对徽商有所启发，所以他们不惜重金上结天子、藩王，下交官员士大夫，绝不是偶然的。

其次，徽商的"好儒"，使其在儒家思想潜移默化的影响下，能自觉地用儒家的伦理道德规范指导自己的商业行为。徽商中不少人是弃儒从贾或亦儒亦贾的，弃儒从贾者在从贾以前长期攻习儒家学说，受到儒家思想影响较深；亦贾亦儒者，也由于经常阅读儒家典籍，故也受到儒家思想的熏陶。如歙商舒遵刚曾自言："吾有少暇，必观四书五经，每夜必熟诵之，漏三下始已。"③ 这种现象在徽商中极为普遍。"随风潜入夜，润物细无声。"儒家的伦理道德也就渐渐化成徽商自觉的行动。张光祖从小攻习举业，后因屡试不第，乃弃儒经商。在商务活动中，"时

---

① 《登楼杂记》，转引自谢国桢《明代社会经济史料选编》中册。
② 《宋史》卷 314《范仲淹传》。
③ 《黟县三志》卷 15《舒君遵刚传》。

或值大利害事，每引经义自断，受益圣贤心法最多"①。歙商黄长寿，"少业儒，以独子当户。父老，去之贾，以儒术饬贾事，远近慕悦，不数年，赀大起"②。鲍雯，"虽混迹廛市，一以书生之道行之"③。上述所谓"以儒术饬贾事"、"每引经义自断"、"一以书生之道行之"等等，都是一个意思，即以儒道经商，用儒家思想作为自己经商的指导思想。舒遵刚的一段话很有代表性：

> 圣人言，生财有大道，以义为利，不以利为利。国且如此，况身家乎！人皆读四子书，及长习为商贾，置不复问，有暇辄观演义说部，不惟玩物丧志，且阴坏其心术，施之贸易，道多狡诈，不知财之大小，视乎生财之大小也，狡诈何裨焉！④

可以说，大多数徽商都是这样认识，并按"圣人之言"身体力行的。所以，徽商的经营之道尤其是他们商务活动中盛开的商业道德之花，正是深深扎根于儒家思想的沃土中的。

徽商的经营之道也得益于实践经验。这种经验既包括他们自身及先辈的经验，也包括徽商群体的经验。徽商普遍较高的文化素质使他们不仅善于汲取历史经验，也善于总结实践经验。鲍森由当初的"依人为贾"，发展到后来资本"累巨万"。他的后人在给他写的《行状》中就总结道，他之所以"拓业数倍，往往得多助之力"⑤。鲍绍翔在经过 10 余年诉讼终于胜诉后，每与儿辈忆及此事，都深有感慨地说："余每逢强

---

① 《张氏统宗世谱》卷 8《毅斋翁传》。
② 歙县《潭渡黄氏族谱》卷 9《望云翁传》。
③ 《歙新馆鲍氏著存堂宗谱》卷 2《鲍解占先生墓志铭》。
④ 《黟县三志》卷 15《舒君遵刚传》。
⑤ 《鲍氏诵先录》。

敌，必有相与成之者，天下事是非一手一足自持也；汝曹当深念之。"①
他们的经验都说明了要求得商业的发展，不能仅靠自己的"一手一足"，
必须争取"多助之力"，才能"相与成之"。其他商人也必有这样的认
识。可见，徽商那么重视广结多方良缘，正是在总结实践经验后的一种
自觉行动。

失败的教训也是一种财富。徽商很善于总结这种前车之鉴。如鲍绍
翔经营盐业，在谋认引地时，先认西安，失利；再认歙县，又失利。他
后来总结道："曩者再战再北，非左计也，假手于人，人负我耳。"② 休
宁黄商为了专心儒业，典务委人经营，由于"托匪其人，恣侵渔而反毁
舍，以掩其狡，万金灰烬一空"③。他们从自己失败中认识到用人的重
要性，吃一堑，长一智，经商才能也自然提高了一步。同样，个别人的
教训也很快会变成其他徽商的借鉴。

徽商作为一个封建性的商帮，又是生活在封建社会晚期，他们的经
营之道不能不打上封建社会的烙印，尤其是为了适应封建官场中的一些
腐败陋习，徽商也采取了一些不正常的手段，如为了结交官员，不惜
"投缟赠纻"，苟且行贿等。唯利是图是封建商人本质所决定的，他们在
商业经营活动中，除取得一些合理的商业利润之外，也有一些奸巧欺诈
之徒，不择手段，不顾羞耻，利欲熏心，践踏商业道德，被人斥为"徽
狗"。据记载，新安某富翁，挟千钱至吴门（今苏州）作小经纪，后家
日泰，抱布贸丝，积赀巨万，常大言曰："致富有奇术，愚夫不自识
耳。"他的所谓致富"奇术"是什么呢？就是先治外贼，后治内贼。治
外贼，就是极端吝啬，最低限度地满足眼、耳、鼻、舌、身的需要，至
于治内贼，乃翁有一段绝妙陈述："内贼亦有五，仁、义、礼、智、信
是也。仁为首恶，博施济众，尧舜尤病，我神前立誓，永不妄行一善，

---

① 《鲍氏诵先录》。
② 《歙县新馆鲍氏著存堂宗谱》卷2。
③ 《休宁古林黄氏重修族谱》。

省却几多挥霍。匹夫仗义,破产倾家,亦复自苦。我见义则忘,落得一生享用。至礼尚往来,献缟赠纻,古人太不惮烦。我来而不往,先占人便宜一着。智慧为造物所忌,必至空乏。终身只须一味混沌,便可常保庸福。若干金一诺,更属无益,不妨口作慷慨,心存机械,俾天下知我失信,永无造门之请。此五者皆除内贼之诀也。……持此以往,百万之富,直反掌间耳。"① 此段故事显然是经过文人的刻意加工,旨在讽刺某些徽商的"缺德"。事实上,一个商人如果真像这样丝毫不讲仁义礼智信,恐怕很难在市场上"立足",更遑论"积赀巨万"了。但在某些方面与此类似的徽州商人确是存在的。《拍案惊奇》也记载了一个平素"极刻薄"的徽州典商卫朝奉的发家秘密:"初到南京时,只是一个小小解铺,他却有百般的昧心取利之法。假如别人将东西去解时,他却将那九六七银子充作纹银,又将小小的等子称出,还要欠几分等头,后来赎时,却把大大的天平兑将进去,又要你找足兑头,又要你补勾成色,少一丝时,他则不发货。又或有将金银珠宝首饰来解的。他看得金子有十分成数,便一模二样,暗地里打造来换了,粗珠换了细珠,好宝换了低石,如此行事,不能细述。"② 像卫朝奉这样的"奸商"可能是现实生活的典型化,但用种种狡诈手段,"播弄黔首,投机渔利"而发迹者,徽商中当不乏其人。

但可以肯定地说,上述这些现象绝不是徽商的主流,从其总体来说,正如本文所述,徽商大多是靠其正当而灵活的经营之道发家致富的。他们的经营之道,从一个侧面反映了明清时期的商业文化,并以自身的实践促进了这种商业文化的发展,同时也为我们今天提供了有益的借鉴。

---

① 《谐铎》卷 7《鄙夫训世》。
② 《拍案惊奇》卷 15。

第八章
徽商资本的出路

徽州商帮在获得大量的商业利润之后，也和传统的封建社会里的商人一样，一方面"以末致财，用本守之"；另一方面用于奢侈性的消费。同时，他们用于建宗祠、修族谱、置族田、修道路以及助修书院等"义举"方面的支出也不少。凡此种种，也就决定了徽州商帮不可能像16、17世纪时的西欧商人那样，成为一种"革命的因素"，而只能成为封建制度的附庸，最终不可避免地与封建制度一同归于解体。

一、徽商利润的封建化及其社会条件

明清时期的徽州商帮，在流通领域里纵横捭阖，赚取了巨额的商业利润。这些商业利润，除了一部分作为追加商业资本用于扩大流通规模和少量的转化为产业资本之外，大部分却从流通领域中游离出来，变成了封建的土地所有权、封建的政治经济特权，以及消耗于奢侈性的生活消费、强固宗法制度和封建的慈善事业诸方面。这反映了徽商商业利润封建化及其强化封建经济结构的消极倾向。徽商商业利润为什么深陷封建泥淖而不能自拔，徽州商人为什么不能像16、17世纪的西欧商人那样踏上发展资本主义的道路？这里面有着经济的、政治的、社会心理的多方面的原因。

<h2 style="text-align:center">（一）</h2>

　　明清时期，商业资本的增殖异常迅速，而与此同时，社会商品流通量的增长却是十分缓慢。这就使得商业资本与社会商品流通量之间存在着一个巨大的差额。在当时的社会条件下，这部分巨大的差额很难在产业部门中找到出路，于是只好流向封建性的巢穴。这是徽商利润封建化的最根本的原因。

　　徽商"其货无所不居，其地无所不至，其时无所不鹜，其算无所不精，其利无所不专，其权无所不握"①，在流通领域里异常活跃。他们通过贩运贸易、囤积贸易、垄断贸易获取了大量的商业利润。由于封建社会市场的发育不够充分，商业利润"不仅表现为侵占和欺诈，而且大部分是从侵占和欺诈中产生的"②，所以不同行业，不同商人资本的利润率是高低不一、悬殊甚大的，没有平均利润率的存在。尽管如此，但经济的规律总是在发生作用的。从一些文献的记载来看，我们还是可以大致了解到徽商的一般利润水平。明人宋应星《野议·盐政议》中说："商之有本者，大抵属秦、晋与徽郡三方之人。万历盛时，资本在广陵者不啻三千万两，每年子息可生九百万两。"商业资本的一般利润率为33％多。明姚士麟所撰《见只篇》卷中的一则资料，也反映了大致的情况。其中载：徽商吴氏的一个伙计某甲，"有私囊五百金"，他假托是别人的银子，交主人代为经营生息，"吴信而收置，为经营数年，计子母得一千八百矣"。如果我们假定"数年"为9年，同时不计复利、不计徽商吴氏代为经营已扣除的利润，那么五百金的年利润率也差不多为

① 万历《歙志·货殖》。
② 《马克思恩格斯全集》第 25 卷第 369 页。

30％。徽商资本的一般利润率不少于以上的水平，我们还可以从徽商贷本经营的利息中得到印证。康熙《徽州府志》载：徽人"虽挟赀行贾，实非己赀，皆称贷于四方之大家，而偿其什二三之息"①。商人贷本经商要"偿其什二三之息"，那么商业的一般利润率肯定会超过"什二三"，否则贷资经商就无利可图了。

正因为商业的利润率颇高，所以一些徽商经过数十年的经营，就变成了富埒王侯的巨商大贾。如明弘治万历间歙县长原商人程澧，精于筹算，"东吴饶木棉，则用布；维扬在天下之中，则用盐策；吾郡（徽州）瘠薄，则用子钱。诸程聚族而从公，惟公所决策，脱不给，公复为之通有无。行之四十年，诸程并以不赀起，而公加故业数倍，甲长原"②。40年的时间，程澧的商业资本就在原有的基础上增加了数倍。又如，明中叶祁门商人倪处君，"独持三百缗去，择人而任事，二十年，所起业累巨万"③。"巨万"，虽然我们不知道其确切数字，但倪处君在20年间资本翻了不少番则是毫无疑问的。再如，明代徽州商人程德容，"其遗箸最薄。君挟其遗以游江淮，北溯燕代，十余年成中贾，又二十余年成大贾"④。明代徽州商人曹文修，"始服下贾，辄操心计，中废居，骎骎乎五年而中，十年而上矣"⑤。明代休宁商人江珊，"父先母亡，时值困迫，君乃奋然自树，商于南陵之间，贸迁有无，夙兴夜寐，罔敢荒怠，积十余年，遂成大贾"⑥。明人谢肇淛在《五杂俎》卷4中说："新安大贾，鱼盐为业，藏镪有至百万者，其它二三十万，则中贾耳。"以小本起家的徽州商人，经过10年或20年的艰苦经营，变成拥资百万的巨商大贾者比比皆是，可见其资本的增殖是何等的迅速。

---

① 康熙《徽州府志》卷8《蠲赈·金声与徐按抚书》。
② 《太函集》卷52《明故明威将军新安卫指挥佥事衡山程季公墓志铭》。
③ 《祁门倪氏族谱》卷续《锦城特山倪处君夫妇合葬墓志铭》。
④ 《弇州山人四部稿》卷95《明故征仕郎仁斋程君表》。
⑤ 《太函集》卷33《赠奉政大夫户部贵州清吏司郎中曹公传》。
⑥ 《汪氏统宗谱》卷31。

商业利润的丰厚，使徽州商帮的资本量在急剧扩大。明万历时，徽州大贾的资本为"百万两"①；到清代乾隆时，徽州大贾的资本增长到"以千万计"②。从万历到乾隆的 200 年间，徽州大贾商业资本的规模增加了 10 倍。如果我们扣除清代物价上涨及银钱贬值的指数，那么 200 年间，徽州大贾商业资本的规模起码也增长了 5 倍。徽商资本的发展不仅表现为徽州大贾的资本增加很快，而且还表现为徽州富商的人数愈来愈多，整个商帮资本总量发展迅猛。在当时一个徽州商人发财之后，总是有一大批人在其扶持下发展为新的富商，从而使整个徽州商帮的商业资本也就愈来愈雄厚了。

明末清初，全国出现了 10 余个大商帮，这些商帮资本的增长速度与徽商相比，也不相上下。以山西商帮为例，明人沈思孝的《晋录》说："平阳、泽、潞豪商大贾甲天下，非数十万不称富。"这也就是说，明代晋商巨富资本最大者不过数十万银两。到清代，晋商资本的规模发展很快。《清高宗实录》载："山西富户，百十万家资者，不一而足。"③《清稗类钞·商贾类》载：山西多富商，其中以亢氏为最，号称数千万两。其次，四五百万两至七八百万两者有介休侯、太谷曹、祁县乔姓；百万两左右全三四百万两者有祁县渠、榆次常、太谷刘姓；三十万两至八十万两者有榆次侯、太谷武、榆次王、太谷孟、榆次何、太谷杨、介休冀、榆次郝姓。由此可见，从明到清的数百年间，商业资本的整体增加幅度该是何等的惊人了。

在商业资本的规模急剧增长的同时，明清时期商品流通量的规模却增长十分缓慢。以封建社会最重要的商品，同时也是明清时期流通领域中数量最大的粮食为例。据吴承明先生研究，"在明后期，较长距离的粮食运销，包括广东米北上，恐怕不超过一千万石"。到清代，长距离

---

① 《五杂俎》卷 4。
② 李澄：《淮鹾备要》卷 7。
③ 《清高宗实录》卷 1257 乾隆五十一年六月庚寅。

的粮食运销"年约三千六百万石,除去漕粮,亦在三千万石以上,与明代的长距离运销比,已三倍之"。再以棉布为例,清代"进入长距离运销的布共约四千五百万匹,与明代比,约增加一倍半"①。可见,明到清的 300 年间,社会商品的流通量最多不过是增长了 3 倍。

商业资本若要把商业利润的大部分吸收进来,必须以社会商品流通量的增长近似于商业利润的增长为条件。从上面的分析中可以看出,实际上明清时期商业利润的增长远远超过了商品流通量的增长。这样一来,一部分商业利润就必然无法被流通领域所容纳,必须游离出来,重新寻找出路。

无法被流通领域所容纳的那部分商业利润,出路有两条:一是被产业所吸收,踏上发展资本主义的道路;一是进入封建主义的轨道,变成强化封建政治经济结构的工具。而在当时的社会条件下,走第一条道路,不但要遭到工农业紧密结合的小农经济"非常顽强的抵抗",而且要受到封建政权的种种限制与打击。我们只要对某些徽州商人在这方面的活动加以考察,便不难发现走这条道路是何等的艰难了。

明清时期,确有一些徽州商人将其积累起来的商业资本投向生产领域,开始向早期资产者转化。清代在苏州经营色布字号的一些徽商就已投资生产,在棉布加工业中采用了资本主义的生产方式。他们把采购来的棉布,先在本字号中进行漂染,然后发往踹坊进行踹砑,制成青蓝布后,将其推销到四面八方。这些字号的规模很大,每一字号常有数十人在其中工作。其中漂布、染布、看布(看验色布质量)、行布(行销色布)等都各有专人负责。② 在这里,漂布、染布的工匠"俱系店家雇佣之人",但这种"雇佣"究竟属于什么性质,目前由于资料不足,还难于判定。而字号老板与踹匠的关系则确已是资本主义性质的了。当时,

---

① 参见吴承明著《中国资本主义与国内市场》一书中的《论明代国内市场和商人资本》、《论清代前期我国国内市场》两节。中国社会科学出版社 1985 年版。

② 乾隆《长洲县志》卷 10。

棉布染色之后，还必须经过踹砑，才能作为商品出售。清代苏州有许多踹坊，专门从事这道工序的加工。踹坊中的包头提供厂房、工具，从字号中领取色布，召来踹匠进行踹砑。由字号按匹发给踹匠加工费。包头则从踹匠的工钱中按月扣取房租和工具之费。① 踹匠都是来自大江南北及福建等地的单身游民，他们一无所有，全靠出卖劳动力，领取计件工资为生。② 他们同字号老板之间并无人身依附关系。按照规定，字号可以根据踹布质量优劣而随时"择坊发踹"③。这些情况表明，踹匠确已是具有"双重自由"的雇佣劳动者了。字号老板既是主要生产资料色布的所有者，也是劳动力的购买者，其经营目的又是为了出售产品获取利润，所以他们已成了早期的资产者。而踹坊包头则是那种"寄生在资本家和雇佣劳动者中间的人"④，他们的收入完全是从克扣踹匠的工资中取得的。据记载，雍正乾隆之交，苏州已有字号45家，踹坊450余处，踹匠10900余人。⑤ 平均每一字号就有10家踹坊，240余名踹匠为其踹布。可见徽商在苏州经营的踹布业中，已经颇具规模，并且出现了资本主义的萌芽。

徽商在其他行业中也有投资生产的现象。如明代成化嘉靖间，婺源木商李迪"其贻谋甚远，出罍借贷，共集不赀。抵广信，广买山材，木尽还山，自谓子孙无穷之利，工佣无虑数十人，货成无限数"⑥。休宁商人汪尚权在芜湖"大募工治铁冶，指挥百人，斩斩有序，工罔弗效。……赀日丰于旧"⑦。明弘治隆庆间休宁人朱云沾，"少从兄贾浙，……又从兄贾闽，盖课铁冶山中，诸庸人率多处士长者，争力作以

---

① 《雍正朱批谕旨》第42册。
② 《雍正朱批谕旨》第48册。
③ 《明清苏州工商业碑刻集》第80—82页。
④ 《资本论》第1卷第602页。
⑤ 《雍正朱批谕旨》第42册；《明清苏州工商业碑刻集》第74—76页。
⑥ 婺源《三田李氏统宗谱·明故处士兰田质斋李公墓志铭》。
⑦ 休宁《汪氏统宗谱》卷116《江尚权墓志铭》。

称处士，业大饶"①。歙县商人阮弼在芜湖创立染局，"召染人曹治之，无庸灌输，费省而利滋倍。五方购者益集……"② 清代乾隆年间，江西广信府的造纸业十分兴盛，"业之者日众，可资贫民生计，然率少土著，富商大贾，挟资而来者，大率徽闽之人……"③ 尽管我们还没有足够的证据，说明上述所谓"工佣"、"募工"、"佣人"、"染人"、"贫民"的性质，但就当时的社会条件而论，他们完全有可能已经是自由的雇佣劳动者，或是正在向这方面演变的劳动者了。

明清时期，徽商中固然已有人开始转变为早期的资产者，但就整个徽州商帮而论，它毕竟还是一个封建的商帮，他们中的绝大多数人并没有走上资本主义道路。那时的徽商既可借助于封建特权牟取厚利，又有广大小生产者可供盘剥，在流通领域中大有便宜可占，而投资产业则往往由于劳动生产率的低下，或受封建政府的压制而得不偿失。在棉织业中，徽商之所以仅仅投资于小生产者难于经营的染踹业，而不投资于纺纱、织布业就是这个道理。有些徽商即使已经投资产业，但也往往中途罢辍，并未能长期经营下去。前述李迪虽然经营了较大规模的伐木业，但正当他兴工开凿运木河道，"功甫垂成"时，突然"遘胀疾归，自是工佣星散，资货山材竟荡然矣"④。朱云沾经营铁冶，虽然获得了成果，但为时不久，他的哥哥、母亲相继亡故。他便抛弃铁冶，回乡守孝，并"以资斧授兄子为它贾"，改营商业去了。⑤阮弼发财后，不但不致力于发展浆染业，反而在芜湖近郊广置田园，役使大批"佣奴"，建立起自给性颇强的庄园经济。⑥甚至在苏州经营色布字号的徽商，到乾隆后期也已"本重而利微，折阅者多，亦外强中干矣"⑦。凡此种种，都表明

①⑤ 《太函集》卷47《海阳新溪朱处士墓志铭》。
②⑥ 《太函集》卷35《明赐级阮长公传》。
③ 蒋继洙等：《广信府志》卷1。
④ 婺源《三田李氏统宗谱·明故处士兰田质斋李公墓志铭》。
⑦ 乾隆《重修元和县志》卷10。

徽商在向资本主义迈进的时候，其步履是十分艰难的。由于当时封建势力还相当强大，使许多徽商当其积累起较多的资本之后，不是去投资产业，走第一条道路，而是走第二条道路，千方百计地钻进地主官僚的队伍中去，使商业利润封建化。他们或买田置地，变成地主；或"报效朝廷"，求得官职；甚至把大量资金消耗于奢侈浪费之中，从而大大地削弱了徽商商业资本对封建制度的分解作用。

（二）

购置土地，将商业利润变成封建的土地所有权，这是徽商利润封建化的主要途径。这方面的具体情况，我们将在本章的《评"江南大贾不置田土"说》中进行详细的论述，这里不再重复。徽商利润流向土地，其中的具体原因固然可以列出很多，但究其要者，有以下两点：其一是由于传统的价值观念，或者说传统的社会心理的影响；其二是因为在高额地租下，地权能带来丰厚的经济利益。

中国封建社会是一个以自然经济占统治地位的农业社会。在这种经济结构下，人们是从自然形态上理解财富，有使用价值的才是真正的财产，所以土地就一直被人们誉为是衣食之源，生财之本。早在《管子》一书里就曾说："地者，万物之本原，诸生之根菀也。"① 明清时期，人们对土地作为财富的理解就更为深刻了。清人张英对土地价值的一段叙述，颇为生动。他说："天下货财所积，则时时有水火盗贼之忧，至珍异之物，尤易招尤连祸。草野之人，有十金之积，则不能高枕而卧。独有田产不忧水火，不忧盗贼。虽有强暴之人不能竟夺尺寸，虽有万钧之力，亦不能负之以趋，千万顷可以值万金之产，不劳一人守护，即有兵燹离乱，背井去乡，事定归来，室庐畜聚一无可问，独此一块地，张姓者仍属张，李姓者仍属李，芟夷垦辟，仍属殷实之家。呜呼！举天下之

---

① 《管子·水地》。

物，不足较其坚固，其可不思所以保之哉。"① 在这种观念的指导下，人们对土地的追求比任何时候都显得更为强烈了。"凡置产业，自当以田地为上"②，就成了当时社会上普遍存在的心理特征。清人褚稼轩所撰《坚瓠广集》卷6中所引的一条材料就很能说明问题："今人造墓，必用买地券。以梓木为之朱书云：'用钱九万九千九百九十九文，买到某县某都某山某阡地'云云。此堪舆风俗如此，以为可关。及观元遗山《续夷坚志》，载曲阳燕川青阳坝，有人起墓，得铁券，刻金字云：'敕葬忠臣五处存，赐钱九万九千九百九十九文'。此唐哀宗时事也。然则此事由来久矣。"唐人墓葬中的铁券只云若干钱，而到明清时期，墓葬中的铁券却由钱变成了田。可见随着土地私有制的进一步巩固，人们对土地的追求远胜往昔。

根深蒂固的传统价值观念，以及当时"市井富室，易兴易败"的社会现实，也使商人对土地产生了特殊的兴趣。明清时期，一方面由于商品经济的发展，商业利润率高，经商容易致富；另一方面，由于流通领域里的竞争激烈，再加上统治阶级对商人盘剥的加剧，商人又极易破产。正如时人所说："（商业）一朝失利，富转为贫，前之拥多金以自豪，今且饭粗粝而不足。"③ 在这种情况下，为长保富贵，"以末致财，用本守之"就成了商人普遍遵循的准则了。更何况"在中世纪的封建国家中，……政治的权力地位是按照地产来排列的"④。商人用利润购置土地，不仅可以长保富贵，而且还可以通过拥有大量的地产，成为乡绅仕宦，取得政治特权。如此，商人自然多乐为之。

恩格斯说："每一个社会的经济关系首先是作为利益表现出来。"⑤

---

① 《笃素堂文集》卷14《恒产琐言》。
② 《履园丛话》卷7《臆论·产业》。
③ 《嘉庆龙山乡志》卷4《物产》。
④ 《马克思恩格斯选集》第4卷第169页。
⑤ 《马克思恩格斯全集》第18卷第307页。

商人利润流向土地，除了受到传统观念的影响之外，从经济关系的角度来说，另一个重要的原因，就是当时的土地能带来丰厚的利益。

中国封建社会的地租率一直很高，秦汉时期，就有"耕豪民之田，见税什五"①的记载。明清时期，地租率不仅没有降低，相反，还有进一步上升的趋势。从当时通行的分租制和额租制考察，地租率一般占产量的 50％，有的甚至高达 70％—80％。②徽州地区的地租率亦是如此。早在南宋时期，徽州地区的地租率就是"大率上田产米二石者，田主之收什六七"③。到明清时期，据当地老人言，"佃户种地主田，交租一般相当于收成的一半，也有主六佃四的"④。

以上地租率仅是指正式租约规定的正额地租，而佃户在承租土地时必须交纳的"揽田"费及"预租"、"押租"还不包括在内。如果包括在内，地租率必定超过上述数字。因为"预租"也是很重的。⑤

此外，明清农业生产在前代的基础上有了较大发展，农作物的单位面积产量有了明显提高。据蒙文通先生研究，我国历史上单位面积产量的提高分四个阶段：战国及两汉是第一阶段，魏晋南北朝是第二阶段，唐宋是第三阶段，明清是第四阶段。通过亩制和度量衡的折算，第二阶段只比第一阶段增产 20％，唐宋比汉朝增产 100％，而明清又在唐宋的基础上增加了 50％。⑥农作物单位面积产量的提高，导致了租额的提高，从而使土地拥有者的地租收入比前代大为增加。

高额地租，加上分租制逐渐被额租制所取代（明清徽州地区一般

---

① 《汉书·食货志》。
② 参见陈振汉《明末清初中国的农业劳动生产率、地租和土地集中》，《经济研究》1955 年第 3 期；李文治：《论清代前期的土地占有关系》，《历史研究》1963 年第 5 期。
③ 南宋罗愿：《新安志·贡赋》。
④ 刘和惠等：《明代徽州田契研究》，《历史研究》1983 年第 5 期。
⑤ 参看李文治《中国近代农业史资料》第 1 辑第 76 页表。
⑥ 蒙文通：《中国历代农产量的扩大和赋役制度及学术思想的演变》，《四川大学学报》1957 年第 1 期。

都是额租制）以及农作物单产量的提高，这就使得谁拥有更多的土地，谁就可以得到一笔数量相当大而又非常稳定的地租收入。而且这笔地租收入的价格又是在日益上涨的。历史记载表明，从明建文三年起，每隔 50 年全国米价以平均 3.7 倍的速度增长，清末米价增加近 8 倍。① 徽州地区由于"地狭人稠"，粮食一直奇缺，米价的上涨幅度更大。据徽州地区明清契约的记载，民间的米价：每纹银一两，在明初建文三年可购米 560 斤，宣德三年为 350 斤，嘉靖十九年为 240 斤，至万历五年一两纹银只能买米 200 斤。在清代，仅以光绪年间歙县唐模《许荫祠收支总帐簿》（原件藏安徽省博物馆）的籴谷价格为例：光绪十五年石谷值英洋九角，十六年值一元零五分，十七年为一元一角，十八年为一元二角，十九年一元三角八分，二十年一元七角五分，至二十八年每石谷价上升到二元五角。10 余年的时间里谷价猛涨近 3 倍。② 若遇灾荒之年，徽州的米价之高更是惊人，至有"斗米银三钱"的。③ 可见，拥有土地不仅可以获得高额地租收入免于无米之忧，且可以高价出售获取暴利。正是由于土地可以带来如此丰厚的利益，才刺激了徽商追求和购买的欲望。

（三）

徽商将商业利润消耗在建祠堂、修族谱、置族田等强固封建宗族势力方面，数量亦很可观。如明嘉靖年间，徽商金德清经商 10 年，"遂积万金"。一回家，便捐金 600 两建宗祠，捐 300 两请"无际大师作会斋僧"④，万金的资本一时差不多耗去了十分之一。又如清代歙县盐商郑鉴元，"修洪桥、郑氏宗祠，又尝修族谱，举亲族中婚葬之不克举者。

① 转引自黄启臣《试论明清时期商业资本流向土地的问题》.《中山大学学报》1983 年第 1 期。
② 转引自彭超《论徽州永佃权和"一田二主"》.《安徽史学》1985 年第 4 期。
③ 同治《祁门县志》卷 36《杂志》。
④ 祁门金焕荣：《京兆金氏族谱》卷 2《先祖金斋公传略》。

建亲乐堂于宅后，子孙以时奉祀"①。歙县鲍概等8位商人，"慨捐己资，共成巨万，建立宗祠，并输族产"②。这方面的材料，在徽州方志、谱牒中俯拾可得。至于徽商为购置族田祠产而耗费巨额资金的现象更是极为普遍的了。

兴水利、修道路、筑亭桥、赈灾济贫、资助书院等"义举"，也消耗了徽商不少的商业利润。正如徽州族谱所说：徽商"济饥馁以粥，掩暴骼以棺，还券以慰逋负，散财以给窘乏。至于修道路、造亭桥，诸所善果靡不仗义为之，不少吝"③。这方面的材料也很多，兹列举数例如下：歙县商人刘正实，"修龙门桥，费万金；岁饥，捐金助赈"④。祁门商人汪琼以"南溪流激撞，善复舟"，慨然"捐金四千，伐石为梁，别凿道引水迤逦五六里，舟行始安"⑤。婺源商人詹文锡，"承父命往蜀，至重庆界，涪合处有险道，名'惊梦滩'，悬峭壁，挽舟无径，心识之。数载后，积金颇裕，复经此处，殚数千金，凿山开道，舟陆皆便。当事嘉其行谊，勒石表曰'詹商岭'"⑥。乾隆三年，扬州旱灾，歙县盐商汪应庚"独捐银四万七千三百一十两有奇"；乾隆七年，汪应庚又"以扬水灾捐银六万两"。⑦ 休宁商人吴光祖，"尝贾阳羡，值岁大祲，买谷百石平粜，贫民不能自存者，贷以值，谷尽又设粥以赈之，阳羡民目为'休宁吴善人'"⑧。

徽商为何要将其商业利润消耗在强固封建的宗族势力和封建的"慈善"事业之上呢？这与徽州区域特殊的社会文化环境及其在这种环境下

① 民国《歙县志》卷9《人物志·义行》。
② 《鲍氏著存堂宗祠谱》。
③ 休宁《方塘汪氏宗谱·周德堂记》。
④ 康熙《重修扬州府志》卷52《笃行》。
⑤ 道光《安徽通志》卷196《义行》。
⑥ 光绪《婺源县志》卷28。
⑦ 光绪《两淮盐法志》卷146。
⑧ 嘉庆《休宁县志》卷15《人物·乡善》。

形成的徽商独特的社会心理有关。

"新安各姓，聚族而居，绝无杂姓搀入者。其风最为近古。出入齿让，姓各有宗祠统之。岁时伏腊，一姓中千丁皆集。祭用文公家礼，彬彬合度。父老尝谓，新安有数种风俗胜于他邑：千年之冢，不动一抔；千丁之族，未尝散处；千载之谱系，丝毫不紊。"① 宗法制度的完备和宗法观念的强固是徽州地区一个颇为特殊的社会现象。

这种以尊祖、敬宗、睦族为基本特征的宗法制度，造成了徽州"重宗义，讲世好，上下六亲之施，无不秩然有序"② 以及族人之间"相亲相爱，尚如一家"③ 的社会风尚。在这种社会风尚下成长起来的徽州商人，具有强烈的宗族归属感，把自己的命运与宗族的命运紧紧地联系在一起，将强宗固族看成是自己应尽的职责和义务，并渴望在宗族中获得地位和尊重。于是经商致富后，他们大都十分自觉地将一部分商业利润用于宗族事务的消费之中。如绩溪商人王中梅，"工计然，常远出经商，臆则往往而中。积数年，家渐裕。诸子弟有请营第宅者，公怃然曰：'记有之，君子将营宫室，宗庙为先。今祠宇未兴，祖宗露处，而广营私第，纵祖宗不责我，独不愧于心乎？'乃慨然有建祠之志"④。婺源商人程邦灿，"服贾粤东，获奇羡，悉归父母。……父见食指繁，命析箸，灿请缓，率弟建家祠，始议分"⑤。致富后的徽商，之所以亟亟以缮宗祠为先务，其目的就是"亢宗"。正如歙商吴佩常所说："吾家仲季守明经，他日必大我宗事，顾我方事锥刀之末，何以亢宗？诚愿操奇赢，为吾门内治祠事。"⑥

与宗法制度紧密相连的，是徽州地区特殊的崇儒风气。读书、应

---

① 《寄园寄所寄》卷11。
② 嘉靖《徽州府志·风俗》。
③ 《黟县三志》卷15《艺文志》。
④ 绩溪嗒盘川王氏宗谱》卷3《中梅公传》。
⑤ 光绪《婺源县志》卷29。
⑥ 《太函集》卷72。

试、做官，是徽州人心目中的"第一等事业"，是光宗耀祖、光大门楣的头等大事。在这种价值观念的指导下，徽州的每一个宗族都把设学堂、培养宗族子弟作为族规、家训，书之于宗谱之中，张贴于祠堂之内。如歙县《谭渡孝里黄氏族谱》中写道："子姓十五以上，资质颖敏，苦志读书者，应加奖劝，量佐其笔札膏火之费。另设义学，以教宗党贫乏子弟。"① 休宁《茗州吴氏家典》中也写道："族内子弟有器宇不凡，资禀聪慧而无力从师者，当收而教之，或附之家塾，或助以膏火，培植得一个两个好人作将来楷模，此是族党之望，实祖宗之光，其关系匪小。"② 《明经胡氏龙井派宗谱·祠规》中除规定了对宗族子弟参加童试、乡试、会试的具体资助办法外，还谆谆告诫全族"为父兄者，幸有可选子弟，毋令轻易废弃。盖四民之中士居其首，读书立身胜于他务也"。这种崇儒的社会风气，形成了徽州"俗好儒而矜议论"③、"儒风独茂"④ 的文化氛围，造成了徽州人"理学第一"⑤ 的心理定势。在这种社会心理的影响下，"非儒术无以亢吾宗"⑥、"非诗书无以显亲"⑦ 也成了徽州商人普遍存在的心理特征。从而使他们经商致富以后大多热衷于建学堂、修书院、请名师，为子弟业儒入仕创造条件。如明歙县商人方迁曦，"励志经营……家业益以丕振。……常念方氏入国朝以来，宦学继美无间，近世兹寝有愧，乃谋诸族，肇建书屋于金山隈，俾后嗣相聚相观，以振儒业"⑧。清初，在扬州的歙县盐商就曾集体致书告老还乡的清朝大臣曹文埴，"谓书院之人才日盛，思欲拓其学舍，以增其人；

---

① 黄玄豹：《谭渡孝里黄氏族谱》卷4《家训》。
② 吴翟：《茗州吴氏家典》卷1。
③ 《歙事闲谭》第18册。
④ 康熙《绩溪县志续编》卷3《硕行》。
⑤ 《歙事闲谭》第6册。
⑥ 《太函集》卷67。
⑦ 《丰南志》第5册。
⑧ 《方氏会宗统谱》卷19。

厚其廪给，以励其志"①。

　　一般来说，徽人是在儒业中失意，或因家贫无力业儒，才"弛儒而张贾"，走上经商之路的。由于受到了儒家思想的深深影响，他们在经商的过程中依然把儒家的伦理道德视为立身行事之本，"虽为贾者，亦近士风"②。于是儒家"仁"、"义"的道德规范不仅成了徽商商业道德的根本，同时也成了徽商大行"善行"、"义举"的思想根源。

　　以上我们只是对徽商利润封建化的根本原因以及徽商购置土地、强宗固族、大行"义举"的具体原因作了简略的论述。全于徽商为何将商业利润消耗在奢侈性生活和追求政治特权等方面，本书的有关章节已有专门论述，在此从略。

二、评"江南大贾不置田土"说

　　明清时期，徽州"业贾者什七八"③，足迹"几遍天下"④，其积累的资本，有"数十万以汰百万者"⑤。当时，徽商与晋商共执商界之牛耳，正如时人所云："富室之称雄者，江南则推新安，江北则推山右。"⑥

　　对以徽商为代表的江南大贾的性质及其作用的评价，特别是对徽商资本与土地结合的问题，史学界至今仍存在着很大的分歧，未能形成一致的认识。早在明清时期，谢肇淛在《五杂俎》中就曾说："江南大贾，强半无田，盖利息薄而赋役重也。"⑦顾炎武在《天下郡国利病书》中评

---

① 民国《歙县志》卷15《艺文志》。
② 《戴震集》上编文集卷12《戴节妇家传》。
③ 《太函集》卷16《阜成篇》。
④ 张瀚：《松窗梦语》卷4。
⑤ 万历《歙县志》卷4。
⑥⑦ 谢肇淛：《五杂俎》卷4。

论嘉靖以来徽州赋役沉重时亦云："其实商贾虽有余资，多不置田业，田业乃在农民。"① 谢、顾二人所说的是明后期的情况。现代有些研究徽商的学者则将上述观点加以引申，并给予更加具体的说明。如：有人认为，明清时期，徽商资本已开始在较大程度上摆脱了传统的商业资本与土地相结合的道路，不再关心土地经营；徽商"要从土地上面来容纳他的剩余资本，这一要求将成为不可能"，因为"当时各地工商业的发达已给予商人开一广阔的前途"。有人认为，"明代以前，我国的商人资本和土地经营是紧密结合的，商人发财致富之后一般仍要还原为土地经营。徽商的情况则与此不同。他们在离开本土之后一般不再返乡，而是在侨居城镇世代居留下去，不再关心土地经营。即使购买土地也是作为坟墓、祭祀之用，由商人还原为地主的例子是极罕见的。"有人更明确指出，徽商资本"最显著的特色之一是开始较大程度上摆脱了传统的商业资本与土地相结合的道路"，它"说明了明中叶整个经济的变化"。如此等等。以上观点，约而言之，即"江南大贾不置田土"说。

明清时期的徽州商人真的"已开始在较大程度上摆脱了传统的商业资本与土地相结合的道路，不再关心土地经营"？从我们接触到的大量资料来看，则不完全是这样。诚然，我们也不否认，明清时期的某些历史阶段，譬如明后期，徽商资本流向土地确有相对减少的趋势。但这种现象的出现，是不是像当今的有些学者所说的那样，是"当时各地工商业的发达已给商人开一广阔的前途"所致？我们认为，这是对明清时期的工商业发达作了过高的估计，同时也忽略了这种现象出现的历史背景，同样是不完全符合历史事实的。

徽商资本流向土地的问题，是徽商研究中的重要课题。科学地认识这一问题，不仅有助于我们正确评估徽商资本的性质及其作用，而且对于了解中国封建社会长期延续和资本主义萌芽发展缓慢的原因，也很有裨益。

---

① 顾炎武：《天下郡国利病书》卷32 江南20。

（一）徽商资本并未摆脱传统的商业资本
与土地相结合的道路

徽商资本流向土地，在宋代就已见于记载。入明后，随着徽人从商人数的扩大、商业利润的增多，其资本流向土地的记载更多、数量更大。

明代，徽商在家乡购田地的事例史不绝书。如休宁人程维宗，"从事商贾，货利之获，多山望外，……由是家业大兴。……且增置休，歙田产四千余亩。……有庄五所，……故税粮冠于一县"①。歙县人鲍汪童，"……以毫末起而营运，十数年间，坚持不懈，遂有成立。……晚年田土之增百有余亩，所生所继二处，地基皆增购而充拓之"②。

明中叶，歙县人江祥，"不惮劳苦，早夜经营，年五十，家业始起。累资二十余万金，田连阡陌，富甲一方"③。休宁人程公辅，"商游吴越，……遂获奇赢。置田拓址，雄于一乡矣"④。

即使到明后期，徽商在家乡置田地者，仍时有人在。如明末清初歙县方时翔，"往来大江南北间，转移贸易，以时伸缩之。无何，而橐中骎骎起。归则益增置新产，非复旧田庐足供衣食而已"⑤。至于崇祯元年，徽商王元礼将5处店产尽行变卖，转于田产的事例，就更为典型了。⑥

徽州是个众山环绕的地区，土地包括田地和山场两部分。在这两部分土地中，是山多而地少，即"吾徽居万山环绕中，川谷崎岖，峰峦掩映，山多而地少"⑦。再加上不多的田地又大都是"厥土骍刚而不化"⑧

①④　《休宁率东程氏家谱》。
②　乾隆《重编歙邑棠樾鲍氏三族宗谱》卷119。
③　歙县《济阳江氏族谱》卷9。
⑤　《歙淳方氏会宗统谱》卷19。
⑥　徽州藤溪《王姓阄书》，原件藏中国社会科学院经济研究所。
⑦　吴日法：《徽商便览·缘起》。
⑧　顺治《歙县志》卷1。

的"瘠地",因此,山场在徽州人的经济生活中占有极其重要的地位。"向来田少人多,居人之日用饮食取给于田者不敌取给于山"①;"自休以西尤称斗入,岁收仅仅不给半饷,多仰取山谷……"② 正因为如此,徽商资本在家乡与田地结合的同时,又与山场紧密联系在一起。如祁门五都的一位洪氏商人,从洪武二十三年至万历三十二年的 214 年间,共积累田 79.57 亩又 26 丘、地 4.8 亩又 7 丘、山 104 亩又 6 角又 8 处。③山场的面积最大。明末清初休宁商人汪正科所购得的田产,计有田、地、山、塘 4 种,虽然山场面积占总田产数的比例无从统计,但可以肯定为数不少。④ 万历天启年间的歙县大盐商吴养春,置有黄山山地 2400余亩,其数量更是惊人了。⑤

徽州是个地少人多,"民鲜田畴"的地区。早在弘治年间,就有了"田地少、户口多"的"地窄人稠"之患。有学者研究表明,明清时期,"徽州农户一般耕地面积不到十亩,……有地三十亩以上者,就可以肯定是以地租收入为主的地主了"⑥。徽商在家乡拥有"田连阡陌",几百亩乃至几千亩的土地,这在当时的徽州该是多么惊人的数字!因此有些学者说,在整个徽州的土地兼并活动中,徽商所占的分量并不大,这是不符合历史实际的。

为行文和看阅的方便,我们把明代部分徽商在家乡购置田地的材料列成一表。

---

① 祁门《环溪五履和堂养山会簿》。
② 嘉靖《徽州府志》。
③ 据祁门五都《洪氏誊契簿》统计。转自叶显恩《明清徽州农村社会与佃仆制》一书第69页。
④ 休宁《汪氏阄书》,原件藏安徽师大图书馆。
⑤ 《丰南志》第10册。
⑥ 章有义:《明清徽州土地关系研究》。

表一　明代徽商在家乡购置田地情况

编号	姓名	籍贯	年代	经营行业	购置田地情况	资料来源
1	江国邠	婺源	明	木业	"田日斥"	《大泌山房集》卷72
2	李季子	歙县	明		"握算以当什一，遂用居息起富，驯致阡陌相连"	《太函集》卷61
3	章献邦	绩溪	明	盐业	"居积充裕，广置田庐"	绩溪《西关章氏族谱》卷24
4	汪忠浩	徽州	明		"聚余赀，与伯氏为贸易计，……由是赀日裕，田园山数甲于乡间"	《汪氏统宗谱》卷31
5	李　魁	婺源	明		"遂囊往金陵，赁一乡肆，……无几何，稍饶给矣；无几何，买田宅矣"	婺源《三田李氏统宗谱·休江潭东市魁公夫妇逸绩》
6	黄元芳	歙县	明		"田园邸舍，手自经营"	歙县《潭渡黄氏族谱》卷9
7	黄梅原	休宁	明		"……贾大进，家用益富。……晚岁卜居霞关，辟里由之田数百亩以耕焉"	王慎中《遵岩先生文集》卷32
8	程维宗	休宁	元末明初		"增置休、歙田产四千余亩，……有庄五所"	《休宁率东程氏家谱》
9	王荫	歙县	明初		"置产构室"	歙县《泽富王氏宗谱》卷2
10	程祖德	休宁	明初		"增创田粮三百余石"	《休宁率东程氏家谱》
11	鲍万善	歙县	明初		"增拓基业"	乾隆《重编歙邑棠樾鲍氏三族宗谱》卷60

续表

编号	姓名	籍贯	年代	经营行业	购置田地情况	资料来源
12	鲍成德	歙县	明初		"增置田产"	同上卷61
13	鲍和祖	歙县	明初		"置田产"	同上卷132
14	鲍思齐	歙县	明初	盐业	"增修田庐,用广储积"	同上卷186
15	鲍必稷	歙县	明初		"增置基产,营造室宇"	同上卷25
16	鲍汪童	歙县	明初		"田土之增百有余亩,所生所继二处,地基皆增购而充拓之"	同上卷119
17	鲍兴与	歙县	明初		"增拓产业"、"造堂宇"	同上卷65
18	程志发	徽州	正统	做造簿筏	"置田一顷余"	《新安程氏诸谱会通》第3册
19	程湧全	休宁	正统		"薄置田庐"、"乃营一丘于歙南之横千"	休宁《率口程氏续编本宗谱》卷6
20	汪明德	徽州	成化间		"田连阡陌"	《汪氏统宗谱》卷42
21	土发松	歙县	成化间		"置田畤屋舍"	歙县《泽富王氏宗谱》卷4
22	俞冕	休宁	成化间		"买田数亩"	《休宁山斗俞氏宗谱》卷5
23	许太明	歙县	成化间		"充资置产"、"田园时多"	歙县《许氏世谱》第5册
24	黄义刚	休宁	弘治间	木业	"筑室买田"	休宁《黄氏世谱》卷2
25	程锐	休宁	弘治间		"中年生意日遂,增田园百余亩,别构厦屋廿余楹"	休宁《率口程氏续编本宗谱》卷6
26	程牛	休宁	正德间		晚年归里,"资产丰裕,富甲一乡"	同上

续表

编号	姓名	籍贯	年代	经营行业	购置田地情况	资料来源
27	程神助	休宁	天顺正德间		"广置田园第宅，构聚庆楼四十楹"	同上
28	程天寿	休宁	正德隆庆间		"赀日以起，多市田畴宅舍，振拓其世业"	同上
29	程坊	休宁	嘉靖间		"赀颇裕，即厌远游，买山筑庐，日以课仆树樵采为事"	同上
30	程玺	休宁	弘治隆庆间		"置万金产，极膏腴"	同上
31	程泰明	休宁	嘉靖间		"财赀日裕，基业日拓，殷富遂甲休邑"	同上
32	程从起	休宁	弘治嘉靖间		"买僮仆课垅亩，各择所任授之"	同上
33	程祖悦	休宁	嘉靖间		"年五十即谢归。……构屋百余楹……又以余力筑园圃、树果木"	同上
34	程映	休宁	嘉靖间		"赀日裕，广置膏腴，重楼峻宇，焕然一新"	同上
35	程昕	休宁	嘉靖间		"贾既久，赀日豪，乃高室庐、广园亩"同上	
36	程守仪	休宁	嘉靖间		"不三数年，累致巨赀，拓产起第宅"	同上
37	程永源	休宁	正德间		"赀仇数倍，置万金产，广构闲闳旁舍"	同上
38	程尚平	休宁	嘉靖间		"竭力经营，赀日用裕，买田筑室，振饬家声"	同上

编号	姓名	籍贯	年代	经营行业	购置田地情况	资料来源
39	程　迪	休宁	嘉靖间		"贸迁有道，今赀产日裕，第宅日拓"	同上
40	程万光	休宁	嘉靖间		"所得赢余，节置田畴产业，辄以供父若母欢"	同上
41	程标	休宁	嘉靖间		"赀日以裕，业日以拓，鼎新居室，怡怡愉愉"	同上
42	孙时	徽州	嘉靖间		前后购置田地约42亩	中国社科院历史所编《徽州千年契约文书》宋元明编第5卷《嘉靖四十年孙时立阄书》
43	洪仁荣兄弟及其子辈	休宁	万历		"苦志江湖，创积数十年……家业颇丰"。计有田地92号，租713.5砠，另有山、塘、基地若干	同上第7卷《万历二十八年休宁洪岩德等立阄书》
44	许竹逸	歙县	正德间		"广营宅、置田园"	《新安歙北许氏东支世谱》卷8
45	江终慕	歙县	嘉靖间		"时时归歙，治第宅田园"	歙县《溪南江氏族谱·处士终慕江翁行状》
46	吴烈夫	歙县	嘉靖间		"拓产数顷"、"开圃数十亩"	《丰南志》第5册《存节公状》
47	汪忠富	徽州	嘉靖间		"拓置田数"	《汪氏统宗谱》卷3
48	汪　弘	休宁	嘉靖间		"构堂宇"、"辟沃壤"	同上卷116

续表

编号	姓名	籍贯	年代	经营行业	购置田地情况	资料来源
49	方汝梓	歙县	嘉靖间		"大治宫室、市良田"	《方氏会宗统谱》卷19
50	方道容	歙县	嘉靖间		"恢产构室"	同上
51	江祥	歙县	嘉靖间		"田连阡陌，富甲一方"	歙县《济阳江氏族谱》卷9
52	程公辅	休宁	嘉靖间		"置田拓址，雄于一乡"	《休宁率东程氏家谱》卷9
53	黄铺	歙县	嘉靖间		"益拓田宅"	歙县《潭渡黄氏族谱》卷9
54	黄存芳	歙县	嘉靖间	盐业	"广土构堂"	歙县《竦塘黄氏宗谱》卷5
55	许大兴	歙县	嘉靖间	盐业	"堂构田园大异往昔，久之以税甲于乡"	《新安歙北许氏东支世谱》卷8
56	洪仁辅之父	歙县	嘉靖间		构堂宇，置阡陌"	歙县《江村洪氏家谱》卷9
57	江珍	徽州	嘉靖间		"置田产四十三顷"	《太函集》卷67
58	黄锜	歙县	嘉靖间	盐业	"创置田园室庐"	歙县《竦塘黄氏宗谱》卷5
59	许世积	歙县	嘉靖间		买田	许国《许文穆公集》卷13
60	许辰江	歙县	嘉靖间		"膏沃充牣"	《新安歙北许氏东支世谱》卷5
61	汪仲	徽州	嘉靖间		"买田筑室"	《太函集》卷28
62	汪通保	徽州	嘉靖间		"置田宅"	同上

编号	姓名	籍贯	年代	经营行业	购置田地情况	资料来源
63	黄明芳	歙县	弘治正德间		"辟基拓产，栋宇鳞次"	歙县《竦塘黄氏宗谱》卷5
64	许琏	歙县	嘉靖间		"赀产益增，堂构鼎新"	歙县《许氏世谱》第5册
65	许觇	休宁	明中叶		"广田园盛甲一乡"	《许氏统宗谱·孟贻公行状》
66	鲍宜埧	歙县	正德嘉靖间		"增置南园，拓祖业而倍之"	《重编歙邑棠樾鲍氏三族宗谱》卷57
67	许东井	歙县	明中叶	盐业	"庐舍田园，迥异往昔"	歙县《许氏世谱》第5册
68	王茂荣	歙县	嘉靖间		"基产日盛"	歙县《泽富王氏宗谱》卷4
69	江才	歙县	明中叶		"益治第宅田园"	歙县《溪南江氏族谱·墓志铭》
70	汪宗姬	徽州	万历间	盐业	争购土地	《五杂俎》卷4
71	吴养春	歙县	万历天启间	盐业	"有黄山地二千四百亩"	《丰南志》第10册
72	王元礼	徽州	崇祯间		买田产	《王姓阄书》，原件藏中国社科院经济所
73	汪正科	休宁	明末	开丝绸店	置田93丘，计租304秤；另地、山塘若干	《汪氏阄书》，原件藏安徽师大图书馆
74	方时翔	歙县	明末		"归则益增置新产"	《方氏会宗统谱》卷19

徽商除在家乡大购田地和山场外，还大量购置宅基地，建造园亭广厦。如明代休宁人汪仁杰，"……贸迁吴楚闽越，善操赢缩，不数岁寻至巨万，归而恢拓祖产，蓄畚栋宇甲于一乡"①。成化嘉靖间的歙县商人鲍钞，"初居址湫隘，鸠工拓之。建学士楼，周垣平坦，广余十亩，旁置仓房；继又为堂于其外，规模壮丽，以为宗族宾朋聚会"②。隆庆时歙县商人许春田，"少修父业，转毂郡国，所至息入辄倍，益累高资。……复念族之贫不能自业者颠连而靡告也，谋于季弟叔孺就郭东治垣屋七十楹……"③

我们之所以把这点提出作为一个方面来讲，是因为：其一，徽商资本投向这方面土地的数量很多。徽商资财日增后，大都"华其居屋"④、"开基构屋"⑤，以炫耀于乡里；或"构光裕堂室，以为燕翼计"⑥，"凿池筑亭，以为佚老计"⑦。这些建筑，大都"基址恢宏，规模轩冕"⑧，占地面积很大。其二，徽人十分重视"风水"迷信，这方面的土地一般说来都是所谓"风水"较好的土地，所以价格特别高。在徽州地区，每亩百金以上的高价土地，大都是这种"风水"较好的基宅地和墓地。正如《休宁县志·风俗》所言："乡田有百金之亩，廛地有十金之步，皆以为基，非黍地也。"另外，民间也流传："有屋基风水，税不上亩，而价值千金者……"⑨ 这类价格高昂的特殊地产，吸收了徽商的大量资本，这是不大为人注意的。

捐资购置宗族土地，是徽商资本流向家乡土地的又一方面。族田

---

① 乾隆《汪氏通宗世谱》卷6。
② 乾隆《重编歙邑棠樾鲍氏三族宗谱》卷153。
③ 《重修古歙东门许氏宗谱》卷10。
④ 乾隆《汪氏通宗世谱》卷133。
⑤ 歙县《泽富王氏宗谱》卷4。
⑥ 《歙新馆鲍氏著存堂宗谱》卷9。
⑦ 歙县《潭渡黄氏族谱》卷9。
⑧ 康熙《西溪汪氏族谱》卷10。
⑨ 叶茂桔：《休宁县赋役官解议条全书》。

（包括义田、祭田、祠田、墓地等名目）作为宗族的公共财产，不得转让和买卖。因之，经过代代积累，明清时期徽州地区族田的数量很大，远非他郡可比。据叶显恩先生的有关统计表明，到解放后的 1950 年，族田在徽州地区的有些村中，高达占全部土地的 75%；撇开最高的情况不说，一般村中的族田都要占总耕地面积的 14% 左右。① 徽州地区宗族土地的庞大，徽商投资购置是其主要来源。明清时期，徽商经营致富后，投资购置族田几十亩、乃至几百亩，十分慷慨，毫不吝惜。如：明代祁门商人胡天禄，"输田三百亩为义田，以备祭祀及族中婚嫁丧葬、贫无依者之资"②；歙县商人罗元孙，"尝构屋数十楹、买田百亩，以设义塾、以惠贫宗"③。清代，徽商投资购置族田的数量更为巨大。如：歙县商人鲍玉堂，"置田五百亩，以岁入赡族"④；歙县大盐商鲍启运，一次捐资购置族田就达 1200 余亩。⑤ 此类材料，在徽州谱牒中俯拾可得。

徽商资本之所以大量流向家乡"狭小"、"瘠确"的土地，主要基于以下几种原因：

其一是乡土观念。据文献记载："歙俗之美，在不肯轻去其乡，有之则为族戚所鄙，所谓'千年归故土'也"⑥；"歙山郡，地狭薄不足以食，以故多贾，然亦重迁，虽白首于外，而为他县人者盖少"⑦。因乡土观念的影响，徽商经营致富后，大都在家乡治第宅田园，以为"终老之计"、"菟裘之计"。这方面的材料很多，现略举数例如下：

永乐、成化间的徽商汪明德，"事商贾每倍得利……晚年于所居之

<hr/>

① 参见叶显恩《明清徽州农村社会与佃仆制》。
② 赵吉士：《寄园寄所寄》卷 9。
③ 康熙《徽州府志》卷 15。
④ 光绪《重修安徽通志》卷 15。
⑤ 歙县《棠樾鲍氏宣忠堂支谱》。
⑥ 《歙事闲谭》第 18 册《歙风俗礼教考》。
⑦ 归有光：《震川先生集》卷 18。

旁，围一圃、辟一轩、凿一塘，以为燕息之所。决渠灌花，临水观鱼，或觞或咏，或游或弈，盖由田连阡陌，囊有赢余"①。

成化、嘉靖间的歙县商人江终慕，"辞其兄，北游青、齐、梁、宋间，逐什一之利。……已而财益裕，时时归歙，渐治第宅田园为终老之计"②。

婺源商人洪大诗，"初游江右至邑，后营金陵木业，囊渐充裕，……晚岁志欲归里，置房屋一所，基地一亩，租二百二十余秤，以为菟裘之计"③。因此，说徽商在离开本土之后一般不再返乡，而是在侨居城镇居留下去，不再关心土地经营，是不符合历史事实的。

其二是"为子孙计"。为了使子孙不再重蹈自己的漂浮四海、受人轻视的商人职业，成为体面的"耕读世家"，徽商经营致富后，又广置田宅，以遗后嗣。例如：

明初歙县人鲍和祖，"壮时治生经营，……家事渐裕，遂得赎地村中，刱屋以居，置田产为子孙计"④。

嘉靖间歙县人黄镛，"商游闽、越、齐、鲁者三十余年，……年几耳顺，遂幡然来归，悉付赀于其子曰：'尔曹当励志，毋替先业'。然犹早夜习勤，益拓田宅，曰：'吾将以遗安也'"⑤。清末黟县人余毓焜，经营盐业，"囊橐既充，更复问舍求田，贻厥后嗣"⑥。

其三是"父母在不远游"。为了博得"孝子"的美名，徽商经营致富后，常以"父母在不远游"而罢四方之事，依依严慈为欢。如：

明代休宁人汪狮，"年始胜衣，辄当室，遂贾淮海，坐致不赀。悉举而与仲中分之，无德色。……母春秋高，处士留居子舍，遂罢四方之

---

① 《汪氏统宗谱》卷42。
② 歙县《溪南江氏族谱》。
③ 婺源《墩煌洪氏通宗谱》卷59《檀溪全万公传》。
④ 乾隆《重编歙邑棠樾鲍氏三族宗谱》卷132。
⑤ 歙县《潭渡黄氏族谱》卷9。
⑥ 黟县《环山余氏宗谱》卷21。

事，筑室石渠老焉"①。

明代休宁人汪应时，"甫髫，治博士家言，寻弃而佐其伯兄，惟行贾往来真州。先生有心计，多奇中，渐起富。……（后）贾淮北，念诸母老，遂罢四方之事，依依慈帏为欢。邑之东多佳山水，构别业其间……"②

徽商罢四方之事，归隐乡里后，其商业利润显然大部分流向了土地。

其四是宗法观念。宗法制作为氏族制度的残余，附着于封建制度并与之相始终。徽州作为程朱理学的故乡，其封建宗法制尤为强固，所谓"徽州聚族居，最重宗法"③。在宗法制下，谁在"尊祖、敬宗、收族（或睦族）"活动中表现突出，谁死后就能入主祠堂，名垂宗谱，受到本族后辈的敬仰。而所有的宗法活动，无论是对祖先的祭祀、祠堂的修筑、宗谱的撰纂，抑或是对贫穷族人的扶植，都要有物质来作为基础。因此，为了适应宗法制的需要，徽商经营致富后，在捐资修祠堂、族谱的同时，又大置祭田、祠田、义田、义冢等以为宗族的公产。

其五，徽州粮食短缺，也是促使徽商资本流向家乡土地的原因之一。

"徽州介万山之中，地狭人稠，耕获三不赡一。即丰年亦仰食江楚，十居六七，勿论岁饥也。……一日米船不至，民有饥色，三日不至有饿莩，五日不至有昼夺。"④ 因此，粮食在徽州具有特别重要的价值。由于徽州的粮食大部需要外给，加上运输途中"纳钞输牙，舟负费重，与所挟资准"，因而出现了"江南米价，独徽高"的局面。⑤ 在荒年或闭

---

① 《太函集》卷80《汪处士赞》。
② 《休宁西门汪氏宗谱·太学应时公传》。
③ 嘉庆《黟县志》卷3。
④ 康熙《休宁县志》卷7。
⑤ 《歙事闲谭》第6册《明季县中运米情形》。

籴之时，徽州粮食的恐慌就更为严重。正如赵吉士所云："一旦饶河闭籴，则徽民仰屋；越舟不至，六邑无衣；荒旱偶乘，死亡立至。"① 万历年间，"大旱既苦雨，斗米一钱三分"②，当时新安江上的抢劫米船事件时有发生，以致"客贩绝迹，该地米价不特昂贵无比，且无米可买"③。又如崇祯十四年，"浮盗阻河，舟楫不通，粮食腾贵，斗米银三钱，人掘土以食，俗名观音土，食后多有死"④。在这种情况下，谁握有土地，谁就握有粮食；谁握有粮食，谁就可以"坐握高价"，取得高额利润。因此，徽商把其商业资本变成土地资本，坐收出卖粮食的高额利润，亦不失为致富之路。

徽州地狭，无法容纳众多的商业资本，于是"流寓五方"的徽州商人，除在家乡"增置田产"外，又在外地"广置田亩"。虽然徽人乡土观念十分浓厚，但"大抵徽俗，人十三在邑，十七在天下"⑤，而"十七在天下"者中，"间有先贫后富，缘其地发祥，因挈属不返者"⑥。这些寓居他乡的徽商，不再关心土地经营者固然有之，但更多的是和土地接下了不解之缘，乐他乡之土壤、乐他乡之淳朴，"买田卜居"。因此，在外地购置田地，是徽商资本与土地结合的一个重要方面。

早在元朝中后期，就有徽人汪琮，"壮游江湖，乐浙西土壤，买田卜居"⑦。入明后，歙县商人许英，"贸易四方……致高赀。广置田亩，鼎新居第，为沙州富人"⑧；歙县商人王友棣，"挟赀本，西上荆襄，货殖得趣，置产以裕后"⑨。到明中叶，徽商在外地投资土地的人

<hr>

① 康熙《徽州府志》卷8。
②③ 《歙县志》。
④ 同治《祁门县志》卷36《杂志》。
⑤ 《弇州山人四部稿》卷61。
⑥ 《歙事闲谭》第18册《歙风俗礼教考》。
⑦ 乾隆《汪氏通宗世谱》卷73。
⑧ 歙县《许氏世谱》第5册。
⑨ 歙县《泽富王氏宗谱》卷4。

数更多，规模更大。如：歙县商人江浦，"寓淮西南圩头，致资二十余万，田地万亩，牛羊犬马称是，家奴数十指，富甲一时"①；歙县商人王友榄，"商于庐。……家渐饶裕，爱庐之风俗淳朴，买田千余亩，构屋数十楹"②。

现把我们所见有关族谱记载的徽商在外地购置田地材料列表如次：

表二　明代徽商在外地购置田地情况

编号	姓名	籍贯	年代	买地地点	购置田地情况	资料来源
1	汪　琮	徽州	元中后期	浙西	百余亩	《汪氏通宗世谱》卷73
2	许　英	歙县	明初	沙州	"广置田亩，鼎新居第"	《许氏宗谱》第5册
3	程希道	徽州	永乐间	太平县	"置买山场"	《新安程氏诸谱会通》第3册《希道公传》
4	王发松	歙县	宣德成化间	六安	"置田畴屋舍"	《泽富王氏宗谱》卷4
5	王友棣	歙县	正统间	荆襄	"置产以裕后"	同上
6	王友榄	歙县	明中叶	庐州	"买田千余亩，构屋数十楹"	同上
7	江　浦	歙县	明中叶	淮西南圩头	"田地万亩"	《济阳江氏族谱》卷6
8	汪文晟	休宁	明中叶	湖北蒲圻	"买膏腴田凡七所"	《休宁西门汪氏宗谱》卷6
9	程云顯	休宁	嘉靖间	池阳	"遂居著池阳之张溪……不数岁累巨赀，置万金产，广构旁舍有千楹"	休宁《率口程氏续编本宗谱》卷6

---

① 歙县《济阳江氏族谱》卷9。
② 歙县《泽富王氏宗谱》卷4。

续表

编号	姓名	籍贯	年代	买地地点	购置田地情况	资料来源
10	程泰和	休宁	正德间	池阳	"居货池阳……不十余年，赀本以数十万计，田园数千顷"	同上
11	程祖悦	休宁	嘉靖间	池阳	"寓池阳最久，置别业、树桑麻、积稻粱"	同上
12	黄崇德	歙县	嘉靖间	维扬	"连栋广厦，膏田满野"	《竦塘黄氏宗谱》卷5
13	阮 弼	歙县	嘉靖间	芜湖	筑屋、治田、凿池、灌园	《太函集》卷35
14	李元臣	婺源	嘉靖万历间	嘉定池阳	"置有膏腴之产"	《三田李氏统宗谱》
15	张翰	歙县	明末清初	荆溪张渚	"广置田宅"	《新安张氏续修宗谱》卷9

马克思指出："不论在自然科学或历史科学的领域中，都必须从既有的事实出发。"① 我们联系徽州地区特殊的地理条件和社会环境，具体分析了徽商资本流向土地的情况。这便是当时"既有的事实"。大量事实告诉我们，明清时期，徽商资本并未脱离传统的商业资本与土地相结合的道路。

（二）明后期徽商"多不置田业"有其特殊的社会背景

从上列两表中我们可以看出：明中叶徽商投资土地的人数众多，购置土地的数量也很惊人。这一时期，徽商在本土"广营宅，置田园"、"田连阡陌，富甲一方"、"置田拓址，雄于一乡"者比比皆是。与此同时，到了明后期，徽商无论在本土或外地，投资土地的人数和购置土地

---

① 《马克思恩格斯选集》第3卷，第469页。

的数量显然都有相对减少的趋势。这与时人谢肇淛和顾炎武所说的正相吻合。

这种情况，还可以从乾隆《汪氏通宗世谱》中得到印证。《世谱》所载明代徽州汪氏商人资本向土地转化的材料共计 12 例，其中明初 2 例，明中叶 9 例，明后期仅 1 例。这也从一个侧面反映出明后期徽商对土地的追求不甚迫切的事实。下面，我们将《世谱》中所载明代徽州汪氏商人购置土地的材料制成一表，以供参考。

表三　《汪氏通宗世谱》所载明代本宗在徽商人购置田地情况

编号	姓名	籍贯	年代	购置田地情况	资料来源
1	汪仁庆	休宁	洪武正统间	"侃侃计什一于江湖间，累厚赀而拓盛业……尝隘其旧庐谓不足以居家人……随以新，而以'恒春'名堂。……有田产求售者，多赖支柱"	卷85
2	汪世昭	休宁	永乐成化间	"事商贾，每倍得利。……由是田连阡陌，囊有赢余"	卷35
3	汪仕兴	休宁	正德间	"初业儒既而就商。……晚年有美田宅，为乡富人矣"	卷6
4	汪仕光	休宁	正德间	"壮而商游，……晚富田宅"	卷6
5	汪仁杰	休宁	明中叶	"贸迁吴楚闽越，善操赢缩，不数岁寻至巨万。归而恢拓祖产，菑畲栋宇甲于一乡"	卷20
6	汪大同	徽州	嘉靖间	"……一逾淮济、历齐鲁，营有金万余，田宅跨有绩、歙，甲于里闬"	卷34
7	汪　备	祁门	嘉靖间	"及壮，……支盐于淮，拓振家业"	卷112
8	汪　勋	休宁	成化嘉靖间	"尝挟赀客吴楚，不数稔，往囷归，业由是益振，一方莫之与竞。自是……与西山鸾鹤定交朝爽。""好施乐善，富饶一方"	卷123
9	汪廷弼	休宁	成化嘉靖间	"走两浙及吴越之郊……（后来）家居优游，可僮仆以耕，课子孙以读"	卷124

续表

编号	姓名	籍贯	年代	购置田地情况	资料来源
10	汪英发	休宁	成化嘉靖间	“公因经营于外，孺人赞理其中，自是财日益裕，华其居屋，厚蓄膏腴”	卷133
11	汪　万	祁门	嘉靖间	“守支两淮，……晚年凿池构亭”	卷112
12	汪　麟	祁门	明末	“凡所创拓资产者，多翁任其劳。……时翁以明断经营于外……赀产稍克裕。……（翁）客死广陵之丘，讣闻，由经商而姻族以迨佣工佃仆靡不为之悲叹”	卷112

其次，从明代徽州地区土地价格的涨落，也可以看出明后期徽商大贾“多不置田业”的事实。安徽省博物馆保存了一批徽州田契。在这批田契中，从明初洪武二十六年始，到明末崇祯十七年止，每一年号都有若干张。因此，可以比较清楚地看出有明一代徽州田地的价格情况。刘和惠先生通过对这批田契进行研究后，指出：“明代徽州田价，明初最低，每亩合银一两左右。正统、景泰、天顺间田价逐渐上升，亩价达到三两上下。明代中期成化、弘治、正德年间田价大涨，上升至十数两银子一亩。嘉靖十三年以后田价回跌，每亩约在六两至八两之间。”① 由此可见，明中叶徽州地价高昂，而明后期则地价下跌，这是基本事实。

地价的高低，反映了地权需求的强弱。马克思曾说：“土地价格上涨是由于土地所有权的需求超过供给。”② 徽州商人资本投向土地的多少，与该地区的地价有着直接的关系。正如一些研究者所指出的：“明中叶徽州田价所以遽涨……是由于徽商的兴起。徽商在外经商致富后，不少人把资金带回家乡投向土地，以致引起田价陡升。”明后期徽州田价所以下跌，是由于徽商“对投资田地失去了兴趣”③。

①③ 参看刘和惠、张爱琴《明代徽州田契研究》。《历史研究》1983年第5期。

② 《马克思恩格斯全集》第25卷，第914页。

　　明中叶徽商之所以积极参与土地兼并，是因为社会较为安定，人民安居乐业。正如何良俊所说："余谓正德以前，百姓十一在官，十九在田。盖四民各有定业，百姓安于农亩，无有他志，官府亦驱之就农，不加烦扰，故家给人足，人乐于为农。"① 具体到徽州来说，也大体如此。明无名氏《歙县风土论》云："国家厚泽深仁，重熙累洽，至于宏（弘）治，盖綦隆矣。于是家给人足，居则有室，佃则有田，薪则有山，艺则有圃；催科不扰，盗贼不生，婚媾依时，闾阎安堵；……至正德末嘉靖初，则稍异矣。"② 生产恢复，经济发展，赋役相对稳定，土地就具有很高的利用价值，因此，"用钱买得的私有土地则在增加着，……土地日益卷入商业流通之中"③。同时，在"以末致富，用本守之"和土地作为"不忧水火，不忧盗贼"的稳定财产的公众意识影响下，明中叶的徽州商人自然乐于投资土地了。

　　明后期，徽商对土地失去兴趣，以致"多不置田业"，是由于当时"奸豪变乱，巨猾侵牟"④，社会秩序极不稳定。在这种情况下，拥有土地不仅得不到实利，反而有身家之累。具体地说有以下几点原因：

　　其一是缙绅势力的增强和赋税的繁重。缙绅地主阶层包括：通过封建科举制度取得官职的现任官员及其恩荫子弟；致仕家居的乡官；虽未出仕，但具有生员、贡生、监生、举人、进士等功名和政治身份者。在广义上，捐纳官也包括在内。明代中叶后，缙绅地主势力有很大发展，他们人数众多，具有官僚和地主的双重身份，构成缙绅地主的骨干。明代徽州地区缙绅势力比其他地区更为突出，其中尤以"晚明为甚"⑤。

　　这些缙绅地主，在经济上，按官品的高低，享有法定的优免赋役的特权，而且愈到后来，优免的数额愈大。如正德十六年，钦准"内外仕官之家，量其官职崇卑，定为优免则例"：京官三品以上免田4顷，五

---

① 《四友斋丛说》卷13《史九》。
②④ 《天下郡国利病书》卷32江南20。
③ 《列宁文集》第3册第4页。
⑤ 《歙事闲谭》第10册。

品以上 3 顷，七品以上 2 顷，九品以上 1 顷，外官则递减之，无田者准田免丁。① 到万历三十八年《优免新例》规定：京官一品免田 1 万亩，比正德十六年增加了 25 倍；八品京官，正德十六年免田 100 亩，万历三十八年免田 2700 亩，增加了 27 倍。②

这些享有法定优免权的缙绅地主，还通过各种法外手段扩大其优免范围。诡寄、投献是缙绅地主扩大其优免田范围的主要途径。所谓"三吴官户不当役，于是有田之人尽寄官户"③；"以故富者辄籍其产于士大夫，宁以身为佣佃而输之租，用避大役，名曰投献。故士一登乡举，辄皆受投献为富人"④ 等等，就是这种情况的反映。诡寄、投献之弊端，实根源于官户之滥免。正如唐顺之所说："大户之诡寄，起于官户之滥免，则此二弊者其实一弊也。"⑤

正因为缙绅地主享有事实上无限制的优免特权，所以造成了庶民地主和自耕农赋税负担的极其沉重。"民间大患莫甚于赋役之不均，赋役不均实由于优免之太滥。"⑥ 再加上明后期由于政府的财政危机，土地上的额外之征，无端加派未有息时，所以，自耕农和庶民地主的负担更达到了无以复加的地步。"赋税日增，徭役日重"所造成的后果是"民不堪命，遂皆迁业"⑦，不得不放弃土地，另谋生路。在这种情况下，大部分无优免特权的徽商"多不置田业"，就成了很自然的事情。

其二是一条鞭法的实行。徽州府是实行一条鞭法较早的地区之一。一条鞭法将赋税、徭役、杂泛并归一条，"皆计亩征银折办于官"⑧。它

---

① 《皇明制书》下卷《节行事例·内外官员优免户下差役例》。
② 万历三十八年《优免新例》。转自张显清《明代缙绅地主浅论》，《中国史研究》1984 年第 2 期。
③ 《天下郡国利病书》卷 22 江南 10。
④ 黄秉石：《海忠介公传》，《海瑞集·附录》。
⑤ 唐顺之：《荆川先生文集》卷 10《答王北崖郡守计均徭》。
⑥ 《明经世文编》卷 357《题为厘宿弊以均赋役事》。
⑦ 《四友斋丛说》卷 13《史九》。
⑧ 《明史》卷 78《食货二》。

的实行，使赋役征收以田地为准，不以资产和人丁为据，即"不论籍之上下，惟计田之多寡"。① 这样，就加重了有田者的负担，而少田和无田的工商业者的负担则大为减轻，即"务本者子立自身并应租庸，逐末者千金之子不占一役"。② 徽州地区虽地少而瘠，但因富名在外，明后期的不时加派、例行岁供往往比他郡为重，"永乐迁都始有军需之派，遂岁为常额，其后稍稍额外增加。嘉靖以来，又益以不时之派，一岁之中征求亟至，其弊孔之开，由一二大贾积资于外，有殷富名，致使部曹监司议赋视他郡往往为重"③。《徽州府志》甚至说"偏重之累，独属于吾郡"④。这样，拥有土地就等于给自己套上了沉重的赋役枷锁。徽州商人也因此视田地为负担，于是"不置土田"⑤，而是虽"挟余资"，"以未尝受田"而逃避赋役。⑥

其三是粮长负担的繁重。明初设粮长，以殷实大户充之，负责征收和解运赋税钱粮。但到中后期，实际承担者却"止编民户，不及官甲"⑦。这样一来，到正德间，粮长之役就已经是"不得已取诸中户"，"又不得已而取诸下户"。⑧ 明中后期赋役纷繁，而缙绅大户又利用其优免特权，或运用各种方法隐瞒土地和人口，不纳赋税，因此每年的赋税缺额大都由这些中、下户的粮长包赔，致使嘉靖中"粮长大抵破产"⑨；到隆庆时，竟达到"一充此役，无不立毙"⑩ 的地步。于是"民间至有宁充军，毋充粮长之谣"⑪。徽商因拥有土地而充粮长破家受累者时有

---

① 《明隆庆实录》卷7。
② 《明隆庆实录》卷46。
③ 《天下郡国利病书》卷32江南20。
④⑥ 康熙《徽州府志》卷6《前期赋役》。
⑤ 《实政录》卷4《编审均徭》。
⑦ 曹家驹：《说梦》。
⑧ 《天下郡国利病书》卷21江南9。
⑨ 《天下郡国利病书》卷20江南8。
⑩ 同治《上海县志》卷7《田赋下》。
⑪ 陈子壮：《昭代经济言》卷3。

人在。正如休宁《赋役官解全书》（天启刊本）所云："休民无土可资业，靠商利糊口。轮充里役，百金之家，蚕食年余，则罄橐而生计尽。"因此，嘉靖后徽商对购置土地存在很大顾虑。时人俞弁云："近年以来，田多者为上户，即金为粮长，应役当一、二年，家业鲜有不为之废堕者。由是人惩其累，皆不肯置田，其价顿贱。往常十两一亩者，今止一、二两，尚不欲买。盖人皆以丧身灭家为虑故也。江南之田，唯徽州极贵，一亩价二三十两，今亦不过五、六两而已，亦无买主。"① 正是这种情况的反映。

其四是社会矛盾的极其尖锐。明朝后期，由于统治阶级的残酷压迫和剥削，各地农民的反抗斗争风起云涌。在这种形势的影响下，徽州的社会矛盾也极其尖锐，"仆群而叛，族哄而攘"②，佃仆的暴动彼伏此起。"冠履之分素明"的徽州，此时"俗渐漓矣，圭窦雕梁，纨绔敝缦"。于是统治阶级痛心疾首地哀叹："纪纲弛矣"③。如：崇祯十四年，"山寇"屡侵休宁郡邑。④ 崇祯十七年，新安"于时乡寇充斥，族仆杨继云纠党肆掠无宁日……"⑤ 在歙东竦原济阳村，"豪奴纠集群贼恣害村党，莫敢谁何"⑥。在黟县，万黑九、宋乞"联络一邑之仆，始而挟取其先世及本身投主卖身文契，继而挟饷于乡邑"⑦。在佃仆反抗斗争的浪潮中，徽州的缙绅富室惶惶不安。"叶万生，字道一，（黟县）南屏人。……家故有质库，值明季山贼土寇连年不靖，因言于父世卿曰：'寇将至矣，无多藏以贾祸也'。乃与乡人约，合券者不取钱还其质，数

① 俞弁：《山樵暇语》卷8。
② 《歙淳方氏会宗统谱》卷19。
③ 方弘静：《素园存稿》卷19《谕里文》。
④ 嘉庆《休宁县志》卷15《人物·尚义》。
⑤ 《歙淳方氏会宗统谱》卷19。
⑥ 《歙东竦原济阳江氏族谱》卷9《明处士岩龙公传》。
⑦ 嘉庆《黟县志·艺文》。

日而尽。"① 在社会矛盾极其尖锐的情况下，拥有"田连阡陌"的富家巨室，往往有破家杀身之祸，因此，"田土不重"就成了时人的普遍认识。正如明末徽人张习礼在《家训》中告诫其子孙时所说："徽州之田殊累人，不可多买田，仅仅足食可也。"② 所以，徽州商贾，"虽有余资"，也就自然"多不置田业"了。

从以上的分析中，我们知道，明后期徽商"多不置田业"有其特殊的社会背景，并不是"当时各地工商业的发达已给商人开一广阔的前途"所致。关于这一点，我们从明后期徽商商业利润没有大量流向土地，但也没有大量流向商业流通领域，而是大量流向官府、书院、祠堂、寺观、奢侈性用度等非生产性消耗方面也可以得到佐证。宋应星佚著四种之一《野议·盐政议》中一则资料，可帮助我们窥其大概："商之有本者，大抵属秦、晋与徽郡三方之人。万历盛时，资本在广陵者不啻三千万两，每年子息可生九百万两。只以百万输帑，而以三百万充无妄费，公私俱足，波及僧、道、丐、佣、桥梁、楼宇。尚余五百万，各商肥家润身，使之不尽，而用之不竭。至今可想见其盛也。"

（三）清代徽商资本流向土地的动向

以上我们着重分析了明代徽商资本流向土地的情况：明代中期徽商资本同土地的结合异常密切，而明代后期则较为松懈。究其原因，是由于明中期社会秩序较为稳定，而明后期则一片混乱。那么，进入清代，徽商资本与土地的关系又是如何呢？

清朝以少数民族入主中原，再加上其统治初期实行了一系列民族歧视和民族压迫政策，所以阶级矛盾和民族矛盾极其尖锐复杂，社会经济也异常凋敝。在顺治和康熙初年的社会大变动时期，全国范围内的地权

① 嘉庆《黟县志》卷6。
② 《檀几丛书》卷18《家训》。

转移极其缓慢，土地的价格相对低廉。如无锡，"顺治初，良田不过二、三两"①；松江，康熙初年，"最美之业，每亩所值不过三钱、五钱"②；安徽桐城，顺治末年，"田产正当极贱之时，……苦急切难售"③。在这种情况下，徽商对土地的兴趣自然不会太浓。

康熙后期，由于统治者采取了许多缓和社会矛盾和发展生产的措施，社会秩序趋于稳定，社会经济得到恢复，土地的利用价值大为提高。在这种新的形势下，缙绅富室、巨商大贾们占有土地的欲望被重新唤起，土地兼并从此又日益严重起来。康熙四十三年的一份上谕中说："田亩多归缙绅豪富之家，小民所有几何？……约计小民有恒产业者十之三四耳，余皆凭地出租。"④ 事实也正是如此，如江北、淮南一带，"区方百里以为县，户不下万余，工不下三万。其间农夫十之五，庶人在官与士夫之无田及逐末者十之四，其十之一则坐拥一县之田，役民夫、尽地利而安然食税衣租者也"⑤。

乾隆、嘉庆时期，由于社会经济持续发展，土地兼并也因此更加剧烈。到乾隆后期，"约计州县田亩，百姓自有者不过十之二三，余皆绅衿商贾之产"⑥。以致出现了"一人据百人之屋，一户占百户之田"⑦ 的严重社会现象。随着土地兼并的剧烈，土地的价格急剧上涨，地权的转移相当频繁。据钱泳的记载，乾嘉时期，江南地区的土地每亩价值已达五十余两⑧；地权的转移由原来的"百年田地转三家"，一变而为"十

---

① 钱泳：《履园丛话》卷1《旧闻·田价》。
② 叶梦珠：《阅世编》卷1《田产》。
③ 张英：《恒产琐言》。
④ 王先谦：《东华录》康熙朝卷73。
⑤ 《明经世文编》卷30《户政》。
⑥ 《方望溪全集》集外文集卷1。
⑦ 洪吉亮：《卷施阁文集》甲卷1《治干篇》。
⑧ 《履园丛话》卷1。

年之间，已易数主"。① "富商巨贾，挟其重资，多买田地"②，是这一时
期土地高度集中、地价急剧上涨、地权转移频繁的一个重要原因。

康熙后期，直至乾隆、嘉庆、道光年间，徽商不论在本土，还是外
地，大购田地的事例史不绝书。例如：

康乾年间祁门汪希大，"长乃服贾，至中年寄迹芝山鄱水间，渐宽
裕。自时厥后屡操奇赢。由是建广厦、市腴田，俾后之子孙得以安居而
乐业者……"③

乾嘉年间婺源汪道祚，"冠年求赴吴楚经营，生财有道，逊让均乎，
创置田产，以起其家"④。

嘉庆时绩溪章升，"……甫居市肆，即能持筹握算。自持勤俭，创
置田产，以起其家"⑤。

道光年间祁门商人倪炳经，"……少承父业，窑栈云连，畎亩鳞接"⑥。

由于商人对土地的兼并，这一时期徽州地区出现了"小土地所有者
的分化加剧，地权日益向地主集中的趋势"。⑦

剧烈的土地兼并，使这一时期徽州地区的土地紧张情况更为严重，由
此导致了徽商在外地购置田地的人数更多、规模更大。康熙《清河县志》
说："（康熙时，流寓江北清河的苏州、徽州商人）招贩鱼盐获利其厚，多
置田宅，以长子孙。"⑧ 乾隆五十一年五月，上谕说："上年江苏、安徽、
山东、湖北等省被旱较重，民气未复，如江苏之扬州、湖北之汉口、安徽
之徽州等地方，商贩聚集，盐商富户颇多，恐有越境买产，图利占据者，

---

① 《履园丛话》卷4。
② 《中国近代农业史资料》第3辑第5页。
③ 乾隆《汪氏通宗世谱》卷4。
④ 乾隆《汪氏通宗世谱》卷48。
⑤ 绩溪《西关章氏族谱》卷24《家传》。
⑥ 《祁门倪氏族谱》续卷《少辉公行状》。
⑦ 章有义：《明清徽州土地关系研究》第16页。
⑧ 康熙《清河县志》卷1。

不可不实力查禁。"① 皇帝亲自谕令要着力查禁徽州等地商人 "越境买产"
之事，可窥见此情况严重程度之一斑。事实也是如此。如：

乾隆时歙县人程永洪，"善于商贾，贸易豫章数十年。又建业于浙
江兰溪，置田产、增资本，家道日渐蒸蒸"②。

康乾年间歙县人程廷柱，"随父侧奔驰江广，佐理经营。……总理
玉山栈事，增置田产；……（又）创立龙游典业、田庄"③。

咸丰元年，太平天国革命爆发，长江中下游南北地区太平军与清军
鏖战激烈，素有 "兵戈所不能害" 的徽州，也成为双方争夺的战场。大
规模的战乱，使徽商及其子弟有不少人遇难，徽州方志中 "阖门尽忠"、
"满门节义" 的记载连篇累牍。战乱还使徽商的资金在湘军的洗掠、官
府的勒索下大量消耗。如：曾国藩借清剿太平军之机，在徽州 "纵兵大
掠"，致使徽商在家乡的 "窖藏" 为之 "一空"④；为了弥补军饷之不
足，清政府又强迫徽商 "助饷捐赍"，其数量 "盈千累万"。⑤ 徽商在这
样的沉重打击下，当然无力购置土地。这是在特殊的历史条件下出现的
情况。从一些资料来看，这一时期徽商占有土地的绝对量不仅没有扩
大，相反，似乎还有减少的趋势。

太平天国革命失败后，清朝的政局趋向稳定，于是徽商对土地的兴
趣又大为增加了。如：黟县人汪源，"年十五，废读而贾。赭寇扰黟，
君在江西之玉山。……肆务殷繁，烽烟一月数徙，备历险艰，或竟日不
食，或终夜不寝，生平精力瘁于是时，而业亦是渐裕矣。迨大局底定，
奉亲归里，买田筑室，以垂久远之规，至今家门隆盛"⑥。又如清末黟
县环山余荷浦，"远赴鸠江，爱集同人料量金融事业，日积月累，扩充

---

① 《清高宗实录》卷 1255。
②③ 歙县《程氏孟孙公支谱》。
④ 陈去病：《五石脂》。
⑤ 《歙事闲谭》第 31 册。
⑥ 程寿保：《黟县四志》卷 14《汪赠君卓峰家传》。

至浔。由是二十余年，囊橐日实，良田美宅如愿以偿"①。清末黟县环山余毓焜，"有志于商……因共推主持盐公堂事务……囊橐既充，更复问舍求田，贻厥后嗣"②。在商人对土地的热切追求下，清朝末年，徽州地区的"地权集中程度同以往相比，几乎是空前的了"③。就歙县而言，到1913年，农户中的佃户达到65％。④

综上所述，不难看出，徽商"不置田业"只是特定社会背景下所出现的暂时现象。纵观整个明清时期的历史，徽商资本是和土地紧密结合在一起的，并未摆脱传统的商业资本与土地相结合的道路。大抵承平之际，徽商资本大量流向土地；而在动乱之秋，徽商资本流向土地的数量则相对减少。这是中国封建社会中的商业资本与土地结合和分离的基本规律。

（四）从徽州地区商人地主阶层的逐渐形成看徽商性质

徽商资本与地权的紧密结合，促使这一地区商人地主阶层逐渐形成。

明初，徽州地区的商人地主就已出现。例如：永乐、成化年间的汪明德，"事商贾每倍得利，……他如助父兄筑圩、开田、通渠引水，皆有经久良法。……晚年于所居之旁，围一圃、辟一轩、凿一塘，以为燕息之所。……盖由田连阡陌、囊有赢余，而又有子能继其志而后乐斯乐也"⑤。这是典型的商人地主家庭。至于明初休宁商人程维宗，"置休、歙田产四千余亩，……又于屯溪造店房四所，共屋四十七间，居商贾之货……"⑥ 更是明显的大商人兼大地主了。

---

①② 黟县《环山余氏宗谱》卷21。
③ 章有义：《明清徽州土地关系研究》第20页。
④ 金陵大学农学院农业经济系：《豫鄂皖赣四省之租佃制度》。1936年印，第11页。
⑤ 《汪氏统宗谱》卷42。
⑥ 《休宁率东程氏家谱》。

　　但是明初徽州地区的自然经济还异常强固，出贾人数不多，所以商人地主还未能作为一个阶层出现于历史舞台。进入明中叶，随着商品货币经济的发展、开中盐法的变化，徽州地区外出经商的人数急剧增加，徽州商帮也已经形成，这些商人在"乡土观念"、"为子孙计"意识的影响下，大都不时返归故里，"渐治第宅田园"，以"贾为厚利"，田土为永业，集商人和地主于一身。与此同时，徽州地区原有的一些缙绅地主也往往"不惮为贾"①。或"皆以畜贾游于四方"②，成为地主兼商人。因此，进入明中叶，徽州地区的商人地主阶层形成，他们无论在人数，还是资财方面，在徽州地主阶级中都占有很大的比例。

　　商人地主本属庶民地主阶层，他们一般较为激进，易接受一些新事物，所以明代中后期农业方面的资本主义生产关系的萌芽，往往产生于他们之中。然而，徽州地区的商人地主则与此不同，千方百计地攀援封建政治势力是其显著特色。他们攀援封建政治势力的途径主要有两条：其一是以"急公议叙"得官；其二是以"读书登第"入仕。正如《歙事闲谭》所云："商居四民之末，徽俗则不然。歙之业鹾于淮南北者，多缙绅巨族，其以急公议叙入仕者固多，而读书登第，入词垣跻卿贰仕者，其未易卜数。且名贤才士，往往出于其间，则固商而兼士矣。"③

　　融商人、地主、官僚三种身份于一体，是徽商孜孜以求的主要目标。能达到此目的者，为数也不少。如：

　　江才，成化、嘉靖间歙县人。"翁生三岁而父卒，依兄奉母吴以居。……翁年十二三，即从兄屠酤里中。稍长，从兄如钱塘。其在钱塘日坐阛阓，售米盐杂物……（后）遂辞其兄，北游青、齐、梁、宋间，逐什一之利。久之复还钱塘，时已挟重赀为大贾。已而财益裕，时时归歙，渐治第宅田园为终老之计。……于时，翁年四十余，有四

---

①　《荆川先生文集》卷 15《程少君行状》。
②　《震川先生集》卷 13《白庵程翁八十寿序》。
③　《歙事闲谭》第 18 册《歙风俗礼教考》。

子，即收余赀，令琇、珮北贾维扬，而身归于歙，教瓘、珍读书学文为举子，遂不复出。……无何，瓘与珍并入学为诸生。嘉靖庚子，珍应应天府乡试，中式。越四年，甲辰，登进士第，乙巳，授江西瑞州府高安县知县……"①

李大鸿，嘉靖万历间婺源人。"公甫三龄，而公父见背。……既长，公就外傅，不几而弃。从贾金陵、龙都间，即囊橐不充，志存远大。尝叩诸父曰：'人弗克以儒显，复何可以雄视当世？有语云：阳翟其人坞知乘而丑三族。素封之谓，夫非贾也耶！'公于是茹苦啖辛，勤渠商务。……未逾十年，而遂足当上贾矣。……每念幼失怙恃，弗及终为儒，……于是以弓冶属伯氏，而令仲氏攻铅椠，日引名儒督课之，且捐结坞之胜，构精舍以资修载，而仲与诸从咸用成均发迹矣。"②

徽州商人地主阶层的形成，对历史发展的消极作用甚大。

第一，商人地主阶层的形成，进一步促进了徽州地区的土地兼并，强化了封建经济结构。

在以商人地主为主的土地兼并热潮中，明清时期的徽州农民"强半贫无卓锥"③，"农而无土，……何啻什之二三也"④。这些失去土地的农民，工商业城市无法为他们提供生存的基地，于是为生计所迫，他们不得不佃田于地主，接受地主阶级残酷的剥削和压迫。徽商通过兼并土地剥夺小农，之后又通过拥有土地，把无地的农民重新固定在土地上面，进行一家一户的小农生产。这种变化后的生产方式无任何变革，只不过是生产者由自耕农变成了佃农，他们的生活更加贫困而已。所以徽商大量兼并土地，不仅没有瓦解封建的土地所有制，反而强化了以地主土地

---

① 歙县《溪南江氏族谱》。
② 婺源《三田李氏统宗谱》。
③ 《把奎楼遗稿》卷1《徽州南米政折议》。
④ 万历《休宁县志》卷1。

所有制为基础的封建经济结构。破产的农民不能成为无产阶级的后备军，反而大都成为连人身都受封建地主控制的佃仆。

第二，商人地主在土地上采用佣奴、佃仆经营，加固了徽州的佃仆制度，阻碍了社会生产力的发展。

马克思说："在商业资本仍然支配着的地方，腐朽的状态就会支配着。"① 徽商对土地的经营，就是采取了最落后的生产方式，如：歙县商人阮弼，"少承家末造，躬力贾，起芜湖。……先是，长公（阮弼）将以歙为菟裘，芜湖为丰沛，既而业大起，家产俱在芜湖城内，外筑百廛以待傺居，治甫田以待岁，凿湾池以待网罟，灌园以待瓜蔬，腌腊饔飧不外索而足。中外佣奴各千指，部署之悉中刑名"②。又如徽商程实，"少客江湖间，尝以木易粟至姑苏贷人，值岁祲，悉弃不取而归。归更事畎亩不复出，力勤孔时，所入恒倍。家居率晨起，呼子弟督佃佣各职其职，无佚以肆"③。这种"佃佣"肯定不是一般的自由佃户，而是依附性很强的佃仆或佣奴，因为他们都是在主人的督促下来进行生产的。

徽商在土地上直接用佃仆来进行生产的更是普遍。如：休宁程维宗，"从事商贾。……家业大兴。……且增置休歙田产四千余亩，佃仆三百七十余家"④。徽商汪忠富，"拓置田数，……僮仆男女，殆四十人……"⑤休宁商人程坊，"游商吴浙，勤劳万状。赀颇裕，即厌远游。买山筑庐，日以课仆种树樵采为事"⑥。

这类佣奴、佃佣和佃仆，不仅受着地主阶级高额地租和繁重劳役地租的剥削，而且受着地主阶级超经济的强制。他们和地主有主仆名分，没有迁移的自由；在法律上他们划归"奴仆类"；在社会地位上，属于

---

① 《资本论》第 3 卷第 404 页。
② 《太函集》卷 35《明赐级阮长公传》。
③ 《新安文献志》卷 90《百岁程君实墓表》。
④ 《休宁率东程氏家谱》。
⑤ 《汪氏统宗谱》卷 3《行状》。
⑥ 休宁《率口程氏续编本宗谱》卷 6。

贱民阶层。他们对主人的人身隶属关系，所受的超经济强制，远比一般的佃户严酷，服劳执役也远为繁苛。他们的身份属于农奴。① 他们在地主阶级残酷的剥削和压迫下，过着牛马般的生活："往往有揭其敝衣残褥，暂质升合之米，以为晨炊计者，最为可怜"②；甚至有"设非知交可藉，亲戚可依，多莫能举火"③ 者。他们在贫困的生活中，对生产没有兴趣，无法改善生产条件，更谈不上扩大再生产了，因而也就使生产力无法发展。

第三，徽商资本源源不断地流向故里，为宗族购置土地，使徽州地区的宗族地主土地所有制得到发展，从而强化了徽州地区的封建宗法制度。

明清时期，徽州宗族地主占有土地的数量是十分惊人的。这种土地所有制的存在，一方面更加促进了徽州地区佃仆制的盛行。因为族产（包括祠堂、山场、田地等）大都是由佃仆来经营和管理的。另一方面，大量族产的建立，又为徽州地区宗法制度的发展提供了物质基础。徽州地区的宗族土地，徽商捐资购置是其主要来源。

族产与财务迳由"族长与族之富者掌之"④。因此，握有族权的族长，便是这一族内的地主绅士，是这一族内封建势力的代表，因而也是封建政权的重要基础。所谓"阖族之人，统于族长"⑤。实际上，族长是协助封建官府以统治一族人民，而封建官府又是族长的靠山，于是政权与族权上下相维，胶合为用，进一步加强了对劳动人民的控制。而族权又给封建政权血淋淋的统治套上了一层"温情脉脉"的面纱，从而使封建统治更加巩固。

第四，徽商资本大量流向宅基地，这反映了商人地主享乐和腐化之

① 叶显恩：《明清徽州农村社会与佃仆制》第 280 页。
② 《抱奎楼遗稿》卷 1《徽州南米改折议》。
③ 万历《休宁县志》卷 1。
④ 程一枝：《程典》卷 19《宗法志第三》。
⑤ 《隐龙方氏宗谱》卷 1《家规》。

风的盛行，消耗了社会财富，影响了资本的积累和社会生产的扩大。

徽商在家乡不惜耗资巨大，购买宅地，建造供自己、家人、家族享受的华丽的园林广厦，其结果，正如马克思所说："如果剩余劳动中直接表现为奢侈品形成的部分过大，那么，很明显，它一定会妨碍积累和扩大再生产。"① 所以，徽商购置宅地建造园第的奢侈性消费，所造成的直接后果就是资本的萎缩。

第五，商人地主缙绅化，其所热衷的主要是政治权力，但"在中世纪的封建国家中，……政治的权力地位是按照地产来排列的"。② 因此，缙绅化的商人地主，为了提高自己的政治地位，更加疯狂地兼并土地。

综上所述，徽商的封建性质也就十分明显了。

明清时期，徽商资本流向产业固然有之，但只是个别现象，而流向土地，与封建的地权相结合，才是主流。在徽州地区，也曾出现了卖田宅经商的人，他们经营致富后，仍把商业资本用于购置更多的田宅的现象。如明休宁人李魁，"与祖妣商，觅转输之资，彷徨四顾，狼狈无措。回思只遗卧室一间，不得已出鬻于族人，仅得十金。遂囊往金陵，赁一乡肆，朝夕拮据，不惮烦劳。无几何，稍饶给矣；无几何，买田宅矣"③。又如清乾嘉道时期的黟县某姓商人，"不得已弃己产而充店本，早作夜思，兢业二十余载"，"日积月累……较两兄在时计增倍蓰"，至道光九年共有田地 200 亩以上。④ 此类材料，在明清徽州各姓谱牒中，俯拾可得。可见，徽人因经商而卖田宅，并不意味着"田土不重"，而是在于对田产的进一步追求。这种小土地资本→商业资本→大土地地权拥有者的演变过程，更进一步说明了徽商资本与土地关系仍然密切。同时也反映了在我国封建社会末期徽商资本的流向仍未改变传统的老路。

---

① 马克思：《剩余价值论》第 3 册上，第 269 页。
② 《马克思恩格斯选集》第 4 卷，第 169 页。
③ 婺源《三田李氏统宗谱》。
④ 道光九年黟县某姓阄书。转自章有义：《明清徽州土地关系研究》。

三、徽商的奢侈性消费及其心理探析

明清时期，徽商的园林宅第，雕梁画栋，穷极奇巧；蓄婢纳妾，锦衣玉食，极欲穷奢；结纳官府，交游文士，千金一掷。奢侈性消费不仅消耗了徽商的大量资本，严重影响了徽商资本的积累，同时对当时的社会经济和社会风气也产生了直接的影响。心理是行为活动的调节器。由社会的全部经济关系和政治制度派生出来的社会心理，在连接经济形态和观念形态中起着不可缺少的中介作用，对社会活动和历史进程产生难以估量的深远影响。

（一）

徽商的奢侈性消费主要表现在日常生活和结纳官府、交游文士三个方面。

"奢侈生活，是不适当的、不必要的享乐的消费生活，而且这消费生活，是超过了其时其地一般社会生活的水准以上的。"① 徽商的生活消费有一个由俭到奢，逐渐演进的过程。

明中叶以前，是徽商的创业时期。这一时期，以"小本起家"的徽州商人为了在商界站稳脚跟，开辟一块天地，大多勤俭节约，艰苦营运；经商致富后，他们深知创业之艰难，"勤俭不改其初"。② 如：歙县商人许尚质，"负担东走吴门，浮越江南，至于荆，遂西入蜀。……为人淡泊，不竞芬华，归既富厚，犹兢兢力作，衣敝食蔬，强步五六十里如其贫时"③。歙县商人黄崇德，"挟资之淮海……不数岁致万金，以资

---

① 李剑华：《奢侈生活之社会学的观察》.《社会学刊》第 2 卷第 4 期（1931 年）。
② 绩溪《西关章氏族谱》卷 24《家传》。
③ 歙县《许氏世谱•朴翁传》。

雄于新安淮南间。……公复折节为俭，无以富故矜夸"①。歙县商人汪海，"虽服上贾，毂衣食，出无舆，孺人不袄不珍，泊如也"②。

明中叶以后，随着出贾人数的不断增加，商业资本的急剧扩大，特别是"称雄"于东南商界后，徽商开始放弃前辈们那种节俭的传统，生活消费逐渐走向奢侈化。正如歙人汪道昆在《太函集》中所说的："（徽州）纤啬之夫，挟一缗而起巨万，易衣而食，数米而炊，无遗算矣。至其子弟，不知稼穑之艰难，靡不斗鸡走狗，五雉六枭，捐佩外家，拥脂中菁。"③ 此时，徽商"第蒙故资，大都以奢溢而快一逞"④。使得"天下都会所在，连屋列肆，乘坚策肥，被绮毂，拥赵女，鸣琴跕屣，多新安人也"⑤。这种社会风气在徽商中愈演愈烈，以致"浸淫渐靡"⑥。

从明后期到清朝的乾嘉时期，随着徽商财力的进一步扩大，其奢侈性生活消费也达到了登峰造极的地步。如：徽州盐商，"入则击钟，出则连骑，暇则招客高会，侍越女，拥吴姬，四坐尽欢，夜以继日，世所谓芬华盛丽非不足也"⑦。在江宁上河的徽州木商，"服食华侈，仿佛淮阳，居然巨室"⑧。"徽州灯，皆上新河（徽州）木客所为。岁四月初旬，出都天会三日，必出此灯，旗帜伞盖，人物花卉鳞毛之属，剪灯为之，五色十光，备极奇丽。合城士庶往观，车马填阗，灯火达旦，升平景象，不数笪桥。"⑨ 徽州典商许某，歙县人，"家故巨富，启质物之肆四十余所，江浙间多有之……而其子弟中，则有三四辈，以豪侈自喜，浆酒霍肉，奉养逾王侯。家僮百数十人，马数十匹，青骊彤白，无色不

---

① 歙县《竦塘黄氏宗谱》卷5《黄公崇德传》。
② 《太函集》卷55。
③ 《太函集》卷18。
④ 《太函集》卷16。
⑤ 归有光：《震川先生集》卷13《白庵程翁八十寿序》。
⑥ 《重修古歙东门许氏宗谱》卷10《许氏义田宅记》。
⑦ 《太函集》卷2。
⑧ 《歙事闲谭》第18册《歙风俗礼教考》。
⑨ 《白下琐言》。

具，腹鞿背韂，亦与相称，每出则前后导从，炫耀于闾巷间"①。

长江流域和运河沿岸是徽商的聚居或经常往来之地，这里的大小城镇都有徽商夸富斗靡、寻欢作乐、恒舞酣歌的身影。如："金陵为明之留都，社稷百官皆在，……梨园以技鸣者，无论数十辈，而其最著者有二：曰兴化部，曰华林部。一日，新安贾合两部为大会，遍征金陵之贵客文人与夫妖姬静女，莫不毕集，列兴化于东肆，华林于西肆，两肆皆奏鸣凤。"② 运河沿岸的淮安为南北孔道，程氏徽商在其河下构筑了许多精巧别致、堪称名胜的园亭别墅。山阳人范一煦在《惟需小记》卷3中写道："吾邑程氏多园林。风衣之柳衣园、菰蒲曲、籍慎堂、二杞堂也，潆亭之曲江楼、云起阁、白华溪曲、涵清轩也，莼江之晚甘园也，亨诞人（名云龙，字亨衢）之不夜亭也，圣则之斯美堂、篆竹山房、可以园、紫来书屋也，研民之竹石山房也，溶泉之旭经堂，蔼人之盟砚斋、茶话山房、咏歌吾庐也。曲江楼中有珠湖无尽意山房、三离晶舍、廓其有容之堂。"徽商汪氏侨居清江浦200年，家富百万，列典肆；有广厦千间，俗称为"汪家大门"。"吴门午节后，名优皆歇夏，汪则以重资迓来，留至八月始归。此数十日之午后，辄布甋瓺于广厦中，疏帘清簟，茶瓜四列，座皆不速之客，歌声绕梁，笙簧迭奏，不啻神仙之境也。"③ 扬州是徽州富商大贾最为集中的城市。徽商在此"衣物屋宇，穷极华靡，饮食器具，备求工巧，俳优妓乐，恒舞酣歌，宴会嬉游，殆无虚日，金钱珠贝，视为泥沙。甚至悍仆豪奴，服食起居，同于仕宦"④，其穷奢极欲的生活更是无与伦比。

除日常生活的奢侈无度之外，徽商在结纳官府方面也是千金一掷，其消费十分惊人。徽商的发展与封建势力的支持有密切的关系，特别是

---

① 《歙事闲谭》第17册《唐模许翁》。
② 《虞初新志》卷3《马伶传》。
③ 《清稗类钞》第24册豪侈类。
④ 《清朝文献通考》卷28。

徽州盐商之所以能垄断两淮盐业，靠的就是官府的庇护。因此，将利用封建特权攫取的高额利润的一部分消费在进一步密切和官府的关系上，徽商是慷慨不吝的。为了支持政府财政，凡遇军需、河工、灾赈，徽商都踊跃为国捐输。此外，徽商还以形形色色的报效、历年进贡、生辰寿礼等名目，向皇室输纳巨款，以密切与皇室的关系。徽商的一些豪侈之举，连乾隆也感叹说："盐商之财力伟哉！"①

作为出自"东南邹鲁"的徽州商人，十分倾心结交文人名士。如：歙县商人郑月川，"其所历吴越江淮齐鲁江右之间，虽以贾行，所至遇文人魁士，往往纳交，多为诗文以赠之"②。歙县商人江兆伟，"长佐叔父于姑苏创置店业……燕闲之地，必正衣冠，终日无惰容，尤乐与名流往来"③。歙县商人江梅，"弃儒服贾，贸易吴门……重交游，乐与贤大夫款洽。姑苏为冠盖往来地，慕公名者恒造庐以访"④。歙县商人吴孔龙，"虽游于贾人，所交皆当世名士"⑤。在结交文人名士的过程中，徽商不时举办诗文之会，"故座客常满，樽酒不空"⑥；为了迎合文人名士的品性，徽商又往往招徕歌妓戏班，陪酒吟唱，极尽放荡豪侈。如：歙县盐商郑超宗在扬州西门外建影园，四方名士食客云集，赋诗饮酒，编成《瑶华集》。影园中有黄牡丹之瑞，郑氏"大宴词人赋诗，且征诗江、楚间……一时传为盛事"⑦。歙县盐商江春，"喜吟咏，广结纳，主持淮南风雅"⑧，四方词人墨客，奇才之士，座中常满⑨，钱陈群、曹仁虎、蒋士铨、金农、方贞观、郑板桥、戴震、袁枚等文学名流，常与之交

① 《清稗类钞》第2册园林类。
② 歙县《郑氏族谱》。
③④ 歙县《济阳江氏族谱》卷9。
⑤ 《丰南志》第5册《从祖孔龙公传》。
⑥ 休宁《程氏宗谱》卷3。
⑦ 《甲申朝事小纪》初编卷12《郑元勋始末》。
⑧ 阮元：《淮海英灵录·戊集》卷4"江春"条。
⑨ 《扬州画舫录》卷12《桥东录》。

往。① 侨居淮安的徽商程嗣立，以"风流俊望"倾倒一时，"凡文人逸士道出淮阴，必下榻斋中，流连觞咏，历旬月不少倦"。② 徽商程鉴之子程沄，曾在其淮安河下的别业荻庄中"宴集江南、北名流，拈题刻灯，一时称胜"③。

（二）

徽商为什么要在日常生活和结纳官府、交游文士上如此豪侈呢？

从社会心理学的角度来考察，徽商以上的奢侈性消费行为主要是基于这样的几种原因。

其一是由自卑而导致的自矜心理的作用。明清时期，农本商末、儒尊商卑等传统的价值观念仍然根深蒂固。政府的"抑商"政策和由此导致"贱商"的社会观念，使徽商有一种强烈的自卑感。如婺源木商洪庭梅致富后，就曾慨然说："今庶几惟所欲为，奚仆仆风尘以商贾自秽。"④ 洪庭梅虽然富到了"惟所欲为"的地步，但对自己作为一个商人仍感到自惭形秽。徽商汪才生告诫儿子要奋发业儒，"毋效贾竖子为也"。⑤ 自己作为商人，竟然在儿子面前自贬为"贾竖子"，可见其自卑感是何等强烈。

自卑感表明了徽商在传统价值观念面前对自己低微的身份与地位的认知，反映了徽商有一种烦躁苦闷的情感。社会心理学认为，伴随自我认知、自我情感而产生的是自我意向，即各种思想倾向和行为倾向。自我意向常常表现于对于个体思想和行为的发动、支配、维持和定向。具体到徽商来说，由自卑所产生的认知和情感，并由此而导致的自我意向

① 梁章钜：《浪迹丛谈》卷2。
② 王觐宸：《淮安河下志》卷13《流寓》。
③ 李元庚：《山阳河下园亭记》"菰蒲曲"条。
④ 婺源《墩煌洪氏通宗谱》卷58。
⑤ 《太函集》卷67。

就是希望被人重视，得到尊重。徽商的这种自我意向所表现出来的心理特征和行为方式就是自矜，即自我夸耀、自我表现。

徽商这种由自卑而导致的自矜的心理特征，表现在思想倾向上，就是徽商竭力鼓吹"士商异术而同志"。首先，他们认为如果"商名而儒行"，那么商也就是士了。如业贾人数较多的徽州汪氏在其宗谱中就阐述道："古者四民不分，故傅岩鱼盐中，良弼师保寓焉。贾何后于士哉！世远制殊，不特士贾分也。然士而贾，其行士哉，而修好其行，安知贾之不为士也。故业儒服贾各随其距，而事道亦相为通。"① 汪氏商人江南山说得就更加明确了，他说："士商异术而同志，以雍行之艺，而崇君子之行，又奚必于缝章而后为士也。"② 其次，他们认为贾和儒追求的目标是相通的。表面看来，"儒为名高，贾为厚利"，似乎追求的目标不一，实质上却是一致的。如歙人吴长公自幼业儒，父客死异乡后，母令其弃儒继承父业。吴长公"退而深惟三，越日而后反命，则曰：'儒者直孜孜为名高，名亦利也。藉令承亲之志，无庸显亲扬名，利亦名也。不顺不可以为子，尚安事儒？乃令母主计而财择之，敢不唯命'，③。吴长公在"名亦利"、"利亦名"中取得了心理平衡，欣然从母命去求利以逐名了。徽商这种由自卑而导致的自矜的心理特征，表现在行为倾向上，一方面就是徽商按照儒家的"以诚待人"、"以信接物"、"以义为利"、"仁心为质"等道德规范来经商求利。另一方面，就是徽商根据人们内心深处所固有的对财富和荣华的渴求和羡慕，将经商得来的一部分利润在衣食住行等生活消费上极尽奢侈，以引起社会的注意；同时又不惜消费巨额钱财，千方百计的攀援政治势力，以显示其身价。其目的都是从中获得心理上的平衡。因此，徽人"其雄者要以射赢牟

① 《汪氏统宗谱》卷 168。
② 《汪氏统宗谱》卷 116。
③ 《太函集》卷 54。

息，美服食舆马仆妾，营良田华构，侈燕邀，广结纳以明得意"①。汤宾尹《睡庵集》卷23云："徽俗多行贾，矜富壮，子弟裘马庐食，辐辏四方之美好以为奇快。"清人评论说："若夫翠华莅止，情殷瞻就，供亿丰备，尤为前所未有。至于大庆典、大军需，淮商捐输或数百万，……其余寻常捐输，难以枚举。……故商为四民之末，盐商特邀圣主之知，或召对，或赐宴赏赉，优厚拟于大僚。盖盐商际遇之隆，至此而极矣；盐商奢侈之弊，亦至此而深矣！"② 早期西方经济史学家费迪南多·加利亚尼（1728—1787年）认为：出人头地，在社会上保持优越地位，是仅次于性欲的"最强烈的愿望"，而奢侈是博取荣誉、尊敬等的重要手段。③ 腰缠万贯的徽商之所以在消费上极尽奢侈，其原因之一正是如此。

其二是安全心理和求利、求名心理的支配。明清时期，政治日趋腐败，贪官污吏多如牛毛，横行无忌。他们视商人为俎肉，大肆盘剥勒索，使经商困难重重。弘治十二年吏部尚书倪岳就曾上疏曰："近年以来，改委户部官员出理课钞，其间贤否不齐，往往以增课为能事，以严剋为风力，筹算至骨，不遗锱铢，常法之外，又行巧立名色，肆意诛求，船只往返过期者，指为罪状，辄加科罚。客商资本稍多者，称为殷富，又行劝借，有本课该银十两，科罚劝借至二十两者，少有不从，轻则痛行笞责，重则坐以他事，连船拆毁，客商号哭水次，见者兴怜。"④ 明中叶以后，这种情况更为严重。徽商也难逃此等厄运。明万历《休宁县志》说："逮舟车有算，关市迭征，所息半输之道路，归慰待哺，宁有几何？则蜗涎之为中枯尔！列肆市廛，若稍称逸，自百货俱榷，直日重而息日微。兼邑当孔道，诸邑供亿，时时倚办，奉公之直，十不逾

---

① 《重修古歙东门许氏宗谱》卷10《许氏义田宅记》。
② 王守基：《盐法议略·长芦盐务议略》。
③ 费迪南多·加利亚尼：《货币论》。A.E. 门罗编《早期经济思想》第245页。
④ 《明经世文编》卷78。

半，而舆隶上下而渔猎之，则市廛重困矣。"① 歙县江氏族谱中也有这样的披露："值明末关津丛弊，九江关蠹李光宇等把持关务，盐舟纳料，多方勒索，停泊羁留，屡遭覆溺，莫敢谁何。"② 更有甚者，如明代徽州一位姓汪的富商，"在苏杭收买了几千金绫罗绸缎前往川中去发卖，来到荆州，如例纳税，那班民壮，见货物盛多，要汪商发单银十两。……（汪商）听说要发单银十两……说道：'莫说我做客老了，便是近日从北新、浒墅各税司经过，也从无此例。'……这话一出，激恼了士兵，劈脸就打"。结果，汪商遭毒打，这还不算，监税提举吾爱陶还按自定的规矩没收了汪商一半的货物。③ 无怪乎，康熙《徽州府志》的作者哀叹曰："甚矣，贾道之难也，为人上者又从而病之，民其何以堪命耶！"④ 在恶势力横行的形势下，徽商的财产、生命缺乏保障，这就使他们内心深处有一种强烈安全感的需要。在封建时代，保全身家之计只有两条：一是依附于封建政治势力，一是自身成为封建政治势力中的一员。徽商不惜消费巨额钱财，报效政府、取媚皇帝、贿赂权贵、买官买爵，目的之一就是为了寻求政治势力的保护，以满足其安全心理的需要。明歙商汪士明有一段话可以使我们更加明了地看出徽商消费行为背后的内心世界。万历年间，矿监税使恣意诛求，使许多徽商家破人亡。目睹此景，汪士明十分感慨地说："吾辈守钱虏，不能为官家共缓急，故掾也鱼肉之。与其以是填掾之壑，孰若为太仓增粒米乎！"⑤ 它反映了徽商深深认识到，无权无势要想保有钱财是不行的，只有报效政府，援例授官才能保全自己，否则再多的钱财也都是贪官污吏俎上的"鱼肉"。

---

① 万历《休宁县志·舆地志·风俗》。
② 歙县《济阳江氏族谱》卷9《明处士南能公传》。
③ 天然痴叟：《石头记》卷8《贪婪汉六院卖风流》。
④ 康熙《徽州府志》卷8《蠲赈》。
⑤ 《太函集》卷55。

徽商奢侈性消费行为的背后，还有求利、求名的心理因素。明清时期，随着商品经济的发展，全国出现了一些大的商帮，流通领域里的竞争日趋剧烈。《太函集》的作者汪道昆就曾指出："吾乡业贾者什家而七，赢得什家而三。"① 竞争中的徽州商人"递废递兴，犹潮汐也"②。求利是商人的目的，是商人共同的心理特征。然而，要想在竞争激烈的流通领域里站稳脚跟，并很快发财，绝非易事。凭借政治权力，偷税漏税，或获得商品的垄断经营权，是封建时代商人快速致富的最捷途径。明清时期，"凡商贾贸易，贱买贵卖，无过盐斤"③。因此，获得人民生活必需品——食盐的垄断经营特权就成了众多商人追逐的最高目标。食盐一直是政府的专卖商品，明清时期，榷盐制度虽有所变革，但实行的也是官商结合、官督商销的形式，商人要经营食盐，必须取得官府的认可和庇护。所以，结好官府就成了商人经营盐业的关键。为了满足求利心理，保持对盐业的垄断经营特权，稳定地攫取垄断利润，徽商当然要进行一系列的奢侈性消费，来结纳官府，"以不利为利"④ 了。

在经商过程中，"名"和"利"是相互联系的，名声的好坏、名气的大小、地位的高低对商业的影响十分巨大。为了拓展市场，在同行之间或商帮之间的竞争中立于不败之地，徽商又想方设法扩大影响，提高声望，抬高地位。要达到这一目的，除了用"善行"、"义举"，讲究商业道德等手段之外，与封建政治势力的交结，也是一个十分有效的办法。明人陈继儒就说："新安多大贾，贾喋名，喜从贤豪长者游。"⑤ 歙人汪道昆也说：徽商"游大人而为名高"⑥。徽商通过奢侈性消费，交结官府公卿，提高了知名度，扩大了影响，从而增强了在市场上的竞争

---

① 《太函集》卷16。
② 《太函集》卷53。
③ 《明经世文编》卷50。
④ 赵吉士：《寄园寄所寄》卷8。
⑤ 《晚香堂小品》卷13。
⑥ 《太函集》卷44。

488

力。如徽商方迁曦，"商于吴梁间，所至交纳豪杰，为江湖望，家业益以丕振"①。至于两淮盐商歙人江春、郑鉴元、程易等因捐输、接驾有功，"以布衣上交天子"所取得的显赫的地位、名声和利益，就更是令商界欣羡不已了。

其三是崇儒心理的影响。在我国封建社会里，儒家思想长期占统治地位。徽州是南宋大儒朱熹的故里，素称"文献之国"、"礼义之邦"，儒家的思想道德在这里占有比别处更崇高的地位。如：歙县"秉礼仗义，自古为然"，"彬彬然东南邹鲁焉"②。祁门则"士习蒸蒸礼让，讲学不辍，诵说诗书，比户声明文物，盖东南屈指焉"③。绩溪也是"自朱子以来，多明义理之学"④。这种对儒学的尊崇造成了徽州"俗好儒而矜议论"的社会文化氛围，使崇儒重道、"理学第一"⑤成为徽州社会的普遍心理特征。生于斯、长于斯的徽州商人自然不能不受其影响。更何况徽商中有不少人都是由于家境贫寒，或者是在激烈的科场竞争中屡屡败北不得已而弃儒就贾的。这些徽商因为没能完成"崇高"的儒业而有一种深深的失落感。如：休宁商人汪可训因"不得志……遂辍帖括"，涉足江湖。经商致富后，他延名师，课督其子，并教训其子曰："此余未究之业也，尔小子容一日缓乎?"⑥ 休宁商人汪昂"愤己弗终儒业，命其仲子廷诰治书曰：'必以经时务，佐明时，毋徒委靡为也'"，⑦。婺源商人李大祈，因家业"百端丛脞，窘不能支"，而"弃儒服，挟策从诸父昆弟为四方游"，经商致富后，"每以幼志未酬，属其子，乃筑环翠书屋于里之坞中，日各督之一经，而叮咛勖之曰：'予先

① 《方氏会宗统谱》卷19。
② 《歙事闲谭》第18册《歙风俗礼教考》。
③ 万历《祁门县志》卷4《风俗》。
④ 乾隆《绩溪县志·风俗》。
⑤ 《歙事闲谭》第6册。
⑥ 《休宁西门汪氏宗谱》卷6《太学可训公传》。
⑦ 《汪氏统宗谱·昂号云峰配王合纪传》。

世躬孝悌而勤本业，攻诗书而治礼义，以至予身犹服贾人服，不获徽命以光显先德，予终无不能无遗憾。然其所恃善继述、励功名、干父蛊者，将在而诸子'"①。弃儒服贾的徽州商人除了将业儒的梦寄托在子孙的身上外，许多尚在商海中仍然没有放弃自己先前的业儒雅好，"虽游于贾，然峨冠长剑，褒然儒服，所至挟诗囊，从宾客登临啸咏，翛然若忘世虑者"②；甚至有"惛惛好儒，罄其资购书五万卷，招致多闻博学之士，与共讨论"而不问商务的。③ 由于受崇儒心理的深深影响，许多徽商，尤其是弃儒服贾的徽商，在囊橐充实之后，大多不惜钱财，建园林别墅，招徕各地文人学士，于其中结社吟诗，俨然儒者之气。所以，徽商在交游文士方面的奢侈性消费，其原因在于此。

其四是模仿和攀比心理的影响。人们的消费，都不是孤立的，而是相互影响，特别是同一群体之间的相互影响就更大。这种相互影响，容易出现模仿和攀比心理。这种心理便是："你想超过我，我更想超过你，我强不过你，我最少要像你，这是奢侈生活的现状。"④ 事实的确如此。清初，徽商在扬州大建园林，争奇斗艳。在原籍徽州，徽商也是大兴土木，雕梁画栋，穷极技巧，互争奢华。都是典型的模仿和攀比心理的反映。

（三）

消费行为受到心理和社会因素的影响，但这种行为一旦形成，它又反过来影响于社会，同时影响消费者自身。徽商的奢侈性消费行为的影响主要表现在以下几个方面：

其一，引导社会风气由俭转奢。商人的消费行为，往往是开风气之

① 婺源《三田李氏统宗谱·环田明处士松峰李公行状》。
② 歙县《双桥郑氏墓地图志·明故徽松郑处士墓志铭》。
③ 《啸亭杂录》卷9。
④ 《奢侈生活之社会学的考察》。《社会学刊》第2卷第4期（1931年）。

先的。商人的行为，深刻地影响着社会各个阶层。明中叶以后，社会风气由"敦厚俭朴"一变而为"浮靡奢侈"，这与商人的影响是分不开的。

徽商大多麇集扬州，在他们奢侈性生活消费的影响下，扬州的社会风气日趋侈糜奢淫。据万历《江都志》记载：明初扬州"民朴质务俭，……犹存淳朴之风"。但经过以徽商为主体的盐商奢侈生活的影响，出现了"富者辄饰宫室，蓄姬媵，盛仆御，饮食佩服与王者埒。……妇人无事，居恒修冶容，斗巧妆，镂金玉为首饰，杂以明珠翠羽，被服绮绣，袒衣纯彩，其侈丽极矣"[1] 的情形。董伟业《扬州竹枝词》云："谁家年少好儿郎，岸上青聪水上航。犹恐千金挥不尽，又抬飞轿学盐商。"显然，扬州这种奢靡风气的流行是徽州等盐商奢侈生活影响的结果。

又如徽商聚居的淮安地区，明中叶以前，"淮俗俭朴，士大夫夏一葛，冬一裘，徒而行"[2]。此后，由于豪商巨贾相互矜炫，奢侈之习蔚然成风，衣食住行，糜费日盛。到明末"通乘四轿，夏则轻纱为帏，冬则细绒作幔，一轿之费，半中人之产"[3]。究其奢侈之原，"淮俗从来俭朴，近则奢侈之习，不在荐绅，而在商贾"[4]。显然，挟资千万的巨商富贾是习俗嬗变的根源之所在。

在商人奢侈性消费的影响下，徽州本土的社会风气也发生了变化。据万历《歙县志》记载："成弘以前，民间椎少文、甘恬退、重土著、勤稼事、敦愿让、崇节俭。而今则家弦户诵、黉缘进取、流寓五方、轻本重末、舞文珥笔、乘坚策肥，世变江河莫测底止。"从成弘以前的"崇节俭"到成弘以后的"乘坚策肥"，徽州的社会风气为之一变。这种变化的主要原因也是由于受到了在扬州、苏州等地的徽州商人奢侈生活的影响。正如《歙事闲谭》所说："冠服采章，普天率土，悉尊时制。

---

① 嘉庆《扬州府志》卷60。
②③④ 乾隆《山阳县志》卷4。

而女人服饰，则六邑各有所尚。大概歙近维扬，休近苏松，婺黟祁近江右，绩近宁国。而歙休较侈。数十年前，虽富贵家妇人，衣裘者绝少，今则比比皆是，而珠翠之饰，亦颇奢矣，大抵由商于苏扬者启其渐也。"①

徽州等商人在大江南北和运河两岸的奢侈生活，甚至通过陕商影响到关中地区。明末清初三原人温自知说："吾里风俗近古人，尚耕读。晚近牵车服贾，贸易江淮，靓服艳妆，稍染吴越之习。"② 清代的《秦疆治略》三原县条亦云："人多商贩，惮于农业，有力之家，无不出外经营谋利，以致传染南方风气，竟尚浮华。"

其二，影响了徽商资本的积累。徽商的奢侈性消费，虽然满足了自己的心理需要，但为此付出的代价也是巨大的。《清盐法志》称："盐商夙号殷富，而两淮尤甲天下。当乾隆盛时，凡有大工大役，靡不输将巨款……加以水旱偏灾，何岁蔑有，几无已时，而商力亦告疲矣。"③ "身系两淮盛衰者垂五十年"的歙县大盐商江春，乾隆中，因"每遇灾赈、河工、军需，百万之费，指顾立办"，再加接驾有功，而得到乾隆的隆遇，但也因此陷入"家屡空"的困境，晚年不得不借用帑银以资营运。④ 再如，黟县商人孙志甫，"混迹渔盐中三致千金"，但为了满足其奢侈性消费的需要，三次都"随手挥尽"。⑤ 歙商周广"交结权贵，辄挥金如土"⑥；婺源商人李贤，为了满足"吴士大夫咸与之游"的愿望，"一日而挥千金无吝容"。⑦ 在各种心理作用下形成的徽商种种奢侈性消费行为，耗去了徽商大量资本，严重影响了徽商

① 《歙事闲谭》第18册《歙风俗礼教考》。
② 温自知：《海印楼文集》卷3《重修三原土主庙碑记》。
③ 《清盐法志》153《杂记门·捐输》。
④ 嘉庆《两淮盐法志》卷44《人物·才略》。
⑤ 嘉庆《黟县志》卷14《晴川孙公志甫墓志铭》。
⑥ 歙县《泽富王氏宗谱》卷4。
⑦ 婺源《三田李氏统宗谱》。

资本的积累，不仅使徽商本身的商业经营难于扩大，更使徽商难以向产业发展。

其三，加剧了徽商对生产者和消费者的盘剥，使生产者和消费者的负担日益沉重。为了获取巨额的货币财富，以满足日益增长的奢侈性消费的需要，徽商拼命压低商品的购价，抬高销价，剥削生产者和消费者。以两淮盐商为例，"灶户所卖之食盐、腌盐二百五十斤为一桶，一桶可得大制钱七百文，而盐商向买每桶只给五钱（约合制钱三百五十文），或乘其急需而给四钱（约合制钱二百八十文），仅敷工本，其戥头银水更多克扣"①。这种严重的不等价交换，使灶户的生活日益贫困，"数口之家，且有不能供饘粥者"②；生产上也因"各场煎锹口多有破损，贫灶无力置买，致使失业"③。别说扩大再生产，就连简单的再生产也难以维持。除了加重对食盐生产者的剥削之外，两淮盐商又进一步加剧对食盐消费者的搜刮。他们"贪利无厌，任意居奇"④，致使盐价飞涨。道光中叶，盐价高达"以稻一石，易盐一包而犹不足"⑤。盐价飞涨的原因，正是由于"商人服食奢靡，积惯成习，身家所费，已无限量，……皆增加于盐价之上耳"⑥。盐价的大涨，加重了对消费者的剥削，从而加剧了广大劳动农民进行简单再生产的困难。正如乾隆时太仆卿蒋涟所说："两淮运地极大，盐价日昂，小民甚受其累。"⑦ 由此可见，在盐商富埒王侯的背后，却是一幅幅盐场灶户破产，小农经济萎缩的凄惨图景。所以说，徽商奢侈性消费增长的过程，也就是生产者和消费者被剥削而日益贫困化的过程。

---

① 《黄册》（第一历史档案馆藏），乾隆六年二月，陕西道监察御史胡定奏。
② 嘉庆《两淮盐法志》卷54。
③ 嘉庆《两淮盐法志》卷30。
④ 嘉庆《两淮盐法志》卷24。
⑤ 包世臣：《安吴四种》卷4。
⑥ 《皇朝经世文编》卷49。
⑦ 《皇朝掌故汇编》内编卷12。

　　然而，事物都是一分为二的，徽商的奢侈性消费行为对明清时期的社会也曾产生过一些积极的影响。譬如，徽商的奢侈性消费，虽然有败坏社会风气的一面，但在客观上也还有推动商品经济的进一步发展和刺激手工业进步的积极作用。

第九章
徽商与徽州文化

　　徽商利润尤其是盐商巨额利润所形成丰厚的经济基础，长达几百年时间，这为徽州的文化、教育、科学、艺术、出版等领域的发展与繁荣提供了物质保证。从广义的文化范畴来看，徽州在这段时间里，一切文化领域的成就都达到了当时我国、有的甚至是世界上相当高的水平，形成了富有地域特色的文化现象，也为中华民族的古代文明做出了重大贡献。如徽州教育、徽州刻书、徽派经学、新安理学、徽派建筑、徽州园林、新安画派、徽派篆刻、新安医学、徽派版画、徽州三雕，以及徽州的自然科学、数学、谱牒学、方志学、徽剧、徽菜、徽俗、徽州水口等，都是富有特色的。因此有必要对这些文化现象的产生背景、发展状况及社会影响尤其与徽商的经济关系进行研究，本章只是选择了其中几种文化现象加以探讨。

一、徽商与徽州教育

　　宋元以来，徽州就是一个教育比较发达的地区。明代中叶以后，因有徽商财力的大量投入，徽州教育更加兴盛起来。当时除按定例设府学、县学外，另还设有社学和塾学，以教乡里子弟。据康熙年间的《徽州府志》统计，当时徽州有社学562所，县塾5所，各家族的塾学就更多，以致"十户之村，不废诵读"。① "远山深谷，居民之处，莫不有学有师。"② 此外徽属6邑还有许多书院，讲学蔚成风气。据叶显恩教授统计，明清二代徽属6县共有书院54所，其中以紫阳书院为大。③ 书院的功用大致有三：一是作为生员、士绅际会读书之所。如紫阳书院在康熙时，"六邑诸儒遵文公遗规，每岁九月讲学于此"④；乾隆时期"师儒弦诵，常数百人"，六邑之来学者，自宋以来"于斯为盛"⑤。二是选拔"乡之俊秀者"，延聘名师以教。三是某些书院带有义学性质，收族中子弟，或族中天资聪颖，而贫不能入学者加以培养。

重视教育，必出人才，据统计徽属6县中举人者在明为298名，清有698名；中进士者明有392名，清有226名。尽管这是一个很不准确的统计数字，但它足以反映徽州的人文郁起。蟾宫折桂、游历魁台，在深山僻壤也不乏人，于是徽州便流传有不少科举佳话。如"连科三殿撰，十里四翰林"——三殿撰者是合歙休二县言之，乾隆三十六年辛卯状元黄轩为休宁人；乾隆三十七年壬辰状元金榜为歙县人；乾隆四十年乙未状元吴锡龄为休宁人。四翰林者指同治十年辛未同科得庶吉士的岩寺人洪镔、郑村人郑成章、潭渡人黄崇惺、西溪人汪运镐，皆歙之西乡人，沿丰乐溪滨，所居相距仅10里。⑥ 又如歙许承宣、许承家兄弟，于康熙朝皆中进士，一授编修，一授庶吉士，均属翰林院，故有同胞翰林之说。⑦ 如今歙县许家故里唐模村首仍有"同胞翰林"牌坊。还有"兄

① 嘉靖《婺源县志·风俗》卷4。
② 道光《休宁县志》卷2。
③ 叶显恩：《明清徽州农村社会与佃仆制》。安徽人民出版社出版。
④ 康熙《徽州府志》卷7。
⑤ 鲍全德：《歙县紫阳书院岁供资用记》。
⑥ 许承尧：《歙事闲谭》卷10《科举故事》。
⑦ 许承尧：《歙事闲谭》卷7《文苑》。

弟九进士，四尚书者，一榜十九进士者"①、"一科同郡两元者"② 等等。

如对明清二代徽州教育加以考察，还会发现如下特点；

（一）这时期的教育具有明确的目的性和强烈的自觉性

在明代以前，贱商思想较为严重。自明中叶开始，因受"四民之业，惟士为尊"的传统观念影响，徽州徽商为了改善自己的社会地位，缙绅化就必然成为他们追求的目标，尤其是盐商，更需要封建政府的庇护，于是他们不仅以不断捐输"报效"提高自己的政治地位；与此同时，还以一部分商业利润投资教育，培养子弟和一部分族中学子，以期通过科举，尽快进入封建政府的各级政权中，从而使徽商资本在伴随着徽州商人不断缙绅官僚化的过程中增殖。据叶显恩教授统计，有清一代以歙县为例，即有大学士 4 人，尚书 7 人，侍郎 21 人，都察院都御史 7 人，内阁学士 15 人，③ 整个徽州一府 6 县当官的人数则更多了。正如许承尧所记，徽商缙绅化尤以晚明为盛，这同"颍阳（即许国）入相，或多所汲引"有关。④ 为此，徽商在缙绅化的过程中改变了世人对商人的旧有看法，《歙风俗礼教考》中有：

> 商居四民之末，徽俗殊不然，歙之业鹾于淮南北者，多缙绅巨族，其以急公议叙入仕者固多；而读书登第，入词垣，跻朊仕者，更未易仆数。且名贤才士，往往出于其间，则因商而兼士矣。

---

① 赵吉士：《寄园寄所寄》卷 11。
② 徐卓：《休宁碎事》卷 1 "万青阁偶读"条。按："两元"指康熙辛未状元戴有祺、会元张瑗。
③ 叶显恩：《明清徽州农村社会与佃仆制》，安徽人民出版社出版。
④ 《歙事闲谭》。

如与宋元时期作比较，那时的徽州商人为何没有明清时期徽商那样明确的教育目的和强烈的自觉意识，这或许因为明代徽州人口迅速增长，非经商已无出路，原来自给自足的封闭经济人们可以不需要文化，但走向都市从事商品交换，这对人的文化素质自然有更高的要求，于是徽州重视教育从某种意义上看是为改变生存环境的需要；其次，当明中叶徽商介入了盐业，为要提高政治地位，依附政治势力，以更好地控制盐业经营权，故于教育目的性尤为明确，所以有更多的族中子弟奔入仕途。

（二）教育对象的普及性和寄望成才的迫切性

如前面所说的徽州除府学、县学、社学以及书院外，一些名宗右族、缙绅之家都还设有家族的塾学，专为训导族内和自家子弟。这些塾学多置有学田，以其所入作开办费用。对于俊秀而贫穷子弟，入学所需的一切费用，均可由学田收入开支，不使有培养前途的子弟埋没。歙县《潭渡孝里黄氏家训》就写道："子姓十五以上，资质颖敏，苦志读书者，众加奖劝，量佐其笔札膏火之费，另设义学，以教宗党贫乏子弟。"① 潭渡黄氏多为扬州盐商，他们正是基于这样想法而捐资助学的。休宁茗洲吴家也订有类似的"族规"。

因徽商对人才的重视培养及所具政治远见，故在明清两代，确也培养出一大批朝廷显宦与地方政权官吏。这些出身于徽州的仕宦，"凡有关乡闾桑梓者，无不图谋筹划，务获万全"②。即在施政和议事中极力保护徽商利益，充当他们的政治代言人。如"同胞翰林"中的许承宣，在官工科掌印给事中时，"扬州五塘关政滋弊，承宣谓此关外之关，税外之税也。慷慨力陈，一方赖之"。此外，他还"蠲逋赋，定潼关税额，

① 黄玄豹：《潭渡孝里黄氏族谱》卷4《家训》。
② 《许氏阖族公撰观察蓬园公事实》，见《重修古歙东门许氏宗谱》。

核盐丁民丁之实，复驿马之旧"①。又如乾隆年间，歙人许登瀛任衡永郴桂 4 郡观察使时，捐输 15000 金，强买汉口新安会馆附近的店房，扩大会馆出入的路径，镌新安巷额，开新安码头，方便行商坐贾出入往来，要不是他的力量，汉口人断不会让方便于徽商的。② 咸丰朝王茂荫在施行币制改革时，也不时考虑着商人的利益，其中当然也就包括徽商的利益，为此他受到咸丰皇帝"只知以专利商贾之词，率行渎奏"的训斥。③ 如此等等，皆可为证。

（三）徽商的开放性观念，促成了徽州教育的开放性，突破了我国封闭式的传统教育

徽州的情况一般是父兄在外、子弟在家，当子弟在家完成塾庠阶段的启蒙后常进入父兄侨寓地的府县之学；或者在外地启蒙，回家乡深造。前者如胡适，幼时在家乡读书，13 岁才由在上海经商的三兄带去上学堂。后者如黄宾虹，20 岁前是在侨寓地金华就读，这之后才来家乡师从汪仲伊。这样徽州学子便有了游学一样的收获，为徽州的传统教育增加了活力，从而也造就了更多视野开阔的徽州人才。胡适说过："我乡人这种离家外出，历尽艰苦，冒险经商的传统，也有其文化上的意义。由于长住大城市，我们徽州人在文化上和教育上，每能得一个时代的风气之先……因此在中古以后，有些徽州学者，他们之所以能在中国学术界占据较高位置，都不是偶然的。"④ 在这里胡适将徽人外出经商对文化教育的好处已是说得很明白的了。

由于徽商的作用，徽州教育在造就了一大批缙绅官僚的同时，也为徽商造就了大量具有相当文化基础的商业人才，以及其他如文化艺术、

---

① 民国《歙县志》卷 6 之《宦绩》。
② 《许氏阄族公撰观察蓬园公事实》，见《重修古歙东门许氏宗谱》。
③ 《中国近代经济思想资料选辑》上册，第 380 页。
④ 胡适：《四十自述》。

科技、医学等人才，从而提高了徽商集团的文化品位和徽州人的整体素质，为形成徽州丰富的地域文化打下了深厚的基础。同样徽商集团因有了一定的文化品位，又更自觉地去重视教育，从而形成了徽州教育的良性循环。

徽州盐商自道光朝盐政改革而衰落，这对徽州教育的投入无疑有很大影响，但徽州有重教育的传统，也有因人多地少的恶劣生存环境逼迫而必须提高人口素质的迫切性，因此，众多流寓外地的徽商仍一如既往地重视支持着徽州教育。同治年间，歙商还曾以 12300 余缗的巨资，在南京建造歙县试馆，作为士子乡试住宿之所。[①] 重视教育作为徽州的一种传统，至今仍是如此。

徽商不仅大力资助家乡教育，也大力资助侨寓地的教育。如扬州盐商鲍志道不仅曾捐 3000 金修建紫阳书院，又捐 8000 金修建山间书院。[②] 乾隆初年，充任两淮总商的徽州盐商汪应庚捐 5 万余金重建江甘学宫，又以 13000 金购腴田 1500 亩，悉归诸学，以待岁修及助乡试资斧。[③] 江甘学宫在江都，徽州商人子弟当然同样可以受惠。祁门盐商马曰琯、马曰璐，于雍正十二年独家在扬州建梅花书院，从而造就了不少著名的徽籍和外籍通人硕儒，如汪中、王念孙、段玉裁、洪亮吉、孙星衍等。

徽商重教育，尤重延请名师。名儒赵访曾受聘婺源阆山书院任教。桐城派古文宗师姚鼐曾执掌梅花书院事，并兼课诸生；江南大儒汪仲伊也曾受聘紫阳书院和黟县的碧山书院。徽商捐资的书院常是名儒满座，学子济济一堂。徽商之重视教育，在中国教育史上，都值得一书。

---

① 《南京歙县试馆帐簿》。
② 鲍琮：《棠樾鲍氏宣忠堂支谱》卷 21《传志》。
③ 汪客吟：《汪氏谱乘》乾隆写本，藏歙县图书馆。

二、徽商与新安画派

新安画学，源远流长，这当然与新安大好山水的陶冶不无联系，而新安又是文房四宝的故乡，自然也为新安画派的发展提供了条件。但它真正的内在原因却仍然是徽商经济力量的发展。我们从罗愿的《新安志》中见到，南宋时的徽州商人已崭露头角，新安文化也灿然可观，并涌现了一些画家。但毕竟那时的徽商还未能成为群体，故宋元时期真正有影响的画家也还寥寥无几。新安画苑中百花争艳的景象只是到明万历以后才出现的。自此，画家辈出，盛极一时，流风所及乃至清与近代，并自成一派。

据姚翁望《安徽画家汇编》统计，明清以来，徽州有画家 767 人，一个地区在 300 多年里能涌现出如此众多的知名画家，这是其他地区不能匹敌的；何况姚氏统计还有缺漏，实际情况远不止这一数字。歙籍绘画大师黄宾虹生前曾经常感叹：“家乡宣歙文化，不亚江浙二省，且或过之，所惜未能团结精神，光大前哲学术。”① 又说“宣歙文献卓绝环宇，屡经兵燹，散佚已多”②。“徽宁古之宣歙，文人学士收藏善备，赏识高深，已超江浙而上。”③ 黄宾虹这里说的“宣歙文化”，显然是包括书画艺术在内的。不仅如此，黄宾虹还说过他的家乡“潭渡自明以来，书画名家均在江浙以上，惜后世提倡之者无人，可叹可叹”④。

黄宾虹的道德学问在当时乃至今日都是一致公认的，他以上所说的绝非是因乡情的溢美之词。宣歙文化，源远流长，自有大量文献可证。潭渡一地书画名家竟在江浙之上，也非虚语，我们从黄宾虹所撰的《潭渡黄氏先德录》可知一斑。这一区域在明清 300 年来所涌现出众多的知

①②③ 《黄宾虹致鲍君白信》，见《宾虹书简》，上海人民美出版社出版。
④ 《黄宾虹致黄昂青信》，见李明回《谈新安画派》，《安徽文博》总第四期。

名书画家诸如黄碧峰、黄凤六等，可惜因弘扬不够，今人知之者甚少。

一个流派的形成除受时间和空间的限制外，往往与特定的时代背景以及艺术（学术）观点、创作风格、创作主体有联系，新安画派也不例外。明末清初一批徽州画家面对中原板荡、山河变色的情势，他们由反抗到无奈，于是便借家乡山水，写胸中块垒，抒家国身世之感，虽点点墨痕，却尽是辛酸之泪，于是由特定的时代、环境而形成了这一流派及其风格。

新安画派是什么样的风格？汪世清先生曾概括为"貌写家山，景情交织；宗向倪黄①，先开风气；画仿宋元，不名一家；清逸其貌，俊伟其神"②。王伯敏先生也有概括："以儒立身，学道参禅；读书万卷，瓦砚三穿；云烟为友，万壑在胸；爱写黄山，喜写白岳；渴笔亮墨，荒寒自然。"③尽管概括的角度不完全相同，但都道出了新安画派的特征和精髓。

人们习惯地将渐江、汪之瑞、孙逸和查士标称为新安四家，尤对渐江给以极高评价。他的同时代人程邃就说过："吾乡画学正脉，以文心开辟，渐江称为独步。"④许楚也说："吾乡百余年来，画苑一灯，恒不乏人；至若为此道放大光明，无识想相，则渐公卓有殊勋，往者诸君不得专美于前矣。"⑤黄宾虹也评："独新安四家，趋向醇正，不为邪、甜、俗、赖，超出吴越。四家之中，渐江称首，苦心孤诣，迈古铄今，其识力有过人者。"⑥其他汪、孙、查三大家也各呈妙境。但新安画派却绝不止是四家，就像扬州八怪，就有排出九怪、十怪的。新安画派同样也是远远超出四家的一个人数众多的画家群体。何况新

① 此为元代画家倪云林和黄子久。
② 汪世清：《新安画派的渊源》。见《朵云》9期，上海书画出版社出版。
③ 王伯敏：《黄山画派及其传统风貌》。见《论黄山诸画派文集》，上海人民美术出版社出版。
④⑤ 汪世清、汪聪：《渐江资料集》。安徽人民出版社出版。
⑥ 黄宾虹：《渐江大师事迹佚闻》。见《渐江资料集》，安徽人民出版社出版。

安画派并非渐江而起，更非汪、孙、查而止。同时代的"金陵八家"
之一的龚贤说过："孟阳开天都一派，至周生始气足力大。孟阳似云
林，周生似石田仿云林。孟阳程姓，名嘉燧；周生李姓，名永昌，俱
天都人。后来方式玉、王尊素、僧渐江、吴岱观、汪无瑞、孙无益、
程穆倩、查二瞻，又皆学此二人者也。诸君子并皆天都人，故曰天都
派。"① 天都派即新安派也。龚贤以为新安派之溯源还要上推到程孟
阳、李周生，此论颇为在理。

　　程孟阳，名嘉燧，休宁人，曾侨居嘉定，晚年归故里；李周生，名
永昌，休宁人，皆得云林三昧。黄宾虹也说过："松圆老人以诗名海内，
其画意秀逸圆劲，为开新安画之祖，而罨润之致，时复过之。"② 程松
圆即程孟阳。可见以画风论，渐江之前的开路者尚有程孟阳等不少人，
而渐江则是登上这一画派的顶峰人物。至于这一画派的下限，李明回先
生以为可以定在乾隆时期，因那时"政治稳定，经济发展，追求仕禄者
日增，作为新安画派主要特色之一的遗民气节，就会逐渐消失了。因此
乾隆以后的一些新安画家，尽管表现优秀，笔者并不把它们考虑
在内。"③

　　需要一提的是，人们要问新安画派有没有人继承发展？这应是毫无
疑问的，其关键要看画风可否一致。如近代画家汪采白，他崇尚倪黄及
新安派前贤，这便为他的画风定了格；且又爱写家乡山水，有很好的学
养，并于民生涂炭而深抱忧愤之情，形之笔墨，自是清简淡远、伟峻沉
厚，故在 300 年来他是继承、发扬新安派传统取得最大成就的一位画
家。正是"三百年来传法乳，祝昌姚宋合低头"④ 而黄宾虹对新安画
派曾有精深研究和吸收，但他的画风属"浑厚华滋"一派，有人因地域
感情关系也说黄是新安派，那就不完全准确了。

---

① 　汪世清、汪聪：《渐江资料集》。
②③ 李明回：《谈新安画派》。见《安徽文博》第 4 期。
④ 　罗长铭：《题采白画》。见《罗长铭集》，黄山书社出版。

　　那么徽州在明清二代绘画艺术又何以如此繁荣？答曰，其源盖出于徽商经济力量的培育。

　　对此，目前普遍的看法是徽商集团的收藏热情刺激和促进了艺术的商品化进程。如咸同时期歙县潭渡黄崇惺曾撰有《草心楼读画记》，记祖上所藏过大量名人书画，其中如张择端《清明上河图》、吴道子《黄氏先圣像》、阎立本《孔子事迹二十四图》、李龙眠《白描十八应真渡海长卷》等整箱满箧的历代珍品，这在当年潭渡可谓比比皆是。郑板桥、金农的作品当年在潭渡被用来粘柱补壁，不加爱惜，可见收藏的富有。黄崇惺曾说过："幼时游里中诸收藏家，亲见其论画必宋元人乃辨别其真假工拙，明及国初不甚措意，若乾隆以来鲜有齿及者。大乱以后（指太平天国）金冬心、郑板桥之俦一联一幅皆值数万钱，承平时中人之家粘柱障壁比比皆是，亦无人估值也。"① 收藏书画是要有经济实力的，潭渡的收藏情形正是因为这里的人多在扬州经营盐业，才能如此财大气粗。《扬州画舫录》中所记的扬州大盐商黄氏四元宝即是这里的人。

　　我们不妨再来感受一番当年徽州收藏家那种富于逸性情趣的文化氛围。

　　黄崇惺还写道："余生也晚，里中耆宿，多不及见……是时休歙名族乃程氏铜鼓斋、鲍氏安素轩、汪氏涵星研斋、程氏寻乐草堂，皆百年巨室，多蓄宋元书籍、法帖、名墨、佳砚、奇香、珍药与夫尊彝、圭璧、盆盎之属，每出一物，皆历来赏鉴家所津津称道者。而卷册之藏尤为极盛，诸先生往来其间，每至则主人为设寒具，已而列长案，命童子取卷册进，金题玉躞，锦赙绣褫，一触手，古香经日不断，相与展玩叹赏，或更相辩论，断断不休。某以髫龄随侍长老坐隅，盖往往见之，恨尔时都无所知，百不能一二记忆也。"② 无疑这些风雅之士无不是巨贾或是儒商之后。

---

① ② 黄崇惺：《草心楼读画集》。见《美术丛书》第 1 集，江苏古籍出版社出版。

徽商的收藏固然不排除保值意识，但更多的却是追求风雅，明末商人吴其贞在《书画记》中写有："昔我徽之盛，莫如休歙二县。而雅俗之分，在于古玩之有无，故不惜重值争而收入。时四方货玩者，闻风奔至；行商于外者，搜寻而归，因此时得甚多。其风开于汪司马兄弟，行于溪南吴氏丛睦坊，汪氏继之。余乡商山吴氏、休邑朱氏、居安黄氏、榆林程氏，以得皆为海内名嚣。"这些收藏中当一定会有大量名人书画，包括新安派所崇尚的元人名作。王弇州在《觚不觚录》中也写道："三十年来元画价昂，大抵吴人滥觞，而徽人导之。"试想此"徽人导之"，准确地说应是徽商集团的介入，因只有他们如此雄厚的财力以及投资趋向才足以左右我国当时的艺术市场，使徽州成为全国最有影响的文物收藏地区之一。至今徽州仍有文物之海之称，闾里寒门不时有极罕见珍品出现，也皆为徽商当年的遗物。

但是，如果把明清时期新安画风的形成，仅看成是徽商的收藏和画家的被动呼应，那就未免过于简单化了。这只要我们再将当年的社会情况略作分析，便不难发现，由于徽商经济的发展，资本主义生产关系的萌芽，市民阶层在扩大，因此对文化生活和艺术欣赏都有了更多更高的要求。徽商集团的情况也一样，他们在拥有了一定财力后，也便有"修饰文采"[①] 的精神要求。而徽商多半又因是儒商，自然有更高的文化品位，我们不能否认徽商中部分人的收藏有保值意识和更多的附庸风雅，但同样也不能否认他们中有相当一部分的收藏是出于对艺术的爱好，他们中有的还和书画家结为知交，对艺术家给予了极大的关心和支持。

以渐江为例，他崇尚倪黄，然而艺术的提高迫切需要能见到真迹。他曾有诗谓："疏树寒山澹远姿，明知自不合时宜。迂翁笔墨予家宝，岁岁焚香供作师。"[②] 可见他对倪云林是怀有怎样深厚的感情。所幸的

---

① 民国《歙县志》第1卷《风土》。
② 汪世清、汪聪：《渐江资料集》的《偈外诗》。安徽人民出版社出版。

是同乡西溪南吴羲（不炎）为他提供了这一方便。吴羲是盐商之后，他的前辈吴廷（用卿）即收藏有许多历代名人书画，并请董其昌和陈继儒前来鉴别过，所藏法书还刻勒石上，这便是誉传中外的余清斋碑。渐江在吴羲家中苦心研习倪画达数月，而后尽将以前所作毁去。由此可见渐江经此研习，艺术有了一个飞跃。反之如没有徽商后代的支持，渐江也绝没有以后的辉煌。程守曾在《晓江风便图》跋中也写道："余方外交渐公卅年所，颇不获其墨妙。往见吴子不炎卷帧，辄为不平。因思余城居，且穷年鹿鹿，渐公留不炎家特久，有山水之资，兼伊蒲之供，宜其每况益上也。此卷实吴子走邗沟时，渐公以代离赠者……"[1] 读此题跋可见吴羲对渐江深厚的友好情谊和关心。同样，渐江也多次以自己的佳作相赠，视吴为知音。当时"渐师画可比云林，江东之家，至以有无为清俗"[2]，显然渐江赠画吴羲乃为报知遇之恩。尤其是渐江示寂那年春上，自匡庐归，过丰溪，为吴留憩旬日；以后又一起循流放筏西干，羲还携有所藏王右军迟汝帖真迹及宋元逸片书画数十种，就荫石淙，与许楚、程守及江注相聚。是日薄暮，渐江作《石淙舟集图》记此盛会。

再者扬州为徽商集聚之地，渐江、程邃、孙逸、汪之瑞、查士标等众多的新安画家都常在此流连，有的还终老于斯。他们在扬的生活及艺术活动都得到了徽商的热心扶持，并常延为上宾，谈画论艺，觥筹交错，也极一时之盛。

徽商于书画不仅有爱好，有较高的鉴赏力，有的还深谙此道，有一定的造诣。如黄宾虹的父亲营商浙东，不仅有当地一带的许多书画朋友，自己也很为内行，有记他"工擘窠大书，晚岁尤喜作画，写竹竟日可数十纸；又画梅，繁枝丛萼，自拟王元章、杨补之，横墨飞翰，积楮盈箧"[3]。黄宾虹就是因受这样的家庭影响，在习举子业同时，也拜师

① 汪世清、汪聪：《渐江资料集》的《画录》。安徽人民出版社出版。
② 黄宾虹：《渐江大师事迹轶闻》。见汪世清、汪聪《渐江资料集》。
③ 黄宾虹：《潭渡黄氏先德录》。

学画，故当科举失意时，即转向了绘画艺术。从黄宾虹的成功看，他不仅有家庭经济实力的保障，还有艺术环境的影响及许多方面的支持。因有这样一些优越条件，故徽州明清二代涌现了众多的画家，这都是应该考虑的重要因素。

另外，收藏固然可以刺激书画市场的繁荣，但许多艺术家的创作却并非为了营利而使作品商品化，这在特别讲究人品气节的新安派画家身上表现更为突出。渐江"踪迹其处，环乞书画，多攒眉不应"①。查士标也是这样，"画尤工，然不肯轻下笔。家人告罄无粟，乃握管，计一纸可易数日粮，辄又搁笔"②。又，"梅壑（即查士标）高自矜贵，经年未尝成一画，桁无衣，罂无粟，视其色怡然，而门外求书画者辄常满，袨被卧于其庑以待者，往往经半载不得去，梅壑方仰屋豪吟不顾也。"③要问何以如此，简言之，一个区域在有了一定的文化层次后，必然会在一定的群落中形成较为健全的文化性格，而新安画派就是这样一个文化群体。但这一切显然都建筑在徽商的经济实力基础之上。

三、徽商与徽州建筑、徽派园林

徽州建筑、徽派园林作为一种文化现象而被世人关注，当是基于它的特色以及形成这些特色的历史原因。

40 年代，中外学者开始了对徽商的研究，那时还没有人顾得上注意徽州建筑。直到 1950 年，歙县西溪南的一些古代建筑才引起了政府的关注。1952 年华东文化部委托南京工学院教授刘敦桢前往调查，始

---

① 黄宾虹：《渐江大师事迹佚闻》。见汪世清、汪聪《渐江资料集》。
② 徐钪：《啸虹笔记》。
③ 汪灏：《种书堂遗稿·序》。

知是明中叶遗构，并在附近村落中又发现 20 多处明代住宅和祠堂。1954 年，中国建筑研究室又派人前往调查，以后于 1957 年出版了《徽州明代住宅》一书，从自然条件、社会背景、建筑概况等方面对徽州建筑——明居进行了分析。自此，徽州建筑益为人重视，像许国石坊、潜口明宅、呈坎宝纶阁、棠樾牌坊群、西递民居等都成了"国宝"。

其实前人对徽州的建筑文化现象早予关注，民国《歙县志》即有："屋庐之制，因居山国，木植价廉，取材闳大，坚固耐久，今元代所营之室，村之旧者犹数见焉，明代建筑不足奇矣。然以山多田少，病居室之占地，多作重楼峻垣。"[①] 又有"……彼时盐业集中淮扬，全国金融几可操纵，致富较易，故多以此起家，席丰履厚，闾里相望，……今其所遗仅有残敝之建筑，可想见昔年闳丽而骄惰之习"[②]。又，商人致富后，即回家"修祠堂，建园第，重楼宏丽"[③]。

由此可见徽州因其地产良材巨木，为造房提供了必备的条件；但最主要的是徽州建筑因有大量商业利润的投入才有昔日之宏丽。正是这一经济繁荣，给徽州的建筑风格、乡村面貌带来了巨大影响，也形成了颇具特色的建筑文化现象。

人们自然要问徽商集团为何要将大量的商业利润投入到村居建筑和园林等消费性领域？对此，前人宋应星等有过论述，他在《盐政议》中写道：

> 商之有本者，大抵属秦、晋与徽郡三方之人。万历盛时，资本在广陵者不啻三千万两，每年子息可生九百万两。只以百万输帑，而以三百万充无妄费，公私具足，波及僧、道、丐、佣、桥、梁、楼宇。尚余五百万，各商肥家润身，使之不尽，而用之不竭，至今可想见其盛也。[④]

────────

[①][②][③]　民国《歙县志》卷 1《风土》。
[④]　宋应星：《野议》。

　　而造成这样情况的原因，是徽商的封建性决定的，因为只有当商人感到经营商品生产比经营商业更能取得经济效益时，商业资本才会转入生产领域，向产业资本转化。叶显恩先生以为："由于官府的庇护和享有豁免税收等特权而取得优惠利润的徽商，是一般商人所不能与之竞争的。他们并没有感到有改为经营商品生产的必要……所以，当商业资本超过经营商业所需要的数量之后，超过部分便如上所述，或则挥金如土地耗费在'肥家润身上'……"①

　　叶先生的分析是正确的，无论是扬州还是徽州徽商的建筑和园林，之所以那样肆意地堆金砌玉，其原因盖出于此。

　　尽管明代对民间的住宅建筑规模有所限制，并不准使用各种金碧辉煌的彩画和装饰，但徽州商人大可在不抵触法令范围内，特别用心于住宅的布局和结构，使其更加紧凑和坚固。住宅内部的装修雕刻尽量做到秀丽精美而富于变化，一些建筑的彩画构图着色多以清新雅致取胜，因为这不仅是将来告老还乡颐养天年的住所，同时，与乡党争阔斗富的心理也在起着一些作用。因此以密集型劳动为代价的砖、木、石三雕艺术便在这里应运而兴，从而在我国民间工艺美术领域占有了它的地位。同样徽州三雕艺术之花不仅显示了劳动人民无穷的聪明智慧，展现了新安画派、徽州版画故乡深厚的艺术根基，而且更是徽商财富优渥沃润的结果。

　　再说徽州民居都比较重视室内陈设，其突出部分当然在厅堂，因这是生活起居、亲朋约聚、品茶对弈、吟诗作画的地方，其正壁上常高悬匾额，下挂中堂字画，设神案，上置云板花瓶等物。还有八仙桌、太师椅；厅堂两侧设茶几座椅，壁上挂名人字画，还有一些楹联，如什么"读书好营商好效好便好，创业难守成难知难不难"、"几百年人家无非积善，第一等好事只是读书"等，由此可看出徽商的文化性格和价值取

---

① 　叶显恩：《明清徽州农村社会与佃仆制》。安徽人民出版社出版。

向。许多专家都对徽州民居进行了考察，并总结出这样一些特点，如朴素淡雅的建筑色调，别具一格的山墙造型，紧凑通融的天井庭院，奇巧多变的梁架结构，精致优美的雕刻装饰，古朴雅致的室内陈设等。

徽商不仅对一家之居如此讲究，而且对聚族而居之村舍同样也是如此。如黟县宏村以牛形设计而称绝，整个村落以正街为中心轴线，背靠雷岗山，北围月塘，南附南湖，层楼叠院，鳞次栉比，平整的青石板铺展在曲折幽邃的巷弄中，村中水渠纵横交错，四通八达。所谓"牛胃"，是作为全村水源的塘池湖面，而"牛肠"则是萦绕村中、流经家家户户门口的水圳，还有峰峦倒影，古树婆娑，和南湖水畔的古书院及"湖光山色"的匾额，更为村落增加几分文雅。重水、重绿，使村落建筑与大自然相互渗透，这是宏村的魅力所在。美学家王朝闻先生来此参观后也赞不绝口。其实徽州的村落基本上都是这样宛如画面。对此，也有人概括为：依山临水的自然布局，错落有致的空间变化，紧凑热闹的商业街区，幽深宁静的街坊水巷，景色如画的村头装点。程且硕在《春帆纪程》也有过描写："乡村如星列棋布，凡五里十里，遥望粉墙蠹蠹，鸳瓦鳞鳞，棹楔峥嵘，鸱吻耸拔，宛如城郭，殊足观也。"① 因此可以说，徽州民居，即使农村，在那徽商繁荣的时代，多半也不是农民的居所，而是具有较高文化层次的市民阶层的精神窠臼。

徽州的祠堂很多，民国《歙县志》记载："邑俗旧重宗法，姓各有祠，支分派别，复为支祠。"② 这都是徽商资本发展的结果。明嘉靖年间，徽商金德清十年间遂积万金，但一回到家，即以 9000 两用于建祠堂，会斋僧了。③ 侨居杭州的歙县新馆鲍概等 8 名商人，"慨捐己赀，共成巨万，建立宗祠，并输祭产"④。徽州祠堂都造得很大，如歙县潜口

① 许承尧：《歙事闲谭》。
② 民国《歙县志》卷1《风土》。
③ 祁门金焕荣：《京兆金氏族谱》。
④ 《鲍氏著存画宗祠谱》。

汪氏金紫祠，不论是工程技术或是造型艺术都非常高超，计有 100 根硕大的木柱和石柱；特别是该祠的石雕狮子、飞龙、莲瓣等，形态逼真，线条优美，每件都是价值极高的艺术品。其他诸如郑村的郑家宗祠、棠樾的男女祠、唐模的许氏宗祠以及被人称为当世国宝的宝纶阁的呈坎罗氏祠堂和绩溪胡氏宗祠，都足以令人惊叹不已。还有像许国石坊、棠樾牌坊群等大量牌坊以及古桥、古塔等建筑，都是徽商经济的物化结果。

需要指出的是我们每论到徽州能保存下来这么多明清建筑，总是说徽州兵燹少的原因，其实咸、同兵燹使徽州遭到了极其惨重劫难。十年动乱也是一次毁灭性的浩劫。我们今天所能看到的仅是劫后余生的很少部分，否则我们更能直观地了解到徽商的经济实力对徽州建筑的影响。我们从潭渡太史黄崇惺的《重订〈潭滨杂志〉序》中，就可见潭渡当年是何等宏丽：

> 潭滨者，黄氏所居村名，亦谓之潭渡……至前明而簪绂特盛，及国朝而益炽，文献之迹，详于往牒矣。若夫风俗之粹美，室庐之精丽，皆他族所罕俪。兹编所记，虽若琐屑，然承平丰乐之景象可想见也。乾隆以后，故家巨室亦稍稍替矣。然旧德犹在，同井晏然，以崇惺儿时所见，犹然一乡望族也。自咸丰庚申粤寇陷郡，潭渡距城近，被兵尤酷，寇退而里人之丧于疾疫者与槁饿者白骨相望，而不得棺椁以葬，丁男之存者十无二三，又多客游不能遽归。里门八角亭既毁于火，而祠庙之仅存者率穷漏朽蠹而莫能葺，亭馆林木皆摧之以为薪，而万金之宅毁而鬻之，仅以易数石之粟，荆榛塞于衢巷，颓垣败壁，过者为之惝栗，盖于今十有余年……

如今潭渡即是那兵燹后又经 100 多年风雨，并几经毁坏所剩下的。

再看又一大村郑村，黄宾虹在《郑纂钦隐君家传》写道："清光绪中，余随侍浙东，尝以应试返歙，慨挽近之凋敝，缅畴昔之全盛……"可见郑村昔日的繁盛。

园林，作为人类的精神物化成果之一，是伴随着人类文明产生和发展的。徽州私家园林到两宋时已有很大发展和较高水平，这当然与这一时期的文人郁起，慕文雅、重教化的风尚以及商人经济的发展有关。宋代园林现在除黟县"培筼园"尚存部分遗构外，其余皆荡然无存。

徽州园林至明清两代竟有突飞猛进的发展，出现了黄金时期，这不仅在徽商故里，就是在徽商集聚地扬州等地也是如此，在我国乃至世界园林史上写下了光彩一页。

清初吴伟业诗曰："一斗浊醪还太白，二分明月属扬州。"这多少可反映明清两代扬州为全国逸性文化中心的情形。那时扬州本地人口仅二十分之一，而外地流寓人口为二十分之十九，造成这样的人口结构主要是因为徽州盐商聚集的结果。陈去病在《五石脂》一书中指出："徽人在扬州最早，考其年代，当在明中叶。故扬州之盛，实徽商开之，扬盖徽商殖民地也。故徽郡大姓，如汪、程、江、洪、潘、郑、黄、许诸氏，扬州莫不有之，大略皆因流寓而著籍者。而徽扬学派，亦因以大通。"民国《歙县志》也有："在昔盐业尤兴盛焉，两淮八总商，邑人恒占其四，各姓代兴……彼时盐业集中淮扬，全国金融几可操纵，致富较易，故多以此起家，席丰履厚，闾里相望，其上焉者，在扬则盛馆舍、招宾客、修饰文采……"①

一部《扬州画舫录》，给我们留下了无限向往。作者李斗，字艾塘，仪征人，自称凭 30 年亲身阅历和闻见，记录了当时扬州的风物和社会情景，于乾隆六十年（1795）写成是书 18 卷，尤以记述徽商拥巨资、好风雅、营建园林、招致宾客的事实颇多，给我们留下清初扬州一幅幅的历史画卷。

---

① 民国《歙县志》卷1《风土》。

我们且看郑侠如之休园："园宽五十亩，南向，……先是住宅后有'含英阁'、'植槐书屋'、'碧厂耽佳'、'止心楼'诸胜。园中有'空翠山亭'、'蕊棲'、'挹翠山房'、'琴啸'、'金鹅书屋'、'三峰草堂'、'语石樵'、'水墨池'、'湛华卫书轩'、'含清别墅'、'定舫'、'来鹤台'、'九英书坞'、'古香斋'、'逸圃'、'得月居'、'花屿'、'云径绕花源'、'玉照亭'、'不波航'、'枕流'、'城市山林'、'园隐'、'浮青'诸胜。中多文震孟、徐元文、董香光真迹。止心楼下有美人石，楼后有五百年棕榈，墨池中有蟒，来鹤台下多产药草。子为光，辑《休园志》若干卷。"①

再看潭渡黄氏兄弟，"以盐笑起家，俗有四元宝之称。晟字东曙，……筑有易园——易园中三层台，称杰构。履暹字仲升……有十间房花园……'四桥烟雨'、'水云胜概'二段，其北郊别墅也。履炅字昆华……有容园。履昴字中荷……有别圃。改虹桥为石桥，其子为蒲筑'长堤春柳'一段，为筌筑桃花坞一段。"又"黄氏兄弟好构名园，尝以千金购得秘书一卷，为造制宫室之法，故每一造作，虽淹博之才，亦不能考其所从出。"②

还有，"汪石公者，两淮八大盐商之一也。石公既殁，内外各事，均其妇主持，故人辄称之曰'汪太太'。太太当高宗幸扬时，与淮之盐商，先数月在北城外择荒地数百亩，仿杭之西湖风景建筑亭台园榭，以供御览。惟中少一池，太太独出数万金，夜集工匠，赶造三仙池一方，池夜成而翌日驾至，高宗大赞赏，赐珍物，由是而太太之名益著。"③

作为东南大都市扬州，以园林显出了自己特色。有称刘大观的在游历了各地后，得出"杭州以湖山胜，苏州以市肆胜，扬州以园亭胜，三

---

① 《扬州画舫录》卷8，江苏广陵古籍刻印社出版。
② 《扬州画舫录》卷12，江苏广陵古籍刻印社出版。
③ 《清稗类钞》卷24，江苏广陵古籍刻印社出版。

者鼎峙，不可轩轾"① 的结论，是很有见地的。

徽商也将这样的爱好带到故里，故明清两朝，徽州营造园林之风也很盛。歙西溪南有果园，许承尧《歙事闲谭》录有："琐琐娘，艳珠也，妙音声。明嘉靖中，新安多富室，而吴天行亦以财雄于丰溪，所居广园林，侈台榭，充玩好声色于中。琐琐娘名聘焉，后房女以百数，而琐琐娘独殊，姿性尤慧，因获专房宠。时号天行为百妾主人，主人亦自名其园曰'果园'。"

至今果园遗址中仍可见诸多遗构，不难想见当年果园建造之奢侈。当然吴氏之奢在徽州也不是绝无仅有，然而大多数徽州商人或他们的家族却是借林园之自然景色以怡情悦性，这也正是那几百年里徽州人的一种生活情趣。

徽州除私家园林外，还有公众园林，即水口园林。这种园林一般都建在一村之首，以作为村人聚玩憩闲之地。

如唐模的檀干园，民国《歙县志》记有："昔为许氏文会馆，清初建，乾隆间增修，有池亭花木之胜，并宋明清初人法书石刻极精。鲍倚云馆许氏双水鹿喧堂时常宴集于此，题咏甚多。程读山诗注言'檀干园亭涵烟浸月，大有幽致'。鲍瑞骏题二额，俗称小西湖，今重修改公园。"如今檀干园门前还有两处建筑，一为八角石亭，一为许承宣、承家的"同胞翰林"石牌坊。原园入口处有门楼，上悬咸丰举人鲍瑞骏书"檀干"石额。清学者王觉斯为紧邻的小亭题"响松亭"匾。一副对联写下周围景色："此一带远近村居旧称丰乐，有六朝烟水气味可与游观。"园内有小西湖，据说是人工开凿的。相传在清初唐模村有一家姓许的富翁，因老母想往西湖游览，苦于交通不便，于是出资挖塘垒坝，修筑楼亭，以娱老母。人工湖内模拟西湖风景，有"三潭印月"、"湖心亭"、"白堤"、"玉带桥"等，可见称小西湖是有根据的。镜亭因在湖

---

① 《扬州画舫录》卷6，江苏广陵古籍刻印社出版。

中，故有是称；内墙上镶有历代名家法书刻石 18 块，如今刻石还在，但其他皆破败不堪。

又如岩寺水口，即当年颇有名气的凤山灵境，这里有七层明塔一座，可登塔俯览全镇，远望天都、莲花二峰。塔下筑有凤山台，台上建有三元阁，供游人休息观景。其间遍植水竹，一片翠绿。又有枫树成林，深秋之季，红绿相映，无上景致。跨溪水有余公桥与北岸相连，有一寺名"芥庵"。傍水又小亭一座，坐亭中，观宝塔，则塔影桥虹，构成一幅完美的图画。[①] 徽州这样的水口园林比比皆是，直至解放以后，才有所改观。

徽商有较好的文化素质，对园林艺术也有较高的欣赏水平，如康熙间扬州八大园之一的影园，即是歙人郑元勋所建，他有《影园自记》一文，足见有很高园艺见解。"扬州以园林胜"自然与他们有很大的关系。就是故乡徽州的不少水口园林，既是徽商经济的物化产物，也是文化艺术的结晶。许多村的水口园林都有较出名的学者、艺术家的参与和设计布景，或亭、或阁、或廊，常点缀有古今名人的诗文楹联，因此徽州的水口园林都有很深的文化积淀，是一村精神文明的窗口。

四、徽商与新安医学

新安医家，于宋代始见文献记载。到明清两代，这一地区医家林立，著述风起。据不完全统计，这两代计有名医 693 人，医著 619 种。这种医学文化现象在我国乃至世界医学史上都是极为罕见的。其中相当一批医家医著在中华民族医学史上占有重要地位。如张杲的《医说》，

---

① 鲍弘达：《水口——徽州的村镇公园》。见《徽学通讯》第 13—14 期。

为我国现存最早的医史传记；江瓘的《名医类案》，为我国第一部总结历代医案的专著；吴昆的《医方考》，为我国第一部注释医方的著作；徐春圃于明隆庆年间，在北京发起组织"一体堂宅仁医会"，为我国最早的医学群众团体。以汪机为先导，融李、朱之学于一体，形成固本培元的流派；方有执重新编次《伤寒论》，开《伤寒论》错简流派之先河；喉科名家郑梅涧父子力言治疗白喉须用养阴清润之法，开创了喉科学上的养阴清润派。还有汪机的新感温病学说，以及在外科学上，倡言"治外必本于内"的学说；孙一奎的三焦、火、气及命门的学说；吴澄的理脾阴学说，在理论上各有发挥。清代汪昂的《本草备要》、《医方集解》、《汤头歌诀》等，程国彭的《医学心悟》，吴谦主编的《医宗金鉴》及程杏轩所辑的《医述》等著作，普及全国，为祖国医学事业的发展作出了巨大贡献，有的医著还在东南亚许多国家刊行。

考察新安医学这一现象的成因，固然有历史因素——晋宋两次南渡及唐末避黄巢之乱，中原人入迁的文化开发，以及南宋迁都临安，新安成了近畿之地；地理因素——徽州山区有着丰富的中药材资源；社会因素——重视教育以及形成昌盛的文风等，但关键性的原因还在经济因素，即新安医学是伴随着徽商的兴盛而繁荣的。

（一）新安医学的繁荣适应了徽州商人在医疗保健方面的需要

人类社会对健康的认识和重视程度是与经济发展相联系的。徽州商人在拥有了一定的经济势力后，自然对健康有了新的认识和要求，这是促进新安医学高度繁荣的重要原因之一。这在徽州本土乃至徽商流寓的许多地方都可见到这样的情形。民间传说有名医叶天士在苏州为徽商治痨病（即今之肺结核，在当年常被视为绝症），叶自感无策，劝其返里安排后事。商人归里，复求诊于程敬通，程嘱其长服梨汁，而徽州又多产雪梨，梨汁可润肺，加之徽州空气清新，乃得康复。后为叶氏闻知，乃由吴抵歙，请教于程敬通。沈德潜在《叶香岩传》中记："君名桂，字天士，号香岩先生，自歙迁吴。"① 其祖叶紫帆、父叶阳生皆行医于苏州，有声名。如果以为叶天士来歙求教程敬通属民间传说，但叶氏一门数代在苏州行医并服务于在苏扬一带的徽商却是肯定的。

另，民国《歙县志》也记有潭渡黄履暹在扬州情形：

"……履暹字仲升，号星宇，家有十间房花园，延苏医叶天士于其家，与王晋三、杨天池、黄瑞云诸人考订药性，于倚山旁开青芝堂药铺，城中疾病赖之。刻《圣济总录》，又为叶天士刻《叶氏指南》。"② "城中疾病赖之"，这当然包括徽商并首先满足徽商医疗保健的需要，应是毫无疑义的。

我国医学史上还有另一罕见现象，这便是明清两代新安名医流寓外地悬壶人数极多，流寓区域极广。据洪芳度先生前些年的考订，有文献记载流寓外地的徽州名医为70多人，另有20多人定居外地，还有29人为京城太医，③ 实际情况远远大于这个数字。这些名医流寓之地有北京、南京、扬州、杭州等当时国内政治经济的中心以及各地通都大邑，他们几乎是紧随徽商足迹。形成这种现象当然有多种原因，但徽商健康的需要无疑也是一个重要因素。

有这样两件记载新安医家的史料：一是顺治二年，清军南下，明将史可法坚守扬州，城破，清兵大肆屠杀十天，史称"扬州十日"。这之后，第一位返扬的医家即徽人程郊倩。④ 显然程氏此时返扬绝不是为医学交流，而是随徽州盐商而去的。扬州乱后，由于盐务的需要，徽州盐商已早早启程了。而因商人健康的需要，新安医家便紧步后尘。另外，

① 李济仁：《新安名医考》。安徽科技出版社出版。
② 民国《歙县志》卷9《义行》。
③ 洪芳度：《新安医学史略》。1990年自印本。
④ 耿鉴庭：《重印〈医述〉跋语》。见《医述》，安徽科技出版社出版。

歙名医程杏轩于道光之初，"得鲍桂星先生之介，诣扬会诊"①。民国《歙县志》也有程杏轩"工医……鲍桂星极称之"②。这次由鲍桂星介绍，请程氏赴扬会诊的病者非贵即富，想也是流寓扬州的徽商。

当然直接记载新安名医为徽州商人治病的文献并不很多，但这无碍以上结论；而间接的记载，倒是很多。比如，清歙县名医王于圣，寓居扬州。袁枚 80 岁那年春上患病，直到秋季，仍不见好转，袁自以为此次将不能生还，乃作绝命词告别亲友。后经人介绍王于圣治愈，他自是兴奋不已，乃又作《告存诗》，其中有记："余新春患病，直到孟秋，千医不效，乃到扬州访王于圣，一治竟愈。再作《告存诗》，一以谢王君，一以慰天下人之爱之欲其生者。"诗曰："王子本为仙，称名不愧圣；仙力能回天，圣手能夺命。我年逾八旬，二百余日病；九死谋一生，求医乃越境。王君一见笑，道师肯听不？……古有女娲氏，七十二变相；我今竟似之，屡死将人诳。悔作绝命词，传播惊故人；必有好我者，哀伤涕沾巾。急作告存诗，当作吉语闻；定惹人大笑，此老又还魂。"③ 要问是谁介绍袁枚到扬州就诊于王于圣的，这其中亦非徽州商人莫属，这只要明了袁枚与徽商的关系便可知道。扬州的盐务总商江春和继江春之后的洪箴远以及程梦星、程晋芳等徽州盐商皆是袁的朋友，平时都对袁的文化活动和生活给予经济扶持，而他们的诗文也常得到袁的弘扬。因此袁的健康自然会为徽州商人所关心，并很负责地介绍给新安名医。我们通过以上事实，可以想见徽州商人是非常信任地将自己的健康托付给故乡的新安医家，这当是合乎情理的。

① 耿鉴庭：《重印〈医述〉跋语》。见《医述》，安徽科技出版社出版。
② 民国《歙县志》卷 10《方技》。
③ 《慈航集三方普济方·序言》，见《新安医籍丛刊》综合类一，安徽科技出版社出版。

（二）新安医学的繁荣离不开徽商在经济上的扶持

民国《歙县志》记：黄履暹和他的兄弟在扬州以盐笑起家，并有四元宝之称。黄履暹曾延请名医叶天士于其家，与诸名医一起考订药性，又为叶天士刻《叶氏指南》。另程杏轩到扬州会诊时，也带了他的书稿《医述》拜访了盐商八大总商之一包松溪，为包所盛赞，并建议其从速付梓，历经四年刻成，都得到徽商经济的上资助。

在此特别需要介绍的是歙人吴勉学。吴字有愚，号师古，为明代徽州最大的出版家，他以 10 万两银的资本，毕生从事出版事业。他所校刊的经史子集及医书数百种，并于万历二十九年校刊了王肯堂《古今医统正脉全书》44 种 215 卷。他所辑刻的《河间六书》，被收入四库全书；并还辑刻《痘疹大全八种》、《儒门亲事》等，又收集一些单验方，撰成了《师古斋汇聚简便单方》6 卷行世。吴氏作为徽州商人之后，终生从事出版业，于新安医籍出版贡献很大。有这样一则笔记，正可说明徽商资助出版医书是被视为一种善事，因此可得善报。笔记见之于《讱庵偶录》："歙县吴勉学，梦为冥司所录，叩头求生。旁有一判官禀曰：'吴生阳禄未尽。'吴连叩头曰：'愿作好事。'冥司曰：'汝作何好事？'吴曰：'吾观医集率多讹舛，当为订正而重梓之。'冥司曰：'刻几何书？'吴曰：'三万。'冥司可而释之。吴梦醒，广刻医书，因而获利，乃搜古今典籍，并而梓之，刻梓费几十万。"这则笔记故事，虽具有迷信色彩，但除去"冥司"的所谓善报之说，却反映了一定的事实。

正是徽商资金的大量投入，才得以形成明清两代新安医籍剞劂之兴。

徽州名医众多，医家林立，是与徽州重视文化教育分不开的，对此仍缘于徽商给予了充分的财力投入。尽管这一地区由儒而仕概率相当大，但这与徽州整个儒学群体来说，还是一个相当小的数字，于是除了由儒而贾一途外，相当一部分由儒而医，他们在仕途无望下而折回医道。当然也有一些在奔向科举之途时，因家庭的变化和自己健康等原因而有志于医的。如江瓘 14 岁时，母暴病而亡，此后自己又患呕血症，请医数十人诊治均无良效。遂研医书，自治而愈，乃弃仕途攻医，终成一代名家。祁门人陈嘉谟幼攻儒学，通诗文，后因体弱多病乃留意医学，也以医名世，著有《医学指南》、《本草蒙荃》行于世，等等。但无论哪种情况，新安医人都受过扎实的文化教育，有着深厚的儒学基础，这也是徽州拥有那么多的名医和写出那样多医著的原因之一。

同样我们还要看到，培养一名医家，也还要有相当可观的投入。明末清初歙人程云鹏，寄籍江夏，少习儒，因母死于疟疾，妻、子、女也相继病死，伤痛之余，乃捡出家藏自轩岐以下医书 1979 余卷，昼夜诵读，遂通医术，成一代名医，著有《伤寒问答》医著 7 种。① 试想，家藏仅医书就有近 2000 卷，不是殷富的徽商人家，哪有这样的条件？同时期的歙人张遂辰也是这样情况，少时随父旅杭，因体弱多病，医治无效，乃自阅医书，通读岐伯、扁鹊历代医家至金元四大家之著作，后也以医扬名。② 徽州文化人成医家概率这样大，这当仍缘于徽商经济的殷实基础。

（三）从新安医家的一些特点看其与徽商的关系

由贾而医。如歙县喉科郑于丰、于蕃兄弟，于清康熙年间随父客商江西南丰，遇闽精于喉科的名医黄明生，时于丰之父病阴结，请黄氏一诊而愈。兄弟二人见其治病，轻以药石，重以针灸，随手奏效，活人无数，于是便欲师其学，多次固请，终为黄氏所允。兄弟二人受教三载而归，凡患喉症，依法治之，无不神验。康熙六十年，郑氏兄弟分家，于

---

① ② 洪芳度：《新安医学史略》。1990 年自印本。

丰之宅名"南园",世人称"南园喉科";于蕃之宅名"西园",世人称"西园喉科"。① 二园喉科传之今日,代有名医。又明歙岩寺人方音经商淮阴时,见书生孙一松穷困,赠之以金,不告姓名。后方音抵越,又遇孙氏,被邀其家,跪拜谢金,方音不受。孙氏乃出秘方授音,音由此精研医术,成一代名医。② 明代名医孙一奎也是这样情况,他于浙江括苍一带经商,有士人授以秘方,用之多验,乃专医术。③ 徽商散布全国各地,有利于他们接纳各地的信息,包括医学方面的信息,有的商人弃贾而医,新安医学的领先水平不能不与此有一定关系。

开放精神。新安医家和徽商一样,都深具开放精神。明江瓘就提出,"山居僻处,博历何由"? 由此广收博引,成《名医类案》,为我国第一部总结历代医案的专著,然未脱稿,竟卒。其子继承遗志,复游吴、越、齐、楚、燕、赵等地,再采先贤医案和奇验之方,予以增补,越 19 年,五易其稿,终得刊行,并很快流传日本翻刻。④ 又,被后人推为"一时领新安医学风气之先"的吴昆,青年时就有友天下之士的抱负,并赴三吴、两浙,历荆襄等地,访有道之名师,其《素问吴注》和《医方考》一经刊出,即流传日本和朝鲜。⑤ 就连其方剂被时人赞为"丰城剑、卞和玉"的程敬通,当闻云中李中梓之医名,也竟不远千里,登门请教。⑥ 还有吴庆龙曾北游辽蓟,并到朝鲜,后又游南粤等地。考察新安医家,凡在医术上卓有成就者,都和徽商一样深具开放性和对新知识、新医术的热情吸收,这自然有利于医术的切磋、交流和提高。新安医学在国内的领先地位,当是与这种内在精神分不开的。

儒家风范。就像儒商是徽商的特点一样,儒医也是新安医家的一大特点。如被称为"天下之神手"的程敬道,医术精深,唐晖在程氏重刻《外台秘要》序中称他以儒通医,"既是名儒,又是名医,以文雄两浙间……以日出治医,日晡治儒;出门治医,入门治儒;下车治医,上车

---

① ②③④⑤⑥　洪芳度:《新安医学史略》。1990 年自印本。

治儒"。他自己也说:"如欲知医,必好学。……读书而不能医者有之,绝未有不读书而能医者。"① 吴澄以《易经》之理通医,历数十年,手起沉疴,无不显效。② 鲍集成幼年失怙,依抚祖父,祖父病,鲍母说:"汝异日能读书否? 能读则就医,以治儒之力治医,业乃专;推事亲之心济人,心乃尽。"鲍氏后来习医,遵母言,果医名大振。③ 清康熙时吴楚因祖母病而究心医理,并得医名,后入京应试,虽落第,而为人疗疾,奇验如神,咸称"奇士",医名远播京师。④ 徽州这种崇尚医风还表现在儒医相兼、亦儒亦医上,可以说新安名医皆为大儒;同样许多新安大儒也皆名医,如画家汪绂即著有《医林纂要探源》和《药性》,戏曲家方成培纂有《重楼玉钥续编》,经学家戴震也撰有《难经注》、《伤寒考注》和《金匮要略注》,经学家俞正燮撰有《持素脉篇》等,江南大儒王仲伊也撰《杂病论辑逸》、《小儿方药》等。还有亦仕亦医者,如明休宁徐文龙授杭州府同知,也精医术,并设药局济贫。歙县毕懋康,万历时进士,后辞职归里,著《医汇》等多种医书;明成化进士程玠,"登进士后,医名播京师",有《松崖医经》传世;清末歙人许佐廷,官至太守,然治喉尤有名。总之无论以儒入医、抑或是亦儒亦医和亦仕亦医,他们都以儒家道德风范为标准,这和徽商的先儒后贾、以儒入贾、亦儒亦贾的情形很相似,这正体现了他们儒家精神体系的一致性。新安医家大都以"不为良相即为良医"激励自己,以养成崇高的医德,从而形成了新安医家的一大特色。

名医世家。新安医学源远流长,数代习医当为又一特色。据不完全统计,从北宋以来,家传 3 代以上至 30 多代的名医共有 63 家、286 人。如北宋歙县名医张扩之学历经 3 代,约 100 多年,成为新安早期的名医世家。歙县黄孝通,于南宋孝宗时御赐"医博",至今 25 世,代不乏人,成为新安历史最久的妇科世家。歙县南园、西园的郑氏喉科,从康

---

①②③④ 洪芳度:《新安医学史略》。1990 年自印本。

熙年间郑于丰、郑于蕃开始，历经 8 代，业医者共有 16 人。吴山铺伤科，从康熙年间程时彬开始，传至于今 10 世，继承者共有 18 人。还有歙县富竭王氏内科、正口妇科、江村小儿科、野鸡坞外科、定潭末药、休宁舟山唐氏内科、梅林妇科、西门桥儿科、黟县三都李氏内科、绩溪龙川胡氏等，①他们的医术都世代相传，经验日丰，有利于培养人才，从而提高了医学水平，这和有些商人世代经商从形式到结果也多有一致性。

独具特色的新安医学在清代中期就为人们所重视。民国《歙县志》也以"方技"一门列出，并按有："方技皆昔人心精所萃，亦文化之特征，旧志太略，兹为改作搜遗拾坠，不忍捐弃也。"②黄宾虹虽然是著名的山水画家，但对新安医学也曾提出许多见解。他在晚年认识了同乡后辈王任之，知他是"新安王氏内科"之后，因他曾与其祖王养涵识于试院，与其父、伯名医王殿人、王仲奇又皆相熟，对其一门医道深知底蕴，故曾多次将这些见解写给王任之。其一：

> 前清光绪丙戌，余识养涵王先生于郡城试院中，喜其言论丰采，叶属不凡，询知家世业医，著名志乘，楹书可读，尤工制艺，心佩久之。先生今归道山，文孙任之世讲克绍箕裘，时怀杯棬。念兹祖泽，属记清芬，鄙人学昧蹲鸱，心殷附骥，考乡邦之文献，感时世之恫瘝，良相良医，当于德门卜之矣。戊子八十五叟宾虹跋。③

这一短跋即写出黄宾虹与王养涵相识经过，又写出王氏业医家世以及对王家的祝愿。

---

① 洪芳度：《新安医学史略》。1990 年自印本。
② 民国《歙县志》卷9《方技》。
③ 见王行藏黄宾虹手迹。

其二：

　　歙之良医，先著于宋张旷，从蕲水庞安，时游同学六十人，安时独喜旷。后闻蜀有王朴善脉，又能以太素知人福命，从之期年，得之衣领中所藏素书，尽其诀。明清以来，传之程琠。著《太素脉诀经验方》。程衍道性沈静寡言，虽当笃疾频危，未尝动声色，投剂立起，诊俟数十人，了无差谬，重梓王焘《外台秘要》。程有功著声嘉道间，同时学者极推重之。今任之仁兄世先生家学渊源，其来有自，传于冯塘程氏，洎其高曾堂构而增光大之，是黄山灵秀所钟也。己丑八十六叟宾虹撰言并书。①

　　据说，王任之生前对家人说："黄宾老这条幅谈新安医学，确是一段难得的文字，但把我也摆上去了，只好让它存之箱底。"如今我们有幸能够读到，并由此可见前人对新安医学的精研和见解。

五、徽商与徽州刻书业

　　徽州刻书业的历史，有明确文献记载的可上溯两宋。北宋治平以前犹禁擅镂，剞劂必申请国子监；自熙宁后始弛此禁，除官刻外，坊刻和私刻遂成风气。经元到明嘉靖，徽州刻书已形成了一定规模；而自明万历始，则更呈一派繁荣景象；直至清嘉道以后才日渐衰微。徽州在这近300年中，成了我国几个主要的刻书业中心之一，在中华民族文化史上

---

① 见王行藏黄宾虹手迹。

写下了光辉的一页。正如明人谢肇淛所评："宋时刻本以杭州为上，蜀本次之，福建最下。今杭州不足称矣，金陵、新安、吴兴之地剞劂之精者，不下宋本。"① 明人胡应麟也曾有评："余所见当今刻本，苏常为上，金陵次之，杭又次之。近湖刻、歙刻骤精，遂与苏、常争价。"② 郑振铎对徽州刻书尤其书中插图更是赞不绝口，他写道："他们雅正端庄，他们温柔敦厚，他们富丽精工。他们雅正，恰到不呆板的程度；他们温柔，恰到不没骨气的程度；他们富丽，恰到不金碧辉煌、令人目眩的程度；他们精工，恰到不过于琐碎……他们是恰到好处的'健美'作品。你，虽一时说不出他们的美究竟在什么地方，但你一眼望过去，便知那是完美之作，那是上等的艺术，那是可愉悦的。那便是所谓'古典的美'的作品。"③

无疑，明清两代的徽州刻书业在徽商经济的作用下出现了举世罕见的繁荣，那么要问的是徽商经济又是怎样作用于这里的刻书业的呢？

（一）徽商的社会需要是徽州刻书业勃兴的内在因素

1. 徽商经营的需要。

在明代，徽州商人的足迹几乎遍及全国，因此迫切要求掌握一些全国地理、道路资料，明休宁人黄汴编撰的《明一统路程图记》就是在这种背景下应运而生的。黄自幼随父外出经商，足迹遍及大江南北，长城内外，成年后便在经商生涯中留心考察各地交通途程，随时记下远近距离，并参照当时的一些舆地图志，以后便撰成这样一部路程途记。此书一经刻出，即备受欢迎，并接连刊印 3 次。与此类似的还有《商程一览》、《水陆路程宝货辨疑》、《江湖绘图路程》等都为商旅行程提供了方

---

① 谢肇淛：《五杂俎》卷13。
② 胡应麟：《少室山房笔丛》卷4。
③ 郑振铎：《明代徽派的版画》。见1934年11月11日《大公报》。

便，犹如现在的旅行交通指南。

商业活动的开放性，自然会有许多意想不到的事情发生，这便要徽州商人具有更高的素质和能力才能适应。为使更多的徽商后人在社会、在商海中少走弯路，于是便有了《士商规略》与《士商十要》。类似这样经验之谈的出版物也便应运而生。

广告是伴随着商品竞争而出现的。徽州的制墨业在明代因市场需求大，更是呈现一片繁荣景象，但这并不排弃行业之间激烈的竞争。因此墨商在不断提高质量的同时，也还要为自己的产品作大力宣传。方与鲁所刻的《墨谱》、程君房所刻的《墨苑》和方瑞生所刻的《墨海》都是当时上乘的宣传品，并有许多显宦名流为之作序、作赞，从而达到了较好的广告效应。

2. 市民日常生活和精神生活的需要。

在徽州的刻书品种中，有为满足市民日常生活需要的，如《鼎镌十二万家订万事不求人博考全书》、《士民便考杂字》、《开眼界》等，犹如今天的小型百科全书，内容涉及天文、地理、风俗、物产、政治、婚嫁等，凡士农工商出外居家、日常生活必备之事，一应俱全。还有一种《朱翼》的小类书，有征引古人之嘉言懿行，有汇入当时的新知识、新思想，"实有现代流行刊物性质"①。

徽商的发展带来了徽州的繁荣，如歙县丰南村，"列肆错出，雅俗并驰，曲间小桥卖卜王生栖焉。绿荫丛中，酒旗摇摇，诸少年于此豪饮。夹木为径，广可方轨，则斗鸡、走马、技击、蹴鞠诸戏群聚于此，观者目不暇给，若都市焉"②。再看岩寺，"岩寺原仅百户，自嘉隆以来，巨室云集，百堵皆兴，比屋鳞次，无尺土之隙，舆马辐辏，冠盖丽

① 王重民：《中国善本书提要》。
② 许承尧：《歙故·丰南溪山记》。

都"①。其他城镇，可以想见。徽商"汪讯庵家姬妾多人，杨瑞云、胡佩兰、庄月波、素云善歌舞；余素绢、叶贞能画能治印"②。随着市镇的兴起，市民需要有精神生活；商贾买来的姬妾，列屋而闲居，不能没有消遣和娱乐。这就是牌谱、棋谱、画谱、武术、酒仙谱、戏曲页子，特别是小说、戏曲的广大市场所在。叶盛在《水东日记》说："今书坊相传，射利之徒，伪为小说杂事，农工商贩抄写绘画，家蓄而人有之，痴呆女妇，尤所爱好。"这正是当时情况的写照。因此这方面的出版物也便应运而生。

3. 徽州教育及科举应试的需要。

明清时期的徽州教育发达，必然对教材有很大的需求，为此也就刺激了徽州的刻书业；又因为明清时期是以八股文、试帖诗开科取士，而徽州青年的择业分流一般是在科举应试以后。因此在这之前还需要准备应科举的一些读本以及应考物，需要许多的经史时文。还有像《历史揽要》、《地理歌诀》等普及读本，也很受初学者的欢迎。

4. 新安医学传播的需要。

医学是关系到人类健康、长寿的一门科学，明清两代尤为徽州商人重视。其中明清两代有记载的新安医著共 600 多种，而实际上远不止这个数字。新安医学的发展，有力地促进了徽州刻书业的繁荣。

5. 维护宗法势力的需要。

徽州宗法制度严格，世家大姓都视修纂家谱为首要之事，非但各代要续修，而且散居各处的支系都要分别修纂支谱。以徽州程氏为例，历代修纂的宗谱就有唐代程釜修《程氏世谱》、程淘修《篁墩世谱》；宋代程祁修《程氏世谱》、程璇修《程氏世谱》、程大昌修《会里家谱》；元

---

① 乾隆《岩镇志草·发凡》。
② 许承尧：《歙故》卷15。

代程间修《程氏姓家节要》、程常修《程氏会谱》；明清修的更多。仅程氏一姓就有这么多宗谱，推及徽歙各县所修谱牒，当是一个相当大的数字。而这些宗谱当又刺激了徽州的刻书业，这也是可以想见的。

6. 文化著述和交流的需要。

明清两代，徽州文风郁起，著述繁多。据清人江爱山撰写的村志《橙阳散记》所统计，该村共有 78 位学者，编著的书多达 155 种，而这还只是统计到乾隆四十年。这些作者都是该村的名贤硕儒，富贾显宦，也有闺媛女性之作。如江阁继妻吴氏，著《香台集》，一时闺秀，酬唱成帙；江昱之妻陈佩所著的《闺秀集》，也被选人沈氏别裁集。① 徽州诗人也很多，据《徽郡诗选》所载，自"洪武起，所选凡一百四十六人"②。未选入的诗人当属更多。但无论选入还是未选入，大都刻有诗集。著述刻书乃是明清二代徽州文人的一种重要的精神生活和社会风尚。

（二）徽商较高的文化品位是徽州刻书业繁荣的重要因素

在讨论这一问题前，我们有必要对明清两代徽州刻书的几种形式作一回顾。

一是徽州坊刻。由于它们的资本少，在规模、精审方面都是极有限的，所以他们的刻书内容只能以童蒙读物、市民需要的小说、戏曲和日常生活用书为多。因为这些书部头小，刊刻易，售销快，获利多。然即使赢利心切的坊商也无时不在想能刻出一些较高品位的书来，借此提高刻坊名望，抑或是想健全文化性格的一种追求。

一是官刻。万历前，徽州府有官刻书 31 种，其中有不少为近百卷的大部头图书，如《批点史记汉书》、《四书集注》以及罗愿的《鄂州小

① 许承尧：《江村闺秀》。载《歙事闲谭》卷 18。
② 许承尧：《徽郡诗选》。载《歙事闲谭》卷 25。

集》等。徽州府明清两代官刻的方志最多；所刻政书也多，但多为赋役修城、鱼鳞册之类。紫阳书院在这两代刻书也多，仅清代刻书就有 15 种，有卷数的 12 种计达 275 卷。① 且徽州的官刻本都具有版本精良、纸优墨匀等特点，许多已是今天的善本书。

明清两代的徽州官刻、坊刻较为发达，官刻的资金主要也是来自于徽商的资助，并具有书版精良的特点；徽州坊刻从行业看也是徽商经营的一种，其资金也有一个从少到多的积累过程，其出版物的内容也有一个由通俗到高雅的过程；但是决定徽州明清两代刻书业辉煌局面的主体当是徽商的私家刻书。若问徽商的私家刻书动因何在？难道真如时下普遍认为不为射利即为射名吗？

后人讨论徽州刻书业，是没有人不论及吴勉学的。他是歙县丰南人，官至光禄署丞，为盐商之后，他的刻书规模和数量之多为徽州首屈一指，除了在《徽商和新安医学》一节中已列其所刻的医书外，据乾隆《徽州府志》记载吴氏"尝校刻经、史、子、集数百种，雠勘精审"。吴的刻本传世很多，如《毛诗》、《周礼》、《仪礼》、《春秋左传》、《资治通鉴》、《国语》、《国策》、《二十子》、《性理大全》、《东垣十书》、《笔业正集》、《笔乐府》、《楚辞集注》等。谢肇淛曾评论当时刻本说："近时书刻，如冯氏《诗纪》、焦氏《类林》及新安所刻《庄》、《骚》等本，皆极精工，不下宋人，然亦多费校雠，故舛绝少。"② 谢氏所推举的新安刻本《庄子》、《离骚》就是吴勉学刻的《二十子》和《楚辞集注》中的本子。可见吴的刻本不仅多，且还是精本，是"不下宋版"的代表。显而易见，吴勉学如不是盐商之后不可想象有这样的刻书规模。

有的文章以为吴勉学刻书以射利为目的，事情并非这样。当时的刻书以通俗实用而需购量大，才可能赢利；像典籍和医书都不会有很大的

---

① 徐学林：《源远流长的安徽古代出版业》，《东南文化》1991 年第 2 期。
② 谢肇淛：《五杂俎》卷 13。

销售量，吴氏绝不可能以刻书而成富。人们之所以认为他刻书射了利，则是因赵吉士抄引的一段笔记中有吴氏"广刻医书，因而获利"而来的；但笔记中紧接还有一句"乃搜古今典籍，并而梓之，刻梓费几十万"①，无论所刻是古今典籍还是医书，所收都不能抵支。有人以为剞劂医书，容易收益获利，这也没有什么根据。上面的那条笔记中还写道吴氏梦见为冥司所录，而判官代言好话，吴即叩头言"愿作好事"。冥司问："汝作何好事？"吴曰："愿尽家私以刻医书。"②这当然是一则荒诞的故事，但出资刻医书是一种善举，而绝不能收益获利，这应是那时的常识。如吴勉学能以刻书致富的话，他又何必和另一盐商巨富吴养春合刻《朱子大全》，而由吴养春捐资 30 万两？

像吴勉学这样热心乐意于以自己的商业利润来投入刻书业，我们在徽州的文献中随处可见，就是因有他们的巨大财力投入，才创造了徽州刻书业辉煌历史。然而要问的是，他们既然不是为了射利，难道不是为了射名？

徽商作为商人自然脱离不了"贾为厚利"的商人属性，但这是问题的一方面；问题的另一方面，徽商因是儒商，有着"贾而好儒"的特点，这自然有他们自己的价值取向、文化品位和人生境界，这便是徽州商人和徽州以外的有些商人不同之处，这亦是历史上的客观事实，有例可证。

祁门马曰琯、马曰璐兄弟，康乾时业盐扬州，有小玲珑山馆，藏书极富。时扬州学者秦恩复广搜古本并慎选良工刊刻，所刻之书，世人称之"秦版"。马氏兄弟也不甘人后，所刻版均工楷细书，秀丽天成，无论是校勘的精确、版式的精美，也均属上乘，世人称之为"马版"。时传马氏兄弟与人举行诗会，诗成即发刻，三日内尚可易改，不数日便遍送全城。这样的刻书热情，无疑有利于促进扬州的文化繁荣。但如果这还有射名之嫌，那么由他们出资刊刻的《说文解字》、《玉篇》、《广韵》、

————————

① ② 《讱庵偶笔》。见赵吉士《寄园寄所寄》卷 11《故老杂记》。

《字鉴》等，以及他俩接受了两淮盐运使卢见曾的委托，刊刻了《渔洋感旧集》；姚世钰客死扬州，马氏经纪其丧后，又刻其遗著《莲花庄集》；还不惜千百金刻出朱彝尊的 300 卷巨著《经义考》等等。对此我们如还总是以"射名"一言而蔽之，是否有欠历史的公允？实际上，正是马氏兄弟和其他徽商等各地刻书家，将扬州的刻书业推向了一个新的高潮。

还有明歙县剧作家汪道昆以大雅堂为号，刻书超过百卷，并多善本。明休宁人汪廷讷，万历间任盐运使，因以致富，居金陵，设环翠堂书坊，刻书颇多。清歙人程梦星为扬州盐商，曾延请芜湖韦谦恒为其校书 5 年；清歙人程晋芳治盐扬州，购藏书籍 5 万卷，招四方名士相与讨论。歙县经学大师程瑶田著述 24 种，统名《通艺录》，前后 30 多年刻成。还有歙人汪梧凤，家有不疏园，藏书甚富，江永、戴震、程瑶田、王肇龙，皆寄读园中，又为戴震刻《经考》、《屈原赋注》等等。通过这些事实，我们不难看出，相当一部分徽商正是由于自己的文化品位和对中国传统文化的挚爱情感以及对知识的尊重与文明的追求，焕发了他们对刻书的极大热情。有的甚至还将此作为终身的神圣事业，如鲍廷博就是这样一位人物。

清代知不足斋主人鲍廷博，出身于盐商世家，在父辈的影响下少时就立下了刊刻古籍的志向，乾隆年间清政府成立四库全书馆，诏求天下遗书，鲍氏将家藏精本 600 余种进呈于朝廷，多为宋元以来的孤本、善本。以后为了搜集刊行古籍，就连"中土久佚而传自海外者"，也尽力搜求，收入《知不足斋丛书》的《古今考经》中的《孔传》，即是他托朋友从日本求得的。① 为此该《丛书》具有很高的历史、文献价值，在当丛书第 27 集行将问世时，他因心脏病发作而辞世。弥留之际，仍嘱

---

① 鲍廷博：《知不足斋丛书》的《古今孝经·跋》。

其后人承继他的未竟事业。"言讫而瞑，时手中尚执卷未释。"① 后人又继他刻了几十种，然家道却自鲍廷博弃商刻书而中落。显然这是他文化性格造成了他的家道中落，而也是他的文化性格使他在理想的追求中得到了精神享受。

有人常有此误解，以为明清两代徽州刻书多，是因徽商有钱，而所出书未免优芜杂出，当然我们不否定有出书以射利射名，因而有内容下乘者；但徽商的文化品格决定了他们及其文化群体所刻书极少粗制滥造的，相反想借刻书以扬名则为他们所鄙视，这也是他们长期来形成的道德共识。比如鲍康，他是我国清代中后期著名的古币收藏家，并对钱币有很深的研究，一时硕望，无不慕鲍氏之名，争相引重，推为斯学祭酒。而鲍氏总不愿以著述作传世之想，后经陈介祺、潘祖荫力劝，才始著《观古阁泉说》②，由此可见其刻书的严肃性。又汪启淑所印的《飞鸿堂印谱》，汪氏在凡例中写道："印谱非特为文房赏玩之品，六书原本于小学，大有裨益，缘是不惜赀费，咸用朱砂泥、洁越楮、顶烟墨、文锦函以装潢之，非与射利者所可同日语也，具眼谅能识之。"③ 汪氏为这部印谱从材料到装帧都尽了最大的努力，并明确宣示，与射利者不同，并自信"具眼谅能识之"。以上这样严肃出书的事例在徽州绝不是少数。

与徽州刻书相联系的是徽州藏书，也有人非议这种行为为射名，这说法显然有些简单化。徽州明清两代的藏书家很多，所藏既富且精，所以当乾隆开四库馆，征集天下遗书时，全国献书500种以上的4大家：汪、鲍、范、马，除范氏天一阁主人系浙江宁波人外，其余3家均系皖籍徽商。汪启淑献书500余种，鲍廷博献书626种，马裕（曰琯之子）献书776种，皆为士林传为美谈。徽州文风昌盛，这与崇尚藏书也不无

---

① 郑清土：《刻书大家鲍廷博》。见《安徽出版资料选辑》。
② 《观古阁九种》题记，见《中国钱币文献丛书》第15卷，黄山书社、上海古籍出版社出版。
③ 《飞鸿堂印谱》《序例》，上海古籍出版社出版。

关系。无疑藏书是一种文明的行为，徽州众多的藏书家和丰富的藏书是构成徽州明清两代高度文明的重要组成部分，也为中华民族文明作出了贡献，至今国内外众多图书馆、博物馆都藏有徽州大量的文献典籍，基本上都是从当年藏书家那里流散的藏品。

徽州刻书业不仅刻本精到，还采用了大量精美绝伦的版画插图，以后明末的胡正言又发明了饾版与拱花，这将徽州的刻书业推到了登峰造极的黄金时代。郑振铎对这一时期的徽州刻书和版画曾给予了很高评价，他举《状元图考》一书中的画幅分析："几乎没有一点地方是被疏忽的。栏杆、屏风和桌子的线条是那么齐整；老妇、少年以至侍女的衣衫襞摺，是那么软柔，大树、盆景、假山，乃至屏风上的图画，侍女衣上的绣花，椅上的垫子的花纹，哪一点是曾被刻者所忽略过。连假山边生长的一丛百合花，也都并不曾轻心的处置着。"① 这徽刻的精绝固然是出版业竞争的需要和资本主义萌芽后士民阶层对出版物的更高要求，乃至连陈洪绶（老莲）、汪耕、丁云鹏等一代画家也为之作稿。但更应看到这是因徽商大量财力的投入才使徽州刻书业有了争奇斗艳的可能，当然也是徽商的亦贾亦儒所具有的较高文化品位及审美能力，对徽州的刻书不时地提出更高要求而由此出现的局面。

因此我们是否也可以这样认为，明清两代几百年里像歙县虬村一地出现了几百名手艺高超的刻工，且数代相传、倾族同业的现象，也是与明清两代的徽商兴衰所息息相关的。因徽商对刻书业及插画的刻意求精，以及徽商经济条件的可能，才培养出了这样一支举世罕见的雕刻队伍。同样随着徽商的衰落，这支队伍便七零八落，一蹶不振，以后也再掀不起当年的波澜。

然徽州这种对刻书业的崇尚，对知识尊重的优良传统仍不时地激励着众多的徽州文化人。江南大儒汪仲伊，著书甚多，尽管节衣缩食刻了

---

①　郑振铎：《明代徽派的版画》。见《安徽出版资料选辑》，黄山书社出版。

多种，但直到暮年还仍有多种未能刻出。70 岁那年，儿子为他祝寿，汪氏予以制止，并希望儿子"寿可以不祝，如有余钱倒不如凑合起来把书刻出"。黄宾虹在民国前后，为整理国粹，振奋民族精神，依赖粤港商人的资助，致力编出我国最大最全的《美术丛书》100 多卷；黄宾虹、许承尧、汪鞠友、吴承仕、汪允宗等民国学人也有许多著述，遗憾的是因失去如当年徽商那样的经济后盾，而都剞劂无望，徽州的学术事业也由此而遭损失。

第十章
徽商个案研究

一、徽州文书所见明清徽商的经营方式

徽州商人，近游浙赣、南直隶，尤以苏州、扬州、南都金陵为盛，至有江南"无徽不成镇"之谚；中走齐鲁、中州、两湖，以临清、武昌为要；远贾燕赵、辽左、山陕、云贵川及两广，甚则经闽广而商于海外。诚如明代人所言：徽州商人"水航登輋，山负海涵，转贸而行四方。（上至）名都会衢，浩穰巨丽，下至绝陬遐聚，险昧幽阻，足殆遍焉"①。

徽商之营业，或取诸家乡之物产，如贩木、制茶、运销陶土而营制陶器、造纸、制墨等皆是；或运营外地商品，如运松江之布到北国，贩江浙丝绸售于国内各地及海外，购江楚粮食归故里，或直销于苏松；或施展其技艺和才干，如刻书、制漆器，营典业、餐饮业，开旅舍、仓库等。财力雄厚者，结交官府，经营盐业，淮扬、两浙盐业，几乎被徽商垄断。

上述种种，关于徽商行商之地域，营业之项目，行商坐贾之类

---

① 王慎中：《王遵岩文集》卷 32《黄梅原传》。

别，论者颇多，言之亦详。然徽商经营的店铺，或一宗商业活动的内部结构如何，似论列不多。文献资料中虽偶有涉及，亦言之不详。如明代歙县人汪道昆在《明处士休宁程长公墓表》中说："长公乃结举宗贤豪者得十人，俱人持三百缗为合从，贾吴兴新市。……久之，业骎骎起，十人者皆致不赀。"① 万承风在《训导汪庭榜墓志铭》中说："黟俗尚贸易，凡无赀者，多贷本于大户家，以为事蓄计。每族党子弟告贷于大户，大户必取重先生一言而后与之。子弟辈亦不敢负先生，致没大户资本。"前一例言宗族集股合伙经商，后一例言宗族承保借贷合伙经商，均言徽商经营方式中的合伙式经营。由于上述二文均为纪念性的文字，其商业经营不暇致详，故没有详细说明这种合伙式经营是否采用股份式的经营方式。前一例说，"结举宗贤豪者得十人，俱人持三百缗为合从"，似可理解为 10 人各以银 300 两合伙经商，若人为一股，共 10 股，似有股份式经营的影像。然未言盈缩之际，每股取利或赔偿多少。后一例借贷合伙经商没有详细说明贷金是年利还是月利，利率几何，时限长短。至于徽商经营方式中的承揽式经营，至今似尚鲜见记述和论列。

下面拟以所见徽州商业文书，对徽商经营活动中经营者与资金之间的关系加以论述，借以探究徽商经营活动的各种方式。

依所见徽州文集、方志、族谱和文书记载，徽商的经营方式大体有三种，即独资式、股份式和承揽式。独资式，不言自明，即独自出资，自己经营。本文着重探讨股份式和承揽式经营方式。而在这两种经营方式中，又各有宗族内外之分，资金亦有自出和借贷之别。

---

① 汪道昆：《太函副墨》卷 19《明处士休宁程长公墓表》。

(一)

为了探讨股份式经营方式，首举《光绪十一年祁门郑丽光等合租碓房合同》一纸为例：

Ⓐ立合同人郑丽光、义兴号、黄鲁泉、黄廷卿，盖闻贸易之道，莫若合伙为妙，今我四人同心合意，向汪、黄二宅租到南乡三四都土名小洲河口水碓一所，代各号客插（舂）米谷生理。碓号取名义成，共四殳（股。下径改，不一一注明）。每股并出本洋十八元，共计洋七十二元正（整），以作碓中修造添置应用家伙等件。碓中各事以及账目，概交黄廷卿执管，所有往来信票，均出碓号图书。至于进出银钱、账目，司事人立簿登记明白，俟年终再行结算，余者四股公分，但蚀亦照四股公认。且溪边事业，难保无洪水之患，亦宜各从天命，毋得反悔异说。再，修理碓屋以及添置家伙等件，我辈议定：三年年满之日，四股中有不合者，即顶与愿做人；若四人均不愿做，即将碓业交还原主。其新置家伙等件，公同出替照分。惟冀生意兴隆，日增月盛。余积之资，不得先行私自移用，必待年终开销，各款公同分用。若不分，即存碓转运，各无异言。今欲有凭，立此合同一样四纸，各执一纸，永远茂盛存据。再，郑丽光一股，与黟邑汪俊三相共，所有撰（赚）蚀，亦照滩（摊）派，均无异说。恐口无凭，又批为据。

光绪十一年四月初四日立合同人郑丽光（押）

义兴号（押）丽代押

黄廷卿（押）

黄鲁泉（押）

中见汪顺集（押）

代笔周顺昌（押）

Ⓑ 再，丽光与俊三股份，于十五年八月概行出顶与黄鲁泉

先生名下，配成全业。时值顶价洋当即两明，出自情愿，日后

毋得悔异。恐口无凭，立此批字为据。

光绪十五年八月立批字郑丽光（押）

汪俊三（押）①

这纸合同中包括两件文书，前面的一件，即光绪十一年的文书，正如拟题所述，是件合伙租赁碓房的合同；后面的一件，即光绪十五年批文，是拥有该碓房股份者之间让渡股份的契约。前一件合同中的 4 股：郑丽光、义兴号、黄廷卿、黄鲁泉，每股出资银元 18 元，合伙承租和经营汪、黄二姓共有的碓房，言明"余者四股公分，但蚀亦照四股公认"，即赚、蚀均照四股摊派，是一种股份式经营方式。至于每股中是独资还是合股，则不尽相同。如郑丽光一股中，就有黟县汪俊三的股份。而义兴号，显然不是一个人的名字，而是一个商号的名字，此商号名字之下的押署，是郑丽光的花押，并标明"丽代押"，可见郑丽光在义兴号中也有股份，却又非郑丽光独资商号，故注"代押"。就是说，股份式经营的"义兴号"商号，以其资金投入另一新创股份式经营的"兴成号"碓房的营运。不管每股中包括多少股，对"义成号"碓房说来，每股只是一股，该碓房的赚、蚀只按 4 股摊认。4 股中每股如何分认所得和所失，依各股情况而定。

此合同订立之初就言明："三年年满之日，四股中有不合者，即顶与愿做人。"为后来的拥有股份者之间的股份让渡立下了规矩。从此合同订立的光绪十一年四月初四日，算至光绪十四年的四月初四日，就是合同规定的"三年年满之日"，从光绪十四年四月初四日到

---

① 原件藏中国社会科学院历史研究所图书馆，见王钰欣、周绍泉主编《徽州千年契约文书》（清民国编）第 3 卷第 166 页。

光绪十五年八月之间，"义兴号"、黄廷卿和黄鲁泉之间是否有过股份让渡，这纸合同没有明确说明。不过，我们从郑丽光和汪俊三于光绪十五年八月的批文中得知，当他们把自己的股份出顶给黄鲁泉之际，已是黄鲁泉"配成全业"之时，可知在光绪十四年四月初四到光绪十五年八月间，黄鲁泉已买下了"义兴号"和黄廷卿的股份。至郑丽光、汪俊三批文写成时，义成号碓房已成为黄鲁泉独自经营的商号了。

此租碓房合同，是一纸族外合伙经营的合同，族内合伙股份式经营是否也像族外合伙股份式经营那样严格按照股份摊认利润和损失呢？我们来看《万历四十一年奇峰郑氏清单合同》：

Ⓒ奇峰郑元祜、逢场旸、逢春、师尹、大前，原三十九年合伙挤买杉木，至饶（州）造榀，往瓜（州）发卖。不期节遇风潮，漂散榀木。又遇行情迟钝，耽误利息，以致蚀本。今托中鸣誓，将原流（留）买木并在瓜（州）卖木各名下艮（银，下同。不一一注明）逐一查算明白，除在瓜（州）不过三关钱粮并移借瓜（州）、饶（州）本利艮外，仍家有各经手揭借本艮，俱算至本月止，共该计九佰有余。照原合伙议定分殳（股，下同。不一一注明），以作十二殳均赔开派，各照单坐还，各名下再无异言。立此清单伍纸为照。
再批：仍有湖广本艮并瓜（州）仗回艮共二佰六十二两四钱八分零，坐还万顺店本利，转算还旸原店本艮。照。
逢旸名下赔十二殳之五（细目略）。
大前名下赔十二殳之四（细目略）。
元祜名下赔十二殳之一（细目略）。
逢春名下赔十二殳之一（细目略）。
师尹名下赔十二殳之一（细目略）。

万历四十一年八月二十八日立清单合同文

约人郑元祐（押）

郑逢旸（押）

郑逢春（押）

郑师尹

郑大前兄弟（押）

中见人郑维忠（押）

郑长生（押）

郑胤科（押）

郑善庆（押）

合同伍纸（半字）①

    这是一纸族内合伙股份式蚀本赔偿清单合同，同上一张合伙股份式合同的区别在于它不是均股方式，而是定股方式，将全部商业资金定为12股，由入股者自行认定股数。不管赔赚，均"照原合伙议定分股，以作十二股均赔开派"，赚则股数多者多分利息，赔则股数多者多赔。总之，不管是族内还是族外合伙股份式经营方式，商业赢利和损失都严格按照合伙人所认定的股数获得利润和赔偿损失。

    正如前引《光绪十一年祁门郑丽光等合租碓房合同》所说："盖闻贸易之道，莫若合伙为妙。"合伙股份式经营，是徽州商人，特别是中小商人经商时乐于采用的经营方式。它虽然不能使持股者在商业成功时暴富，却可以避免持股者在商业失败时倾家荡产，故这种经营方式至迟在明代就被普遍采用，以致明代徽州数学家程大位在《算法纂要》中，为合伙经商者如何计算利润出了 3 道例题。

———————————————

① 原件藏中国社会科学院历史研究所图书馆，见《徽州千年契约文书》（宋元明编）第 3 卷第 438 页。

例题一："今有元、亨、利、贞四人，合本经营。元出本银二十两，亨出本银三十两，利出本银四十两，贞出本银五十两，共本一百四十两。至年终，共得利银七十两。问各该利若干？答曰：元该利一十两，亨该利一十五两，利该利二十两，贞该利二十五两。法曰：置利银七十两为实，以四人共本一百四十两为法除之，得五钱为每两之利，就以此为法，以乘各人原本，合问。"①

文中"法曰"之"法"，是计算方法之意。而其下的"实"字和另两个"法"字，依李培业的解释："古代称被乘数和被除数为实，乘数和除数为法。"将其叙述用算式写出，即：

70÷140＝0.5（两）

元该得利为：20×0.5＝10（两）

亨该得利为：30×0.5＝15（两）

利该得利为：40×0.5＝20（两）

贞该得利为：50×0.5＝25（两）

如果我们假设上述合本经营中，每 10 两为 1 股，则共 14 股，元、亨、利、贞分别为 2、3、4、5 股。这样就和我们前述《万历四十一年奇峰郑氏清单合同》所反映的定股股份式经营方式相似，区别只在于此题是计算合本经营四方的利润，而前述"郑氏清单合同"计算的是合伙各方应赔偿的损失。

例题二："今有甲、乙、丙三人合伙同商，因各人本银不齐，前后付出：甲于正月付出本七十两，乙于四月付出本八十两，丙于七月付出本九十两，三人共本二百四十两。至年终，得利七十两。问各该利若干？答曰：甲该利二十八两，乙该利二十四两，丙该利一十八两。"②
（以下算法略）

---

① 程大位著、李培业校释：《算法纂要校释》卷 2《差分》。
② 《算法纂要校释》卷 2《差分》。

　　例题三："今有赵、钱、孙、李四人同商，前后付出本银：赵一于甲子年正月初九日付本三十两，钱二于乙丑年四月十五日付本五十两，孙三于丙寅年八月十八日付本七十两，李四于丁卯年十月二十七日付本九十两。四共本银二百四十两。至戊辰年终，共得利银一百二十两，问各该利若干？答曰：赵一该利二十九两五钱五分一厘，钱二该利三十六两七钱一分一厘，孙三该利三十二两八钱，李四该利二十两零九钱三分八厘。"①（以下算法略）

　　第一题是合伙各方虽本银不齐，却是同时付出的合伙经营，算法也比较简单。第二、三题均是本银不齐，前后付出的合伙经营。第二题前后付出时间以月计，且年终结算，算法也不甚复杂。只有第三题前后付出本银的时间以日计，并在近5年的时候才结算，算法就比较复杂。我们将上述3题都依原算法算过，第一题已在文中写出，不赘。第二题依小数点后的数字四舍五入，便与答案吻合。但第三题依原算法计算，却出现了问题，很值得注意。

　　原题接前引部分之后是："法曰：置利银一百二十两为实，另置各人年月日数，照依前式归日为月，除月为年，次位之零，并年以乘原本。合问。赵一计四年十一个月二十一日，先三归，后除月，又原本通得一百四十九两二钱五分；钱二计三年零八个月一十五日，先三归，后除月，又原本通得一百八十五两四钱一分六厘；孙三计二年零四个月一十二日，先三归，后十二除月，又原本通得一百六十五两六钱六分六厘；李四计一年零二个月零三日，先三归，后十二除月，又原本通得一百零五两七钱五分一。将四人年月日通得之数，共并得六百零六两八分三厘为法，除前实一百二十两，得一钱九分八厘，即是每年每两之利也。就以此为法，以乘各人通得之数。合问。"

　　文中所谓"照依前式归日为月，除月为年，次位之零，并年以乘原

———————————

　　① 《算法纂要校释》卷2《差分》。

本"，即将日、月折算为年之法。以赵一为例，他于甲子年正月初九日付出本银，算至戊辰年终为四年十一个月二十一日。先用日求月，每月以 30 日计，应用 30 去除。文中"先三归"，用 3 除，得 7，将其向后移一位，为 0.7，即 21 日折为 0.7 月。加上 1.1 个整月，为 11.7 月。将其折成年，用 12 除，即所谓"后除月"或"后十二除月"，得商 0.975，亦即整年数次位的零数。再加上整年数 4，得 4.975，就是赵一本银的年数。用此数乘原本银 30 两，得 149.25 两，即文中所说"通得一百四十九两二钱五分"。这里的"通"，即乘数。

其余钱二、孙三、李四，亦依此法计算。4 人每人通得之数为：

赵一：$4.975 \times 30 = 149.25$

钱二：$3.7083 \times 50 = 185.4166$（185.4166665）

孙三：$2.3666 \times 70 = 165.6666$（165.6666662）

李四：$1.175 \times 90 = 105.75$

其中钱二、孙三的本银通得数各去掉了 6 丝，即抹掉了小数点后五位以后的数字。

用上述 4 个数字之和 606.0832（取至小数点之后第三位，为 606.083）去除"实" 120 两，求得每两每年利息 0.1979926（两）取至小数点后第三位，为 0.198（两）。以此数乘各人通得之数，即为每人该得利的数字，即：

赵一：$0.198 \times 149.25 = 29.5515$〔29.551 两〕

钱二：$0.198 \times 185.4166 = 36.712486$〔36.711 两〕

孙三：$0.198 \times 165.6666 = 32.801986$〔32.8 两〕

李四：$0.198 \times 105.75 = 20.9385$〔20.938 两〕

后面括弧里的数字是答案的数字，两相对照，赵一和李四各抹去 0.0005，即 5 毫，而钱二抹去 0.001486，近 1 厘 5 毫，孙三抹去 0.001986，近 2 厘。显然有随意取舍的成分，很不公平。

作为数学题，它错在哪里呢？关键就在于每两每年利息数取至小数

徽商研究

点后第三位。若以原数计算，则：

赵一：0.1979926×149.25＝29.550395

钱二：0.1979926×185.4166＝36.711114

孙三：0.1979926×165.6666＝21.80076

李四：0.1979926×105.75＝20.937717

将所得数字取至小数点后第三位，第四位 4 舍 5 入，则为：赵一29.55（两），钱二为 36.711（两），孙三 32.801（两），李四 20.938（两），4 数之和为 120 两。这 4 个数字才是这道数学题的正确答案。

我们花这么多工夫复核此题，其意还不在于指出程大位计算上的错误，我们认为，程大位还不至于不会计算此题，问题在于此题为什么会出现错误。我们有理由推测，这道数学题是明代徽州合伙经商的实例，程大位随手拈来，没有仔细复核，就收进自己的书里，只是隐去了原合作者的真实姓名，而代之以百家姓第一句的四个姓。

从上述可见，明代徽州人合伙经商，或等股同时出资，或不等股同时出资，或所谓"本银不齐，前后付出"。总之，合伙股份式的经营是比较多的。

（二）

承揽式又称承包式，它的经营方式与合伙股份式明显不同，现举《康熙五十七年吴隆九包揽承管议墨》如下：

①立包揽承管议墨人吴隆九，今自情愿凭中包揽到汪嘉会、全五二位相公名下新创汪高茂字号，在于柘皋镇市开张杂货布店一业，计本纹银五百两整，当日凭证是身收讫。三面议定，每年一分六厘行息，其利每年交清，不得欠少分文。其店中各项买卖货物等务，俱在隆九一力承管。其生意立誓不赊押。其房租、客俸、店用、门差，悉在本店措办无异。凡店中

事务以及赊押并年岁丰歉盈亏等情，尽在隆九承认，与汪无涉。但每年获利盈余，尽是隆九独得，银主照议清息，不得分受。自立包揽之后，必当尽心协力经营店务，毋得因循懈怠，有干名誉，责有所归。所有事例，另立条规，诚恐日久弊生，开载于后。今恐无凭，立此包揽承管议墨存照。（中略）

康熙五十七年六月 日立包揽承管议墨人

吴隆九（押）

凭中证人汪起龙

诸位朝奉同见程子有

吴仲敳

佘子衡

汪永清

依口代书人吴学员

立领约人吴隆九，今凭中领到汪嘉会、全五二位相公名下巢（漕）平九三纹银五佰两整，其银当日一并收足，在于巢县柘皋市镇开张店面，发卖杂货布疋。当日三面议定，每年一分六厘行息。其利到期交清，不得短少分文。今恐人心无凭，立此领约存照。

康熙五十七年六月初一日立领约人吴隆九

（以下证人姓名略）①

这纸"包揽承管议墨"，说的是吴隆九承包了徽州府休宁县汪嘉会和汪全五两人在安徽巢县柘皋镇"新创汪高茂"商号，经营杂货和布疋。虽然后面的领约说吴隆九"领到汪嘉会、全五二位相公名下漕平九三纹银五百两"，通观两张文书，实则系吴隆九"领"到汪嘉会和汪全

---

① 《休宁汪姓誉契簿》，原件藏中国社会科学院经济研究所。

五新建的估值为"九三纹银五百两"的"汪高茂字号"杂货布店，作为经营之资。这 500 两纹银，"每年一分六厘行息"，吴隆九每年交给汪嘉会和汪全五两人 16％的利息 80 两。规定"其利每年交清，不得欠少分文"。同时规定：一、"店中各项买卖货物等务，俱在隆九一力承管"，"凡店中事务以及赊押并年岁丰歉盈亏等情，尽在隆九承认，与汪无涉"。即原店所有者不能干预承包者的商业经营。二、"每年获利盈余，尽是隆九独得，银主照议清息，不得分受"。即原店所有者除按议墨获取利息之外，不能因为商店经营得到厚利而分得额外的利益。这样，在承揽式经营方式中，承揽者是商店的经营者，完全把原店所有者排斥在商业经营活动之外，原店所有者亦与商店经营的盈亏毫无关系。

显然，这与股份式经营方式中，盈亏均按股认定，股份所有者和商业经营的赢缩息息相关的情形迥然不同。在承揽式经营方式中的银主，可视之为放贷者，区别仅在于，他所放贷的不是现银，而是他原经营商店的折银，故议墨中将其称作"银主"是很恰当的。承揽者则是一种借贷经商，只是他借贷的不是现银，而是原商店的折价，其折价银利息低于当时的一般商业借贷利息，恐即由此。

在明清的徽商经营活动中，这种借贷和变相借贷（即承揽式经营）可能亦不在少数，故在程大位《算法纂要》中也有这样的例子，现举该书所收借贷经商一例如下：

> 今有人借去本银二百六十两，每年加三起息，今有十个月零二十四日，问该利银若干？答曰：七十两零二钱，法曰：先将二十四日用三归得八，在十月隔空一位之下，再以十二月除之，得九，如年。以乘原本，得二百三十四两为实，以每年加三为法因之，合问。①

---

① 程大位：《算法纂要》卷 2《差分》。

按所示算法列算式，即：

$$= （24÷30＋10）÷12×260×30\%$$
$$=10.8÷12×260×30\%$$
$$=0.9×260×30\%$$
$$=234×30\%$$
$$=70.2$$

从此例题中利银"每年加三起息"看，是现银借贷，和我们前述承揽式经营的变相借贷稍有区别，但都是借贷，在这一点上是相同的。

（三）

合伙股份式和承揽式经营方式如此不同，两者之间是否能转化呢？我们恰好看到上一张文书中的汪全五和其族兄汪乾初始而合股经营，继而由汪乾初承揽经营的两张文书，现抄录于下。

一、康熙六十一年汪乾初、汪全五立议合同：

> Ｅ立议合同人汪乾初、汪全五，今二人同心，各出本银240两，共成本银四百八十两，在于巢县十字街口开张德胜字号杂货布店生意。当凭亲友三面言定，每年除房租、客俸各项之外，所得余利二人均分，无得异说。自议之后，二人务宜同心合志，秉公无私，不得肥己。如有此情，察出公论。今恐无凭，立此合同存照。
>
> 其客俸二人各支十两，如若多支，拔本除算。其全五之本，系蒙亲友邀会之项，今存店，系店拔银应会。倘生意顺遂，一年赚得此宗会利更妙；倘若不能如数会利，或拔本应付，以作下年赚者补上。又照。其乾初本银之项内，有张熙彩本银五十

两，赚者同乾（初）、熙彩照银数派分。又照。再，乾初自开德胜店之后，仍在允茂店效劳，无得异说。再批（押）。

康熙六十一年正月二十一日立议合同人

汪乾初（押）

汪全五（押）

（中人姓名略。末有"合同一样两张，各执一张存照"字样。）

二、康熙六十一年汪乾初立承管文书：

Ｆ立承管汪乾初，今因同弟全五开汪德胜布店，各出本银二百四十两，共成四百八十两，另有合伙合同二张，各执一张。因全五诚恐德胜店不能赚得利银，故乾初立此承管一张，存在全五弟处，以作七年为限，代加利银二百八十两整。候七年终始，汪德胜店汪乾初仍存本银240两，汪全五仍存本银二百四十两，二共存本纹银四百八十两整。至七年后，此承管一张交还乾初收据。七年后，仍得利两股均分，无得异说。俟七年终始，代付利银清楚。此字查出，无得推却。此照。

其承管之利，倘若生意顺遂，倘四、五年有余，即六、七年余者均分；倘四、五年不能有余，或六年为限亦可。又批。

康熙六十一年二月初二日立承管汪乾初（押）

凭中叔吴仲敊

同见　起龙

方希正①

前一件合同是汪乾初和汪全五兄弟合伙出资在巢县十字街口开办

---

① 此文书与上一件合同，均见《休宁汪姓誉契簿》，原件藏中国社会科学院经济研究所。

"汪德胜号"杂货布店的合同。该合同言明，"各出本银二百四十两"，除租店房和合股经营双方的"客俸"之外，"所得余利二人均分"。说明这是一纸合伙股份式的经商合同。至于此两股的资金筹集情况，各股有别，和我们前面说过的股份式经营合同是相同的。

这纸合同订立之后刚 10 天，汪全五"恐德胜号不能赚得利银"，要抽股不做，汪乾初便写下了这张承管文书。这张文书规定，汪全五的那 240 两本银，"以七年为限，代加利银二百八十两整"，平均每年利息 40 两，年利率为 16.66%，比一般的承揽式利率要高。不仅如此，批文中还规定："倘若生意顺遂，倘四、五年有余，即六、七年为限亦可。"就是说，四、五年内经营盈余，则从第六年起，汪全五便重新加入进来，参与分享赢利；若四、五年内经营亏损，则此承管文书就在第六年中止，汪全五取借贷利息，抽回本金不再借贷。这是很苛刻的条件。汪乾初为拉住汪全五的 240 两本银，即为能借到汪全五的这笔钱用于经营也只好同意。

我们且不管这纸承管文书中银主的条件多么苛刻，它反映了合股经营的一方承管了另一方的股金，在承管年限内，被承管方的本银，如同借贷一样，由承管方承用，按双方议定的利率，由承管方付给被承管方。被承管方在此期限内，与该商店的盈亏没有关系。这样，原是合伙股份式经营的商店便转化为承揽式经营的商店了。这纸承管文书所反映的承揽式经营和前面所述的吴隆九承揽式经营的不同处，只是这纸文书中的承揽方也拥有部分股金，他所承管的只是该商店股金的一半，而不像吴隆九承揽的是"汪高茂号"的全部股金。

假如这个"汪德胜号"杂货布店生意顺遂，按批文规定，从第六年起，汪全五重新参与经营并共同分享和承担该商店的利润和风险，那时，这家商店又由承揽式经营转回为股份式经营。而假如这家商店像批文所说的四、五年不能有余，汪全五抽回借银，利息亦算清，汪乾初仍坚持苦撑，或遇机会独自发展，那么，这种承揽式经营又转化成独资式的经营。

遗憾的是，我们用做例证的这家商店不久就倒闭了，没有给我们提供承揽式经营方式向股份式或独资式经营方式转化的实证。但可以相信，承揽式向股份式或独资式经营方式的转化，不仅是可能的，而且应该是实际存在的，这只能有待日后发现新资料来证明了。

（四）

下面我们就资金的所有、商业的经营权、盈亏的利润分配和损失的赔偿这三个方面，简明地说明独资式、股份式、承揽式这三种经营方式的区别，并探寻一种经营方式通过什么途径转化为其他两种经营方式。

独资式经营方式，比较单纯，资金是商业经营者单独拥有，并独自主持经营，是商店唯一的经营者；经营盈利则独自获得，失败则独自承担损失；在资金和经营权上与他人毫无瓜葛，所以文书中不大见其踪迹，但在族谱和墓志铭之类文字中，则有许多关于他们的记载。他们在经营活动中或雇佣伙计，或携带奴仆，都不影响他作为单独拥有资金、独自主持经营的地位。如果他以店铺折成本银，与愿出资合伙者共同经营，那么，这个独资式商店便转化为股份式经营方式的商店了。而如果他将店铺折成银两，交承揽者经营，只收取店铺折银的利息，这个店铺就转化为承揽式经营的店铺了。

股份式经营方式，有均股和不均股两种，前举资料Ⓐ和Ⓔ为均股的例子，资料Ⓒ不均股的例子。不论均股还是不均股，股金都非一人独有，而为两人或多人拥有。每股中情况亦有不同，有时一股亦为两人或多人共认。拥有股者参与或共同经营，盈利按拥有股份多寡分利，失败亦按股份多寡分担损失。如果由一股买下其余股份的资金，像资料Ⓑ所示那样，股份式经营方式便转化为独资式经营方式。假如拥有股份者一致同意愿承揽者包揽全部股金，像资料Ⓓ所反映的那样，股份式经营方式则转化为承揽式经营方式。或如资料Ⓕ记载的那样一个股份拥有者承管另一股份的本银，就使原为股份式经营的商店变为承揽式经营的商店了。

承揽式经营者，或拥有部分股份（资料Ⓕ，或完全没有股份，全是包揽别人的资金进行经营（资料Ⓓ，但拥有排除银主在外的独自经营权，盈利独自获得，亏损亦独力承担。在此两点上，与独资式经营者完全相同。如果承揽者以自己的盈利加入合伙，承认部分股份，并与其余股份拥有者共同经营，共同获得和承担经营的盈余和损失，承揽式经营方式就转化为股份式经营方式了。或像资料Ⓕ的批文所说，生意顺遂，抽股者重新认股并参加经营，则发生新的变化，由资料Ⓕ的状况转回到资料Ⓔ的状况，即由承揽式经营方式转回到股份式经营方式。如果承揽者不只是以盈利入股，还进而买下其余股份的资金，那就同资料Ⓑ所述相同，承揽者由部分股份拥有者转化为独资式的商业经营者。

资料Ⓓ中的下列记载很值得注意，即"自立包揽之后，必当尽心协力经营店务，毋得因循懈怠，有干名誉，责有所归"。特别是"有干名誉"四字，说明承揽者有经商的才干，有经商成功、获取高额盈利的业绩，名誉甚著，银主认定让他承揽，本银利息不会落空。由此我们联想到文献所载，有的徽商十余岁外出学习经商，或薄有资金，或全无资金，经数年、十数年或数十年经商而积资丰厚，甚至成为大贾，靠的是商业知识的积累和见识的卓荦超群。在一定程度上，这比拥有资金更能取得成功。因为徒有资金而无经营眼光和知识，难免于失败。相反，资金短缺，虽不免商路坎坷，但一旦为人认识其经商才能，便可承揽银主资金营运，借以获取利润和赢得商界赞许，为日后的商业成功创造条件。如婺源江汝元，"自幼食贫，以笃诚故，或贷赀令就商。元（原）拮据经营，家稍饶裕"。王廷柏"少习举子业，因屡试不售，遂贾游江湖，手致饶裕"。汪拱乾"家贫，幼服贾，心精会计。其于物也，人弃我取，往往利市数倍"。洪旂生"少嗜学，抱奇才未展，乃游历江湖，借懋迁以抒壮志"。胡弘旭"善读书，因贫不能卒业，随父经营，家渐裕"①。他们或以笃诚，具备成为"义商"的基本条件，或以善读好学，或以精于计算而取得商业上的成功。这就使我们明了徽商为什么"贾而好儒"，在经商致富之后，总要拿出钱来开办家塾、书舍，认为"第一等好事只是读书"，要儿孙必读书。其意图自然是希冀儿孙实现自己未能完成的科举高中、荣显家门的夙愿，恐亦有为儿孙日后经商培养技能、打下基础之念。如婺源李文英"壮游江之南北，图事揆策，皆中窾隙，为众所服，遂至素封。文英念光前裕后，无过读书者，乃开家塾，延名师训子若孙"②。所说"光前裕后"，是为荣显家门。而歙县方道容"挟赀游吴越，操计然之划，审盈缩低昂，……业骎骎起。……晚年笃于教子，因材造就，令其子伯仲服商贾，季子习举业"③，就不只是为其子科举，亦为经商。

上述三种经营方式的相互转化中，经营才能起到重要作用。由此我们便不难理解有"儒商"之称的徽商在中国明清时代很长时间里执商界牛耳的原因了。

二、对几份徽商析箸阄书的研究

阄书，是徽州常见的一种契约文书。徽州人在其晚年往往将家产均分成数份载入文契，令诸子以拈阄的方式确定各自所能继承的那一份产业，这种文契就是"析箸阄书"。析箸即分家，这里介绍的，一是清初休宁商人汪正科所立的《汪氏阄书》④，一是名闻海内外的徽州胡开文墨店创始

---

① 上述资料均见康熙《婺源县志》卷10《人物·义行》。
② 康熙《婺源县志》卷10《人物·义行》。
③ 《方氏会宗统谱》卷19《松崖方公行状》，转引自张海鹏、王廷元主编《明清徽商资料选编》第467页。
④ 原件现藏安徽师范大学图书馆。

人胡天注及其次子胡余德先后所立的《胡氏阄书》[1]。这几份阄书所反映的事实，在徽州商人中，既有普遍性，又有特殊性，因而很值得研究。

（一）《汪氏阄书》研究

立《汪氏阄书》的休宁商人汪正科，曾于明万历三十九年（1611年）经商于江西景德镇，历时 30 载，于崇祯末年歇业回家，后将家产分为 3 股，"阄定"给 3 个儿子。为便于分析研究起见，现将该阄书的"序"和财产清单摘录于下：

> 余祖起祖公自唐居休宁之旌城，……×传至福厚公，大明高皇帝定鼎金陵，□为匠籍。……至五世祖因当里长，充贩无措[2]，所置之业，化为乌有。……吾父七龄失怙，祖母孀居，叔祖俱亡，家徒壁立，竭力耕耘，粗衣足食。……又值家道微薄，勉充里役，奔驰催征，苦难尽述。复思里役贻累子孙，时甲首孚潭许发德、户头惟汉者，议以里甲朋当，主（立）墨永为遵守。今吾姓里役之苦得苏者，吾父之力也。余年十五以六礼娶塘口许氏，善事公姑，克全妇道。至二十有七，以宗桃为虞，娶侧室陈氏，生子三：长曰大义，……次曰大仁，……三曰大都，……余自弱冠，拮据经营，十有余载。后于皇明万历三十九年，同本村金城等营肆于芝城景德镇，贸易丝帛，克勤克俭，兢兢业业，迨三十年。幸赖祖宗之庇，蚨（钱）物稍裕。不意世道多艰，寇盗充斥，店业连遭焚劫，货物屡被挂欠，一生辛勤，徒劳无功，满腔郁结，双目昏盲。但逐年所置

---

① 抄件现藏安徽师范大学徽商研究中心资料室。

② "贩"字读"bi"，章炳麟《新方言·释词》："今凡以物予人者，通语曰给，淮西、淮南、吴、越皆云贩，音转如把"。

产业，并承祖田地，若不清书于册，日久难以稽查。请凭亲族人等，除批与长孙（光昭）外，其余因其肥瘠，三子均分。设"福"、"禄"、"寿"阄书三□□□□□□□□□管。仍有各欠帐□余资本，立有帐簿一本，以为养老之需，俟后三子均分。尔等当思创业之艰难，宜慎守成之不易，同心合志，营运撑扶。兄弟如手足，当和谐孝友，毋以睚眦伤和，勿以射利伤义。各宜愤志，光前耀后，以慰亲心，以期昌大。是为序。

"福"字号长男大义阄定田地、山塘、房屋等业开列于左：（略）

"禄"字号次男大仁阄定田地、山塘、房屋等业开列于左：（略）

"寿"字号三男大都阄定田地、山塘、房屋等业开列于左：（略）

……

批与长孙光昭田业开列于左：（略）

又将存众产业开列于左：（略）

……

又将存众各帐开列于左：（略）

借出银两共计二百六十四两九钱八分。

一各亲朋仍有往来帐目另立有帐。

一景德镇各铺所欠货价另立有帐。

以上各帐照数取讨，兄弟三人均分。

一存实本银六百三十两，三男均分。

　　大清顺治十一年甲午岁三月　　日

立阄书父　汪正科

嫡母　许氏

生母　陈氏

承业长男　大义

次男　大仁

三男　大都

这份《阄书》分序言和财产清单两个部分。在序言中，汪正科将他的家世、本人经商始末以及立阄分产的原因，都作了简明扼要的叙述。在财产清单中，将3子均分的田地、山、塘、房屋、现存银两、各铺欠款都一一开列清楚；另外将自己存留的"养老之需"和"批与长孙"的"田业"，也作了具体交代。因此，它是保存至今一份较完整的徽商之家的析爨文契。对这份文契细加考察，可以得知如下事实：

首先，它表明汪正科弃农经商的原因。据《阄书》介绍，汪正科出身于 个农民之家，他父亲七岁"失怙"，"家徒壁立"。后虽"竭力耕耘"，但依旧"家道微薄"。而使他父亲"苦难尽述"的则是"勉充里役"所受到的艰辛与苦痛。汪正科是弱冠之年弃农经商的。明制："年十六日成丁，成丁而役"①。汪正科在经商之前，即已到了充里役的年龄，父亲的"勉充里役"之累，他是历历在目。明代的里役，是由里长、甲首轮流率一定的民户充当，里长是由"丁力田粮近上者"充任，甚至还是里中的德行高尚者，因此，充当里长最初犹以为荣。但到明代后期，里长甲首不仅同当苦差，尤以贫户当了里长之后，所遇到的苦难更大，有的地方在轮到现年里长时，"必百计祈解"。汪正科的父亲肯定是在经受了里役之苦以后，才与"甲首"、"户头"商议，决定"里甲朋当"，以分散沉重的里役负担。明代曾有规定，"市民商贾家殷足而无田产者，听自占，以佐银差"②。汪正科去江西服贾，可能也是"祈解"里役的一种办法。这一事实告诉我们：徽人外出经商自是由于人多地少，但也不乏里役之苦的原因，汪正科便是一例。

第二，它具体反映了徽商资本的流向。汪正科在景德镇经商30年，从他晚年的家产来看，应算得上一个"中贾"之家。而且他是从小本起家"拮据经营"开始到最后成为"中贾"的。凭汪正科的经商能力和他的商业资本，他如能继续扩大商业规模，则不数年"骎骎乎而为上贾"

---

① ② 《明史·食货志二》。

不是不可能的。可是，徽州商人往往艰难创业积累了资本，最后，乃因诸子或兄弟析爨分居，均分家产各执一份，于是分散了资本，这样，原来的"上贾"或"中贾"之产便不复存在了。《汪氏阄书》则明明白白地反映了这种情况。汪正科在 30 年的经商生涯中，资本的积累应不算少，若能在商品流通领域继续投入较多的资金，或按所经营的丝帛生意，把一部分资本投向丝织业生产，或以桑麻种植为主的农业，则其资本的发展前景无量。而且从他活动的时间条件和徽州、江南的地区条件来看，都是有可能的。可是，他在"蚨物稍裕"之后，则通过立阄分产，将集中的财产转向分散，从而无法进一步积累资本。当然，汪正科此时的财产是两个部分，一是现存银两和借出银两，二是房产、田地、山塘。他的一些不动产，也多是由商业资本转化来的。"阄书"表明，他的商业资本先是不断分散于"所置产业"，然后再与手中的银两一并分给儿孙，这便是他的商业资本的出路。

汪正科将财产均分诸子的事实，说明了徽州商人的商业利润是由多方面流向了封建化的渠道，而传统家庭中的财产分配制和继承制，正是这种渠道之一，这对商品经济和商业资本的发展，无疑是一种阻碍。从比较的角度来看，徽商资本的出路，同西方原始"资本主义积累的历史趋势"，正好朝着不同的方向发展。

第三，徽州商人是否将商业资本投向土地？这在学术界持有不同的看法。孰是孰非，《汪氏阄书》则作了具体的回答。那便是汪正科在经商几十年中，走的依然是"以末致财，用本守之"的道路。他不断将商业资本从流通领域里游离出来，转向土地、山塘、房屋这些不动产，使自己由商人而兼地主，最后歇业还乡，完全成为乡村地主。据《阄书》介绍，汪正科小时候家本清贫，祖父去世后，"家徒壁立"，父亲主持家务时，也还是"家道微薄"。因此，在他经商时，祖遗产业肯定是很少的。既然如此，"阄书"所列财产，主要都是在他经商过程中"逐年所置"的。在《阄书》所列的家产清单上，大多分别载明"新买"、"买得"、"买×××"的字样。他用商业资本"买得"这么多不动产，除房屋外，又并非自己直接经营，而是采取地租剥削方式，交给劳动生产者耕种。所以，"阄书"在开列每一坵田、地坐落、面积之后，都注明租额多少。这份《阄书》实际上也反映了汪正科的商业资本—土地—地租的转化过程，说明这位商人的商业资本，是"逐年"向封建地权转化。在徽州商人中，像汪正科这样将商业资本投向土地的情况，还是比较普遍的。但像汪正科那样最终竟放弃商业经营，完全转向地租剥削，则又是不多见的。

第四，它反映了徽州商人浓厚的乡土观念。徽州商人往往在青壮年时，因生计所迫"牵车牛远服贾"，"足迹几遍天下"。其中，有一部分人是远离祖庐在异地置产安家，落籍异乡；但有些虽寓居异地而仍系故籍者亦不少。这些人乡土观念较浓，所谓"老归故土，以养余年，以长子孙"，便是他们的心愿。既然要"老归故土"，其资本也必然流向故土。这是此类商人资本的最后归宿。《汪氏阄书》则具体地反映了这一事实。

汪正科在景德镇"贸易丝帛"，赚得了不少利润，为什么还要告老还乡呢？在《阄书》中他只是讲了一个方面的原因，那便是"不意世道多艰，盗寇充斥，店业连遭焚劫，货物屡被挂欠，一生辛勤，徒劳无功"，生意从此清淡下来。实际上还是"叶落归根"的思想在支配着他晚年的归宿，这才是根本原因。根据"阄书"提供的材料分析，我们认为，汪正科从来就没有打算在景德镇这个繁华的瓷都终老，也从未想让儿孙克绍箕裘。何以见得呢？请看以下事实：第一，他在景德镇经商几十年中，其"逐年所置产业"都在休宁老家。而徽州本是一个地少人多的境域，土地价格较之他处昂贵得多，他之所以不在别处特别是不在景德镇置产安家，而是"逐年"将资本"流"回休宁，说明他早有"告老还乡"的准备。第二，他的3个儿子——大义、大仁、大都分别与休宁的吴姓、金姓、洪姓之女完婚，各自在桑梓之地建立了家室。可见，他是希望儿孙们固守田园，以各自分得的田产，或雇工经营，或招佃取租，在乡村里做安享清福的地主。这样，便可"光前耀后，以慰亲心"了。

像汪正科这样的商人，在徽商中并不是个别的。他们萦回于脑际的，只是故土、儿孙以及"不忧水火、不忧盗贼"的田地。因此，《汪氏阄书》所反映的事实，对于我们研究徽商资本的出路、徽商的性质及其衰落的原因等论题，都是较为难得的材料。

(二) 《胡氏阄书》研究

胡开文墨店创始人胡天注曾于嘉庆十四年立了一纸分家阄书，其后，他的次子胡余德又于道光十四年续立一纸分家阄书，为便于叙述起见，我们把这两纸阄书合称之为《胡氏阄书》。两纸"阄书"分别有"原序"和"后序"，"前例"和"续例"，主要是叙述家庭和胡开文墨店的经营情况、分产原则和一些具体规定。前后两"序"和两"例"，既有相同之处，又有相异之点。由于这是稀见的材料，兹将两纸"阄书"的"原序"和"后序"、"前例"和"续例"摘录于下：

原 序

……予未成童，怙早见背，兢兢业业，恐其不克自立以贻先世羞。娶室汪氏颇称贤德，生六子，长恒德、次余德、三谅德、四骖德、五骙德、六懋德，……予年近五十六，子俱完娶，……初在屯开"彩章墨店"，期满后，开创海阳、屯溪两店，俾诸子各有恒业，庶不致游手好闲。奈数丁其厄，长子物故，不数年，三、四、五子相继云亡，六子又得痰迷症，不省人间事十余年矣。室人痛诸子之亡而痰迷者之不省人间事(忧)郁成疾，继亦溘逝。续妻钟氏生二子，曰颂德、硕德，俱年幼。十数年来，一切店务藉次子余德掌持，克俭克勤，颇有进益。当此之时，而欲分居析爨，固予所不忍言。而寡媳辈从前有兴讼者，有投祠者，恐予年迈，日后多生事端。爰浼亲房依序立继，俾诸子继继承承，各延一脉。再将祖遗及予手创田地、山塘、屋宇并海阳、屯溪两店资本，除坐膳、坐酬劳外，品搭八股均分，编成"道"、"以"、"德"、"宏"、"身"、"由"、"业"、"广"八阄，各拈一阄执业。又立"定例"附于"序"后，各宜遵守。噫！创业艰难，守成不易，能体此意，复能大振家声，此予之厚望也。夫时

嘉庆十四年岁次己巳季春月序。

凡 例 （即"前例"）

一、坐膳产目下备予与继室食用，日后永为祭田，以备祭扫及扦造风水之用，子孙不得变易。

一、立继：锡珍继长子恒德，锡翰继三子谅德，锡服继四子骖德，五子骕德俟有所出再议。[①]

一、酬劳：田地、山塘、屋宇并海阳、屯溪两店资本，坐余德九股之一。

一、店业：休城墨店坐次房余德，屯溪墨店坐七房颂德，听其永远开张，派下不得争夺。屯店本不起桌，所卖之墨向系休城店制成发下。嗣后不论墨料贵贱，仍照旧价，不许增减；屯店代休城店办买各货照原买价发上，亦不许加增。屯店起桌自造，更换"胡开运"招牌，不得用"胡开文"字样。

一、店本：屯溪、海阳两店资本，除坐酬劳外，按八股均分。

---

① 按：锡珍、锡翰、锡服，均为胡余德子，过继给长房、三房、四房。

胡天注所立的这份阄书，实际上并未执行。原因是，胡天注的阄书墨迹未干，旋即因病辞世。同时，他所规定的按 8 股均分财产也难于实行。因为在立阄书前，他的 8 个儿子中，长子、三子、四子、五子已俱亡。除五子"俟有所出再议"以外，其余 3 个儿子虽有"立继"，但都年幼而未能成立；另外，胡天注的六子胡懋德患"痰迷症"无法持家，七子颂德年方 8 岁，八子硕德年方 4 岁，均未及主持家务之年。所以，胡天注在立了"阄书"之后，于"易箦"（病危）之际，又"遗命（余德）统持家政"。胡余德遵"遗命"而主持家政，过了25 年后，鉴于各房继承家业的条件已经具备，同时，家内的矛盾又比较突出，再加上胡余德此时已是"须眉尽白"，无论从哪方面考虑，这个大家庭的分箸析爨都是时候了。于是在道光十四年，胡余德又续立阄书，并撰有"后序"和"续例"，较之他父亲写的"原序"和"凡例"更为具体。为便于大家了解和分析，现将"后序"和"续例"摘录于下：

后　序

……余忆乾隆四十七年，先父开创海阳、屯溪两店，命长兄恒德经持海阳墨店，命余管理。……奈家运不齐，长兄病殁，三弟谅德、四弟骃德、五弟騄德相继而亡。先母竟以恸哭丧明，奄然弃世，痛何如也。六弟懋德素病痰迷，先父自是郁郁家居，无复他计，一切店事命余胜任。续妻继母钟氏生七弟颂德、八弟硕德。维时余年已近四十，室人柯氏尚未育子，余于海阳娶妾陈氏、翁氏、吴氏共生八子。长锡珍、次锡熊、三锡翰、四锡服、五锡麟、六锡琯、七锡璧、八锡瓒。余年四十八已得四子，而家寡嫂及寡弟媳辈遂以余亡兄弟未议嗣续，啧啧有言，先父示余曰："儿既多生男，吾家之福也。亡儿未立嗣，是吾之忧也。"因于嘉庆十四年命余子依序立继，锡珍继长兄，锡翰继三弟，锡服继四弟，五子锡麟斯时未生，以故俟出再继。又将家产、店业清理分析。海阳墨店坐余开张，屯溪墨店议坐七弟，其余田地、山塘、屋宇等业，品搭均匀，除坐膳、坐酬劳外，仍八房均分，编成"道"、"以"、"德"、"宏"、"身"、"由"、"业"、"广"八阄。嘱稿已成，缮写未就，不料一病缠身，父竟弃养。斯时七弟颂德年方八岁，硕德年方四岁，六弟所生一子锡庚年方七岁，各房嗣子年亦俱幼。余承先父易箦时，遗命统持家政，迄今二十余年，于本村增开典铺一业，造屋数间，买屋数业，置田百余亩。又买海阳屋场一业，……今弟侄辈俱成立，余亦可以差堪自慰矣。不幸八弟硕德前年病逝，五房继子锡麟复又云亡，虽各有一子，尚在襁褓，而余之须眉尽白，亦倦于勤，且事益纷繁，实难照拂，理应爨析箸分，交弟侄儿辈各自掌持。然以余自揣，若从遗稿，则长房、三房、四房、六房均未有店业，诚恐数房闲荡，余心不忍。若将各店资本照股分派，而五房贞元、八房锡炯尚俱年幼，未识持守之艰难，日后恐生嫌隙，余心不安。惟思一本相顾之谊，照先父遗稿，权以时宜，特将五、八两房股分所派店屋及资本，照时田价坐以田业另立租谱，权交弟侄儿辈代为掌持，俟其成立，然后交与执业。再将余手开创本村启茂典业坐与长房、三房、四房、六房合同开张，庶各房皆有恒业。再，余自坐资本银一股以资食用，坐屋一业备余目下居住，日后永属二房执业。其余田地、山塘、屋宇及各店资本并海阳、屯溪两店，悉遵遗稿派与弟侄儿辈亦咸愿之。爰是以禀继母，浼凭亲戚编立"道"、"以"、"德"、"宏"、"身"、"由"、"业"、"广"八阄，谨将遗"序"、"例言"弁于书首。续定后例，分授各房执业，永远为定。……

　　胡余德在其父订立的分家"凡例"的基础上，又订了一个"续例"，实际上是这次家产分配的具体方案。现摘录于下：

续　例

　　余手典到休城开文墨店后吴姓培桂轩屋一业，又典到金姓屋一业，永属二房执业。

　　屯溪墨店并绩邑上塘和太枣栈坐七房执业。

　　本村启茂典并启茂茶号坐长房、三房、四房、六房合同执业开张。

　　启茂典余手开创，阅今二十余年，凡诸出纳及典中一切调度井井有规，日后各宜遵守，和合办理。倘能增创四股合办，不得怀私匿已，不得背众独行；倘各房之内有违拗者，则将该股所存典本如数抽出，定以五年抽清，并该股所派典屋及典帖招牌家伙四股之一定作价洋钱五百元一并抽出，浇凭亲房合其自写收领注明该股所存典本及所派典屋并典帖招牌家伙一并收讫，并批"典屋永无分"等语，以杜争端。

　　启茂茶号逐年做茶，长房、三房、四房、六房商量合作，不得以一人偏见生端违拗。

　　资本：本村启茂典并海阳、屯溪两店资本，照现盘实际，余自坐食用、坐酬劳、坐贴补七房店屋外，仍长房、二房、三房、四房、六房、七房均分。

　　店业：休宁西街胡开文墨店一业并墨印、墨作家伙俱全，并替到叶姓汪启茂招牌。

道光十四年三月

立阄书　余德（签字）

继母　钟氏

七房　颂德

这两纸"阄书"原文，至今外间未得一见。它不仅是研究胡开文墨业史的极珍贵的材料，而且也是考证胡开文墨店创始人胡天注及其几个儿孙生卒年的第一手资料。先就胡天注卒年作必要考证，以纠正宣统年间纂修的胡氏宗谱记述之误。

1. 据"阄书"更正胡氏宗谱所载胡天注卒年

胡天注，绩溪上庄人。据《上川明经胡氏宗谱》中卷"元首公派世系"载："天注府君例授登仕郎，赐赠奉直大夫，生乾隆壬戌（七年）六月二十七日，卒嘉庆戊辰（十三年）十二月初一，年六十五。"此后，凡论述胡开文墨店的文章、著作均本于此。如《徽州社会科学》1986年第 1 期刊出的《胡开文墨店史略（上）》谓："胡天注生于乾隆七年，死于嘉庆十三年，享年 67 岁"。同刊 1993 年第 3 期所载《为"胡开文"正名》一文谓："天注氏殁于嘉庆十三年，享年 66 岁"。1989 年出版的《徽州地区简志》，在"人物"中有"胡天注"条，亦谓生于 1742 年，卒于 1808 年（嘉庆十三年）。

胡天注生于乾隆七年，这是没有问题的，但上谱所载胡天注的卒年，就不确实了。请看：在胡天注所立"阄书""原序"后的年代落款："夫时嘉庆十四年岁次己巳季春月序"。这一落款年月，明白无误地告诉我们，胡天注在此之前还是活着。如果他卒于嘉庆十三年，怎么又于嘉庆十四年春三月主持分家呢？经查，嘉庆十四年干支纪年确是己巳，说明落款的帝王年号纪年与干支纪年是相合的。另外，在胡天注死后 20 余年，他的次子胡余德在续立"阄书"的"后序"中，亦曾提到上次立"阄书"的时间。他说："……因于嘉庆十四年（家父）命余子依序立继"，并编阄析产。胡余德追叙上次立"阄书"的时间，也是嘉庆十四年，而且当时他实际上已主持家政，所记当不会有误。在胡余德的"后序"中，关于胡天注的卒年还有一个较有说服力的证据，那就是胡余德说：上次立"阄书"时，"余年四十八，已得四子……"只要计算一下胡余德 48 岁那年是哪一年，也就可以得知上次立"阄书"的年份了。

据《上川明经胡氏宗谱》载："余德公生乾隆壬午（二十七年），殁道光乙巳（二十五年）。当时人计算年龄是以虚龄计，乾隆二十七年（1762年）胡余德为 1 岁，到嘉庆十四年（1809 年）他正好是 48 岁。这就进一步证明胡天注上次立"阄书"是在嘉庆十四年，而他的卒年当然是立了"阄书"之后，而非在未立"阄书"之前。

安徽省图书馆藏有一篇《徽墨的介绍》手抄稿①，其中也提到：嘉庆十四年胡天注析箸"阄书""原序"和道光十四年胡余德析箸"阄书""后序"，还提到胡开文墨店"在嘉庆十四年以前，由天注氏自行掌握，恒德（胡天注长子）、余德辅之。在嘉庆十四年以后到道光十四年，余德主事……"可以看出，这篇徽墨介绍的作者也是根据"阄书"叙事的，而且也指出胡天注的"阄书"为嘉庆十四年所立。

上引材料充分证明，胡天注在嘉庆十四年三月还健在，这是肯定无疑的。

那么，胡天注的卒年究竟在哪一年呢？这在胡余德所立阄书的"后序"中，也能找到答案。据胡余德叙述说，他父亲胡天注在立了"阄书"之后，"嘱稿已成，缮写未就，不料一病缠身，父竟弃养"。这就是说，父亲立了"阄书"的墨迹未干，就突染疾病，旋即离世。由此看来，胡天注之死，可能就在嘉庆十四年三月或者四月。

我们根据阄书的"后序"，核对一下胡氏宗谱所载胡天注及其子孙的生卒年，发现宗谱中的错误之处尚多。如在"元首公世系"中载：颂德公（胡天注七子）"生嘉庆辛酉……"而"后序"中则谓上次立"阄书"时，"颂德年方 8 岁"，按从嘉庆十四年上推 8 年，即嘉庆七年，应为"壬戌"，而"辛酉"为嘉庆六年，则颂德在其父立"阄书"时当是 9 岁了。更为可笑的是，该谱在记载胡余德的第五子（胡余德共有 9 子）胡锡麟的生卒年是：锡麟生嘉庆庚午（嘉庆十五年），殁道光庚子（道

---

① 作者署名：公私合营屯溪市徽州胡开文墨厂，图书编号 3—18590。

光二十年）。而胡余德在道光十四年写的"阄书""后序"中就曾提到
"五房继子锡麟复又云亡（锡麟过继给余德的五弟骒德为子）"。这明明
是说胡锡麟在道光十四年以前即已命归黄泉，哪里是殁于道光二十年？
父亲记述儿子死的时间肯定不错，这也是不容置疑的。

我们认为，"阄书"是考订胡天注及其子孙生卒年月的原始材料，
至于宣统年间纂修的《上川明经胡氏宗谱》，距嘉庆十四年胡天注立
"阄书"时已有 100 余年，距道光十四年胡余德续立"阄书"时已有 70
余年。在编纂宗谱时，可能未见到上述"阄书"的"原序"和"后序"，
仅凭口耳相传或依据一些不大精确的材料，导致出现以上错误，这也不
足奇怪。不过，我们搞清楚胡开文墨店创始人胡天注的卒年，对于研究
胡开文墨店史还是很有意义的。

下面，我们仍对两份"阄书""原序"和"后序"、"凡例"和"续
例"，加以必要的剖析。

2. 两份阄书的关系

胡天注于嘉庆十四年立了分家"阄书"，他的次子胡余德复于道光
十四年续立分家"阄书"，这两纸"阄书"是什么关系呢？简单地说，
胡天注立的"阄书"没有执行，所以，过了 20 多年后，才有胡余德续
立的"阄书"，虽然"阄书"是两份，内容也不相同，但胡氏父子真正
的析爨分箸则是一次，即在道光十四年。上次胡天注立阄分产之所以未
能执行，可能是有以下原因：第一，胡天注立了"阄书"之后，即染病
不起，不久便离世。"阄书"上的一些家产分配原则和条例，都是粗线
条的东西。试想，家主已死，许多具体问题和细节问题，胡余德的寡嫂
和寡弟媳们不可能意见一致，由此而引起的家内纷争不是短时间能平息
得了。第二，胡天注立阄分家，其实，他的家本很难分。他虽有 8 个儿
子分为 8 房，而活着的儿子只有次子胡余德，48 岁，六子懋德生于乾隆
四十年（1775），此时为 35 岁，但他"患痰迷症，不省人间事"，七子
颂德年方 8 岁，八子硕德年方 4 岁，剩下来的就是 4 个寡媳。像这样一

个畸形的家庭,如果分家之后,除胡余德可以独立操持家业以外,其余有谁能主持一房的家务?而胡天注在当时立阄分产也是迫不得已的,他一方面因寡媳们"有兴讼者,有投祠者",为了消除家内矛盾而主持分家;另一方面又"遗命"次子余德"统持家政",实际上家还是未分。胡天注这种自相矛盾的决策,因其突然病故,他立的"阄书"也就不了了之。

岁月流逝,在经过 20 余年之后,家庭的情况发生了变化:其一,胡余德死去兄弟的继子均已成人,可以自立门户;其二,胡余德在父亲死后主持家政的 20 余年中,家业有了很大的发展,因之,家产的搭配也容易一些;第三,在道光十四年胡余德主持分家时,他已过古稀之年,"须眉尽白",这个家是到了非分不可的时候了,于是便有胡余德第二次立阄析箸。由此可知,这次立阄析箸是上次的延续,是胡余德在完成先父的"遗命"。

胡余德此次立阄析箸既然是上次分家的继续,因此,他确立这次立阄书的原则便是:"照先父遗稿,权以时宜。"所谓"照先父遗稿",无非是家产仍按 8 股均分;休城胡开文老店和屯镇墨店,分别仍归二房和七房执业;墨品只能由老店生产,屯镇墨店和日后新设的胡开文分店只能作为老店的门市部,不准起桌制墨等等。所谓"权以时宜",那便是经过这 20 余年的家业发展,财产分配自然应以此时的情况作出规定,亦即是原则依旧,分产有新。诚如"后序"所言:"若从遗稿,则长房、三房、四房、六房均未有店业,诚恐数房闲荡,余心不安。"为了使这四房均有店业,胡余德乃确定将自己一手开创的"启茂典业"和"启茂茶号"分给他们"合同开张"。另外,五房和八房嗣子俱年幼,不能独立主持店业,则将其应分得的店屋、资本,权作变通处理,俟其"成立"之后,再"交与执业"。胡余德这次所作出的家庭财产再分配的一些规定,既是遵从了"遗命"而又有所变更,确实是合乎"时宜"的。

为了防止分家之后再出现争端,胡余德在"续例"中,就典业、茶号的合作经营，又作了若干具体规定，如：在经营启茂典业的各房中，倘有对原立的规则有所违拗，则凭亲房将其资本抽出，写成字据，其中要批"典业永无分"字样，实际上是"开除"出典。这是一条非常严厉的规定。对茶号经营也提出"不得以一人偏见生端违拗"，以引导四房通力合作。总之，胡余德这次立阄析箸，是其父上次分家的继续，他所立的"续例"，既是对上次"前例"的继承又是发展。

立阄分产，是我国封建社会里进行家产再分配的一种普遍使用的方式，通过这种方式，把一个大家分为若干小家，以促进家庭——这个社会细胞的分化。一般说来，分家就是均分财产，胡天注、胡余德父子在"阄书"中所立的条例，其核心也是如此，但其中的某些规定，却又有与众不同之处。

3.《胡氏阄书》的特点

我们所见到的徽州境内遗留下来的一些分家"阄书"，其内容不外是立阄书的主人将家产分为若干股以均分诸子或诸弟侄的有关具体规定和说明，即使是商人之家的分爨，也是店业均分，或者分家之前，即抽出一部分或大部分商业资本购置土地、山场、房屋，然后进行均分。这样做的结果，则是大家庭经济的分散和削弱。尤其是一些商人之家，由于商业资本的分散和转化，往往使其商业因之一蹶而不振。如前面提到的休宁商人汪正科，便是如此。而胡天注、胡余德父子虽说也都是商人，他们订立分家"阄书"，不仅未削弱其所经营的胡开文墨业，反而加速了墨店的发展。随着胡氏子孙繁衍，胡开文墨店遍布各地。其所以如此，当与胡天注、胡余德父子在分家"阄书"中所制订的财产分配原则和条例不无关系。

胡天注和胡余德两次立阄分产都是在胡开文墨店生意兴隆之际，所以，他们在"阄书"中便确定了一项原则，那就是家产的分配要保证胡开文墨业的继续发展，要有利于商业资本的不断增殖，要使胡开文墨店的经营管理后继有人。一句话，要使"胡开文"世世昌盛。正是在这样的思想指导下，胡天注父子在"阄书"中所作出的一些规定，是颇具特色的。

第一，"阄书"规定：分家不分店，分店不起桌，起桌要更名。这实是高明的决策。

所谓分家不分店，是指两次立的"阄书"都明确规定休城胡开文老店和屯镇胡开文分店，分别由二房余德和七房颂德掌管执业。其余产业和资本，除用着养老和"酬劳"之外，按照 8 股均分。可见，如"阄书"所定，这个家是分了，而墨店却未分。这一"祖制"，胡家子孙一直恪遵不渝。特别是休城胡开文老店，从乾隆年间创设到解放后公私合营共经历 170 余年和 6 代传人的嬗递，都是"单传"执业。如：胡天注立阄书后休城墨店全部由次子余德掌管，余德死后，由次子锡熊掌管，锡熊死后，因次子早逝，则由长子贞观掌管，贞观死后，由四子祥禾掌管，祥禾死后，由二房继子洪椿掌管。屯溪墨店开始也是由胡天注的七子颂德掌管，后传给长子锡环执业，以后才出现几个亲兄弟和堂兄弟合股经营。胡天注及其后人虽然大多是多妻多子的大家长，可是他们都是在子孙中挑选一人执掌胡开文店业，虽然在这个大家族中，兄弟子侄以及"娘儿们"也曾因此闹过矛盾，但结果，休城老店从来未有瓜分，其众多的子孙，对这一"祖宗成法"也不敢改变。

胡天注、胡余德确定分家不分店的原则，是有远见卓识的。因为胡开文墨店始创于胡天注，兴盛于胡余德，从各自几十年的墨业生涯中，深深懂得如在儿孙析箸时，也将墨店一分再分，不独分散了资本，分散了制墨技术和精良的工具，而且这一老店经过几代人的瓜分豆剖之后，必然名存实亡。而采取"单传"的办法执业，则可避免出现上述弊端。再者，"单传"执业还有一个好处，那就是在上一代移交店业时，可以在其诸子侄（有的是侄子过继为子）中选择贤者继承掌管，这是非常重要的。从胡开文墨店的有关资料来看，老店的六代传人大都精明能干。胡天注在世时，就对余德称赞不已："十数年来，一切店务藉次子余德掌持，克俭克勤，颇有进益"。胡开文墨店在胡余德掌管的几十年中，是一个大发展时期。在他的次子锡熊主持墨店时，正是鸦片战争和咸丰兵燹之际，徽州境内遭兵火之灾是不轻的，而胡开文墨店尚能保持不败且略有发展，那是值得称道的了。在锡熊的长子贞观执掌墨店时，是胡开文墨业第二次的大发展时期。后来虽因种种客观原因致使胡开文墨店步入艰难曲折的道路，但那都是无法避免的。

所谓分店不起桌，也是在"阄书"中规定的。"起桌"即制墨。胡天注在"阄书"的"原例"中规定，"屯店木不起桌，所卖之墨向系休城店制成发下"，在胡余德续立"阄书"时，对此也是"悉遵遗稿"。此后，屯镇墨店虽经几代继承人，它始终是休城老胡开文的一个门市部，不得自行做墨。在100余年中，休、屯两店的掌持人也曾因此而发生过矛盾，甚至比较激烈，但这是"祖制"所定，老店的继承人又具有监管权，屯镇墨店的执业者只是徒叹奈何而已。其后，休城老胡开文墨店在各地设了不少分店，同样，也只是经销不能制墨。

所谓起桌要更名，也是"阄书"所规定的。胡天注也曾预料，虽有"分店不起桌"的规定，但万一有不肖子孙要自行"起桌"有什么办法加以限制呢？于是又作出了一条规定："倘屯店起桌自造，更换'胡开运'招牌，不得用'胡开文'字样。"这一条也适合于后来开设的各分店。"胡开运"与"胡开文"虽只一字之差，但一看便知，这是两个墨店店号，非为一家了。由于"胡开文"的精品墨不断问世，这块招牌逐渐名闻海内，胡天注的子孙们，有人既要"起桌"，又不愿意丢掉这块招牌。据有关材料记载，在胡贞观主持休城老店时，家族中曾为此出现纷争，胡贞观便想出了一个新主意，规定若设店起桌，店号如用"胡开文"，必须加上"×记"，休城老店所使用的"苍珮室"墨品标记，则绝对不准用。[①] 后来，出现了不少非休城老店直辖的胡开文墨店，均一律

---

① 参阅《胡开文墨店史略（中）》，载《徽州社会科学》1986年2期。

加了"×记"二字。如"胡开文源记"、"胡开文立记"、"胡开文亨记"、"胡开文利记"、"胡开文贞记"、"胡开文益记"等等。也有的用"老胡开文广户氏墨店"的招牌，有的干脆另立"胡子卿墨店"作为店号。总之，只要起桌制墨，其店号和墨品标记都要与休城老胡开文墨店有所区别。这些附加记号的胡开文墨店，虽是出现于胡天注的曾孙辈经营墨业之时，但"祖宗成法"还是胡天注在"阄书"中所立的。

胡天注在立"阄书"时，之所以要立这样一条规定，从根本上说，是为了保质量、保名牌、保胡开文的声誉。因为，如各家起桌自制，其墨品难免粗制滥造，乃至以次充优，这样，老胡开文墨店势必被"伪劣"墨品所挤垮。当年胡天注的这一规定，同今天保护"知识产权"相似，可见这位胡开文墨店创始人，是颇有"超前意识"的。

第二，胡天注、胡余德在分家时，决定原有的店业，采取独立经营与合伙经营的方式并举，这是因业而异的。前面已经说过，胡开文墨店按照"阄书"规定，系由独家经营，既不均分，也不合伙。可是，在胡余德主持分家时，还有一处典铺，一处茶号，一处枣栈，已是属于经营性的商业。除枣栈和屯镇墨店都归七房执业经营外，而典铺、茶号，则"坐长房、三房、四房、六房合同执业开张"。可见，典铺、茶号是合伙的。为什么让这两个店业"合同"开张呢？因为胡余德是秉承"先父遗稿"续立分家阄书的，因此家产仍按其父的8个儿子搭配成8股（胡余德有9个儿子，如以胡余德为家主，应按9股）。实际上，此时胡天注的儿子只有胡余德1人尚在，其余均已去世。而过继给胡余德4位亡兄弟的嗣子，都是余德之子，且已成人，对他们的生计，岂能毫不关心。但若使每人各掌一店，则商店数量不足。如这四房均无店业，则他们心里也不平衡，甚至会产生家内矛盾。而经营典铺、茶号与经营墨业又有不同，因为它不需要精深的技术，不必要特制的设备，不存在保质量、保名牌的问题，因此，可以"合同"开张。在"阄书"中对这四房合作经营典铺、茶号，又作出了防止发生矛盾的有关规定。应该说，胡余德在续立"阄书"时，考虑是周到的，他的经商经验和操持家政的才能，在"阄书"中也充分体现出来。

4.《胡氏阄书》对胡开文墨业的影响

《胡氏阄书》虽是为了家庭的分箸析爨而立，可是，这两纸分家契约，对胡开文墨店的发展，却产生了深远的影响。

在胡天注、胡余德分别两次立阄书时，都有一个共同的想法，那就是墨业是子孙赖以生存和发家的利薮，一定要使其继续发展，"胡开文"这块招牌一定要世世代代生辉。因此，在"阄书"中才作出前面提到的一些促进墨业发展的规定。以后的事实，证明了胡天注、胡余德父子的想法是正确的。

企业的生命在质量，古今中外都是如此。同样，胡开文墨店之所以有如此长久的生命力，关键也是它的墨品在同时代的墨业产品中，一直居于上乘。追本溯源，自然是与"阄书"中的规定有关。而胡天注父子之所以想到在"阄书"中要设法保证胡开文墨品的质量，也是有原因的。

其一，徽州是全国的名墨产地之一，从南唐李超、李廷珪来这里按"易水法"起桌制墨以后，制墨名家代不乏人。宋代黟县制墨名家张遇所制之"麝香小御团"墨，博得皇家的称颂；歙县的潘谷，时人称之为"墨仙"；南宋的徽州墨工吴滋，所制之墨"滓不留砚"；元代歙县墨工陶得和，曾有人作诗赞曰："请看陶法妙非常，一点浓云琼楮透。"明代的罗龙文、程君房、方于鲁，所制之墨均为"妙品"。其后，方瑞生、潘一驹、汪仲淹、汪仲嘉、方正、潘方凯、程公瑜、江正、吴去尘、丁云鹏、吴叔大等，都是一代制墨高手，他们在《墨谱》或《墨志》上均留有盛名。在这样一个墨品称绝、名家如林的制墨之乡，后起者无论技艺、风格以及求精的精神不能不受到以往那些名家的熏陶与感染。当胡天注、胡余德父子在创设胡开文墨店时，他们在墨品的质量、图案、式样等方面，不仅着力"仿古"，而且锐意求新。所以，他们在"阄书"

中才作出防止后世子孙滥造墨品的规定。

其二，胡开文墨店是继承"汪启茂墨室"而创设的。从清初到乾隆，休、歙两派制墨名家各擅其技。如曹素工、程正路、吴守默、汪近圣、巴慰祖、方密庵、程一卿、汪节庵、汪谷、王俊卿诸大家，更是一时蜂起。他们在制墨过程中，莫不都是"制考百家，模出新裁，法传古雅"。胡天注父子当此强手汇聚之际，要想使"胡开文墨店"在徽州占有一席之地，当然只有在墨品的质量上狠下功夫。据载，就在他们执业时，胡开文墨就赢得人们的称赞："漆欲其净也，烟欲其精也，胶欲其和也，香欲其烈也。涵而揉之，以眎（视）其色泽之匀也；捶而坚之，以眎其肌理之细也；范而肖之，以眎其意态之工也。"① 这把胡开文的制墨原料、技术、工序以及"巧夺天工"的意态都勾勒出来了。可见，在他们主持墨店时，胡开文高级墨，就已成为"珍品"了。另据有的材料记载，胡开文墨店曾受李时珍《本草纲目》中"墨能和小便，通月经，治痈肿"的启示，采用名贵中药，制成一种药墨，名为"八宝五胆"，有豁痰开窍、平肝熄风、镇惊安神、清热解毒等功效。② 可见，胡开文墨品是精、特兼备了。

总之，有胡天注、胡余德呕心沥血、精益求精在前，他们的儿孙遵从"祖制"发扬光大于后，胡开文墨店在 170 余年中，虽历经坎坷，但总的看来还是不断前进、不断发展的。从道光、咸丰到民初，休城老胡开文墨店一向墨品精致，墨业兴隆，它生产的"地球墨"曾于 1915 年荣获巴拿马博览会金质奖。同时，它的分店遍布半个中国。一些非老店直接管理的胡开文墨店及其子店，亦在各地纷纷起桌制墨，参加竞争。为便于大家了解胡开文墨业的发展情况，兹据有关材料制成两表，以见其大概。

----

① 见胡开文墨店材料手抄稿，现藏安徽师大徽商研究中心资料室。
② 1994 年 4 月 8 日《新民晚报》。

表一 胡开文墨店发展概况

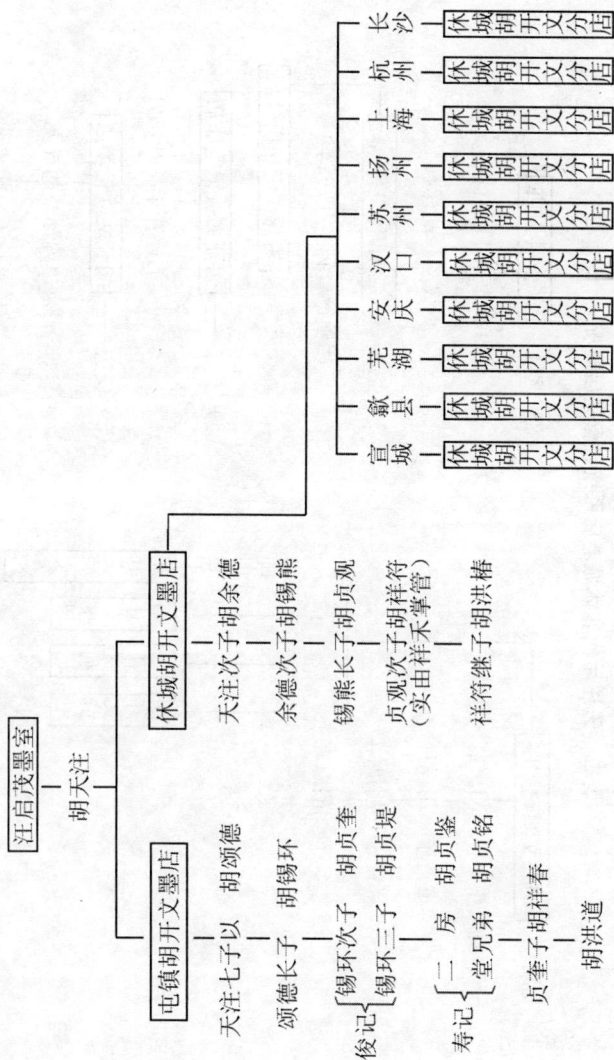

汪启茂墨室
胡天注

屯镇胡开文墨店

天注七子以 胡颂德
颂德长子 胡锡环
俊记 { 锡环次子 胡贞奎
　　　 锡环三子 胡贞堤 }
寿记 { 二　房 胡贞鉴
　　　 堂兄弟 胡贞铭 }
贞奎子 胡祥春
胡洪道

休城胡开文墨店

天注次子 胡余德
余德次子 胡锡熊
锡熊长子 胡贞观
贞观次子 胡祥符（实由祥春掌管）
祥符继子 胡洪椿

宣城 休城胡开文分店
歙县 休城胡开文分店
芜湖 休城胡开文分店
安庆 休城胡开文分店
汉口 休城胡开文分店
苏州 休城胡开文分店
扬州 休城胡开文分店
上海 休城胡开文分店
杭州 休城胡开文分店
长沙 休城胡开文分店

表二　天注后代非休城老店系统经营墨店概况

(1) 芜湖　胡开文文源记墨庄

胡天注曾孙——胡贞益（注）——贞益子——胡祥祉——祥祉长子——胡洪昭
　　　　　　　　　　　　　　　　　　　　　　　　　　　　　　胡恩森

芜湖陡门巷——胡开文文源记分店
九江——胡开文文亨记
南京——胡开文文利记
汉口——胡开文文贞记

(2) 休城　胡子卿墨店

胡余德孙——胡贞权——贞权子——胡祥振

(3) 上海　老胡开文广户氏

胡颐德曾孙——胡祥钧
天津——胡开文广户氏分店

(4) 上海　胡开文益记笔庄店

胡祥礼子——胡洪开

(5) 安庆　胡开文立记墨店

胡余德曾孙——胡祥龙——祥龙长子——胡洪读

注：贞益，胡氏宗谱作贞一。

表一所示，胡天注于乾隆四十七年，接替"汪启茂墨室"，开设"休城胡开文墨店"和"屯镇胡开文墨店"，经过 6 代传人，这两处"正宗"的胡开文墨店，一直经营到 20 世纪 50 年代。随着墨业的发展，胡家后代又在休城总店的掌管下，开设了不少分店。表二所示，胡氏子孙还在总店系统之外独立开设了不少墨店、墨场。像胡开文这样的商家，无论是在徽州商人中，或者是在墨业商家中，都是仅有的。

一家墨店竟能持续经营 170 余年，分店遍布几达半个中国，靠的是什么？靠的是讲求质量，靠的是经营管理。而这与当年胡天注、胡余德在"阄书"中所作出的高瞻远瞩的规定又是分不开的。

值得我们注意的是，在胡开文墨店的发展过程中，中国社会的性质已在发生转变，而胡开文墨店，却能跟随时代的足迹，进入近代市场经济的激流中，这在徽州商人中也是不多见的。据有关材料记载，胡开文墨店在其第四代传人胡贞观执掌时期，竟有资本 20 万元（银元），职工100 余人，年产高级墨 300 担。我们对这几个方面略作分析，就可以发现其性质的变化。

从资本来看。胡开文的资本是商业资本和产业资本的结合，因为这家墨店是集墨品生产、批发与零售于一体。制墨的主要原料之一是松烟或桐烟，胡开文先是在本地渔亭建立一座小型点烟房，所产的烟供本店制墨之用。后来，由于墨业的发展，需要的烟量大大增加，松烟无法满足，故又在四川万县建立了一座规模较大的桐油点烟房，除供本店使用外，还出售给同业，既减少了中间环节的盘剥，又可从中获得一部分利润。它所出售的墨品，也全由本店生产，各分店只能经销，不准制墨。这一套生产、经营、管理方式，已不是仅仅在商品流通领域里买贱卖贵的活动，而是将商品经营和商品生产完全结合在一起。胡天注的传人，既是墨店老板，又"直接支配生产"，既是商人，又是产业家。因此，上面提到的那 20 万元的资本，就不单纯是商业资本，其中也包括产业资本，确切地说，胡开文家的商业资本与产业资本是分不清的。

再从职工情况来看。胡开文墨店的职工是由三部分人组成，即学徒工、技术工、职员。学徒工是职工中的最低层，生活也最艰苦。据记载，同（治）、光（绪）时期，学徒工3年所获"佣金"不足6块银元，每年不足2元。他们从早到晚，每天工作十几个小时，每年只有春节、端午、中秋6天假日。工人的工资是以技术高低和工种不同而定，有的采取计件工资。如描色工，这不仅要有较高的技术，而且描色、填金是一种细活。当时描1斤高级墨可得工资4元，但每天从早到晚只能描4两墨（16两1斤），每月按30天计，1天不停工，可得工资30元。职员有管事、副管事、点烟房总管等，他们代表墨店主人管理生产、账务以及一些具体事务，包括管理学徒工和一般工人，工资较高。胡开文墨店在清朝末年有100多职工的规模，已具有近代企业的性质了。墨店的主人与职工之间，是雇主与佣工的关系，亦即劳资关系。不过，胡开文墨店的职工多半是他们家的亲属和亲戚，少数也是同乡中有技术专长或善理事务者。由这些人组成的墨店职工，更加便于管理与控制。

制墨的利润是极高的，所以在明清时期，一个徽州竟有几十家制墨商家竞相逐利。据有关材料记载，清末的墨价，一般按银两计算，从低级墨到高级墨的价格，是按银两的倍数增加，即从1两、2两、4两、8两、16两到32两止。1、2两银的1斤墨为低级墨，4、8两1斤的墨为中级墨，16、32两1斤的墨为高级墨。当时纹银1两兑银元1元2角8分。胡开文生产的低、中级墨只取微利，赚大钱的是高级墨。有一份材料记载，1斤高级墨的平均成本大约不超过5元，而售价则是19元2角，利润接近3倍；① 另据有的文章介绍，当时32两纹银1斤的高级墨，成本只有12两5钱，其利润也达一倍半。如此高额的利润，大部分是工人创造的剩余价值。试想，胡开文墨店在胡余德主持分家时，墨店虽归他的次子胡锡熊执业，当时店里的资本则是"照股分派"，胡锡

① 有关胡开文墨店资料抄件，现藏安徽师大徽商研究中心资料室。

熊也只得一股，估计为数不会太多。到他儿子胡贞观执业时，竟有资本20万元，可算得上一家中型企业了。

我们还要看到，这家墨店不仅有自己的原料基地，有自己的工厂，有自己的销售门市部，同时，它在各地所设的分店，既占领了广大的市场，又为总店建立了信息网络。从赚取利润来看，"东方不亮有西方"，那是比较稳定的。要不是后来的钢笔、墨水取代了过去的毛笔、烟墨，则"胡开文墨店"的发展，那是难以想象的。

当年胡天注、胡余德在立分家"阄书"时，只是想到采取措施，以保持胡开文墨业于不坠，那里知道经过近百年之后，原来盛极一时的徽州商帮，差不多都凋零殆尽，而他们亲手创设的墨店，竟能一枝独秀继续争芳几十年，这也许是他们原先还不曾料想到的。

三、歙县芳坑江氏茶商考略

在歙县南乡坑口镇西南大约 1.5 公里的地方，有一个景色秀丽的山村，这就是名震遐迩的江氏茶商的发祥地——芳坑。江氏茶商的后裔至今还生活在这个村落中。他们历尽千难万险，把先辈们在经商活动中所遗留下来的大量资料一直保存至今。这批资料包括信札、札记、契约、账簿以及其他实物，不仅内容丰富，而且详细具体。它是至今未曾利用过的一批极为珍贵的资料。这批资料之得以保存和使用，可以说是徽商研究中的一件幸事。

据《芳坑江氏宗谱》的记载，芳坑江氏源于商朝的微子。微子子孙中的一支，封于萧，遂以国为姓，世居于丰沛之间。唐末黄巢起义时，有萧祯者避乱渡江，寓居歙县之篁墩，改姓江氏。他的子孙散处各地，成为徽州地区的一个大姓。萧祯改姓的事，虽然年代久远，但其族人至今犹皆自称萧江氏，以示不忘根本。南宋宝祐年间，有江斗者自婺源携家至芳坑，设馆教学，久居不返。他的子孙便在芳坑聚族而居，成为当地的土著居民。

芳坑江氏经商的历史至少可以追溯到明朝中后期。据《萧江氏家乘》记载，萧江氏第二十四世祖江天稳"因贸易寄居平岛"①。天稳生于万历六年（1578 年），卒于天启七年（1627 年）。据此可知，他贸易于平岛的时间大约是在万历中叶。自此以后，江氏之经商者屡见于记载。如天稳之孙可涧（1659—1712 年）"栖于坑口赤土岭，用笑肩贩，以弃取稍积"。可涧之子梦梧（1697—1743 年）"能承其父业，谋创行业，以诚待人，用笑取余积，以备荒年"。梦梧之子起焕（1733—1776 年）"及壮，遂有四方之志，笑茶叶泛海辽东，经历十年……由锦州至北京，陆路到家"。这是江氏经营茶叶贸易的最早记载。起焕之弟起辉（1737—1779 年）"依兄长常居赤土岭店……嗣后经理趋里酒店十余年"。起辉之子有科（1792—1854 年）贩茶入粤，转销外洋，用以致富。有科之孙明恒（1848—1925 年）往来于徽州、上海之间，从事茶叶的加工与贸易，经营规模相当可观。光绪中叶以后，华茶在国际市场上逐渐失势，江氏茶商亦随之一蹶而不振。芳坑江氏累世经商，其留存资料最多者，则是江有科至江明恒几代人。他们恰恰处于嘉道至清末，徽州茶商由兴盛走向衰败的时期。江有科祖孙几代人的经历，正是这一时期徽州茶商的一个缩影。因而他们所遗留下来的资料就显得格外有意义了。这里，我们在初步整理这批资料的基础上，对江氏茶商的经营状况作一概略的考述。

（一）

江有科，字静溪，其子文缵（1821—1862 年）字绍周。父子二人

---

① 平岛或系平渡之误，平渡在今浙江兰溪县西北。明清徽人商于此者颇多。

以贸茶为业。他们的经营活动主要是在歙县开设茶号，就地采购茶叶，经加工制作后，运往广州售给西商，转销外洋。

有科赴粤贸茶始于何时，目前尚难确定。不过在现存资料中有道光七年所撰写的《徽州至广州路程》札记1册。札记中详记自徽州至广州一路所经地名及各路段上的运输费用和报关纳税情形。这可能是他初次赴粤经商时所作的札记。道光七年，有科年方35岁，正当年富力强、开拓进取的时候。他于那时开始远出射利是合乎情理的事。

有科父子生意最兴隆的时期，大约是在道光二十三年至三十年（1843—1850年）间。这时他们开设江祥泰茶号，生意做得很顺利。

在现存的资料中有江祥泰茶号的账簿数册以及有科父子的信函多件，足以窥见他们在这几年中经营活动的具体情形。江祥泰茶号设在芳坑附近。该号在漳潭租赁厅屋数间，作为茶号对外营业的场所。此外还占用了芳坑江氏宗祠及有科家中房屋，作为开设工场、加工茶叶的场所。茶号的经营活动大体可分茶叶的收购、加工、运销三个环节。

收购：茶农采摘的茶叶经初步加工后谓之"毛茶"。毛茶必经茶号进一步加工制成箱茶后方能成为运销外洋的商品。一般茶农，由于生产规模狭小，出售的毛茶数量不多，所以他们大都是把自己的毛茶售给邻近的茶行（或称茶庄），或号称"螺蛳"的小贩，经螺蛳之手转售给茶行。茶行或用自己的资本收购毛茶转售茶号，赚取利润；或由茶号派人坐庄收购毛茶，由茶行提取佣金。江祥泰茶号就是采用这两种方式通过茶行收购毛茶的。据《道光二十五年江祥泰进广誉清帐册》所记，这一年该号通过本庄、春庄、遂安庄、鸡萝庄、街口庄、诸暨庄、绵庄、街源庄（各庄皆以所在地命名）收购毛茶17523斤4两，收购这批毛茶共用成本5435.38元。平均计算，每斤毛茶收购价格约为0.31元。这里要指出的是，当时茶号收购毛茶所用的秤是每斤24两的大秤。这种秤每斤约合户部规定的秤（以16两为斤）1.5斤。所以这年收得的毛茶17523斤，经加工制作，除去损耗之后却能制成箱茶23800斤，成品比原料竟多出 6000 余斤。若按当时部颁的标准秤计算，每斤毛茶的收购价约为 0.206 元。《道光二十六年丙午进广誉清帐册》又记，这年江祥泰茶号通过街庄、谷岭庄、本庄、绵庄等处收购毛茶 20864 斤，共用银元 5811.77 元。以大秤 1 斤折部颁秤 1.5 斤计之，则是实收毛茶 31296 斤。每斤收购价格约为 0.185 元。当时收购的毛茶固然品种有异，精粗不一，其价格难以一概而论。但可以用于制作外销茶的质量较佳的毛茶，其收购价格平均约为每斤 0.2 元左右。

加工：毛茶的加工十分复杂，略而言之可分抖筛、撼簸、拣茶、焙茶、风扇等几道工序。制成的成品茶有"松罗"、"雨前"、"圆珠"、"皮茶"、"眠生"、"次生"、"芽茶"、"次雨"等品种。茶叶制成后装入锡缸，加以密封，以防受湿霉变。锡缸外用彩画板箱包装（每箱装茶 30 斤至 40 斤不等）。茶叶装箱后，加工的程序方告完成。在当时，这些制茶与包装的工作全靠手工劳动。所以为茶叶加工而消耗的人力物力是相当多的，商人必须为此而垫支很大一笔资金，道光二十六年有科父子的经营情况充分地说明了这一点。这一年，他们采购毛茶 26864 斤加工成箱茶 30814 斤，运至广州，共用成本 8560 元。其中采购毛茶用洋 5817 元，运输费用以及沿途纳税不足千元。其余近 2000 元大部分都用于茶叶加工之中了。

运输：当时徽茶运至广州的路线主要是经由江西赣江溯流而上，越大庾岭而达广州的。在交通不便、关卡林立的条件下，迢迢千里运茶入粤是十分艰难的。据《道光二十六年丙午进广誉清帐册》记载，这一年，江文缵押运茶叶 30814 斤赴广州。他们在篁墩挂号运货至屯溪，从屯溪雇船运货至渔亭，从渔亭起旱，用银元 91.496 元雇了三四百人的挑夫，用肩挑背驮，经过 62 华里的山间小道，把茶箱运至祁门，然后再从祁门用洋 117.83 元雇驳船、竹筏运货至饶州，再从饶州雇三板七仓船 2 只、六仓船 1 只运货至赣州。在这段路上，除了支付船费之外，还有制作灯笼旗号、过天柱滩雇用纤夫、向沿途关卡的官吏送礼、向船工水手发给赏钱以及写票、看仓等用费，总共花费 135.93 元，在赣关报税完饷以及京差、称手、耗银、单费等共用洋 56.846 元，在赣州换乘安驳船 6 只，5 天运抵南安，付船费 67.74 元，在南安雇挑夫、保镖等翻越大庾岭运货至南雄，用洋 103.16 元，在南雄雇船运货到韶关用洋 167.9 元，在韶关大顺报房交纳饷银 31.54 两，连同挂号红票等用费折合银元共 58.33 元。从韶关雇老龙船运货至广州付船费及其他费用 128 元，江文缵一路伙食零用共 65.86 元。当时徽茶运粤不但用费很多，而且需用时间也是相当长的。道光二十五年，有科父子于七月末运茶上路，八月初八日至饶州，十二日从饶州动身，九月初六日达南雄，初九日抵韶关。从韶关出发大约还需八九天才能抵达广州，全程共需近两个月的时间。长时间的旅途奔波当然也是十分辛苦的。

茶叶的收购加工与运输不但费钱费时费力而且风险极大，任何一个环节出了问题，都难免于亏本折利的危险。有科父子之所以坚持经营茶叶贸易，主要是为了牟取丰厚的利润。道光二十六年，有科父子运茶 30814 斤赴粤，共用成本 8560 元。那么这批茶叶究竟能获利若干呢？可惜有科父子的账册中没有记载。这里姑且借助于其他资料来推算他们所获得的利润。据严中平《中国近代经济史统计资料选辑》①记载 1830—1833 年间（即道光十一—十三年）每年华茶外销 235840 担，价银 5617127 两。平均每 100 斤价银当为 23.813 两。吴觉农《中国茶叶复兴计划》载，鸦片战争前绿茶出口价格每担平均为银 24 两。姚贤镐《中国对外贸易史资料》载，1868 年（同治七年）华茶出口每担平均价银 23.8 两。据以上资料，我们可以推知，道光二十六年有科父子运茶至广州，其售价当不会低于每担 23.8 两。姑以每担价银 23.8 两计之，则有科父子售茶 30814 斤当得价银 7333.73 两。当时银两与银元的兑换率虽不固定，但该年有科父子运茶途经赣关报税时，正饷杂费共计用银

① 《中国近代经济史统计资料选辑》第 14—15 页。

41 两，折合光洋 56.846 元交纳，则是每银 1 两约合银元 1.37 元。姑以此兑换率计算，则有科父子所售茶叶当得 10047.21 元。除去成本应获利 1487.21 元，利润率达 17.5%。如果有科父子售茶价格高于当时平均售价，那么利润率当会更高。况且在茶叶加工时还有大批茶片茶梗等次货，可以用于内销，从中还能获得一笔可观的收入。

有科父子经营茶叶贸易获利颇厚，于是他们便用赚来的钱在芳坑大兴宅第，建成两大院落，都是两厢一厅砖木结构的楼房。雕梁画栋极为富丽，连楼上都用方砖铺地。这所建筑号曰"静远堂"，至今尚存。为了鼓励后辈读书向学，他们还从广州购买大批书籍运回老家。有科还于元配之外，在广州娶了两房姨太太，并在广州建造别墅。道光二十三年又用洋 105 元买得 11 岁少女秀兰，后来给文缵为妾。秀兰的卖身文契至今犹存。有科父子还不惜慷慨解囊纳资捐官。有科曾捐得国子监典籍之衔，又曾捐银修建虎门炮台。文缵也曾捐得爵衔，列名缙绅。

有科经营茶叶贸易之所以能够取得成功是与他个人的努力分不开的。据现存资料可以看出，他对茶叶贸易的每一细小环节都十分留心，认真记录，借以积累经验提高自己经商的才能。如前所述，他于道光七年贩茶入粤时就曾作《徽州至广东路程》札记 1 册。札记中详记旅途所经城镇村庄 550 余处，对各城镇村庄之间相距若千里以及何处可乘舟、何处当起旱、何处设关卡、何处不安全等都作了具体的记录。如在鹅头颈地名之下注有"行船小心"数字。在大漳河地名下注有"蚊虫营安船防盗"数字。在大庙峡地名下注有"有娘娘庙，敬神防盗"数字。札记中对途经关卡报关纳税的情形记录尤详。如在赣关报税时，先在储潭开税单挂号，领取税单时要送给开税单的关吏"包食两包，每包约二两之数，叫船老板送去"。另外还要"每船给十文送挂号单。查仓两人，每人送茶一包"。领得税单后，开船赴关"到桃源滩，如水浅，开驳到关，过回船，每担十五文。如改上关不回本船，每担十八文"。"到关上，持储潭挂号票，到许致和税房报税过关。如要赶紧，即请关，每船给钱一百八十即放行。"在关上还要送给"查仓（者）小纸包三四个，每个七文。查艇钱，每船给钱十文"。税房纳税情形是"方箱段（六八），长箱篓（八四）上关不称。每船外加重箱一百四十斤算，每百斤（纳税银）八分，火耗每两钱七分，平鏊每两二分半。船每只纳银钱六分"。另外还要送给关上"京差六分，称手钱单……每单钱四分"。札记中对于沿途所遇到的各种需索也都作了详细记录。如"去吉安府，有疯花子，麻风花子，铁棍花子三项，每项（索钱）二十四文"。在万安、赣关等处都有"麻风花子"、"铁棍"等需索过往行船的情形，必须照例打发。至于沿途每一路段如何通过船行、夫行雇佣船只、挑夫以及船费若干、脚费若干、佣钱若干、使费若干、赏钱若干都有详尽的记述。这里不一一赘述。

有科为了同西商接洽生意，故对外国语言、外国度量衡也都时时留心在意。他有一本札记专记这类问题。该札记中分言语问答、茶名、布头名、年月日时礼拜、各港、职事人物、衣服等门类。对某些常用的英语单词、短语都用汉字注明意义和读音。如"系"字下注"爷士"；"他"字下注"希"；"去"字下注"哥"；"星"字下注"士打"；"衣服"下注"个罗士"；"石"字下注"士敦"。上述数字显然是英文"yes"、"she"、"go′"、"star"、"clothe"、"stone"等字读音的注释。札记中用这种方式注释英语多达数百字。札记中对外国度量衡也作了详细记录。如在"各夷磅数"项下，记明"红毛每磅十二两，计±8折成斤"。又云"西洋每磅⫶归成斤，又法仨⫶8归之亦合"，就是说，荷兰每磅合清制 12 两，即 0.75 斤。每斤约合西洋各国 1.3 磅，准确点说则每斤当合 1.335 磅。另外在"各夷码数"项下还记有每码长度等。

从上述资料中可以看出江有科经营茶叶贸易可谓尽心尽力了。如果形势没有变化，那么他很可能发展成更大的富商。然而为时不久，国内风云突变，竟使他的一枕黄粱完全破灭了。咸丰元年，洪秀全领导太平军起义，战火迅速蔓沿到江西各地。有科父子贩茶入粤的道路被阻，使他们的生意大受影响。在文缵给秀兰的一封信函中曾写道："今年所做之茶，意想往广州，公私两便。不料长毛阻扰，江西路途不通……所有婺源之茶均皆不能来粤。"在不得已的情况下，咸丰四年五月，有科带着两个姨太太从广州回到芳坑老家居住。同年十月有科一病不起，与世长辞，年仅52岁。有科辞世后，文缵继续经营茶叶贸易。那时贩茶入粤的道路既已不通，他便把茶运至上海销售。在文缵给秀兰的另一封信中写道："现因连年茶叶夷商通于上海。利虽微而生意快捷，予所代经理之茶叶，年年均往上海脱售。"文缵在上海生意做得很不顺利，这主要是因西商压价收茶，使他无利可图。在文缵给秀兰的一封残信中说："所做之茶，运往上洋脱售，不料今年夷商仍然不肯出价，开盘甚低，生意不能顺利，各号皆然，比广州大相悬远，沾（赚）钱实实艰难。一年难望一年！"在另一封残信中提到数处亏空的情况："庄卓记一千吊，庄曙记五百陆拾吊，漕坚八百两，催逼甚紧。抗项不完，势要成讼。论（弄）得家业消凋（萧条），化为乌有，食用难度，一家人口难挨日矣。"同治元年，文缵押运茶叶外出销售，不幸途中发病，客死异乡，年仅42岁。次年其夫人汪氏亦病故。这时他的儿子江明恒年仅15岁，家中仅有两位姨祖母、一位不善经商的叔父和一个妹妹。江家经营的茶叶贸易被迫停顿下来，一家人竟不得不靠变卖田园、抵押土地过日子了。

（二）

江明恒字耀华，以字行。耀华少时尽管家道中落，生计艰难，但他毕竟出自商人世家，父祖辈在商业场中的一言一行对幼小的江耀华无不起到潜移默化的作用。所以耀华自幼就很聪明伶俐，善于学习经商之道。这为他日后在商业上的发展打下了良好的基础。

耀华少时就为生活所迫，在一家茶号里当佣工。当时茶号内拣茶工人领取茶叶上板拣择，拣择完毕后交茶入库都要过秤，耀华就是专司过秤的称手。他不但工作认真负责，颇得老板称赞，而且在工作余暇学习书算，苦练经商的基本功。有一次茶号年终收场，结算总账时，由于管账先生的账目混乱，难以算清，老板即令耀华帮助算账。在耀华的帮助下，一本糊涂账很快就结算得清清楚楚。老板对耀华的才能大加赏识，次年即聘耀华为账房管账先生。

耀华当了几年管账先生，积攒起少量资本后，便离开茶号，自己独立经商。他起初在苏州拙政园附近开了个小茶铺，零售徽州茶叶。有一天身任两江总督的李鸿章微服出访，路过此店，耀华便抓紧这个机遇大献殷勤，博得了总督大人的欢心。在李鸿章的介绍下，耀华和上海谦顺安茶栈老板唐尧卿等拉上了关系。当时上海的茶栈是介绍茶叶外销的机构，内地箱茶运抵上海后，必经茶栈介绍才能售给洋商。茶栈从事中间活动，在茶叶成交后，提取佣金。当时在上海外销茶叶中有很大一部分都是徽州茶叶。茶栈为了开拓业务必须与徽州茶商建立密切联系。唐尧卿是广东人，要想与徽州茶商拉关系，必须取得徽州人的帮助，于是就把耀华待若上宾，利用耀华替谦顺安茶栈在徽州茶商中拉生意。茶栈拉生意的主要手段就是向茶商提供贷款，接受贷款的茶商除了按期付息之外，还要保证自己的茶叶通过提供贷款的茶栈出售。耀华对徽州茶商的情况比较熟悉，何人值得信赖可以贷款，何人偿还能力不足不可贷款，他都了如指掌。因而谦顺安茶栈发放贷款的事务大多交由他去经办。于是年方 20 岁的江耀华一下子便从一个本小利薄的小茶贩变成谦顺安茶栈的大红人，同时也是徽州茶商中的显要人物了。一时间，徽州茶商中许多由于资金不足而寻求贷款者便纷纷求助于江耀华，甚至让他吃空头股份。江耀华遂借此机会大捞一把，积累资金，开起茶号来。

当时徽州的茶号都是临时性的商业机构，名称和地址并不固定。每年春季茶叶采摘之前，商人们便筹集资金，租赁场房，雇募人工，建立茶号。等到茶叶收购、加工、运申出售完毕，当年生意即告结束，茶号也就结算收场，次年又重新组建。茶叶经营的时间，大约都在每年农历三月至七月间的几个月之内。据现存江耀华的账册、札记、信函中可以看出，他的茶号曾用过的字号招牌在同治年间有"永盛怡记"、"张鼎盛"等，光绪时有"德裕隆"、"福生和"、"谦顺昌"、"谦泰恒"、"永义公"等，宣统时有"合兴祥"、"泰兴祥"等，民国初年有"德声和"、"莘声和"、"启源"、"裕丰祥"等。这些茶号大都设在屯溪。当时的屯溪是徽州茶叶的集散地，茶号设在这里既便于从徽州各地收购毛茶，又便于把加工后的箱茶运销外地。茶商竹枝词中有云："新安土物尽堪夸，摘了春茶又子茶。最是屯溪商贾集，年年算得小繁华。"

江耀华经营茶号的资金一般都是采用合资、贷资等形式筹集的。主要的投资者则是谦顺安茶栈。如光绪二十五年，江耀华与谦顺安茶栈订立《庚子合约》，规定由谦顺安出股本 4000 两，江耀华出股本 2000 两，合资经营廉顺昌茶号。股本不足营运，则由谦顺安提供贷款。光绪三十一年，江耀华同江仁、王鉴卿、江印之等合资经营谦恒泰茶号，共集资金 8000 元，折银 5896 两，而实际使用的资金多达 24532 两，其不足部分是由谦顺安茶栈和两个钱庄借贷的。其中谦顺安贷款 10000 两，付息 248 两；万康庄 6000 两，付息 230 两；致祥庄 2000 两，付息 103.73 两。另外，加工茶叶所得茶片、茶梗等次品，卖得 636.2 两，也被打入资本之中，共为 24532 两。由上可知，江耀华经营茶号主要依靠谦顺安茶栈在财力上的支持。所以他在一封信稿中竟把其他人是否入股视为可有可无的事。"为股本事，弟在申向松翁（程松之）代达。如有知己，附股甚好，倘或不合者不雅也。……此时（暂）以谦顺安本栈之全股，候松翁到屯再当告达。"则是要全用谦顺安的资金经营茶号了。

茶号是经营茶叶的收购、加工与运销的机构，其规模很大。全部职工多达数百人至千余人不等。其中有管号、茶司、司账、庄称、看拣、管锅、毛称架、打印、研靛、保夫、押帮、打杂、司厨等长期雇员，还有大批抖筛工、撼簸工、拣茶工、焙茶工、风扇工等临时工。各种雇员工资差距极大。光绪三十一年，江耀华亲任谦泰恒茶号的管号。他除入股分红以外，每月还领工资 100 元。其他管事人员每月工资多者 50 余元，少者二三十元不等。至于临时工，或计日给酬，或计件给酬，酬金都很低。光绪二十三年账册记载：焙茶工，焙茶一担给钱 1065 文；拣茶工，拣茶一担给钱 770 文。而他们的工作则是十分辛苦的。竹枝词中有云"辛勤最悯焙茶工，汗染衣衫半截红。曲背弯腰双手摸，前生应是摸渔翁"。拣茶工则多是妇女，所拣之茶稍不合格，即被打回返工。竹枝词中有云"老妇婆婆最可哀，回轮日打两三回"，指的就是这种情形。

收购茶叶是茶号经营活动的第一项目，江耀华的茶号每年都派大批人员前往徽州各地，通过当地的行、庄收购茶叶。光绪二十八年，廉顺昌茶号就曾在集兴街、饴新行、晋丰行、日新行、门庄、黄备庄、薛源庄、辛田庄、歙东庄、洺舍庄、山口庄、桃梅庄、开化庄、震源号、璜尖庄、藏溪庄、小连口庄、大岭脚庄、词坑庄等 24 处庄点收购毛茶。这些庄点遍及徽州各地。茶叶收购数量各年不同，多则 20 余万斤，少亦不下数万斤，大多数都是由水路、旱路运集于屯溪进行加工的。有时毛茶收购地点及于浙江境内，便在当地设置工场，就地加工，直接运往上海销售。江耀华撰有《买茶节略》一册，专论收购毛茶时所应注意的事项。他强调买茶时首先要看茶价是否便宜："买茶先问秤骨银钱平色，裁算行情，酌量使用炭火、人工、箱缶、关税、厘金、船钱一切杂支使用划算成本若干，再能喝价。"就是说收购茶叶时，必先将毛茶的收购、加工、运销、纳税等一切费用计算进去，如果有利可图，方可收购；如果心中没有这样一本账，那就难免吃亏。买茶时不但要"讲价钱"，还要注意"看茶"好辨认茶叶的质量。指出："细嫩、青绿、圆身、紧结、修线上中下皆要紧结清香者为高"。若"香味不正，茶庄黄硬、单薄断折、红蔕、红蒂、死茶、烂茶、茶硬白、老脊筋……水味不甜，且无回味、兼之涩口，闻之冲鼻，此等之货不宜买"。还有一种"将朴头发水下锅热过，用黑灰捧老茶朴头灌装麻袋，用脚尽滚细结，再攗和嫩茶，此等可谓鱼目混珠，而买客若见此货，亦不宜买"。就是说，茶叶的形、色、香、味几个方面，有一项不合格者，皆不能收购。由于江耀华在收购茶叶时，处处留神，严格把关，所以他的茶号所收购的茶叶一般都能达到物美价廉的要求。当时毛茶收购价格极不稳定，光绪二十三年，福生和号用洋 13029.63 元收购毛茶 68196 斤（16 两秤），每斤价洋约合 0.192 元，光绪三十一年，廉泰恒号用银 17829 两，收毛茶 82275 斤。该年江耀华等以 8000 元折银 5896 两，收毛茶 82275 斤。该年江耀华等以 8000 元折银 5896 两入股经营茶号。据此计算则 17829 两之银，约合银元 24479.2 元。是每斤毛茶约合价银 0.297 元。造成毛茶价格不稳定的原因，除了气候变化影响茶叶收成的因素以外，主要则是洋商操纵的结果。当时洋商尽量压低出口茶叶的价格，迫使华商各茶号不得不千方百计压价收购毛茶，以便降低成本，谋取利润。同时洋商又通过茶栈贷资给华商使之经营茶号，使经营茶号者越来越多。各茶号为了争先抢购好茶又不免抬价收购毛茶，致使毛茶价格忽高忽低，茶号的生意也因之而很不好做。江耀华十分注意买茶这一环节，大概与这种形势不无关系。

茶叶的加工是否得当是影响茶叶销售价格的一个重要因素。因此江耀华经营茶号时特别关心茶叶加工问题。他撰写《做茶节略》（以下简称《节略》）一册，专论茶叶加工过程中的技术问题和管理问题。当时经茶号加工后的成品茶有京庄茶和洋庄茶两大类。京庄茶用竹篓包装，竹篓中间夹以棕毛、箬皮以防潮湿，这种茶用于国内销售。洋装茶则装入锡缸之中，锡缸外用彩画板箱包装，这种茶大多运往上海，转销外洋。江耀华的茶号以经营洋庄茶为主，所以《节略》中对洋庄茶的加工问题论之尤详。

毛茶购进茶号后首先要入锅"焙制"（焙 qià 是用火烘焙的意思），除去水分。这道工序在婺源谓之"拖潮渗"，休歙谓之"出小伙"。茶叶出锅后须经抖筛、撼簸（撼 hàn 是摇撼的意思）、风扇等工序，藉以区分茶叶的品类，除去杂质。筛簸扇之后又要上板拣择，剔除茶梗、茶片以及谷皮等杂物。拣择后的茶叶再入锅焙制（婺源谓之"打小伙"，休歙谓之"拖风"），同时下靛着色。拖风后的茶叶再筛一遍即可装缶上箱，以备发运。《节略》中对上述每一道工序的技术要领都作了详细说明，并指出各种错误做法及其危害，提醒人们防止和纠正。

《节略》首先指出出小伙必须及时，以防茶叶霉变："进庄之毛茶，不可久推秘盦，恐坏卤门。本来青绿被秘作热，变为红黄之虑，务宜赶快收火装箱秘锴为主"。对于出小伙的技术要求也讲得很具体："每锅（焙茶）三斤或二斤半不等（用 18 两松秤）"，用燃香计算时间，每锅茶点燃"香头二枚半或三枚不等"。"毛茶下锅嘱焙茶者晾风抖去酸热之气，香至八分或一枝为止，再不可晾风。宜要勤轻之手，反档车转摩焙。将火平倒。焙至半枝香，灶头、把作摸锅，焙至香头七八分，打板摩样起锅。"如此办理，则茶叶"必然颜色漂亮，青绿而且紧结不碎"。

《节略》中对于抖筛、撼簸、风扇各工序的技术要求讲得更具体。如"毛茶起锅，用四号筛，或细三号筛，亦可筛去下节，再分号头。自四五六七八九十粗细铁砂（筛）各号分清，统皆上扇"。各号筛筛出的毛茶，再经撼簸，把毛茶分出更多的品种。如"将大二三号之毛茶，统上撼分作三处撼清。其撼里者为正熙；撼口出者为撼户生熙，候扇取毛珠再拣熙春；撼簸口前地下之茶，畚起后分筛。大二三号下锅，名曰'出乌尖'，上热撼，撼里为副熙，撼户桶为次熙，撼前地下者为次松皮。各项撼净，再拣净，拖风下靛，比正货之靛略重些，以见得有肉气之色也"。《节略》要求筛撼扇的工人要精神专注，手法精巧，不出一点差错，如："风扇茶司宜看茶身分，取料手法轻重匀净，不可一时高兴，轻重不一，亦要心内缭见，看货身分而作准，但把作不致参差不一。若心内撩乱，手法即不匀而正副之货难分矣。再看子口之货身分，如货硬，手法宜轻扇，如货毛软，宜手重些。若取珠之法，宜将风车肚内子口隔界板上高些，即手重而不走珠矣。此乃为风扇之人看货取料，见景生情"。

《节略》中对于拣茶技术也述之甚详："拣场发货拣择，各庄各号各样毛货茶名，看拣先生及发秤之人但收称之人交兑，嘱咐拣茶之妇女，要拣出何样之朴"。《节略》中对于各种茶货都提出了具体的拣择标准。茶叶的拖风及下靛着色是茶叶加工中一道关键性的工序，《节略》中对此论述也最为详明。规定茶叶拖风每锅不得超过3斤，各色茶叶要求火工不同，故拖风时间有长有短。当时以燃香计时。规定："正熙七八枝香，副熙六七枝香，松皮皆五枝香，正宝珠九枝香，副宝珠、生芝珠皆系八枝香……"拖风时"焙茶之人总宜勤轻双手反摩，茶叶不碎。毋论正副之货，灶头及副手必宜摸锅看火，冷热合宜，每锅茶要摸锅看火二三遍，方保无焦碎之虞"。要防止"有手无火，有火无手"的现象。只有火工手头俱到者方为上品。茶叶花色不同，下靛着色的要求也不一样。"正货净配洋靛，但二号货并副货配洋靛熟石羔或滑石，或二八、或三七，轻重配研，均匀调量合宜而下。"下靛要注意均匀。"靛匙畚靛要随锅边弦拖撒下去，不致糊在茶握缝内吃紧，就摩不开，名曰黄雀屎，触眼可厌。下靛之时嘱焙茶之人即时自己开火，轻手赶快反摩，如此不致颜色花搭，必然漂亮，亦有绒头光彩之色也"。至于茶叶装缶入箱时如何清理缶内陈茶，如何轻手按压茶叶，使缶内多盛茶叶又不至于压碎茶叶等事项在《节略》中都作了细致的说明。通过上述各工序，制成的茶叶品种繁多，有蔌珠、针眉、凤眉、宝熙、贡珠、秀眉、宝珠、宝圆、蛾眉、眉熙、眼生圆珠、眼生眉雨、眼生熙春、蕊眉、贡熙、乌龙、芽雨、暇目等名目。

《节略》中对于加强生产管理也作了许多规定。如"拣场之事，看拣、秤架之人必须正气为主，不可与妇女谈笑搅混，恐生是非口舌。进出之称必要两处较准，如收称上少称欠数，即要上板摩来及地下排来补数；如补不足，即要照数赔偿，计钱若干，批票标名，将钱并票穿挂在秤架上以警将来偷窃之弊"。"若是拣场发来之净货，必须未下锅之先为把作灶头及老伙、风扇并伙锅副手过眼看过。如是净，方可下锅；如是毛，即打回复拣。拣净则拖来下锅，此亦易使之事。若不精细看过毛净下锅，收伙起锅，再讲拣毛已迟。即与拣场无涉，此系把作灶头及熟货扇（风）之人不看毛净之过也"。又云："通号内之茶，毋论生熟毛净之货，堆放各处过夜，必须要盖好。倘遇有风暴雨天气，务要着打杂把作及抖筛之人切要细寻看漏，不可大意。所是过夜之茶，不论风扇、拣茶、撼场、筛场、锅场等处，各人经手堆放者，各人收拾盖好，以免推卸，各司其事"。如此等等不厌其详。总之江耀华的《做茶节略》不但是茶叶加工技术的百科全书，也是茶场内生产管理的百科全书。

　　茶号将箱茶制成后，一般都是雇船水运至上海出售。据江耀华《勤写免问》札记所载，光绪时上海的茶栈有谦顺安、新隆泰、森盛恒、洪昌隆、洪源永、天宝祥、万和隆、源盛隆、溽源、谦慎安、江裕昌等10余家，江耀华与谦顺安茶栈关系最为密切，他的茶大多是通过该栈的介绍售给洋行的。光绪二十八年，谦顺安茶栈为谦顺昌茶号代沽茶叶的成单记载，该年一次成交额即达 2176 件，重 92833 斤，价银 37716.6 两。江耀华不但与谦顺安茶栈关系密切，而且还善于结交官僚、洋商，因此他的茶叶一般都能卖得较高的价格。坑口一带父老口碑相传，多称耀华卖茶惯用一种手段：他的首批茶叶运申后，密嘱谦顺安茶栈将他的茶叶品级各降一等估价。使其他茶号的茶不得不按此标准，降价出售，洋商因此而大享其利。待至其他茶号售茶完毕，耀华的茶叶大批运往上海，洋商为酬谢耀华的帮助，遂将其茶叶品级各升一等，给价收购。耀华因得此优惠而获厚利。其他茶号明知耀华与洋商共设骗局，但因耀华的茶箱上贴有两江总督的封条，不敢启封查验，故虽蒙受损失而无可奈何。上述传言，虽难确信，但并非毫无因由。江耀华家中藏有李鸿章、洪钧、王文韶等达官贵人的翰墨甚多。李鸿章为他亲笔写的对联："玉树临风人集一品，芝田养秀春满四时"，该对联一直保存至"文化大革命"前夕。看来，他确与李鸿章等官僚有过交往。借助官僚势力为自己的商业活动寻求方便，乃是徽商惯用伎俩。江耀华家中至今还藏有两淮盐运司专用的货箱封条，封条上印有"钦加二品衔总理两淮都转盐运使司"

字样，他当年也许就是利用这种封条借以吓人的。江耀华与洋商的关系也打得火热，在程松云给江耀华的一封残信中就曾提到他们如何在徽州各地采购土特产品赠送给通事先生。某年六月十七日，江耀华的信稿中又云："弟意仍请吾兄另加函恳托二位通事先生，□□之茶，既失机会于前，务请念在交好，随时留心"。某年六月望日，江管生、程济川给江耀华的信中又提到"今年关上洋人均系新调，查验严紧异常，是以□行一式，难于格外讨好，奈何奈何"！可见往年对"关上洋人""格外讨好"是他们惯用的手法了。江耀华与谦顺安茶栈的关系更是非同一般。光绪二十八年，该茶栈老板唐翘卿在给江耀华的信函中说："查外洋绿茶存底无多，又司令票顺下二百三十五个，计今看上海绿茶开盘照去年之价必提高七八两。……但屯溪、婺源茶上市，定必抢买方得有货。俏市如此年辰，计上中下之货，跟市价进货均要早谋，迟者价必提。不及宜早立定主意人手，大胆赶早抢办足千担，半做熙春，半做大盆，赶快运来上海，必得厚利。……惟望必要早进货，先占人下手，如价宜货好，再多办八百担，胆大不防。愚见若是，幸勿扬外，谨此专奉"。茶栈每年寄给江耀华的春节贺柬中也往往附有《行情节略》向他提供市场信息。江耀华根据这些市场信息经营茶号，当然会占很大便宜。总之江耀华与官僚、洋商、茶栈都建立了密切的关系，他利用这个条件同其他茶号竞争，所以能够取得有利地位。这里根据江耀华的账册将他于同治年间经营茶号获利情况列表于下以供参考：

时　　间	成本（银两）	售茶得银（两）	利润（银两）
同治六年（1867）	18275.63	22728.67	3453.04
同治七年（1868）	41343.22	45820.89	4477.67
同治八年（1869）	？	？	亏本1008.66
同治九年（1870）	23430.23	24392.23	962
同治十年（1871）	44511.70	52516.47	8004.77
同治十一年（1872）	15030.746	18408.83	3378.084

光绪二十三年，江耀华经营福生和茶号时，遗存《洋庄茶总誊清册》一本，比较完整地反映了茶号的经营情况。这里摘要介绍如下：

合进规元数目

一进老本股分九八规元玖千玖百卅八两钱四分五厘

一进申隹吉帮九八规元叁仟五百两正

一进粗货重一万四千九百六十七斤

　洋六百七十三元六角七分

　　七五扣规元伍百另五两一钱五分

　以上各款共进规元一万叁千九百四十三两八钱九分七厘五

又另进万康庄过来汇票规元五百两正

　各支银洋钱数目

一支进庄茶价：毛茶六万八千一百九十六斤

　　净茶五万三千一百十三斤

　　洋一万三千另二十九元六角三分

一支皖南茶行，三帮四百另十九引

　　每引库二两二钱四分

　　二百七十五申平八钱申水

　　漕纹玖百八十三两四钱四分四厘

一支威坪捐饷、每引二钱三分四

　　漕纹一百拾两另八钱八分

一支焙茶工 毛茶每担一千另六十五文

　　钱七百廿四千四百一十文

一支拣茶工　毛茶每担钱七百另七十文

　　钱五百廿四千二百四十六文

一支各白炭　重三万一千五百二十九斤

　　洋贰百八十三元六角六分五

一支各买柴重四千一百七十五斤

　　　洋一百拾九元七角五分

一支各友薪水

　　　洋五百八十九元

一支各司荤酒

　　　洋五拾二元四角六分五

一支箱箬

　　　洋拾九元一角

一支各色招牌纸

　　　洋玖元正

一支洋靛铁丁棉纸

　　　洋玖元七角另七分（九八银卅七两）

一支道源锡罐

　　　洋叁百九拾元另三角

一支长发箱店

　　　洋四百另一元一角

一支篾匠老有

　　　洋一百三十八元三角

一支号屋租金

　　　洋贰百四拾元

一支各帮行酒

　　　洋贰百五拾贰元

一支各帮水脚

　　　洋一百九十元四角七分

一支门差杂项

　　　洋一百七十四元七角

一支福食恒足

洋二百八十五元二角九分四

共计漕纹一千另九十四两二钱二分四

申扣规元合总

九三六四申规元一千一百六十八两六钱五分，共支厘钱一千二百六十千另六百六十六文

九二扣洋一千三百七十元另三角

七五扣规元一千另廿七两七钱二分五

共支洋一万六千一百九十二元六角二分

七五扣规元一万二千一百四十四两四钱六分五

内附洋靛一箱规元卅七两正

通共合支规元一万四千三百七十七两八钱四分三

一收老本并各项前四款

共规元一万四千四百四十三两八钱九分七厘五

除售粗货洋六百七十三元六角七分

七五扣规元五百另五两二钱七分二厘五

以上实支规元一万三千八百七拾二两七钱九分另五

收支两比仍余六十六两另五分四厘五毛

申江各栈扣用使用

共用二百二十四两

扯净货每担四两六钱七分

收售首帮四百五十五件

源兴隆栈售元六千六百七十三两七钱三分

扯净货三百二十八

收售二帮四百另二十件

永春源栈售元八千六百另十九两另八分

扯净货四百五十三

　　　　　收售三帮大帮永春源二百十九件

　　　　　　贡熙永春源九十七件

　　　　　共售元四千一百八十五两六钱六分

　　　　　扯净货三百另五

　　　以上共箱额一千一百九十一件

　　　　　共售净茶五万二千七百三十二斤

　　　　　　欠秤四百另七十六斤

　　　以上共售规元一万九千四百七十八两一钱七分

　　　　　扯上箱净三六六另八

　　从这个账目中可以看出，茶号为收购毛茶而占用的资金最多，约占全部垫支资本的 70％ 左右，用于加工、包装及运输的费用约占 22％，完纳税课的费用则不足 8％。该年毛茶收购价格，每斤不足 0.2 元，而制成箱茶运至上海后，每斤售价竟在 0.5 元以上。所以这一年，该茶号在茶叶的购销差价中扣除加工、运输、纳税等费用之后，犹可获利 4876.3 两。其利润率高达 35％。这固然是一年的情况，但它对了解当时茶商经营状况还是有益的。

　　江耀华经商获利之后，其资金究竟投向何处去了呢？据现存资料看，其去向大致有三个方面：其一是走"以末致财，以本守之"的老路，将一部分资金用于买田置地。据他的两本《产业增添册》记载，自同治三年至民国 14 年，江氏前后购买、典当他人田产 171 次。耀华临终时遗嘱称，家中田产，除住宅附近少量田产雇人耕种外，其余耕地全部出租给 40 余家佃户，每年收豆租 10.5 石，谷租 30 余石，豆租谷租皆由二子均分。从租额看，江氏占有田产并不很多，但在地价极贵的徽州，为购买这些田产所费的资金一定为数不少。其二是用于奢侈性消费。江耀华除在坑口建有店屋之外，又购买静远堂四周的邻人隙地，大兴土木，扩建住宅，将其宅院更名为"芳溪草堂"，其中厅、堂、楼、阁，错落有序，雕梁画栋，备极精工，室内全是高档的红木家具，陈设着古玩字画。另外还专设藏书楼一处，珍藏着从各地搜求而得的善本书籍，其富丽典雅的程度几同于达官贵人之家。每逢江耀华的生日，家人都要大摆酒宴为其祝寿，方圆数十里之内的亲朋好友前来祝贺者相望于道。遇有婚丧大事，江家更是大操大办，奢侈无度。耀华夫人病故时，丧事就办了几十天，每天都有大批僧道尼姑为其念经作法，超度亡灵。为建造坟墓，他还派专人前往黟县采办石料。有一次江耀华为其好友张以文祝寿，专门请来长春班为张演戏 3 天，以示朋友之谊。这种奢侈浪费，当然要耗去大批有用的资金。江耀华资本的第三个去向，就是投资其他商业。他曾投资 3000 两，在汉口开设怡丰裕洋货号，又在上海永隆京广洋货号、苏州信昌成号投资入股，各有股本 1000 两。他还与别人合资经营苏州恒大油行、裕泰米铺、薛坑口吉祥杂货店等等，每处投资都不下数百元。另外他还独资经营江瑞茂糕点店、杭州最利转运公司等，自然也动用了一笔可观的资金。江耀华之所以要兼营其他商业，除了由于茶叶贸易具有季节性的特点之外，恐怕还有更深一层的原因：在洋商的操纵之下，茶叶生意越来越不好做，迫使他不得不在其他行业中找寻出路。

江耀华虽由小本起家，一跃而为富商大贾，并在徽州茶商中具有颇大的影响力。然而好景不长，自光绪中叶以后，他就逐渐走下坡路。进入民国后，他的生意更是每况愈下，难以支撑。民国 14 年（1925 年），年逾七旬的江耀华竟在亏本折利的困境中，带着困惑与惆怅的心情离别了人世。

江氏茶商为什么会败落下去呢？从现存资料中可以看出，洋商压价收茶乃是国内茶商惨遭破产的一个主要因素，江氏茶商也是在这种形势下败落下去的。光绪三十年，谦顺安茶栈致江耀华春节贺柬内附有《行情启》一份，内称："本年屯溪、婺源所去大帮，做工水叶似属平常，因山内各庄不甚考究，所做各花色以全帮而论，蛾眉、凤眉做工毛糙，二三号雨（前）往往末子太多，既洋行扯盘不高，安能希售好价。华商亏本匪轻，良由于此。但今年英市疲滞固不足恃，全靠美庄购买，如花色疵劣不合美庄，自必售于英庄，然沽价贬数两一担。迨至八九月间，各行频频接电，市景欠佳，司零步涨，故申市交易日见寥寥，行市遂一蹶不振耳。明年大帮花色务须留心考究，……尚望格外精选，按低成本以期挽回利权，是所切祷"。光绪三十一年，谦顺安印发的《行情节略》又称："今年大帮绿茶货色平常，叶底老嫩不一，而珠雨做工毛糙，以致扯盘不高，且珍凤眉多系摘出，兼之司令步涨，故售价愈低也。查运去英美大帮绿茶，露门做工完好之货沽出仅能保本。至于熙春，开盘时俄商标价购办，迨头船开后，行情骤跌，既而愈趋愈下，至十月间竟乏问津，遂至一蹶不振。本年绿茶生意，大帮沽价既无优盘，熙春到市步步贱跌，若以成本高昂之货，已然受亏难堪矣。……明年务望格外精选，按低山价，减轻成本以求稳当为妙。"可见洋商收购茶叶时，对货色质量的挑剔十分苛刻，经常藉口质量不佳而压低茶价。茶商为了在困境中挣扎求生，便不得不拼命压低山价，降低成本，把洋商压价所带来的损失转嫁到茶农身上。而这种饮鸩止渴的办法，只能造成茶叶生产的日趋衰落，致使号称产茶之乡的徽州，其茶叶质量反而难以同洋茶竞争。光绪二十九年，江耀华致善卿的信函中说："今接申栈来信云：今庚绿茶之出数合计约增十五万箱之谱。去年既增十万之多，今又增十五万之多，将来一涌到申，从何销售？滞销之势，理所固然。洋人见货之涌能不极力杀价乎！况西兰（锡兰）之出数甚多，洋商均以其茶货高味美向彼采办者不知凡几，又增此路出产更有硬于华产耳。……看此市面定然有亏无盈，小号闻此信亦觉寒心。"其实当时海外产茶之地非只锡兰一国，印度、日本也都引进了茶叶栽培技术，所产之茶都已打入国际市场。在这种形势下，洋商自然有恃无恐，可以肆意压低华茶价格了。洋商不但操纵了华茶的出口贸易，而且操纵了中国的金融市场。洋商的一举一动都会激起国内商界的轩然大波。处在洋商鼻息下讨生活的徽州茶商，弄得不好就会遭到灭顶之灾。光绪二十八年，江耀华致江润之的信函中云："今庚洋庄市面，前于山价高昂，到申不肯放价，洋商轧紧，论（弄）得均系亏折。只望子茶价巧，稍办以补前亏。……不料自六月初沪上各报谣言风起，外国开战。……初十后上海市面各银行银庄闭塞，因外国银行提现洋发饷，概市不出银票，各处码头皆不通也。洋货在海未脱加涨，为绿茶不能出口，商人无法想，洋商不买，刻下无人问津，弄得有货无处售，钱吃紧不堪之至矣。"处在这样险恶的环境中经营茶叶贸易的江耀华之所以还能勉强维持，恐怕主要还是靠着封建政治势力的支持。清王朝一旦覆灭，他在生意场上也就更难混得下去了。江耀华专立《历年亏耗》账册一本，记载他自光绪二十六年至民国 11 年生意亏本的情况。从中可以看到他的生意几乎年年都有亏耗。如光绪三十一年入股经营谦泰恒茶号，摊赔亏耗 1140 元，被人拖欠款 460 元；光绪三十二年入股经营萃馨和号亏洋 900 元；光绪三十四年经营春生祥号亏洋 500 元；他在其他行业中的投资也都纷纷失利，亏折甚多。由于生意难做，他在民国年间往往在家闲居，竟不参与茶叶贸易了。然而祸不单行，在生意失利的同时，他的夫人、长子、长孙和几个女婿相继病故，使年老力衰的江耀华失去了经商的得力助手，更加一筹莫展。民国 10 年冬，江家更遭一场回禄之灾，把芳溪草堂的精华部分化为灰烬，许多重要的借据也都付诸一炬。至此，显赫一时的江氏茶商遂一蹶不振了。

江氏茶商虽然衰落了，然而它却留下了大批宝贵资料，这对我们研究徽商的经营活动和近代经济史的许多问题都是十分重要的。对于这批资料的进一步整理和研究还有待于将来的努力。

第十一章
徽商的衰落

经历 300 余年发展历史的徽州商帮，在道光中叶后走向衰落。这是多种因素的综合结果。清政府的衰败、经济政策的变化、咸丰年间的兵燹，以及近代市场经济大潮的冲击，外国资本主义势力的入侵等等，无一不是封建性徽州商帮衰落的原因。其中咸丰兵燹予徽州商帮的打击尤为沉重。徽州商帮的衰落，大致经历了两个阶段：道光三十年以前，徽州盐商的率先衰落昭示着徽州商帮走下坡路的开始；道光以后，徽州茶商的盛而复衰，则表明徽州商帮的彻底衰落。

一、咸、同兵燹与徽州商帮的衰落

徽州商帮从明朝中叶到清朝乾嘉近 300 年中，在商界"称雄"于东南半壁，道光以后则逐渐趋于衰落。"荣枯有数"、"盛衰有常"本是事物发展的法则，但任何事物，其盛也绝非无由，其衰也自必有因。那么，徽州商帮在道光以后衰落的原因何在呢？我们认为，徽州商帮的衰落是多种因素的综合结果。其中 19 世纪 50 年代至 60 年代发生的中国社会的战乱，乃是加速徽州商帮衰落的重要因素之一。

（一）

19 世纪 50 年代至 60 年代中国社会战乱最严重的地区，正是徽州商帮经营活动最主要的区域。

19 世纪 50 年代至 60 年代中国社会的战乱，主要是指清朝封建政府和太平天国农民政权之间的战争。这场战争始于 1851 年 1 月 11 日（道光三十年十二月十日），基本结束于 1864 年 7 月 19 日（同治三年六月十六日），历时 14 年。如果将天京（南京）沦陷后，太平军与捻军的坚持抗清斗争计算在内，则这场战争一直延续到 1868 年 8 月 16 日（同治七年六月二十八日）西捻军在黄河、运河及徒骇河之间全军覆没为止，共计 18 年。其间战火蔓延了 18 个省的 600 余座城市及其周围地区。根据有关史料记载，这场战争的始发地是广西桂平金田地区，但由于战争形势的飞速发展，清军与太平军在广西境内的战事，仅仅进行了 1 年零 8 个月。1852 年 6 月（咸丰二年四月）太平军由广西攻入湖南，战争的主战场开始北移。1853 年 1 月 12 日（咸丰十二年十二月四日），太平军攻克武汉三镇，其后主战场又折而东移。同年 3 月 19 日，太平军占领了有"虎踞龙盘"之称的六朝古都南京，天王洪秀全宣布太平天国定都于此。此后长江中下游地区（主要是湖北、江西、安徽、江苏、浙江等省）成为清军与太平军之间拉锯战的主战场。从 1853 年（咸丰二年）到 1864 年（同治三年）的 10 余年间，太平军在西至武汉、东到上海的长江一线及其腹地，与清军展开了殊死的战斗。因此，包括鄂、赣、皖、苏、浙在内的长江中下游地区，成为 19 世纪 50 年代至 60 年代中国社会战乱最严重的地区。

从徽州商帮发展的历史来看，这一地区正是该商帮传统的商业经营活动最主要的区域。徽州商帮在明朝成化、弘治（1465—1505 年）年间形成以后，民间就流传着"钻天洞庭遍地徽"的谚语。康熙《休宁县志》也有徽商"走吴、越、楚、蜀、粤、闽、燕、齐之郊，甚则逾而边陲，险而海岛，足迹几遍禹（宇）内"①的记载。在明清二代的各省都会、大小城镇乃至边陲海岛，都有徽州商帮活动的踪迹。其活动范围之广，可谓"山陬海涯，无所不至"。不过，综合考察有关徽州商帮活动的史料，可以发现其商业经营活动主要集中在三大区域：

（1）长江中下游地区，包括湖北、江西、安徽、江苏、浙江等省部分地区。

（2）京杭大运河两岸，包括浙江、江苏、山东、河北等省部分地区。

（3）赣江入岭南一线，包括安徽、江西、广东等省部分地区。

其中最主要的区域是长江中下游地区。大量的史料表明，徽州商帮在该地区经营时间最长久、商业活动最活跃、行业类型最齐全。在长江中下游地区，不仅各大城市的许多重要行业部门往往操纵在徽州商人手中，如汉口的盐业、典当业、米业、木业、棉布业、药材业，南京的木业、米业、典当业、丝绸业，扬州的盐业、典当业以及苏杭的米业、面业、茶业、木业、丝绸业、颜料业等；而且，在新兴的工商业市镇中，徽州商人也极为活跃，如湖北黄陂县"城内半徽民"②，京山县则"日用所需，惟徽商操其缓急"③，安徽桐城的枞阳镇"徽宁商贾最多"④，浙江仁和县的塘栖镇，经营典当业、米业者，多为"徽杭大贾"⑤，平湖县的新带镇及江苏吴江县的盛泽镇、嘉定县的罗店、南翔二镇，也是徽人"汇集之处"、"徽商麇至"之地。为什么明清二代，长江中下游地区会成为徽州商帮商贸活动最主要的区域呢？我们认为，有两个重要因素值得考虑：其一，明清时期，长江中下游地区的商品经济较之其他地区，相对比较发达，市场的发育，也较为成熟。无论行商坐贾，大商小贩，都可在此获得牟利生财的机会。其二，徽州处在长江中下游地区的

---

① 康熙《休宁县志》卷12。
②③ 《寄园寄所寄》卷11。
④ 道光《桐城续修志》卷1。
⑤ 光绪《塘栖志》卷18。

中部，徽州商人在该地区从事商业经营活动，具有"地利"优势。

徽州商帮商业经营活动最主要的区域，在 19 世纪 50 年代至 60 年代成为中国社会战乱最严重的地区，这对徽州商帮意味着什么呢？

首先，徽州商帮传统的"吴楚贸易"几乎中止。

徽州商帮在长江中下游地区的商业经营活动中，相当重要的一项内容是吴楚贸易。所谓吴楚贸易，是指徽商借助长江航运水系，往返于湖广与苏浙之间的商品长途贩运活动。据史籍记载，从明中叶开始，从事这一活动的徽州商人日渐增多。入清以后，随着商品经济的发展和各地区社会分工的扩大，徽州商帮的吴楚贸易规模也越来越大，成为其主要商贸活动之一。徽商主要贩运以下的大宗商品：

（1）盐，贩运路线是两淮盐场—湖广。

（2）粮，贩运路线是湖广—苏、浙、闽。

（3）布，贩运路线是苏杭—长江中上游地区。

（4）木，贩运路线是川、鄂、赣—南京上新河（中转）—苏浙及北方地区。[①]

从大宗商品的贩运路线来看，徽州商帮吴楚贸易得以大规模展开的关键，是利用了长江水运之便。然而，在 19 世纪 50 年代至 60 年代，长江中下游地区长达 10 余年的战乱，实际上切断了长江航运。根据有关史料记载，当时该地区沿江省份的情形是：

〔湖北〕

"洞庭以下，江汉以上，数年来战舰横江，兵戈载道，致关河阻塞，客商水陆不通。有钱之处不得货到，出货之地不得钱来。"[②]

"频年以来，武汉屡为贼据，江路梗阻，商贾不通。"[③]

---

① 参阅张海鹏、张海瀛主编《中国十大商帮》第十章《徽州商帮》。
② 李汝昭：《镜山野史》。
③ 清代钞档：《咸丰六年六月二十八日，官文奏》。转引自彭泽益《中国近代手工业史资料》第 1 卷，第 2 编。

〔江西〕

"兹据署监督蔡锦青详称：江西两湖，向食淮盐。自淮运梗阻，江西先改食浙盐，继改食粤盐，湖广改食川盐，皆不由九江经过。……木商自咸丰三年，长江被扰，均各歇业，历今十载有余，并未闻有贩运木排过关者。茶竹出产本少，近因邻氛不靖，客贩愈觉寥寥。……萧索情形，已可概见。"①

〔安徽〕

"查芜关税课，全赖川楚江西货物，前赴浙江、江苏仪征、扬州、清江浦等处，转行北五省销售。现因'逆匪'窜踞江陵，江路梗塞，南北商船，又被'贼'掳。……长江虽系七省通衢，货船早经绝迹。"②

"查凤阳、芜湖二关，向以船料杂货为大宗，全赖巨舰大舟，往来贩运。自经兵灾，船稀商敝，货物较昔仅止十之五六。"③

〔江苏〕

"查浒墅关全赖川楚及南北各省商货流通，税源方能丰旺。自'粤匪'窜入江境，商贾多有戒心，不敢贩运。……又兼皖省庐州一带，逆焰方涨，要道多有阻隔……"④

"自江省军兴以来，江路梗阻，川楚江皖等省，商贾率皆裹足，即使北省货物，或有赴苏销售者，皆因京口不通，绕道他走，是以大宗货载到（浒墅）关，甚属寥寥。"⑤

---

① 清代钞档：《同治二年三月二十九日，江西巡抚沈葆桢奏》。转引自彭泽益《中国近代手工业史资料》第1卷，第2编。

② 清代钞档：《咸丰三年五月十八日，安徽巡抚革职留任李嘉端奏》。转引自彭泽益《中国近代手工业史资料》第1卷，第2编。

③ 清代钞档：《同治十三年十一月二十六日，安徽巡抚裕禄奏》。转引自彭泽益《中国近代手工业史资料》第1卷，第2编。

④ 清代钞档：《咸丰四年闰七月初三日，苏州织造文勋奏》。转引自彭泽益《中国近代手工业史资料》第1卷，第2编。

⑤ 清代钞档：《咸丰五年六月二十四日，苏州织造德毓奏》。转引自彭泽益《中国近代手工业史资料》第1卷，第2编。

上述资料表明，清军与太平军在长江水系的军事对峙和相互攻击，导致了长江航运的中断。而且，这种中断并非是一时一地的突发事件。从时间上来说，"历经十载有余"；从地域上来说，沿江各省处处"梗阻"。在长期的江路梗塞情况下，于是依赖长江航运而发展起来的徽州商帮吴楚贸易活动被迫中止了。吴楚贸易是徽州商帮赖以生存和发展的最重要商业活动之一，这方面商业活动一旦中止，徽州商帮就失去了生存和发展的重要基础。

其次，徽州商帮在江南市镇中的商业活动陷于瘫痪。

徽州商帮中从事吴楚贸易者，大多是财雄资厚的"行商"。此外，在长江中下游地区从事商业活动者，还有分布于大中城市以及新兴市镇的"坐贾"。徽州商帮中的坐贾在该地区的商业活动有两大特点：（1）分布面广，几乎长江中下游地区所有的大中城市以及市镇乡村，都有其活动的足迹。（2）财力雄厚，往往控制了当地的重要行业和部门。因此在长江中下游地区，尤其是江南一带，许久以来就有"无徽不成镇"之谚。由此足见徽州商帮与长江中下游地区工商业市镇关系的密切。我们认为，这种密切关系具有双向性，它包含了两层含义：一方面，徽州商帮在江南市镇形成和发展过程中发挥了巨大的推进作用；另一方面，江南市镇也为徽州商帮的发展和兴盛提供了商业活动的舞台。但是，在19世纪50年代至60年代中国社会的战乱中，这种相互依存的双向关系遭到了破坏。

丽纯先生在《太平天国军事史概述》一书中列有《太平天国克复退出城池日月表》。据此，我们可以明了长江中下游地区的湖北、江西、安徽、江苏4省在19世纪50年代至60年代中国社会的战乱中，大部分府县都遭到了战火的袭击。分布于该地区的重要工商业市镇，几乎无一能够幸免于战争的破坏。这种破坏的严重后果之一就是市镇中的工商业活动完全停顿。据清代官方钞档记载，咸丰二年（1853年）以后，长江流域南京上游各大镇"多被焚掳净尽，商本或早经收回，铺户又乏本歇业"①，商业极度萧条。而在南京下游的各城市以及市镇，其工商业更是遭到毁灭性的打击。如江苏吴江盛泽镇，据《徽宁会馆碑记》记载，曾经是徽商"尤汇集之处"②，咸丰三年（1853 年）以后，则是"商旅裹足，机户失业"，失去了往日的繁荣。浙江平湖新带镇，一度是"徽商麇至，贯缗纷货，出纳颇盛"③ 的商品集散之地，而在咸丰三年之后，却成为"商贾不通"④ 的荒凉小镇。至于曾经是徽商置业首选都市之一的南京，也是"商贾之迹绝矣"⑤。苏州，"商贾每多歇业"⑥，丝织业织机数战乱后较战乱前减少 54％。杭州，"大宗商贩裹足不前"⑦，机户"昔以万计"，战后"幸存者不过数家"⑧。大量的史实反映出 19 世纪 50 年代至 60 年代中国社会的战乱，给长江中下游地区的工商业市镇带来了强烈的冲击。它实际上破坏了徽州商帮与江南市镇相互依存的双向关系。徽州商帮在长江中下游地区的市场萎缩，在江南市镇中的商业活动陷于瘫痪，失去了生存和发展的必要条件。

总之，战乱严重冲击了长江中下游地区的市镇及其工商业，破坏了徽州商帮发展和兴盛的商业活动"舞台"，最终导致徽州商帮在江南市镇中的商业活动陷于瘫痪。任何商人或商帮，其生存和发展最重要的基本条件之一是进行商业经营活动。一旦商业经营活动停止或瘫痪，衰落乃至消亡就会接踵而至。19 世纪 50 年代至 60 年代，以长江中下游地区为主要活动区域的徽州商帮，因战乱正处于这种无奈的衰落状况中。

---

① 清代钞档：《咸丰三年五月十八日，安徽巡抚革职留任李嘉端奏》。转引自彭泽益《中国近代手工业史资料》第 1 卷，第 2 编。
② 《明清苏州工商业碑刻集》第 356—357 页。
③ （天启）《平湖县志》。
④ 马承昭：《当湖外志》卷 8。
⑤ 《通商各关华洋贸易总册》下卷《光绪二十五年南京口华洋贸易情形论略》。
⑥ 清代钞档：《咸丰十年月 日薛焕奏》。转引自《中国近代手工业史资料》第 1 卷，第 2 编。
⑦ 清代钞档：《咸丰七年六月二十七日，杭州织造兼管北新关税务庆连奏》。转引自彭泽益《中国近代手工业史资料》第 1 卷，第 2 编。
⑧ 《杭州市经济调查·丝绸篇》，转引自彭泽益《中国近代手工业史资料》第 1 卷，第 2 编。

第三，长江中下游地区的战乱严重打击了徽州商帮的支柱行业。

据史料记载，徽州商帮几乎是"无货不居"，经营行业涉及与国计民生相关的所有行业，如盐、粮、布、茶、木、典、药材、丝绸、颜料等。不过，正如时人所指出的，"徽郡商业，盐、茶、木、质铺四者为大宗"①。在明清二代徽州商帮的发展与鼎盛时期，盐业、茶业、木业、典当业始终是徽州商帮的支柱行业。

我们注意到徽州商帮四大支柱行业主要分布区域是长江中下游地区。以盐业而言，徽商主要集中在两淮盐场，尤以扬州为中心。从茶业来看，徽商主要收购安徽、江西两地名茶，内销以川、赣、皖、苏、浙、沪为重点，外销则经由江西内地运至广州或水运至杭州，转上海售与茶栈和洋行。其产、运、销经营活动，立足于长江中下地区。徽州商人经营木业，最早是砍伐徽州山区的杉木，利用长江支流青弋江和新安江的水力，运至芜湖或严州（今属浙江）销售。随着经营规模的扩大，徽商远赴江西、湖广、四川开拓新的货源，利用长江水运之便，将上游木材贩运至南京，然后分销苏浙和北方。南京的上新河是徽州木商经贸活动最重要的基地。典商相对于徽州商帮其他行业来说，分布范围较广。不过，诚如研究者所言："当时徽人开设的典铺遍布全国，（但）江浙地区尤多。南京、扬州、泰兴、常熟、镇江、金坛、上海、嘉兴、秀水、平湖等处的典业几乎全都操于徽人之手。"② 以上的资料表明徽州商帮的四大支柱行业，实际上集中在长江中下游地区。

我们从太平军与清军对峙的形势来看，四大行业所赖以存在的城市和地区，都是战乱的重灾区。譬如徽州盐商的大本营扬州，1853 年 4 月 1 日（咸丰三年二月二十三日）被太平军攻克，半月之后清将琦善、胜

---

① 陈去病：《五石脂》。
② 《中国十大商帮》第十章《徽州商帮》。

保等即屯军扬州城外，称"江北大营"，切断了扬州城内外的交通。它严重妨碍了扬州地区正常的生活秩序，更无论徽商从事商贸活动了。据记载，当时出现了"盐引停运"[①] 的情况。1853 年以后，清军与太平军在该城周围反复拉锯，扬州城几度易手。居徽州商帮"龙头"地位的徽州盐商或被迫抽回资本逃避战乱，或无奈偃旗息鼓停业坐观，徽商盐业遭到重大挫折和打击。徽州木商最重要的贸易基地是长江重镇南京。该城于 1853 年 3 月 19 日被太平军攻克后，即成为太平天国的都城——天京。太平天国实行"禁商"的政策："天下农民米谷，商贾资本，皆天父所有，全应解归圣库。"[②] 因此，南京的商贸活动几乎停止，徽州木商首当其冲。尽管后来太平天国放宽禁商条例，允许商人在城外设"买卖街"，"百般贸易俱可做，烟酒禁物莫私营"[③]。不过，在"买卖街"交易的商品，大多是粮食、油、盐、布匹、茶点、杂货等"肩挑及用小车"[④] 载至的小商品，而绝少木材等大宗商品的贸易。而且，即使这种小商品的交易，也经常受到设在孝陵卫的江南大营的清军骚扰。史籍多处记载了清军"焚毁买卖街"、将商贩"悬首示众"、"就地枭示"的材料。[⑤] 事实表明，徽州木商已经失去了其货物中转的最重要基地。兼之长江中上游水运中断，大宗木材来源被堵，徽州商人所经营的木业只有萧条的结局了。徽州茶商和典当商以长江中下游地区的城市为主要活动场所，而这些城市的商业环境已恶劣到令徽州茶商和典当商纷纷歇业的程度。汤氏所辑《鳅闻日记》详细记载了当时常熟城内典当铺遭到抢掠的情况。这些典当铺多为徽商所开。因兵荒马乱岁月中无法进行正常商业活动，常熟城中的"众朝奉"只得携资返家。这种"恐遭劫数，囊金

① 雷以諴：《请推广厘捐助饷疏》，见《皇朝道咸同光奏议》卷 37。
② 《贼情汇纂》，《太平天国》（Ⅲ）第 275 页。
③ 《醒世文》，《太平天国》（Ⅲ）第 505 页。
④ 《向荣：咸丰四年八月十一日奏》，《忠武公会办发逆奏疏》钞本第 7 册。转引自彭泽益《中国近代手工业史资料》第 1 卷。
⑤ 《太平天国占领区的商业情况五，天京城郊》，《中国近代手工业史资料》第 1 卷。

回乡"的情况，在当时的徽州茶商和典当商中是一个普遍现象。由此徽商茶业和典当业的经营状况一落千丈。

　　总之，长江中下游地区的战乱，严重冲击了徽州商帮的经贸活动。其中首当其冲的是以该地区为主要活动区域的徽州商帮盐、典、茶、木四大支柱行业。该四大支柱行业的衰落，最终决定了徽州商帮无可挽回地走下坡路的趋势。

　　由于 19 世纪 50 年代至 60 年代中国社会战乱最严重的地区，正是徽州商帮商业经营活动最主要的区域，因此，从徽州商帮发展的历史来看，该时期徽商所处的经营环境是商帮形成以来最恶劣的时期之一。在徽商发展的历史上，总共有两个极为困难的时期：一是明末清初，即从天启（1621—1627 年）到崇祯（1628—1644 年）的明末农民战争以及随之而来的明清之间的战争，导致了徽州商帮发展的顿挫；二是太平天国革命时期。两者相较，后者更甚。这是因为：第一，太平天国革命时期长江中下游的战乱持续时间长达 10 余年，而明末清初战争相持在江南的时间并不长。第二，经历明清之际的动荡后，徽州商帮在清初尚有盐商的崛起，从而再次开创了该商帮的辉煌时代。而经历了 19 世纪 50 年代至 60 年代的战乱后，徽州商帮再没有复苏的机会。

（二）

　　19 世纪 50 年代至 60 年代，中国社会的战乱对徽商本土的冲击很大。

　　徽商的本土——徽州，地处皖南的丛山峻岭中。据文献记载，此地"世乱则洞壑、溪山之险，亦足以自保，水旱、兵戈所不能害"①，因"未婴兵祸"②而成为人们逃避战乱的"世外桃源"。然而在 19 世纪 50

---

① 《重修古歙东门许氏宗谱》卷 9《城东许氏重修族谱序》。
② 余本愚：《杂兵谣》，载《徽难哀音》。

年代至 60 年代的中国社会战乱中,徽州却成为清军与太平军交锋的最重要战场之一。

据同治《祁门县志》卷 36《杂志·纪兵》、光绪《安徽通志》卷102《武备志·兵事四》以及黄崇惺《凤山笔记》等地方史料记载,太平军第一次攻入徽州的时间是 1854 年 2 月 20 日(咸丰四年正月二十三日),"顶天侯"陈狮子率部占领祁门,杀县令唐君治,从此拉开了太平军与清军在徽州交战的序幕。双方在徽州的战争一直延续到 1864 年 8月(同治三年七月),清军总兵刘明灯在歙南建口逮捕李秀成义子李世贵、在屯溪捕获王宗为止。前后 12 年徽州处在战乱之中。发生在徽州的战事有三大特征:(1)其延续时间之长几乎与太平天国在南京建都的时间相始终。(2)战火蔓延了徽州所辖的各县。(3)交战双方于徽州城池相互易手相当频繁,表明战争的艰苦与激烈。黄崇惺在《凤山笔记》中说:"大抵浙江未陷之先,'贼'欲由徽以图窜浙之路,故徽之受害烈。浙江既陷后,'贼'欲扰徽以辍攻浙之师,故徽之战事尤烈。"① 黄氏对 19 世纪 50 年代至 60 年代中国社会战乱中徽州战场形势的评论,是比较贴近事实的。

作为清军与太平军交战的主战场之一,徽州以及徽州商帮受到了强烈的冲击。

首先,徽州财货以及徽商资本遭受巨大损失。

徽州向有"家蓄赀财"② 的风气。徽商在发财致富后,往往将其一部分金属货币收藏起来,以备将来之用。徽州被人视为东南首屈一指的"富郡",其金属货币收藏量之大,是重要的原因。19 世纪 50 年代至 60年代战乱爆发后,在长江中下游地区从事商业活动的徽州商人纷纷抽回流动资金,变卖固定资产,回到徽州本土以避战乱,从而加速了徽州财

① 《凤山笔记》上。
② 《清稗类钞》第 15 册婚姻类。

富的积累以及徽商资本的"窖藏"。如汤氏所辑《鳅闻日记》记载："忆去秋徽商在常、昭，恐遭劫数，囊金回乡。"① 他还具体记述了常熟城内开设典当铺的徽州"众朝奉"如何"携资回徽"的情况。其实，不仅常熟一地如此，在苏州、无锡、南京、扬州等徽商活跃的城市，也普遍出现这种情况。《凤山笔记》中说："当粤贼东下，徽人贾于四方者尽挈资以归。"

徽商抽资返徽，目的是逃避战乱，保存资本。然而，随着军事形势的快速发展，徽州也很快陷入战乱之中。有关资料记载，入徽的军事力量主要有三种：一是以湘军为主的清朝政府军；二是太平天国部队；三是地方团练武装。这三种军事力量无不对徽州百姓尤其是徽商财货进行搜括抢掠，结果导致徽商非但未能保存资本，反而变得一贫如洗。正如汤氏在《鳅闻日记》中所说："后闻（众朝奉）携赀返徽，仍遇贼匪，丧失罄尽。"②

以湘军为主的清朝政府军对徽州的搜括情况，有关史籍中不乏记载。据陈去病《五石脂》说，湘军统帅曾国藩借清剿太平军之机，在徽州"纵兵大掠"，致徽州"全郡窖藏"为之"一空"。清政府调入徽州的军队，除湘军一系外，还有"台勇"、"贵州勇"。这些兵勇在徽州也是极尽抢掠搜括之能事，"颇为民患苦"③，结果只有"皆遣去"了事。不过，在他们离开徽州时，已是私囊中饱了。以湘军为主，包括"台勇"、"贵州勇"在内的清朝政府军在徽州的纵掠，造成徽州百姓尤其是徽商财货遭受重大的损失。太平军在徽州曾颁布过禁掳掠的命令。《凤山笔记》称："五年（1855年）郡城之失，'贼'入城，即严启闭，禁其党四出掳掠。"④然而由于受到阶级觉悟的限制以及战时形势的影响，太平军在徽州掳掠富家的事也时常发生。《徽难哀音》中收录一首《重有感

①② 《鳅闻日记》卷下。
③④ 《凤山笔记》下。

诗》，诗为绩溪文人周懋泰（阶平）所作，其中嗟叹："'贼'势乘虚来，据城仅六日。如鹊得深巢，如蚁赴荒垤。掳掠尽家有，不复遗余粒。逢人便搜囊，勒索金银亟。或以刀背敲，或以长绳絷。嗟哉彼何辜！惊魄时战栗。"① 歙县人黄崇惺记其亲身经历时说："盖自去年（咸丰十年，1869 年）八月，郡城失守，据郡凡十阅月而始退。深山穷谷之中，几于无处不被其扰。其焚掠之惨，胁迫之苦，较他郡为尤烈。徽人向之累于捐输者，今且为'贼'掳胁，火其居，拘其身，而索其财矣。向之惮于迁徙者，今且无地可迁，无物可裁。"② 作为封建文人，他们的记载中不乏对太平军的怨恨之气，不过确实也反映了太平军在徽州的一些真实情况。对徽州士民以及徽商进行肆无忌惮搜括者，还有地方团练武装。徽州地区"土风高坚，士气猛犷"③，又多为大族聚居地区，因而历史上就有乡兵义勇的组织。太平军打到长江流域后，在清政府的鼓励下，徽州成立了地方团练武装——"守险"、"守望"二局。以后规模渐次扩大，各村均有团练，其意在保卫桑梓。然而，众多史料表明，当团练兴起后，却是保境无能，搜括有方。绩溪文人曹向辰（西山）的《团练难》，尖锐地反映了地方团练对徽州的祸害。诗曰："天下大患患不止，寇氛未近团练起。官和诸绅绅和官，动云奉宪更奉旨。富者出钱剐心肝，百计谋求犹未已。说不尽吸髓与敲肤，苛政真真猛虎耳。捐得白银果奚为，堆来如山用如水。……耀武扬威括厘毫，可笑贼来善脱逃。……噫吁戏！团练难难难！未曾驱民害，反觉添民残。养兵千日养你抢，为勇即系为盗端。……"④ 诗中描绘了一副团练搜括钱财的活脱脱的强盗嘴脸。

　　在湘军、太平军和团练武装反复搜括下，徽州的财富遭到巨大损

① 胡在渭辑《徽难哀音》中编《诗歌》。
② 《凤山笔记》上。
③ 《牧斋初学集》卷 80《回金正希馆丈书》。
④ 《徽难哀音》。

失。尤其是相当多的徽商以锱铢必较积累起来的财富和资本被囊括一空。这对徽州商帮来说，不啻是灭顶之灾。许多商人因此而陷入破产的境地，甚至是"日食之计，一无所出"。

其次，徽州士民以及徽商人员遭受重大伤亡。

徽州方志在记载这段历史时，通篇留下了"焚烧数百家，伤亡数十人"、"阖门尽忠"、"满门节义"的文字。① 在这些貌似"崇高"的文字背面，依稀让人看到一具具惨不忍睹的徽州士民的尸骨。有不少诗文记载了徽州生灵被荼毒的惨相。如绩溪无名氏所作《咸丰庚申二月梁安被难纪略》8首，具体而真实地描绘了战乱时的情状。兹摘录一首，以见一斑：

"乡村鸡犬寂无声，屠尽生灵贼队行。少小蛾眉频受辱，许多貂尾任逃生。尸眠大地冤魂泣，怒震长天杀气横。岭上绝无余勇贾，练江孤掌独难鸣。"

在徽州死于战乱者，不少就是由各地携资返家的徽商，或者是徽商的子弟和亲属。如《徽难哀音》中记载休宁汪登载，乃"前清道咸间之巨富也，设商肆于鄂之汉口，每年秋间，躬自赴汉一稽店事。勾留数月，冬初返休，著以为例，未或辍焉。……未几洪杨起义，太平军由江西入徽，清官吏闻风先逃……汪亦偕眷属佣工出北城。顾平日养尊履厚，一旦奔起崎岖山路，未半日已惫不能兴，息坐路旁，而谣言四起，草木皆兵，佣工眷属不暇相顾，各自逃生，遂遗汪一人。不得已爬至南山林木深处，石壁岩下匿身焉。乃惊魂乍定而饥肠雷鸣……一农人亦来避难者，包袱中带有米粿三四枚。汪见之，取囊中金条一，市火米粿……（农人不允，汪饥饿而死。）"据文献记载，有一些徽商冒死坚持商业活动，出入于太平军控制的地区，途遇清朝官兵的盘诘，常因心慌

---

① （光绪）《婺源县志》卷35。

而口语支吾，竟被当成“奸细”而处死。① 这种对徽商直接戕害的例子，不胜枚举。清朝官员潘祖荫称：“凡自贼中逃出难民及各路商旅人等，一遇内地兵勇，则搜索之，劫掠之，奸淫屠割，无所不至。以故官军驻扎及经过之地，市廛尽废，闾里为空。”② 其幸存者，则是历尽艰险，备极颠连。如史籍所记：“壮者不能挈其家，老者不能顾其子。其始奔窜山岭，惟畏贼至；其后则寒饿困殆，求一饱而不可得，不复能奔窜，亦不知贼之可畏矣。”③ 其身心俱疲，困顿之状，无以复加。

战乱之后，徽州人口急剧减少。据《清稗类钞》第15册《婚姻类》记载，战后徽郡“男丁百无一二”。由于缺乏确切的统计数字，《清稗类钞》的这一说法尚无法证实。不过，徽州人口战乱前后大幅度下降的趋势则是事实。其原因有二：一是战乱中死于火与剑之下，二是战乱后亡于瘟疫和饥馑。黄崇惺《凤山笔记》记载：

“庚申之乱，徽人之见贼遇害者，才十之二三耳。而辛酉五月贼退之后，以疾疫亡之六七。盖去其家已十阅月，草间露处，虽大雨雪无所敝。魂魄惊怖，无所得食。日夜奔走，而不得息。当是时家室流亡之苦，与夫屋庐残毁之痛，犹未暇计及也。比贼退，各还其家。惊悸之魂既定，顾视家中百物，乃无一存，而日食之计，一无所出。或骨肉见掠于贼，渺然不得其音问。愁苦之气郁于其中，而兵燹之情动于其外，于是邮然而病矣。又贼未退以前，乡村粮食已尽，往往掘野菜和土而食。贼既退，米价每斗至二千钱，肉每斛五六百钱，日不能具一食。绩溪近泾（县），太（平）之乡村，有至于食人者。于是饥饿而毙者亦不可胜计。……”

黄氏的这段亲身经历而记载的材料，告诉我们两个重要信息：其一，战后徽州曾发生过重大的疾疫和饥荒灾情。其二，因疾疫和饥饿而

---

① 《徽州善后叹》。
② 潘祖荫：《请免钱粮汰厘局严军律广中额疏》。载《潘文勤公奏疏》。
③ 《凤山笔记》上。

死亡的徽人高达 60%—70 %。徽州在战乱前后人口锐减，同当时江南（尤其是江浙二省）户口减少的情况，完全一致。①

徽州人口的减少，对徽州商帮造成的影响至深至远。一方面死亡人口中包括了大量的商人及其子弟，他们经商积累的经验、智慧、经营方式乃至资本，随着肉体的死亡而不复存在，使徽州商帮遭受无法弥补的损失，商帮的阵容急剧萎缩。另一方面，徽州大量人口的死亡，使得徽州从商人员顿减，后继乏人。

第三，徽商的家园遭到毁灭性的破坏。

19 世纪 50 年代至 60 年代的战乱冲击了徽商家园，徽州一府 6 县呈现一片凋零的景象。绩溪文人周懋泰（阶平）在《重有感》一诗中泣叹："乱后返乡园，蹂躏不堪述。"可以想见徽州遭受残破程度之深。尽管许多人因伤心而"不堪述"其凋零之状，然而还是有相当多的文献记载了徽州战乱后的情形。同治三年（1864 年）十二月二十七日，曾国藩在《豁免皖省钱漕折》中通论安徽的一般情形时说："惟安徽用兵十余年，通省沦陷，杀戮之重，焚掠之惨，殆难言喻，实为非常之奇祸，不同偶遇之偏灾。纵有城池克复一二年者，田地荒芜，耕种无人，徒有招徕之方，殊乏来归之户。……查安徽全省贼扰殆遍，创巨痛深。地方虽有已复名，而田亩多系不耕之土。其尤甚者，或终日不过行人，百里不见炊烟。"②

出于阶级立场和为湘军辩护的原因，曾国藩将战乱的全部后果算在所谓的"贼"（即太平军）的账上，这是不公允的，有违历史史实。不过，在奏折中反映的"田地荒芜"、"终日不过行人、百里不见炊烟"之状，可以视为"实录"。因为曾氏在皖省与太平军交战多年，奏折中的内容来自亲眼所见。在上此奏折之前，他还有《江西牙厘请照旧经收

① 李文治：《近代中国农业史资料》第 1 辑有关章节。
② 《曾文正公全集》"奏稿"卷 21。

折》，具体谈到了皖南的情况。疏云："即以民困而论，皖南及江宁各属，市人肉以相食，或数十里野无耕种，村无炊烟。"① 奏折中的"皖南"，主要是指徽州。除乡村之外，徽州的商业城镇也是破败不堪，"颓垣碎瓦，填塞于河"②。以徽州最著名的商业集镇之一岩寺镇而言，经历了19世纪50年代至60年代的战乱，竟被焚烧掉一半店铺。

徽商家园遭到毁灭性破坏，许多商人家庭"萧条四壁，不复成家"。不少商人处在"兵荒之后，满目疮痍，何暇他计"的状态下。③ 一些幸存者也放弃了恢复经商的努力，而不得不以"半生辛苦"得来的商业利润和商业资本重建家园。绩溪商人王元奎是其中的典型人物。据绩溪《盘川王氏宗谱》卷3《（王）元奎公家传》记载：

"公讳元奎，字世勋，清国子监生，后以捐赈授布政司理问衔。生而明敏过人，遇事善谋能断，尤精会计。幼即偕其兄元烛随父经商于浙之淳安。……厥后乱平归里，萧条四壁，不复成家，仰天大痛。幸以半生辛苦，营业大裕，组织家庭，尚非难事。"

尽管王元奎善于经商，"半生辛苦"所获的利润和资本用来重新"组织家庭，尚非难事"。不过，这种非商业性的消耗，严重阻碍了徽商在战后的恢复经营和发展能力。更有一些小本经营的徽商，作为劫后余生，重建家园几乎消耗了全部经商的资本。徽商家园遭到毁灭性破坏，使得徽州商帮元气大伤，重振乏力，终于失去了往日的辉煌。

（三）

19世纪50年代至60年代的战乱予徽州商人及其商业资本以直接打击。

---

① 《曾文正公全集》"奏稿"卷20。
② （光绪）《婺源县志》卷33。
③ 绩溪《盘川王氏宗谱》卷3《锦椿公传》。

　　徽州商人及其商业资本承受战乱的直接打击主要表现在三个方面：

　　(1) 清政府大幅度增加茶业税和开征厘金。

　　徽州茶商是徽州商帮的中坚力量。他们经销的茶叶，主要是徽州本地所产的各种名茶。在战乱之前，徽州茶叶出山，皆归太厦司勘合切角放行，其税每引不过分厘。徽州茶商在清中叶以前得以迅速发展，同清政府这种相对低平的茶叶税收政策有关。然而战乱爆发后，从咸丰三年（1853年）筹办"徽防"开始，为筹措军饷，徽州茶税历年递增，每引分别须完纳厘银 3 钱，捐银 6 钱，公费银 3 分，同战乱前相比较，增加了数倍。同治元年（1862 年）清政府就徽州茶税作出新的规定，大幅度提高税率，每引缴正项引银 3 钱，公费银 3 分，捐银 8 钱，厘银 9 钱 5 分，共缴银 2两零 8 分。尽管清廷在执行上述税收标准时，强调"督辕颁发三联引票、捐票、厘票，随时填给，不得于三票外多取分毫"[1]，看似规范了税收程序，其实高额税收已经令徽州商人难以承担。同治二年（1863 年）五月一日起，每引又加捐库平银 4 钱，共缴银 2 两 4 钱 8 分。同治五年（1866年）再次重申了这一税率。清政府为筹措饷银而大幅度提高的茶叶税大量分流了茶商的商业利润，予徽州茶商以沉重的打击。

　　如果说提高茶叶税率仅仅是对徽州商帮中茶商以沉重打击的话，那么清政府厘金的开征，则将打击面扩大到整个徽州商帮。

　　厘金原是清地方官员为募集镇压太平军军费而于咸丰三年（1853年）九月开征的一种新税，首创者为刑部侍郎帮办军务雷以諴。据雷氏称，此法"既不扰民，又不累商……商民两便，且细水长流，源远不竭，予军事实有裨益"[2]，因此在咸丰四年（1854 年）三月经咸丰帝上谕批准后，厘金由一个地方的筹饷方法渐变为全国性的税种。[3] 从咸丰三年到同治二年（1853—1862 年），计有江苏、湖南、湖北、四川、奉

---

①　同治《祁门县志》卷 15。

②　雷以諴：《请推广厘捐助饷疏》。《皇朝道咸同光奏议》卷 37。

③　王先谦：《咸丰朝东华续录》卷 30。

天、新疆、吉林、安徽、福建、直隶、河南、甘肃、广东、陕西、广西、广东、山西、贵州、浙江等 20 省开征了厘金。厘金的税率，各省变通不一。以雷以諴在泰州仙女庙劝谕捐厘助饷税率来说，一种是从量税率，根据不同商货种类每单位征厘 20 文至 360 文不等。一种是从价税率，纸、药材、茶叶等不同商货种类，每千文钱均课厘 12 文。咸丰四年（1854 年）五月初一日，规定泰州城乡各行铺捐厘助饷的税率，米行每担课厘 20 文，油行每担 40 文，酒行每担 24 文，糟房每百文课厘 1 文，各杂行每百文课厘 1 文。根据上述情况，我们知道：①从商人角度来说，无论是行商，还是坐贾，都要捐助厘金。②从商品角度来说，无论是手工业品，还是农产品，都在纳税范围之内。③从地域范围来说，涉及 20 省，尤其长江中下游地区徽商活动最活跃的湖北、江西、安徽、江苏 4 省均在其中。

　　清政府厘金的征收，果真如雷以諴所称的"既不扰民，又不累商"吗？其实不然。清廷官员尹耕云在一份奏折中指出："抽厘之弊，尤不忍言。一石之粮、一担之薪，入市则卖户抽几文，买户抽几文。其船装而车运者，五里一卡，十里一局，层层剥削，亏折已多，商民焉得不裹足！百物焉得不踊贵乎！"[①] 可见厘金造成的恶劣后果，是令"商民裹足，百物踊贵"，并非如雷氏所说的那样无足轻重。厘金最重的地区是江浙一带。据目击者说，当地"商民由富而贫，由贫而至于赤贫，皆由厘金累之"[②]。根据史料记载，该地区的厘金"半出于徽商"[③]。可见厘金之累，在江浙一带，多半担在徽商身上。

　　清政府为筹集军饷而大幅度提高茶叶税以及开征厘金，对徽州商人及其商业资本与利润是直接的戕害，最终结果导致他们惨淡经营，举步维艰。

---

① 《心白日斋集》卷 2《请查捐输积弊停止抽厘疏》。
② 《不远复斋见闻杂志》卷 6《陶公三疏》。
③ 《歙事闲谭》第 31 册《徽郡难民公檄（咸丰十一年辛酉正月日）》。

（2）徽商被迫赈饷和捐助团练。

据《徽郡难民公檄》说："窃徽郡六邑，地当冲要，山险民稠，自军兴以来，助饷捐赀，盈千累万。则钱粮一端，民间无不踊跃输将以饷项。"① 其中"助饷捐赀，盈千累万"者，主要就是徽州的商人。为了帮助清政府平息 19 世纪 50 年代至 60 年代这场大规模的中国社会的战乱，徽商被迫助饷捐赀的例子，比比皆是，我们从中可以了解其一般的情形。

《凤山笔记》卷上：

"当粤贼东下，徽人贾于四方者尽挈其资以归，故令下而数百万金立办。"

"七年春，张公以军储不继为病，将复劝捐。至是户捐已一再举，素封之家力已不及，而故家大族有负豪名而盖藏实空者，以绅士董劝之严，亦未敢不从命。"

"……用兵数年，六邑捐输数百千万。"

"四境屡为贼扰，绅民皆数四输粟，而力已竭。"

（光绪）《婺源县志》卷 34《人物·义行》：

"汪昭傅，……家贫，贾于苏之角直镇，积有余赀。……发逆扰攘，难民逃于角镇者数千人，捐粟二百余石以赈。"

（光绪）《婺源县志》卷 35《人物·义行》：

"黄文，字乡云，……少孤贫，采薪供养继母。比壮，业茶致丰裕，好善乐施。道光年间，邑修城垣，捐金数百。发逆之变，皖南筹饷及本县设局团防，迭捐巨赀。"

据此我们知道：①徽商赈饷和捐助，并非局限于徽州一地，而是本省外地处处皆有。如汪昭傅在角直镇捐粟的例子。②徽商赈饷和捐助的数目惊人，以"数百千万"计。③赈饷和捐助大多是被迫行为，从"素

---

① 《歗事闲谭》第 31 册《徽郡难民公檄（咸丰十一年辛酉正月）》。

封之家力已不及"、"绅民皆数四输粟，而力已竭"来看，其影响是巨大的。

赈饷及捐助是战乱给予徽州商帮直接打击的一个重要方面。它大量分流了徽商的商业资本和商业利润，不仅戕害一时，而且令徽商重振乏力，终至在历史经济舞台上的影响越来越小。

（3）商人颠沛流离，无心经商。

19世纪50年代至60年代中国社会的战乱，予徽州商人的身心以重创，他们携家颠沛流离于村野山谷以求生存，丧失了经商的信心。这也是战乱对徽州商人直接打击的一个重要方面。

相当多的史料已经表明，战乱在长江中下游地区蔓延后，徽商大多携资逃归故里，以冀躲过劫难。然而，徽州在当时亦非"世外桃源"。流传至今的《徽州义民歌》中，有一段词描述了包括徽商在内的"殷实人"在当时流离颠连的惨状。词云：

"没奈何，百姓们，纷纷逃避；觅山中，幽僻处，暂且安身。有一等，殷实人，山中租屋；带细软和妻小，星夜奔驰。谁知道，搬进山，羊入虎穴；那些人，见担重，便换良心。平日间，草鞋兵，时常谈论；若留他，吃碗饭，渐次添人。买柴火，不由人，自要多少；他一肩，彼一担，顷刻成城。柴又湿，价又高，明亏是小；或借钱，或借米，言语难闻。更有那，路途中，挑夫行窃；遗家的，粗物件，土匪搬空。"[1]

当时人们都认为："遇乱世，有家资，便是祸根。"有的徽商为了摆脱"祸根"，不仅无心经商，而且将多年惨淡经营积累的资本和利润，悉数花光。婺源商人程开纯便是一位典型人物。据《婺源县志》卷34《人物·义行》记载：

"程开纯，字颖州，（婺源）江岸人。职员，幼失怙，事媊母，能承欢。比长懋迁，稍获余赀。遇善举则倾囊资助。咸丰间，'贼'据金陵，

---

① 《徽难哀音》。

纯挈眷避吴门。所识穷乏者，必款留之，晨起炊米，非数斗不能周给。或曰：'尔独不自为计乎？'笑曰：'贼至，身且不保，遑他顾耶！'"

尽管方志是从表彰程氏慈善的角度来记载他的事迹的，然而，程氏"不为身计"显然是因战乱而丧失了经商的信心。其实，有程开纯这种心态的徽州商人，在当时不在少数。这种情况，使得徽商的资金大量流失，用于非商业性的活动，对徽州商人和资本是一个巨大的打击。

总之，19世纪50年代至60年代中国社会的战乱，不仅使徽商失去了正常的经营环境，而且商帮本身受到了直接的打击。它的资本和利润在清政府"戡乱"名义下的重税及"助饷"过程中，大量流失和耗尽。徽商流离颠沛，无心经营，一蹶不振已是势所必然。诚如（民国）《歙县志》所说：徽州商帮经历"咸丰之乱，百业衰替，人口凋减，生计迫蹙……"① 可谓一副衰落景象。

归纳上文，可以得出以下几点结论：

（1）19世纪50年代至60年代中国社会战乱最严重的区域，正是徽州商帮商业经营活动的主要区域。徽州商帮在该地区的经营活动遭到了战乱的严重影响，其吴楚贸易大动脉被切断，在江南城镇的商业活动陷于瘫痪。其中特别是支撑徽州商帮这一庞大经营集团的盐、典、茶、木四大行业，所受影响更大。

（2）19世纪50年代至60年代中国社会的战乱，不仅使徽商经营活动的环境严重恶化，而且对徽商本土产生了巨大的破坏力，致使徽商大量金属货币被囊括一空，徽商从业人员遭到重大伤亡以及徽商家园受到严重破坏，给徽州商帮以致命的一击。

（3）19世纪50年代至60年代中国社会的战乱还直接戕害了徽商的身心。清政府以"戡乱"的名义，大幅度提高茶叶税率并开征厘金，同时强迫徽商"赈饷"和捐助团练，大量分流了徽商的商业资本和利润。

---

① 民国《歙县志》卷1。

经历 19 世纪 50 年代至 60 年代的战乱，徽州商帮元气大伤，重振乏力，大大加快了衰落的步伐。

二、徽州商帮衰落的几个阶段

徽州商帮在明清商界叱咤近 300 年，其衰落是政治、经济、战争等多种因素的综合结果。同时，徽州商帮的衰落过程并非是一朝一夕的，而有着波澜起伏。大致而言，道光三十年（1850 年）以前，盐商是徽商的中坚；道光以后，则是茶商支撑着徽商的残局。因此，徽州商帮的衰落呈现了明显的阶段性：前一阶段盐商的衰落昭示着徽州商帮走下坡路的开始；后一阶段茶商的盛而复衰，则表明徽州商帮最终结束了其盛极 300 年的历史。这里，我们具体考察徽州盐商和茶商的先后衰落，以揭示整个徽州商帮衰落的阶段性过程。

（一）徽州商帮中盐商的率先衰落及其对商帮的影响

众所周知，徽州盐商是徽州商帮的中坚。这一特征，早在明代就已出现。谢肇淛在《五杂俎》云："新安大贾，鱼盐为业，藏镪有至百万者，其它二三十万，则中贾耳。"[1] 万历年间编撰的《歙志》也记载："邑之盐笑祭酒而甲天下者，初则黄氏，后则汪氏、吴氏相递而起，皆数十万以汰百万者。"[2] 尽管经历明清之际的战乱，盐商遭到沉重打击，"挟空橐，裹疮痍"[3]，气息奄奄；但清政府很快调整政策，提出"恤商裕课"的盐业方针，徽州盐商在明代发展的基础上，更上新台阶，拥有

---

[1]　《五杂俎》卷 4。
[2]　万历《歙志》传卷 10。
[3]　李发元：《盐院题名碑记》及（嘉庆）《两淮盐法志》卷 3。

百万以上资本者已不在少数，有的商人更超过千万。因此，陈去病在
《五石脂》中总结徽商从事的行业时指出："盐、茶、木、质铺四者为大
宗。"将盐业推为徽州商帮中四大行业之首。如此财雄势大的盐商集团，
到了嘉、道以后，便渐趋式微，并由此一蹶而不振。它为什么会在徽州
商帮中率先衰落呢？

1. 嘉道年间徽州盐商每况愈下的经营状况

徽州盐商经营盐业，主要集中在两淮盐场。有人指出，清代两淮政
治、经济中心的扬州，其兴盛"实徽商开之"①。按照清代盐政区划，
在山东、长芦、两广、两浙、两淮、福建、河东、四川、云南几个盐政
区中，两淮是全国最大的盐政区。它的销售市场包括长江流域和江淮平
原河南、江苏、安徽、江西、湖北、湖南 6 省的 250 余州县。康熙中叶
以后，凭借着广阔的市场和营销特权，两淮盐商"生意年年俱好，获利
甚多"②，其商业资本急剧膨胀。尤其是在乾隆年间，淮盐在各销售口
岸出现供不应求的情况，以致有"提引"一举。按照《两淮盐法志》的
解释，所谓"提引"就是"提后引以益现引"，其根本原因在于引盐
"销之畅"。③ 确实如此，乾隆一朝淮盐销售之旺盛，达到了前所未有的
局面。也就是在此时期，以两淮盐场为主要活动地区的徽州盐商，发展
到了它的顶峰时期，积累起千百万的商业资本和利润。

然而物极必反，在一片"生意兴隆，财源滚滚"的额手称庆声中，
徽州盐商的经营危机也开始出现了。

首先是盐价上涨，销售困难。

淮盐在产地的价格，每斤高不过 4 文，最低只有 1 文，普遍是 2 至
3 文。道光十年（1830 年），陶澍在《会同钦差拟定盐务章程札子》中

---

① 陈去病：《五石脂》。
② 李煦：《两淮众商代题再借皇帑折》，《李煦奏折》第 219 页。
③ 嘉庆《两淮盐法志》卷 16《转运·提纲》。

说：“场盐每斤向卖制钱一二文，三四文不等。”① 道光十二年（1832年），陶氏在《覆奏课归场灶之说未敢遽行札子》中又说：“若盐在场灶，每斤仅值制钱一二文。”郭起元在《酌盐法》中，也记载了其亲闻所见：“……臣在江南仪真、通州等处见鬻盐每斤制钱二三文。”因此，淮盐的产地价格比较低，而且长期相对稳定，没有大的波动。然而，淮盐的销售价格在道光以前的百余年中，则直线上涨。以淮盐在湖广的售价为例：据乾隆《两淮盐法志》记载，康熙三十年（1691年）以前，淮盐每小包在湖广的售价是1钱，每小包重8斤4两，每斤合1分3厘3毫。而在乾隆四年（1739年），湖广的淮盐每小包涨价到“银一钱八九分”，每斤合2分2厘左右。这一销售价格与康熙三十年的销售价格相比，上涨了85％以上。而且，通过商人卖与水贩、水贩卖与铺户、铺户卖与小民的层层倒手转卖，实际零售价格还要高得多，每小包达到了二钱三四分。如按实际零售价格计算，则涨幅达到135％。到道光十年（1830年），湖广的淮盐价格进一步上涨，“汉镇为销盐第一口岸，盐价每斤需钱四五十文，迨分运各处销售，近者六七十文，远者竟需八九十文不等”。以徽州盐商为主体的两淮盐商利用收购价格与销售价格之间约20至30倍的差额，获取了高额垄断利润。

盐价上涨的最大受害者是普通百姓。包世臣在《安吴四种》卷7上《江西或问》中说：江西在道光十七、十八年（1837、1838年），农业丰收，“而谷价大贱，农不偿本。收成之后，干稻一石至钱四五百文，米价倍之。……（盐价）每斤仍至五十五六文。西省子包例重七斤四两，以稻一石易盐一包而犹不足”。农民竟需用一石稻谷才能换回一小包盐，结果只有如陶澍所说的那样：“江广之民膏血尽竭于盐，贫家小户，往往有兼旬弥月坚忍淡食不知盐味者。”② 更多的人家则转食质优价廉的

① 陶澍：《陶文毅公全集》卷12。
② 陶澍：《敬陈两淮盐务积弊附片》，《陶文毅公全集》卷11。

"私盐"。因此，随着盐价的上涨，淮盐销售日渐陷入困境之中。这一困境其实在乾隆末年已现端倪。《清高宗实录》中曾提到"湖广口岸，盐觔未能畅销"① 的情况。而在嘉庆、道光年间，淮盐销售之困已到了极点。道光二年（1822 年）成书的李澄《淮鹾备要》中说："两淮当鹾务盛时，实运之商数百家，财聚力厚，其势足以敌私，故盐易行而引不积。今实运之家不及曩者之半，而消乏者日渐告退，天下之富商皆视两淮为畏途，裹足而不前。"道光十年（1830 年），陶澍在《两陈淮鹾积弊折子》中也说："查淮商向有数百家，近因消乏，仅存数十家，且多借资营运。"② 曾经在两淮盐商中独占鳌头的徽州盐商终于尝到了盐价上涨导致销售困难而带来的苦果。

因此，尽管从康熙到道光的近 150 年中，徽州盐商业盐于两淮，凭借市场优势从盐价上涨中获取了大量的利润，然而由于盐价上涨，百姓或坚忍淡食、或转食私盐，终于导致了淮盐的严重滞销。它最终迫使徽州盐商纷纷撤出两淮，歇业改行。继续从事盐业的徽州商人，大多是惨淡经营，失去了往日的辉煌。按清政府的规定，两淮盐额每年应行 160 余万引。但从道光六年至十年（1826—1830 年），"通计牵算，每年仅销引十余万道"③，尚不抵原额的 10 ％。

其次是私盐泛滥，市场丢失。

私盐泛滥最重要的原因之一，是两淮引盐盐价的上涨。无论是漕私和邻境官盐的转卖及"枭私"盐，都是钻了淮盐盐价高昂的空子，才得以在淮盐的引地大规模畅销。包世臣在其《庚辰杂著》中指出："私有十一种。"④ 有的学者将十一种私盐概括为三类：一、官商、官盐船夹

---

① 《清高宗实录》卷 920。
② 《陶文毅公全集》卷 11。
③ 陶澍：《酌定楚西盐船到岸期限并委员巡缉以杜夹带盗卖各弊折》，《陶文毅公全集》卷 13。
④ 包世臣：《安吴四种》卷 3《庚辰杂著》5。

带之私。二、漕私和邻境官盐的转卖。三、"枭私"。①

第一类官商、官盐船夹带走私，是盐商为逃避政府课税而捆载多斤，恣意射私的行为。两淮盐商的这种走私、夹带销售的仍是两淮盐，所以尚不存在夹带之私侵占淮盐引地的问题。关键是第二、第三类走私，对淮盐的销售市场造成了严重的威胁。

清代继续实行前代的行盐地界制度。本来两淮的行盐地界最大，市场最广阔，为两淮盐业的发展提供了最优越的条件。但是由于淮盐销售的价格直线上升，周围盐区的廉价盐便乘虚而入，侵占了淮盐的地界。以河南为例：河南汝宁府（今河南汝南县）属淮盐区，该地法定的盐价是每斤 2 分银子，约合制钱 30 文左右。而在河南其他的芦盐区，盐价"每斤卖钱十有六文"，远比淮盐为低。因此其结果势必是河南"小民多食芦盐"。② 在淮盐区周围，经常出现闽盐侵入江西，川盐侵入湖北、湖南，河东盐侵入河南，粤盐侵入江西、湖南，浙盐侵入江西、安徽的情况。这些盐区所产盐的销售价格，一般都要比淮盐价格低得多，百姓乐于接受。除了邻境官盐对淮盐销售市场的侵蚀外，还有一种官方的走私就是漕船搭载其他盐区的私盐销往淮盐区。据陶澍说："回空运船带盐几及淮引全纲之数。"③ 可知漕船走私的规模相当大。其中芦盐占了80—90％，而销售的市场则是淮盐区的江西、安徽等省。因此，漕私和邻境官盐侵吞淮盐市场，严重地妨碍了淮盐的销售。

"枭私"主要是灶户卖出来的私盐。它的出现同盐商肆意低价收购以及不付现钱有关。据记载灶户将盐销售给盐商，"价不过数文"，而卖给私贩，则可增价至"十之二三"④。尽管清政府颁布了严厉的法律禁止贩私，以保持盐商的垄断利润，但"枭私"在雍正、乾隆之际已经发

---

① 王方中：《清代前期的盐法、盐商与盐业生产》。载《清史论丛》第 4 辑。
② 《皇朝政典类纂》卷 82《盐法十二》。
③ 《陶文毅公全集》卷 15。
④ 嘉庆《两淮盐法志》卷 16《条约二》。

展到了相当严重的程度。据说，当时从事贩私的"游手无赖之徒"已有数十万人①，成为一支活跃于各地的庞大食盐走私队伍。正如研究者所指出的那样，私盐具有一系列官盐所不可能有的有利条件：没有窝价和课税负担；不受引地的限制；没有烦琐的运输手续，流通费用少等等。② 所以在两淮官盐同私盐的争夺市场较量中，前者节节败退，后者步步紧逼。包世臣分析其中的原委说："枭私价贱、色净、秤足。凡商之百计病民者，皆为枭作利市。……枭私盐出无官司之烦，课回无压搁之累。……出费愈轻，则卖价愈贱，私愈畅，官愈滞。"③

受到漕私、邻境官盐以及枭私等私盐的冲击，徽州盐商集中的两淮盐区销售市场日益萎缩。嘉庆二十二年（1817 年）淮盐运销到湖广、江西"不及十分之一"。④ 嘉庆末道光初，淮盐的主要销售口岸湖南、湖北、江西三省，真正食淮盐者，"不过十数郡"而已。⑤ 李澄在《淮鹾备要》中更是指出："两淮纲食引地，无论城市村庄，食私者什七八。"可见私盐泛滥，使淮盐的销售市场丧失殆尽。市场既失，徽州盐商的经营就到了山穷水尽的地步了。

第三，资本亏空，以次充好。

业盐于两淮的徽州盐商，在其鼎盛时期曾以千百万的雄厚资本傲视同侪。如歙县大盐商江春，嗣为总商，在乾隆中叶极盛时，每遇河工、赈灾等捐输，"百万之费，指顾立办"⑥。当时的徽州盐商因财力雄厚，调集数十乃至上百万的资金，称得上举重若轻，易如反掌。因此，他们的盐业营运自如，周而复始，从中获取高额利润。这主要是乾隆年间的事。到道光年间，徽州盐商的盛况已经一去不复返了，营运资本出现严

---

① 曹一士：《盐法论》，《皇朝经世文编》卷 49《户政二十四》。
② 王方中：《清代前期的盐法、盐商与盐业生产》，载《清史论丛》第 4 辑。
③ 包世臣：《安吴四种》卷 5《小倦游阁杂说》卷 2。
④ 《清仁宗实录》卷 339。
⑤ 陶澍：《查覆楚西现卖盐价折》，《陶文毅公全集》卷 15。
⑥ 嘉庆《两淮盐法志》卷 44《人物·才略》。

重短缺，以致影响了正常的商业活动。道光十年（1830 年）以后，徽州盐商的大本营两淮盐场能运"四五万引者无多，十数万引者更少，其余小商资本更微"①。这同徽州盐商在乾嘉年间的经营规模不啻天壤之别。按照正常情况计算，两淮盐场商人的运本需 2000 万，方敷转输。但在道光中叶，包括徽州盐商在内的两淮盐商，资本不及四分之一，缺额巨大。为了维持正常运销，盐商大多"借资经营"。② 所借之资月息一般是分半。据包世臣说："盐去课回，非六百日不可"，而且时常会遇到"盐滞本压"的情况。③ 由此可见，盐商因资本亏空，利息沉重，营运状况其实已到了捉襟见肘的地步。为摆脱困境，盐商不惜在商品中大做手脚，将封建商人的"奸性"发挥得淋漓尽致。首先，他们拼命压低食盐收购价格。据包世臣反映："凡灶户多称贷于商人。至买盐给价，则权衡子母，加倍扣除，又勒令短价，灶户获利无多。"④ 收购之时又玩弄花招。盐政普福曾奏称：两淮盐商"惟知自利，不恤灶艰。而灶盐交易，向系用桶量收。……臣亲至通、泰二十二场，将伊等自收灶盐之桶，用官称逐一称校，每桶实多一二十斤不等"⑤，贱价收购之后，盐商又极力抬高销售价格，并缺斤少两，掺和泥沙，以致"盐色掺杂不可食"⑥。然而盐商的做法，非但没有捞回利润，减缓资本紧张状况，反而造成了私盐的泛滥。在市场竞争中，私盐质量远胜掺杂泥沙的引盐，"色净价贱"，百姓都乐于接受。

　　总之，在嘉庆末道光初，两淮盐商的经营每况愈下，突出表现在盐价上涨，销售困难；私盐泛滥，市场丢失；资本亏空、质量粗劣等方面。两淮盐商的经营困境，实际就是徽州盐商的经营困境。面对难以改

---

① 《陶文毅公全集》卷 18。
② 陶澍：《再陈淮醣积弊折子》，《陶文毅公全集》卷 11。
③ 包世臣：《安吴四种》卷 5《小倦游阁杂说》2。
④ 朱轼：《请定盐法疏》，《皇朝经世文编》卷 50《户政》25。
⑤ 嘉庆《两淮盐法志》卷 10。
⑥ 包世臣：《安吴四种》卷 7 上。

变的市场丢失、资本亏空、利润无着的状况，徽州盐商正如魏源在《筹
鹾篇》中所形容的那样："如窭夫之患债，如逋户之畏赋，如重病之日
延一日，如穷邻之月攘以待来年。"已经到了衰落的最后时刻了。

  2. 非经营性的资本消耗

  徽州盐商的资本，在徽州商帮中一直居主导地位。按照谢肇淛在
《五杂俎》中划分徽商的标准："上贾藏镪百万"、"中贾"四五十万、
"下贾"二三十万，[①] 则徽州盐商在徽州商帮中大多居于上贾的位置。
这是明代徽州盐商资本的情况。清代徽州盐商的资本积聚更快，不少盐
商资本发展到千万以上。据李澄说，在乾隆时"淮商资本之充实者，以
千万计"。[②] 李氏所说的淮商，主要就是指徽州盐商。譬如业盐于两淮
的徽州盐商汪廷璋，其资本就"富至千万"。[③] 然而在嘉庆末道光初，
业盐于两淮的徽州盐商居然出现资本匮乏，不敷营运的情况。人们不禁
要问：徽州盐商原先积聚起来的百万、千万资本流向何处了呢？

  首先，封建官府对商人敲骨吸髓的榨取。

  徽商一贯以封建政治势力为其后盾。他们或以"捐纳"、"报效"为
自身求得官衔，或令子弟读书谋求功名，或与封建官僚相交结，借以取
得封建的商业特权。徽商之所以能够积累起巨额的商业资本，主要是借
助于封建官府的庇护。这一点体现在徽州商帮中盐商的身上最为明显。
但徽商在获得许多优惠经营条件和特权的同时，又受到封建官府无休止
的勒索和敲诈。这些敲诈名目繁多，主要有：

  (1) 课税繁重。清政府实行"恤商裕课"的政策，目的在于增加朝
廷的税收。因此随着商人的发迹，朝廷所定的"正课"也逐年增加。特
别是盐课"动关国计"，清廷抓得更紧。徽州盐商的主要活动场所是两

---

① 《五杂俎》卷4。
② 《淮鹾备要》卷7。
③ 《扬州画舫录》卷15。

淮盐区。清初"淮纲正课原只尤十余万两，加以织造、铜斤等款，亦只一百八十余万两"，但到乾隆年间"已及四百余万"，"科则数倍于原额"。① 就是说，百年之内两淮盐课猛增了四五倍。嘉庆二十年（1815年），"淮纲每年正杂内外支款，竟需八百余万之多"②。比之乾隆年间的 400 余万，又增加了一倍。这是明文规定的税款。至于各地官员私自加征者，更不知其数。

（2）捐输频仍。捐输名义上是商人对朝廷心甘情愿的报效，其实是官府对商人的榨取。徽商捐输的先例，始于明代。万历年间，歙商吴养春一次就向朝廷捐银 30 万两。入清之后，徽商（尤其是徽州盐商）捐输数目之巨，更为惊人。据嘉庆《两淮盐法志》统计，从康熙十年到嘉庆九年（1670—1804 年）的 100 多年中，两淮盐商前后所捐输的财物共有：银 3930.2196 万两，米 2.15 万石，谷 32.946 万石，每次捐输，多则数百万两，少则十数万两，"其余寻常捐输难以枚举"。③ 有的商人一时无法完纳认捐的款数，盐官即将该商的认捐款数转为欠官的帑银，照加利息，在每年征取课税时一并追索。两淮盐商中，徽州盐商占据优势。因此，上述捐款的负担大多落在徽商头上。徽州盐商高额利润中的很大一部分就这样源源不断地流进了封建王朝的府库。相当多的徽州盐商在连续不断的大笔捐输之后，因老本贴尽而濒于破产。如曾任两淮总商之一的歙县大盐商江春，每遇捐输，"百万之费，指顾立办"。后因此而陷入"家屡空"的困境，晚年不得不借用帑银以资营运。④《清盐法志》称："盐商夙号殷富，而两淮尤甲天下。当乾隆盛时，凡有大工大役，靡不输将巨款……加以水旱偏灾，何岁蔑有，几无已时，而商力亦告疲矣。"⑤ 可见，捐输活动对徽州盐商的商业资本的摧残是极为严重的。

---

① ②　《陶文毅公全集》卷 14。
③　王守基：《盐法议略》。
④　嘉庆《两淮盐法志》卷 44《人物·才略》。
⑤　《清盐法志》卷 153《杂记门·捐输》。

一部分商人因不惜血本踊跃捐输而得到朝廷的赏识，被授予各种官职。其中徽州盐商捐输得官的事例，比比皆是。康熙、乾隆之后，捐纳之风大盛。为了跻身缙绅行列，徽州盐商不得不将一部分资本和利润捐纳朝廷。当时有人哀叹："捐监受职，计费匪轻。"① 所谓捐纳，不过是封建官府对商人掠夺的一种形式而已。

（3）赈灾助饷。封建官府除征收正税正课之外，又极力鼓励、倡导商人赈灾助饷，为国分忧，借以榨取商人的资财。徽商贾儒结合，经商中讲究"儒道"，致富后追求名高，所谓"郡中多贤豪为名高第，于所传之非董董于财役，要以利为德于当世，富而仁义附焉"②。从明代开始，每遇荒年，徽商都不惜巨资，赈济乡民。不少徽商被冠以"赈施义士"、"富而好礼"的美名，至有因此而建"义坊"者。入清之后，徽商助赈事迹，更是史不绝书。各地一遇水、旱等自然灾害，清廷往往迫使商人捐资赈济。尤其是徽州盐商富名在外，每遇赈灾诸项，常是首当其冲。雍正之后，徽州盐商的赈济之款不下千万。以歙县大盐商汪应庚为例，"雍正九年，海啸成灾，作糜之赈伍佑卞仓等场者三月。十年、十一年，江潮迭泛，州民仳离，应庚先出橐金安定之，随运米数千石往给。时疫疠继作，更设药局治疗。十二年，复运谷数万石，使得哺以待麦稔。是举存活九万余人"③。乾隆三年（1738 年）扬郡旱灾，众商共捐银 127166 两，"设八厂煮粥"，其中汪氏一人独捐银 47310 两有奇。④ 以一人之力，先后捐此巨款，足见助赈一项对徽商资本的消耗是极大的。其余如徽州盐商集资捐米、捐银，亦是常事。乾隆十六年（1751 年），徽州发生旱灾，太守何达善"札募歙人士之商于淮者输其力之所

① 徽州《阄书契底》，原件藏中国社会科学院历史研究所。
② 《休宁西门汪氏大公房挥金公支谱》卷 4《明威将军南昌卫指挥金事新公墓表》。
③ 《歙事闲谭》第 13 册。
④ 光绪《两淮盐法志》卷 146。

及，得六万金，买谷积贮，建仓六十间"①。又有徽州大盐商鲍漱芳，于嘉庆十年夏因洪泽湖涨决，"集议公捐米六万石助赈"；淮黄大水，"倡议仍设厂赈济，并力请公捐麦四万石展赈两月，所存活者不下数十万人"；抢修坝堰，"集众输银三百万两以佐工需"②。徽州盐商的助赈，替清政府付出了一大笔财政开支。他们虽然因此而得到"加恩叙议"的荣誉，但商业资本的发展却受到了极大的影响。

助赈之外又有助饷。所谓"助饷"，是指商人捐款以助朝廷军费的活动。它名义上与助赈一样，是商人自愿的捐款，其实则是清廷对商人的又一种榨取的方式。倘若商人不能"急公好义"慷慨捐输，那么，他们不仅无法获取经商特权，而且连正常的商业活动也往往会遭到种种刁难，甚至被弄得倾家荡产。因而商人只得咬紧牙关，忍痛割舍巨资，为封建政府"分忧解难"了。乾隆三十八年（1733 年）八月，因平定大小金川，以徽商为首的两淮盐商一次就助饷银 400 万两。③乾隆五十三年（1788 年）正月，又因用兵台湾，盐商"情愿"公捐银 200 万两以备犒赏之需。④乾隆六十年（1795 年）湖南石三保苗民起义时，又捐银 200 万两，协助清政府进行镇压。⑤康、雍、乾 3 朝，随着国内社会矛盾日益激化，全国各地农民起义不断发生，尤其是嘉庆元年（1796 年）爆发的波及 5 省、历时 9 年的白莲教起义，耗费了清政府白银 1 亿两以上。在清政府镇压这次起义过程中，徽州盐商又捐助了巨款。自嘉庆四年（1799 年）三月至八年（1803 年）正月的不到 4 年中，以徽商为中坚的两淮盐商连续 6 次捐输，共计耗银 700 万两。⑥如此巨额的助饷，即使是挟资千万的徽州盐商也难以应付。

（4）无端勒索。除了法定的重税重课和清廷提倡的助饷、助赈等大

---

① 道光《徽州府志》。
② 民国《歙县志》卷 9。
③④ 光绪《两淮盐法志》卷 145。
⑤⑥ 嘉庆《两淮盐法志》卷 42。

笔捐输外，徽州盐商还受到各级官僚的无端勒索。他们视盐商为"可唉之物，强索硬要，不厌不休"①。康熙年间，淮商有三项大笔"浮费"：一是程仪。现任或候补官员进京路过淮扬时，不论该官与淮商有无交往，都要索取一笔"程仪"。二是规礼。本地的文武大小衙门，无论与盐务是否有关，都要向商人收取规礼。三是别敬。先是每年于御史任满时，照例要向商人收"别敬"钱。后来发展到无论地之远近或与商人是否有交情，只要是达官显贵，在任满时都要向商人索取"别敬"。这三项浮费，每年"盈千上万"②。乾嘉以后，随着清廷吏治的更加腐败，盐商所受封建官府的勒索也是日甚一日。官吏的种种无端勒索，严重影响了徽州盐商的正常经营活动。连嘉庆帝也不得不承认，浮费太多"于商力未免有亏"③。有人曾指出，商人的浮费日重，则成本愈亏，其结果势必是"不能源源运转"④。说明封建官府的榨取使得徽州盐商连正常的商业活动都难以维持，更谈不上扩大经营规模了。

上述诸项封建官府对商人敲骨吸髓的榨取，是徽州盐商非经营性资本消耗的重要方面之一。

其次，徽州盐商非经营性资本消耗的另一途径是奢侈性消费。

徽州盐商"大都以奢溢而快一逞"⑤。他们往往将惨淡经营积聚起来的巨额商业利润，挥霍于奢侈性的消费之中。徽州盐商的这种风气，早在明代就已有之。明代徽商在家乡以巨资兴修园林、别墅、住宅的现象已蔚然成风。歙县的"果园"、"砚子园"、"枣树园"等，都是名噪一时的胜景。⑥ 徽商的居所则盛行斗拱彩绘，追求富丽堂皇。入清之后，随着徽州盐商财力的增长，其侈靡之风也愈演愈烈。在物质生活方面，

---

① ② 《李煦奏折》第26页。
③ 《清仁宗实录》卷181。
④ 《清高宗实录》卷103。
⑤ 《太函集》卷16《兖山汪长公六十寿序》。
⑥ 吴吉祐：《丰南志》。

徽商竟尚奢丽。侨居扬州的盐商大多不惜重金，精心构筑园亭、别墅。如歙县大盐商江春，在扬州拥有私人园林、别墅五六处，而且"皆称名胜"①。乾隆时，扬州园林甲于江南②，博得这一盛名与侨居扬州的徽州盐商大有关系。他们食必膏粱，衣必文绣，"一婚嫁丧葬，堂室饮食，衣服舆马，动辄费数十万"③。居扬徽州盐商之家大抵都雇佣娴熟烹调技术的"家庖"，专门为之烹饪名菜。盐商中财雄势大者，还每每拥有私人戏班，称为"内班"。他们将四方名角聘入"内班"，"演戏一出，赠以千金"④。江春有春台、德音两个戏班，每年费用就达 3 万金。⑤ 还有许多徽州盐商靡费大量钱财，用以收藏图书、古董。如歙籍江都人程晋芳，以盐业发家，"罄其资购书五万卷，招致方闻缀学之士与共讨论，延接江淮老宿，赋诗宴饮无虚日"⑥。张海鹏、王廷元先生主编的《明清徽商资料选编》中有"奢侈性消费"一章，搜集了相当多具有典型意义的资料。徽州盐商在衣食住行和文化生活中的奢侈性消费，是他们商业利润重要的分流渠道。有的学者据有关资料估计，徽商商业利润用于"肥家润身"的部分，占利润总额的 50％以上。⑦

　　徽州盐商奢侈性消费的另一重要内容是接驾。王守基在《盐法议略·长芦盐务议略》中说："若夫翠华莅止，情殷瞻就，供亿丰备，尤为前所未有。……盖盐商际遇之隆，至此而极矣；盐商奢侈之弊，亦至此而深矣！"究竟徽州盐商在"接驾"过程中奢侈到何种程度呢？兹举二例以证。

　　《清稗类钞》第 24 册《豪侈类·汪太太奢侈》：

　　汪石公者，两淮八大盐商之一也。石公既殁，内外各事，均其妇主

---

① 《扬州画舫录》卷 12。
②③ 《扬州画舫录》卷 6。
④ 《扬州画舫录》卷 5。
⑤ 《清朝野史大观》卷 12。
⑥ 金天翮：《皖志列传稿》卷 3《程晋芳》。
⑦ 见叶显恩《徽商利润的封建化和资本主义萌芽》。载《中山大学学报》1983 年第 1 期。

持，故人辄称之曰"汪太太"。太太当（清）高宗幸扬时，与淮之盐商先数月在城外择荒地数百亩，仿杭之西湖风景建筑亭台园榭，以供御览。惟中少一池，太太独出数万金，夜集工匠，赶造三仙池一方，池夜成而翌日驾至，高宗大赞赏，赐珍物，由是而汪太太之名益著。

同书还有一则记载：

某日，高宗（乾隆）幸大虹园，至一处，顾左右曰："此处颇似南海之琼岛春阴，惜无塔耳。"江春闻之，亟以万金贿近侍，图塔状。既得图，乃鸠工庀材，一夜而成。次日，高宗又幸园，见塔巍然，大异之，以为伪也。叩之，果砖石所成。询知其故，叹曰："盐商之财力伟哉！"

二则材料足以说明徽州盐商"接驾"过程中奢侈性的消费是何等惊人。巨额的资本利润就这样在徽州盐商的举手投足之间流散殆尽。

第三，徽州盐商非经营性的资本消耗还表现在建祠堂、修坟墓、叙家谱、设义学、建试馆、开办书院以及购置族产和族田等封建性活动方面。

徽商的隆兴，与徽州宗族有密切的关系。因此，积累了巨额商业利润的徽商在维系宗族势力方面，历来是慷慨不吝的。尤其是徽州盐商，因其资本在徽州商帮中最为雄厚，所以出手更加惊人。如歙县大盐商鲍起运捐资购置族产 1300 余亩，其兄鲍志道妻捐赠义田 100 亩。[①] 为加强对族内弟子的培养，鲍志道捐千金修建山间书院[②]，曾任两淮总商的徽州大盐商汪应庚捐银 5 万两修建江甘学宫。[③] 乾隆年间，徽商对徽州最大书院"紫阳书院"先后捐银达 2.62 万两[④]，其中相当一部分为盐商所

① 《棠樾鲍氏宣宗堂支谱》卷 19《义田》。
② 《棠樾鲍氏宣宗堂支谱》卷 21《传志》。
③ 汪客吟：《汪氏谱乘》。
④ 《歙县志·义举》。

捐。在徽商的大力扶植下，徽属各县书院林立，仅歙县"书院凡数十"①。族中弟子有"贫不能学者"，徽商往往招入家塾，"悉力扶植之"。② 相当多的徽州盐商家族中，设立了义学，招收贫寒的族内子弟就读。凡此种种，固然促进了徽州文化的发展和人才的培养，但同时也使徽商的巨额资本和利润化为乌有。这也是徽州盐商非经营性资本消耗的一个重要方面。

在谈及徽州盐商非经营性资本消耗现象时，民国《歙县志》卷1《舆地志·风土》有一段总结性的记载："彼时盐业集中淮扬，全国金融几可操纵。致富较易，故多以此起家。席丰履厚，闾里相望。其上焉者，在扬则盛馆舍，招宾客，修饰文采；在歙则扩祠宇，置义田，敬宗睦族，收贫乏。下焉者，则但侈服御居处声色玩好之奉，穷奢极靡，以相矜炫已耳。奢靡风习创于盐商，而操他业以致富者，群慕效之。今其所遗仅有残敝之建筑，可想见昔年宏丽而骄惰之习，不幸乃中于人心。……"

上述事实所反映的重要现象之一就是非经营性资本消耗在徽州商帮中属于普遍现象，而倡导这一潮流者，主要是徽州商帮中的盐商集团。大量的资本和利润流入非经营性的渠道中，给徽州盐商的经营活动带来了严重的影响。嘉道年间，业盐于两淮的徽州盐商出现资本匮乏、不敷营运的状况，并最终走向衰落，非经营性的资本消耗乃是其中极其重要的原因之一。

3. 道光年间的盐法改革与徽州盐商的急剧衰落

嘉庆末、道光初，徽州商帮中的盐商集团经营状况一落千丈。尽管其奢靡之风依然如故，然而详察底细，其实已是外腴中空，濒于崩溃的边缘。道光十二年（1832年），清政府实行盐法改革，最终将徽州盐商推上了绝路。

---

① 鲍全德：《歙县紫阳书院岁供资用记》。
② 《棠樾鲍氏宣宗堂支谱》卷21《传志》。

关于清政府在道光年间实行盐法改革的前因后果及其主要内容，学术界已有不少文章论及，如王思治、金成基先生的《清代前期两淮盐商的盛衰》①，王方中先生的《清代前期的盐法、盐商与盐业生产》② 及朱宗宙、张楼先生的《清代道光年间两淮盐业中的改纲为票》等③。这里，我们仅就道光年间盐法改革对徽州盐商的影响加以考察，余不赘述。

清政府在道光年间的盐法改革，对徽州盐商的影响最为深远。为什么呢？据有关史料记载，道光年间的盐法改革，规模较大的有两次：(1) 道光十二年七月，因两江总督兼管两淮盐政陶澍之请，淮北 31 州县开始实行票盐制。(2) 道光三十年（1850 年）时任两江总督陆建瀛接受护理运使童濂建议，仿照淮北，继而在淮南推行票盐制。从这两次盐法改革来看，清政府道光年间盐法改革主要施行的区域是两淮行盐区。众所周知，两淮行盐区是徽州盐商的主要活动场所。明代万历《扬州府志》中，就有扬州盐商"新都最，关以西、山右次之"的记载。入清以后，徽州盐商更执两淮诸盐之牛耳。两淮八大总商中，仅是徽州歙县商人就"恒占其四"。④ 因此，清政府在道光年间的盐法改革，从行盐区来看，重点在两淮。如果再具体落实到商人身上，那么徽州盐商所承受的盐法改革冲击，当属最大。

清政府在道光年间盐法改革的核心内容是"改纲为票"，即将原先在两淮盐区实行的"纲盐制"改为"票盐制"。"纲盐制"与"票盐制"的主要区别是：(1) 纲盐制下，实行"盐引"制度。徽州盐商作为两淮的最大盐商集团，通过垄断盐引，控制了两淮行盐区食盐的产、购、销，并由此获取高额的垄断利润。据记载清代"两淮额引一百六十九万

① 《中国史研究》1981 年 2 期。
② 《清史论丛》第 4 辑。
③ 《扬州师院学报》1982 年第 3、4 期合刊。
④ 民国《歙县志》卷 1。

有奇，归商人数十家承办"①，该"数十家商人"中，徽州盐商占了大半。徽州盐商资本在清代前期迅速膨胀和积累，得益于纲盐制下对两淮"盐引"的垄断特权。徽州盐商将垄断的盐引视同私有财产，"子孙承为世业"，从根本上保证了徽州盐商垄断特权的连续性。票盐制则取消了盐引和引商对盐引的垄断。据陶澍称，票盐制下实行"招贩行票，在局纳课，买盐领票，直运赴岸，较商运简捷。不论资本多寡，皆可量力运行，去来自便"。② 也就是说，商人只需向盐政所设之局纳税领票，便可取得购销食盐的合法权利，而不必再购买盐引。因此，票盐制实行后，徽州盐商原先在纲盐制下获取高额垄断利润的特权——垄断盐引，便不复存在了。由盐引而派生出来的"窝价"也就无从着落。（2）纲盐制下，盐商本重势重，财力单薄的中小商人难以涉足盐业经营。徽州盐商凭借其雄厚的资本，在两淮盐业中一直占据了主导地位。同时"世世相承以为业"，保证了家族势力的不衰和垄断特权的延续。在票盐制下，商人纳千金或数百金亦可办百引之票③，就能取得盐业经营的权利，并且来去亦"任其自便"。④ 从此，两淮盐业不再是财雄势大的徽州盐商所独家经营的行业了。

　　总之，道光年间清政府在两淮实行"改纲为票"，从根本上取消了业盐两淮的徽州盐商之垄断特权，促使了它的彻底衰落。陈去病在《五石脂》中指出："自陶澍改盐纲，而盐商一败涂地。"⑤ 确实如此，两淮票盐制取代纲盐制后，徽州盐商已失去了它在康熙中叶至乾隆朝的鼎盛局面。有的因历年积欠课税，数目庞大，被清政府抄没家产以抵亏欠，衰败更是迅捷。最典型的是曾经"百万之费，指顾立办"的徽州歙县大

---

① 黄钧宰：《金壶浪墨》卷 1《盐商》。
② 陶澍：《会同钦差覆奏体察淮北票盐情形折子》。见《陶文毅公全集》卷 14。
③ 《魏源集》下册《筹鹾篇》。
④ 张寿镛等：《皇朝掌故汇编》《内编》卷 13《述两淮盐法》。
⑤ 陈去病：《五石脂》。

盐商江春，在陶澍清理欠帑后，家产被籍没，"旧时翠华临幸之地，今亭馆朽坏，荆棘遍地，游人限足不到"①，呈现一派破落户的景象。

综上所述，徽州盐商在道光年间的衰落是多种因素的结果。其中既有经营危机的原因，也同其非经营性资本消耗有关，清政府的盐法改革更是一帖催命剂。不少研究者指出，徽州盐商乃是徽州商帮的中坚和"龙头"。因此，徽州盐商既衰，标志着徽州商帮走下坡路的开始。我们认为，这是徽州商帮阶段性衰落中的第一个阶段。

(二)　徽州茶商的盛而复衰与徽州商帮的最终衰落

徽州商人经营茶叶，有相当悠久的历史。② 茶业作为徽州商帮的"巨业"，在明代中叶以后就已成定局。然而，相比较而言，徽州茶商在资本、规模、利润、地位及影响等方面都要稍逊盐商。清代乾嘉年间，徽州茶商因在北京与广州二大都会经营成功，一度出现兴盛的高潮。《歙事闲谭》第11册《北京歙县义庄》记载：

"北京歙县义庄，在永定门外五里许石榴庄，旧名下马社。规制甚宏，万事高敞，周垣缭之，丛冢殆六七千，累累相次。盖亦经始于明嘉靖四十年，与创设会馆同时。……至清初则杨监正光先曾重加修整，其后世守之。曹潘二相俱曾资助。捐款则取于茶商为多。据黄记，则隆庆中歙人聚都下者，已以千万计。乾隆中则茶行七家，银行业之列名捐册者十七人，茶商名字号共一百六十六家，银楼六家，小茶店数千。其时商业之盛，约略可考。……""茶行七家"、"茶号一百六十六家"、"小茶店数千"，清乾嘉年间徽州茶商在北京活动之盛，于这些记载中可见一斑。同一时期，徽州茶商的另一股主要流向是南下广州，俗称"漂广东"。与在北京做"京庄"茶生意的内销方式不同，徽州茶商经由江西，

---

① 阮元：《挈经室再续集》。
② 洪迈：《夷坚志》甲集。

或通过海道入粤做"洋庄"茶生意，主要是外销。《榘园文钞》及《婺源县志》中对当时徽州茶商在广州活动的情况均有记载。[1] 本书第十章收录《歙县坑口江氏茶商经营活动考略》一文的前半部分，也反映了徽州茶商当时入粤贩茶的经营活动情形。其时徽州茶商与外商贸易，多在船上进行，茶叶价格由徽州茶商报出，获利极厚，徽州人将其称为"发洋财"。[2] 乾、嘉年间，徽州茶商以北京和广州为中心，开拓了南北茶叶贸易的兴隆局面。不过，此时徽州盐商正处于顶峰阶段，因而茶商在徽州商帮中始终不能夺盐商之"龙头"地位。道光中叶以后，徽州盐商骤然衰落，其因其果，已如前述。徽州茶商在广州一度也出现了生意惨淡的情形。尤其是道光三十年（1851 年），19 世纪 50 年代至 60 年代中国社会战乱爆发以后，徽州茶商在广州的经营日益艰难。新近发现的一封业茶广州的徽州商人江文缵致其妻秀兰残信中说："今年所做之茶，意想往广，公私两便。不料长毛扰阻，江西路途不通……所有婺源之茶，均皆不能来粤。"[3] 说明徽州茶商在咸丰兵燹时，广州的经营活动一度处于低落阶段。

　　但是，从总体经营情形来看，经历道、咸年间的经济、政治、军事等方面的变故，徽州茶商并未如徽州盐商一样销声匿迹。我们认为，这里最重要的原因有两个：其一，在广州茶叶外销遭到挫折时，徽州茶商很快适应"五口通商"后新的茶叶外贸形势，将资金、人员转移至上海，继续经营"洋庄"茶，并利用徽州至上海较徽州至广州更为有利的地理优势，[4] 扩大经营规模，不仅绝处逢生，且商力超乎从前。其二，19 世纪 50 年代至 60 年代中国社会的战乱予徽州茶商"京庄"茶经营活

---

① 《榘园文钞》卷下、光绪《婺源县志》卷 33。

② 参阅王珍《徽商与茶叶经营》。载《徽州社会科学》1990 年第 10 期。

③ 原件藏江文缵五世孙江怡桐家中。

④ 据徽州茶商江有科所记贩茶入粤札记，从徽州至广州，行程在两个月以上。而据现仍健在的徽商后裔称，当时从徽州到上海，走新安江水路，仅需一周左右的时间。

动之影响并不足以致命。战乱之后，徽州茶商重新复苏，继续保持了
"京庄"茶的销售旺势，在全国各地形成了内销网络系统。有此二因，
徽州茶商在咸丰、同治年间及光绪前期再度中兴。《安徽茶叶史略》中
说："清初徽商曾遭挫折，以后经过恢复又超过了明代。同治年间，洋
庄茶盛行时，经营洋庄的徽州茶商资本额较大者，有亿同昌号等 48 家。
在外地经营大茶号的徽商为数也不少，汉口、芜湖有，九江、上海也
有。如九江即有仁德永等 6 家，上海有洪永源等七八家，营业一时还颇
发达。有数家资本额还曾达四五万两，其余亦在数千两。"①

关于徽州茶商的中兴情况，《婺源县志》等徽州方志以及彭泽益先
生编纂的《中国近代手工业史资料》、李文治先生编纂的《中国近代农
业史资料》和张海鹏、王廷元先生主编的《明清徽商资料选编》中不乏
记载。这里，我们需要特别指出的是，在新近发现的徽州歙县坑口乡芳
坑江氏茶商世家所保存的大量原始资料中，有相当一部分内容详细地反
映了徽州茶商在咸丰、同治以后中兴的历史。这一时期，徽州盐商集团
已经在两淮"一败涂地"，徽州商帮已开始走下坡路。因此，徽州茶商
的"中兴"于徽州商帮的影响可谓"举足轻重"。正是凭借徽州茶商
"中兴"的力量，徽州商帮支撑了他们的残局。

作为盐商衰败之后的徽州商帮之中流砥柱，徽州茶商究竟支撑了多
久呢？从大量史料反映的情况来看，这一局面仅仅维持到了光绪中叶。
光绪中叶以后，徽州茶商亦由盛而转衰，并进而导致徽州商帮江河日
下，无法重整旗鼓，最终走向衰落。

徽州茶商在光绪中叶以后盛而复衰，并不是偶然现象，而是内外诸
多因素所使然。我们认为其中最为重要的因素有以下三点：

首先，正如徽州商帮中其他行业之商人一样，徽州茶商在商业资本
和利润的非经营性消费方面，投入过多。这样，严重影响了徽州茶商的

---

① 《安徽史学》1960 年第 3 期。

资本积累和正常商业活动，并造成商力疲惫、元气大亏的恶果。

关于徽州茶商资本和利润的非经营性消费事例，史不绝书。我们在这里略举数例，以见一斑。道光时徽州茶商章志乾（字象成）"命仲弟撑持家政，季弟同事京师，积十余年，运茶北上，始大构'彝德堂'新居。瘗暴骨，治道途，轸恤孤贫，挥金勿惜"。① 同治时婺源茶商汪庆澜（字位三）"生平好施与，重然诺。尝与乡人洪圣才同贾江右，才病革，以孤托澜抚养，婚教一如己子，至老弗衰。发逆扰乱，输金赈流民，有自贼中逃出者，皆给赍斧以归。镇河洪水骤涨，棺尸漂没，澜雇工沿河捞溺。有巨商叶某，被援佩德，谢洋五十元，固辞不受。货茶祁门，见道路棺骸暴露，捐洋二十元，属其乡之老成，雇工掩之。至若施米衣，修桥路，一切义举，难以缕陈"。② 又有婺源商人詹思润（字庚元）"业茶，赀裕，益力为善。修葺祖祠，捐银三百两。秋溪治河，大路重造，费约千金。他如立祀产、培龙脉、倾困济歉、捐赀助团，善行不一而足"③。程广富，"归家就近业茶，渐致赢余。凡贫窭亲族友朋尽为提拔，有贷百金至数千金者"④。婺源渔潭人程国远，"性仁厚。尝偕友合伙贩茶至粤，公耗八百金。远念友赀无从措，独偿之。其它修宗祠，建义仓、兴赈会、施棺木，均归美于父，不自以为德焉"⑤。婺源茶商朱文炽（字亮如）"道光年间，两次襄助军需，蒙宪给奖。咸丰己未，又捐助徽防军饷数百金。生平雅爱彝鼎及金石文字，积盈箱箧"⑥。从这些事例中，我们可以看出，徽州茶商资本和利润的非经营性消费名目极其繁多，有造桥、修路、周族、恤贫、施棺、捐饷、助赈、筑室、买田、立社、葺祠、贷金、购书、藏画等项。此举大多被冠以"善行"、"义举"之名，载于册籍，传诸口碑。一些"家业饶裕"的徽州茶商莫不都在这"善行"、"义举"中消耗掉大量资本。

---

① 绩溪《西关章氏族谱》卷 24《家传》。
②③④⑤⑥ 光绪《婺源县志》卷 33《人物·义行》。

徽州茶商资本和利润的非经营性消费，严重削弱了其自身的"商力"。不少徽州茶商因一生不懈追求"义名"最终出现"家落"的结局。在我们接触的有关徽商资料中，不乏这类触目惊心的记载。如：

光绪《婺源县志》卷 34《人物·义行》中载谓："潘开祥，字希明，（婺源）和睦村人。五品衔。幼贫，业茶起家，……孤侄负券数千金，慨然代偿。兵燹后，振兴合族文社，首捐租六百秤。课文资给，皆出其力。至若施棺助饷，周急济荒，难以缕述。晚际家落，人多悯焉。"

民国《歙县志》卷 9《人物·义行》："吴荣运，字景华，（歙县）北岸人。幼习儒。父元贯尝贩茶之京师，遇乡人之贫困者辄解囊济之。殁后家贫，运弃儒就贾，好善如其父。岁饥，捐金助赈，全活无算。又代输贫户积年逋粮，其他掩枯骨，修道路，一无倦色。"

光绪《婺源县志》卷 33《人物·义行》："詹世鸾，字鸣和，（清婺源）庐源人。资禀雄伟、见义勇为，佐父理旧业，偿凤逋千余金。壬午贾于粤东，关外遭回禄，茶商窘，不得归，多告贷，鸾慷慨赏助，不下万金。他如立文社，置祀田，建学宫，修会馆，多挥金不惜。殁之日，囊无余蓄，士林重之。"

民国《歙县志》卷 9《人物·义行》："吴肇福，字德基，（清歙县）北岸人。少贫力田，内行敦笃，慷慨尚义，人多以长者目之。年三十，航海贩茶归，积有赢余，设义塾、造桥、砥道、施棺椁、散仓困，虽囊罄不惜。"

"晚际家落"、"殁后家贫"、"殁之日，囊无余蓄"、"囊罄不惜"，这就是徽州茶商资本和利润非经营性消费的结果。光绪中叶以后，徽州茶商由盛转衰，同它一贯地在非经营性消费方面投入过多有密切的关系。

其次，清政府大幅度提高茶叶税率及光绪中叶前后茶叶价格锐跌。

徽州茶商经营茶叶生意的方式，主要是收购廉价的徽州本地所产名茶，长途贩运到各地销售。徽州婺源、休宁、歙、黟、祁门、绩溪诸县，在历史上就是著名的产茶区。咸丰以前，徽州茶叶出山，皆归休邑屯溪办理，由休宁县派员查验给引，再由太厦司勘合切角放行，其税每引不过分厘。徽州茶商在清中叶以前得以迅速发展，同清政府这种相对低平的茶叶税收政策有关。然而，从咸丰三年（1853 年）开始，徽州茶税历年递增。下面，我们根据有关史料记载，编制"徽州茶税增长表"，从中可以显示徽州茶税递增的幅度。表如下：

徽州茶税增长表

时　间	增税细则	茶税总额/引
咸丰三年（1853 年）	厘银 3 钱、捐银 6 钱、公费银 3 分	9 钱 3 分
同治元年（1862 年）	引银 3 钱、公费银 3 分、捐银 8 钱、厘银 9 钱 5 分	2 两零 8 分
同治二年（1863 年）	加捐库平银 4 钱	2 两 4 钱 8 分
同治五年（1866 年）	重申同治二年的税率	

据表可知，从咸丰三年到同治二年的 10 年中，徽州茶税由原来的每引 9 钱 3 分，大幅度提高到每引 2 两 4 钱 8 分，增长率为 166.7%。这是徽州茶叶出山后，必须交纳的税银。此外，外销茶还应完纳出口海关正税银每百斤 2 两 5 钱。这一高额税率，一直维持到光绪年间仍不曾回落，反而略有上升。据光绪十四年（1888 年）浙海关税务司上呈总税务司的一份《访察茶叶情形文件》中说："计徽茶来宁（波），每百斤应在婺源完银共二两一钱三分，在屯溪完银二钱，在界口完银三分，在深渡完银一分，在威坪完银共三钱七分三厘，统共完银二两七钱四分三厘，应完出口海关正税银二两五钱，通共每百斤完银五两二钱四分三厘。"[1] 较同治二年规定的 4 两 9 钱 8 分，又增加了 2 钱 6 分 3 厘。当时宁波出口茶叶之茶价每百斤只值银 15 两至 25 两，其中税厘已愈四分之一。徽州茶商负担的茶税之重，由此可见。清政府大幅度提高的茶叶税

---

① 《光绪十四年正月十九日，浙海关税务司康发达申呈总税务司》，《访察茶叶情形文件》第 62—63 页。转引自彭泽益《中国近代手工业史资料》第 2 卷第 14 章。

大量分流了茶商的商业利润，予徽州茶商以沉重打击。

在清政府大幅度提高茶叶税率的同时，茶叶的市场销售价格却在不断下跌。尤其是光绪中叶以后的茶价，较先前畅销时价格，跌幅达50%以上。茶商终于到了不敷营运的地步。光绪十四年（1888 年）二月十二日，江海关税务司好博逊申呈总税务司一份附件中称："溯查中国出口茶税，从前系照广东海关，每百斤计完税银二两五钱。彼时茶价尚好，每百斤可售银五十余两，是与值百抽五之例相符。至今茶价日贱，每百斤售三十余两者十居二三，售十余两至八九两者十居七八，而税银一律仍旧，是不啻抽税四分之一，又加厘捐及各项捐款甚巨。窃思商等采办百斤之茶，须用铅铁箱罐装夫工食及运费等项，每百斤需银四两余钱，加以捐税两项，以致成本愈大，亏耗愈多，遂皆视为畏途。"[1]

依据江海关税务司报告中提供的有关数字，我们可以知道，光绪中叶茶商运销每百斤茶叶，工本银 4 两余钱、出口海关正税银 2 两 5 钱、厘捐等项银 2 两 4 钱左右，合共投入资本 9 两余钱（这里尚不包括收购毛茶等项所需之银）。而茶叶每百斤售价，大多只在 10 两左右，因此，茶商所获之利润，可以说是微乎其微。稍有不慎，就有可能出现"亏耗"的情形。这等营销生意，茶商自然是视之为"畏途"了。"外销"如此，"内销"又如何呢？

光绪十三年（1887 年）十月十四日，江汉关税务司斐式楷申呈总税务司一份《粘抄汉口茶业公所呈报茶市情形节略》中说："至若商人贩运〔茶叶〕，每百斤完山厘钱八百文，又完运厘银一两二钱五分，两宗共计合市纹约一两九钱之谱。另又地方公事善举等等，又约要抽银一钱余，则每百斤于此数款已多二两之本矣。若夫脚船力及箱罐，并制造人工饭食，每担又须银约在五两左右。其粗货售四两五两一担者，纵其茶不用价买来，尚差二三两方足弥缝厘金缴用之数。此茶商赔亏之实在

---

[1] 《访察茶叶情形文件》。转引自彭泽益《中国近代手工业史资料》第 2 卷第 14 章。

情形也。"① 于此可见，光绪中叶前后，"内销"茶也因高额税收及茶价低落，茶商已处于举足维艰的"赔亏"境地。

面对茶叶经营高税额、低售价的困境，徽州茶商在光绪中叶以后已到了穷途末路。光绪十四年（1888 年）三月二十一日，清政府要员曾国荃在《茶厘酌减税捐片》中说："据皖南茶厘总局具详，光绪十一、十二两年，亏本自三四成至五六成不等，已难支持；十三年亏折尤甚，统计亏银将及百万两，不独商贩受累，即皖南山户园户亦因之交困。……向来茶业各号，均于清明节前开设，本年新茶上市，各号迄未定夺，营运俱穷，空乏莫补。"② 包括徽州茶商在内的皖南茶商萧索之状，已可概见。在清政府的高额税收政策打击下，徽州茶商"尚形竭厥"③，无力在萧条的茶叶市场中生存下去，终于结束了其盛极一时的历史，走向衰落。

第三，洋茶的冲击和洋商的压抑。

众所周知，经营"洋庄"茶，从事茶叶外销活动，是徽州茶商得以兴盛的重要原因，按歙县知县何润生《在茶务条陈》中的估算，"徽茶内销不及十分之一二"，十分之八九均为外销。商约大臣盛宣怀等在光绪二十八年（1902 年）的《奏请减轻茶税》中说："中外互市，向推丝茶为大宗。而茶叶则分红绿，红茶在湖北汉口行销，绿茶在江苏之上海出售。从前外洋不谙种茶之法，各国非向中国购食不可。彼时茶值甚昂，不论货之高低，牵匀计算，每担可售五六十两至七八十两不等。"④ 光绪以前，徽州茶商从外销茶经营中，获取了丰厚的利润。

然而光绪年间，印度、锡兰等国大面积引种茶叶成功之后，开始冲

---

① 《粘抄汉口茶业公所呈报茶市情形节略》。转引自彭泽益《中国近代手工业史资料》第 2 卷第 14 章。

② 《曾忠襄公奏议》卷 29。

③ 《清朝续文献通考》卷 42《征榷十四》。

④ 《光绪政要抄本·实业三》。转引自彭泽益《中国近代手工业史资料》第 2 卷第 14 章。

击中国茶叶在国际市场上的销售。詹事府詹事志锐在光绪十五年（1889
年）时说："近十年内，印茶销路之广，远过中茶。"① 上引商约大臣盛
宣怀等《奏请减轻茶税》中有一段记载，反映了国际茶叶市场上，洋茶
对中国的冲击情形：

"兹据该税司等先后查得该商董所呈，均系实情，并以中国运英
茶叶，同治十年尚有一万三千九百万磅，锡兰茶仅一千五百万磅。至
上年（光绪二十七年——引者注）中国茶只有一千八百万磅，锡兰茶
则增为二万六千四百万磅。又中国运俄茶叶，光绪二十四年尚有五十
万磅，锡兰茶仅一百五十万磅，至上年中国茶只有三千一百五十万
磅，锡兰茶则增为一千万磅。即以中国近三年出口茶数而论，光绪二
十五年尚有一百一十四万九千余担，二十六年只有一百零六万三千余
担，二十七年则仅有八十五万四千余担，比例参观，是洋茶日盛，华
茶日减……"②

光绪十五年（1889年），又有一份报告中写道："新金山美国干达
那三处，向乃专购福州之茶。近年以来，渐有趋购印度锡兰者不少。察
看本口华商，今年办茶最为亏本，约有三百万元之谱。查前此办茶之
人，无不获利，近则逐渐不及，多至亏本。……"③

可见，在洋茶的冲击下，中国茶叶出口量逐年递减。因此，依赖外
销茶叶而致富的徽州茶商，生意也是一年不如一年。尤其是光绪中叶以
后，中国茶叶出口跌至空前的最低点，徽州茶商失去了其最主要的营利
途径。为什么徽州茶商经营的中国茶叶，在国际市场上竞争不过后来居
上的印度、锡兰等国的"洋茶"呢？我们认为，其原因主要有三：首
先，光绪年间中国茶叶质量下降。光绪十四年（1888年）七月二十四

① 清代钞档：《光绪十五年月詹事府詹事志锐为通商日久财源外溢请饬整顿商务以保利权
折》同年十二月二十六日朱批。转引自《中国近代手工业史资料》第2卷第14章。
② 《光绪政要抄本实业三》。转引自彭泽益《中国近代手工业史资料》第2卷第14章。
③ 《光绪十五年福州口华洋贸易情形论略》。《通商各关华洋贸易总册》下卷第73页。

日，据总税务司申呈总理衙门的一份有关茶叶报告中说："据商云，近来中茶之逊前，其说有四：一则其茶自摘取之后，距熏烤之时，旷日已远，且欠于炮制，则茶质不能耐久，茶力亦薄，茶味已失；一则装箱之时，其残败之叶，不能捡去，致与茶叶同有污染之味，并茶末太多，又有其他项之叶搀杂其内；一则所用之箱，不能坚固；一则照看之茶样订购，及订妥，而后来到手之茶，与原式悬殊。是茶叶之逊前如此。"①质量是保证市场占有的最重要因素，中国茶叶质量下降，在与"洋茶"的竞争中，失去原先的优势。其次，中国茶叶制作工艺落后。光绪十四年（1888 年）正月十九日，浙海关税务司康发达申呈总税务司的报告中说："外国炒茶，及解箱板烫铅罐，俱用机器。中国则全借人工，因茶商各谋各业，且股本无多，不能购办机器。"②中国茶叶生产始终处于作坊式的小生产阶段，洋茶则采用近代化的工厂生产，这里人工操作和机器生产之别，致使中外茶叶成本和质量相差悬殊，最终造成"销路有畅滞之别，商人裹足之虞"。当时，有不少人注意到中国制茶工艺落后与茶商衰疲的关系。如贝思福在《保华全书》中说："中国加重税于出口货，是不啻自弃其土产，自绝其利源也。比如茶叶一业，近年以来，几乎一息仅存，其故有二：一因制茶之法不甚合式，二因税厘过重。……"③贝氏特别强调了"制茶之法不甚合式"是茶业"一息仅存"的重要原因。为什么华商不采用机器制茶提高工艺水平呢？康发达的看法是："茶商各谋各业，且股本无多，不能购办机器。"这固然是其中原因之一，然而更为主要的是包括徽州茶商在内的中国商人，根植于中国小农经济的土壤之中，其思想上始终没有近代化生产的开拓意识。光绪二十三年（1896 年），清两江总督刘坤一借鉴国外机械制茶经验，

---

① 《访察茶叶文件》。转引自彭泽益《中国近代手工业史资料》第 2 卷第 14 章。

② 《访察茶叶文件》。转引自彭泽益《中国近代手工业史资料》第 2 卷第 14 章。

③ 贝思福《保华全书》（原名《中国将裂》）卷之 4 第 26 章《论商务和约税则》，蔡之康等译。

明令以机器制造外销茶，但徽州茶商害怕费多效微，激烈反对，此事最后只得作罢。从当时徽州一些大茶商的经营规模、投入资本来看，徽州茶商并非无钱购办机器，实在是缺乏适应近代化进程的开拓意识。所以他们不惜出巨资修祠堂、叙族谱、济贫助困、捐赀买官，而不愿在制茶工艺的改进方面投入更多的资本。工艺落后，导致成本过高，质量下跌，在同洋茶的争夺国际市场中，自然就处于劣势。再次中国出口茶叶税额远远高于洋茶。关于中国出口茶叶税厘之重及其危害，前文已有论述。与清政府茶叶重税政策相反，生产"洋茶"的各国政府对本国茶叶出口均采取鼓励与扶持措施。清朝大吏盛宣怀指出："迨印度锡兰出产红茶，日本出产绿茶，以后悉用机器制造，价本既轻，印度日本又免征税银，锡兰不特免征，每磅并津贴银三分五厘，约合每担津贴银四两之多，力使畅销推广。中国产茶业户，茶盘遂至逐年递减，渐成江河日下之势。"① 两者比较，洋茶与中国茶叶在国际市场竞争中的高下非常明显。盛氏所称，是光绪二十八年（1902年）时事。其实，在此之前10余年，因出口税额之悬殊，中国茶叶不及洋茶竞争力强的情形，已经十分严峻了。光绪十四年（1888年）二月，从徽州茶商经营外销茶最重要基地上海传出消息："上海茶叶公所将茶业近年情形开具节略……商等身历其地，深知此中实在情形，用敢就管见所及，敬为陈述。细核出口茶数，此四五年中，逐年减少；而外洋产茶之数，此四五年中，每年加至十余万箱。由于外洋所产之茶，其出口税如印度西伦全免完纳，日本之茶其出口税每百斤不过完洋一元，成本既轻，销场自广，遂致外洋茶市日有起色，中国茶业日见衰坏。"② 可见洋茶出口税轻，中国出口茶税重，是洋茶在国际市场上取中国茶而代之的重要原因。总之，茶业质量下降，生产工艺落后以及出口税重，导致了中国茶叶出口量逐年递

① 《光绪政要抄本·实业三》。转引自彭泽益《中国近代手工业史资料》第2卷第14章。
② 《访察茶叶情形文件》。转引自彭泽益《中国近代手工业史资料》第2卷第14章。

减，从而使得依赖茶叶外销而营利的徽州茶商日暮途穷，呈江河日下之势。

在洋茶冲击的同时，徽州茶商在经营活动过程中还受到了洋商的压抑。

道光以前，茶叶仅有广东一口外销，各省茶叶贩运广州后，由总商与外商洽谈，"价自中国定，外洋不能挟持"。因此，包括徽州茶商在内的经营茶叶外销生意之商人多获厚利。而鸦片战争后，五口通商，各省茶叶分由各口外销，中商不能"齐一"与外商竞争。洋行商人往往利用这一形势压价收茶，致使华商连连亏本折利。光绪中叶以后，随着茶叶外销竞争的激烈，洋行商人更是不择手段，压抑中国茶商。伍廷芳在《美国费城商务博物会记》中写道："从前中国货物，皆待洋商贩运，一二洋商居奇垄断，即足制千百华商之死命。即如丝、茶两业，富商大贾，倾家荡产者，不可胜计。因由拣制未能尽善，亦由洋商有意把持，洋商裹足不前，华商即束手待毙。"① 柯来泰在《救商十议》中，关于洋商压抑华商情形，其叙述更为详细："中国商货，以丝茶为最巨。其所以连年亏折者，以不能齐心协力耳。洋商反能一气联络，如茶市，英商照会俄商，不许放价抢盘，俄商即允照办。……华商资本既薄，又放胆多做，揭借庄款，为息制缚。洋商抬价，则尽力多囤，一旦跌价，则又急思脱手。又有奸商作伪搀杂，故授洋人以口实，任意挑扬，颠之倒之，一任洋人之所为，播弄华商，血本不竭不止……"② 由于洋商的压抑，导致经营外销茶的华商举步维艰，血本无归。徽州茶商经销的茶叶，主要是皖南茶，而皖南茶大多经上海、汉口外销。因此，洋商压抑华商，徽州茶商可谓受累最深。光绪十一年（1885 年）五月初一日，曾国荃在《请免加茶课疏》的附片中，针对徽州茶商经销的皖南茶叶情形说：

———

① ② 《皇朝经济文编》卷 45。

"查甘肃茶行销内地，操纵惟我，即使课重，茶商尚可高抬售价。皖南茶悉销外洋，从前沪价每引得银五六十两三四十两不等，商人获利尚厚，是以同治二年复经续加捐项四钱，共银二两四钱八分。其时茶价甚好，既沾利益，复获官阶，该商等尚无难色，近年引价骤跌，计多仅二十余两，少则十余两不等。加以商贩资本贷于洋商者多，洋人因其借本谋利，货难久延，辄多方挑剔，故意折磨，期入其彀。皖南茶销路仅一上海，业已到地，只得减价贱售，种种受制洋人，以致十商九困。……"①

这里，曾氏指出了经销皖南茶的商人"十商九困"，重要原因在于"受制洋人"即受到洋商的压抑。其中最典型的是洋商"率多挑剔，故抑其价"，操纵茶叶价格，致包括徽州茶商在内的华商连年"赔亏"。此外，洋商排挤华商，还自往产茶之地办货，以便独操利柄。同是经销茶叶出口，在税金等方面，洋商比华商具有更大的优势。光绪二十九年（1903年）九月初一日，载振等《请旨通饬力行保商之政以顺商情折》中说：

"查洋商贩运土货，只在海关完纳子口半税，领三联报单，沿途呈验，无论远近，概不重征；而华商运货出口，逢关纳税，遇卡抽厘，其所抽纳之款，已较洋商所完子口税为多。乃关吏卡员，照章应缴税厘外，恒多分外之需索，如此畸重畸轻，土货出口，安能望有起色？此不平者一也。运货之宜，务在迅速，往往有一日之差，旦夕之殊，而货价之涨落以倍徙者。迩来内港行轮运，业经畅行无阻，各处关卡委员，遇挂洋旗之商船，照章速验放行；遇无洋旗之商船，即不免留难需索，甚至今日不验，候至明日；明日不验，候至后日。至于民船划艇，更复任意欺凌。华商隐受亏损，而无如之何，此其不平者二也。"②

由此可知，洋商运茶交纳的子口半税，远远低于华商运茶所交之税

---

① 《曾忠襄公奏议》卷25。
② 清代钞档：《光绪二十九年九月初一日，载振等请旨通饬力行保商之政以顺商情折》。转引自彭泽益《中国近代手工业史资料》第2卷第14章。

厘。而且，洋商在运输途中，有种种便利，华商则"隐受亏损，而无如之何"。这就为自往茶叶产地采办的洋行商人提供了运销茶叶的优势。包括徽州茶商在内的华商无力与争，亏折已属必然。当时就有人指出："二十年来，以业茶起家者，十仅一二；以业茶破家者，十有八九。商贾日失志，市肆日减色，问其故，皆曰利柄操于夷人，华商不能与之争所致。"[①] 众多史料表明，在洋茶、洋商的冲击下，徽州茶商已是步履艰难，面临歇业停运的境地。

综上所论，光绪中叶以后徽州茶商因资本和利润非经营性消费方面投入过多，清政府大幅度提高茶叶税率及茶叶价格锐减、洋茶的冲击和洋商的压抑等原因，终于结束了其盛极一时的历史。徽州茶商既衰，表明在徽州盐商衰落后的徽州商帮中，已失去了支撑残局的力量，整个徽州商帮走完了衰落的第二个阶段。在此同时，徽商的其他行业也相继衰惫，如典当、木、丝、米、百货等业，渐渐失去了其在以往经济生活中的地位与作用。徽州茶商的衰落，标志着徽州商帮的彻底衰落。

在我们分阶段论述了徽州商帮的衰落过程之后，需要一提的是，虽然徽商作为一个封建性商帮，由于上述原因在清光绪中叶以后已经彻底衰落，但有一部分徽商却跟上了时代步伐而发展了商业资本。从民国初年直至解放前，在江南各大城市中，徽籍商人仍然很活跃。他们经营的行业有：漆业、饮食业、百货业、房地产业、布业、茶业、丝绸业、木业等，大多与国计民生密切相关。活动范围除江南大中城市如上海、苏州、杭州、湖州、金华、衢县以及苏北各地外，还深入到各地乡村，在商品流通领域中起着一定的作用。这一时期也出现了一些著名的徽州大商人。如歙县冯塘的程霖生拥有资产逾千万，在上海经营房地产业，在宝兴里、宝裕里修建有住房 1000 余幢，被人称为上海第八大"象"（意为"财主"）。据我们在徽州一带访问一些年逾古稀的徽商后人所知，民

---

① 欧阳昱：《见闻琐录》后集卷 2。

国时期控制上海百货业的八九家百货店中，有"恒兴"等三四家为徽商
所开。当时上海市场上流行的"羊头牌"、"狗头牌"袜子，都是徽州商
人经营的产品。其中创"羊头牌"者，是歙县坑口乡商人姜锡山。姜氏
在上海开厂制袜，民国 17 年（1928 年）时，有雇工 3000 余人。徽州绩
溪商人在近代上海多经营饮食业，有"金老乌龟"等著名招牌。据估
计，解放前仅上海一地经商的徽商人口就有十三四万之多。① 1947 年，
杭州徽商木业公所召开第二次社员大会，与会人员有 380 余人，大多为
歙县、休宁、婺源三县的驻杭木商。② 从中可见，封建性的徽州商帮衰
落后，徽州籍的商人在各地的经济生活中，仍是一支不可忽视的力量，
有的竟成为民族资产阶级中的成员。

---

① 参见程极乎《徽商随时代而发展》。载《徽州学丛刊》第 2 辑。
② 见 1947 年 7 月 24 日屯溪《徽州日报》。